Les grands arrêts
de la procédure pénale

Les grands arrêts de la procédure pénale

7e édition

2011

Jean Pradel
Agrégé des Facultés de droit
Professeur émérite de l'Université de Poitiers
Ancien juge d'instruction

André Varinard
Agrégé des Facultés de droit
Professeur émérite de l'Université Jean-Moulin (Lyon III)
Ancien recteur

DALLOZ

DALLOZ

31-35, rue Froidevaux 75685 Paris cedex 14

978-2-247-10659-2
978-2-247-10938-8

TABLE DES MATIÈRES

PARTIE I
LES ORGANES DU PROCÈS

PARTIE II

L'OBJET DU PROCÈS. LES ACTIONS PUBLIQUE ET CIVILE

PARTIE III
LE DÉROULEMENT DU PROCÈS

Chapitre I — Théories générales

Chapitre II — Phase préparatoire

Chapitre III — Phase décisoire

OUVRAGES CITÉS PAR LE SEUL NOM DE L'AUTEUR

- Bouloc (B.), *Procédure pénale*, 21e éd., Dalloz, coll. « Précis », 2008.
- Conte (Ph.) et Maistre du Chambon (P.), *Procédure pénale*, 4e éd., Armand Colin, coll. « U », 2002.
- Decocq (A.), Montreuil (J.) et Buisson (J.), *Le droit de la police*, 2e éd., Litec, 1998.
- Desportes (F.) et Lazerges-Cousquer (L.), *Traité de procédure pénale*, Economica, 2009.
- Donnedieu de Vabres (H.), *Traité élémentaire de droit pénal*, 3e éd., Sirey, 1947.
- Garraud (R.), *Traité théorique et pratique d'instruction criminelle et de procédure pénale,* 1907-1929.
- Guinchard (S.) et Buisson (J.), *Procédure pénale*, 6e éd., Litec, 2010.
- Helie (F.), *Traité de l'instruction criminelle,* 2e éd., 1866.
- Jeandidier (W.) et Belot (J.), *Les grandes décisions de la jurisprudence. Procédure pénale,* PUF, 1986.
- Leroy (J.), *Procédure pénale*, LGDJ, coll. « Manuel », 2009.
- Merle (R.) et Vitu (A.), *Traité de droit criminel,* Cujas, tome II, *Procédure pénale,* 5e éd., 2001.
- Pradel (J.), *Procédure pénale*, 16e éd., Cujas, 2011.
- Pradel (J.), *Droit pénal comparé,* 3e éd., Dalloz, coll. « Précis », 2008.
- Pradel (J.), corstens (G.) et Vermeulen (G.), *Droit pénal européen*, 3e éd., Dalloz, coll. « Précis », 2009.
- Pradel (J.) et Danti-Juan (M.), *Droit pénal spécial*, 5e éd., Cujas, 2010.
- Rassat (M.-L.), *Procédure pénale*, Ellipses, 2010.
- Sudre (F.), Marguénaud (J.-P.), Andriantsimbazovina (J.), Gouttenoire (A.) et Levinet (M.), *Les grands arrêts de la Cour européenne des droits de l'Homme*, 5e éd., PUF, 2009.

TABLE CHRONOLOGIQUE

(Les chiffres et numéros renvoient aux numéros des décisions reproduites et commentées)

LISTE DES ABRÉVIATIONS

AFDI	*Annuaire français de droit international*
AJ	Actualité jurisprudentielle (*Recueil Dalloz*)
AJDA	*Actualité juridique Droit administratif*
AJ pénal	*Actualité juridique pénal*
Ancien C. pén.	Ancien Code pénal (de 1810)
APJ	Agent de police judiciaire
Ass. plén.	Cour de cassation, Assemblée plénière
BICC	*Bulletin d'information de la Cour de cassation*
BOMJ	*Bulletin officiel du ministère de la Justice*
Bull. crim.	*Bulletin de la Cour de cassation, Chambre criminelle*
Bull. civ.	*Bulletin des arrêts de la Cour de cassation, Chambres civiles*
CASF	Code de l'action sociale et des familles
C. assises	Cour d'assises
C. civ.	Code civil
C. com.	Code de commerce
C. consom.	Code de la consommation
Cons. const.	Conseil constitutionnel
C. déb. boissons	Code des débits de boissons
C. douanes	Code des douanes
CE	Conseil d'État
CEDH	Cour européenne des droits de l'homme
C. envir.	Code de l'environnement
CGI	Code général des impôts
Ch. acc.	Chambre d'accusation
Ch. inst.	Chambre de l'instruction
Ch. app. corr.	Chambre des appels correctionnels
Ch. mixte	Cour de cassation, Chambre mixte
Chron.	Chronique
Ch. réun.	Cour de cassation, Chambres réunies
C. instr. crim.	Code de l'instruction criminelle
CJCE	Cour de justice des Communautés européennes
CJM	Code de justice militaire
CJUE	Cour de justice de l'Union européenne
COJ	Code de l'organisation judiciaire
Com.	Cour de cassation, Chambre commerciale
Conv. EDH	Convention européenne des droits de l'homme
C. pén.	Code pénal
C. pr. civ.	Code de procédure civile
C. pr. pén.	Code de procédure pénale
Crim.	Cour de cassation, Chambre criminelle

CSP	Code de la santé publique
D.	*Recueil Dalloz*
DA	*Recueil analytique Dalloz*
DC	*Recueil critique Dalloz*
DH	*Recueil hebdomadaire Dalloz*
Dr. pénal	*Droit pénal* (Éditions du Juris-Classeur)
GAJA	*Les grands arrêts de la jurisprudence administrative* (Dalloz)
Gaz. Pal.	*Gazette du Palais*
JAP	Juge de l'application des peines
J. Cl. pén.	*Juris-Classeur de droit pénal*
J. Cl. proc. pén.	*Juris-Classeur de procédure pénale*
JCP	*Juris-Classeur périodique, Semaine juridique*
JDI	*Journal de droit international*
JO	*Journal officiel de la République française*
LPF	Livre des procédures fiscales
L.	Loi
Lebon	*Recueil des arrêts du Conseil d'État*
Obs.	Observations
OPJ	Officier de police judiciaire
Pan	Panorama (*Recueil Dalloz*)
RCA	*Responsabilité civile et assurances*
Rép. pén.	*Répertoire de droit pénal et de procédure pénale de l'Encyclopédie Dalloz*
Req.	Cour de cassation, Chambre des requêtes
Rev. adm.	*Revue administrative*
Rev. crit. DIP	*Revue critique de droit international privé*
RD pén. crim.	*Revue de droit pénal et de criminologie* (Bruxelles)
RD publ.	*Revue de droit public*
Rev. pénit.	*Revue pénitentiaire et de droit pénal*
Rev. pén. suisse	*Revue pénale suisse*
RFDA	*Revue française de droit administratif* (Sirey)
RG proc.	*Revue générale des procédures*
RID eur.	*Revue trimestrielle de droit européen*
RID pén.	*Revue internationale de droit pénal*
RSC	*Revue de science criminelle*
RTD civ.	*Revue trimestrielle de droit civil*
RTD eur.	*Revue trimestrielle de droit européen*
RTDH	*Revue trimestrielle des droits de l'Homme*
RUDH	*Revue universelle des droits de l'Homme*
S.	*Recueil Sirey*
S. chr.	*Recueil Sirey chronologique*
Somm.	Sommaires commentés (Dalloz)
TA	Tribunal administratif
T. confl.	Tribunal des conflits
T. corr.	Tribunal correctionnel
T. pol.	Tribunal de police

PARTIE I

LES ORGANES DU PROCÈS

1

FONCTIONS JUDICIAIRES — SÉPARATION

Crim. 20 décembre 1984, *Lavy et autres* (*D.* 1985. Jur. 541, note J. Pradel) ; Crim. 7 janvier 1986, *Troia* (*D.* 1987. Jur. 237, note J. Pradel) ; Crim. 6 novembre 1986, *Eschbach* (*Bull. crim.* n° 328, 2e arrêt ; *D.* 1987. Jur. 237, note J. Pradel) ; Crim. 6 nov. 1986, *Lemoine* (*Bull. crim.* n° 329 ; *D.* 1987. Jur. 237, note J. Pradel) ; Crim. 7 avril 1993, *X...* (*Bull. crim.* n° 152, *D.* 1993. Jur. 553, note J. Pradel ; *ibid.* 1994. Somm. 37, obs. S. Becquerelle ; *RSC* 1994. 67, obs. M. Huyette ; *ibid.* 75, obs. C. Lazerges ; *RTD civ.* 1993. 561, obs. J. Hauser)

Un magistrat qui, en qualité de membre de la chambre d'accusation, a statué sur la liberté de l'inculpé peut ultérieurement faire partie de la chambre des appels correctionnels (1re espèce). Il n'en est pas de même s'il a examiné la valeur des charges (3e espèce).

Un magistrat ne peut participer au jugement des affaires dans lesquelles il a fait un acte de poursuite comme membre du ministère public (2e espèce).

Le juge de l'application des peines, après avoir fixé les modalités d'une peine de travail d'intérêt général, peut faire partie du tribunal correctionnel appelé à statuer sur la violation de cette sanction (4e espèce).

Le juge des enfants peut dans la même affaire faire partie du tribunal pour enfants (5e espèce).

Chambre criminelle, 20 décembre 1984

Lavy et autres

Attendu qu'il n'importe que le président de la chambre correctionnelle qui a rendu l'arrêt attaqué ait, dans la même affaire, comme membre de la chambre d'accusation, précédemment statué sur la détention provisoire des prévenus dès lors que, d'une part, aucune disposition légale n'interdit aux membres de la chambre d'accusation s'étant prononcée en cette hypothèse de faire ensuite partie de la chambre correctionnelle saisie de l'affaire et que, d'autre part, une telle participation n'est pas contraire à l'exigence d'impartialité énoncée par l'article 6 de la Convention européenne de sauvegarde des droits de l'Homme et des libertés fondamentales qui ne concerne que les décisions rendues sur la culpabilité ; qu'ainsi la Cour de cassation est en mesure de s'assurer de la légalité de la composition de la juridiction ; que le moyen doit être écarté ;

(...)
Et attendu que l'arrêt est régulier en la forme, rejette.

Chambre criminelle, 7 janvier 1986

Troia et Cilio

Attendu qu'un magistrat ne peut connaître comme juge des affaires dans lesquelles il a fait un acte de poursuite comme membre du ministère public ;

Attendu qu'il appert des pièces de la procédure que le conseiller Roland Mecz, qui a concouru à l'arrêt attaqué, exerçait les fonctions de substitut du procureur de la République près le tribunal de grande instance de Sarreguemines, quand les poursuites ont été engagées contre les demandeurs et a signé à ce titre le réquisitoire introductif en date du 1er décembre 1983 qui les visait nommément ; que dès lors l'arrêt attaqué émanant d'une juridiction constituée en violation du principe sus-énoncé est atteint d'un vice qui doit en faire prononcer l'annulation ;

Chambre criminelle, 6 novembre 1986

Eschbach

Attendu que ne peuvent faire partie de la chambre correctionnelle d'une cour d'appel les magistrats qui, dans l'affaire soumise à cette juridiction, ont participé à un arrêt de la chambre d'accusation dans lequel a été examinée la valeur des charges pouvant justifier le renvoi devant le tribunal correctionnel ;

Attendu qu'il appert de l'arrêt attaqué et des pièces de procédure que, par arrêt du 3 juin 1982, la chambre d'accusation de la cour d'appel de Colmar, dont l'un des conseillers était M. Grandsire, a infirmé l'ordonnance de non-lieu rendue par le juge d'instruction de Mulhouse, et renvoyé Eschbach et Tétu devant le tribunal correctionnel du chef de dissimulation de documents de nature à faire la preuve d'une infraction ;

Attendu qu'appelée à se prononcer sur l'appel du jugement de relaxe du tribunal correctionnel devant lequel les prévenus avaient été renvoyés, la chambre correctionnelle de la cour d'appel, lors de l'arrêt du 10 mai 1985, était présidée par M. le conseiller Grandsire, lequel avait déjà participé à l'arrêt de la chambre d'accusation qui avait ordonné le renvoi des prévenus devant la juridiction correctionnelle ; que dès lors, la cour d'appel étant illégalement composée, sa décision encourt la cassation ;

Par ces motifs (...) casse (...)

Chambre criminelle, 6 novembre 1986

Lemoine

Attendu qu'aucune disposition légale n'interdit que, comme en l'espèce, le juge de l'application des peines qui a fixé les modalités du travail d'intérêt général conformément à l'article R. 61-12 du Code de procédure pénale fasse partie du tribunal correctionnel appelé à statuer sur la violation de cette mesure ; d'où il suit que le moyen ne saurait être accueilli ;

(...) rejette.

Chambre criminelle, 7 avril 1993

X...

Attendu que si le mineur auquel est imputé une infraction pénale doit bénéficier d'un procès juste et équitable, ce principe ne fait pas obstacle à ce qu'un même magistrat spécialisé, prenant en compte l'âge du prévenu et l'intérêt de sa rééducation, puisse intervenir à différents stades de la procédure ;

Attendu que, pour déclarer irrégulière la composition du tribunal pour enfants de Reims ayant siégé les 27 novembre 1991 et 5 février 1992, sous la présidence du juge des enfants qui avait procédé à l'instruction du dossier, les juges d'appel énoncent que, s'il n'est pas contesté que le magistrat concerné a conservé une parfaite impartialité personnelle, la réunion en une même personne des fonctions d'instruire et de juger est incompatible avec la garantie du droit à un juge impartial au sens de l'article 6-1 de la Convention européenne de sauvegarde des droits de l'Homme et des libertés fondamentales ;

Mais attendu que l'ordonnance du 2 février 1945, en permettant pour les mineurs délinquants, dans un souci éducatif, une dérogation à la règle de procédure interne selon laquelle un même magistrat ne peut exercer successivement, dans une même affaire, les fonctions d'instruction et de jugement, ne méconnaît aucune disposition de la Convention européenne susvisée ; qu'une telle dérogation entre dans les prévisions de l'article 14 du Pacte international de New York, relatif aux droits civils et politiques, comme aussi dans celles des règles de Bejing, approuvées par les Nations unies le 6 septembre 1985, qui reconnaissent la spécificité du droit pénal des mineurs ;

Que si la décision, par le juge des enfants, de saisir le tribunal pour enfants et non de prononcer lui-même une mesure éducative, implique qu'une sanction pénale puisse être envisagée à l'égard du mineur, le risque objectif de partialité qui pourrait en résulter est compensé par la présence de deux assesseurs délibérant collégialement en première instance et par la possibilité d'un appel, déféré à une juridiction supérieure composée de magistrats n'ayant pas connu de l'affaire et dont l'un des membres est délégué à la protection de l'enfance ;

D'où il suit que la cour d'appel a méconnu le sens et la portée des principes sus-énoncés et que la cassation est, dès lors, encourue ;

Par ces motifs :

Casse et annule l'arrêt susvisé de la cour d'appel de Reims, chambre des mineurs, en date du 30 juillet 1992, et pour qu'il soit à nouveau jugé conformément à la loi ;

Renvoie...

OBSERVATIONS

Le même magistrat peut-il à la fois poursuivre, instruire et juger une infraction, voire assumer par la suite l'application de la peine prononcée et faire partie de la juridiction de jugement connaissant des incidents d'exécution de cette peine ? Notre justice admet-elle les Maîtres Jacques ? Cette question conduit d'emblée à une précision. Si le magistrat connaît des faits différents imputables au même individu, il peut évidemment cumuler les fonctions et aussi, en se cantonnant à la phase de jugement, participer à tous les jugements (Crim. 20 janv. 1999, *Bull. crim.* n° 11 ; *D.* 1999. IR 97 ; 11 oct. 2000, *Bull. crim.* n° 294 ; *D.* 2001. Somm. 1066, obs. C. Courtin, possibilité pour un juge de l'application des peines ayant révoqué une libération conditionnelle de siéger ensuite dans une cour d'assises saisie d'autres faits) même si les affaires sont connexes (Crim. 23 juin 1999, *Bull. crim.* n° 147 ; *D.* 1999. Somm. 327, obs. J. Pradel). De même si le magistrat connaît à deux reprises des mêmes faits, mais sans que soit en jeu la culpabilité, le cumul est possible (Crim. 27 oct. 2004, *Bull. crim.* n° 260 ; *D.* 2005. Pan. 684, obs J. Pradel, magistrat composant la chambre de l'instruction statuant sur une demande d'annulation de pièces, et qui avait rendu auparavant dans la même procédure comme juge des libertés et de la détention, une ordonnance rejetant une demande de mise en liberté). Si au contraire, le magistrat est amené à connaître du même fait à des titres différents successivement et alors que se pose la question de culpabilité les deux fois — ce qui est la question posée au départ — la réponse est bien plus délicate. Le cumul est-il encore possible ? Notre tradition nationale n'y est pas du tout favorable, par souci de respecter l'impartialité des magistrats. Trois textes le démontrent. C'est d'abord l'article 49, alinéa 2 du Code de procédure pénale qui, reprenant une disposition de la loi du 8 décembre 1897, décide que le juge d'instruction « ne peut, à peine de nullité, participer au jugement des affaires pénales dont il a connu en sa qualité de juge d'instruction ». C'est ensuite l'article 253 du même code qui, voisin de l'ancien article 257 du Code d'instruction criminelle pose que « ne peuvent faire partie de la cour (d'assises) en qualité de président ou d'assesseur les magistrats qui, dans l'affaire soumise à la cour d'assises, ont soit fait un acte de poursuite ou d'instruction, soit participé à l'arrêt de mise en accusation ou à une décision sur le fond relative à la culpabilité de l'accusé ». C'est enfin l'article 137-1 du Code de procédure pénale qui décide que « le juge des libertés et de la détention ne peut, à peine de nullité, participer au jugement des affaires pénales dont il a connu. » (v. M. Huyette, « JLD, comparution immédiate et procès équitable », *D.* 2003. Chron. 1453, qui considère à juste titre que ce texte qui se situe dans un chapitre sur l'instruction devrait s'appliquer aussi à la comparution immédiate). Le principe de séparation des fonctions judiciaires répressives est donc bien établi dans la loi française.

Des hésitations sur le domaine exact du principe séparatiste existent néanmoins en raison de l'effet combiné de deux facteurs. Le premier réside dans le fait que la loi est loin de régler tous les cas de figure possibles de sorte que l'on ne sait, à première vue, si l'on doit étendre nos deux articles ou, au contraire, les interpréter strictement. Le second facteur vient d'une tendance prononcée chez certains plaideurs à invoquer une violation du principe séparatiste et leur penchant se trouve facilité : 1° en fait par le nombre encore assez élevé de juridictions ou de cours d'appel à effectifs réduits dans lesquels il est difficile de trouver un magistrat nouveau à chaque stade du procès ; 2° en droit, par l'existence de l'article 6-1 Conv. EDH qui décide que « toute personne a droit à... un tribunal indépendant et impartial », ce qui peut s'interpréter raisonnablement comme signifiant que la juridiction de jugement doit être composée d'hommes neufs (J. Pradel, G. Corstens et G. Vermeulen, n° 381).

C'est ainsi que ces dernières années, la Cour de cassation a été saisie de très nombreux pourvois où était invoquée une violation du principe séparatiste, le demandeur se fondant sur la méconnaissance des articles 49, alinéa 2 et 253 du Code de procédure pénale et 6-1 Conv. EDH. Parmi ces divers arrêts, les cinq qui sont ci-dessus rapportés sont particulièrement révélateurs car ils recouvrent la plupart des hypothèses non traitées par les articles 49, alinéa 2 et 253 du Code de procédure pénale qui peuvent se présenter. Ces hypothèses sont au nombre de trois : un magistrat peut-il participer au jugement alors qu'il a déjà assuré la poursuite du délinquant, l'instruction de l'affaire ou l'application de la peine ? (*adde* : J. Pradel, « La notion européenne de tribunal impartial et indépendant selon le droit français », *RSC* 1990. 692 ; J. Pradel, n° 14 et 15).

I. — Un magistrat peut-il participer au jugement d'une affaire pour laquelle il avait déclenché la poursuite ?

Un substitut du procureur de la République signe un réquisitoire introductif contre deux personnes qui sont ensuite renvoyées devant le tribunal correctionnel. Condamnées, elles font appel et comparaissent devant une chambre des appels correctionnels dont le substitut, promu entre-temps à divers avancements, fait partie comme conseiller. Encore condamnés, les prévenus font un pourvoi et la chambre criminelle, dans un arrêt *Troia* du 7 janvier 1986, rappelle de façon lapidaire qu'un « magistrat ne peut connaître comme juge des affaires dans lesquelles il a fait un acte de poursuite comme membre du ministère public », mais ne justifie pas cette solution et ne vise même aucun texte à l'appui. Il est vrai que si l'article 253 du Code de procédure pénale dit bien que ne peut faire partie de la cour d'assises le magistrat qui a fait un acte de poursuite, il n'intéresse, on le voit, que la cour d'assises. Il est vraisemblable cependant que les magistrats, en l'espèce, ont songé à l'article 253. D'ailleurs, il n'y a pas si longtemps, la chambre criminelle avait déclaré que l'article 253 contient « une règle générale » (Crim. 15 mars 1960, *Bull. crim.* n° 148). On peut estimer que dans l'affaire *Troia*, les magistrats ont raisonné analogiquement, sans le dire. L'interprétation analogique en procédure pénale est d'ailleurs chose courante (v. par ex. Crim.

12 nov. 1981, *Bull. crim.* n° 302, et même Crim. 12 juin 1952, *JCP* 1952. II. 7241, note J. Brouchot ; *S.* 1954. 1. 69, note A. Legal). La solution ainsi dégagée par l'arrêt *Troia* étant rappelée, on fera deux observations complémentaires, l'une sur son classicisme et l'autre sur ses limites.

A. — Le sens de l'arrêt Troia

La jurisprudence *Troia* est tout à fait classique et son principal intérêt est d'être l'une des dernières décisions à dire clairement ce que l'on savait déjà (solution confirmée par Crim. 5 déc. 2001, *Bull. crim.* n° 253, arrêt invoquant à la fois l'art. 6 § 1 Conv. EDH et l'art. préliminaire, al. 2 C. pr. pén. ; *RSC* 2003. 122, obs. A. Giudicelli). Cet arrêt comporte en effet des précédents en droit interne et en droit européen.

Sur le plan interne, dans une première décision, la chambre criminelle rappelle « qu'il est de maxime constante en France que les fonctions de ministère public sont incompatibles avec celles de juge, cette incompatibilité résultant de la nature de ces fonctions et des principes qui ne permettent pas qu'un magistrat puisse être, dans la même affaire, juge et partie poursuivante » (Crim. 15 mars 1960, *préc.*) : en l'espèce, un substitut du procureur général avait pris des réquisitions dans une affaire dont il devait ultérieurement connaître comme président de chambre (*adde* : Crim. 26 avr. 1990, *Bull. crim.* n° 162 ; *D.* 1990. Somm. 379, obs. J. Pradel ; 24 mai 2005, *Bull. crim.* n° 152 ; *D.* 2006. Pan. 619, obs. J. Pradel, pour des espèces très proches ; *AJ pénal* 2005. 290, obs. C. S. Enderlin ; *RSC* 2005. 935, obs. J.-F. Renucci). Dans le même esprit, on peut citer un second précédent, identique à l'arrêt *Troia* à ceci près que le magistrat du parquet avait signé le réquisitoire définitif alors que dans l'affaire ayant donné lieu à l'arrêt du 7 janvier 1986, on se souvient qu'il avait établi le réquisitoire introductif (Crim. 29 oct. 1979, *Bull. crim.* n° 296). La chambre criminelle étend même la solution au conjoint : un juge d'instruction avait rendu une ordonnance de non-lieu et sur appel de la partie civile, l'affaire avait été dévolue à une chambre d'accusation qui comprenait un conseiller, conjoint du magistrat du parquet qui avait pris des réquisitions ayant conduit au non-lieu rendu par ledit juge d'instruction ; la chambre criminelle vise l'article 6 § 1 Conv. EDH et annule l'arrêt (Crim. 29 févr. 1996, *Bull. crim.* n° 99 ; *D.* 1997. Somm. 141, obs. J. Pradel).

Le principe affirmé par l'arrêt *Troia* l'a été aussi par la Cour européenne des droits de l'homme de Strasbourg. Celle-ci a estimé qu'un magistrat du parquet ne peut ensuite participer au jugement, en l'espèce comme président d'une cour d'assises belge (arrêt du 1er oct. 1982, affaire *Piersack c. Bel-*

gique). La Cour de Strasbourg se fondait sur l'article 6-1 de la Convention européenne exigeant un « tribunal indépendant et impartial », définissait l'impartialité comme « l'absence de préjugé ou de parti pris » et notait qu'on peut apprécier celle-ci de deux façons : soit subjectivement en essayant de déterminer à l'aide d'indices ce que le juge pensait en lui-même (CEDH, affaire *Piersack, préc.* § 30), soit objectivement en recherchant si, abstraction faite des dispositions personnelles du juge, le cumul présente en lui-même un danger pour l'indépendance de ce magistrat (CEDH 26 févr. 1993, *Padovani c. Italie*, § 27 ; *RSC* 1994. 362, obs. R. Koering-Joulin). La cour de Strasbourg indique enfin sa préférence pour la conception objective, ce qui fait l'économie d'investigations toujours hasardeuses et ce qui donne du principe séparatiste une application générale et nette mais cette jurisprudence n'est pas sans limite.

B. — Les limites de la jurisprudence Troia

Classique, la jurisprudence *Troia* n'est pas sans limites. Le principe séparatiste se fondant sur un risque de partialité des juges, qui ont déjà donné leur point de vue comme parquetiers (et un point de vue répressif puisqu'ils ont déclenché la poursuite ou participé à son exercice), il n'y a plus aucune raison de l'appliquer lorsque ce risque est radicalement exclu. En conséquence, si un magistrat n'a pas personnellement traité une affaire quand il se trouvait au parquet, rien ne lui interdit de participer à son jugement. Un procureur de la République dont le substitut avait naguère ouvert une information peut fort bien faire partie de la juridiction de jugement appelée à juger cette affaire : ce procureur n'a en effet pris aucune décision personnelle en l'espèce et il y a même de bonnes raisons de penser qu'il avait ignoré la saisine du juge d'instruction (Crim. 12 déc. 1964, *Bull. crim.* n° 342 ; *D.* 1965. 375 ; *JCP* 1965. II. 14042, note R. Combaldieu). Et à l'encontre du cumul, on ne saurait invoquer l'indivisibilité des magistrats du parquet, cette règle signifiant seulement que les membres d'un même parquet forment un corps unique et que l'acte accompli par l'un d'eux l'est au nom du parquet tout entier.

II. — Un magistrat ayant participé à l'instruction d'une affaire peut-il ensuite faire partie de la juridiction de jugement connaissant de cette affaire ?

Cette question doit être distinguée de plusieurs autres. D'abord il y a le cas où le juge pénal de jugement avait connu de l'affaire comme juge civil en statuant sur les mêmes faits : le cumul est exclu (Crim. 8 avr. 2009, n° 08-83. 923 ; *D. 2009,* Pan. 2244, obs. J. Pradel). Imaginons aussi le juge d'instruction ensuite amené à composer la chambre de l'instruction dans la même affaire : un tel cumul est interdit par la jurisprudence car « le recours à l'examen de la chambre d'accusation serait illusoire » (Crim. 27 mars 1990, *Bull. crim.* n° 134 ; *D.* 1990. Somm. 376, obs. J. Pradel). Imaginons encore que le juge des libertés et de la détention, après avoir statué sur la détention, soit membre de la chambre de l'instruction statuant sur une requête en nullité. Selon la jurisprudence, le cumul est possible « aucune disposition conventionnelle n'y faisant obstacle » et les « deux instances sont distinctes, ni l'une ni l'autre n'impliquant qu'il soit statué sur la culpabilité » (Crim. 27 oct. 2004, *Bull. crim.* n° 260 ; *D.* 2005. Pan. 684, obs. J. Pradel); toutefois il ne peut faire partie de la juridiction de jugement (Crim. 8 déc. 2009, n° 09-85. 623, obs. J. Pradel).

Cela étant, revenons à notre problème de cumul entre une fonction de l'instruction et celle de jugement.

A. — Le cas du juge d'instruction

S'agissant du juge d'instruction, les choses sont assez simples.

1° Considérons d'abord le cas du juge d'instruction ordinaire. Ce cas est visé à la fois par les articles 49, alinéa 2 (expressément) et 253 (implicitement) du Code de procédure pénale : ce juge est radicalement exclu du jugement (*adde* : dans le même sens CEDH, 26 oct. 1986, affaire *de Cubber*, affirmant que « le juge d'instruction s'étant fait une idée sur la culpabilité n'offre plus les garanties d'impartialité requises »). Déjà, lors des travaux préparatoires de la loi du 8 décembre 1897, ancêtre de l'article 49, alinéa 2, précité, le sénateur L. Thézard, professeur à la Faculté de droit de Poitiers, avait déclaré que « le juge d'instruction, par le seul fait qu'il a préparé l'affaire et décidé le renvoi du prévenu devant le tribunal, a nécessairement sa conviction faite à l'avance » (rapport au Sénat, 25 nov. 1895, *JO* Doc. parl. session extraordinaire, n° 22, p. 8). Bien sûr, l'incompatibilité entre instruction et jugement suppose que le juge d'instruction ait fait au cours de l'instruction un acte lui permettant de se faire une opinion sur la culpabilité (1re condition) et que sa participation au jugement porte sur le fond de la poursuite (2e condition) (v. note au *D.* 1987. 237 et s., not. 3e et 4e colonnes).

2° Au juge d'instruction, il faut assimiler le juge des libertés et de la détention qui, selon l'article 137-1 du Code de procédure pénale « ne peut à peine de nullité, participer au jugement des affaires pénales dont il a connu » (pour une application, Crim. 16 mai 2007, *AJ pénal* 2007. 386, obs. C. Saas). La formule est très proche de celle de l'article 49 alinéa 2 du même Code. Une difficulté s'est présentée avec le juge des enfants en tant que juge d'instruction. On sait que ce juge, après avoir instruit l'affaire, peut statuer au fond, soit seul, soit si une peine doit être prononcée dans le cadre du tribunal pour enfants dont il assure la présidence (art. 8, Ord. 2 févr. 1945).

Pendant longtemps, on a admis sans difficulté que le cumul était en l'espèce possible, compte tenu du particularisme du droit des mineurs et du caractère paternaliste du juge des enfants qui n'est pas du tout le juge de répression dont il y aurait lieu de se méfier. Or, au grand étonnement de nombreuses personnes, le problème s'est posée en 1992-1993 et la chambre criminelle a été amenée à statuer dans un arrêt du 7 avril 1993 qui a fait grand bruit. Les commentaires en ont été particulièrement nombreux (v. notes M. Allaix, *JCP* 1993. II. 22151 et J. Pradel, *D.* 1993. Jur. 553 ; commentaires à la *RSC* 1993. 238, obs. D. Salas ; *ibid.* 1994. 67, obs. M. Huyette et 75, obs. C. Lazerges ; *RTD civ.* 1993. 561, obs. J. Hauser).

Dans sa décision du 7 avril 1993, la Cour de cassation admet le cumul en considérant que celui-ci ne méconnaît aucune disposition de la Convention européenne. Elle évoque aussi — fait très rare — le Pacte international de New York dont l'article 14 exprime le particularisme du droit des mineurs, ainsi que les Règles de Beijing, approuvées par les Nations unies en 1985 qui vont dans le même sens. Ces deux textes internationaux sont à la vérité assez faibles car ils n'indiquent nullement que le cumul est possible. Plus sérieusement, la chambre criminelle invoque le fait que le tribunal des enfants comprend non seulement le juge des enfants, mais aussi deux assesseurs, ce qui laisse entendre que ces derniers peuvent mettre le premier en minorité. À vrai dire, le meilleur argument de la chambre criminelle — et il est d'ailleurs évoqué *in limine* — est le caractère éducatif de la justice des mineurs (V. en dernier lieu Cons. const. 13 mars 2003, n° 2003-467 DC, Loi pour la sécurité intérieure, *JO* 14 mars ; *D.* 2004. Somm. 1273, obs. S. Nicot, où est évoquée la « nécessité de rechercher le relèvement éducatif et moral » du mineur, en tant que principe fondamental reconnu par les lois de la République, § 36). Puisque l'éducation (ou la rééducation) du mineur est fondamentale, il faut la confier à des magistrats qui connaissent bien le mineur. Or parmi ces magistrats, le juge des enfants est le mieux placé puisqu'il a mené l'instruction notamment en s'attachant à la vérité criminologique autant qu'à la vérité infractionnelle.

Peu après la chambre criminelle, la Cour européenne statuait dans l'affaire *Nortier c. Pays-Bas*, le 24 août 1993 (*D.* 1995. Somm. 105, obs. J.-F. Renucci ; *ibid.* 1994. Somm. 37, obs. S. Becquerelle ; *RSC* 1994. 362, obs. R. Koering-Joulin), le droit néerlandais des mineurs étant alors très voisin du nôtre.

La Cour de Strasbourg refuse de sanctionner les Pays-Bas en indiquant « qu'on ne peut considérer comme objectivement justifiée la crainte du requérant que le juge Meulenbroek ne manquât d'impartialité ». Cependant les juges de Strasbourg sont moins absolus que ceux de Paris : à l'inverse de ces derniers, ils rappellent qu'il faut « avant tout établir si les inquiétudes subjectives du suspect peuvent passer pour objectivement justifiées en l'occurrence », ce qui entrouvre la porte à un rejet du cumul, au cas par cas. Et d'ailleurs, par une décision postérieure, la CEDH a nettement exclu le cumul (CEDH 2 mars 2010, *Adamkiewicz c. Pologne*, n° 54729/00, *D.* 2010. 1324, note Ph. Bonfils ; *RSC* 2010. 687, obs. D. Roets).

Cette jurisprudence européenne a sans doute inspiré le Conseil constitutionnel : celui-ci juge contraire au principe d'impartialité le fait pour le juge des enfants de diriger l'enquête sur les faits reprochés au mineur et de participer au jugement de ces mêmes faits en présidant le tribunal pour enfants, aucune disposition de l'ordonnance du 2 février 1945 n'excluant ce cumul et ce tribunal pouvant prononcer des peines. En revanche, rien n'interdit au juge des enfants, à l'issue de son instruction, de prononcer des mesures d'assistance, de surveillance et d'éducation. Cette déclaration d'inconstitutionnalité partielle est cependant tempérée par la décision des Sages de ne l'appliquer qu'à compter du 1er janvier 2013 (Cons. const. 8 juill. 2011, n° 2011-147 QPC, *JO* 9 juill. ; *D.* 2011. 1903, obs. S. Lavric).

B. — Le cas des magistrats de la chambre de l'instruction

La situation se présente sous un jour moins clair car l'article 253 du Code de procédure pénale ne statue qu'à propos de la cour d'assises et encore même pas en ce qui concerne la détention provisoire ; la jurisprudence a d'ailleurs comblé cette dernière lacune en décidant que le magistrat ayant participé à un arrêt sur la détention provisoire comme membre de la chambre d'accusation ne peut pas faire partie ensuite de la cour d'assises « car il a nécessairement procédé à un examen préalable du fond » (Crim. 18 mai 1976, *Bull. crim.* n° 168 ; 12 oct. 1983, *Bull. crim.* n° 243 ; *D.* 1984. Jur. 610, note J. Pradel ; 8 avr. 1992, *Bull. crim.* n° 152, *D.* 1993. Somm. 204, obs. J. Pradel ; 3 déc. 1997, *Bull. crim.* n° 410 ; *contra* : Crim. 28 mai 1968, *D.* 1968. Jur. 545, note F. Chapar). La grande question est donc de savoir si le membre d'une chambre de l'instruction peut ultérieurement siéger à la chambre des appels correctionnels. Il est sûr tout d'abord que le membre de la chambre de l'instruction qui a participé à un arrêt rejetant une demande d'actes d'instructions ne peut plus se retrouver à la chambre des appels correctionnels (Crim. 15 déc. 2004, *Bull. crim.* n° 324 ; *D.* 2005. Pan. 685, obs. J. Pradel) : en effet ce magistrat a porté une appréciation sur les charges. En revanche ; il est plus délicat de savoir si le magistrat qui avait statué, comme membre de la chambre de l'instruction, sur la liberté du mis en examen ou sur les charges peut juger du fond.

1° Selon l'arrêt *Lavy* du 20 décembre 1984, le magistrat qui, comme membre d'une chambre d'accusation, a participé à un arrêt sur la liberté de l'intéressé peut parfaitement faire partie, par la suite, de la chambre des appels correctionnels. La règle n'était certes pas nouvelle (Crim. 12 déc. 1974, *Bull. crim.* n° 368 ; 9 oct. 1979, *Bull. crim.* n° 275) et elle sera réaffirmée ultérieurement (Crim. 11 juin 1985, *Bull. crim.* n° 226 ; 17 déc. 1985, *D.* 1986. IR 301 et obs. ; 6 nov. 1986, *D.* 1987. Jur. 237, note J. Pradel). Pourtant l'arrêt du 20 décembre 1984 présente un intérêt particulier, celui d'être le premier de la série à être spécialement bien motivé. Auparavant, la chambre criminelle n'invoquait que le caractère strict de l'article 253 du Code de procédure pénale qui, on le rappellera, n'établit d'incompatibilités qu'à propos de la cour d'assises. Avec l'arrêt *Lavy*, cet argument est conservé, mais s'y ajoute un autre qui réside dans le fait que la participation à une chambre des appels correctionnels n'est pas contraire à l'exigence d'impartialité énoncé par l'article 6-1 de la Convention européenne. Cette double motivation appelle, selon nous, les plus expresses réserves.

Tout d'abord, l'argument tiré du caractère strict de l'article 253 du Code de procédure pénale (les incompatibilités sont de droit étroit) ne vaut pas car ce texte est silencieux sur la liberté du mis en examen. Par conséquent, la jurisprudence qui permet au membre d'une chambre d'accusation de siéger à la chambre des appels correctionnels devrait aussi lui permettre de faire partie de la cour d'assises. Or, on sait qu'elle exclut justement ce magistrat de cette dernière (Crim. 18 mai 1976 et 12 oct. 1983, *préc.*). Il y a là une contradiction que rien ne justifie. Rétorquera-t-on que les délits sont moins graves que les crimes et que les inconvénients d'un cumul des fonctions sont moindres dans un cas que dans l'autre ? C'est oublier que les correctionnalisations ne sont pas toujours menées avec la même intensité ici et là. C'est oublier aussi que le problème du cumul se pose toujours de la même façon dans son principe.

Peut-on admettre ensuite que l'article 6-1 de la Convention européenne n'est pas méconnu par l'arrêt *Lavy* ? On rappellera que, selon ce texte, « toute personne a droit à ce que sa cause, soit entendue... par un tribunal indépendant et impartial... qui décidera, soit des contestations sur ses droits et obligations de caractère civil, soit du bien-fondé de toute accusation en matière pénale dirigée contre elle ». Or, on peut estimer que l'expression « droits et obligations de caractère civil », au moins dans la version anglaise, inclut le contentieux des demandes en liberté (R. Pelloux, *Annuaire français de droit international*, 1969, p. 276 et s. ; note au *D.* 1985. Jur. 543). Et il est certain qu'en statuant sur la liberté au cours de l'instruction préparatoire, le magistrat apprécie les charges (en ce sens, Crim. 28 juin 1972, *Bull. crim.* n° 223 ; 21 nov. 1979, *Bull. crim.* n° 333 ; 12 oct. 1983, *préc.*, où il est dit que le magistrat « a nécessairement procédé à un examen préalable du fond » ; *adde* : article 5-1 c de la Convention qui parle de soupçons). Ce magistrat a donc déjà un avis, une idée préconçue, de sorte que la juridiction des appels correctionnels dont il ferait partie ne serait plus un tribunal impartial (v. dans le même sens, l'arrêt *de Cubber* déjà cité).

La solution ainsi donnée en ce qui concerne la liberté vaut aussi pour les nullités : le magistrat qui en tant que membre de la chambre d'accusation a statué sur une requête en nullité peut ultérieurement faire partie de la chambre des appels correctionnels (Crim. 9 nov. 1995, *Bull. crim.* n° 346 ; *D.* 1996. Somm. 259, obs. J. Pradel).

2° La chambre criminelle raisonne différemment si le magistrat a participé, au cours de l'instruction préparatoire, à un arrêt sur les charges. Comme si à ses yeux, l'examen des charges impliquait plus directement le magistrat en l'engageant plus pour l'avenir, elle décide que le magistrat d'une chambre d'accusation ayant participé à un arrêt sur les charges ne peut par la suite siéger à la chambre des appels correctionnels. Tel est le principe affirmé par l'arrêt *Eschbach* du 6 novembre 1986. L'intérêt de cette décision est de fixer une jurisprudence qui jusqu'alors était hésitante (Crim. 11 mars 1986, *Bull. crim.* n° 100 ; *D.* 1986. IR 302 et obs., contre le cumul ; Crim. 29 mai 1956, *Bull. crim.* n° 407 ; 20 juin 1957, *Bull. crim.* n° 518 ; 6 mars 1969, *Bull. crim.* n° 112 ; 27 sept. 1984, *D.* 1985. Jur. 371, note J.-M. Robert, quatre arrêts favorables au cumul, surtout les deux premiers).

Cette jurisprudence séparatiste est bien fondée puisque le magistrat, en statuant sur les charges, a évidemment abordé le fond de l'affaire, c'est-à-dire les preuves, tant les charges (appréciées par les juridictions d'instruction) sont proches des preuves (appréciées par les juridictions de jugement) ; on reconnaîtra d'ailleurs que ce sont souvent les mêmes éléments probatoires qui sont qualifiés « charges » au cours de l'instruction, puis « preuves » dans le jugement. On peut, là encore, invoquer l'article 6-1 de la Convention européenne sur l'exigence d'un tribunal impartial. De plus, il serait choquant que la Cour de cassation admette le cumul au profit du magistrat appartenant à une juridiction d'appel alors que la loi l'exclut formellement à propos du juge d'instruction (art. 49, al. 2 C. pr. pén.).

L'interdiction pour le membre d'une chambre de l'instruction de faire partie de la chambre des appels correctionnels a cependant donné lieu à une difficulté en cas de non-lieu partiel. La chambre criminelle a décidé qu'après avoir participé à un arrêt de non-lieu partiel, un magistrat pouvait composer la chambre des appels correctionnels appelée à connaître des faits restant à juger après cette amputation de la poursuite (Crim. 20 déc. 1984, affaire *Merlin*, *D.* 1985. Jur. 541, note J. Pradel). La solution suscite l'hésitation. D'un côté, il n'est pas douteux qu'en pratique, le magistrat, lorsqu'il a agi en qualité de membre de la chambre de l'instruction, a pris connaissance de tout le dossier en jetant un regard aussi bien sur les faits ayant fait l'objet du renvoi que sur ceux qui ont fait l'objet du non-lieu. D'ailleurs, la chambre de l'instruction reçoit le dossier en totalité. Il est impossible au magistrat de lire le dossier « entre les lignes » en ne s'attachant qu'aux faits qui déboucheront sur un non-lieu. D'un autre côté cependant, à raisonner de façon stricte, le magistrat qui participe au jugement n'a pas en droit connu les faits pour lesquels le mis en examen a été renvoyé : juridiquement, ce magistrat n'a connu à l'instruction que les faits ayant abouti à un non-lieu. On peut donc admettre que le magistrat ayant participé à un arrêt de non-lieu partiel puisse ultérieurement connaître, comme membre de la chambre des appels correctionnels les faits restant à juger. Mais il faut pour cela que les faits déférés à la chambre de l'instruction soient totalement différents de ceux qui ont été abandonnés lors de l'instruction. Sans doute eut-il été opportun que la chambre criminelle le rappelât.

III. — Les cumuls en matière pénitentiaire

Enfin, la pratique pénitentiaire a fait apparaître un problème nouveau. Voici un juge de l'application des peines qui est chargé de mettre en œuvre une peine de travail d'intérêt général. Or le condamné à cette peine se refuse à toute exécution. Le tribunal correctionnel pouvant se trouver saisi pour tirer toutes conséquences de ce refus, il faut savoir si ce magistrat peut en faire partie. C'est possible, répond — pour la première fois que se posait cette question en jurisprudence — la chambre criminelle dans son arrêt *Lemoine* du 6 novembre 1986. Que penser de cette solution sur un problème qui est en réalité bien plus vaste ?

A. — La solution admise

La Cour de cassation, dans l'affaire *Lemoine*, s'est contentée de répondre au pourvoi « qu'aucune disposition légale n'interdit que le juge de l'application des peines, qui a fixé les modalités du travail d'intérêt général, fasse partie du tribunal correctionnel appelé à statuer sur la violation de cette mesure ». Sèche motivation qui suscite l'embarras.

Certes, en faveur du cumul, les arguments ne manquent pas : la loi n'énonce aucune incapacité ; le juge de l'application des peines connaît mieux que quiconque l'intéressé ; on résout un problème d'effectifs, surtout dans les petits tribunaux.

Pourtant, ces arguments ne sont pas définitifs : il n'y a pas davantage d'incapacité pour les magistrats de la chambre des appels correctionnels et même, s'il s'agit de la détention provisoire, pour ceux de la cour d'assises, et l'on sait que là, pourtant, la jurisprudence a exclu le cumul (v. *supra*, II.B) ; le juge d'instruction, lui aussi, connaît bien l'intéressé et l'a même peut-être mieux connu encore que le juge de l'application des peines et pourtant, il est exclu ; le problème des effectifs se pose aussi dans les petites cours d'appel ; la solution admise pour le sursis probatoire est parfois critiquée (R. Legeais, *RSC* 1961. 843, spéc. 850).

C'est qu'en effet la possibilité de cumul admise par l'arrêt *Lemoine* se heurte à deux obstacles. En premier lieu, elle fait du juge de l'application des peines à la fois un juge et une partie puisqu'une condamnation pour violation de l'obligation d'assurer un travail d'intérêt général n'aura pu être obtenue qu'à la suite d'une poursuite à l'origine de laquelle se trouve ce magistrat : c'est vrai qu'il s'agisse du travail d'intérêt général prononcé à titre autonome (le parquet n'ayant pu lancer la poursuite qu'à la suite d'un rapport du juge qui apparaît un peu comme le poursuivant de fait) ou qu'il s'agisse du travail d'intérêt général intégré à un sursis (le juge de l'application des peines saisissant même directement le tribunal correctionnel). Par conséquent, le juge de l'application des peines n'est pas vraiment indépendant. En second lieu, si le tribunal refuse de prononcer une condamnation, le juge de l'application des peines perd toute autorité sur le condamné.

La question est aujourd'hui réglée par l'attribution au juge de l'application des peines du pouvoir de statuer seul (art. 733-2 C. pr. pén., loi du 9 mars 2004). Cependant le juge prend sa décision à l'issue d'un débat contradictoire en application de l'article 712-6.

B. — Les problèmes posés

À vrai dire, l'arrêt du 6 novembre 1986 pose des problèmes voisins, plus généraux en ce qu'ils sont relatifs à l'éventuel cumul des fonctions de membre de la juridiction de jugement et des fonctions des organes d'exécution.

1° En premier lieu, c'est le cumul des fonctions de juge de l'application des peines et de membre de la juridiction correctionnelle qui se pose. Deux situations méritent plus spécialement l'examen.

La plus simple est celle dans laquelle un juge fait partie du tribunal correctionnel, qui sera ensuite le juge de l'application des peines. Il faut approuver la présence du juge de l'application des peines au sein du tribunal correctionnel : ce juge, en effet, apportera à ses collègues les lumières de son expérience de « thérapeute social » (H. Rossi, « De l'association du juge de l'application des peines à la juridiction de jugement », *JCP* 1964. I. 1833). En pratique, le tribunal se borne à retenir le principe de la peine (sursis probatoire, travail d'intérêt général...) et c'est ensuite le juge de l'application des peines qui en détermine les modalités, qui en remplit le cadre.

La seconde est celle-ci : le juge de l'application des peines constatant que le condamné a commis pendant le délai d'épreuve un crime ou un délit de droit commun suivi d'une condamnation d'une peine privative de liberté sans sursis défère ce condamné devant le tribunal correctionnel. Peut-il faire partie de ce tribunal ? La jurisprudence répond par l'affirmative puisque la juridiction correctionnelle n'est pas appelée à statuer sur le fond de l'affaire (Crim. 19 oct. 1988, *Bull. crim.* n° 357 ; 18 oct. 2000, *Bull. crim.* n° 302 ; *D.* 2001. IR 42).

La loi est muette, se bornant à rappeler que la juridiction de jugement doit avoir recueilli l'avis du juge de l'application des peines (art. 132-48, al. 1 C. pén.). Elle n'interdit pas le cumul. Cette règle ne doit pas être confondue avec celle — relative à une situation voisine il est vrai — selon laquelle le magistrat qui a participé à une décision avec sursis ne peut plus faire ensuite partie de la juridiction statuant sur une demande de dispense de révocation de ce sursis, après nouvelle condamnation (Crim. 27 févr. 1991, *D.* 1992. Somm. 97, obs. J. Pradel).

2° En second lieu, *quid* du cumul entre juge du relèvement et juge correctionnel ayant statué auparavant ? Selon l'article 702-1 du Code de procédure pénale, c'est la juridiction de condamnation qui est compétente pour répondre à une requête aux fins de relèvement. La jurisprudence applique ce texte en apportant la précision que la juridiction qui a prononcé la condamnation peut être « éventuellement composée des mêmes magistrats » car l'objet de la requête ne porte pas sur une accusation en matière pénale, mais sur un incident d'exécution (Crim. 9 janv. 2002, *Bull. crim.* n° 1 ; *D.* 2002. IR 941 ; *RSC* 2002. 583, obs. B. Bouloc ; 19 mars 2002, *Bull. crim.* n° 65). On ne peut qu'approuver la solution.

***

La jurisprudence est donc considérable sur la séparation des fonctions. Il faut terminer d'un mot. On sent à travers les arrêts de la chambre criminelle parfois un souci (pas toujours légitime) de réduire la portée du séparatisme, sans doute dans un souci de bonne administration de la justice. Les magistrats invoquent volontiers qu'il n'y a pas de texte interdisant le cumul (les incapacités sont de droit étroit) ou que lors d'une procédure précédente, le juge n'a porté aucune appréciation sur les faits reprochés (Crim. 11 oct. 2000, *Bull. crim.* n° 295 ; *D.* 2000. IR 290) ou encore que les faits sont différents : révélatrice est cette jurisprudence selon laquelle un juge ayant prononcé un divorce pour adultère peut ensuite faire partie de la cour d'assises jugeant le même individu pour viols aggravés (Crim. 5 juill. 1994, *Bull. crim.* n° 265 ; *D.* 1995. Somm. 143, obs. J. Pradel). Et ce qui doit être remarqué, c'est que la CEDH, dans ses dernières décisions, apparaît de plus en plus réticente à appliquer strictement le principe de séparation (J. Pradel, n° 14 ; D. Roets, « Impartialité et justice pénale », *Travaux de l'Institut de sciences criminelles de Poitiers*, Cujas, vol. 18, 1997, n° 190 et 191).

J. P.

2

COUR D'ASSISES — JURÉS — INCAPACITÉ — INCOMPATIBILITÉ — INSCRIPTION SUR UNE LISTE — PRÉSOMPTION DE CAPACITÉ

Crim. 12 juillet 1962, *Bouteloup* (*Bull. crim.* n° 247) ; Crim. 19 décembre 1968, *Torres* (*Bull. crim.* n° 333) ; Crim. 29 février 1984, *Abdellah* (*Bull. crim.* n° 84)

Les incapacités, aux fonctions de jurés, édictées par les textes, sont de droit étroit et ne peuvent être étendues. L'impossibilité de produire un extrait de casier judiciaire ne peut donc pas conduire à l'exclusion, des personnes concernées, de la liste du jury (3e espèce). Une solution identique doit être adoptée pour les incompatibilités. La fonction d'adjudant de sapeurs-pompiers ne figurant pas dans la nomenclature prévue à l'article 257 du Code de procédure pénale, une personne exerçant cette profession peut être juré (2e espèce).

Toute inscription faite, par une autorité compétente, sur une liste générale du jury emporte, pour ceux qui sont inscrits, une présomption de capacité valant jusqu'à preuve contraire (1re espèce).

Chambre criminelle, 12 juillet 1962

Bouteloup

Vu le mémoire produit ;

Sur le moyen unique de cassation pris de la violation des articles 255 et suivants du Code de procédure pénale et 7 de la loi du 20 avril 1810, défaut de motifs et manque de base légale,

En ce que l'un des jurés tirés par le sort pour la composition du jury du jugement est noté à la liste de session, sans autre précision, comme exerçant la profession de maire, alors que les fonctions de maire ne constituent pas une profession ;

Qu'ainsi, le demandeur, faute de connaître avec exactitude la profession dudit juré, n'a pu exercer dans toute sa plénitude son droit de récusation ;

Attendu que le sieur Gautier, onzième juré, est désigné comme suit dans la liste signifiée « Gautier Jean Alfred Henri, né le 2 août 1923 à Bayeux, maire à Montchaton, canton de Montmartin-sur-Mer » ; que si la profession de ce juré n'est pas mentionnée, l'indication de sa qualité de « maire », complétant les énonciations relatives au nom patronymique, aux prénoms, à la date et au lieu de naissance, ainsi qu'au domicile dudit juré, suffisait pour éviter que l'accusé ne fut induit en erreur sur sa personnalité ;

Attendu, d'autre part, que les inscriptions faites par l'autorité compétente sur la liste générale du jury emportent, à l'égard de ceux qui sont inscrits une présomption de capacité qui vaut jusqu'à preuve contraire ; que le demandeur n'a fait, ni proposé de faire la preuve que le sieur Gautier ne remplissait pas les conditions de capacité exigées par la loi ;

D'où il suit que le moyen n'est pas fondé ;

Et attendu que l'arrêt est régulier en la forme ;

Rejette le pourvoi.

Chambre criminelle, 19 décembre 1967

Torres

Vu le mémoire produit ;

Sur le premier moyen de cassation pris de la violation de l'article 257 du Code de procédure pénale et de l'article 7 de la loi du 20 avril 1810, défaut de motifs et manque de base légale,

En ce que parmi les jurés ayant rendu la décision attaquée figurait un adjudant de sapeurs-pompiers alors qu'il y a incompatibilité entre cette fonction et celle de juré ;

Attendu que le juré titulaire Massé, qui a fait partie du jury de jugement, est indiqué sur la liste signifiée, comme « adjudant de sapeurs-pompiers à Belin (Gironde) » ;

Attendu qu'il ne résulte pas de cette dénomination que Massé exerçait des fonctions rentrant dans la nomenclature, essentiellement limitative, des incompatibilités instituées par l'article 257 du Code de procédure pénale ;

D'où il suit que le moyen ne saurait être accueilli ;

Chambre criminelle, 29 février 1984

Abdellah

Sur le moyen de cassation, pris de la violation des articles 255, 256, 289, 290, 591 et 593 du Code de procédure pénale, violation des droits de la défense, défaut de motifs et manque de base légale,

Vu lesdits articles ;

Attendu qu'aux termes de l'article 256 du Code de procédure pénale, sont notamment incapables d'être jurés : 1° Les individus ayant été condamnés à une peine criminelle ou à un mois au moins d'emprisonnement pour crime ou délit ; 2° Pendant cinq ans seulement, à compter du jugement définitif, ceux condamnés pour un délit quelconque à un emprisonnement de moins d'un mois ou à une amende au moins égale à 500 francs ;

Que les incapacités édictées par ledit article sont de droit étroit et ne peuvent être étendues ;

Attendu que l'arrêt du 18 avril 1983 portant révision de la liste du jury de session a excusé trois jurés titulaires et un juré suppléant aux motifs « que ces jurés sont dans l'impossibilité de produire un extrait de leur casier judiciaire, lequel n'a pu être obtenu par les services du Parquet avant l'audience de ce jour » ;

Attendu qu'en statuant ainsi, la Cour qui a écarté de la liste du jury de session quatre jurés sans établir qu'ils entraient dans l'un des cas d'exclusion prévus par le Code de procédure pénale, faisant peser sur eux une présomption d'incapacité contraire à l'esprit de la loi, n'a pas donné une base légale à sa décision ;

D'où il suit que la cassation est encourue ;

Par ces motifs, et sans qu'il y ait lieu de statuer sur le second moyen ;

Casse et annule

Et pour être statué à nouveau conformément à la loi :

Renvoie

OBSERVATIONS

Les controverses permanentes sur le maintien d'une juridiction populaire dans notre système pénal ne sont sans doute pas sur le point de se terminer, dans la mesure où les arguments avancés par les partisans et les adversaires du jury sont facilement réversibles (V. S. Guinchard et J. Buisson, 3e éd., no 199 ; S. Guinchard, G. Montagnier, A. Varinard, Th. Debard, *Institutions juridictionnelles*, 11e éd., Dalloz, coll. « Précis », 2011, no 587 ; W. Roumier, *L'avenir du jury criminel*, LGDJ, coll. « Biblio. sc. crim. », 2003, T. 39, préface A. Decocq). Il reste cependant que l'autorisation d'un appel contre les verdicts des cours d'assises, organisé par la loi du 15 juin 2000, est de nature à atténuer la portée de certaines critiques, même si l'on a pu s'interroger sur la pertinence d'un système, s'apparentant à un appel circulaire et dont le seul mérite est de donner une seconde chance à l'accusé plus que d'assurer le respect du principe du double degré de juridiction. En effet, ce principe implique que l'appel soit porté devant une juridiction supérieure. On peut douter que la simple augmentation du nombre des jurés (de 9 à 12, 6 à 9 depuis la loi du 10 août 2011) puisse conduire à satisfaire à cette exigence (sur cette question, v. S. Guinchard et J. Buisson, no 196 b). Néanmoins cette réforme est une confirmation supplémentaire du fait que, nonobstant toutes les critiques, la participation des citoyens pour le jugement des infractions les plus graves est une pratique, si fortement ancrée dans nos traditions et dans nos moeurs, qu'il paraît presque impossible de la faire disparaître. La loi no 2011-939 du 10 août 2011 complète la formation collégiale des tribunaux correctionnels pour juger certaines infractions par des citoyens assesseurs. Cette innovation est de nature à conforter cette tradition juridique française (loi sur la participation des citoyens au fonctionnement de la justice pénale et le jugement des mineurs, *JO* 11 août 2011). Dès lors se pose, peut-être encore avec plus d'acuité, la question de la détermination de ces magistrats citoyens (V. *La cour d'assises, bilan d'un héritage démocratique*, Ass. française d'histoire de la justice, La Documentation française, 2001). Qui peut être juré ? Il existe *a priori* deux conceptions différentes de l'aptitude à remplir les fonctions de juré. Selon la première, la mission de juré est une véritable obligation civique (on peut bien sûr également considérer qu'il s'agit d'un droit), qui s'impose à tout citoyen. Dès lors, tout individu qui jouit de ses droits civils et politiques (V. *Lexique des termes juridiques*, Dalloz, au mot « citoyen ») et qui peut être inscrit sur les listes électorales, peut être désigné comme juré. Selon la seconde conception, la mission du juré s'apparente plutôt à l'exercice d'une véritable fonction judiciaire et fait du juré une sorte de magistrat non professionnel. On peut alors comprendre que des conditions complémentaires d'aptitude puissent être requises pour exercer cette fonction (v. S. Guinchard et J. Buisson, nº 164).

On s'accorde, en général, pour admettre que, si dans un premier temps, c'est plutôt la première conception qui prévalait, ultérieurement l'idée d'un juré magistrat a conduit à écarter de cette fonction ceux qui paraissaient inaptes à l'exercer. Si cette solution n'est pas contestable, il n'est pas moins certain que, depuis une loi du 28 juillet 1978, le système de formation du jury de jugement a redonné une place plus importante au tirage au sort sur les listes électorales (V. R. Merle et A. Vitu, nº 660 et s. ; A. Braunschweig, « Réflexions sur le jury criminel », *Revue pénit.* 1985. 10 ; A. Decocq, « Réforme du jury d'assises », *RSC* 1979. 127). Aujourd'hui, et contrairement au système antérieur à cette loi, le principe est que tout citoyen inscrit sur une liste électorale communale a vocation à être juré, ce qui implique qu'il s'agit bien, aussi, d'une prérogative civique. On notera que la loi du 10 août 2011 précitée, qui introduit des citoyens assesseurs dans les tribunaux correctionnels, indique expressément que l'exercice de cette fonction constitue un devoir civique et sanctionne pénalement, non seulement le fait, pour un citoyen assesseur, de ne pas se présenter aux audiences mais également celui de ne pas se prêter aux opérations permettant de vérifier qu'il remplit les conditions pour exercer cette fonction (art. 10-13 C. pr. pén.). Ce texte est inséré dans un nouveau sous-titre du titre préliminaire du Code de procédure pénale intitulée « De la participation des citoyens aux affaires pénales ». L'exclusion des listes, pour inaptitude, doit donc nécessairement présenter un caractère exceptionnel.

Le législateur a établi une liste précise des cas dans lesquels une personne tirée au sort ne pourra pas être maintenue sur une liste de jurés, soit en raison d'une incapacité, soit parce qu'elle exerce une fonction qui apparaît incompatible avec l'accomplissement de la mission de juré (art. 256 et 257 C. pr. pén.). Les deux premières décisions que nous avons retenues, illustrent dans chacun de ces domaines, le caractère nécessairement limitatif de ces causes d'exclusion.

Bien entendu, la présence d'un juré, ne remplissant pas les conditions requises au sein d'une cour d'assises, entraîne normalement la nullité des débats et de la décision puisque la juridiction était irrégulièrement composée. Encore faut-il que cette irrégularité soit juridiquement établie. Dès lors que l'on considère que la désignation comme juré est une sorte de droit civique, l'exclusion implique la démonstration de l'inaptitude. Aussi la jurisprudence a-t-elle posé le principe aux termes duquel l'inscription sur une liste emporte une présomption de capacité qui ne peut céder que par la démonstration de la preuve contraire. Tel est l'apport de la troisième décision que nous avons retenue dans une longue liste statuant dans le même sens. Ces deux questions, qui atténuent d'une certaine manière la conception du juré magistrat, seront examinées successivement.

I. — L'inaptitude à la fonction de juré

Les conditions positives d'aptitude, imposées par les textes, sont peu nombreuses puisqu'elles se limitent à requérir un âge minimum actuellement fixé à 23 ans et à la vérification que la personne tirée au sort n'est pas illettrée, autrement dit qu'elle sait lire et écrire le français. La qualité de Français n'est pas expressément indiquée, mais elle résulte clairement de la qualité de citoyen jouissant des droits politiques, civils et de famille. La présence sur une liste électorale implique cette condition puisque seuls les citoyens français disposent du droit de vote. Ce que l'on appelle assez généralement les conditions d'aptitude intellectuelle et civique ne sont donc guère exigeantes et la plupart des citoyens peuvent ainsi être amenés à figurer sur une liste de jurés. Néanmoins le législateur a considéré que cette fonction judiciaire ne pouvait pas être attribuée à ceux dont on peut douter de la moralité ou d'une totale liberté de décision. Ce sont ces incapacités (A) et ces incompatibilités (B), qui sont précisément énumérées par le législateur et que la jurisprudence considère comme ne pouvant pas être étendues au-delà des cas prévus.

A. — Des incapacités en nombre limité

D'une manière générale, les incapacités à la fonction de juré énumérées par l'article 256 du Code de procédure pénale sanctionnent un défaut de moralité réel ou supposé de la personne.

Ce défaut de moralité concerne, en premier lieu, les personnes qui ont fait l'objet de certaines condamnations pénales. Aux termes du premier alinéa de l'article 256, tel qu'il résulte de la loi du 15 juin 2000, il s'agit des individus, dont le bulletin n° 1 du casier judiciaire mentionne soit une condamnation pour crime, soit pour délit à une peine égale ou supérieure à six mois d'emprisonnement. Assez curieusement, le Code pénal de 1992 avait supprimé cette incapacité, laissant ainsi, à un individu condamné aux assises et non réhabilité, la possibilité d'être juré. Pour autant, encore faut-il avoir la certitude de l'existence d'une telle condamnation. Tel n'était pas le cas dans l'affaire soumise à la chambre criminelle le 29 février 1984. En effet la cour d'assises de Seine-Saint-Denis constatant que trois jurés titulaires et un juré suppléant étaient dans l'impossibilité de fournir un extrait de casier judiciaire, le parquet n'ayant pu obtenir ce document avant l'audience, avait décidé de rayer ces personnes de la liste de session. La chambre criminelle saisie d'un pourvoi du condamné devait casser l'arrêt de condamnation. En effet, après avoir rappelé le principe selon lequel les incapacités édictées par l'article 256 sont de droit étroit et ne peuvent donc être étendues (Crim. 31 mars 1906, *Bull. crim.* n° 167), la chambre criminelle a considéré qu'en écartant des jurés, au seul motif qu'on ne disposait pas d'un extrait de casier judiciaire, cette juridiction avait établi une véritable présomption d'incapacité, contraire à l'esprit de la loi.

Cette décision est intéressante, en ce sens que le demandeur au pourvoi n'invoquait pas l'incapacité d'un juré pour démontrer l'irrégularité de la composition de la juridiction, mais tout au contraire la capacité de certains jurés irrégulièrement écartés de la liste de session. La chambre criminelle consacre ainsi le droit pour l'accusé à ce que tous les citoyens désignés par le sort puissent, potentiellement au moins, faire partie de son jury de jugement.

On notera que la plupart des autres incapacités sont fondées sur l'idée de défiance à l'égard d'individus, dont le sens moral peut apparaître douteux. Il s'agit des individus en état d'accusation ou de contumace et ceux qui sont sous mandat de dépôt ou d'arrêt (art. 256-3e), des fonctionnaires ou agents de l'État ou des collectivités locales révoqués de leurs fonctions (art. 256-4e), des officiers ministériels destitués, des membres des ordres professionnels frappés d'une interdiction d'exercer par une décision juridictionnelle ou des faillis non réhabilités (art. 256-5e et 6e). D'une manière plus globale, l'incapacité concerne toutes les personnes qui ont été condamnées à la peine de l'interdiction des droits civiques, civils et de famille (art. 131-26 C. pén.) puisque cette peine comporte notamment l'interdiction d'exercer une fonction juridictionnelle, donc nécessairement celle d'être juré (art. 256-7e). La défiance qui concerne les personnes placées sous sauvegarde de justice, les majeurs en tutelle ou en curatelle, ainsi que ceux qui sont placés par décision administrative dans un établissement d'aliénés, est un peu d'une autre nature puisqu'il s'agit d'exclure des personnes, dont l'altération des facultés mentales les rend inaptes aux actes de la vie courante et donc *a fortiori* à la participation à une décision juridictionnelle. La dernière incapacité enfin qui concerne les jurés défaillants, et dès lors sanctionnés sur la base de l'article 288 du Code de procédure pénale, s'apparente plutôt à une sorte de sanction complémentaire (art. 256-7e).

Au-delà de ces cas, aucune cause d'exclusion n'apparaît donc possible puisque la liste est limitative (Crim. 31 juill. 1884, *DP* 1885. 1. 333). La question peut cependant se poser pour des personnes atteintes d'une infirmité grave (cécité, surdité), rendant pratiquement impossible leur participation aux débats. Ils peuvent évidemment demander à être dispensés des fonctions de juré par la commission d'élaboration des listes annuelles, qui peut d'ailleurs les exclure d'office, ce handicap pouvant constituer un motif grave au sens de l'article 258-1, alinéa 3 du Code de procédure pénale. Si l'une de ces solutions n'est pas adoptée et qu'un sourd soit sur la liste de session, on peut se demander si le président pourrait demander que son nom soit rayé de la liste sur la base de l'article 289 du Code de procédure pénale. La doctrine (*Rép. pén. Dalloz, V°* Cour d'assises, par M. Redon, n° 73) rappelle le caractère limitatif de la liste des incapacités et la cour de cassation semble avoir eu une attitude réticente (V. Crim. 5 avr. 1906, *DP* 1910. 5. 28), refusant d'annuler les débats dans un tel cas, mais en précisant que la preuve d'une surdité absolue n'était pas rapportée (pour une opinion contraire, A. Angevin, *J.-Cl. Proc. pén.,* Cour d'assises, Fasc. 20, n° 24).

Il reste, il est vrai, la solution de la récusation à l'initiative du représentant du ministère public pour contourner le caractère limitatif des incapacités qui concerne également, nous allons le voir, les incompatibilités. (V. Dossier de l'*AJ pénal* juin 2006, « Formation d'un jury d'assises : la récusation en question »).

B. — Des incompatibilités strictement interprétées

L'indépendance d'esprit est une qualité essentielle pour exercer la fonction de juré. Cette liberté de décision est assurée par une double série d'incompatibilités. Les premières, qui seules nous intéressent ici, sont dites absolues, en ce sens qu'elles interdisent de siéger dans tout jury. Elles sont prévues par l'article 257 du Code de procédure pénale. Les autres sont dites relatives, en ce sens qu'elles concernent une affaire déterminée. C'est donc au moment de la mise en place du jury de jugement que certains jurés seront exclus, notamment en raison d'un lien de parenté soit avec un membre de la cour ou un autre juré, soit avec un accusé, son conseil ou une personne intervenant dans l'affaire comme témoin, interprète, expert, dénonciateur, plaignant, partie civile ou avec une personne ayant accompli un acte de police judiciaire ou d'instruction (art. 289 et 291 C. pr. pén.). L'objectif de ces incompatibilités étant d'éviter à une personne, dans une affaire précise, de ne pas être totalement libre de sa décision, il a été admis que la prohibition de siéger pouvait être étendue à des cas non expressément prévus (Crim. 12 juin 1974, *Bull. crim.* n° 219, v. R. Merle et A. Vitu, T. II, n° 665). Les incompatibilités absolues concernent une série de professions dont le caractère particulier permet de penser que ceux qui les exercent pourront avoir une influence excessive dans le jury.

La liste de ces professions a plutôt eu tendance à se restreindre. Dans sa rédaction de la loi du 28 juillet 1978 l'article 257 énumère quatre catégories de fonctions gouvernementales et législatives, juridictionnelles, administratives, militaires et de police.

Le 1er alinéa de l'article 257 énumère précisément les fonctions gouvernementales et législatives : membres du gouvernement (ministre, secrétaire d'État), du parlement (député et sénateur), du Conseil constitutionnel et du Conseil économique et social. L'excès d'influence de ces personnes est évidente. Pour autant toute extension à d'autres fonctions politiques est impossible. Un maire ou un conseiller général peuvent être jurés (Crim. 28 nov. 1963, *Bull. crim.* n° 341).

La deuxième exclusion concerne les fonctions juridictionnelles. Il n'est guère utile d'insister sur cette incompatibilité qui s'explique rationnellement. L'excès d'influence de spécialistes du droit est évident. Le 2e alinéa de l'article 257 vise aujourd'hui les magistrats de tous ordres qu'ils soient professionnels ou non à l'image des magistrats consulaires ou des conseillers prud'homaux à la condition cependant qu'ils soient en exercice (Crim. 19 mai 1842, *Bull. crim.* n° 124).

La troisième exclusion vise les fonctions administratives. Initialement la liste des professions incompatibles avec la mission de juré était assez longue et intégrait de nombreux fonctionnaires (douanes, eaux et forêts, contributions indirectes, postes, ou encore les instituteurs) aujourd'hui cette catégorie ne comprend que quelques fonctionnaires de l'administration centrale (secrétaire général du gouvernement ou des ministères, directeurs et les membres du corps préfectoral). On peut penser que certaines incompatibilités initiales pouvaient peut-être s'expliquer par la volonté d'éviter de désorganiser certains services publics (B. Bouloc, n° 492 ; R. Merle et A. Vitu, n° 665).

La dernière exclusion concerne enfin les fonctionnaires des services de police ou de l'administration pénitentiaire et les militaires en activité de service. On peut légitimement considérer que c'est en fonction de l'esprit, présumé répressif, de ces personnes que leur présence dans un jury a été jugée non souhaitable. Une loi du 24 mars 2005 a d'ailleurs modifié l'article 257-4e du Code de procédure pénale pour limiter l'incompatibilité aux seuls militaires de la gendarmerie.

La liste des incompatibilités absolues est donc, aujourd'hui, assez précise à l'exception, peut-être, de la dernière catégorie qui peut laisser subsister quelques incertitudes. C'est d'ailleurs en ce domaine qu'est intervenu l'arrêt de la chambre criminelle du 19 décembre 1967 pour décider que la profession d'adjudant des sapeurs-pompiers n'est pas de celles qui interdisent la fonction de juré. Très sobrement, pour rejeter le pourvoi, la chambre criminelle rappelle que cette fonction ne rentre pas dans la nomenclature, essentiellement limitative, des incompatibilités prévues par l'article 257 du Code de procédure pénale. Il en allait évidemment différemment, jusqu'à la loi du 24 mars 2005 pour les pompiers de la ville de Paris, ces derniers ayant un statut militaire. Encore fallait-il vérifier que le militaire était en activité de service (V. par ex. Crim. 16 mars 1948, *Bull. crim.* n° 33, pour un militaire en retraite et Crim. 13 nov. 1969, *Bull. crim.* n° 298, pour un surveillant militaire des palais nationaux).

Le caractère limitatif des incompatibilités a été rappelé de manière permanente et l'arrêt retenu n'est qu'une illustration parmi beaucoup d'autres. Dans certaines décisions, la cour de cassation, après avoir rappelé que les incompatibilités sont de droit étroit, précise qu'en conséquence elles ne peuvent s'étendre hors des cas pour lesquels elles sont formellement établies. Ainsi, dans une décision du 10 juillet 1957 (*Bull. crim.* n° 535), la chambre criminelle avait considéré que la fonction de directeur de l'enseignement primaire indiquée sans autre précision n'était pas assimilable à celle d'instituteur alors seule prévue par les textes. Elle a donc cassé la décision d'une cour d'assises au motif exclusif que la personne exerçant cette fonction avait été retirée de la liste de session, ce qui avait conduit le président de la cour d'assises à faire appel à des jurés suppléants. Ce sont les mêmes raisons qui avaient conduit à admettre, la présence dans les jurys, de conseillers des prud'hommes (Crim. 10 juin 1960, *Bull. crim.* n° 311) ou d'assesseurs des tribunaux des baux ruraux (Crim. 2 juill. 1949, *Bull. crim.* n° 342) avant que la loi du 28 juillet 1978 ne déclare incompatibles ces fonctions avec la mission de juré. À l'inverse, il est vrai, les fonctions de magistrat consulaire ont toujours été considérées comme incompatibles (Crim. 7 déc. 1966, *Bull. crim.* n° 281).

On notera enfin que, s'agissant des activités de police, elles ne concernent que les fonctionnaires, ce qui exclut des fonctions incompatibles, des personnes qui ont simplement des activités de police. Ainsi en est-il pour un garde champêtre (Crim. 26 mai 1965, *Bull. crim.* n° 145) ou un garde municipal (Crim. 11 févr. 1970, *Bull. crim.* n° 634).

Cette volonté, tant législative que jurisprudentielle, de réduire les cas d'inaptitude montre bien que l'exercice de la fonction de juré est avant tout un droit civique. Si son caractère judiciaire peut conduire à écarter certaines personnes, cette solution doit rester exceptionnelle, dans la limite précise des textes. Cette position est d'ailleurs confirmée quand on analyse les conséquences de l'inscription, sur une liste de session, d'un juré inapte.

II. — Les conséquences de l'inaptitude d'un juré

L'inscription d'une personne sur une liste de session est le résultat d'une procédure assez complexe qui résulte de la loi de 1978 (sur cette procédure V. par ex. H. Angevin, *J.-Cl. Proc. pén.,* Cour d'assises, *préc.*, n° 58 et s. ; R. Merle et A. Vitu, T. II, n° 669 et s., v. S. Guinchard, G. Montagnier, A. Varinard et Th. Debard, *Institutions juridictionnelles*, *préc.*, n° 585 et s.). C'est évidemment à partir de cette liste que sera tiré au sort le jury de jugement qui fait partie intégrante de la juridiction. Il doit résulter rationnellement de cette règle que la participation d'un juré inapte entraîne la nullité de la décision de la Cour d'assises. Si le principe de cette solution est incontestable, il faut bien reconnaître que dans la pratique on n'aboutira qu'assez rarement à cette situation d'abord parce que l'accusé devra apporter la preuve de l'incapacité du juré, dont l'inscription sur la liste fait présumer la capacité (A) ensuite parce que, si l'on suppose la démonstration faite, la nullité implique le respect de certaines conditions (B).

A. — La présomption d'aptitude

Par son arrêt du 12 juillet 1962, la chambre criminelle rappelle une position constante aux termes de laquelle « l'inscription faite par l'autorité compétente sur la liste du jury comporte à l'égard de ceux qui sont inscrits une présomption de capacité qui vaut jusqu'à preuve contraire ». Dans l'espèce soumise à la cour de cassation, un juré ayant participé au jugement figurait sur la liste de session sans mention d'une profession précise mais avec l'indication qu'il était maire d'une commune, d'ailleurs nommée. L'accusé estimait donc qu'il n'avait pas pu exercer dans sa plénitude son droit de récusation. La Haute juridiction n'a pas accédé à cette demande en estimant que la mention « maire » suffisait pour que l'accusé ne soit pas induit en erreur, sur la personnalité du juré (dans le même sens pour la seule mention d'adjoint au maire, Crim. 2 août 1951, *D.* 1951. 684). Il est à remarquer que de nombreux arrêts, affirmant la présomption de capacité du jury, sont relatifs à de prétendues incompatibilités résultant de l'absence d'indications suffisantes sur la profession du juré (Crim. 23 janv. 1947, *Bull. crim.* n° 35 ; 10 janv. 1968, *Bull. crim.* n° 7 par ex.). Il est clair qu'aujourd'hui le législateur insiste sur la nécessité pour le maire de demander aux personnes désignées sur la liste préparatoire de faire connaître leur profession (art. 261-1, al. 2 C. pr. pén.). Par ailleurs, l'article 282 alinéa 2 du même code, modifié par la loi du 1er février 1994, rappelle que la liste de session doit contenir des indications suffisantes pour permettre l'identification des jurés. On peut donc en déduire que, à supposer que cette demande soit faite en temps utile, une imprécision suffisante de la profession, rendant plus difficile le droit de récusation, pourrait entraîner l'annulation de la procédure (sur ce point V. R. Merle et A. Vitu, T. II, no 665, note 1 avec la nombreuse jurisprudence citée par ex. Crim. 30 nov. 1977, *Bull. crim.* no 379).

Au-delà de cette question de la nécessité d'indiquer une profession ce qu'il convient de noter, c'est que le rejet du pourvoi s'explique par le fait que l'accusé n'apporte, ni ne propose d'apporter, le moindre élément de preuve pour établir qu'un des jurés n'avait pas l'aptitude requise par la loi. Dès lors qu'il existe une présomption de capacité découlant de l'inscription sur la liste, le retrait de cette liste nécessite la démonstration de la preuve contraire, celle de l'inaptitude fondée sur l'une des causes prévues par les articles 255, 256, 257 du Code de procédure pénale. La présomption de capacité affirmée depuis le milieu du XXe siècle (Crim. 7 mars 1856, *Bull. crim.* no 99) l'a été tout aussi bien à propos des conditions positives que des incapacités ou des incompatibilités prévues par les textes (V. par ex. Crim. 14 janv. 1961, *Bull. crim.* no 90 pour la nationalité française du juré). C'est évidemment au moment de la formation du jury de jugement qu'il faudra se placer pour apprécier ces conditions d'aptitude des jurés (V. pour l'âge requis, Crim. 14 mars 1985, *Bull. crim.* no 355).

On ajoutera que l'arrêt ici commenté du 29 février 1984 apporte une confirmation indirecte à cette présomption de capacité en condamnant l'exclusion de jurés, au seul motif que l'on ne possédait pas leur casier judiciaire. En effet, admettre une telle solution conduirait à accepter une véritable présomption d'incapacité, incontestablement contraire à l'esprit de la loi présumant tout citoyen apte à être juré.

B. — Les effets de l'inaptitude

La démonstration de l'inaptitude d'un juré inscrit sur la liste de session n'entraînera pourtant pas obligatoirement l'annulation de l'arrêt de la Cour d'assises.

Sur le plan des principes, il convient cependant de préciser que la jurisprudence de la chambre criminelle, nonobstant l'absence de textes exprès, en ce sens, continue comme elle le faisait sur la base de l'article 381 alinéa 2 du Code d'instruction criminelle, d'annuler les verdicts des Cours d'assises, lorsque l'une des conditions imposées par les articles 255 et suivants n'a pas été respectée. La juridiction suprême considère qu'il s'agit là d'une formalité substantielle. L'irrégularité de la composition d'une juridiction répressive n'impose donc pas la preuve d'une atteinte aux intérêts de la partie concernée ainsi que l'exige l'article 802 du Code de procédure pénale (en ce sens Crim. 5 avr. 1965, *Bull. crim.* n° 111). On peut, il est vrai, admettre que la participation d'un juré inapte laisse présumer une telle atteinte.

Il reste que la seule présence sur une liste de session d'un juré incapable ou dont la profession est incompatible avec la fonction de juré n'est pas, à elle seule, susceptible d'entraîner la nullité du verdict. Il n'y aura évidemment aucun problème pour admettre l'irrégularité lorsque le juré a fait partie du jury de jugement. Dans une telle hypothèse, la Cour d'assises est irrégulièrement constituée et l'accusé dès lors qu'il aura respecté les formalités de l'article 305-1 du Code de procédure pénale pourra obtenir l'annulation de la décision de condamnation. La solution concerne toutes les conditions prévues par les articles 255 à 257 du Code de procédure pénale (V. par ex. pour l'âge d'un juré, Crim. 14 nov. 1985, *Bull. crim.* n° 365 ; *RSC* 1986. 891, obs. A. Braunschweig ; pour une incompatibilité, Crim. 5 avr. 1949, *Bull. crim.* n° 138).

Il faut, à ce propos, rappeler qu'aux termes de l'article 305-1 du Code de procédure pénale, tel qu'il résulte d'une loi du 30 décembre 1985, toute demande en nullité concernant des actes antérieurs à l'ouverture des débats doit, à peine de forclusion, être soulevée dès que le jury de jugement est définitivement constitué. Aussi, aux termes de l'article 499 alinéa 2 du Code de procédure pénale l'accusé n'est pas recevable à présenter, comme moyen de cassation, les nullités qu'il n'a pas présentées devant la Cour d'assises statuant en appel conformément aux prescriptions de l'article 305-1. Ces dispositions appliquées avec fermeté par la cour de cassation réduisent assez considérablement les hypothèses de nullité depuis cette modification législative. L'article 305-1 ayant une portée générale ne cède que dans un seul cas, l'irrégularité de la composition de la cour proprement dite (Crim. 11 mai 1988, *Bull. crim.* n° 207). On peut s'étonner d'une telle exception. La présence d'un juré incapable n'est-elle pas de nature, tout autant que celle d'un magistrat de la cour ayant participé à l'instruction, de faire douter de l'équité de la décision ? (sur l'application de l'article 305-1, V. *infra* n° 40).

La nullité de la déclaration de culpabilité pourra également être encourue, lorsque le juré inapte a participé au tirage au sort. Mais encore faudra-t-il, dans cette hypothèse, que la liste de service à partir de laquelle s'effectue le tirage, comporte un nombre de jurés aptes inférieur au nombre minimum fixé par la loi. Ce nombre qui a varié selon les législations est aujourd'hui fixé à vingt-trois lorsque la Cour d'assises statue en premier ressort et à vingt-six lorsqu'elle statue en appel (art. 289-1 C. pr. pén.).

Dès lors que la liste comprend un nombre de jurés « éclairés » (formule utilisée par la chambre criminelle) supérieur ou égal au nombre minimum fixé par le législateur, la présence d'un juré inapte n'a aucune conséquence juridique (V. par ex. Crim. 3 févr. 1965, *Bull. crim.* n° 33 ; H. Angevin, *J.-Cl. Proc. pén.*, Cour d'assises, *préc.* n° 51 et s.).

Toutes ces solutions manifestent clairement la volonté de la jurisprudence d'éviter, pour des raisons exclusivement formelles, l'annulation des verdicts d'assises. Elles traduisent également le souci du législateur, tel qu'il résulte notamment de la loi du 28 juillet 1978, de laisser, autant que faire se peut, le hasard décider de la désignation des jurés, ce qui implique que les exclusions, contrariant ce principe, doivent être des exceptions très strictement appliquées.

A. V.

3

RENVOI D'UN TRIBUNAL À UN AUTRE — SUSPICION LÉGITIME — MOTIFS — IMPARTIALITÉ D'UN TRIBUNAL

Crim. 10 décembre 1987, *Droit* (*JCP G* 1988. II. 20988, note W. Jeandidier) ; Crim. 21 août 1990, M. *X...* (*Bull. crim.* n° 305, *RSC* 1991. 375, obs. A. Braunschweig) ; Crim. 30 novembre 1994, *Melle X...* (*Bull. crim.* n° 392, *Dr. pénal* 1995, n° 56, obs. A. Maron ; *D.* 1995. Somm. 323, obs. J. Pradel) ; Crim. 24 janvier 1996, *Dubos* (*Bull. crim.* n° 47 ; *Dr. pénal* 1996, note A. Maron)

Jusqu'à la loi du 6 juillet 1989, la chambre criminelle, qui ne retenait pas une cause de suspicion légitime, pouvait néanmoins renvoyer, d'office, l'affaire devant un autre tribunal dans l'intérêt d'une bonne administration de la justice (1re espèce). Cette solution permettait de s'arrêter à une conception purement subjective de l'impartialité d'une juridiction. Il en est ainsi lorsqu'un juge d'instruction manifeste publiquement son hostilité à l'égard d'un inculpé (mis en examen) (2e espèce).

Aujourd'hui la chambre criminelle admet qu'il y a suspicion légitime, dès lors qu'il y a un doute objectif sur l'impartialité d'un tribunal au sens de l'article 6 § 1er de la convention européenne des droits de l'homme. Ainsi en est-il lorsqu'un tribunal doit statuer sur une infraction dont un magistrat du parquet de cette juridiction a été victime (3e espèce). Cette exigence d'impartialité n'interdit pas, en revanche, à la chambre correctionnelle d'une cour d'appel, de statuer en matière pénale sur des faits, dont deux chambres civiles de la même cour ont déjà connu en matière disciplinaire. Il suffit que les magistrats soient différents (4e espèce).

Chambre criminelle, 10 décembre 1987

Droit (Michel)

La cour ; – Statuant sur la requête de M. Michel Droit tendant au renvoi, pour cause de suspicion légitime,devant une autre juridiction du même ordre, de la connaissance de la procédure suivie contre lui devant le juge d'instruction au tribunal de grande instance de Paris du chef de forfaiture ;

Sur la recevabilité de la requête :

Attendu que la requête est régulière en la forme ; qu'elle a été signifiée ; qu'elle est donc recevable ;

Au fond : Vu les moyens invoqués par le demandeur à l'appui de sa requête ;

Attendu qu'il n'existe pas, en l'espèce, de motifs de renvoi pour cause de suspicion légitime ;

Rejette la requête ;

Mais attendu qu'il y a lieu, dans l'intérêt d'une bonne administration de la justice, de renvoyer l'affaire devant une autre juridiction du même ordre ; Vu de dernier alinéa de l'article 662 du Code de procédure pénale ; ordonne le renvoi de l'affaire devant tel juge d'instruction du Tribunal de grande instance de Rennes qui sera désigné conformément aux dispositions des articles 83 et 84 du Code de procédure pénale.

Chambre criminelle, 21 août 1990

M. X

Sur la recevabilité :

Attendu que la requête est régulière en la forme ; qu'elle a été signifiée ; qu'elle est donc recevable ;

Au fond :

Attendu que X... a présenté requête en suspicion légitime du juge d'instruction saisi d'une information suivie contre lui, au motif qu'à l'issue d'un interrogatoire, ce magistrat avait déclaré publiquement à un inspecteur de police : « ...Ah ! je suis avec l'affaire X..., je ne peux pas le voir, celui-là. Ah ! c'est plus fort que moi, je ne peux pas le voir, vous devriez lui acheter un putching-ball ou le mettre au Tranxène 5 » ;

Attendu que, selon le mémoire du procureur de la République de Lisieux, le juge d'instruction a admis la véracité des faits rapportés dans la requête sans pouvoir, toutefois, se rappeler exactement les propos tenus ;

Attendu qu'en cet état, il existe des motifs suffisants de suspicion légitime pour attribuer à un autre juge d'instruction la connaissance de l'information suivie contre X... ;

Par ces motifs :

Renvoie devant le juge d'instruction au tribunal de grande instance de Caen la procédure suivie devant le juge d'instruction de Lisieux.

Chambre criminelle, 30 novembre 1994

Melle X

Vu l'article 662 du Code de procédure pénale, ensemble l'article 6 de la Convention européenne de sauvegarde des droits de l'Homme et des libertés fondamentales ;

Sur la recevabilité :

Attendu que la requête est régulière en la forme, qu'elle a été signifiée, qu'elle est donc recevable ;

Au fond :

Attendu qu'il résulte des pièces produites qu'à la suite d'un incident de la circulation, survenu le 14 octobre 1994 et l'ayant opposé à X..., Y..., premier substitut du procureur de la République de Melun, s'est rendu au commissariat de police de cette ville pour y dénoncer les faits « d'outrage à magistrat, de mise en danger d'autrui et de refus de se soumettre aux vérifications » qu'il imputait à l'autre automobiliste ;

Que convoquée au commissariat, X... s'est présentée le 21 octobre 1994, a été gardée à vue de 10 heures 25 à 14 heures 30, entendue sur ces faits et déférée au Parquet ; que, placée sous contrôle judiciaire par le juge délégué après audition de son avocat, elle a été citée par procès-verbal à l'audience du tribunal correctionnel de Melun du 21 novembre 1994 ; que l'examen de l'affaire au fond a été renvoyé au 21 décembre 1994 ;

Attendu que si la conduite de cette procédure n'autorise pas à suspecter l'indépendance des magistrats composant le Tribunal, elle est cependant de nature, compte tenu des fonctions exercées par la victime, à faire craindre que la juridiction ayant à décider du bien-fondé de l'accusation n'offre pas les garanties suffisantes d'impartialité ;

Qu'il existe, dès lors, des motifs suffisants, au sens tant de l'article 662 du Code de procédure pénale que de l'article 6 de la Convention européenne de sauvegarde des droits de l'Homme et des libertés fondamentales, pour attribuer à un autre tribunal la connaissance de l'affaire ;

Par ces motifs :

Renvoie devant le tribunal correctionnel d'Evry la procédure suivie devant le tribunal correctionnel de Melun.

Chambre criminelle, 24 janvier 1996

Dubos

Attendu que les griefs allégués par le demandeur, en ce qu'ils visent des décisions relevant de la seule compétence du ministère public ou des procédures n'ayant aucun lien avec la présente poursuite, sont inopérants ;

Que, si 2 chambres civiles de la cour d'appel de Rouen ont, en application de l'article R. 212-5 du Code de l'organisation judiciaire, statué à l'égard de Michel Dubos, dans une instance disciplinaire, cette circonstance n'est pas objectivement de nature à faire naître un doute sur l'impartialité d'une autre chambre de la même cour d'appel qui doit le juger, en matière pénale, pour les mêmes faits, dès lors que cette juridiction sera composée de magistrats qui n'ont pas connu de la procédure disciplinaire ;

Qu'ainsi il n'existe en l'espèce, aucun motif de renvoi pour cause de suspicion légitime, au sens tant de l'article 662 du Code de procédure pénale que de l'article 6, § 1, de la Convention européenne de sauvegarde des droits de l'Homme et des libertés fondamentales ;

Par ces motifs :

Rejette la requête.

OBSERVATIONS

Chacun le sait, les règles de compétence en matière pénale sont d'ordre public. Elles s'imposent donc non seulement aux juridictions chargées de les faire appliquer, mais également aux parties. Cette solution, incontestable, doit cependant céder, s'il peut sembler qu'une juridiction territorialement compétente, par application de la règle de droit commun, peut apparaître comme n'apportant pas, à un justiciable déterminé, les garanties indispensables d'impartialité. Le droit de chacun à ce que sa cause soit entendue par un tribunal indépendant et impartial, est aujourd'hui consacré par l'article 6 § 1er de la convention européenne des droits de l'homme. Mais il existe également certains dispositifs de droit interne permettant d'assurer cette impartialité. Il est évidemment différentes formes d'impartialité qui doivent être respectées. Il y a tout d'abord l'impartialité qui peut être qualifiée de fonctionnelle (V. R. Koering-Joulin, « Le juge impartial », *Justices* 1998. 10-1 ; S. Guinchard et J. Buisson, nº 421 et s., F. Desportes L. Lazerges Cousquer, *Traité de procédure pénale,* nº311 et s.). Elle implique tout à la fois le respect de la séparation des différentes fonctions répressives (poursuite, instruction, jugement) et l'interdiction pour un même juge d'exercer successivement les mêmes fonctions pour les mêmes accusés ou les mêmes faits, ce qui réduirait à néant la règle du double degré de juridiction. Il y a ensuite l'impartialité personnelle. Ce que l'on veut éviter dans ce deuxième cas, c'est la partialité du juge, hors de l'exercice de sa fonction, celle qui peut résulter de ses convictions, de ses pulsions ou de tout autre sentiment.

Dans le cas où un juge a manifesté de manière indiscutable sa partialité, par exemple en émettant des propos racistes sur un accusé, il est indispensable que la déclaration de culpabilité puisse être annulée. Le droit interne, notamment en matière criminelle, permet de censurer des arrêts au motif que le président des assises a manifesté son opinion sur la culpabilité d'un accusé. La cour européenne a également eu l'occasion, en plusieurs circonstances, de censurer des manquements à l'impartialité (V. par ex. : CEDH 23 avr. 1996, *Remli c. France, Rec.* 1996. II, nº 8 ; *JCP* 1997. I. 4000, nº 26, obs. F. Sudre ; *RSC* 1996. 930, obs. L.-E. Pettiti ; *ibid.* 1997. 473, obs. R. Koering-Joulin ; *ibid.* 1998. 392, obs. E. Koering-Joulin ; CEDH 27 janv. 2004, *Kyprianou c. Chypre ;* CEDH 16 janv. 2007, *Fahri c. France* ; CEDH 22 avr. 2010; *Chesne c. France*, *D.* 2010. 1215, obs. S. Lavric).

Il reste bien évidemment que ces contrôles exercés au terme d'un procès et dont le succès n'est pas garanti, peuvent être avantageusement remplacés par la mise en place de systèmes préventifs permettant à un justiciable de se prémunir contre la partialité supposée d'un tribunal. Tel est l'objet du renvoi pour cause de suspicion légitime, qui est à l'origine des décisions que nous commentons et que le législateur organise dans l'article 662 du Code de procédure pénale.

Il importe préalablement de bien distinguer cette procédure de mise en échec des règles de compétence territoriale avec la procédure de récusation d'un ou plusieurs juges. Même si cette mesure est également fondée sur l'idée de défiance à l'égard d'un juge dont on doute de l'impartialité, elle diffère sensiblement de la suspicion qui concerne nécessairement la juridiction tout entière. Lorsque la requête en suspicion légitime concerne un juge d'instruction qui, à lui seul, constitue une juridiction, son admission entraînera obligatoirement le renvoi de l'affaire devant le juge d'instruction d'un autre tribunal, alors que la récusation, si elle est retenue, entraînera simplement la saisine d'un autre juge d'instruction du même tribunal (sur cette différence V. H. Angevin *J.-Cl. Proc. pén.,* Récusation, art. 668 à 674-2, n° 29 et s. ; Renvois d'un tribunal à un autre, art. 662 à 667, n° 40 et s. ; F. Agostini, *Rép. pén.*, Renvoi n° 9 ; Crim. 25 nov. 1976, *Bull. crim.* n° 343 ; *RSC* 1977. 603, obs. J. Robert). On notera que dans des décisions récentes la chambre criminelle a refusé que soit mise en cause l'impartialité d'un magistrat d'une chambre de l'instruction dès lors qu'aucune demande de récusation de ce magistrat n'avait été faite (Crim. 22 févr. 2005, *Bull crim.* n° 68 ; Crim. 9 sept. 2009, n° 08-87312 (aucune demande de suspicion légitime également).

Le législateur n'a nullement précisé ce qu'est la suspicion légitime (v. F. Defferrard, *La suspicion légitime*, LGDJ, coll. « Bibliothèque de droit privé », 2000). On sait que la suspicion implique l'absence de confiance, le doute qui dans le cas précis concerne l'impartialité d'une juridiction. Cette suspicion ne peut être considérée comme légitime que si elle est fondée sur des motifs sérieux conduisant à penser que les juges ne pourront pas se prononcer avec impartialité. Faute de précisions dans le texte, c'est à la chambre criminelle, seule compétente pour examiner les requêtes, qu'est revenue la charge de préciser cette notion. Évidemment il est difficile d'échapper à la casuistique dans un tel domaine. Il s'agit en effet pour chaque cas soumis à la cour de cassation, de vérifier concrètement si les éléments proposés par l'auteur de la requête emportent la conviction quant à la partialité de la juridiction contestée. Nonobstant cette appréciation souveraine de la chambre criminelle pour déterminer s'il existe des motifs de renvoi suffisants, les décisions que nous avons retenues démontrent que cette notion a considérablement évolué dans les dernières décennies. On est passé d'une notion purement factuelle fondée sur des considérations subjectives (I) à une conception plus générale fondée sur des considérations objectives faisant douter de l'impartialité d'une juridiction (II).

I. — Suspicion légitime et conception subjective de l'impartialité

L'idée qu'un tribunal, dont la partialité est suspectée, ne doive pas connaître d'un litige, est un principe général qui s'applique à tous les ordres de juridictions (en ce sens CE 3 mai 1957, *Lebon*, p. 279). Le renvoi devant un autre tribunal est donc général, mais il est organisé différemment selon les formes de justice. Ainsi en matière civile, il relève de la juridiction immédiatement supérieure. En matière pénale, c'est à la chambre criminelle, et à elle seule, que revient le pouvoir de dessaisir une juridiction et de renvoyer l'affaire à la connaissance d'une autre juridiction de même nature et de même degré. Pour apprécier la partialité d'un tribunal qui fonde la requête en suspicion légitime, deux attitudes sont possibles. Soit on se contente d'éléments objectifs conduisant à faire naître le doute quant à l'impartialité du tribunal, soit au contraire on exige que la preuve soit rapportée de la partialité effective de la juridiction (V. S. Guinchard et J. Buisson, *préc.* n° 425 ; F. Desportes L. Lazerges Cousquer n° 317). Comme on peut facilement le constater, c'est d'abord la conception subjective, infiniment plus exigeante, pour que soient admises les requêtes, qui a sous-tendu les décisions de la cour de cassation (A). En réalité, cette conception assez rigoureuse pouvait être acceptée parce que d'autres solutions de renvoi étaient offertes à la chambre criminelle, notamment pour une bonne administration de la justice depuis l'application du Code de procédure pénale (B).

A. — Une conception rigoureuse de l'impartialité

Si la décision que nous avons retenue pour illustrer la conception subjective de la partialité d'une juridiction est relativement récente, cela s'explique par le fait que, jusqu'alors, la chambre criminelle ne prenait guère la peine de justifier ses décisions.

Appréciant souverainement les éléments proposés par le requérant, la Haute juridiction se contentait, dans une formule d'un grand laconisme, d'affirmer qu'il existe des causes suffisantes de suspicion légitime (V. par ex. Crim. 26 mai 1853, *Bull. crim.* n° 184 ; Crim. 23 mars 1933, *Bull. crim.* n° 61) ou au contraire que de telles causes n'existent pas (Crim. 29 mai 1938, *Bull. crim.* n° 126 ; Crim. 7 avr. 1976, *Bull. crim.* n° 107 ; V. égal. l'arrêt *Michel Droit* ici commenté). On peut d'ailleurs observer que les décisions positives en ce domaine étaient plutôt exceptionnelles (V. sur ce point H. Angevin, Renvoi d'un tribunal à un autre, n° 76 ; W. Jeandidier, note sous cassation Crim. 10 déc. 1987 ; A. Maron, Les incidences de la Convention européenne des droits de l'homme sur la procédure de suspicion légitime, *Dr. pénal* 1995. Chron. n° 34-39 et 44). Il semble que la dernière décision publiée, avant celle de 1990 ici commentée, date de 1933. Cette affaire concernait le dessaisissement d'une cour d'assises. On peut d'ailleurs remarquer que c'est sans doute cette juridiction qui a donné lieu aux décisions positives d'admission de suspicion les plus nombreuses. Pour certains auteurs (A. Maron, article très intéressant, *préc.* ; H. Angevin *préc.*), il est évidemment beaucoup plus facile d'imaginer la partialité de simples citoyens sensibles aux pressions extérieures que celle des juges professionnels, réputés selon un très ancien arrêt de la chambre criminelle cité par A. Maron, « étrangers aux inspirations d'un ressentiment condamnable ou d'une fausse générosité ». On peut néanmoins trouver quelques arrêts du début du XIXe siècle, qui avaient accepté les requêtes pour des affaires, où la partialité subjective était évidente puisque le juge (d'instruction en l'occurrence) était décrit par une victime comme son principal ennemi ou encore était soupçonné d'avoir une inimitié grave envers un prévenu (V. par ex. : Crim. 26 oct. 1808 et 12 oct. 1809, cités par A. Maron).

Ultérieurement il est beaucoup plus facile de trouver des décisions concernant les juridictions populaires pour lesquelles le renvoi était justifié par une crainte que le jury ne puisse pas résister à des pressions locales entraînant un préjugé sur la culpabilité ou l'innocence de l'accusé (Crim. 16 sept. 1853, *Bull. crim.* n° 474 ; Crim. 16 avr. 1963, *Bull. crim.* n° 129 ; Crim. 30 juin 1911, *Bull. crim.* n° 333 ; Crim. 26 nov. 1931, *Bull. crim.* n° 272). Pour cette dernière décision, la requête du procureur général, à l'origine du renvoi, donne les indications sur les circonstances de cette affaire. Elle se déroule en Corse, où des complices des accusés faisaient régner la terreur dans la région où avait été commise l'infraction, ce qui ne pouvait pas ne pas risquer d'influencer les jurés. Une campagne de presse concernant une affaire particulière pourrait évidemment avoir les mêmes effets.

Il est évident que ce type de renvoi repose plutôt sur une appréciation objective du risque de partialité, qui aujourd'hui conduirait à un renvoi pour une bonne administration de la justice.

La décision que nous avons retenue et qui marque, en quelque sorte, le point de départ d'une nouvelle ère de la requête en suspicion légitime, est au contraire incontestablement fondée sur une conception subjective de cette cause de renvoi.

Les faits sont très simples. Un juge d'instruction dans le cadre d'une procédure ouverte du chef de violences volontaires sur mineurs avec une arme avait publiquement fait des déclarations manifestant son hostilité à la personne du prévenu, en indiquant notamment à un inspecteur de police : « Je ne peux pas le voir celui-là. Ah ! C'est plus fort que moi, je ne peux pas le voir ». Le juge d'instruction ayant admis la réalité des propos rapportés dans la requête, il paraissait assez difficile de ne pas admettre la partialité du juge et donc le renvoi à un autre juge d'instruction plus neutre. L'intérêt de cette décision tient évidemment dans sa motivation, ce qui est nouveau par rapport aux arrêts antérieurs et dans son orientation très clairement subjective (v. néanmoins un arrêt beaucoup plus ancien : Crim. 11 déc.

1851, *Bull. crim.* n° 514 pour un magistrat beau-frère du prévenu). On peut se demander si, dans un tel cas, la récusation ne serait pas tout aussi justifiée, dès lors qu'il s'agit d'une juridiction à juge unique (en ce sens et pour cette solution W. Jeandidier, note *préc.*). Il est certain que l'article 668-9e qui vise « toutes manifestations assez graves pour faire suspecter son impartialité » est applicable (V. H. Angevin, *J.-Cl., préc.*, Récusation n° 73 et s. ; Grenoble 15 mai 1937, S. 1938. 14). Encore eut-il fallu pour que cette solution soit retenue que la demande en fut faite par le prévenu au premier président de la Cour d'appel. Dans ce cas, il faut espérer que le tribunal de Lisieux disposait de plus d'un juge d'instruction, sinon le renvoi devenait difficilement évitable.

Il reste que jusqu'à cette décision il était bien rare de voir retenues les requêtes fondées sur la suspicion. Est-ce à dire que les motifs de renvoi étaient inexistants ?

B. — L'utilisation d'autres causes de renvoi

L'analyse des décisions rejetant les requêtes, dans la mesure où l'on peut connaître les raisons qui les fondaient, suscite parfois certaines interrogations. Sans doute est-il tout à fait normal que la chambre criminelle exige des motifs « pertinents et suffisants » (Crim. 8 nov. 1913, *Bull. crim.* n° 494). Le dessaisissement d'une juridiction motivé par un doute sur l'impartialité d'un tribunal ne peut pas s'accommoder « d'allégations vagues et sans portée » (par ex. : Crim. 1er déc. 1925, *Gaz. Pal.* 1926. I. 273 ; v. plus globalement la jurisprudence citée dans la chronique de A. Maron, *préc.*).

Ainsi les critiques concernant les membres du Parquet, qui d'ailleurs ne peuvent pas fonder une requête en suspicion légitime (Crim. 27 janv. 1993, *Bull. crim.* n° 44 ; *RTD civ.* 1993. 563, obs. J. Hauser) sont sans valeur (Crim. 3 août 1950, *Bull. crim.* n° 233). Il en va de même pour une prétendue hostilité à l'égard du prévenu ou à l'égard de son avocat (Crim. 2 mai 1867, *Bull. crim.* n° 106), où de la pression qui aurait été exercée par un procureur général à la retraite sur les magistrats de son ancien ressort de compétence (Cass. req. 18 oct. 1899 *DP* 1899. 1. 560). Seront également rejetés les griefs concernant un expert (Crim. 3 août 1950, *préc.*) ou la présence de certains jurés (Crim. 13 mai 1949, *Bull. crim.* n° 172). On ajoutera enfin que le fait, pour un juge d'instruction, d'avoir conseillé l'adversaire du prévenu dans une autre affaire n'infère pas non plus un risque de partialité (Crim. 8 nov. 1913, *Bull. crim.* n° 494). Toutes ces solutions peuvent se comprendre, dès lors que l'on reste dans un cadre purement subjectif.

Certains rejets de requête peuvent néanmoins apparaître discutables. Il en est ainsi, lorsque l'on écarte la suspicion légitime contre une cour d'appel ayant pris une délibération prescrivant des poursuites contre des individus prévenus de diffamation envers l'une de ses chambres (Crim. 25 mars et 5 mai 1870, *Bull. crim.* nº 73 et 96). Comment admettre que cette prise de position globale sur la culpabilité puisse n'avoir aucune influence sur les magistrats appelés à statuer. De la même manière, il a été décidé que ne peut motiver un renvoi le fait d'avoir publié des allégations injurieuses contre les membres du tribunal, devant lequel on est renvoyé ultérieurement pour un autre délit (Crim. 29 févr. 1912, *Bull. crim.* nº 116) ou encore, lorsque le juge d'instruction qui instruit une affaire d'atteinte à la sûreté extérieure de l'État (aujourd'hui atteinte aux intérêts fondamentaux de la Nation) aurait lui-même porté plainte contre le même journal pour diffamation (Crim. 18 mai 1955, *Bull. crim.* nº 252 ; *JCP G* 1955. II. 8767, note P. Chambon).

L'idée émise par l'annotateur de cette décision selon laquelle les atteintes commises envers les magistrats ne le sont pas contre leur personne, mais contre la justice et qu'ils n'ont pas dans leur répression un intérêt personnel, paraît un peu surréaliste. Elle permet cependant de justifier le rejet des requêtes en suspicion légitime (V. A. Maron, article *préc.*).

Il est vrai que ce sentiment d'une relative injustice peut disparaître, si l'on peut obtenir le renvoi devant une autre juridiction, mais sur un autre fondement. L'arrêt *Michel Droit*, que nous avons retenu, illustre parfaitement cette situation. Cette affaire fortement médiatisée a donné lieu à de nombreuses décisions suite à l'inculpation pour forfaiture de cette personnalité, à l'occasion de l'attribution d'une fréquence radio par le CNCL, dont il était membre. Soupçonnant le juge d'instruction saisi, d'être à l'origine d'informations ayant permis à la presse de connaître sa future inculpation, il a sollicité le renvoi de son affaire devant un autre juge d'instruction pour suspicion légitime. La chambre criminelle dans son arrêt rejette cette demande, estimant, sans fournir d'autres explications, qu'il n'y a pas de motifs de renvoi. En revanche, en se fondant sur le dernier alinéa de l'article 662 Code de procédure pénale (dans sa rédaction antérieure à la loi du 6 juillet 1989), elle décide, dans l'intérêt d'une bonne administration de la justice, de renvoyer l'affaire devant le tribunal de grande instance de Rennes, dont le président désignera un juge d'instruction selon les dispositions des articles 83 et 84 du Code de procédure pénale.

Cette solution, au demeurant assez discutable, dans le cas analysé, présente l'avantage de garantir les droits du prévenu, sans que la juridiction, initialement saisie, ne se voit imputer le plus grave reproche que l'on puisse faire à des juges, celui de partialité. Il est vrai qu'on peut regretter que cette notion, qui ne souffre guère d'une définition précise, permette à des justiciables, sinon de choisir leur juge, du moins d'éviter celui qui était normalement désigné par les textes. Cette solution a été adoptée dans d'autres affaires souvent très largement médiatisées. On citera, à titre d'exemple, la très célèbre affaire de *Bruay-en-Artois* (Crim. 2 juill. 1975, *Bull. crim.* n° 176) ou la cour de cassation rejetant la suspicion légitime a néanmoins renvoyé devant un autre juge d'instruction pour une bonne administration de la justice ; (pour d'autres cas : Crim. 13 juin 1984, *Bull. crim.* n° 216 et beaucoup plus récemment, à la suite d'une double requête du procureur général pour une bonne administration de la justice et des parties civiles pour suspicion légitime, la chambre criminelle a retenu la première cause et déclaré sans objet la seconde dans l'affaire dite de « profanation du cimetière de Carpentras » ; Crim. 30 avr. 1996, *Bull. crim.* n° 222 et 223). Si cette solution présente quelques inconvénients (V. W. Jeandidier, *préc.*), elle a l'avantage de sauvegarder les droits des prévenus sans jeter l'opprobre sur des magistrats. La chambre criminelle, lorsqu'elle le pouvait, c'est-à-dire lorsqu'elle était saisie, avait également la possibilité d'admettre le renvoi pour sûreté publique de préférence à la suspicion légitime (Crim. 10 juin 1953, *Bull. crim.* n° 198, aff. *Marie Besnard*). Le choix de ces autres types de renvoi permettait donc de garder un caractère exceptionnel à l'admission de la suspicion légitime, donc de refuser, sans vrai inconvénient pour le justiciable, toute évolution de cette notion (en ce sens A. Maron, article *préc.*). L'impossibilité d'utiliser d'office le renvoi pour une bonne administration de la justice devait obliger la cour de cassation à dévoiler sa position rapidement. Allait-elle se montrer plus accessible aux demandes ? Allait-elle au contraire maintenir sa position restrictive ? Les nombreuses décisions admettant la suspicion légitime, rendues au cours de la dernière décennie, constituent une réponse qui, nous allons le voir, montre que notre Haute juridiction s'est très clairement prononcée pour une nécessaire conception objective de l'impartialité des tribunaux.

II. — Suspicion légitime et conception objective de l'impartialité

L'adoption d'une conception objective de l'impartialité, c'est, en matière de suspicion légitime, accepter le renvoi, dès lors que l'on peut avoir une inquiétude sur la possibilité qu'aura la juridiction de statuer en toute indépendance. Il s'agit de se demander si le tribunal présente les garanties suffisantes aux yeux du justiciable pour que tout doute légitime soit exclu. Cette conception de l'impartialité a été essentiellement dégagée par la cour européenne des droits de l'Homme, amenée à se prononcer sur l'exigence d'un tribunal indépendant et impartial au sens de l'article 6 § 1er de la convention (V. par ex. CEDH 1er oct. 1982, *Piersack c. Belgique,* Série A, n° 53 § 27). L'examen de cette jurisprudence, au travers notamment des arrêts retenus du 30 novembre 1994 et du 24 janvier 1996, nous permettra dans un premier temps de vérifier cette nouvelle approche de la jurisprudence de la chambre criminelle (A). Il importera ensuite de déterminer quelle peut être l'incidence de cette évolution à un moment où il semble que la cour européenne adopte une attitude un peu plus réservée pour décider de la partialité d'un tribunal, au seul constat de circonstances objectives (B).

A. — L'affirmation de la conception objective

L'arrêt du 30 novembre n'est pas le premier à avoir accepté une requête sur ces nouvelles bases, mais il présente l'intérêt d'avoir opté pour une justification clairement objective, alors que les éléments proposés par le demandeur pouvaient conduire à accepter une justification subjective. Les faits étaient les suivants. À la suite d'un accident de la circulation, dans lequel il était impliqué, le premier substitut du procureur de la République du tribunal de la ville a dénoncé au commissariat plusieurs infractions, dont un outrage à magistrat qu'il reprochait à l'autre automobiliste concerné. Cette personne convoquée quelques jours plus tard a été placée en garde à vue pendant quatre heures, déférée au parquet, placée sous contrôle judiciaire puis citée par procès-verbal devant le tribunal correctionnel. Bien que l'on ne connaisse pas précisément les faits exacts reprochés à l'automobiliste, on peut néanmoins être étonné de la célérité et de la rigueur de la procédure suivie. En aurait-il été ainsi pour une victime plus banale. C'est sans doute ce qu'ont estimé les magistrats de la chambre criminelle puisqu'ils ont admis la requête en suspicion légitime. L'argumentation retenue est très intéressante. Le déroulement de la procédure conduisait assez naturellement à suspecter certains juges intervenus dans cette affaire, de partialité. La cour de cassation refuse de s'engager dans cette voie subjective, en affirmant que « la conduite de cette procédure n'autorise pas à suspecter l'indépendance des magistrats composant le tribunal », mais elle poursuit en utilisant un argument purement objectif pour accepter la requête. Cette procédure est « de nature, compte tenu des fonctions exercées par la victime, à faire craindre que la juridiction ayant à décider du bien fondé de l'accusation n'offre pas les garanties suffisantes d'impartialité ». C'est donc la seule fonction de la victime, en l'occurrence celle de représentant du parquet au tribunal qui devra statuer sur l'accusation, qui justifie le renvoi. Les références à la Convention européenne des droits de l'Homme et à la jurisprudence de la Cour européenne sont tout à fait explicites. Non seulement il y a le visa de l'article 6 § 1er par la cour, qui tend d'ailleurs à être aujourd'hui systématique, mais aussi par la reprise dans son attendu de la formule exacte dudit article sur « le bien fondé de l'accusation » en matière pénale (A. Maron, chron. *préc.*, n° 39 et commentaires sur la décision, *Dr. pénal* 1995, n° 56). Il y a donc avec cette décision une transposition de l'approche objective de l'impartialité, telle qu'elle a été initialement dégagée par la jurisprudence européenne (Arrêt *Piersack*, *préc.*). Cette solution, on la trouve également dans un arrêt du 3 novembre 1994 (*Bull. crim.* n° 351 ; *Dr. pénal* 1995, n° 26 ; *D.* 1995. Somm. 323, obs. J. Pradel). La requête visait au dessaisissement d'un juge d'instruction. Un incident, au cours d'une audience d'un tribunal correctionnel, entre un avocat et un président de chambre, avait été à l'origine d'une véritable polémique entre les magistrats du tribunal et le barreau de la ville. À une lettre du bâtonnier au président du tribunal avait répondu une plainte pour outrage à magistrat. À un soutien de l'assemblée générale du tribunal par une motion avait répondu une délibération du conseil de l'ordre, désapprouvant la motion. C'est dans ce contexte que la chambre criminelle a estimé « qu'il existait des éléments objectifs », « de nature à faire naître un doute sur l'impartialité du magistrat instructeur saisi du dossier ». Une solution identique a été adoptée, dans un arrêt non publié au bulletin, pour dessaisir un juge d'instruction ayant accepté que son déplacement en Algérie, pour assister à l'exécution d'une commission rogatoire internationale, soit financé par la partie civile (Crim. 30 sept. 1992, *J.-Cl. Proc. pén., préc.*, n° 82 ; *Dr. pénal* 1995. 196, obs. A. Maron). Encore une fois cet élément objectif pouvait faire naître un doute sur l'impartialité. On notera que s'il y a connexité entre deux affaires, le renvoi de l'une pour suspicion légitime justifie à lui seul le renvoi de l'autre devant la même juridiction (Crim. 3 nov. 1994, *Bull. crim.* n° 352).

Ultérieurement la chambre criminelle a maintenu ce cap en considérant que, constitue un élément objectif susceptible de faire naître un doute sur son impartialité, le fait, pour un juge d'instruction, d'informer sur des faits dénoncés par une partie civile après que, dans un premier temps, il ait rendu une ordonnance de refus d'informer sur ces mêmes faits. La prise de position initiale du juge d'instruction, censurée par la cour de cassation, peut faire craindre un préjugé du magistrat et le renvoi s'impose donc (Crim. 4 mars 1998, *Bull. crim.* n° 86 ; *Dr. pénal* 1998, n° 150, obs. A. Maron ; *JCP* 1998. IV. 2922 ; *D.* 1998. IR. 125). Une solution identique a été retenue dans l'hypothèse où un magistrat instructeur avait déjà eu l'occasion de décider d'un refus d'informer injustifié sur les faits dénoncés par les parties civiles, cette circonstance constituant un élément objectif de nature à faire naître un doute sur l'impartialité du juge (Crim. 5 janv. 2005, *AJ pénal* 2005. 162, obs. J. Leblois-Happe. Plus récemment, dans le cadre de l'exercice de deux fonctions successives par le même juge, elle a estimé qu'il pouvait y avoir un doute sur l'impartialité lorsqu'un magistrat ayant prononcé une condamnation par défaut et décerné un mandat d'arrêt contre la personne condamnée, décide ensuite de sa détention provisoire en tant que juge des libertés et de la détention (Crim. 30 mars 2011, n° 10-86140, à publier). Elle avait préalablement admis le manque d'impartialité d'une chambre des appels correctionnels présidée par un magistrat qui, à l'occasion d'une instance civile à laquelle il participait, s'était déjà prononcé sur les faits qui ont fondé le renvoi devant la juridiction pénale (Crim. 8 avr. 2009, *Bull. crim*, n° 73 ; *RPDP* 2010. 437 obs. P. Maistre du Chambon).

Cette évolution de l'approche de la chambre criminelle n'est pas pour autant de nature à faire accepter le renvoi dans des affaires où le doute n'est pas objectivement envisageable. C'est ce que va nous montrer la dernière décision retenue, en date du 24 janvier 1996.

Un avocat ayant fait l'objet d'une poursuite disciplinaire devant deux chambres d'une cour d'appel en application de l'article R. 212-5 du Code de l'organisation judiciaire, sollicitait le renvoi de l'instance pénale, concernant les mêmes faits, devant une autre juridiction. La chambre criminelle a rejeté la requête en estimant que les griefs allégués étaient inopérants. Le seul fait que deux chambres civiles se soient prononcées dans une instance disciplinaire n'est pas objectivement de nature à faire naître un doute sur l'impartialité d'une autre chambre de la même cour d'appel, qui statuera en matière pénale puisqu'il s'agira de magistrats différents.

Cette décision apparaît de bons sens. En aucune manière, il ne peut y avoir de soupçons de partialité dans une telle hypothèse, le renvoi ne s'impose donc pas. On peut considérer qu'il en va de même lorsque des magistrats de la chambre criminelle se sont prononcés sur plusieurs pourvois (Crim. 22 nov. 2005, *Bull. crim.* n° 305 ; *D.* 2006. Pan. 14, obs. J. Pradel ; *AJ pénal* 2006. 180). Il en va différemment, lorsque l'on constate que sept juges sur les neuf composant la chambre criminelle ont siégé, à la fois, sur un pourvoi contre un arrêt de relaxe puis, après sa cassation, également sur le pourvoi contre l'arrêt de condamnation prononcé par la cour de renvoi. C'est en tout cas ce que considère la CEDH (24 janv. 2010, *Mancel et Brocquart c. France*, n° 22349/06.

La chambre criminelle a encore, par deux fois, rejeté une requête en suspicion légitime, au cours de la même année. Dans une première affaire (Crim. 20 mars 1996, *Bull. crim.* n° 124 ; *D.* 1996. IR. 133), elle a estimé que les conditions déloyales, dans lesquelles une précédente action pénale aurait été diligentée contre un prévenu, à les supposer établies, ne font pas échec au droit d'être entendu par un tribunal indépendant et impartial. En effet, ces faits sont reprochés au ministère public et l'on sait que la jurisprudence française considère que le parquet n'est tenu à aucune obligation d'impartialité (V. S. Guinchard et J. Buisson, n° 424 pour une analyse très critique ; Crim. 6 janv. 1998, *Bull. crim.* n° 1 ; *Procédures*, avr. 1998, obs. Buisson ; *D.* 1999. Jur. 246, note G. Yildrim). Par ailleurs, il est ajouté que les faits allégués sont étrangers à l'action pénale concernant la procédure en cours. Sur cette question du régime particulier du parquet il faut néanmoins mentionner un arrêt de la chambre criminelle qui semble adopter une attitude différente. Dans une décision du 24 mai 2005 (*Bull. crim.* n° 152 ; *D.* 2005. Pan. 1656, obs. J. Pradel ; *AJ pénal* 2005. 290, obs. C. S. Enderlin ; *RSC* 2005. 935, obs. J.-F. Renucci), elle a en effet décidé, que devait être cassée pour défaut d'impartialité, selon les exigences de l'article 6 § 1 Conv. EDH, une décision pour laquelle le même magistrat était représentant du parquet à l'audience d'une chambre de l'instruction statuant sur l'appel d'une ordonnance de recevabilité de partie civile puis en tant que président de l'instruction dans l'instance statuant sur l'appel de la partie civile de la décision de non-lieu. Dans une seconde affaire (Crim. 10 juill. 1996, *Bull. crim.* n° 294), la Haute juridiction a considéré qu'il n'y avait aucune cause de renvoi pour suspicion légitime, lorsqu'un juge d'instruction, qui, dans le cadre de l'information qu'il menait, avait rendu une ordonnance visant à obtenir la main levée de l'immunité parlementaire d'un sénateur, contre lequel il existait des indices graves et concordants de participation à des infractions. Il est évident que cette ordonnance, communiquée au ministère public, ne peut, en aucune manière, introduire un doute quant à l'impartialité d'un juge d'instruction s'étant borné à se prononcer sur les charges pesant contre un individu. La question de l'impartialité peut se poser en ce qui concerne le JUDEVI (juge délégué aux victimes) créé par décret du 13 novembre 2007 dont la mission est de veiller à la prise en compte des droits reconnus, par la loi, aux victimes. Est-il facilement imaginable qu'un magistrat, plus spécialement chargé des droits de l'une des parties, puisse siéger comme juge correctionnel. Sollicitée pour avis la cour de cassation a estimé que la qualité de JUDEVI attribuée à un juge correctionnel n'est pas en soi un obstacle à ce qu'il statue. Tout dépend de l'étendue des mesures qu'il aura prises avant de statuer sur les intérêts civils (Cass., avis, 6 oct. 2008, n° 0080010P). La circulaire du 8 février estime, quant à elle, que l'impartialité ne saurait être remise en cause V. J. Leroy, *Procédure pénale,* 3ᵉ éd., LGDJ, 2010, n° 300). L'analyse de la jurisprudence récente montre donc une assez grande unité dans la nouvelle approche de la suspicion légitime sous l'influence incontestable de la cour européenne des droits de l'Homme.

B. — La relativisation de la conception objective

Cette incidence de la jurisprudence européenne est soulignée par l'ensemble de la doctrine (J. Pradel, n° 97 ; H. Angevin, *préc.* n° 39 ; F. Agostini, *préc.* n° 11 ; A. Maron, art. *préc.* ; R. Koering-Joulin, « Le juge impartial », *préc.* p. 4 ; S. Guinchard et J. Buisson, *préc.,* F. Desportes, L. Lazerges Cousquer, *préc.*). Le visa de l'article 6 § 1er de la Convention est systématique dans toutes les décisions relatives à la suspicion, au côté de l'article 662 Code de procédure pénale. Dès lors, il convient de déterminer qu'elles peuvent être les conséquences de cette approche unitaire de la notion de tribunal indépendant et impartial.

Il importe cependant de relever une forme de paradoxe. En effet, si la chambre criminelle s'est orientée assez récemment vers une conception objective de la suspicion légitime, c'est incontestablement sous l'influence de la jurisprudence européenne (V. par ex. CEDH 1er oct. 1982, *Piersack*, *préc.* mais également CEDH 26 oct. 1987, *de Cubber c. Belgique*, Série A n° 86 § 29). Or, il semble qu'aujourd'hui, la Cour européenne adopte, sur ce point, des solutions beaucoup plus nuancées. Selon certains auteurs (S. Guinchard et J. Buisson, *préc.* n° 425 ; M.-L. Rassat, n° 35 ; R. Koering-Joulin, art. *préc.* ; J.-F. Renucci, *Droit européen des droits de l'Homme*, 2e éd., LGDJ, n° 130 et *Traité de droit européen des droits de l'Homme*, LGDJ, 2007, n° 325 et s.), le risque d'impartialité n'est plus uniquement apprécié aux seules vues de l'apparence et de la crédibilité du système juridictionnel, autrement dit le comportement personnel du juge n'est pas totalement indifférent (CEDH 24 mai 1989, *Hauschildt c. Danemark*, Série A n° 154 § 50 ; 6 déc. 1992, *Sainte-Marie c. France*, Série A n° 253 ; *D.* 1993. Somm. 204, obs. J. Pradel et 384 obs. J.-F. Renucci ; 22 févr. 1996, *Bulut c. Autriche*, *RSC* 1997. 473. obs. R. Koering-Joulin ; *RTDH* 1996. 640, obs. P. Martens ; *JCP* 1997. 4000, obs. F. Sudre ; 25 févr. 1997, *Gregory c. Royaume-Uni*, *Rec.* 1997-1, n° 31 ; *RSC* 1998. 392, obs. R. Koering-Joulin ; CEDH 27 août 2002, *Didier c. France ;* CEDH 20 déc. 2005, *Jasinski c. Pologne* et plus généralement sur ces questions J. Pradel, « La notion européenne de tribunal impartial et indépendant selon le droit français », *RSC* 1990. 692 ; D. Rebut, « Le droit à un tribunal impartial devant la chambre criminelle », *RSC* 1998. 449 ; S. Josserand, *L'impartialité du magistrat en procédure pénale*, LGDJ, 1998, préface J. Francillon). Cette nouvelle orientation de la Cour européenne peut conduire à une grande incertitude juridique, les solutions proposées relevant de la casuistique. Ainsi en est-il par exemple, lorsqu'un juge est soupçonné d'un comportement raciste (V. sur ce point S. Guinchard et J. Buisson, n° 425-(2)).

La chambre criminelle semble avoir adopté, au moins dans le domaine de la suspicion légitime, une position beaucoup plus claire et efficace que celle de la Cour européenne s'agissant de l'impartialité d'un tribunal. Elle a d'ailleurs confirmé, de manière significative, cette orientation dans un arrêt du 16 mai 2000 (*Bull. crim.* n° 191 ; *D.* 2000. IR. 198 ; *RSC* 2000. 852, obs. D.-N. Commaret). Dans cette espèce, une chambre de l'instruction (ex-chambre d'accusation) avait refusé de censurer une ordonnance de refus d'informer, rendue par un juge d'instruction sur une plainte avec constitution de partie civile, visant divers magistrats et dont le juge instructeur faisait partie, au motif qu'aucune requête en suspicion légitime n'avait été formulée.

La cour de cassation casse cet arrêt sur le seul fondement de l'article 6 § 1er de la Convention européenne estimant qu'un magistrat visé dans une plainte ne peut lui-même statuer sur cette plainte, sans faire naître un doute sur son impartialité. Cette décision confirme l'orientation objective de la Haute juridiction française, qui aurait évidemment accepté la requête en suspicion, si elle lui avait été adressée (V. néanmoins : Crim. 18 déc. 2001, *Bull. crim.* nº 273 ; *D.* 2002. IR. 862, dans cet arrêt, la chambre criminelle a considéré que la partialité d'un juge ne peut résulter du seul fait qu'il siège habituellement avec un collègue soupçonné lui-même de partialité). Cette évolution nous conduit à penser que de nombreuses requêtes, hier rejetées, dans des circonstances identiques, seraient aujourd'hui acceptées (V. à titre d'ex. : Crim. 25 mars et 5 mai 1870 ; Crim. 29 févr. 1912 ; Crim. 18 mai 1955, *préc.*).

On peut évidemment se demander si cette évolution jurisprudentielle n'est pas de nature à multiplier les requêtes en suspicion légitime. Dès lors que la chambre criminelle se satisfait d'un simple doute sur l'impartialité d'un juge, les plaideurs ont tout intérêt à faire procéder à ce contrôle a priori plutôt que d'attendre la fin de la procédure sur le fondement du même texte, l'article 6 § 1er Conv. EDH. Il faut cependant préciser que, dans de nombreux arrêts, la chambre criminelle continue de rejeter les requêtes en suspicion légitime sans fournir aucune explication de ces rejets (Crim. 13 août 2010, n° 10-86732 ; Crim. 7 juill. 2010, n° 1084431 ; Crim. 20 janv. 2010, n° 09-82118). Faudrait-il aller plus loin, comme le suggère A. Maron dans sa remarquable chronique précitée, et considérer que l'absence d'une requête en suspicion pourrait avoir un impact négatif sur des requêtes ultérieures. Sur le plan du droit interne, l'arrêt du 16 mai 2000 précité semblait montrer qu'il n'en était rien, puisque la chambre criminelle avait annulé une décision rejetant l'argument de la chambre de l'instruction, qui avait refusé de censurer l'ordonnance de refus d'informer au motif d'une absence de requête. Ultérieurement la position de la cour de cassation semble avoir quelque peu évolué. Dans un premier temps l'assemblée plénière, utilisant une solution déjà adoptée en matière civile, a dans l'affaire Papon refusé d'annuler l'arrêt d'assises le condamnant alors qu'était alléguée la partialité du président de cette cour, au motif qu'aucune demande de récusation n'avait été formulée contre le magistrat avant la clôture des débats (Ass. plén. 11 juin 2004, *Bull. crim.* nº 1). Il semble donc résulter de cette décision que l'absence de toute initiative, du moins lorsque la partialité du magistrat était décelable avant la clôture des débats équivaut à une renonciation à s'en prévaloir par la suite. On peut admettre que ce qui est valable pour une récusation l'est également pour un renvoi pour cause de suspicion légitime. La chambre criminelle s'est rangée à cette solution dans plusieurs décisions ultérieures (Crim. 29 sept. 2004, *Bull. crim.* n° 226 ; 22 févr. 2005, *Bull. crim.* n° 68) estimant que la partialité d'un des membres de la chambre de l'instruction ne peut entraîner la nullité de la procédure dès lors que la partie n'a pas usé de la possibilité d'obtenir le respect de l'article 6 § 1 de la Conv. EDH en demandant la récusation de ce magistrat (V. en ce sens Crim. 9 sept. 2009 *préc.* et Crim. 16 janv. 2008, n° 07-82365 qui visent à la fois la récusation et la suspicion légitime. Une exception très importante à cette solution est cependant admise par la cour de cassation. Elle concerne le juge d'instruction. En effet dans un arrêt en date du 23 mars 2004 (*Bull. crim.* n° 76) la chambre criminelle, dans une affaire où la demande de nullité des actes d'instruction était fondée sur la partialité du juge d'instruction, donc l'article 6 §1 de la Conv. EDH, a estimé que « l'impartialité s'imposait aux juridictions d'instruction à l'encontre desquelles un tel grief peut-être invoqué indépendamment de la mise en œuvre des procédures de récusation ou de renvoi ». Ainsi l'absence d'initiative pendant la procédure d'instruction n'équivaut nullement à une renonciation à se prévaloir de la partialité d'un magistrat instructeur. Cette solution vient d'ailleurs d'être confirmée dans un arrêt du 20 février 2008 (*Bull. crim.* n° 28) qui reprend exactement la même formule. On peut s'interroger sur les raisons de cette divergence de jurisprudence. Peut-être cela s'explique-t-il par le fait qu'en matière d'information il n'y a pas de clôture des débats (En ce sens F. Desportes, L. Lazerges Cousquer, n° 347).

Au plan européen il ne semble pas que la Cour se soit déjà prononcée sur cette question. On peut penser qu'elle ne se considérerait pas liée par une absence de mise en cause antérieure. Tout au plus l'absence de requête est-elle un indice que le justiciable n'était pas convaincu, au moins au début de la procédure, qu'il y avait des raisons de suspecter l'impartialité de ses juges. D'ailleurs d'éventuelles réticences de la Cour européenne seraient, aujourd'hui, d'autant plus préjudiciables aux justiciables que la loi du 15 janvier 2000 a, on le sait, prévu une procédure de réexamen d'une condamnation pénale définitive au bénéfice d'un condamné, lorsque cette condamnation a été prononcée en violation de la Convention (art. 621-1 et s. C. pr. pén.).

L'adoption d'une conception objective de la notion d'impartialité a, en quelque sorte, banalisé la procédure de requête en suspicion légitime. Elle évite d'une certaine manière que ne soit directement imputé à un juge le plus grave reproche que l'on puisse lui faire, celui d'être partial. La procédure retenue en matière pénale, même si elle a pu être critiquée (A. Maron, art. *préc.*), présente l'énorme avantage de protéger le justiciable, sans pour autant accabler les juges que l'on dessaisit donc sans discréditer la justice.

A. V.

4

COMPÉTENCE MATÉRIELLE — DÉROGATION — CORRECTIONNALISATION

Crim. 22 juillet 1830, *Beaugasnier* (*Bull. crim.* n° 188) ; Crim. 9 novembre 1955, *Barras* (*JCP* 1956. II. 9249, note Granier)

Quand le vol constitue un crime, son auteur doit être renvoyé en Cour d'assises (1re espèce).

Lorsqu'une femme enceinte est décédée des conséquences de manœuvres abortives, l'auteur de celles-ci commet non un délit d'homicide par imprudence, mais un crime de coups mortels (2e espèce).

Chambre criminelle, 22 juillet 1830

Beaugasnier

Vu l'ordonnance de la chambre du conseil du tribunal de première instance d'Orléans, rendu le 19 mars dernier, par laquelle Jean-Louis Beaugasnier a été renvoyé en police correctionnelle, comme suffisamment prévenu, 1° de vagabondage ; 2° d'avoir soustrait frauduleusement, au préjudice du nommé Hugo, à Beaugency, dans l'auberge duquel Beaugasnier était reçu, un pantalon en cotonnade, délits prévus par les articles 269 et 270 du Code pénal, à l'égard du premier fait ; et à l'égard du second fait, par l'article 401 du même code, combiné avec l'article 3 de la loi du 25 juin 1824 ;

Vu le jugement correctionnel du même tribunal, rendu le 24 du même mois, par lequel il s'est déclaré incompétent, par le motif que Beaugasnier étant prévenu de vagabondage et de vol, il était exclu, par l'article 12 de la loi du 25 juin 1824, du bénéfice de l'article 3 de la même loi, et que, dès lors, le fait du vol commis dans une auberge où il était reçu, joint à celui de vagabondage, constituait un crime prévu par l'article 386, n° 4, du code pénal ;

Attendu que l'ordonnance de la chambre du conseil a acquis l'autorité de la chose jugée ; qu'il en est de même du jugement correctionnel dont ni Beaugasnier, ni le procureur du Roi ne se sont portés appelans, et auquel le procureur général déclare formellement acquiescer ; qu'il résulte de leur contrariété un conflit négatif, qui suspend le cours de la justice, et qu'il importe de le rétablir ;

Vu les articles 525 et suivans du code d'instruction criminelle sur les réglemens de juges ;

Attendu que le vol commis par un individu dans l'auberge où il est reçu est un crime prévu par l'article 386, n° 4, du code pénal ; que, si les articles 2 et 3 de la loi du 25 juin

1824 convertissent le crime en simple délit, l'article 12 de la même loi comprend les vagabonds dans les exceptions au bénéfice des articles qui précèdent, et que, dès lors, le nommé Beaugasnier doit être renvoyé à la cour d'assises, sous la double prévention dont il est atteint, d'autant plus que cette cour serait compétente pour appliquer de simples peines correctionnelles, dans la supposition que la circonstance de vagabondage serait écartée par le jury, en déclarant la culpabilité sur le fait du vol qualifié, ou les peines correctionnelles sur le vagabondage, ou, le cas échéant, l'acquittement sur le tout :

Statuant sur la demande en règlement de juges formée par le procureur général près la Cour royale d'Orléans :

La Cour, sans s'arrêter à l'ordonnance de la chambre du conseil du tribunal de première instance d'Orléans, du 19 mars dernier, qui sera considérée comme non avenue, renvoie Jean-Louis Beaugasnier, dans l'état qu'il est, et les pièces du procès, devant la chambre des mises en accusation de la Cour royale d'Orléans, pour être statué sur la prévention et la compétence, d'après les articles 269, 270, 386, n° 4, du code pénal, combinés avec les articles 3 et 12 de la loi du 25 juin 1824.

Chambre criminelle, 9 novembre 1955

Barras

La Cour ; — Statuant sur les pourvois formés par : 1° Barras Claire, épouse Mesland, sans profession, en liberté provisoire à Angres (P.-de-C.) ; 2° Szczepaniak Joseph, voiturier, 50, rue Jean-Jaurès à Liévin, contre un arrêt en date du 7 juillet 1954, de la cour d'appel de Douai qui, pour avortement, et complicité, et pour homicide involontaire, les a condamnés : Barras Claire à deux ans d'emprisonnement, Szczepaniak Joseph à six mois d'emprisonnement ; — Joignant les pourvois en raison de la connexité ; — Vu le mémoire produit au nom de Barras Claire ; — Sur le moyen de cassation proposé au nom de Barras Claire, relevé d'office en ce qui concerne Szczepaniak Joseph, et pris de la violation de l'article 1er du code pénal, violation et fausse application de l'article 319, 309 du code pénal, 130, 133, 182, 199, 217 du code d'instruction criminelle, et 7 de la loi du 20 avril 1810, contradiction de motifs, manque de base légale ; en ce que l'arrêt a déclaré coupables Barras Claire et Szczepaniak Joseph, d'avoir, par maladresse, imprudence, inattention, négligence, involontairement causé la mort de Wroneski Anna ; alors qu'il affirme que la dame Wroneski, qui était enceinte d'environ trois mois, est bien décédée d'une embolie gazeuse, conséquence directe des manœuvres criminelles, ayant pour objet de provoquer l'avortement et que la manœuvre criminelle a consisté en une injection intra-utérine d'un liquide avec une canule et une poire ; — Vu lesdits articles ;

Attendu que le moyen est recevable, bien qu'il n'ait été proposé ni en première instance, ni en appel ; qu'en effet, la cour d'appel ayant été saisie par l'appel du Ministère Public, était tenue de vérifier sa compétence, même d'office ;

Attendu que, pour réformer le jugement et retenir la culpabilité des deux prévenus, la cour d'appel énonce, notamment, qu'il résulte des dépositions recueillies au cours du supplément d'information et des conclusions de l'expert, « que la femme Wroneski Anna, qui était enceinte d'environ trois mois, est décédée d'une embolie gazeuse, conséquence directe des manœuvres criminelles, ayant pour objet de provoquer l'avortement, lequel a eu lieu, et que la manœuvre criminelle a consisté en une injection intra-utérine d'un liquide avec une canule et une poire » ; que les juges d'appel précisent, ensuite, une série de circonstances établissant la culpabilité de Barras Claire, auteur des manœuvres criminelles, et de Szczepaniak, qui a remis, en connaissant l'usage qui en serait fait, les instruments dont s'est servie Barras Claire pour provoquer l'avortement de Wroneski Anna ;

Attendu que les faits ainsi constatés constituent, non le simple délit d'homicide par imprudence, prévu et puni par l'article 319 du code pénal, mais le crime de violences ayant entraîné la mort sans intention de la donner, prévu par l'article 309 du même code ; — D'où il sait que la juridiction correctionnelle n'était pas compétente pour en connaître ;

Par ces motifs :

Casse et annule l'arrêt de la cour d'appel de Douai, en date du 7 juillet 1954, condamnant Barras Claire et Szczepaniak Joseph, pour avortement, complicité d'avortement et homicide involontaire, et, pour être statué à nouveau, conformément à la loi, renvoie la cause et les prévenus en l'état où ils se trouvent devant la cour d'appel d'Amiens ;

Et, pour le cas où la cour d'appel de renvoi déclarerait l'incompétence de la juridiction correctionnelle, et où, par suite, il existerait entre cette décision et l'ordonnance de renvoi du juge d'instruction au tribunal de Béthune, en date du 25 juin 1953, une contradiction comportant un conflit négatif de juridiction, réglant de juges, dès à présent, renvoie la cause et les prévenus devant la cour d'appel de Douai, chambre des mises en accusation, qui, au vu de l'instruction déjà faite et, s'il y a lieu, de tout supplément d'information, statuera tant sur la compétence que sur la prévention.

OBSERVATIONS

Correctionnaliser un crime est un concept susceptible de trois sens : en effet, la correctionnalisation peut intervenir avant, pendant et après jugement. Cette dernière qui permettait au parquet de poursuivre devant le tribunal correctionnel un individu qui venait d'être scandaleusement acquitté par la cour d'assises n'existe plus, ayant été condamnée successivement par la jurisprudence (Crim., 20 mars 1956, *D.* 1957. Jur. 33, note L. Hugueney ; *JCP* 1956. II. 9251) et par la loi (art. 368 C. pr. pén.). La seconde consiste pour la Cour d'assises à adopter une qualification correctionnelle à l'issue des débats ; sa légalité n'est pas douteuse puisque cette juridiction a plénitude de juridiction et que son président peut, en conséquence, poser une question subsidiaire par l'effet de laquelle elle invite la cour d'assises à dire si, à défaut de crime, il n'y a pas délit (art. 351 C. pr. pén.). Reste enfin la correctionnalisation *ante judicium* qui, de loin la plus importante, est la seule dont on parlera ici.

Elle constitue une pratique ancienne comme le montre l'arrêt du 22 juillet 1830 qui est l'un des premiers à en démontrer l'existence (v. Crim., 19 janv. 1816, *Rép. pén. Dalloz, V°.* Appel en matière criminelle, n° 357, qui semble être vraiment l'une des toutes premières décisions). En l'espèce, l'auteur du vol d'un pantalon à son aubergiste, à l'époque où un tel fait était un crime, avait été renvoyé devant le tribunal correctionnel qui s'était déclaré incompétent. Or cette pratique se poursuit aux XXe et XXIe siècles en dépit de diverses correctionnalisations législatives comme le montrent d'innombrables arrêts, telle la seconde espèce où deux personnes poursuivies pour avortement et complicité, et pour homicide involontaire, ont été condamnées de ce chef par une décision qui a été cassée à leur demande, les faits constituant aux yeux de la Cour suprême le crime de coups mortels. Réunies, ces deux décisions montrent à la fois la permanence de la correctionnalisation dans notre justice et l'hostilité qu'elle suscite parfois. Elles incitent à rechercher les raisons de ce phénomène et sa technique.

I. — Le débat sur la légitimité de la correctionnalisation

On peut s'étonner, à première vue, de l'existence de la correctionnalisation puisqu'elle est à la fois contraire à la loi et non prévue par un texte général qui viendrait l'autoriser lorsque certaines conditions favorables sont réunies, comme c'est le cas en Belgique depuis 1878. L'illégalité du procédé est si évidente que la doctrine a commencé par l'ignorer splendidement comme s'il était inconvenant de décrire une telle rébellion à la loi et c'est ainsi que Faustin Hélie n'en soufflait mot dans son grand Traité comme on l'a noté (W. Jeandidier et J. Belot, p. 46). Et quand les auteurs se sont mis à regarder le phénomène en face pour le décrire, ils ont utilisé les termes les plus durs : « le mot (de correctionnalisation) n'est pas plus français que le procédé n'est légal », écrivait hier Ortolan (II, n° 2066) et aujourd'hui MM. R. Merle et A. Vitu parlent d'une « fraude à la loi » (n° 720). Se trouvent violées en effet à la fois les règles de fond (méconnaissances des textes d'incrimination) et les règles de procédure qui sont pourtant d'ordre public (P. Conte et P. Maistre du Chambon, n° 128 qui parlent d'une pratique de « caractère totalement illégal »). Il faut donc bien qu'il y ait des raisons pour que la correctionnalisation se maintienne. À vrai dire, ces raisons sont aisées à découvrir (R. Garraud, II, p. 321 ; J.-Ch. Laurent, « La correctionnalisation. Les problèmes de fond », *JCP* 1950. I. 852, n° 15 et s.). On peut les classer.

A. — La raison de politique répressive

Cette raison est la suivante : elle tient au décalage qui, si les magistrats saisissaient systématiquement les cours d'assises de tout fait légalement criminel, risquerait de se produire entre le verdict de celles-ci et la peine qui aurait dû être normalement prononcée aux yeux de l'opinion. La procédure d'assises est, en effet, inégale, aléatoire par ses résultats, même si aujourd'hui ce très grave inconvénient cède un peu de terrain.

L'aléa de principe des verdicts criminels s'est longtemps expliqué par le caractère intimidant des peines prévues par le code pénal de 1810 et il a entraîné deux conséquences opposées : un excès d'indulgence ou un excès de sévérité. Un excès d'indulgence tout d'abord. Dès 1811, on vit des jurés — à l'époque où ils statuaient seuls sur la culpabilité de l'accusé avant que les juges déterminent la peine — nier contre toute évidence cette culpabilité afin d'interdire aux juges de prononcer une peine qui, de toute façon à l'époque, aurait été trop sévère, puisque les circonstances atténuantes, inexistantes en 1810, n'apparurent que très timidement en 1824. De ce phénomène d'acquittements fréquents, les preuves abondent dans les journaux de l'époque comme, plus ou moins directement, dans la jurisprudence (v. par ex. cette jurisprudence remontant à 1812 qui permettait au parquet, après acquittement par la cour d'assises, de reprendre les poursuites sous une qualification correctionnelle). Alors, pour éviter des acquittements qui auraient choqué l'opinion publique, les magistrats du parquet et de l'instruction préféraient saisir le juge correctionnel lorsque le crime était peu grave. C'est ainsi qu'il faut comprendre l'arrêt du 22 juillet 1830 (v. pour divers exemples du même ordre avec les autres arrêts énumérés par J.-C. Laurent, *préc.*, n° 4 et 5). À cet excès d'indulgence, il faut ajouter parfois, mais plus rarement, un excès de sévérité. G. Tarde notait la grande férocité des jurés bretons en matière d'infanticide (*La philosophie pénale*, 1890, p. 448). Et c'est peut-être par crainte d'une sévérité excessive qu'il pressentait que le juge d'instruction a renvoyé les inculpés en correctionnelle dans l'affaire qui a donné lieu à l'arrêt du 9 novembre 1955. Finalement, ce qui résume le mieux le caractère inégal du jury et explique en conséquence la correctionnalisation, c'est ce mot, encore de Tarde, selon lequel « le jury est galant et propriétaire » (*La criminalité comparée*, 8e éd., 1924, p. 106).

Aujourd'hui, il est vrai, cet avantage tiré de la correctionnalisation s'estompe un peu en raison à la fois des très nombreuses interventions législatives (les fameuses correctionnalisations opérées par les lois de 1832, 1863, 1933, 1943, 1958 et 1981 ainsi que par le Code pénal de 1994, notamment en matière d'infractions contre la nation, l'État et la paix publique) et de la possibilité désormais très large offerte aux cours d'assises pour faire preuve de bienveillance : on sait que saisie d'un crime emportant réclusion à perpétuité, la cour d'assises peut abaisser la peine jusqu'à deux ans d'emprisonnement (art. 132-18 C. pén.). Mais, ne l'oublions pas, l'excès dans un sens ou dans l'autre subsiste encore.

B. — La raison d'ordre matériel

À cette première raison, il faut en ajouter une autre, d'ordre matériel et, au moins, aussi importante. En effet, même lorsque les magistrats de la phase préparatoire du procès estiment que la peine qui pourrait être prononcée par une cour d'assises a toutes les raisons d'être identique à celle que prononcerait une juridiction correctionnelle, ils préfèrent encore saisir cette dernière car la procédure y est moins onéreuse, plus simple et plus rapide.

Moins onéreuse tout d'abord : déjà en 1842, le Garde des Sceaux Martin du Nord recommandait aux procureurs généraux de pratiquer la correctionnalisation (sans la nommer d'ailleurs...) en invoquant les nécessités d'ordre budgétaire (J.-C. Laurent, *préc.*, n° 6). Aujourd'hui, une étude très rapide montre que le coût d'un procès criminel est bien plus lourd que celui d'un procès correctionnel, notamment à cause de la présence des jurés. Les frais occasionnés par ceux-ci sont de quatre catégories : frais de déplacement, indemnités journalières de session et de séjour, éventuellement perte de salaire (art. R. 139 et s. C. pr. pén.). Si les frais de déplacement n'intéressent que les jurés ne demeurant pas au siège de la cour d'assises, les indemnités journalières de session sont très onéreuses : si l'on raisonne sur une affaire durant deux jours et sur la base d'une indemnité journalière individuelle actuellement fixée à 60,74 euros, on arrive à la somme de 2 429,60 euros pour le premier jour (quarante jurés titulaires au maximum) et à celle de 668,14 euros pour le second (neuf jurés titulaires et deux suppléants), soit un total de 3 097,74 euros. À cela, il faut ajouter éventuellement les indemnités journalières de séjour payées, il est vrai, uniquement aux jurés se déplaçant hors de leur résidence et la perte de salaire qui est, au maximum, de 33 euros, sans compter les indemnités de repas (15,25 euros) et de nuitée (53,36 euros à Paris et 38,11 euros en province). Toutes causes confondues et, en appliquant la méthode des moyennes pour les lieux de résidence et les revenus ordinaires des jurés, on arrive à un coût moyen de 2 400 euros par affaire de deux jours, soit 1 200 euros par jour. Ce chiffre, représentant les seules dépenses provenant de la présence des jurés, est en réalité inférieur au coût quotidien d'une affaire criminelle car il faut ajouter les dépenses issues de la venue des témoins et experts, systématiquement plus nombreux qu'en matière correctionnelle. On arrive alors à un total journalier d'environ 1 500 euros en matière criminelle, contre environ 150 euros en matière correctionnelle, soit un rapport de 10 à 1 !

Moins onéreuse, la procédure correctionnelle est en outre moins lourde que la procédure criminelle. Doit-on rappeler qu'en cas d'ouverture d'une information pour crime, le juge d'instruction est tenu d'établir un dossier de personnalité, de procéder à un interrogatoire de curriculum vitae et, en fin d'instruction, de dresser un interrogatoire récapitulatif ? Sans doute, la jurisprudence a-t-elle de longue date affirmé que l'enquête de personnalité n'est pas obligatoire, le juge d'instruction ayant « le droit et l'obligation de clore son information quand il l'estime complète » (Crim. 5 avr. 1960, *Bull. crim.* n° 210 ; 29 avr. 1960, *D.* 1960. 654 ; 31 mai 1960, *Bull. crim.* n° 303 ; 1er déc. 1960, *D.* 1961. Jur. 385, note M. R. M. P. et *infra*, n° 16 ; 23 nov. 1965, *Bull. crim.* n° 246). Sans doute aussi, une pratique récente veut-elle que l'interrogatoire récapitulatif cesse d'être une obligation de fait, sauf pour les affaires criminelles particulièrement complexes et cette pratique a-t-elle même été consacrée par la circulaire 84-13-F 1 du 1er août 1984 prise en application de la loi du 9 juillet 1984 sur la détention provisoire (BOMJ, n° 15, p. 70). Mais ces palliatifs restent modestes face à l'éventualité d'une saisine de la chambre de l'instruction du fait de l'appel de l'ordonnance de mise en accusation par laquelle, aujourd'hui depuis une loi du 15 juin 2000 (art. 181 C. pr. pén.), le juge d'instruction saisit la cour d'assises.

Enfin, la procédure correctionnelle est plus rapide car le délai d'attente ne dépasse pas un an, alors qu'en matière criminelle, les rôles d'assises sont si encombrés que certains accusés attendent deux ans avant de comparaître.

C'est pourquoi la loi du 9 mars 2004 s'est efforcée de « consolider » certaines correctionnalisations effectuées par le juge d'instruction : l'article 186-3 du Code de procédure pénale ouvre exceptionnellement un droit d'appel au mis en examen et à la partie civile contre l'ordonnance renvoyant l'affaire devant le tribunal correctionnel et l'article 469, alinéa 4, 1re phrase du même Code exclut pour ce tribunal toute possibilité de se déclarer incompétent d'office ou à la demande des parties si la victime était partie civile avant l'ordonnance de renvoi (pour une application, Crim. 27 mars 2008, *AJ pénal* 2008. 288, obs. Roussel ; *add.* Crim. 4 janv. 2006, *Bull. crim.* n° 8 ; *D.* 2006. IR 396 ; *RSC* 2006. 637, obs. A. Giudicelli ; la réforme ne s'applique qu'aux ordonnances rendues après le 1er octobre 2004, date d'entrée en vigueur de la loi du 9 mars 2004). Toutefois, selon l'article 469, al. 4, 2e phrase, « ... le tribunal correctionnel saisi de poursuites exercées pour un délit non intentionnel conserve la possibilité de renvoyer le ministère public à se pourvoir s'il résulte des débats que les faits sont de nature à entraîner une peine criminelle parce qu'ils ont été commis de façon intentionnelle ». Il s'agit en fait de cas où les faits correctionnalisés à tort ou apparaissant sous un jour plus grave lors des débats, constituent des meurtres ou assassinats trop grave pour que le tribunal les juge (A. Darsonville, « La légalisation de la correctionnalisation judiciaire », *Dr. pénal* 2007. 4). Une affaire illustre ce principe, originale en ce que c'est le prévenu qui a soulevé le caractère intentionnel de l'infraction, manifestement pour pouvoir invoquer la légitime défense dont on sait qu'elle est inconciliable avec le caractère non intentionnel de l'infraction (Crim. 16 févr. 1967, *Bull. crim.* n° 70, *JCP* 1967. II. 15034, note R. Combaldieu ; 9 juill. 1984, *D.* 1986. IR 106, obs. G. Roujou de Boubée ; 28 nov. 1991, *Bull. crim.* n° 446 ; *D.* 1993. Somm. 18, obs. G. Azibert ; *RSC* 1993. 329, obs. G. Levasseur). Cassant l'arrêt du fond ayant rejeté l'exception d'incompétence et condamné le prévenu pour homicide involontaire, la Chambre criminelle décide que dans le cas d'une infraction non intentionnelle, le juge correctionnel peut se déclarer incompétent (on pourrait même dire doit). Il est vrai qu'en l'espèce, le prévenu avait pratiqué une prise de « close-combat », apprise dans la légion étrangère, ce qui avait entraîné la mort de la victime (Crim. 24 mars 2009, n° 08-84.849, *D.* 2009. AJ 1207, obs. M. Léna).

En dépit de son illégalité flagrante, la correctionnalisation se fonde donc sur d'impérieux motifs et c'est pourquoi elle est, encore aujourd'hui, d'application courante (entre 60 et 80 % des affaires sont correctionnalisées selon les ressorts). Elle n'en suppose pas moins, au point de vue technique, des conditions précises.

II. — Le régime technique de la correctionnalisation

On peut schématiser les choses en posant la règle que la correctionnalisation est un mensonge accepté, plus précisément un mensonge dont les formes sont variées, mais qui doit être accepté par tous les protagonistes du procès pénal.

A. — Un mensonge

Les formes du mensonge sont variées et la doctrine, de longue date, en a fait l'inventaire (J.-Ch. Laurent, *préc.*, n° 46 et s.). C'est l'ingéniosité des praticiens, magistrats du parquet et de l'instruction, qui est à l'origine de ces divers procédés. Tous ont un point commun : ils partent de la notion d'infraction de sorte que la correctionnalisation est en rapport étroit avec le droit pénal de fond. Cela étant, ils peuvent être classés en trois catégories.

Tantôt, les magistrats omettent de retenir une circonstance aggravante qui, admise, aurait conféré aux faits un caractère criminel. Par exemple, ils taisent la circonstance de violences ayant entraîné une mutilation ou infirmité permanente qui, normalement, fait du vol délit correctionnel un vol qualifié, soit un crime (art. 311-7 C. pén.). Ce premier procédé est le plus simple et le plus timide. Il ne dénature pas les faits. L'infraction, d'ailleurs, conserve son nom. Le mensonge est de degré plus que de nature. Qualifié ou non, le vol reste un vol.

Tantôt, en cas de cumul de qualifications, les magistrats se montrent plus audacieux en méconnaissant le principe de la plus haute expression pénale qui est pourtant la grande règle applicable en cas de pluralité de qualifications. Les exemples abondent. Voici une escroquerie (art. 313-1 C. pén.) commise à l'aide d'un faux en écritures publiques ou authentiques (art. 441-4, al. 3, C. pén.), c'est-à-dire un délit commis grâce à un crime. En application du principe précité, les magistrats devraient retenir le faux (Crim. 21 avr. 1976, *Bull. crim.* n° 122). Mais en pratique, ils retiennent l'escroquerie. On peut donner aussi l'exemple du viol (art. 222-23 C. pén.) qui sera parfois traité comme un délit sous l'appellation d'exhibition sexuelle en public (art. 222-32 C. pén.) pourvu que les faits aient eu lieu en public.

Tantôt enfin — et c'est le procédé extrême — les magistrats procèdent à une disqualification des faits : cette fois, ceux-ci ne sont plus conservés dans leur nature propre et leur auteur se voit attribuer une intention qu'il n'a jamais eue (J.-C. Laurent, *préc.*, n° 54). On prend une qualification différente de celle qui devait s'appliquer à la double condition qu'elle soit correctionnelle et qu'elle déforme le moins possible la réalité. Ainsi, le viol sera poursuivi comme violences. Il y a certes une parenté entre les deux infractions comme le montre l'étymologie. Il n'en reste pas moins que les magistrats ont déformé la réalité car le concept de violences évoque celui de coups et non celui d'atteinte à l'intimité sexuelle. Un autre exemple est fourni par l'arrêt ci-dessus rapporté du 9 novembre 1955 : une femme enceinte étant décédée des manœuvres abortives pratiquées sur elle, la bonne qualification était celle de coups mortels (art. 309 C. pén., puis art. 311 C. pén., aujourd'hui art. 222-7 C. pén.) alors que le juge d'instruction avait retenu l'homicide par imprudence. On peut citer encore la disqualification d'une tentative de meurtre en violences volontaires si les blessures ne sont pas trop graves ou la fameuse histoire de cet artisan qui, victime de vols répétés dans une de ses dépendances, avait piégé celle-ci à l'aide d'un transistor chargé d'explosifs et avait ainsi provoqué la mort d'un malandrin : auteur d'un crime, d'assassinat ou, au moins, de coups mortels, il avait été poursuivi pour homicide involontaire (Reims, 9 nov. 1978, *JCP* 1979. II. 19046, note P. Bouzat ; *D.* 1979. Jur. 92, note J. Pradel).

Quel que soit le procédé utilisé, le maquillage de la vérité doit être total dans l'acte saisissant le tribunal correctionnel (ordonnance de renvoi, comparution immédiate ou citation directe). Aucune allusion au caractère criminel des faits ne doit y apparaître. Sinon, l'occasion serait donnée au juge ou aux parties de contester la correctionnalisation.

B. — Un mensonge accepté

C'est qu'en effet la correctionnalisation ne peut subsister que si les parties et les juridictions de jugement l'acceptent. Parquet et juridiction d'instruction n'ont fait que proposer la correctionnalisation, laquelle apparaît ainsi comme un bel exemple de ce consensualisme en procédure pénale dont on parle encore assez peu en France (J. Pradel, « Le consensualisme en droit pénal comparé », in *Estudos em homenagem ao prof. Doutor Eduardo Correia, Coimbra*, 1988, p. 5 et s.). Sans doute, dans l'immense majorité des cas, personne ne soulèvera l'irrégularité de la qualification, par souci de simplification notamment. Parfois cependant, l'irrégularité est soulevée par la juridiction de jugement qui le fait d'office ou à la demande d'une partie selon des distinctions un peu byzantines obligeant à distinguer entre premier et second degrés (J.-C. Laurent, « Procédure pénale et correctionnalisation », *JCP* 1950. I. 877).

Devant le tribunal correctionnel, les choses sont relativement simples. Celui-ci doit, avant de statuer au fond, rechercher s'il est compétent et, au cas où il s'estime incompétent parce que les faits sont criminels, se déclarer non compétent (art. 469, al. 1 C. pr. pén.). La compétence est en effet une matière « d'ordre public et il appartient aux juges correctionnels de se déclarer incompétents même d'office lorsque les faits poursuivis ressortissent à la juridiction criminelle » (Crim. 1er déc. 1993, *Bull. crim.* no 366 ; 22 mai 1996, *id.* no 212 ; *D.* 1996. IR 205). En pratique, les tribunaux correctionnels ne soulèvent leur incompétence que si le « maquillage » des faits a été particulièrement grossier et encore, à la condition le plus souvent qu'une partie le leur demande.

Il faut réserver cependant le cas où le tribunal est saisi par ordonnance du juge d'instruction et où il y avait une partie civile au cours de l'instruction. L'article 469 alinéa 4 du Code de procédure pénale (L. du 9 mars 2004) décide alors que le tribunal ne peut plus se déclarer incompétent si la partie civile n'avait pas fait appel de l'ordonnance de règlement (art. 186-3 C. pr. pén., L. 9 mars 2004) sauf dans le cas particulier où le tribunal correctionnel est saisi du chef d'une infraction non intentionnelle (v. *supra*. I. B *in fine*). La correctionnalisation faite par le juge d'instruction est « consolidée ».

Devant la chambre des appels correctionnels, la situation est plus complexe à cause de l'effet dévolutif de l'appel. Trois cas de figure peuvent se présenter.

Ou bien il y a appel du parquet (et en outre, le cas échéant, des parties privées), la cour est saisie de toute l'affaire, de sorte qu'elle doit, d'office ou à la demande d'une partie, reconnaître son incompétence, au moins en principe (art. 519, al. 1 C. pr. pén.). Cependant, si elle ne soulève pas son incompétence, son arrêt ne pourra pas être cassé s'il a été bien rédigé, si le « maquillage » des faits est correct ; dans le cas contraire, la cassation sera encourue (Crim. 9 nov. 1955, *préc.* ; 12 juin 1958, *Bull. crim.* n° 457 ; 3 janv. 1970, *Bull. crim.* n° 4).

Ou bien il y a appel du prévenu et de lui seul, la cour ne peut alors dénoncer la correctionnalisation : elle est tenue de considérer les faits comme correctionnels car, en ne le faisant pas, elle aggraverait (au moins en droit) le sort du prévenu en entraînant son renvoi en cour d'assises alors qu'en vertu d'une règle classique, la juridiction d'appel ne peut aggraver le sort d'un prévenu ayant seul interjeté appel (règle de l'interdiction de la *reformatio in pejus*, posée d'abord par un avis du Conseil d'État du 12 novembre 1806 et, aujourd'hui, par l'art. 515 C. pr. pén.). La jurisprudence exclut très nettement en ce cas la possibilité pour la cour de soulever d'office son incompétence (Crim. 30 oct. 1946, *D.* 1947. 42 ; 19 juill. 1966, *Bull. crim.* n° 203 ; 25 nov. 1992, *Bull. crim.* n° 388 ; 22 mars 1995, *Bull. crim.* n° 118), sauf à observer que le prévenu peut soulever l'incompétence et réclamer sa traduction en cour d'assises, ce qui n'est que l'application des règles de compétence qui sont d'ordre public.

Ou bien enfin, la partie civile fait seule appel, la correctionnalisation, en ce cas, sera acquise puisque l'action publique ne peut plus être remise en cause (Crim. 25 nov. 1992, *préc.*) ; et, en cas de pourvoi en cassation, la Cour suprême renverra l'affaire devant le juge du fond (art. 612 C. pr. pén.), en fait une juridiction correctionnelle.

Malgré tous ses défauts, y compris sa complexité en cas d'appel notamment, la correctionnalisation a encore un bel avenir devant elle car elle accélère le cours de la justice en même temps qu'elle en réduit le coût. Ce double impératif est si essentiel que, dans des pays étrangers et à système très différent, on retrouve des techniques voisines. L'exemple du *plea bargaining* américain et canadien est trop célèbre pour qu'on puisse le taire. Selon cette technique, les parties et même parfois le juge s'accordent avant l'audience pour minorer l'accusation (en quantité de fait ou en gravité juridique) moyennant reconnaissance de sa culpabilité par le prévenu. Comme dans la correctionnalisation française, tout le monde y gagne : le prévenu évite le risque d'une très lourde condamnation tandis que le parquet est sûr d'obtenir une condamnation et dans des délais rapides, puisqu'il n'aura plus de preuve à rapporter (P. Béliveau et J. Pradel, *La justice pénale dans les droits canadien et français*, 1986, p. 230 ; J. Pradel, *Droit pénal comparé*, n° 483). En Belgique, dont le système, il est vrai, est proche du nôtre, la chambre du conseil, organe chargé de la clôture de l'instruction, peut décider, pour un fait qualifié crime, d'admettre les circonstances atténuantes justifiant sa correctionnalisation (H. Bosly et D. Vandermeersch, *Droit de la procédure pénale*, La Charte, Brugge, 4e éd., 2005, p. 812 et 813). On pourrait multiplier les exemples où les magistrats sont conduits à méconnaître la qualification légale des faits et plus précisément à la minorer.

J. P.

5

POLICE JUDICIAIRE — RESPONSABILITÉ — CONTRÔLE DE LA CHAMBRE DE L'INSTRUCTION — DOMAINE — NATURE DE LA SANCTION

Crim. 12 mai 1992, *Procureur général de Nîmes* (*Bull. crim.* n° 185 ; *Dr. pénal* 1992, n° 243, obs. A. Maron ; *D.* 1992. IR. 216) ; Crim. 26 février 1997, *Foll* (*Bull. crim.* n° 78 ; *D.* 1997. Jur. 297, note J. Pradel ; *JCP* 1997. II. 22855, note H. Matsopoulou ; *RSC* 1997. 666, obs. J.-P. Dintilhac)

Les décisions de la chambre de l'instruction, prises dans le domaine du contrôle de l'activité de la police judiciaire, sont juridictionnelles et donc susceptibles d'un pourvoi en cassation. Ce pourvoi en l'absence de disposition expresse contraire est suspensif.

Lorsqu'une chambre de l'instruction statue en cette matière, elle ne se prononce ni sur des contestations relatives à des droits ou des obligations de caractère civil, ni sur le bien fondé d'une accusation en matière pénale. En conséquence ses décisions n'entrent pas dans le champ d'application de l'article 6 § 1 de la Conv. EDH relatives à l'exigence d'un tribunal impartial (2e espèce).

Le contrôle exercé par la chambre de l'instruction concerne tout acte d'un officier ou d'un agent de police judiciaire dès lors qu'il se rattache à l'exercice des fonctions de police judiciaire, telles qu'elles sont définies par l'article 14 du Code de procédure pénale (1re espèce).

Un fonctionnaire de police ne peut refuser d'exécuter l'ordre donné par un juge d'instruction que si cet ordre est manifestement illégal. Une réquisition verbale d'un juge d'instruction ne présente pas cette caractéristique. Ce dernier n'a pas l'obligation de requérir l'assistance de la police par écrit, ni celle d'indiquer par avance aux policiers le lieu d'un transport de justice.

En conséquence l'officier de police judiciaire qui refuse d'apporter son concours à un juge d'instruction, dans une telle hypothèse, commet une faute de nature à mettre en jeu sa responsabilité par une chambre de l'instruction (2e espèce).

Chambre criminelle, 12 mai 1992

Procureur général près la Cour d'appel de Nîmes

Sur le moyen unique de cassation pris de la violation de l'article 224 du Code de procédure pénale :

Vu ledit article, ensemble l'article 14 du même Code ;

Attendu qu'est soumis au contrôle de la chambre d'accusation tout acte d'un officier ou agent de police judiciaire qui se rattache à l'exercice des fonctions de police judiciaire, telles que celles-ci sont définies par l'article 14 du Code de procédure pénale ;

Attendu qu'il résulte de l'arrêt attaqué et des pièces de la procédure que l'officier de police judiciaire Faucher, du commissariat de Nîmes, avisé par les services de la maison d'arrêt, qu'un détenu venait de tenter de se suicider, s'est transporté sur les lieux et a appris que le détenu avait laissé une lettre dans laquelle il expliquait son geste ; que, n'ayant pu obtenir, du directeur de la maison d'arrêt, la production de l'original de la lettre, l'officier de police a cessé ses investigations, en a rendu compte au procureur de la République et a transmis à ce magistrat le procès-verbal de ses opérations ;

Attendu que, ce procès-verbal mentionnant que l'officier de police s'était transporté « sur instructions du procureur de la République », le procureur général estimant qu'il aurait agi de sa propre initiative, et aurait commis une faute dans ses fonctions d'officier de police judiciaire, a saisi la chambre d'accusation sur le fondement de l'article 225 du Code de procédure pénale ;

Attendu que, pour se déclarer incompétente, la chambre d'accusation retient essentiellement que l'inspecteur de police principal Faucher n'avait pas agi en qualité d'officier de police judiciaire ;

Mais attendu qu'en statuant ainsi, alors que l'intervention de l'officier de police judiciaire, fût-elle spontanée, avait pour objet de vérifier que la tentative de suicide ne recelait pas une infraction à la loi pénale et que cette opération entrait dans les prévisions de l'article 14 du Code de procédure pénale, les juges ont méconnu le principe ci-dessus rappelé ;

D'où il suit que la cassation est encourue ;

Chambre criminelle, 26 février 1997

Foll (Olivier)

Sur la recevabilité et les effets du pourvoi :

Attendu que les décisions juridictionnelles des chambres d'accusation, statuant sur le fondement des articles 224 à 230 du Code de procédure pénale, sont susceptibles d'un pourvoi en cassation ; que, conformément à la règle posée par l'article 569 et en l'absence d'une dérogation expresse de la loi, ce recours a un effet suspensif, à la différence de celui prévu par les dispositions réglementaires de l'article R. 15-16 du même Code, concernant les mesures administratives de retrait ou de suspension de l'habilitation des officiers de police judiciaire prises par arrêté du procureur général, immédiatement exécutoire ;

Qu'ainsi le présent pourvoi est recevable et qu'il a suspendu l'exécution de l'arrêt attaqué ;

Vu le mémoire produit ;

Attendu qu'il résulte de l'arrêt attaqué que, le 27 juin 1996, le juge d'instruction au tribunal de Créteil, saisi d'une information ouverte des chefs de trafic d'influence, infractions aux règles de la facturation et abus de biens sociaux, délits qui auraient été commis au sein de l'Office public d'aménagement et de construction de Paris, a décidé d'effectuer une perquisition au domicile du maire de cette ville ; que, pour l'assister, il a requis verbalement le chef du 8e cabinet de délégations judiciaires à la Direction de la police judiciaire de la préfecture de police de Paris, déjà saisi par commission rogatoire, depuis le 25 janvier 1995, et qui a déféré à cette réquisition accompagné de 3 autres officiers de police judiciaire de son service ; que, n'ayant appris que sur les lieux du transport l'objet de l'opération, les fonctionnaires de police en ont rendu compte par téléphone à leur hiérarchie et que le directeur de la police judiciaire, Olivier Foll, leur a alors interdit de participer à la perquisition ; que celle-ci a été effectuée par le seul juge d'instruction, avec l'assistance de son greffier, en présence d'un représentant du ministère public ;

Attendu que le président de la chambre d'accusation de la cour d'appel de Paris, informé des faits ainsi que de déclarations faites par Olivier Foll à la presse afin de se justifier, a saisi cette juridiction en application des dispositions des articles 224 et 225 du Code de procédure pénale ; que, le 21 octobre 1996, la chambre d'accusation a rendu l'arrêt attaqué ;

En cet état :

Sur le premier moyen de cassation, pris de la violation des articles 6, paragraphe 1, de la Convention européenne de sauvegarde des droits de l'Homme et des libertés fondamentales, 191, 225, 226 et 591 du Code de procédure pénale :

en ce que la cause a été débattue et délibérée, et l'arrêt attaqué prononcé par la chambre d'accusation composée de Mme Anzani, président, et de M. Catenoix et Mme Varin, conseillers ;

Attendu qu'il résulte, de l'ensemble des dispositions du Code de procédure pénale consacrées à la chambre d'accusation et à son président, que la loi attribue, à la juridiction d'instruction du second degré, la mission de contrôler la régularité des actes de l'enquête et de l'information ainsi que celle de censurer, le cas échéant, selon des modalités différentes tenant à leurs statuts respectifs, les erreurs ou manquements pouvant être reprochés tant aux magistrats instructeurs qu'aux officiers ou agents de police judiciaire, pris en cette qualité ;

Qu'à l'égard de ces derniers, lorsqu'elle statue dans les conditions prévues par les articles 224 à 230 du Code de procédure pénale - qui lui permettent, non de retirer, à ceux qui la possèdent, la qualité d'officier ou d'agent de police judiciaire, mais seulement de leur interdire d'en exercer les fonctions -, la chambre d'accusation ne prononce ni sur des contestations relatives à des droits ou des obligations de caractère civil ni sur le bien-fondé d'une accusation en matière pénale ;

Que, dès lors, ses décisions n'entrent pas dans le champ d'application de l'article 6, paragraphe 1, de la Convention européenne de sauvegarde des droits de l'Homme et des libertés fondamentales, dont la violation est alléguée par le demandeur, et que le moyen, inopérant, ne peut qu'être écarté ;

Sur le deuxième moyen de cassation, pris de la violation des articles 14, 51, 81, 151, 227, 591, R. 1er et D. 2 du Code de procédure pénale :

en ce que l'arrêt attaqué a interdit, pour une durée de 6 mois, à Olivier Foll d'exercer les fonctions d'officier de police judiciaire et de délégué du juge d'instruction dans le ressort de la cour de Paris ;...

alors, d'autre part, que le juge d'instruction ayant sollicité l'assistance de M. Prunier et de 3 autres officiers de police judiciaire par téléphone sans délivrer ni une commission rogatoire spécifique ni une réquisition écrite, et une incertitude pesant, dès lors, sur la base juridique de l'intervention de ces officiers de police judiciaire, leur supérieur hiérarchique, Olivier Foll, n'a pas manqué à ses devoirs en leur ordonnant de ne pas déférer à la demande du juge d'instruction ;

Sur le troisième moyen de cassation, pris de la violation des articles 11, 14, 81, 151, 225, 226, 227, 591 du Code de procédure pénale, 12 du décret n° 68-70 du 24 janvier 1968, 11 du Code de déontologie de la police nationale institué par le décret n° 86-592 du 18 mars 1986, violation des droits de la défense :

alors, que ne manque pas à ses devoirs l'officier de police judiciaire qui refuse d'assister un juge d'instruction pour procéder à une perquisition, fût-ce dans le cadre d'une commission rogatoire en cours, dès lors que ce juge d'instruction a fait preuve de défiance à son égard en ne l'informant pas dans un délai raisonnable, compte tenu des circonstances, de la nature, de l'objet et du lieu de l'opération ;

Les moyens étant réunis ;

Attendu qu'afin de se justifier d'avoir fait interdiction aux officiers de police judiciaire placés sous son autorité d'assister le juge d'instruction lors du transport de justice, après avoir appris que ce transport avait pour objet de perquisitionner au domicile du maire de Paris, Olivier Foll a fait valoir qu'en l'absence de commission rogatoire expresse ou de réquisition écrite, et compte tenu des circonstances particulières de cette intervention, il avait le devoir d'apprécier les conditions de son déroulement, le juge d'instruction s'étant limité à requérir la force publique, en application de l'article 51, alinéa 3, du Code de procédure pénale ;

Attendu que, pour écarter cette argumentation, la chambre d'accusation énonce que le directeur de la police judiciaire ne pouvait ignorer qu'une commission rogatoire, en date du 25 janvier 1995, était toujours en cours d'exécution au 8e cabinet de délégations judiciaires et que l'assistance des officiers de police judiciaire, requise verbalement, ne l'avait pas été en application de l'article 51 du Code de procédure pénale, mais conformément à l'article 14, alinéa 2, du même Code, imposant à la police judiciaire, lorsqu'une information est ouverte, de déférer aux réquisitions du juge d'instruction ; qu'elle ajoute que l'intéressé a failli à ses devoirs d'officier de police judiciaire et que son comportement, qui a entravé le cours de la justice, ne reposait sur aucune justification légale ;

Attendu qu'en l'état de ces motifs la chambre d'accusation n'encourt aucun des griefs invoqués ;

Qu'en effet l'article 14 du Code de procédure pénale ne fait pas obligation au juge d'instruction, lorsqu'il estime que les circonstances l'exigent, de révéler par avance, aux officiers de police judiciaire qui collaborent avec lui, l'objet et le lieu d'un transport de justice décidé dans une information en cours, ou de requérir leur assistance par écrit, préalablement à l'opération, laquelle donnera nécessairement lieu à la rédaction de procès-verbaux faisant état de cette réquisition ;

Que, par ailleurs, il résulte des articles 4 et 17 du décret du 18 mars 1986, portant Code de déontologie de la police nationale et renvoyant aux règles du Code de procédure pénale pour ce qui concerne les missions de police judiciaire, qu'un fonctionnaire de police, lorsqu'il est responsable d'une telle mission, ne peut, sauf à engager sa responsabilité personnelle, refuser d'exécuter l'ordre donné par un juge d'instruction qu'après avoir expressément indiqué, au magistrat mandant, les raisons pour lesquelles cet ordre lui paraît

« manifestement illégal et de nature à compromettre gravement un intérêt public » ; que tel n'a pas été le cas, en l'espèce ;

D'où il suit que les moyens ne sauraient être accueillis ;

OBSERVATIONS

Selon l'heureuse formule de certains auteurs (B. Bouloc, H. Matsopoulou, *Droit pénal général et procédure pénale*, n° 582), « la police judiciaire est exercée sous la direction du procureur de la République, surveillée par le Procureur général, contrôlée par la chambre de l'instruction ».

Parce que les membres de la police judiciaire apportent un concours direct à l'administration de la justice, ils ne peuvent pas à l'image des autres fonctionnaires, être soumis uniquement au contrôle hiérarchique de leurs supérieurs. Ils sont de véritables auxiliaires des juges (en ce sens S. Guinchard, G. Montagnier, A. Varinard, Th. Debard, *Institutions juridictionnelles*, 10e éd., Dalloz, coll. « Précis », 2011). Les pouvoirs importants, dont ils disposent, peuvent porter gravement atteinte à la liberté des personnes et il importe que le souci d'efficacité n'entraîne pas des abus. C'est pour cette raison que l'activité de police judiciaire est placée sous la direction du procureur de la République qui seul dispose de la possibilité d'autoriser certains actes de police. La loi du 15 juin 2000 a encore renforcé les attributions du procureur de la République. Mais, aux termes de l'article 13, la police judiciaire est dans le ressort de chaque cour d'appel, globalement placée sous la surveillance du procureur général. Dans ce cadre, c'est ce magistrat qui, seul, peut habiliter un membre des forces de police ou de gendarmerie à exercer des missions de police judiciaire. Tout naturellement et par un parallélisme normal des formes, il dispose également d'une possibilité de retrait ou de suspension de cette habilitation. Même si cette dernière mesure est soumise à une certaine procédure, permettant notamment à la personne sanctionnée d'exercer une voie de recours devant une commission spécifique de la cour de cassation. Il ne s'agit pourtant pas d'une véritable sanction.

Tel n'est pas le cas de la mesure qui peut être prise par une chambre de l'instruction dans le cadre de la procédure prévue par les articles 224 et s. du Code de procédure pénale. Aux termes de l'article 13 du même code, la police judiciaire est placée « sous le contrôle de la chambre de l'instruction », autorité judiciaire qui exerce ainsi un véritable pouvoir disciplinaire, dont la sanction principale est l'interdiction temporaire ou définitive d'exercer des fonctions de police judiciaire. Cette responsabilité, qualifiée de quasi disciplinaire par certains auteurs (A. Decocq, J. Montreuil et J. Buisson, *Le droit de la police*, 2e éd., Litec, n° 1527 et s.), n'est pas sans susciter quelques problèmes puisqu'elle peut éventuellement se cumuler avec les sanctions disciplinaires infligées par les supérieurs hiérarchiques du fonctionnaire et avec les décisions prises par le procureur général dans le cadre de son pouvoir de surveillance.

On ne saurait dire si ces sanctions sont fréquemment appliquées, mais on sait en revanche que le contentieux relatif à leur mise en œuvre est assez rare. La décision, rendue par la chambre criminelle le 26 février 1997, n'en est que plus intéressante et pas seulement en raison de la surmédiatisation des faits qui l'ont provoquée.

Un juge d'instruction, saisi d'une information concernant un éventuel trafic d'influence au sein de l'office public de construction de Paris, avait décidé d'une perquisition au domicile du maire de Paris. Il sollicite alors un officier de police judiciaire, par téléphone, pour l'assister, mais sans lui indiquer l'objet de l'acte d'information, en lui donnant rendez-vous non loin du domicile du maire. Il est à préciser qu'une commission rogatoire générale avait été délivrée un an et demi plus tôt. Lorsque l'officier de police judiciaire (OPJ) est informé de l'objet de l'acte d'instruction, il avise immédiatement sa hiérarchie. Il reçoit alors l'ordre du directeur de la police judiciaire de ne pas participer à la perquisition. Le juge d'instruction agit donc seul en présence du représentant du parquet et du greffier.

Immédiatement ce refus de collaboration de la police, dans une affaire sensible, fait l'objet d'une polémique dans la presse, le directeur de la police judiciaire (PJ) intervenant lui-même dans les médias pour justifier sa position.

Dès cet instant, le président de la chambre de l'instruction de Paris décide, par ordonnance, de saisir la chambre qu'il préside au titre du contrôle que cette juridiction exerce sur la police judiciaire. Après enquête, la chambre inflige au directeur de la police judiciaire, par un arrêt du 21 octobre 1996, la sanction de suspension de ses fonctions de police judiciaire et de délégué du juge d'instruction dans le ressort de la cour d'appel de Paris pour une durée de six mois (art. 227 C. pr. pén.).

Un pourvoi en cassation est alors formé contre cette décision au motif, d'une part, qu'il n'y aurait aucune faute reprochable au directeur de la police judiciaire puisque, à défaut de réquisition écrite et de commission rogatoire spéciale expresse du juge d'instruction, il pouvait donner l'ordre à ses subordonnés de ne pas intervenir et d'autre part, parce que la procédure prévue par les articles 224 et s. du Code de procédure pénale, en raison des diverses fonctions assumées par son président, ne respecterait pas le principe fondamental d'impartialité de la juridiction, au sens de l'article 6 §1er de la Convention européenne des droits de l'homme.

La chambre criminelle a rejeté le pourvoi, mais l'arrêt rendu fournit de très utiles précisions dans un domaine, qui restait relativement flou du fait de la rareté des décisions jurisprudentielles en cette matière. Ces précisions concernent tout d'abord les conditions de mise en œuvre de cette responsabilité disciplinaire particulière. Sur ce point l'arrêt apporte un intéressant complément à la seconde décision que nous avons retenue. En effet dans son arrêt du 19 mai 1992, la chambre criminelle définissait pour la première fois le domaine, dans lequel pouvait s'exercer le contrôle de la chambre de l'instruction sur les actes accomplis par un officier ou un agent de police judiciaire. Elle estimait qu'il s'agissait de tout acte, dès lors qu'il se rattache à l'exercice des fonctions de police judiciaire, du moins si une faute a été commise. L'arrêt *Foll* fournit, sur cette question, quelques indications supplémentaires en replaçant le problème dans son contexte, celui des relations entre la police et la justice. Mais en validant l'arrêt de la chambre de l'instruction, rejetant ainsi les exceptions procédurales alléguées dans le pourvoi, elle se prononce ensuite indirectement sur la nature juridique des sanctions prévues à l'article 227 du Code de procédure pénale. Ce sont ces deux thèmes que nous allons maintenant examiner.

I. — Contrôle judiciaire de la police judiciaire

Le contrôle de la police judiciaire par l'autorité judiciaire n'est pas récent puisqu'il était déjà organisé par les articles 279 à 282 du Code de l'instruction criminelle. Il semble cependant que ce contrôle n'ait jamais été véritablement exercé (en ce sens, R. Merle et A. Vitu, n° 910). Le Code de procédure pénale a donc souhaité redynamiser cette procédure, notamment en permettant à la juridiction de se saisir d'office. Pour autant les dispositions législatives sont loin d'être précises. En se bornant, dans son titre, à viser le contrôle de l'activité des officiers et agents de police judiciaire, le législateur n'a nullement indiqué le champ d'application du contrôle. L'arrêt du 12 mai 1992 est donc particulièrement précieux puisqu'il donne pour la première fois une définition précise du domaine, dans lequel la chambre de l'instruction peut agir (A). Par ailleurs les textes du code de procédure pénale sont totalement muets sur la nature ou le type de fautes qui pourraient être relevées, l'article 226 du Code de procédure pénale se bornant à évoquer la personne en cause. Si la nécessité d'une faute ne peut sérieusement être discutée, l'arrêt du 28 février 1997, notamment, permet de se faire une meilleure idée des reproches qui peuvent justifier cette sanction disciplinaire (B).

A. — Domaine du contrôle

Si le contrôle de la chambre de l'instruction avait d'abord été restreint aux seuls OPJ fonctionnaires, civils ou militaires, il a aujourd'hui été étendu aux agents de police judiciaire par une loi du 28 juillet 1978 et aux agents de police judiciaire adjoints, ainsi qu'à tous les fonctionnaires et agents chargés de certaines fonctions de police judiciaire par la loi du 4 janvier 1993 (art. 230 C. pr. pén.). Aujourd'hui ceux qui, quel que soit leur statut, ont des attributions de police judiciaire, sont donc soumis au contrôle, dès lors qu'ils sont fonctionnaires (art. 22 à 29 C. pr. pén.). En réalité seuls les maires et les adjoints échappent à ces dispositions (V. A. Decocq, J. Montreuil et J. Buisson, *préc.* n° 1529 ; H. Matsopoulou, *Les enquêtes de police*, LGDJ, 1996, n° 1073).

La question est en revanche beaucoup plus délicate, lorsqu'il s'agit de déterminer le domaine d'application du contrôle par rapport aux actes concernés. À s'en tenir au texte, l'article 224 du Code de procédure pénale édicte que le contrôle s'exerce sur les officiers et agents de police judiciaire « pris en cette qualité ». Une interprétation stricte de cette expression pourrait conduire à des solutions pour le moins discutables en écartant des faits qui, réalisés dans le cadre de la fonction, n'auraient rien à voir avec cette fonction.

Telle n'est pas la conception retenue par la chambre criminelle dans son arrêt du 12 mai 1992. En effet dans un attendu de principe très clair, la Haute juridiction affirme qu'est soumis au contrôle « tout acte d'un officier ou d'un agent de police judiciaire qui se rattache à l'exercice des fonctions de police judiciaire, telles qu'elles sont définies par l'article 14 du Code de procédure pénale ». Rappelons que ce texte détermine les différentes attributions de la police judiciaire, à savoir la constatation des infractions, le rassemblement des preuves et la recherche des auteurs lorsqu'une information n'est pas ouverte et après cette ouverture, l'exécution des délégations des juridictions d'instruction et la réponse aux réquisitions de ces dernières.

Dans sa décision en date du 24 juin 1992, la chambre d'accusation (actuellement chambre de l'instruction) s'était déclarée incompétente pour statuer disciplinairement sur le sort d'un inspecteur de police principal, au motif qu'il n'avait pas agi en qualité d'officier de police judiciaire. Le fonctionnaire informé d'un suicide dans une maison d'arrêt s'était transporté sur les lieux. Ayant appris l'existence d'une lettre, dans laquelle le détenu expliquait son geste, il avait sollicité la remise de ce document. Devant le refus du directeur de la maison d'arrêt d'accéder à cette demande, il avait cessé ses investigations et rendu compte par procès-verbal au procureur de la République. Si cette procédure ne semblait poser aucun problème en tant que telle, le procès-verbal contenait une grave inexactitude puisqu'il mentionnait une intervention sur ordre du procureur de la République, alors que le fonctionnaire avait agi de sa propre initiative. C'est cette faute qui avait motivé la saisine de la chambre de l'instruction par le procureur général.

Si l'on peut s'interroger sur la réelle gravité de la faute, on ne peut en revanche guère contester que l'on se trouvait dans le domaine d'intervention possible de l'autorité judiciaire. En effet le transport sur les lieux de l'officier de police judiciaire, même s'il est spontané, ne peut s'expliquer que par la volonté « de vérifier si la tentative de suicide ne recelait pas une infraction à la loi pénale ». Ainsi cette opération relevait bien de la constatation, en l'occurrence éventuelle, d'une infraction qui est indiscutablement une mission de police judiciaire.

Mais l'arrêt de la chambre criminelle, dans son attendu de principe, va bien au-delà puisqu'il admet que tout ce qui peut se rattacher à l'exercice des fonctions peut justifier l'intervention de la chambre de l'instruction. Ainsi en sera-t-il pour des faits, en l'occurrence des infractions, commis à l'occasion des fonctions (en ce sens Ch. acc. Fort-de-France 12 juin 1990, *Dr. pénal* 1992, n° 81 : policier sanctionné parce qu'il avait exigé et obtenu d'une jeune femme des relations sexuelles). Il est bien évident que le fonctionnaire n'agissait pas en qualité d'officier de police judiciaire, mais dans le cadre de cette activité. Cette conception assez large du champ du contrôle est indispensable. Elle peut cependant permettre d'exclure les activités de police administrative des officiers ou agents de police judiciaire (H. Angevin, *La pratique de la chambre de l'instruction*, Traité formulaire, 2e éd., Litec, 2004, n° 418 ; A. Maron, *préc.)*. A. Decocq, J. Montreuil et J. Buisson, dans leur traité (n° 1531), adoptent une position nettement plus nuancée en estimant que, dès lors que « la capacité judiciaire » du fonctionnaire est exigée pour une opération, par exemple en matière de vérification d'identité, le contrôle de la chambre de l'instruction serait possible (V. cependant en sens contraire : Crim. 5 janv. 1973, *Bull. crim.* n° 7 ; *D.* 1973. 541, obs. G. Roujou de Boubée).

Dans l'arrêt du 26 février 1997, la compétence de la chambre de l'instruction n'était pas contestée. En effet l'acte reproché au directeur de la police judiciaire correspond très exactement à la situation décrite par l'alinéa 2 de l'article 14 du Code de procédure pénale. Encore faut-il que cet acte soit fautif.

B. — Nature de la faute reprochée

Comme on l'a déjà indiqué, les textes ne fournissent aucune indication sur la faute qui peut motiver l'intervention de l'autorité judiciaire de contrôle. Il faut donc admettre que cette faute consiste, notamment, dans des négligences reprochables, réalisées dans l'exécution d'un acte de procédure accompli par le mis en cause : perquisition, garde à vue par exemple. Faute d'indications plus précises, cette faute est laissée à l'appréciation souveraine des juges du fond, en l'occurrence de la chambre de l'instruction (en ce sens Crim. 10 janv. 1995 cité *in* A. Decocq, J. Montreuil et J. Buisson *préc.*). Dans ce cas, l'officier de police judiciaire (OPJ) était sanctionné pour avoir soumis un gardé à vue à un traitement humiliant portant gravement atteinte à la dignité humaine, il ne pouvait donc guère y avoir de discussion.

Dans l'affaire *Foll*, la faute apparaissait un peu moins évidente. Le reproche très clairement exprimé à l'OPJ était d'avoir donné l'ordre, à certains de ses subordonnés, de ne pas déférer à une demande d'aide adressée verbalement par un juge d'instruction, au responsable d'un cabinet de délégations judiciaires. La chambre de l'instruction avait essentiellement motivé sa sanction sur le fait qu'en raison même de ses fonctions, le directeur de la police judiciaire ne pouvait pas ignorer qu'une commission rogatoire délivrée par le juge d'instruction était en cours. Il en résultait logiquement que, dans ce cadre, les officiers de police judiciaire ne recevant des directives que de l'autorité judiciaire compétente, l'ordre donné par le directeur de la police judiciaire n'avait aucune justification légale.

Pour contester avoir commis quelque faute que ce soit dans cette affaire, Olivier Foll invoquait un certain nombre d'éléments juridiques, dont certains étaient loin d'être sans fondement.

Le plus important était motivé par l'absence de tout document écrit à l'appui de la demande d'assistance, ce qui aurait expliqué le droit d'interdire à ses subordonnés d'intervenir dans la perquisition. Il est vrai que les raisons de la demande d'intervention des policiers étaient, pour le moins, floues. S'agissait-il d'une réquisition de la force publique fondée sur l'article 51 alinéa 2 du Code de procédure pénale, pouvant se justifier par un risque de difficulté dans la réalisation de la perquisition, auquel cas elle aurait pour objet de maintenir l'ordre ? S'agissait-il au contraire d'une demande d'aide pour réaliser l'opération judiciaire, elle-même fondée sur l'article 14, alinéa 2 du Code de procédure pénale ? Si l'on retient la seconde solution, on peut alors s'étonner de l'objet même de la demande. La commission rogatoire a pour finalité de faire réaliser un acte d'instruction par un autre juge ou par un officier de police judiciaire agissant par délégation. La commission rogatoire délivrée un an et demi plus tôt était d'ailleurs en ce sens. On peut comprendre que le juge d'instruction ait voulu lui-même réaliser un acte d'instruction, un peu particulier, en raison de la personnalité concernée (le maire de Paris), mais il fallait alors, s'il voulait une assistance policière, qu'il la requière par écrit. La chambre criminelle n'a pourtant pas retenu cette argumentation. Elle estime que la commission rogatoire initiale étant toujours en cours d'exécution, la réquisition verbale de la police judiciaire était valable puisque fondée sur l'article 14 alinéa 2 du Code de procédure pénale, qui impose à la force publique, lorsqu'une information est ouverte, de déférer aux réquisitions du juge d'instruction.

Cette solution est-elle convaincante ? On peut en douter. Comme l'ont fait remarquer les annotateurs de cette décision, H. Matsopoulou et J. Pradel, tout conduit à penser que la réquisition doive être faite par écrit. Comment les exigences de la loi pourraient-elles être satisfaites, notamment celles de l'article 81, alinéa 2 imposant copie de toutes les pièces du dossier, dans le cas d'une réquisition verbale ?

Assez curieusement, on observe que la cour de cassation s'est rendu compte de cette difficulté. Elle affirme, en effet que la réquisition écrite préalable n'est pas nécessaire puisque l'opération projetée donnera nécessairement lieu à la rédaction de procès-verbaux faisant état de cette réquisition. L'argument est pour le moins audacieux puisqu'il revient à considérer qu'un écrit (le procès-verbal de perquisition) validera rétroactivement un ordre verbal dépourvu de valeur juridique. Si, à défaut d'écrit, le policier ne pouvait pas agir pour réaliser la perquisition, comment un procès-verbal relatant cette perquisition illégale aurait-il le pouvoir de légitimer la carence initiale (V. en ce sens H. Matsopoulou et J. Pradel, *préc.*) ? En réalité, à s'en tenir à une argumentation strictement juridique, l'absence d'écrit paraît bien entacher d'illégalité la demande du juge d'instruction.

Cette carence était-elle pour autant de nature à justifier le refus de collaboration du directeur de la police judiciaire ? On peut en douter et la chambre criminelle ne l'a pas admis. Pour retenir la faute du directeur de la police judiciaire la cour de cassation a, dans cette affaire, quelque peu malmené certains principes. Non seulement elle se contente d'une réquisition verbale, alors qu'un écrit paraît indispensable, mais elle tient pour acquis, sans apporter la moindre preuve de son affirmation, que Olivier Foll, par sa fonction, connaissait obligatoirement l'existence de la commission rogatoire initiale. Peut-être est-ce exact, mais peut-on se satisfaire de cette présomption de connaissance.

En réalité en validant la sanction prononcée par la chambre de l'instruction, la chambre criminelle a sans doute voulu apporter une réponse sur sa conception des relations, qui doivent exister entre la police et la justice (en ce sens v. J.-P. Dintilhac, obs. à la *RSC*). En effet, l'argumentation du directeur de la police judiciaire, pour justifier son refus de collaboration, faisait également état d'une défiance de l'autorité judiciaire à l'égard des fonctionnaires de police. On ne peut guère contester que l'absence de réquisition écrite et l'indication au dernier moment du nom de la personne, chez qui avait lieu la perquisition, ne peuvent pas s'expliquer autrement que par la crainte d'une divulgation de l'acte de procédure, par les policiers requis. Le juge d'instruction a d'ailleurs admis que la pratique de la réquisition verbale, déjà utilisée dans ce dossier, se justifiait par le fait que des investigations précédentes avaient été infructueuses parce que le projet de perquisition avait été dévoilé prématurément. Peut-on être plus explicite ? La chambre de l'instruction de Paris, tout en estimant que cette pratique constitue « un signe de défiance en soi regrettable », n'a néanmoins pas admis qu'elle puisse justifier un refus de collaboration opposé au juge d'instruction.

La Cour de cassation pour valider cette position s'est d'abord contentée de constater que l'article 14 du Code de procédure pénale ne fait pas obligation au juge d'instruction de révéler par avance, aux OPJ qui travaillent avec lui, l'objet et le lieu d'un transport de justice décidé dans le cadre d'une information. Elle en conclut donc implicitement qu'une telle attitude ne peut pas être perçue comme une marque de défiance à l'égard de la police.

Néanmoins, sans doute quelque peu consciente de la fragilité des arguments utilisés jusqu'alors pour étayer sa décision, la Cour de cassation développe dans un dernier attendu une justification, qui nous apparaît infiniment plus solide.

Il existe en effet un code de déontologie de la police nationale. Aux termes de ce texte dans son article 17 « un subordonné est tenu de se conformer aux instructions de l'autorité, sauf dans le cas où l'ordre donné est manifestement illégal et de nature à compromettre gravement un intérêt public ». Le subordonné, qui s'estime en présence d'un tel ordre, doit faire part de ses objections à l'autorité qui l'a donné, en indiquant expressément en quoi l'acte est, pour lui, illégal.

Cette théorie que l'on retrouve dans le règlement de discipline générale des armées (art. 8-3 du décret du 28 juillet 1975 et plus globalement dans l'art. 122-4, al. 2 C. pén.) est d'une application assez délicate. À partir de quel moment un ordre devient-il manifestement illégal (sur cette question V. A. Decocq, J. Montreuil et J. Buisson, n° 1515 et s. ; V. *infra*, n° 20).

Si l'on admet, avec la cour de cassation, que dans le cadre de l'exécution d'une commission rogatoire, le magistrat délégant devient, *ipso facto*, l'autorité hiérarchique exerçant le commandement à l'égard des officiers de police judiciaire, on ne peut que constater que la procédure, concernant les ordres manifestement illégaux, n'a pas été respectée. De plus et surtout, il faudrait accepter que le fait d'adresser une réquisition non écrite constitue un ordre manifestement illégal du juge d'instruction de nature à compromettre gravement un intérêt public. Nous pensons avec J. Pradel (note *préc.*), qu'il n'est pas sérieusement possible de l'envisager (*contra* H. Matsopoulou, note *préc.*).

Sans doute cette solution laisse-t-elle subsister quelques interrogations sur l'ordre lui-même, mais on peut comprendre cette interprétation de la chambre criminelle, si l'on se replace dans le cadre plus global des relations que doivent entretenir les services, dont la mission est de lutter contre la délinquance.

La question posée à la chambre criminelle était de savoir si une faute pouvait être reprochée à l'officier de police judiciaire sanctionné. Dès lors que cette faute est appréciée souverainement par les juges du fond, il n'était peut-être pas nécessaire que notre Haute juridiction s'efforce de justifier à tout prix la pratique des réquisitions verbales d'un juge d'instruction et d'affirmer qu'il y avait eu, de la part du policier, entrave au cours de la justice. Une telle situation n'était nullement évidente puisque la perquisition projetée avait bien été réalisée. Il suffisait plus justement de constater que la méthode utilisée, et notamment la polémique par presse interposée, n'est pas celle qui doit présider aux rapports entre deux services de l'État.

Mais cette décision n'est pas seulement intéressante, en ce qu'elle a permis de préciser les conditions de fond de la procédure disciplinaire exercée contre les personnes assurant des missions de police judiciaire, elle l'est surtout parce que les réponses apportées à des questions de forme fournissent des indications précises sur la nature juridique de la procédure de contrôle de la juridiction d'instruction du second degré, et donc sur celle des sanctions prononcées.

II. — Nature juridique du contrôle de la chambre de l'instruction

Comme on l'a déjà souligné, le pouvoir donné aux chambres de l'instruction de contrôler la police judiciaire donne naissance à une responsabilité et à des sanctions, dont le statut n'est pas absolument clair.

Si cette responsabilité est par essence disciplinaire, certains auteurs utilisent des terminologies qui laissent transparaître une certaine hésitation (« responsabilité quasi-disciplinaire » pour A. Decocq, J. Montreuil et J. Buisson, *préc.* n° 1527 ; *Rép. pén.*, Dalloz, *V°* Force publique, n° 61, par J. Buisson ; « responsabilité judiciaire » pour J. Pradel, *Procédure pénale*, n° 193). Il est vrai que cette forme de responsabilité doit nécessairement cohabiter avec la responsabilité disciplinaire traditionnelle, assurée dans le cadre du pouvoir hiérarchique, par l'autorité investie du pouvoir de nomination. On notera, à ce propos, que la loi du 15 juin 2000 a inséré un article 15-2 dans le Code de procédure pénale relatif aux enquêtes administratives concernant des OPJ ou APJ pour des comportements relatifs à l'exercice des missions de police judiciaire. Selon ce texte, l'inspection générale des services doit être associée aux enquêtes. Lorsqu'une telle enquête est ordonnée par le ministre de la justice, elle est dirigée par un magistrat.

De plus, les sanctions prononcées par la chambre de l'instruction ne sont pas incompatibles avec celles que peut prendre le procureur général sur la base de son pouvoir général de surveillance de la police judiciaire (en ce sens Crim., 4 mai 1988, *Bull. crim.* n° 194 ; *D.* 1988. Somm. 357, obs. J. Pradel). En considérant que la procédure suivie devant la chambre de l'instruction est conforme à l'article 6 § 1 de la Convention européenne des droits de l'Homme, la chambre criminelle fournit d'utiles indications sur la nature de la responsabilité encourue par les fonctionnaires de police judiciaire dans ce cadre (B). Mais, préalablement en acceptant le pourvoi et surtout en admettant qu'il a un caractère suspensif, elle donne d'autres éléments, qui apportent un éclairage un peu différent (A).

A. — Le principe de l'admission d'un pourvoi en cassation

Les articles 224 à 230, qui traitent de la procédure de contrôle de l'activité des officiers et agents de police judiciaire devant la chambre de l'instruction, n'envisagent nullement la possibilité d'un recours contre la mesure prononcée. Le pourvoi en cassation n'est pas évoqué. La chambre criminelle, bien qu'elle n'ait pas été sollicitée sur ce point, se prononce néanmoins, dans un attendu de principe, non seulement pour admettre la recevabilité du pourvoi, mais encore pour décider de son caractère suspensif.

Si la solution est clairement affirmée, elle n'est aucunement démontrée. Le seul motif allégué est que l'on est en présence d'une décision juridictionnelle, ce qui est incontestable. En l'absence de toute indication dans les textes relatifs au contrôle de l'activité de la police judiciaire, le droit à un pourvoi peut être fondé sur l'article 567 du Code de procédure pénale, aux termes duquel les arrêts de la chambre de l'instruction sont susceptibles de pourvoi. Sans doute ne s'agit-il pas d'une décision sur la procédure concernant cette juridiction, mais il n'y a pas lieu de distinguer là où la loi ne distingue pas. Le droit à un recours en cassation étant un principe général, seul un texte formel pourrait exclure cette voie de droit, lorsqu'on est en présence d'une décision juridictionnelle, rendue en dernier ressort (V. R. Merle et A. Vitu, T. II, n° 856). On notera d'ailleurs que dans le cas des avis rendus par la chambre de l'instruction, la chambre criminelle a parfois admis la possibilité d'un pourvoi, lorsqu'un texte le prohibait (V. par ex. : Crim. 17 mai 1984, *Bull. crim.* n° 183 ; *D.* 1984. Jur. 536, note W. Jeandidier ; *JCP* 1985, II, 20332, note J. Borricand ; *Les grands arrêts de droit pénal général*, n° 16 ; plus généralement sur cette question, v. S. Guinchard et J. Buisson, n° 368). On ne voit néanmoins pas sur quelle base cette voie de recours aurait pu être refusée. D'autant que la cour de cassation s'était déjà prononcée implicitement sur ce point (Crim., 4 mai

1988, *préc.*), en affirmant que le pouvoir de la chambre de l'instruction s'exerce sous le contrôle de la Cour de cassation.

La chambre criminelle décide également que le recours en cassation a un effet suspensif, conformément à l'article 569 du Code de procédure pénale en l'absence de dispositions expresses contraires. La cour, d'une manière assez surprenante, fait une comparaison avec la mesure de suspension ou de retrait d'habilitation prise par le procureur général qu'elle qualifie de mesure administrative « immédiatement exécutoire ». La Haute juridiction s'est, il est vrai, déjà prononcée sur le caractère non suspensif, tout à la fois du recours exercé par l'OPJ devant la commission que de celui diligenté devant la cour de cassation (Ass. plén., 1er juill. 1994, *Bull. ass. plén.*, nº 263 ; *JCP* 1994. IV. 2152 ; *D.* 1994. Jur. 445, concl. M. Jéol). En faisant cette différence, la chambre criminelle considère donc implicitement que la mesure prise par une chambre de l'instruction est potentiellement plus grave que la mesure de retrait prise par le procureur général. La première mesure est véritablement disciplinaire et elle a un caractère judiciaire. La seconde apparaît plutôt comme une sorte de mesure de sûreté. La chambre criminelle l'a confirmé en décidant que ces mesures, qui ont pour objet d'assurer le bon fonctionnement de la police judiciaire, sont des mesures d'administration judiciaire. Elles ne constituent donc pas des sanctions amnistiables (Crim., 13 janv. 1998, *Bull. crim.* nº 14 ; *D.* 1998. IR. 81). Il n'en reste pas moins que les deux types de sanctions peuvent être motivés par les mêmes faits (en ce sens Crim. 4 mai 1988, *préc.*). Si la différence de régime peut se concevoir et s'expliquer, elle n'apparaissait guère cohérente et pouvait conduire dans les faits à des solutions discutables. C'est sans doute pour cette raison que le législateur est intervenu, rendant caduque la jurisprudence que nous commentons. En effet, la loi du 15 juin 2000 est venue modifier l'article 227 du Code de procédure pénale, ajoutant *in fine* à ce texte que « cette décision (celle qui inflige une sanction) prend effet immédiatement ». Ce faisant le législateur adopte une position qui pourrait conduire à penser que la mesure n'est pas une véritable sanction disciplinaire puisque la règle de l'effet suspensif, propre à la procédure pénale, n'est pas applicable. En refusant de considérer que les décisions de la chambre de l'instruction rendues en ce domaine, entrent dans le champ d'application de l'article 6 § 1er de la convention européenne des droits de l'Homme, la Cour de cassation va dans le même sens.

B. — Nature sui generis de la mesure décidée

Selon le premier moyen du pourvoi, Olivier Foll soutenait que la sanction prise à son encontre, ne l'avait pas été par un tribunal impartial et qu'ainsi, le principe fondamental posé par la convention européenne des droits de l'Homme n'était pas respecté.

Pour étayer cette affirmation, il s'appuyait sur le fait que la présidente de la chambre de l'instruction était à l'origine de la procédure diligentée contre lui puisqu'elle avait elle-même saisi la chambre de l'instruction par une ordonnance du 3 juillet 1996, en estimant que des manquements graves à ses devoirs d'officier de police judiciaire pouvaient être reprochés au directeur de la police judiciaire. C'est cette même présidente qui avait été ensuite chargée, par arrêt avant dire droit de la chambre de l'instruction, de procéder à une enquête. C'est encore la même personne, qui avait participé au prononcé de la sanction disciplinaire en présidant la juridiction. Il importe avant tout de remarquer que la procédure suivie est parfaitement conforme au droit interne qui a sa source dans les articles 224 à 227 du Code de procédure pénale. En revanche, on peut s'interroger sur la régularité de ce système, lorsque l'on se place dans le cadre du droit européen, tel qu'il résulte de la Convention européenne des droits de l'homme.

La Cour européenne se montre exigeante quant à l'appréciation de l'impartialité et de l'indépendance d'un tribunal. Initialement la cour de Strasbourg a adopté une conception strictement objective de l'impartialité en essayant de vérifier si le tribunal offrait les garanties suffisantes pour exclure tout doute sur l'impartialité, autrement dit à la seule vue de l'apparence (CEDH 1er oct. 1982, *Piersack c. Belgique*, Série A, nº 53 § 27).

Ultérieurement elle a considéré que cette solution pouvait être excessive et elle a admis que, au-delà de la simple apparence, il fallait vérifier si la violation objective d'un principe était ou non accompagnée d'une attitude du juge pouvant impliquer sa partialité (CEDH 24 mai 1989, *Hanschildt c. Danemark*, Série A, nº 154 § 40 ; sur cette question V. R. Koering-Joulin, « Le juge impartial », *Justices* 1998. 10-1 ; J. Pradel, « La notion européenne de tribunal impartial et indépendant », *RSC* 1990. 692 ; D. Rebut, « Le droit à un tribunal impartial devant la chambre criminelle », *RSC* 1998. 449 ; S. Guinchard et J. Buisson, nº 422 et s. ; J. Pradel, nº 16 et s.).

Dans le cas qui nous concerne l'impartialité doit s'apprécier dans un cadre fonctionnel, par rapport au respect du principe de séparation des fonctions judiciaires. Une telle approche devrait conduire à ce que tout magistrat ayant participé, à un titre ou à un autre, soit dans la poursuite, soit dans l'instruction d'une affaire, ne puisse plus faire partie de la formation de jugement. Telle n'est plus actuellement la solution strictement suivie par la CEDH, qui accepte qu'un magistrat, n'ayant joué qu'un rôle limité, dans l'instruction par exemple, sans examiner les charges pesant sur le mis en examen, puisse ensuite participer à la juridiction de jugement (CEDH 24 févr. 1993, *Fey c. Autriche*, Série A nº 255 § 31-33, *JCP* 1994. I. 3742, nº 18, obs. F. Sudre ;

RSC 1994. 362, obs. R. Koering-Joulin). Le doute objectif, né de l'observation incomplète de la règle de la séparation des fonctions n'est plus à lui-seul suffisant, selon la cour de Strasbourg. Il faut qu'il soit corroboré par des circonstances précises liées à l'espèce (CEDH 26 févr. 1993, *Padovani c. Italie*, Série A n° 257 B, *RSC* 1994. 362, obs. R. Koering-Joulin pour un juge d'instruction qui avait mené des investigations approfondies, puis avait mis l'individu en détention et avait siégé à juge unique comme juridiction de jugement ; sur l'ensemble de cette question v. S. Guinchard et J. Buisson, *préc.* ; R. Koering-Joulin art. *préc.*).

En se fondant, sur cette approche actuelle de la juridiction européenne, peut-on considérer que la chambre de l'instruction en statuant sur l'affaire *Foll* ne s'est pas comportée en juge impartial.

Il faut souligner que dans ce cas le même magistrat n'a pas exercé deux, mais trois fonctions. En se saisissant d'office la présidente de la juridiction a déclenché les poursuites, elle a en quelque sorte instruit en assurant elle même l'enquête, puis elle a participé à la décision (pour un exemple en droit italien jugé contraire à l'impartialité V. J. Pradel, note sous l'arrêt commenté). Peut-on estimer qu'en accomplissant ces deux premières fonctions la présidente ne s'est pas forgée une opinion avant le débat qu'elle dirigera devant la chambre de l'instruction. Pour notre part nous en doutons sérieusement (en ce sens J. Pradel, R. Koering-Joulin *contra* H. Matsopoulou). Dès lors, même si l'on admet que la conception fonctionnelle de l'impartialité n'est plus purement objective, il paraissait difficile de se placer directement sur ce terrain. Aussi la chambre criminelle a, en quelque sorte, esquivé le débat puisque restant sur cette question, elle s'est contentée d'affirmer que les attributions de la chambre de l'instruction relatives au contrôle de la police judiciaire n'entraient pas dans le domaine couvert par l'article 6 § 1er de la Convention européenne.

Dans un attendu particulièrement concis la cour de cassation se contente d'affirmer que « la chambre d'accusation ne prononce ni sur des condamnations relatives à des droits ou des obligations de caractère civil, ni sur le bien fondé d'une accusation en matière pénale » (V. en ce sens : Crim. 26 nov. 1996, *Bull. crim.* n° 425).

S'il est bien certain que l'on ne se trouve pas dans le domaine civil, il est sans doute plus délicat de considérer que l'on ne se trouve absolument pas dans le domaine pénal. Bien sûr, il ne s'agit pas à proprement parler d'une sanction pénale en ce sens qu'il n'y a pas imputation d'une infraction pénale, mais on peut se demander si cette sanction ne correspond pas à ce que la cour de Strasbourg englobe habituellement dans la matière pénale (sur ce concept v. S. Guinchard et J. Buisson, n° 11 ; J.-F. Renucci, *Droit européen des droits de l'Homme*, 2e éd., LGDJ, n° 127 et *Traité de droit européen des droits de l'Homme*, n° 289). Si cette notion concerne à titre principal les sanctions administratives prononcées par certaines autorités de régulation économique, on ne peut oublier que c'est en matière disciplinaire (militaire il est vrai) que l'on rencontre la première jurisprudence européenne (CEDH, 8 juin 1976, *Engel c. Pays-Bas*, Série A, n° 22 § 81). L'idée de base, rappelons-le, c'est que la protection de la convention européenne doit être étendue à toutes les mesures à caractère punitif.

Il reste cependant que le juge européen impose certains critères pour identifier la matière pénale à savoir les indications du droit national, la nature du fait ou du comportement reproché et le but et la sévérité de la sanction. La sanction de la suspension de l'habilitation de police judiciaire pour six mois peut-elle, selon ces critères, faire partie de la matière pénale. Certains auteurs en sont convaincus (R. Koering-Joulin, art. *préc.*, note 32 ; H. Matsopoulou, note *préc.*). D'autres rejettent cette conception (J. Pradel, note *préc.* ; A. Decocq, J. Montreuil et J. Buisson, *préc.* n° 1533). Il est évidemment possible de discuter des conditions imposées et constater que pour chacune d'elle l'hésitation est permise (on est bien dans un domaine disciplinaire, il ne s'agit pas d'une infraction et la sanction peut être modérée).

Pour autant on ne peut contester que cette mesure conduit à interdire au policier l'exercice effectif de sa profession puisqu'il est privé de la qualification indispensable lui permettant d'agir. Or ce type de mesure entre dans le champ d'application de la convention européenne (CEDH, 23 juin 1981, *Le Compte et a. c. Belgique*, Série A n° 43 § 49 ; V. J.-P. Marguénaud, *La Cour européenne des droits de l'Homme*, Dalloz, coll. « Connaissance du droit », p. 148). La CEDH ne s'est jamais prononcée sur cette question. Si elle était saisie, on peut se demander si, dès lors que l'exercice d'une profession (celle d'OPJ) est mis en cause, même momentanément, elle ne pourrait pas admettre que la pluralité des fonctions de la chambre de l'instruction est contraire à l'exigence d'un tribunal impartial (V. F. Desportes, L. Lazerges-Cousquer, n° 924).

Il reste à observer que les sanctions prises par les chambres de l'instruction, dans le domaine du contrôle de la police judiciaire, restent de type assez indéterminé. Sanctions disciplinaires peut-être, mais elles peuvent s'ajouter à d'autres sanctions, de même nature, prononcées par l'autorité hiérarchique et à des mesures d'un type identique prises par le procureur général.

En refusant le bénéfice de la protection de la convention européenne des droits de l'Homme, la chambre criminelle situe l'action de la chambre de l'instruction dans le cadre général du contrôle de la régularité des actes de l'enquête et de l'information qui d'ailleurs, elle le précise, concerne les erreurs et manquements pouvant être reprochés, tant aux magistrats instructeurs, qu'aux officiers ou agents de police judiciaire, pris en cette qualité.

Dès lors elle peut être amenée à minimiser la gravité de la sanction qui peut être prise. En effet elle ne permet pas de retirer la qualité d'OPJ ou d'agent de police judiciaire (APJ), mais elle interdit seulement d'en exercer les fonctions. Même si la cour de cassation ne le dit pas expressément, on se place dans le cadre d'une mesure d'administration judiciaire et la qualification de responsabilité quasi disciplinaire, retenue par certains auteurs, (V. *supra*) nous apparaît parfaitement adaptée. On comprend moins dès lors, pourquoi la chambre criminelle admet dans la même décision le caractère suspensif du pourvoi, même si cette solution est aujourd'hui devenue caduque.

L'arrêt du 26 février est intéressant, en ce qu'il se prononce sur plusieurs questions juridiques importantes, mais on ne peut pas s'empêcher de penser que, l'idée que se fait notre plus haute instance judiciaire sur les relations que doivent entretenir les services de police et de justice, peut expliquer certains choix.

A. V.

PARTIE II

L'OBJET DU PROCÈS. LES ACTIONS PUBLIQUE ET CIVILE

6

MINISTÈRE PUBLIC — RÔLE — PRISE EN CONSIDÉRATION DE L'INTÉRÊT PRIVÉ

Crim. 5 mars 1970, *Descorps-Declère* (*JCP* 1970. II. 16. 556, note M.-L. Rassat ; *D.* 1971. 201)

Le Ministère public peut soulever la nullité d'une citation, même si le prévenu a renoncé à la soulever, à la condition toutefois qu'une telle initiative soit conforme à l'intérêt d'une bonne administration de la justice.

Chambre criminelle, 5 mars 1970

Descorp-Declère

Statuant sur le pourvoi formé par Descorp-Declère Guy contre un arrêt de la cour d'appel de Paris du 12 avril 1967 qui ; pour diffamation publique, l'a condamné à 300 F d'amende et à 1 F de dommages et intérêts envers la partie civile ;

Attendu qu'aux termes de l'article 31 du Code de procédure pénale, le ministère public exerce l'action publique et requiert l'application de la loi ; que l'article 458 du même Code dispose : « Le procureur de la République prend au nom de la loi les réquisitions, tant écrites qu'orales, qu'il croit convenables au bien de la Justice » ;

Attendu qu'il appert de l'arrêt attaqué et de la procédure à laquelle il se réfère qu'à la requête de la Mutuelle nationale des Étudiants de France, dont le siège est à Paris, 8, rue Bezout, agissant sur les « poursuites et diligences de ses « représentants légaux domiciliés audit siège », citation à comparaître devant le Tribunal correctionnel de la Seine a été délivrée le 25 mars 1966 à Descorp-Declère, directeur de la publication du journal *L'étudiant en droit*, du chef de diffamation publique, à la suite de la publication dans ce journal d'un article intitulé « Éditorial du Président » ;

Attendu que devant le Tribunal correctionnel le ministère public a soulevé avant toute défense au fond la nullité de cette citation aux motifs qu'elle se bornait à mentionner que « a poursuite avait lieu à la diligence de ses représentants légaux » sans indiquer les noms, prénom, profession et domicile de la partie civile, et ne répondait pas dès lors aux prescriptions de l'article 551, alinéa 4, du Code de procédure pénale, lequel est applicable en matière de presse ; que le Tribunal a déclaré nulle ladite citation et débouté la partie civile ;

Attendu que le ministère public et la partie civile ayant relevé appel, le prévenu a saisi la cour de conclusions tendant à voir prononcer cette même nullité ; que les juges d'appel, pour déclarer irrecevable l'exception ainsi soulevée, relèvent que les formalités de l'article 551 du Code de procédure pénale ont été édictées dans l'intérêt des parties et que la nullité encourue en raison de leur inobservation est une nullité relative qui, conformément à l'article 385 dudit Code, doit être proposée par la partie lésée avant toute défense au fond, à peine de forclusion ; qu'en l'espèce le prévenu ne s'est pas conformé à la loi, ayant seulement soutenu en première instance que la citation avait été irrégulièrement délivrée à une adresse autre que celle du siège du journal ; que s'il est vrai que l'exception de la nullité de l'exploit a été soulevée devant le tribunal, elle n'a été présentée que par le ministère public ; qu'elle n'était dès lors pas recevable, le ministère public n'ayant pas, aux termes de l'article 565 du Code de procédure pénale, qualité pour s'en prévaloir ;

Mais attendu qu'il résulte de la généralité et de l'étendue des pouvoirs qui lui sont conférés pour l'exercice de l'action publique et l'application de la loi que même en dehors des cas où l'ordre public aurait été méconnu, le ministère public a le droit de soulever l'irrégularité d'un acte de procédure dans la mesure où la constatation de cette irrégularité est conforme aux intérêts d'une bonne administration de la justice, et de demander à la juridiction compétente d'en apprécier le bien-fondé et de prononcer la nullité de l'acte irrégulier ; que si l'article 565 indique les conditions qui doivent être remplies pour que la nullité d'un exploit soit prononcée, il ne fait aucune réserve relativement à la qualité de ceux qui sont en droit de l'invoquer, pas plus que l'article 85 du même Code ; que dès lors ces textes de loi ne s'opposent en rien au droit qui appartient au ministère public de soulever, en se conformant à l'article 385 susvisé, l'exception de nullité d'un exploit quand bien même la personne que concerne ledit exploit n'aurait pas proposé cette exception ou aurait renoncé à l'invoquer ;

D'où il suit qu'en écartant purement et simplement, par les motifs exposés, l'exception qui avait été régulièrement soulevée par le ministère public, la cour d'appel a violé les textes susvisés ;

Par ces motifs :

Casse.

OBSERVATIONS

Du droit accordé au ministère public de veiller au respect de la loi, la Cour de cassation tire dans son arrêt *Descorp-Declère* une conséquence : c'est le pouvoir pour lui, s'il y va d'une bonne administration de la justice, de soulever la nullité d'une citation même si l'ordre public n'est pas en cause et même si le prévenu renonce à invoquer cette nullité. En l'espèce, l'association « La Mutuelle nationale des étudiants de France », s'estimant diffamée par un article paru dans *L'Étudiant en droit* dont le directeur est le sieur Descorp-Declère, cite directement ce dernier devant le tribunal correctionnel. Mais, contrairement aux dispositions de l'article 551, alinéa 4 du Code de procédure pénale alors en vigueur, la partie civile omet de mentionner sur la citation ses nom, prénoms, profession et domicile réel, se contentant d'indiquer qu'elle agit « sur les poursuites et diligences de ses représentants légaux domiciliés au siège social ». L'irrégularité étant évidente (v. en dernier lieu, Crim. 10 mars 1993, *Bull. crim.* n° 111 ; *Dr. pénal* 1994. p. 4, obs. M. Véron, nullité de la poursuite ; 15 mai 1984, *Bull. crim.* n° 129 ; *RSC* 1985. 335. obs. J. Robert), il s'agissait de savoir qui avait qualité pour l'invoquer. Réformant l'arrêt de la cour de Paris du 12 avril 1967, la chambre criminelle répond que ce pouvoir appartient au ministère public dans l'intérêt d'une bonne administration de la justice.

La décision apparaît immédiatement comme importante car elle est fondée sur des principes et sur des textes généraux du Code de procédure pénale et non sur les dispositions particulières de la loi du 29 juillet 1881 qui traite justement de la diffamation. Elle surprend pourtant puisqu'elle fait du parquet un « don Quichotte... qui va faire le bien du protégé malgré le protégé » (J.-M. Robert, « Nullités de procédure pénale et bonne administration de la justice », *D.* 1971. Chron. 85). Aussi convient-il avant tout de s'interroger sur le bien-fondé de la solution adoptée par l'arrêt ci-dessus. Mais allant au-delà, il faut aussi se demander si le principe général invoqué par cet arrêt — le parquet veille au respect de la loi — ne commande pas d'autres conséquences liées à la protection des intérêts particuliers que celle qui consiste à soulever la nullité d'une citation.

I. — Le parquet peut-il soulever la nullité d'une citation ?

Le parquet peut-il invoquer la nullité d'une citation ? Nous devons évidemment raisonner dans le cas où l'article 385 du Code de procédure pénale — qui veut que toute exception de nullité soit invoquée « avant toute défense au fond » — a été respecté. La réponse alors doit être apportée en fonction des textes et de certaines considérations pratiques.

A. — Réponse selon les textes

Selon l'article 565 du Code de procédure pénale, « la nullité d'un exploit ne peut être prononcée que lorsqu'elle a eu pour effet de porter atteinte aux intérêts de la personne qu'il concerne, sous réserve pour les délais de citation des dispositions de l'article 553-2° ». Abandonnons la réserve et ne retenons que le principe qui est unanimement considéré comme étant celui-ci : la nullité ne peut être soulevée que si l'irrégularité commise a nui aux intérêts de la défense (et l'on peut admettre qu'en l'espèce cette atteinte existait probablement puisque manquaient le nom, la profession et le domicile de la partie civile). L'article 565 indique ainsi au moins dans le principe la condition de la mise en œuvre de l'exception de nullité, mais il n'indique que cela. Il ne dit pas expressément qui a qualité pour soulever l'exception.

Profitant de ce silence, la Cour suprême décide que ce texte ne fait aucune réserve relativement à ceux qui peuvent agir et en déduit que le parquet est de ceux qui le peuvent.

Séduisant à première vue, ce raisonnement pêche cependant. Il semble bien en effet résulter de l'article 565 que seul le destinataire de la citation puisse invoquer la nullité puisque l'initiative du demandeur suppose un préjudice qui, raisonnablement, ne peut être invoqué que par lui. D'ailleurs, un vieil arrêt avait jugé que les co-prévenus ne peuvent invoquer la nullité concernant une irrégularité ayant affecté la citation adressée à l'un d'eux (Crim. 23 nov. 1907, *Bull. crim.* n° 476). On ne comprend donc pas que le ministère public puisse jouer le rôle de défenseur des intérêts propres du prévenu. Le droit d'invoquer un préjudice est personnel à celui qui l'éprouve.

On pourrait certes rétorquer que le prévenu peut avoir été mal éclairé par son conseil et qu'il appartient au parquet de compenser les inadvertances de l'avocat. Certes... mais, répétons-le, l'article 565 du Code de procédure pénale n'autorise pas un tel raisonnement : sans le dire expressément, ce texte n'accorde le droit d'agir qu'à celui-là même qui a éprouvé un préjudice. La nullité est ici d'ordre privé. Le sentant sans doute, la Cour de cassation, dans un arrêt ultérieur rendu encore en matière de diffamation, tout en maintenant le droit du parquet à invoquer une nullité, a fondé sa décision plus prudemment sur la loi du 29 juillet 1881 et plus précisément sur son article 53 qui indique les mentions que doit comporter toute citation en matière d'infraction de presse (Crim. 26 mai 1977, *Bull. crim.* n° 196).

Il faut encore préciser que la Cour suprême, dans son arrêt du 5 mars 1970, va jusqu'à affirmer que le parquet peut agir même en cas de renonciation par le prévenu de son droit d'agir. Voilà qui aggrave une solution déjà contestable dans son principe et qui va à l'encontre de la règle que la renonciation à invoquer une nullité est possible (art. 172 C. pr. pén.).

Faut-il ajouter enfin qu'une jurisprudence abondante et ferme décide que le juge répressif ne peut d'office soulever une nullité concernant une citation, d'où la cassation de la décision qui aurait relevé d'office la nullité d'une citation (Crim. 25 févr. 1991, *Bull. crim.* n° 94 ; *D.* 1991. IR 158 ; 17 mars 1993) ? Doit-on alors traiter mieux le parquet que le juge ?

B. — Réponse selon les aspects pratiques

Si l'on considère ensuite les aspects pratiques de la solution prétorienne, on se heurte à de nouvelles difficultés qui ont été fort bien décrites en doctrine (J.-M. Robert, *préc.*).

Premièrement, l'action du parquet va conduire, si le tribunal suit ses réquisitions, à recommencer le procès alors que le prévenu n'en demandait pas tant.

Deuxièmement et surtout, la détermination en l'espèce de la bonne administration de la justice est très malaisée. Or, ne l'oublions pas, cette atteinte au bon ordre judiciaire est la condition de la recevabilité de l'action du parquet selon l'arrêt du 5 mars 1970. Certes, de nombreux articles du Code de procédure pénale font allusion à la bonne administration de la justice : l'article 84 qui accorde au président du tribunal de grande instance le pouvoir de dessaisir un juge d'instruction de son tribunal au profit d'un collègue du même tribunal, l'article 508 qui permet au président de la chambre des appels correctionnels d'admettre la requête tendant à faire statuer immédiatement sur l'appel d'un jugement distinct du jugement sur le fond et ne mettant pas fin à la procédure, l'article 570 qui permet au président de la chambre criminelle de la Cour de cassation de décider que le pourvoi sera admis immédiatement, l'article 657 qui autorise le dessaisissement d'un juge d'instruction au profit d'un collègue du même tribunal ou d'un autre tribunal lorsque les deux magistrats sont saisis de la même infraction, l'article 663 qui autorise le même dessaisissement lorsque les deux juges d'instruction sont saisis d'infractions connexes, l'article 665 alinéa 2 qui permet à la chambre criminelle de renvoyer le dossier à une autre juridiction... Dans tous ces cas, les choses sont simples d'abord parce que se pose de toute évidence un problème de bonne administration de la justice, ensuite parce que la décision prise n'a pas à être motivée et n'est susceptible d'aucun recours de sorte que l'on se trouve sur un terrain non contentieux (sauf dans le cas des articles 657 et 663 où la décision est considérée comme portant sur la compétence : Crim. 20 oct. 1960, *Bull. crim.* n° 166). Mais il en va très différemment dans notre hypothèse et l'on ne sait pas vraiment dans quels cas la bonne administration de la justice est en cause. Va-t-on s'attacher à telle mention de la citation plutôt qu'à telle autre ? Va-t-on tenir compte de la nature de l'infraction ou de l'importance du préjudice ? On ne sait. Et pour le savoir, il faudra parfois attendre la décision de la Cour de cassation qui, une nouvelle fois, va se muer en juge du fait. C'est qu'en effet la bonne administration de la justice est une notion floue et que seules ses applications légales, ci-dessus indiquées, sont nettes. On penserait trouver un élément d'appréciation de cette notion dans l'arrêt ci-dessus lorsque celui-ci distingue ordre public et bonne administration de la justice. Mais cette distinction n'apporte à peu près rien, tant est vague, le concept d'ordre public. En outre, elle est déjà faite par l'article 570 du Code de procédure pénale et ce texte n'apporte aucun critère susceptible de distinguer les deux notions. Enfin, depuis 1970, la Cour suprême confond les deux concepts, au moins dans certains de ses arrêts (Crim. 25 juill. 1979, *Bull. crim.* n° 253) alors qu'auparavant elle les distinguait (Crim. 29 avr. 1960, *D.* 1960. 654).

II. — Le parquet peut-il plus généralement défendre des intérêts privés ?

Quoique critiquable, l'arrêt du 5 mars 1970 reste important par le caractère large de ses termes. En fondant le droit du parquet sur « la généralité et... l'étendue des pouvoirs qui lui sont conférés pour l'exercice de l'action publique et l'application de la loi », la Haute juridiction suggère l'attribution de prérogatives considérables au ministère public en vue d'une meilleure protection des intérêts privés. Qu'en est-il au juste ?

Il est certain en premier lieu que le ministère public peut soulever des nullités autres que celles qui concernent la citation. Au cours de l'instruction préparatoire, il peut dans tous les cas requérir du juge d'instruction communication de la procédure en vue de sa transmission à la chambre de l'instruction et présenter requête aux fins d'annulation à celle-ci (art. 173, al. 2 C. pr. pén.). À l'audience, il peut également soulever certaines nullités, du moins s'il n'y a pas eu d'instruction puisqu'en ce cas les nullités sont purgées par la décision de clôture de l'instruction sauf cas exceptionnels (art. 385 C. pr. pén.). Pourtant, l'action du parquet n'a qu'un intérêt restreint. En effet, même s'il y a eu atteinte effective à l'intérêt privé du délinquant ou de la victime — et cette atteinte est la condition pour pouvoir agir en nullité (art. 802 C. pr. pén. qui généralise la règle de l'art. 505 C. pr. pén.) — l'initiative du parquet peut se trouver empêchée par la renonciation faite par la partie privée à invoquer l'irrégularité (art. 172 C. pr. pén.). Car on imagine mal l'intérêt d'une requête en annulation s'il y a eu renonciation. Ainsi, la volonté de la partie privée peut bloquer l'initiative du parquet en matière de nullités un peu comme son refus de déposer plainte peut en certains cas lui interdire de mettre en mouvement l'action publique.

Si en second lieu, on quitte le domaine des nullités antérieures à la citation, il faut se demander si le parquet peut défendre des intérêts particuliers. Il est très difficile de l'admettre, même en interprétant largement l'expression selon laquelle il « requiert l'application de la loi » (art. 31 C. pr. pén.). Certes à l'étranger, le parquet se voit parfois reconnaître le pouvoir d'agir dans l'intérêt d'un particulier, notamment dans l'intérêt d'une victime incapable. Mais en droit français, aucun texte général n'autorise le parquet à se faire le défenseur du délinquant ou de sa victime. Tout au plus, peut-il ne pas poursuivre si l'intérêt d'une personne l'impose, voire « conseiller, concilier, inviter à désintéresser » (M. Rolland, « Le ministère public, agent non seulement de répression, mais de prévention », *JCP* 1957. I. 1342, n° 14) concept revigoré avec la loi du 4 janvier 1993 (art. 41 *in fine* C. pr. pén. aujourd'hui art. 41-1, 5ᵉ du même Code) sur la médiation. Tout au plus, doit-il à l'audience requérir à décharge aussi bien qu'à charge puisqu'il

« prend... toutes les réquisitions qu'il juge utiles » (art. 313 C. pr. pén., pour la Cour d'assises ; v. aussi art. 458 C. pr. pén. pour le tribunal correctionel). Mais une telle attitude est commandée par l'intérêt général car il est indispensable au bien commun qu'un citoyen ne puisse être poursuivi ou condamné au mépris de l'intérêt général. Même en procédure civile, il est admis que le ministère public peut intervenir ou agir, en dehors des cas légaux, lorsque l'ordre public est en cause (art. 423 C. pr. civ.).

La formule utilisée par l'arrêt du 5 mars 1970 est donc trompeuse. Et même dans le cas où elle est utilisée, elle se heurte à de graves objections. Et pourtant, nul arrêt postérieur n'est revenu sur sa position.

J. P.

7

ACTION PUBLIQUE — VICTIME PRÉTENDUE QUI SE CONSTITUE PARTIE CIVILE DEVANT LE JUGE D'INSTRUCTION

Crim. 8 décembre 1906, *Placet*, souvent appelé aussi *Laurent-Atthalin* en hommage à son conseiller rapporteur (*D.* 1907. 1. 207, note F. T. et Rapport Laurent-Atthalin ; *S.* 1907. 1. 377, note Demogue)

La plainte initiale avec constitution de partie civile déposée entre les mains d'un juge d'instruction oblige celui-ci à informer et met donc l'action publique en mouvement, sauf si la poursuite s'avère radicalement impossible.

Chambre criminelle, 8 décembre 1906

Placet dit Laurent-Atthalin

Attendu qu'une plainte contre divers, du chef de faux et de complicité de ce crime, a été déposée par le sieur Placet aux mains de l'un des juges d'instruction près le tribunal de la Seine, le 24 février 1906 ; que, après avoir reçu les déclarations du plaignant, qui s'est constitué partie civile, et après avoir communiqué les pièces au procureur de la République, lequel a conclu : « qu'il n'y avait lieu de délivrer de réquisitoire d'informer, » le juge d'instruction a, suivant ordonnance en date du 2 mars, déclaré : « n'y avoir lieu à poursuivre ; ». Attendu que, par l'arrêt attaqué (Paris, ch. d'acc., 1er mai 1906), la chambre des mises en accusation s'est déclarée compétente et régulièrement saisie à l'effet de faire droit sur l'opposition formée à l'exécution de ladite ordonnance par la partie civile, laquelle concluait à ce qu'il fut prescrit information sur sa plainte ; Attendu que le procureur général, demandeur au pourvoi, soutient que la plainte de la partie civile, dans les conditions prévues par l'article 63 du Code d'instruction criminelle, ne met pas en mouvement l'action publique ; que, dès lors, le juge d'instruction avait dû nécessairement se conformer aux réquisitions de non-lieu à instruire, qui lui interdisaient d'une manière absolue toute autre décision, et que conséquemment la chambre des mises en accusation, dépourvue dans ce même cas et, pour le même motif, du droit d'informer ou faire informer défini dans les articles 228 et 235 du même Code, n'avait pu, sans excès de pouvoir, retenir la connaissance d'une opposition à laquelle il ne lui appartiendrait légalement de donner aucune suite ; Mais attendu que cette interprétation des textes de la manière ne peut être accueillie ; qu'aux termes précis et formels de l'article 63 du Code d'instruction criminelle, « toute personne qui se prétendra lésée par un crime ou un délit pourra en rendre plainte et se constituer partie civile devant le juge d'instruction, soit du lieu du crime ou du délit, soit du lieu de la résidence du prévenu, soit du lieu où il pourra être trouvé ; » Qu'il résulte, d'autre part, de l'article 3 du même Code, que les juridictions répressives ne peuvent statuer sur l'action civile qu'autant qu'elles ont été saisies en même temps de l'action publique, et que, dès lors, en investissant la partie lésée du droit de saisir de l'action civile le juge d'instruction, le législateur a nécessairement entendu que le dépôt même de la plainte entre les mains de ce magistrat, avec constitution de partie civile, mettrait également en mouvement l'action publique ; Attendu que la disposition de l'article 63 précité renferme donc l'un des tempéraments apportés par la loi, notamment dans les articles 64, paragraphes 2, 145, 182, 135 du Code d'instruction criminelle, au principe général suivant lequel, aux termes de l'article 1er du même Code, l'action pour l'application des peines n'appartient qu'aux fonctionnaires auxquels elle est confiée par la loi ; que le droit pour la partie civile de mettre en mouvement, à ses risques et périls, l'action publique devant le juge d'instruction, s'accorde et se coordonne avec toutes les autres dispositions qui, notamment dans les textes précités, établissent, pour cette partie, un droit parallèle à celui du ministère public ; que, plus spécialement lorsqu'une information s'impose parce que l'acte dommageable a le caractère de crime, la disposition de l'article 63, qui serait sans objet si la plainte devant le magistrat instructeur ne saisissait pas sa juridiction, représente l'équivalent légal et nécessaire de la protection qu'assure le droit de citation directe en matière correctionnelle et de simple police ; Attendu que la poursuite suscitée par la partie civile devant le juge d'instruction offre donc nécessairement, aussi bien que celle qui résulte d'une citation directe, les mêmes caractères que si elle avait été requise par le ministère public ; qu'il faut, dès lors et par voie de conséquence, appliquer au cas prévu dans l'article 63 la règle absolue suivant laquelle la juridiction d'instruction a, comme toute autre, le droit et le devoir de s'exercer dans une pleine indépendance des réquisitions de la partie publique ; que cette règle, d'ailleurs primordiale, ressort surabondamment des articles 128, 129, 130 du Code d'instruction criminelle, qui prévoient le cas où le juge d'instruction a, conformément à l'article 127, communiqué au procureur de la République la procédure terminée ; Qu'on ne saurait, sans méconnaître le caractère le plus essentiel des attributions du juge, admettre davantage qu'il soit lié par les réquisitions intervenues au début de la procédure, sur les pièces communiquées en exécution de l'article 70 du même Code, que toute distinction à cet égard serait contraire aux textes, qui n'en contiennent aucune, et aux principes mêmes de notre droit public ; Attendu qu'il suit de ce qui précède que, quelles que soient les réquisitions prises par le ministère public, au vu de la communication prescrite par l'article 70 susvisé, le juge d'instruction saisi, conformément à l'article 63, d'une plainte avec constitution régulière de partie civile, et d'ailleurs compétent aux termes du même article, a, sous la garantie pour cette partie, du recours institué dans l'article 135 du Code d'instruction criminelle, le devoir d'informer sur la plainte dans telle mesure qu'il appartient ; que cette obligation ne cesse que si le juge d'instruction décide, en l'état, soit que, d'ores et déjà, la prévention est suffisamment établie pour être ainsi qu'il est dit aux articles 129, 130, 133 ; soit que, pour des causes affectant l'action publique elle-même, les faits ne peuvent légalement comporter une poursuite ou que, à les supposer démontrés, ils ne sauraient admettre aucune qualification pénale ; Attendu, dès lors, que en se déclarant compétente pour statuer sur l'opposition formée par Placet, partie civile, à l'ordonnance rendue le 2 mars 1906, la chambre des mises en accusation de la cour d'appel de Paris n'a commis ni un excès de pouvoir, ni violation de la loi ; Par ces motifs, rejette.

OBSERVATIONS

S'il n'a jamais été contesté que la victime prétendue d'une infraction puisse, en matière correctionnelle ou de police, citer directement le délinquant devant la juridiction de jugement et par conséquent mettre l'action publique en mouvement (Crim. 9 mai 1822, *Bull. crim.* n° 72 ; 22 janv. 1953, *D.* 1953. 109, Rapport Patin), l'hésitation, en revanche, a longtemps prévalu dans le cas où, devant l'inertie du parquet, cette victime dépose une plainte avec constitution de partie civile devant le juge d'instruction. Cette plainte entraîne-t-elle, à l'instar de la citation directe, la mise en mouvement de l'action publique, soit par elle-même, soit du moins par la consignation qui en est la suite (première thèse) ? Faut-il au contraire décider que le déclenchement de la poursuite ne peut résulter que de l'action discrétionnaire du parquet, que ce dernier agisse de lui-même ou à la suite d'une constitution initiale de partie civile dont il déciderait d'adopter le point de vue (seconde thèse) ? La première conception est libérale puisqu'elle fait de la victime prétendue l'égale du parquet en lui permettant d'agir malgré le silence de celui-ci. La seconde conception est autoritaire, consacrant l'omnipotence du ministère public en lui assurant le monopole dans la poursuite.

Longtemps notre droit a manqué de netteté. Au XIXe siècle, Mangin défendait l'omnipotence du parquet tandis que Faustin-Hélie, Ortolan et R. Garraud opinaient en sens contraire (v. Rapport Laurent-Atthalin, *préc.*, p. 209, 1re colonne). Et si la pratique était en général favorable à la victime, la jurisprudence avait hésité. Dans un premier temps, elle avait paru consacrer la thèse libérale (Crim. 18 mars 1827, *Bull. crim.* n° 54 ; Montpellier, 24 mars 1851, *D.* 1852. 2. 195). Elle s'était ensuite divisée à l'occasion de l'application des décrets du 29 mars 1880 portant fermeture et évacuation des établissements scolaires tenus par des congrégations. Des préfets ayant pris des arrêtés conformes à ces décrets, des religieux se constituèrent partie civile du chef d'attentat à la liberté individuelle (art. 114 ancien C. pén.), saisissant d'ailleurs, non le juge d'instruction, mais le premier président de la cour d'appel exceptionnellement compétent en raison de la qualité des personnes poursuivies. La thèse libérale fut admise par la magistrature judiciaire (par ex. Poitiers, ord. premier président, 9 sept. 1880 ; ch. acc., 19 sept. 1880, *D.* 1881. 2. 33 ; Crim. 12 mai 1881, 4 arrêts, *D.* 1881. 1. 385). Mais le tribunal des conflits, saisi par les préfets, jugea que « la constitution de partie civile ne constituait pas l'exercice d'une action publique » en l'espèce, compte tenu des textes particuliers régissant la matière (T. confl., 22 déc. 1880, 3 arrêts, *D.* 1881. 2. 17). On aurait pu être tenté de dire que la thèse autoritaire n'avait été admise que dans un cas particulier et que la question restait pendante dans les autres. Ce serait oublier que quelques années par la suite, la justice judiciaire allait à son tour se rallier de manière générale à la thèse autoritaire (Lyon, 25 oct. 1905, *D.* 1906. 2. 89).

C'est avec l'arrêt *Placet*, rendu par la chambre criminelle de la Cour de cassation le 8 décembre 1906, que la question allait enfin être résolue de façon éclatante et définitive à l'occasion d'une constitution de partie civile des chefs de crime de faux et complicité formée par un sieur Placet contre un sieur Thirion. La Haute juridiction, suivant les remarquables conclusions du conseiller-rapporteur Laurent-Atthalin, affirme que « quelles que soient les réquisitions prises par le ministère public... le juge d'instruction, saisi par une plainte avec constitution régulière de partie civile a... le devoir d'informer sur la plainte... ». Ainsi donc, le juge d'instruction, s'il est tenu de communiquer cette plainte au parquet aux fins de réquisitions (art. 70, al. 1 C. instr. crim., aujourd'hui art. 86, al. 1 C. pr. pén.) est néanmoins astreint à instruire aussitôt après obtention de ces réquisitions et quel qu'en soit le sens. Par conséquent, l'action publique est mise en mouvement malgré la volonté du ministère public. Ce principe cardinal de notre procédure pénale, cette grande conquête des victimes (vraies ou fausses), l'arrêt de 1906 s'efforce d'en donner de solides justifications. Il lui apporte toutefois quelques exceptions, d'ailleurs entendues strictement. On ne doit pas oublier enfin que divers arrêts postérieurs, d'importance moindre il est vrai, ont apporté quelques précisions au principe.

I. — Justification du principe

Que la victime puisse déclencher la poursuite en saisissant un juge d'instruction est l'un des apports majeurs de l'arrêt *Placet*. Celui-ci invoque trois arguments présentés de manière soignée et convaincante mais il en est d'autres, non indiqués dans l'arrêt *Placet*.

A. — Les arguments donnés par l'arrêt Placet

Le premier emprunte sa présentation à la vieille méthode syllogistique. L'article 63 du Code d'instruction criminelle (aujourd'hui l'art. 85 C. pr. pén.) permet à toute personne qui se prétend lésée par un crime ou par un délit de se constituer devant un juge d'instruction. Or de l'article 3, alinéa 1 du Code d'instruction criminelle (aujourd'hui l'art. 3, al. 1 C. pr. pén.), il résulte que les juridictions pénales ne peuvent statuer sur l'action civile que si elles ont été saisies de l'action publique, règle découlant du caractère accessoire de l'action civile. Par conséquent, en accordant à la victime le droit d'exercer l'action civile, le législateur a nécessairement admis que l'exercice de ce droit met en mouvement l'action publique.

Le second argument se fonde sur un parallèle entre la plainte avec constitution de partie civile et la citation directe. Puisque la victime d'un délit ou d'une contravention peut citer directement le délinquant devant le tribunal correctionnel ou de police, il faut bien que la victime d'un crime — qui ne peut par hypothèse utiliser la citation directe puisqu'une information est nécessaire en matière criminelle — ait la possibilité de se constituer partie civile devant le juge d'instruction. Comme l'esquisse l'arrêt *Placet*, la plainte avec constitution de partie civile est en matière criminelle « l'équivalent légal et nécessaire » de la citation directe en matière correctionnelle et de police. On notera que ce motif vaut non seulement en matière criminelle, mais aussi en matière correctionnelle, même lorsqu'en cette matière, l'ouverture d'une information est facultative, ce qui est d'ailleurs le cas général. Par conséquent, la victime d'un délit, dans ce dernier cas, a le choix entre citation directe et constitution de partie civile (note F. T. sous Crim. 8 déc. 1906, *préc.*). Cette solution est aujourd'hui admise unanimement (par ex. J. Brouchot, « L'arrêt Laurent-Atthalin, sa genèse et ses conséquences », *Mélanges Patin*, 1966, p. 419).

Le troisième et dernier argument invoqué par l'arrêt de 1906 se fonde sur un grand principe de la procédure pénale, celui que « la juridiction d'instruction a, comme toute autre, le droit et le devoir de s'exercer en pleine indépendance, des réquisitions de la partie publique ». Cette règle est du reste, ajoute l'arrêt, consacrée en législation par diverses dispositions relatives au cours et à la clôture de l'instruction. Il doit donc en être de même au moment de l'ouverture de cette phase du procès (v. aussi en ce sens, Rapport Laurent-Atthalin, *préc.*, p. 213, 1re colonne).

Quoique ces trois arguments soient particulièrement solides et suffisants à justifier la solution, il n'est pas interdit d'en invoquer trois autres qui, certes non retenus dans l'arrêt *Placet*, présentent eux aussi une grande valeur.

B. — Les arguments étrangers à l'arrêt Placet

D'une part, il importe de protéger les libertés. Devant l'hostilité ou l'indifférence du parquet, il faut bien que l'individu qui s'estime victime d'une infraction ait la possibilité d'agir. Non indispensable dans un régime de légalité des poursuites, le droit d'action de la victime l'est au contraire de la façon la plus évidente dans un système d'opportunité des poursuites. En

France où règne ce système, le droit de la victime est donc un contrepoids à la puissance du parquet. L'ordonnance précitée du premier président de la cour d'appel de Poitiers, du 9 septembre 1880, décidait du reste « qu'il faut garantir les droits des citoyens contre les refus de poursuivre, qui pourraient dans certains cas... constituer un véritable déni de justice ».

D'autre part, il faut se souvenir de la nature propre que présente l'action civile. Exercée devant le juge pénal, celle-ci n'est pas seulement une action en réparation, elle est aussi une action en répression, une action vindicative (J. Pradel, n° 274) comme le montre admirablement cette jurisprudence selon laquelle la victime peut se constituer partie civile alors pourtant qu'elle ne veut ou ne peut obtenir de réparation (Crim. 8 juin 1971, *D.* 1971. Jur. 594, note J. Maury). Il est donc naturel que l'exercice de l'action civile devant le juge d'instruction déclenche la poursuite.

Enfin, pourquoi le législateur aurait-il autorisé la victime à saisir le magistrat instructeur d'une plainte si cette formalité était sans conséquence ? Si le ministère public a seul la maîtrise de l'action publique, il est en effet inutile d'autoriser le dépôt d'une plainte entre les mains d'un juge d'instruction (en ce sens, Angers, ch. acc., 21 sept. 1880, *D.* 1881. 1. 235).

En conclusion, ces raisons sont si nombreuses et si fortes que le principe admis en 1906 ne devait plus jamais être discuté en jurisprudence (Crim. 17 janv. 1917, *D.* 1920. 1. 39 ; 8 juin 1923, *D.* 1923. 1. 201 ; 28 mai 1925, *D.* 1926. 1. 121, note G. Leloir ; 25 mars 1947, *Bull. crim.* n° 95 ; 23 mars 1954, *Bull. crim.* n° 114 ; 23 déc. 1955, *JCP* 1956. II. 9102 ; 21 sept. 1999, *Bull. crim.* n° 188). Mieux, le Code de procédure pénale le consacra, et cela de deux façons. D'abord par une disposition générale, celle de l'article 1, alinéa 2 qui rappelle que l'action publique « ... peut aussi être mise en mouvement par la partie lésée... » Ensuite par une disposition propre à l'instruction préparatoire : celle de l'article 86, alinéa 4 qui, en autorisant le procureur de la République à requérir du juge d'instruction le refus d'informer seulement lorsque les faits sont insusceptibles de poursuite, implique *a contrario* que l'ouverture d'une information et par conséquent la mise en mouvement de l'action publique est bien la règle générale.

À vrai dire, l'article 86, alinéa 4 du Code de procédure pénale reprend exactement une phrase de l'arrêt *Placet* qui, à titre exceptionnel, posait des limites au principe du lancement de la poursuite par la victime.

II. — Limites au principe

L'arrêt de 1906 décide en effet *in fine* que l'obligation d'informer « ne cesse que si le juge d'instruction décide en l'état... soit que pour des causes affectant l'action publique elle-même, les faits ne peuvent légalement comporter une poursuite ou que, à les supposer démontrés, ils ne sauraient admettre aucune qualification pénale ». Cette formule est la consécration d'une règle qui a toujours été admise. Toutefois, la pratique du refus d'informer ne remonte guère au-delà du dernier tiers du XIXe siècle (Crim. 27 mai 1875, *Bull. crim.* n° 183) et encore au début du XXe siècle, R. Garraud ne lui consacre que d'infimes développements (t. III, n° 774). Ce n'est qu'à partir des années 1920 que cette pratique s'est développée sur le fondement de l'idée qu'on ne saurait encombrer les cabinets d'instruction d'affaires dont il y a toutes raisons de penser d'emblée qu'elles ne pourront pas aboutir. Assez nombreux sont alors les arrêts qui vont reprendre la formule de l'arrêt *Placet* (Crim. 8 juin 1923, *D.* 1923. 1. 201, note G. Leloir ; 20 janv. 1927, *DH* 1927. 137 ; 9 janv. 1930, *DH* 1930. 84 ; 30 déc. 1932, *DH* 1933. 54...) que l'article 86, alinéa 4 du Code de procédure pénale consacre aujourd'hui.

On doit avant tout observer que le refus d'informer se matérialise par une ordonnance et que celle-ci présente trois caractères. D'abord, elle peut, en droit, intervenir aussi bien lorsque la poursuite émane du parquet que lorsqu'elle émane de la victime ; mais en fait les refus d'informer sont presque toujours consécutifs à une plainte avec constitution de partie civile. Ensuite, l'ordonnance est susceptible d'appel soit de la part du parquet (art. 185 C. pr. pén.), soit de la part de la partie civile (art. 186, al. 2 C. pr. pén.). Enfin, pour les raisons qui justifient le déclenchement de la poursuite par la victime, une telle ordonnance présente un caractère exceptionnel car les cas de refus d'informer sont entendus strictement. Deux grandes situations doivent donc être distinguées.

A. — Les cas où le refus d'informer est admis

Selon la formule de l'arrêt *Placet*, reprise par la loi, le juge d'instruction peut refuser sa saisine dans deux séries de cas. Il le peut d'abord lorsque les faits ne sont pas susceptibles de poursuite : le geste incriminé par la victime ne tombe pas sous le coup de la loi pénale (Crim. 12 mars 1963, *Bull. crim.* n° 114, fait non constitutif du délit de dénonciation calomnieuse ; 15 janv. 1969, *JCP* 1969. II. 15934, note P. Chambon, pour un faux prétendu ; 5 mars 1974, *Bull. crim.* n° 92 ; 3 sept. 1991, *Dr. pénal* 1992, Comm. 4 ; 20 janv. 2009, *Bull. crim.* n°18 ; *RSC* 2009. 440 obs. P. Ponola ; *ibid.* 992. obs. J. F. Renucci ; *D.* 2009. Pan. 1378. obs. J. P. Céré ; *AJ pénal* 2009. 139, obs. M. Herzog-Evans ; *Dr. pénal* 2009, n° 42, obs. Maron et Haas, délit d'imposition de conditions de travail contraires à la dignité non constitué) ou bien constituant certes une infraction, il est couvert par une immunité comme celle de l'article 311-12 du Code pénal sur le vol. Il le peut ensuite lorsque les faits ne sont plus susceptibles de poursuite : il y a chose jugée, prescription (Crim. 9 nov. 1954, *Bull. crim.* n° 320), amnistie (Crim. 6 juill. 1960, *Bull. crim.* n° 359) ou encore la victime réclame la réouverture d'une information close par un non-lieu alors que le parquet seul peut la requérir selon l'article 190 du Code de procédure pénale (Crim. 13 févr. 1973, *Bull. crim.* n° 76 ; 6 févr. 1979, *Bull. crim.* n° 53 ; 11 janv. 2000, *Bull. crim.* n° 11).

À ces cas, la pratique en ajoute d'autres et notamment ceux-ci qui sont propres au plaignant : celui où le plaignant se refuse à fournir au juge les éléments nécessaires à l'appréciation de sa plainte (Crim. 7 févr. 1961, *JCP* 1961. II. 12004, note R. Combaldieu) et celui où le plaignant n'a pas la capacité d'agir ou bien ne peut faire état d'aucun préjudice même éventuel (Crim. 18 mai 1971, *Bull. crim.* n° 160 ; 13 juin 1974, *Bull. crim.* n° 219). Au vrai, ces hypothèses sont plutôt justiciables d'une ordonnance d'irrecevabilité que d'une ordonnance de refus d'informer. En effet, l'action publique n'est pas forcément insusceptible d'être exercée alors que le refus d'informer est la constatation par le juge que l'action publique n'a pu naître ou est éteinte. Or dans ces deux cas, rien n'interdit au ministère public, puis au juge d'instruction, de retenir l'affaire, le premier ouvrant une information en considérant le geste de la victime prétendue comme une plainte simple (v. la note au *D.* 1968. Jur. 691, sous Crim. 21 févr. 1968). Dès lors, dans ces deux situations, la meilleure solution est celle-ci : le parquet requiert l'irrecevabilité de l'action de la victime prétendue et ordonne, néanmoins, la mise en mouvement de l'action publique ; puis, le juge d'instruction rend une ordonnance portant irrecevabilité de l'action de la victime et de soit — informé sur les réquisitions du parquet. C'est donc le parquet qui aura mis en mouvement l'action publique (pour une application, v. Crim. 26 avr. 1983, *Bull. crim.* n° 114).

B. — Les cas où le refus d'informer est exclu

Si le refus d'informer doit intervenir lorsqu'il est certain que la poursuite est radicalement impossible, il doit être exclu dès lors qu'il y a la plus petite chance de voir l'instruction aboutir. L'obligation du juge est bien celle d'informer. Les arrêts sont extrêmement nombreux et leur masse même est le plus bel hommage qui puisse être rendu à l'arrêt *Placet*. Ainsi, le refus d'informer est exclu lorsque les faits sont imprécis (Crim. 17 janv. 1919, *D.* 1920. 1. 39) ou mal établis (Crim. 23 juill. 1962, *JCP* 1962. II. 12913, note P. Chambon), ou lorsque l'intention n'est pas certaine (Crim. 23 déc. 1955, *JCP* 1956. II. 9102). Il en va de même lorsque le refus d'informer s'appuie sur la prescription triennale alors que des investigations auraient pu faire apparaître le caractère criminel des faits (Crim. 9 nov. 1954, *Bull. crim.* n° 320). Un refus d'informer ne peut davantage se fonder sur la volonté du plaignant de contrecarrer l'action de la justice (Crim. 23 juill. 1962, *Bull. crim.* n° 151) ou sur l'existence d'une cause de justification ou bien de non-imputabilité (Crim. 23 déc. 1955, *préc.*) ou encore sur les résultats négatifs d'une enquête préliminaire (Crim. 20 juin 2006, *Bull. crim.* n° 185 ; *AJ pénal* 2006. 453, obs. J. Leblois-Happe) : de tels éléments sont très délicats à établir et des recherches sont donc présumées indispensables. Le refus d'informer n'est bien fondé que s'il est évident, manifeste, qu'une poursuite est impossible juridiquement puisque le juge d'instruction « régulièrement saisi d'une plainte avec constitution de partie civile a le devoir de vérifier la réalité des faits dénoncés et de déterminer leur qualification pénale éventuelle » (Crim. 26 sept. 2001, *Bull. crim.* n° 193 ; *D.* 2002. Somm. 1800, obs. M. Segonds ; *Rev. sociétés* 2002. 342, obs. B. Bouloc ; *RTD com.* 2002. 379, obs. B. Bouloc).

On fera encore trois observations. D'une part, et ceci renforce en droit le principe de l'arrêt Placet, l'ordonnance de refus d'informer doit indiquer les raisons pour lesquelles elle est prise (Crim. 23 juill. 1974, *JCP* 1965. II. 18091, note P. Chambon). À la nécessité de motifs, s'ajoute donc la nécessité d'une motivation (v. en ce sens l'art. 86, al. 4, *in fine*, C. pr. pén.). D'autre part, en fait, dans les cas douteux — qui sont les plus nombreux — le juge d'instruction sera bien avisé en procédant à quelques actes d'investigation avant de clore sa procédure : en rendant alors une ordonnance de non-lieu et non une ordonnance de refus d'informer, il évitera de se voir reprocher d'avoir méconnu le principe proclamé en 1906. Enfin lorsque la décision de refus d'informer est devenue définitive, la règle de l'autorité de la chose jugée fait qu'une nouvelle plainte visant les mêmes faits et dirigée contre les mêmes personnes débouchera sur un nouveau refus d'informer quelle que soit la qualification visée la seconde fois (Crim. 4 mars 1986, *Bull. crim.* n° 86 ; 15 févr. 1988, *Bull. crim.* n° 71 ; 3 févr. 1998, *Bull. crim.* n° 38 ; *D.* 1998. IR 102).

Principe solide malgré certaines limites, celui de l'arrêt *Placet* a tout de même subi quelques aménagements de la part de la Cour de cassation.

III. — Aménagements au principe

Ils sont de deux ordres. Les uns sont généraux et l'autre est propre au cas particulier des plaintes additionnelles.

A. — Les aménagements d'ordre général

1° Dans l'intérêt de la justice, divers arrêts posent la règle que le plaignant a la qualité de partie civile et l'action publique est mise en mouvement au jour du dépôt de la plainte, mais à la condition que la consignation ait été versée intégralement et dans le délai imparti par le juge puisque c'est ce versement qui rend la plainte recevable (Crim. 13 déc. 1983, *Bull. crim.* n° 338 ; 17 juin 1986, *Bull. crim.* n° 208 ; *D.* 1987. Somm. 77, obs. J. Pradel ; 7 mars 2000, *Bull. crim.* n° 104 ; 15 mai 2002, *Bull. crim.* n° 116 ; *D.* 2003. Somm. 29, obs. J. Pradel). Cette règle est déduite de l'article 88 du Code de procédure pénale. On sait qu'en vertu de cet article, « le juge d'instruction constate, par ordonnance, le dépôt de la plainte. En fonction des ressources de la partie civile, il fixe le montant de la consignation que celle-ci doit, si elle n'a pas obtenu l'aide juridictionnelle, déposer au greffe et le délai dans lequel elle devra être faite sous peine de non-recevabilité de la plainte » (v. dans un sens très voisin, l'art. 392-1, al. 1 C. pr. pén. pour la citation directe). On notera que cette consignation ne constitue plus depuis 1993 une avance des frais du procès, la loi du 4 janvier 1993 ayant mis ceux-ci à la charge de l'État ; elle garantit désormais le paiement de l'amende civile — de 15 000 euros au maximum — qui peut être prononcée par le juge d'instruction lorsqu'il rend une ordonnance de non-lieu et s'il considère la constitution de partie civile « abusive ou dilatoire » (art. 177-2 C. pr. pén., L. du 15 juin 2000, v. Crim 26 févr. 2002, *Bull. crim.* n° 44 ; *RSC* 2002. 624. obs. A. Giudicelli, l'application de ce texte relève pour le juge d'une simple faculté).

Ainsi, le seul dépôt de la plainte ne suffit pas à mettre en mouvement l'action publique, comme le laisserait entendre une lecture hâtive de l'arrêt de 1906. Il faut que cette plainte soit suivie du versement de la consignation de telle sorte que l'action publique n'est mise en mouvement qu'avec l'accomplissement de cette formalité. Si l'arrêt de 1906 n'avait pas évoqué expressément cette exigence, c'est sans doute parce que le plaignant avait procédé à la consignation (ainsi qu'il résulte du début du Rapport Laurent-Atthalin).

Trois précisions doivent là encore être apportées. D'une part, le déclenchement de la poursuite ne s'effectue que si la consignation est faite conformément à l'ordonnance du juge : la somme doit être versée en totalité et dans le délai indiqué par ce dernier. D'autre part, le juge doit rester inactif tant que la consignation n'a pas été faite sauf à remarquer que, dès expiration du délai imparti à la victime prétendue pour y procéder, il doit communiquer le dossier au procureur de la République aux fins de réquisitions d'irrecevabilité, puis rendre une ordonnance d'irrecevabilité (sous la réserve indiquée *supra*, II, B). Enfin, de la jurisprudence précitée, il résulte que l'appréciation de la capacité de la personne qui s'est portée partie civile s'effectue au jour de la plainte : d'où cassation de l'arrêt qui se place au jour du versement de la consignation puisque celle-ci a pour seul effet de rendre la plainte recevable au regard de la mise en mouvement de l'action publique (Crim. 13 déc. 1983, *préc.*).

2° Dans l'intérêt de la victime prétendue, deux séries d'arrêts ont été rendues.

En premier lieu, une jurisprudence récente décide que le dépôt d'une plainte avec constitution de partie civile interrompt la prescription de l'action publique à condition que la consignation ait été effectuée dans le délai imparti par le juge d'instruction (Crim. 23 oct. 1979, *Bull. crim.* n° 293 ; 9 déc. 1980, *Bull. crim.* n° 341 ; 20 févr. 1986, *Bull. crim.* n° 70 ; 7 sept. 1999, *Bull. crim.* n° 181 ; *D.* 2001. Jur. 160, note O. Mouysset ; *RSC* 2000. 217, obs. A. Giudicelli, qui ajoute que la prescription est suspendue de la date du dépôt de la plainte à celle du versement). C'est admettre une véritable rétroactivité de l'interruption à partir du versement de la consignation. Grâce à ce subterfuge, la jurisprudence protège la victime en facilitant le déclenchement de la poursuite intervenant à son initiative. Si en effet, la victime se constitue la veille de l'expiration de la prescription, elle n'aurait souvent pas le temps matériellement de consigner avant cette expiration et la prescription serait acquise si la jurisprudence n'avait imaginé le biais de la suspension qu'on vient d'évoquer.

En second lieu, une longue suite d'arrêts décide que la recevabilité de la partie civile à l'instruction n'est pas « subordonnée à la double preuve préalablement rapportée par la personne qui se prétend lésée par une infraction, d'abord de l'existence de ladite infraction, ensuite de l'existence du préjudice dont elle aurait souffert ; qu'il suffit, pour qu'une constitution de partie civile soit recevable lors de l'instruction préparatoire, que les circonstances sur lesquelles elle s'appuie permettent au juge d'admettre comme possible l'existence du préjudice allégué et la relation directe de celui-ci avec une infraction » (Crim. 6 oct. 1964, *Bull. crim.* n° 256 ; 13 avr. 1967, *Bull. crim.* n° 119 ; 4 nov. 1969, *Bull. crim.* n° 281 ; 28 janv. 1971, *JCP* 1971. II. 16792, note P. Chambon ; 13 juin 1978, *Bull. crim.* n° 193 ; 10 janv. 1979, *Bull. crim.* n° 18 ; 29 avr. 1986, *Bull. crim.* n° 144 ; 6 févr. 1996, *Bull. crim.* n° 60 ; 16 févr. 1999, *Bull. crim.* n° 17 ; *D.* 1999. IR 85 ; *Rev. sociétés* 1999. 646, obs. B. Bouloc ; *RSC* 2000. 625, obs. J.-C. Fourgoux ; *RTD com.* 1999. 998, obs. B. Bouloc ; 6 sept. 2000, *Bull. crim.* n° 263 ; *RSC* 2001. 405, obs. D.-N. Commaret ; *RTD com.* 2001. 263, obs. B. Bouloc ; 11 déc. 2002, *Bull. crim.* n° 224 ; *D.* 2003. AJ 424 ; *RTD com.* 2003. 336, obs. N. Rontchevsky ; *ibid.* 390, obs. B. Bouloc ;

Rev. sociétés 2003. 145, obs. B. Bouloc ; *RSC* 2004. 113, obs. J. Riffault-Silk ; 5 févr. 2003, *Bull. crim.* n° 25 ; *D.* 2003. IR 1008). Cette jurisprudence doit être bien comprise. Certes, il ne suffit pas à la victime de se borner à alléguer un préjudice (Crim. 9 févr. 1961, *D.* 1961. 306 et *JCP* 1961. II. 12004, note R. Combaldieu). Mais il ne lui est pas demandé de faire la preuve de son dommage et du lien direct entre celui-ci et l'infraction pour la bonne raison que tel est l'objet même de l'instruction préparatoire. Au contraire, devant la juridiction de jugement, la victime prétendue doit apporter cette double preuve.

Pourtant, cette jurisprudence abondante et ferme est infléchie par un arrêt plus récent qui rejette une constitution initiale de partie civile dans un cas où aucune circonstance ne permet d'admettre comme possible le lien direct entre le délit poursuivi et le préjudice (Crim. 17 juin 2008, n° 07-80.339, *D.* 2008. AJ 1903, note C. Girault ; *D.* 2008. Pan. 2759, obs. J. Pradel). Il s'agit d'éviter l'étouffement des cabinets d'instruction. Ceci est à rapprocher d'une loi du 5 mars 2007 (art. 85 C. pr. pén.) qui subordonne la constitution de partie civile au fait que le demandeur justifie que le parquet ne poursuivra pas les faits à la suite de sa plainte ou qu'il n'a pas réagi dans les trois mois du dépôt de cette plainte.

B. — Le cas particulier des plaintes additionnelles

Voici une instruction ouverte sur constitution initiale de partie civile visant certains faits, évidemment suivies des réquisitions du parquet puisque celui-ci doit les prendre (art. 86, al. 1 C. pr. pén.). Puis, au cours de l'instruction, la victime prétendue dépose une plainte additionnelle en visant d'autres faits. Que doit faire le juge ? Peut-il instruire sans avoir obtenu un réquisitoire supplétif ou doit-il, pour pouvoir instruire, l'avoir obtenu ?

Une jurisprudence ferme avait naguère répondu à la question en décidant que « les juridictions d'instruction doivent statuer non seulement sur tous les chefs d'inculpation dénoncés dans la plainte avec constitution de partie civile, mais également sur ceux dénoncés dans une plainte additionnelle de cette partie, même en l'absence de réquisitoire supplétif... » (Crim. 21 nov. 1972, *Bull. crim.* n° 348 ; 30 mars 1993, *Bull. crim.* n° 133 ; 4 juin 1996, *Bull. crim.* n° 230). Certains auteurs ont approuvé sans réserve cette position au motif que la saisine du magistrat instructeur est déterminée par la victime.

Cette position ne saurait pourtant être admise, et moins encore depuis la loi du 23 juin 1999. Considérons les textes : l'article 80, al. 1 du Code de procédure pénale exige, à titre général, et a toujours exigé que le juge d'instruction soit nanti d'un réquisitoire du parquet ; en cas de plainte avec constitution de partie civile, le juge communique cette plainte au procureur pour que celui-ci prenne ses réquisitions et l'article 86, alinéa 1 du Code de procédure pénale qui l'a toujours dit ne distingue pas entre plainte initiale et plainte additionnelle. Et puis surtout lorsque la partie civile dénonce des faits nouveaux au juge, celui-ci doit immédiatement communiquer cette plainte au parquet aux fins d'obtention (éventuelle) d'un réquisitoire supplétif puisque selon l'article 80, alinéa 4 du Code de procédure pénale (L. du 23 juin 1999), « lorsque de nouveaux faits sont dénoncés au juge d'instruction par la partie civile en cours d'information, il est fait application des dispositions de l'alinéa qui précède », ce qui oblige précisément le juge à communiquer cette plainte au parquet pour obtenir de supplétives réquisitions ou plus largement pour savoir le parti que prendra le parquet. Comme il a été dit lors des travaux préparatoires de la loi de 1999, la jurisprudence précitée « contribuait à allonger les délais de procédure en obligeant le juge d'instruction à statuer sur ces faits nouveaux alors même qu'il pourrait être en mesure de clore rapidement l'information sur les faits visés dans la saisine initiale. L'étude d'impact donne ainsi l'exemple d'un employeur accusant faussement de vol un employé licencié qui demande réparation aux prud'-hommes et qui, voyant que l'instruction va se terminer par un non-lieu, signale d'autres infractions imaginaires au juge d'instruction pour retarder l'achèvement de la procédure » (rapport L. Mermaz au nom de la Commission des lois de l'Assemblée nationale, *JO* AN n° 1328, p. 44 et 45). À côté de cet argument pratique, il en est un autre qui sous-tend d'ailleurs les articles 80 et 86 du Code de procédure pénale, c'est celui de la séparation entre poursuite et instruction.

En conclusion, toute plainte additionnelle doit donner lieu à sa communication par le juge au parquet qui décidera de la suite à donner et qui pourra par exemple délivrer au juge un réquisitoire supplétif. Et d'ailleurs, la toute dernière jurisprudence décide, en application de la loi du 23 juin 1999, « qu'une constitution de partie civile additionnelle, dénonçant des faits nouveaux, ne saisit le juge d'instruction que si le procureur de la République requiert qu'il soit instruit par ces faits » (Crim. 26 sept. 2000, *Bull. crim.* n° 277 ; *D.* 2000. IR 288 ; 29 nov. 2000, *Procédures* 2001. Comm. 93, obs. J. Buisson).

***

Notre droit — légal et jurisprudentiel — qui se veut équilibré a cependant l'inconvénient majeur d'encombrer les cabinets d'instruction d'affaires plus ou moins civiles et pas toujours complexes alors que les juges d'instruction ne devraient traiter que des affaires purement pénales et vraiment complexes. Le problème est d'autant plus délicat qu'aujourd'hui, les affaires ouvertes sur constitution de partie civile représentent à peu près 30 à 40 % du total des affaires instruites par ces juges et davantage en matière économique et financière.

Les palliatifs à une dérive (V. *supra* III *in limine* et A) sont insuffisants. Il ne faut certes pas supprimer le principe consacré en 1906 car il existe de vraies victimes. Mais il faut l'entourer de conditions supplémentaires comme la prise d'une décision préalable de classement sans suite par le parquet ou l'instauration d'un filtre qui permettrait de ne saisir les juges que d'affaires complexes et pénales (V. l'excellente chronique de C. Guéry, « Le juge d'instruction et le voleur de pommes : pour une réforme de la constitution de partie civile », *D.* 2003. Chron. 1575). C'est d'ailleurs ce qu'a fait la loi précitée du 5 mars 2007 (V. *supra* III, B *in fine*) mais est-ce suffisant ?

J. P.

8

ACTION PUBLIQUE — PRESCRIPTION — INTERRUPTION — SUSPENSION — EFFETS

Crim. 15 avril 1937, *Cardi et autres* (*S.* 1938. 1 .233, note L. Hugueney ; *Bull. crim.* n° 76) ; Crim. 3 février 1955, *Garaudy* (*JCP* 1955. II. 8663) ; Crim. 12 juillet 1972, *Di Constanzo* (*Bull. crim.* n° 240 ; *D.* 1973. Jur. 65, note P. Chambon ; *Gaz. Pal.* 1972. 2. 716)

Les procès-verbaux dressés par des gendarmes dans le cadre d'une enquête officieuse (aujourd'hui préliminaire) interrompent la prescription (1re espèce).

Les actes de poursuite effectués à l'encontre d'un des participants à une infraction interrompent la prescription à l'égard de tous les autres. La demande d'autorisation de poursuite adressée à la chambre à laquelle appartient un parlementaire suspend la prescription (2e espèce).

Il en est de même lorsque l'inactivité du juge d'instruction a mis la partie civile dans l'impossibilité d'agir elle-même dans la procédure (3e espèce).

Chambre criminelle, 15 avril 1937

Cardi et autres

Attendu qu'en vertu des dispositions combinées des articles 50 du décret organique du 2 février 1852 et 13 de la loi du 29 juillet 1913, l'action publique en matière de délits électoraux se prescrit après 3 mois à partir du jour de la proclamation du résultat de l'élection ; – Attendu qu'aux termes des articles 637 et 638 du Code d'instruction criminelle, s'il a été fait des actes d'instruction ou de poursuite non suivis de jugement avant l'expiration de ce délai de 3 mois, la prescription se trouve interrompue ; que, d'autre part, la gendarmerie, qu'elle agisse d'office ou sur la réquisition du parquet, tire de l'article 125 de la loi du 28 germinal an VI et des décrets rendus en exécution de cette loi, le droit de prendre et recueillir tous les renseignements possibles sur les crimes et les délits ;

Attendu qu'il résulte de l'arrêt attaqué que la gendarmerie avait été requise, le 18 juin 1935, par le parquet, d'enquêter sur une plainte portée à l'occasion de fraudes concernant une élection municipale proclamée le 5 mai 1935 et que les procès-verbaux dressés à la suite de ses investigations l'ont été les 22 juin, 1er juillet et 14 août 1935 ; que cette enquête qui, ainsi que le constate la décision entreprise, relate les déclarations du plaignant, des inculpés et de certains témoins, revêt le caractère d'un acte d'instruction au sens des articles 637 et 638 du Code d'instruction criminelle, et 125 de la loi du 28 germinal an VI ; que, dès lors, en refusant de lui attacher le caractère d'un acte interruptif de la prescription, le réquisitoire aux fins d'informer n'ayant été délivré que le 24 août 1935, la cour d'appel a violé les textes visés au moyen ;

Casse l'arrêt de la chambre des mises en accusation.

Chambre criminelle, 3 février 1955

Garaudy

Attendu que si, à la vérité, la plainte avec constitution de partie civile de Cornu et le réquisitoire introductif ne pouvaient permettre la mise en cause de Garaudy, membre de l'assemblée nationale, tant que l'autorisation des poursuites n'avait pas été donnée par cette assemblée, ces actes, régulièrement délivrés à l'encontre d'autres participants à l'infraction, ont saisi le juge d'instruction de cette infraction, à l'égard de tous auteurs, coauteurs et complices, et ont, par suite, permis à ce magistrat d'impliquer Garaudy dans la poursuite, sans réquisitions nouvelles, lorsque l'assemblée nationale a eu donné la susdite autorisation ;

D'où il suit que si la cour d'appel a qualifié à tort le réquisitoire introductif « acte conservatoire », alors qu'il constitue au premier chef un acte de poursuite, l'information n'en a pas moins été légalement exercée à l'encontre de Garaudy...

Attendu que la prescription a été interrompue à l'égard de Garaudy, comme à l'égard de tous auteurs, coauteurs ou complices, par le réquisitoire introductif du 18 octobre 1947, et par les actes d'information qui ont suivi, encore que ce réquisitoire n'ait pu nommément viser ce parlementaire ; qu'il est de règle, en effet, que les actes de poursuite effectués à l'encontre d'un des participants à une infraction interrompent la prescription à l'égard de tous les autres ;

Attendu, d'autre part, que la prescription a été suspendue en ce qui concerne Garaudy, du 24 octobre 1947, date de la transmission de la demande en autorisation de poursuites, jusqu'au 4 mars 1949, date à laquelle l'autorisation a été donnée par l'assemblée nationale ; qu'enfin elle a été à nouveau interrompue par l'interrogatoire de Garaudy, auquel il a été procédé le 19 avril 1949 ;

Que, par suite, c'est à tort qu'il est soutenu au moyen que Garaudy a pu bénéficier de la prescription entre le 20 octobre 1947 et le 1er mars 1949 ;

Par ces motifs casse et annule.

Chambre criminelle, 12 juillet 1972

Di Constanzo

Attendu que la prescription de l'action publique, en matière correctionnelle, est nécessairement suspendue lorsqu'un obstacle de droit met la partie poursuivante dans l'impossibilité d'agir ;

Attendu qu'il appert de l'arrêt attaqué et de la procédure que Di Constanzo a porté plainte et s'est constitué partie civile devant le juge d'instruction de Toulon, le 14 mai 1968 puis le 12 août 1968, des chefs de diffamation et faux en écritures privées, et ce tant en son nom personnel qu'aux noms de neuf autres personnes, copropriétaires de l'immeuble dit

« Le Palladium » à Toulon ; qu'une information a été ouverte contre X..., de ces chefs, le 14 août 1968, que, néanmoins, le premier acte d'instruction qui a suivi ce réquisitoire est une commission rogatoire générale délivrée par le juge d'instruction au commissaire central de Toulon pour procéder à une enquête sur les faits délictueux allégués et portant la date du 12 février 1969, sans qu'on puisse trouver, dans aucune pièce de la procédure, la cause de ce long retard ;

Attendu, que saisie après cassation et renvoi, de l'appel régulièrement interjeté par le demandeur contre l'ordonnance de non-lieu du magistrat instructeur, la Chambre d'accusation de la cour d'appel de Nîmes, pour déclarer prescrite l'action en diffamation, énonce que plus de trois mois révolus se sont ainsi écoulés entre cette dernière date et celle du réquisitoire introductif, et en l'absence de tous actes suspensifs ou interruptifs de prescription de l'action publique entre ces deux dates, l'action publique et l'action civile relatives aux délits de diffamation dont s'agit se trouvent atteintes par la prescription de trois mois prévue à l'article 65 de la loi du 29 juillet 1881 sur la liberté de la presse ;

Mais attendu qu'en l'état de ces constatations et énonciations, la cour d'appel a méconnu le principe ci-dessus rappelé ;

Qu'en effet et en tel cas, la partie civile, ne disposant d'aucun moyen de droit pour obliger le juge d'instruction à accomplir un acte interruptif de la prescription et ayant été mise dans l'impossibilité d'agir elle-même dans la procédure en cours, par une circonstance indépendante de sa volonté, la prescription de l'action publique, que par sa constitution de partie civile elle a mise en œuvre, a été nécessairement, à son profit, suspendue du 12 novembre 1968 au 12 février 1969 ;

Que, d'autre part, l'appel formé par le demandeur contre l'ordonnance de non-lieu du juge d'instruction a eu pour effet de remettre en question, devant la chambre d'accusation, le sort de l'action publique, quand bien même le ministère public, acceptant la décision de non-lieu, qu'il a même pu requérir, n'exercerait de son côté aucune voie de recours ;

D'où il suit que le moyen doit être accueilli ;

Par ces motifs casse et annule.

OBSERVATIONS

La prescription de l'action publique est l'institution du droit pénal qui affirme, de la manière la plus concrète, la force et la puissance du temps qui s'écoule. Parce qu'un certain laps de temps s'est écoulé depuis la réalisation de l'infraction, le délinquant acquiert un droit à l'impunité.

Le caractère assez étrange de cette mesure conduit nécessairement à s'interroger sur les motifs qui ont amené le législateur à l'adopter. On a parfois proposé des explications subjectives tenant à l'inutilité de sanctionner le délinquant après un trop long délai, notamment en raison de la modification de son identité personnelle (G. Tarde, *La philosophie pénale*, 4e éd., Paris, 1905, p. 131) mais elles n'apparaissent pas très convaincantes. Plus fréquemment cependant la doctrine explique la prescription en recourant à des explications objectives fondées sur la grande loi de l'oubli. Il est inutile de sanctionner un fait oublié car la peine n'a plus aucune utilité. Ajoutons que l'oubli peut être envisagé sous un angle plus réaliste. N'oublie-t-on pas l'infraction faute de pouvoir la prouver ?

Ce fondement met d'ailleurs en relief une autre justification totalement différente tirée de la négligence de la partie poursuivante à mettre en mouvement l'action publique. Il importerait de ne pas dévoiler le mauvais fonctionnement de la justice, d'où cette explication procédurale de la prescription. La variété et le nombre des fondements proposés ne trahissent-ils pas la difficulté que l'on éprouve à justifier une règle, dont on ressent intuitivement la nécessité, mais qui ne s'impose pas par un argument péremptoire. C'est pour cette raison que des réticences se sont manifestées de tout temps à l'encontre de la prescription chez certains auteurs qui comme Beccaria (*Traité des délits et des peines*, Paris, éd. Cujas, 1966, p. 119 et s.) ou plus récemment M. Larguier (note sous Paris, 27 mars 1953, *JCP* 1953. II. 7701) estiment que cette institution devrait disparaître de notre législation. Pour d'autres critiques : J. Pradel, n° 235 ; R. Merle et A. Vitu, t. II, n° 51 ; B. Bouloc, n° 204 ; R. Garraud, t. I, p. 454 ; F. Desportes, L. Lazerges Cousquer, *Traité de procédure pénale* Economica, 2009, n° 973 ; *contra* : M.-L. Rassat, *Procédure pénale*, Droit fondamental, n° 297 ; *Rép. pén.*, Dalloz, *V°* Prescription pénale, par C. Courtin, n° 4 ; P. Maistre du Chambon, note *JCP* 2002. II. 10075 ; plus généralement A. Varinard, *La prescription de l'action publique, sa nature juridique : droit matériel, droit formel*, thèse, Lyon, 1973.

L'histoire de la prescription révèle d'ailleurs les hésitations entre le choix d'une conception purement pénale ou au contraire procédurale. En admettant la technique de l'interruption, le législateur du Code d'instruction criminelle a apporté une caution sérieuse au fondement procédural de la prescription, en permettant aux autorités de poursuite d'empêcher l'impunité du délinquant, en allongeant le délai par leur action (V. *contra.* C. Hardouin-Le Goff, « Indéfectible prescription de l'action publique », in *Code pénal et Code d'instruction criminelle, Livre du bicentenaire*, Dalloz, 2010).

L'esprit des textes du Code de procédure pénale qui reprennent ceux du Code d'instruction criminelle ne permettait cependant pas d'allonger d'une manière indéfinie la durée du délai de prescription. Telle n'a pourtant pas été l'attitude des tribunaux répressifs qui, saisissant cette opportunité législative, manifestent une indéniable hostilité à l'égard de la prescription. On a pu écrire que la jurisprudence subit la prescription plus qu'elle ne l'accepte (B. Bouloc, *op. cit.*).

Il est sans doute bien peu d'institutions de notre droit criminel dont la portée a été réduite de façon aussi systématique par une véritable politique jurisprudentielle. Les trois décisions que nous avons retenues concernent le régime du délai. Elles illustrent, chacune à leur manière, cette politique d'hostilité de la chambre criminelle refusant aux délinquants, le plus souvent possible, le bénéfice de la prescription. On signalera à cette place, sans pour autant la traiter dans notre commentaire, une autre technique jurisprudentielle dont la légalité est pour le moins discutable et qui pourtant tend à être de plus en plus fréquemment utilisée, notamment en droit des affaires. Il s'agit du report du point de départ du délai de la prescription (V. *infra*).

L'élargissement de la notion d'acte interruptif et l'accentuation de la portée de ces actes sont attestés par les deux premières décisions (I). La troisième et en partie la deuxième concernent la suspension du délai. Cette cause d'allongement, introduite en matière pénale sans aucun fondement textuel, est ici utilisée pour éviter qu'un délinquant ne bénéficie de la prescription pour la seule raison que les autorités poursuivantes ont été dans l'impossibilité d'agir (II).

I. — L'allongement de la durée de la prescription par l'anéantissement du délai

L'admission, du principe même de l'interruption, montre bien que le temps n'est pas à lui seul suffisant pour justifier la prescription. En mettant l'accent sur la négligence des autorités de poursuite, la jurisprudence a pu considérer la prescription comme une règle de forme non soumise à l'appréciation stricte des règles de droit criminel ce qui lui a permis d'interpréter très extensivement la notion d'acte interruptif (A) et d'en accentuer la portée (B).

A. — L'interprétation extensive de la notion d'acte interruptif

Aux termes de l'article 7 du Code de procédure pénale la prescription peut être interrompue par tout acte d'instruction ou de poursuite (pour des cas où la loi détermine précisément les actes interruptifs : art. 462-6, al. 2 C. com. relatif à la liberté des prix, art. 41-2, al. 8 C. pr. pén. pour la composition pénale et art. 44-1 C. pr. pén. pour la transaction). Cette formule est très imprécise et peut être interprétée plus ou moins largement selon que l'on s'arrête à l'objet de l'acte ou à ses auteurs. Une conception subjective conduirait en matière de poursuite à s'arrêter aux seuls actes réalisés par les autorités compétentes lors de la mise en mouvement de l'action publique ou de son exercice. On y inclura les actes de la partie civile qui déclenchent l'action publique. En matière d'instruction, il s'agira des actes du juge d'instruction, de la chambre de l'instruction ou de tout autre magistrat, exceptionnellement chargé d'un tel acte, à la condition qu'ils soient exercés dans le cadre d'une information. La conception objective est incontestablement plus extensive. Dans le domaine des actes d'instruction, elle permettra de retenir tous les actes qui aideront à mettre une affaire en état d'être jugée, quelle que soit la personne qui les a réalisés, notamment les actes effectués dans le cadre d'une enquête de police. Dans le domaine de la poursuite, on pourra admettre que tous les actes nécessaires à cette poursuite sont interruptifs.

En réalité, la Cour de cassation n'a jamais donné une véritable définition de chacune des deux espèces d'actes interruptifs. Elle les définit globalement comme « les actes qui ont pour objet de constater les délits, d'en découvrir et d'en convaincre (ou connaître) les auteurs » (Crim. 19 et 25 nov. 1887, *D.* 1888. 1. 191 ; 7 mars 1961, *Bull. crim.* n° 142 ; 13 mai 1985, *Bull. crim.* n° 181).

L'énumération des actes jugés interruptifs montre qu'au-delà des actes d'instruction et de poursuite, c'est en fait l'acte de procédure qui est interruptif dès lors qu'il manifeste clairement la volonté des autorités de faire évoluer le dossier (en ce sens, R. Garraud, t. II, n° 934 ; P. Conte et P. Maistre du Chambon, n° 167 qui considèrent que la jurisprudence s'en remet à un critère finaliste). Les actes interruptifs, on les rencontre donc tout au long du procès, non seulement dans le cadre de la poursuite et de l'instruction mais encore dans la phase qui précède la décision de poursuite et dans celle qui est postérieure à l'information. L'arrêt *Cardi et autres*, rendu en 1937, est une illustration du caractère interruptif des actes antérieurs à la décision de poursuite. À la suite de fraudes électorales pour une élection qui s'est déroulée le 5 mai 1935, la gendarmerie a été requise par le parquet afin d'enquêter. À la suite de ces investigations, des procès-verbaux ont été dressés relatant les déclarations des inculpés et des témoins. Le réquisitoire aux fins d'informer a été délivré le 24 août 1935 soit plus de 3 mois après la proclamation des résultats, le délai de prescription étant de cette durée. La chambre criminelle casse l'arrêt de la cour d'appel qui avait déclaré l'action prescrite, en affirmant le caractère interruptif de ces procès-verbaux. Le seul motif allégué est le fait que la gendarmerie a légalement le droit de prendre et recueillir tous les renseignements sur les crimes et délits, ce qui donne aux procès-verbaux établis le caractère d'actes d'instruction.

1° Actes de constatation des infractions

Le caractère interruptif des procès-verbaux de constatation des infractions avait été admis depuis longtemps (Crim. 29 janv. 1856, *DP* 1856. 1. 269). Cela concerne les procès-verbaux établis par les officiers et agents de police judiciaire (par ex., procès-verbal de vaines recherches d'un OPJ : Crim.

23 mars 1994, *Bull. crim.* nº 113 ; Crim. 4 sept. 2009, n° 08-88294 ; Crim. 23 juin 1998, *Bull. crim.* nº 203 : procès-verbal recueillant la plainte de la victime ; Crim. 7 juin 2001, *Bull. crim.* nº 142 ; *Procédures* 2001, Comm. 200, obs. J. Buisson : procès-verbaux de dénonciation d'infraction par une personne entendue pour des faits distincts ; v. égal. Crim. 4 déc. 2001, *Dr. pénal* 2002, nº 79) mais encore par toute personne disposant de pouvoirs de police judiciaire (V. par ex : Crim. 18 janv. 2006, nº 05-85858 : fiches de recherche visant à obtenir de simples renseignements sur le sort d'une personne disparue postérieurement à la clôture d'une enquête préliminaire). Plus récemment, la chambre criminelle a considéré que les procès-verbaux dressés par les agents de la direction générale de la concurrence et de la consommation avaient valeur interruptive (Crim. 16 déc. 1976, *Bull. crim.* nº 371 ; *D.* 1977. 162 ; *JCP* 1977. II. 18601, note J.-C. et A. Decocq ; 2 févr. et 19 juill. 1978, *Bull. crim.* nº 41 et 240 ; Paris, 18 févr. 1983, *JCP* 1983. II. 20041, note V. Sélinsky ; 6 janv. 1987, *Bull. crim.* nº 2 ; Crim. 9 mars 2010, *Bull. crim.* n° 48). Il est affirmé dans ces décisions que ces actes sont par leur nature des actes de police judiciaire. Cette solution a été confirmée par la loi du 19 juillet 1977 modifiant l'article 58 de la première ordonnance du 30 juin 1945 (v. également pour des procès-verbaux d'agents de l'administration des douanes, Crim. 29 nov. 1983, *Bull. crim.* nº 323 ; 21 mars 1994, *Bull. crim.* nº 108 ; Crim. 29 janv. 1998, *Bull. crim.* nº 35 ; ou pour un inspecteur du travail : Crim. 26 nov. 1985, *Bull. crim.* nº 378 ; Crim. 17 déc. 1991, *Bull. crim.* nº 483). La chambre criminelle a également admis que les actes de la mission interministérielle sur les marchés et les conventions de délégation de service public (MIEM) ont un caractère interruptif (Crim. 30 nov. 2005, *Bull. crim.* nº 313; Crim 8 avr. 2010, *Bull. crim.* n° 64 : lettre adressée à un préfet pour accéder à des documents détenus par les services de l'État).

L'arrêt *Cardi* étend donc le caractère interruptif aux procès-verbaux établis dans le cadre des enquêtes qualifiées alors d'officieuses et aujourd'hui nommées préliminaires. Aux termes de deux autres arrêts de la même période (Crim. 11 févr. 1938, *Bull. crim.* nº 41 ; *RSC*, 1938. 314, obs. A. Carrive ; 2 juin 1943, *Bull. crim.* nº 47) les procès-verbaux dressés par les services de police ou de gendarmerie, d'office ou sur réquisition du ministère public, interrompent la prescription. Cette extension jugée démesurée et inquiétante (G. Stefani, « L'acte d'instruction », in *Mélanges Hugueney*, 1964, p. 135) a été ultérieurement maintenue avec une conception très laxiste quant à la nature des opérations constatées (v. par ex. Crim. 7 déc. 1966, *Bull. crim.* nº 284 ; *S.* 1967. 201). *Contra* : pour un procès-verbal élaboré à la suite d'une plainte simple et ne faisant aucune allusion à cette plainte (Crim. 20 oct. 1992, *Bull. crim.* nº 330). Cette solution s'applique bien sûr aux actes de l'enquête de flagrance. Ainsi l'acte de police est-il assimilé à l'acte d'instruction sur le plan de la prescription.

L'ordre donné, par le procureur de la République à la police, de procéder à une enquête sous la forme d'un « soit transmis » est aujourd'hui considéré comme interruptif (Crim. 16 mai 1973, *Bull. crim.* n° 224, *D.* 1974. Jur. 216, note J. Robert ; *RSC* 1974. 119, obs. J.-H Robert ; 17 nov. 1976, *Bull. crim.* n° 31 ; 22 janv. 1990, *Bull. crim.* n° 39, *D.* 1990. Jur. 453, note G. Tixier et T. Lamulle ; 10 déc. 1997, *Bull. crim.* n° 421 ; 12 févr. 1998 pour un document de transmission par lequel un officier du ministère public adresse des instructions aux fins d'enquête à un officier de police judiciaire (OPJ) pour des contraventions des quatre premières classes ; Crim. 2 avr. 1998, *Bull. crim.* n° 131 ; *contra*, Crim. 28 janv. 1911, *Bull. crim.* n° 64 ; Crim. 10 déc. 1991 ; 5 juill. 1995, *Bull. crim.* n° 249 pour un soit transmis en matière de presse parce que l'acte initial de poursuite ne comportait pas les mentions requises). Il en va de même pour les procès-verbaux subséquents pour la transmission d'un dossier à l'administration : Crim. 17 nov. 1980, *Bull. crim.* n° 302). Jusqu'à une décision assez récente il était admis qu'une simple demande de renseignements, adressée par le procureur de la République, n'était pas interruptive de prescription (V. par ex. Crim. 3 févr. 1977, *Bull. crim.* n° 45). L'affaire dite des *disparues de l'Yonne* a donné l'occasion à la chambre criminelle de modifier cette jurisprudence. Dans un arrêt du 20 février 2002 (*JCP* 2002. II. 10075, note P. Maistre du Chambon ; *Bull. crim.* n° 42 ; *D.* 2002. IR. 1115 ; *Rép. pén.*, Dalloz, cahiers de l'actualité 2002-3, p. 28 ; *RSC* 2003. 585, obs. A. Giudicelli), elle a admis qu'un soit-transmis du parquet adressé à la direction de l'Aide sociale à l'enfance pour s'informer sur le sort des disparues à la suite d'un entretien avec une future partie civile, était interruptif de la prescription (*contra* ch. de l'instr. Paris, 2 juill. 2001). La simple demande de renseignements adressée à une autorité administrative, en dehors de toute véritable enquête est donc considérée comme un acte ayant pour objet de rechercher une infraction et d'en découvrir les auteurs. Certainement était-il souhaitable, dans une affaire particulièrement sordide, pour éviter l'impunité d'un individu ayant avoué les crimes, de rejeter la prescription. Il reste que cette solution, sans doute d'espèce, ne conduit guère à renforcer la cohérence dans la détermination des actes interruptifs (V. dans le même sens, Crim. 26 juin 2002, *Dr. pénal* 2002, n° 75 et Crim. 14 mai 2008, *Bull. crim.* n° 116 : soit-transmis à une administration sollicitant un avis sur la démolition d'une construction irrégulière ; Crim. 28 juin 2005, *Bull. crim.* n° 194 pour un soit-transmis pour avis au directeur départemental des affaires maritimes). On ajoutera que, dans le cadre des procédures simplifiées, la signature du réquisitoire aux fins de citation ainsi que le visa du titre de l'amende pénale sont interruptifs de la prescription (Crim. 13 nov. 1991, *Bull. crim.* n° 406). Il en va de même pour la réclamation du contrevenant contre le titre exécutoire en matière d'amende forfaitaire majorée (Crim. 11 juin 1992, *Bull. crim.* n° 231 ; Crim.

1er févr. 2000, *Bull. crim.* nº 51 ; Crim. 14 sept. 2005, *Bull. crim.* n° 230). En revanche, la requête en exonération, adressée au service administratif qui a constaté l'infraction (art. 529-2 C. pr. pén.) n'est plus interruptive (Crim. 2 sept. 2010, n° 10-80275; *Dr. pénal* 2010, n° 123, obs. J.-H. Robert *contra* Crim. 24 oct. 2007, n°07-82327). On signalera, pour conclure sur ce thème, un arrêt intéressant (Crim. 13 janv. 2009, *Bull. crim.* n°14) considérant comme interruptif un soit transmis du ministère public ayant pour objet d'enjoindre à une personne de remettre en état une construction parce que, selon les termes de la décision, il manifeste la volonté du ministère public de poursuivre l'action publique. Curieusement la chambre criminelle, a estimé, dans un arrêt non publié, que la transmission d'un rapport d'enquête dans une affaire où, il est vrai, le parquet n'avait pas pris l'initiative de la poursuite, n'est pas interruptive (Crim. 26 oct. 2010 n° 09-87978, *Dr. pénal* 2011, n° 12, obs. A. Maron et M. Haas).

2° Actes de poursuite

Les actes interruptifs, on les rencontre ensuite dans le cadre de la poursuite et de l'instruction. Il n'est pas nécessaire d'insister sur les actes qui ne posent aucun problème : les réquisitoires du ministère public introductifs, définitifs ou supplétifs sont interruptifs comme le sont aussi les mandements de citation adressés par le parquet à un huissier (Crim. 28 janv. 1988, *Bull. crim.* nº 44 ; 13 févr. 1990, *Bull. crim.* nº 74 ; 29 mars 1990, *Dr. pénal* 1990. 237 ; *contra* pour un mandement de citation non transmis à l'huissier en vue de sa délivrance ; Crim. 16 févr. 1999, *Bull. crim.* nº 21 ; *Dr. pénal* 1999. 78 ; *RSC* 1999. 617, obs. A. Giudicelli; Crim. 15 sept. 2010, n° 10-80272). Il en va de même pour l'acte par lequel le procureur de la République transmet la procédure pour compétence à un autre procureur (Crim. 5 janv. 2000, *Bull. crim.* nº 2, *Dr. pénal* 2000. 123 ; *D.* 2000. IR. 69 ; Crim. 6 févr. 2007, *Bull. crim.* nº 30 ; *D.* 2007. AJ. 1016 ; *AJ pén.* 2007. 234) ou pour une convocation envoyée à une personne en vue de l'entendre sur une plainte dont elle est l'objet (Crim. 27 avr. 2000, *Bull. crim.* nº 173. V. également Crim. 13 déc. 2005, *Bull. crim.* nº 331 pour un mandement de citation du procureur de la République, en vue de la saisine d'une commission, jugé interruptif par la cour de cassation). La conception extensive de la jurisprudence se manifeste cependant par l'admission d'actes, qui ne sont pas totalement réguliers en la forme, dès lors que ces irrégularités, n'entraînent pas la nullité de l'acte (par ex. : Crim. 8 mai 1967, *Bull. crim.* nº 151). L'incompétence de celui qui accomplit l'acte n'exclut pas toujours le caractère interruptif notamment lorsqu'elle résulte d'une ignorance excusable (Crim. 12 juill. 1895, *DP* 1900. 1. 509 : acte concernant une poursuite contre un fonctionnaire, ce qui impliquait une procédure spéciale art. 679

et s. C. pr. pén. jusqu'à l'abrogation de ce texte par une loi du 4 janvier 1993 ; Crim. 27 mars 1996, *Juris-Data*, n° 002625 ; 15 mars 1930, *Bull. crim.* n° 84 : citation devant un tribunal incompétent). La chambre criminelle a également admis le caractère interruptif d'un acte de poursuite réalisé à l'étranger lorsque l'infraction est poursuivie en France sur la base de l'article 113-6 du Code de procédure pénale. Il en va ainsi quel que soit l'effet attaché à cet acte par la loi étrangère au regard de son système de prescription (Crim. 24 sept. 1998, *Bull. crim.* n° 234 ; *D.* 1998. IR. 253). La dénonciation officielle d'une infraction commise à l'étranger a également un caractère interruptif de prescription (Crim. 12 oct. 2005, *Bull. crim.* n° 168). Une telle attitude apparaît pour le moins répressive.

Il y a également les actes émanant de la victime : citation directe et constitution de partie civile y compris par voie d'intervention (Crim. 1er oct. 2003, *Bull. crim.* n° 53 ; *RSC* 2004. 136, obs. A. Giudicelli). Il est admis que ces actes restent interruptifs même si la consignation, formalité pourtant nécessaire, n'a pas été effectuée lorsqu'il s'agit d'une citation directe (Crim. 30 juin 1971, *Bull. crim.* n° 218 ; *RSC* 1971. 963, obs. J.-H. Robert). En revanche, s'agissant de la constitution de partie civile, probablement pour des mobiles de politique répressive, la chambre criminelle a refusé cette solution (Crim. 23 oct. 1979, *Bull. crim.* n° 293 ; 9 déc. 1980, *Bull. crim.* n° 341). Il suffit cependant que la consignation soit faite dans le délai imparti par le juge pour que l'interruption soit admise, même dans le cas où elle interviendrait alors que la prescription est acquise (v. *supra*, n° 7), Crim. 7 sept. 1999, *Bull. crim.* n° 181, *D.* 2001. Jur. 160, note O. Mouysset ; *RSC* 2000. 217, obs. A. Giudicelli ; 22 nov. 2005, *AJ pénal* 2006. 124, obs. J. Leblois-Happe. De même il a été admis, qu'en l'absence d'un délai fixé pour la consignation, la prescription est interrompue dès lors que la victime obtient l'aide juridictionnelle la dispensant de toute consignation (Crim. 14 nov. 1995, *Bull. crim.* n° 347). On notera néanmoins que la consignation elle-même n'est pas interruptive (Crim. 15 avr. 1991, *Bull. crim.* n° 176) pas plus que la signification par huissier des conclusions de la partie civile par un huissier postérieurement à la déclaration d'appel (Crim. 17 juin 2008, *Bull. crim.* n° 1523 ; *AJ pénal* 2008. 372, obs. M.-E. C.).

3° *Actes d'instruction*

Pour les actes de l'instruction préparatoire, on précisera que les tribunaux répressifs accordent un caractère interruptif pratiquement à tous les actes de l'information qu'ils soient réalisés par le juge d'instruction lui-même ou par une personne déléguée par lui :

– mise en examen par correspondance (Crim. 16 oct. 2002, *Procédures* 2003. 45, obs. J. Buisson)

– audition de témoins (Crim. 15 janv. 1990, *Bull. crim.* n° 22), de la partie civile

– notification d'une expertise (Crim. 5 mai 2004, *Bull. crim.* n° 111 ; *AJ pénal* 2004. 292)

– délivrance d'un mandat, d'une commission rogatoire (v. par ex. 6 juin 1991, *Bull. crim.* n° 243, recherche des causes de la mort d'un individu ; Crim. 12 nov. 2008, *Bull. crim.* n° 228, *AJ pénal* 2009. 72, obs. C. Girault, interruptive quel que soit son objet, de même qu'une simple note d'un juge d'instruction aux autorités d'un état étranger pour préciser une commission rogatoire : Crim. 24 févr. 2009, *Bull. crim.* n° 57 ; *AJ pénal* 2009. 225, obs. M.-E. C.)

– ordonnances du juge d'instruction même non juridictionnelles, c'est-à-dire lorsqu'elles sont analysées comme de simples actes d'administration (v. à titre d'exemple, Crim. 13 nov. 1952, *Bull. crim.* n° 259, *Gaz. Pal.* 1953. 1. 156 ; 23 juin 1998, *Bull. crim.* n° 203 ; 10 févr. 2004, *Dr. pénal* 2004, n° 72 et les arrêts cités *in* A. Varinard, thèse, *préc.*, n° 350 et s., *contra* : F. Desportes L. Lazerges Cousquer n° 1015). Il a été admis que l'avis de fin d'information, précédant une ordonnance de clôture, donné aux parties par le juge d'instruction est interruptif de prescription (Crim. 11 janv. 2000, *Bull. crim.* n° 12). Il en va de même pour l'avis donné par le juge d'instruction à une partie civile de son droit de demander certains actes (art. 89-I C. pr. pén. ; Crim. 9 juin 1998, *Bull. crim.* n° 188 ; *D.* 1998. IR. 202). Dans une autre décision la chambre criminelle a également admis qu'étaient interruptifs, non seulement les actes accomplis au cours de l'information, mais également ceux réalisés dans le cadre d'une procédure incidente, devant la chambre de l'instruction. On notera que cette affaire concernait la très courte prescription édictée par l'article 434-25 alinéa 4 du Code pénal en matière d'atteinte à l'autorité de la justice : (Crim. 30 avr. 1996, *Bull. crim.* n° 177). La chambre criminelle a également considéré qu'un arrêt d'une chambre de l'instruction, statuant sur une requête en nullité, présentée par le mis en examen et lui donnant satisfaction est interruptif (Crim 5 mars 2002, *Bull. crim.* n° 53 ; *D.* 2002. IR. 1531 ; *Dr. pénal* 2002, n° 79 ; v. égal. Crim. 27 mars 2002, *D.* 2002. IR. 1751, arrêt d'une chambre de l'instruction confirmant un non lieu mais interrompant la prescription pour des faits connexes). On ajoutera que même si l'acte d'instruction a été accompli à l'étranger, la prescription en France de l'action publique est interrompue (Crim. 16 juill. 1987, *Bull. crim.* n° 298). Ce sont encore de nombreux actes postérieurs à l'instruction qui se sont vus reconnaître un caractère interruptif. Ainsi tous les jugements et arrêts définitifs ou avant dire droit contradictoires ou par défaut peuvent interrompre la prescription (Crim. 23 déc. 1912, *D.* 1912. 1. 161). Il en est de même pour les jugements de remise de cause, même s'ils sont rendus en l'absence des parties (Crim. 11 juin 1981, *Bull. crim.* n° 195 ; 14 févr. 1989, *Bull. crim.* n° 74) à condition cependant qu'elles soient prononcées contradictoirement et mentionnées sur les notes d'audience (Crim. 3 févr. 1993, *Bull. crim.* n° 59, 21 mars 1995, *Bull. crim.* n° 116 ; 4 mai 1995, *Bull. crim.* n° 164 ; Crim. 30 janv. 2001, *Dr. pénal* 2001, n° 32 ; Crim. 9 oct. 2007, *AJ pénal* 2008. 41, obs. S. Lavric ; v. égal. : Crim. 27 oct. 2010, n° 10-81665 qui exige en plus que la décision soit motivée par une mesure préparatoire *Dr. pénal* 2011, n° 12 obs. A. Maron et M. Haas). C'est enfin l'exercice des voies de recours qui produit un effet identique (pour le pourvoi en cassation, par ex., Crim. 20 juin 1951, *Bull. crim.* n° 178 et la signification d'un arrêt rendu sur pourvoi : 24 oct. 1989, *Bull. crim.* n° 378) ; de même est interruptive l'opposition à un jugement par défaut bien qu'elle soit déclarée irrecevable (Crim. 20 sept. 1994, *Bull. crim.* n° 299 ; Crim. 20 mai 2009, *Bull.crim* n° 102 : l'opposition marque le point de départ d'un nouveau délai de la prescription de l'action publique ; v. égal. pour l'appel d'un non-lieu par la partie civile : Crim. 25 janv. 1993, *Bull. crim.* n° 39).

4° Actes non interruptifs

Malgré la conception très extensive de la jurisprudence, il y a pourtant certains actes de procédure auxquels les tribunaux refusent un caractère interruptif. On notera qu'elle a tendance à exclure les actes qui ne manifestent pas de la part des autorités une volonté certaine de poursuivre. Il en est ainsi des dénonciations et des plaintes (Crim. 7 mars 1931, *S.* 1932. 1. 396 ; 19 mai 2005, *Bull. crim.* n° 115; Crim. 23 févr. 2011, n° 10-88068, à publier, pour une plainte de l'administration fiscale préalable à des poursuites ; Crim. 5 mars 2002, *Bull. crim.* n° 55, plainte de la victime) ou de la simple offre de se constituer partie civile (Crim. 25 juin 1970, *Bull. crim.* n° 218); d'une tentative de citation directe en matière de presse (Crim. 29 sept. 2009, *Bull. crim.* n° 161, *Dr. pénal* 2010, n° 16, obs. M. Véron); d'une demande d'aide judiciaire et de l'enquête qu'elle nécessite (Crim. 19 mars 1987, *Bull. crim.* n° 130 ; *D.* 1987. Jur. 407, note J. Pradel) ou d'une constitution non formalisée. Le procès-verbal par lequel le juge d'instruction constate qu'une partie civile, dûment convoquée, n'a pas comparu, qui ne peut guère faire évoluer une information, n'est pas interruptif de la prescription (Crim. 24 nov. 1999, *Bull. crim.* n° 276). Il en va ainsi pour la convocation d'un avocat non suivie de l'acte envisagé (Crim. 11 janv. 2000, *Bull. crim.* n° 12 ; *Dr. pénal* 2000. Comm. 67). Il en est également de même des actes du ministère public qui sont de pure administration judiciaire (Crim. 28 août 1913, *DP* 1918. 1. 27). Ainsi en est-il d'une demande de pièces de procédure adressée par un procureur à son propre secrétariat (Crim. 19 févr. 2008, *Bull. crim.*

nº 178 ; *AJ pénal* 2008, obs. C. Saas ; *Gaz. Pal.* 4 et 5 mars 2009, note Y. Monnet) ou encore des actes d'une autorité administrative (préfet). La mise en demeure de cesser une exploitation interdite, de même que la transmission au Procureur ne sont pas des actes interruptifs (Crim. 16 avr. 1992, *Bull. crim.* nº 167). Au-delà de cette explication technique, on notera que l'exclusion s'explique par le fait que la discussion concernant le caractère interruptif prouve à l'évidence que les autorités de poursuite n'ont par ailleurs, pas été très diligentes sinon, il y aurait beaucoup d'autres actes pouvant interrompre la prescription. L'exclusion des actes irréguliers paraît relever d'une idée assez proche. Qu'il s'agisse d'une irrégularité objective (non-respect des formalités substantielles) ou subjective (incompétence du rédacteur de l'acte), elle révèle une négligence de la partie poursuivante (v. à titre d'ex., Crim. 15 déc. 1955, *Bull. crim.* nº 574, nullité de la citation ; 26 juill. 1965, *Bull. crim.* nº 191 ; 7 mai 1991, *Bull. crim.* nº 195, fonctionnaire non compétent pour constater une infraction ; 7 févr. 1980, *Bull. crim.* nº 52, *JCP* 1980. II. 19498, note W. Jeandidier ; 14 nov. 1989, *Bull. crim.* nº 413, juge d'instruction incompétent ; instruction nulle : Crim. 26 mai 1992, *Bull. crim.* nº 212 ; 3 avr. 1997, *Bull. crim.* nº 134 ; 21 juin 2005, *Bull. crim.* nº 184 ; 3 avr. 2007, nº 06-82-959 ; v. égal. en matière de presse, Crim. 30 oct. 1989, *Bull. crim.* nº 388 et 5 juill. 1995, *Bull. crim.* nº 249 refusant le caractère interruptif d'un acte de poursuite, en l'occurrence une décision d'appel du ministère public, à l'égard d'une personne non impliquée dans cet acte, en raison de la nullité de la citation initiale entraînant l'invalidité des autres actes). On notera encore que le dépôt du rapport d'un expert, seul acte accompli en trois ans, ne saurait interrompre la prescription (Crim. 29 mai 1991, *Bull. crim.* nº 228). Il en va de même pour une décision d'expertise civile (Crim. 4 sept. 1995, *Dr. pénal* 1996. 6, obs. M. Véron ; v. égal. pour la demande de retour d'une commission rogatoire, seul acte accompli par un juge d'instruction : Crim. 18 sept. 2001, *Dr. pénal* 2002. 10). C'est également une forme de négligence d'une partie civile qui a conduit la chambre criminelle à refuser le caractère interruptif à des lettres adressées, par celle-ci, au conseiller chargé d'effectuer des actes d'instruction, au premier président de la cour d'appel et au ministre de la justice dans lesquelles elle se bornait à demander à connaître le moment où « l'information pourrait être considérée comme close ». Si la partie civile peut, aux termes de l'article 82-1 du Code de procédure pénale, solliciter, du juge d'instructions, la réalisation de certains actes et ainsi interrompre la prescription, encore faut-il que les demandes soient formulées selon les formes prévues par l'article précité (Crim. 7 juin 2000, *Bull. crim.* nº 215, *Dr. pénal* 2001. 3 ; *JCP* 2001. IV. 1207).

À l'issue de ce développement, il est possible de suggérer une définition de l'acte interruptif résultant des décisions jurisprudentielles. Il s'entendrait de : « tout acte de procédure régulier en la forme, accompli par des personnes compétentes et manifestant clairement leur volonté de conduire l'action publique jusqu'à son terme ». L'extension du nombre des actes interruptifs n'a cependant pas été la seule technique utilisée par la chambre criminelle pour éviter la prescription puisqu'elle a également accentué l'efficacité de l'acte interruptif.

B. — Accentuation de la portée de l'acte interruptif

L'effet de l'acte interruptif en matière pénale comme en matière civile (V. pour un ex. intéressant : Crim. 14 juin 2006, *Bull. crim.* n° 181, *AJ pénal* 2006. 447, obs. G. Royer) d'ailleurs est double : il entraîne l'anéantissement du délai écoulé et il marque le point de départ d'un nouveau délai. C'est dans les solutions techniques relatives à ces deux problèmes que la jurisprudence va marquer son hostilité à la prescription.

La portée de l'anéantissement du délai doit être déterminée à la fois quant aux personnes et quant aux infractions.

1° Extension à tous les participants à une infraction

L'arrêt *Garaudy* rendu par la chambre criminelle le 3 février 1955 illustre bien l'effet absolu et impersonnel de l'acte interruptif. Garaudy, alors qu'il était parlementaire, a été visé dans une plainte avec constitution de partie civile. Il prétend que cette plainte ne peut avoir aucune efficacité interruptive puisqu'elle a été déposée alors qu'il était couvert par l'inviolabilité parlementaire. La chambre criminelle a rejeté ce moyen en constatant que la plainte visant d'autres personnes, la prescription a été valablement interrompue à l'égard de tous. Il est en effet admis que, contrairement à la prescription civile, pour laquelle l'interruption n'a qu'une efficacité personnelle, en matière pénale l'acte d'instruction ou de poursuite concerne la prescription à l'encontre de toutes les personnes ayant participé à l'infraction. L'interruption opère *in rem* (R. Garraud, t. II, n° 734). En l'occurrence il importait donc peu que la poursuite à l'égard du parlementaire soit nulle. Le réquisitoire introductif était inopérant s'agissant de Garaudy mais valable à l'égard des coauteurs ou complices non protégés par l'immunité. Le délai étant anéanti pour tous, la prescription n'était acquise pour personne. Cette règle pouvait ensuite s'appliquer à tous les actes réalisés dans le cadre de l'instruction. Ainsi la poursuite a pu être reprise à l'égard du député, immédiatement après que l'assemblée nationale ait eu autorisé les poursuites, et cela sans réquisitions nouvelles du ministère public, bien que le nom du parlementaire n'ait pas figuré dans les actes interruptifs. Par un arrêt du 14 juin 1979

(*Bull. crim.* n° 209, *D.* 1979. Jur. 657, note D. Mayer et F. Julien-Laferrière), la chambre criminelle paraissait avoir totalement abandonné cette solution de l'interruption « in rem » s'agissant d'un parlementaire. En réalité, on n'a peut-être pas assez remarqué que dans cette affaire, contrairement à celle que nous commentons, aucune demande de mainlevée de l'inviolabilité parlementaire n'avait été faite dans le délai de la prescription ce qui explique suffisamment la différence de solution.

Par ailleurs, la jurisprudence a appliqué le principe de l'effet absolu sans restriction ni condition. Il est sans incidence que les participants soient connus au moment de l'acte (Crim. 9 déc. 1949, *D.* 1950. 108 ; 5 juill. 1993, *Bull. crim.* n° 236, *D.* 1993. IR. 227) ou à l'inverse que ces derniers ne soient pas informés de l'acte interruptif (Crim. 23 janv. 1923, *DP* 1923. 1. 23 ; 6 juin 1996, *Bull. crim.* n° 243). Peu importe la qualité de l'auteur de l'acte qui n'est d'ailleurs pas nécessairement dirigé contre une personne déterminée (Ch. réunies, 27 févr. 1865, *DP* 1867. 1. 93). On notera néanmoins que l'acte ne peut être interruptif, à l'égard d'une personne non impliquée, que s'il est accompli dans le cadre d'une poursuite valable (Crim. 5 juill. 1993, *préc.*). Cette règle est parfaitement logique puisque l'on sait que la prescription lorsqu'elle est acquise profite à tous les participants à l'infraction (v. égal. Crim. 20 févr. 1985, *Bull. crim.* n° 83 ; 17 févr. 1986, *Bull. crim.* n° 334). La commission d'instruction de la Haute Cour de justice avait apporté une limite à cette règle en jugeant qu'un acte interruptif accompli dans le cadre d'une procédure de droit commun n'avait aucun effet pour une poursuite diligentée devant la Haute Cour, la capacité d'interrompre la prescription s'attachant à la capacité d'exercer l'action publique (Haute Cour, com. d'inst., 5 févr. 1993, *D.* 1993. Jur. 261, note J. Pradel ; *RSC* 1993. 327, obs. G. Levasseur). Cette solution qui concernait des ministres démontrait que ces derniers ne pouvaient être poursuivis que sur la base d'une résolution prise par les deux assemblées (art. 68 ancien de la Constitution). Les actes de poursuite étant impossibles ils ne pouvaient interrompre la prescription. Cette solution est aujourd'hui abandonnée depuis la réforme constitutionnelle du 27 juillet 1993 créant la Cour de justice de la République, compétente s'agissant des membres du gouvernement pour les crimes et délits accomplis dans l'exercice de leurs fonctions. Toute personne peut déposer une plainte qui sera examinée par une commission des requêtes. On observera que l'assemblée plénière de la Cour de cassation dans un arrêt du 20 mai 2011 (n° 11-90-025,) relatif à une affaire concernant un ancien président de la République, vient de conforter cette conception jurisprudentielle de l'efficacité « *in rem* » des actes interruptifs de la prescription en refusant de transmettre au Conseil constitutionnel une question prioritaire de constitutionnalité, concernant précisément cette question en considérant, selon la formule habituelle, qu'elle ne présente pas un caractère sérieux

(v. égal., dans le même sens, plusieurs décisions du même jour : n°s 11-90.032, 11-90.033 et 11-90.042, *D.* 2011. 1346, obs. A. Lienhard ; D. Chagnollaud, « un coup d'État juridique ? », *D.* 2011. 1426 ; *JCP G.* 2011. 670, obs. B. Mathieu ; *Dr pénal* 2011. 95, obs. J. H. Robert).

2° Extension à d'autres infractions

L'extension du domaine des infractions bénéficiant de l'effet interruptif est en revanche plus discutable.

La chambre criminelle après avoir affirmé que l'interruption était limitée aux faits délictueux visés dans l'acte (Crim. 22 févr. 1907, *DP* 1908. 1.542) adoptent aujourd'hui une attitude moins stricte. Il est normal que l'effet interruptif concerne toutes les qualifications dans l'hypothèse où un même fait porte atteinte à plusieurs valeurs sociales protégées (Crim. 13 nov. 1969, *JCP* 1970. II. 13369, note P.-M.-F. Durand). La solution devient en revanche plus discutable lorsqu'elle est appliquée à des infractions indivisibles, connexes ou inséparables en raison de l'imprécision relative de ces notions (v. Crim. 12 janv. 1972, *Bull. crim.* n° 17 ; 8 déc. 1965, *Bull. crim.* n° 270 ; 10 déc. 1979, *Bull. crim.* n° 353 ; 25 févr. 1998, *Bull. crim.* n° 76). Selon la dernière de ces décisions le non-lieu ultérieurement admis n'est pas de nature à retirer aux actes d'instruction ou de poursuite, accomplis antérieurement, leur effet à l'égard d'autres infractions connexes poursuivies pas plus d'ailleurs qu'en cas de relaxe (Crim. 17 janv. 2007, *Dr. pénal* 2007. 44, obs. Maron). Cette jurisprudence a d'abord trouvé un terrain d'élection en matière de droit pénal des sociétés (Crim. 17 déc. 1936, *Gaz. Pal.* 1937. 1. 192 ; 22 oct. 1970, *Bull. crim.* n° 279, *RSC* 1971. 699, obs. J.-H. Robert ; 15 janv. 1990, *Bull. crim.* n° 22, *JCP* 1990. IV. 143 ; 20 oct. 1993, *Bull. crim.* n° 303 ; *Dr. pénal* 1994, Comm. 18, A. Maron ; *D.* 1994. Somm. 186, obs. J. Pradel ; Crim. 20 oct. 2010, n° 09-85361, direction d'une société malgré une interdiction et fraude aux prestations de chômage). Aujourd'hui cette solution concerne de nombreux domaines. À titre d'exemple :

– pour une infraction douanière constituant aussi une escroquerie, Crim. 29 nov. 1983, *Bull. crim.* n° 323 ;

– pour des infractions de faux et usage de faux, Crim. 18 févr. 1991, *Bull. crim.* n° 85 ;

– faux, usage de faux et recel de ces infractions, Crim. 19 déc. 1995, *Bull. crim.* n° 390 ;

– détournement d'objet donné en gage, faux et complicité d'escroquerie visant deux personnes distinctes, Crim. 6 juin 1996, *préc.* ;

– faux, abus de confiance et extorsion de signature, Crim. 6 févr. 1997, *JCP* 1997. 1. 543 ;

– homicide involontaire et non assistance à personne en péril, Crim. 17 sept. 1997 *JCP* 1997. 4. 2491 ; *Bull. crim.* n° 300 ; *D.* 1998. Jur. 399, note D. Rebut) ;

– escroquerie et infractions à la législation des contributions indirectes, Crim. 30 mai 1994, *Bull. crim.* n° 210 ;

– harcèlement moral et harcèlement sexuel, *Crim.* 15 mars 2011, n° 10-81.983 ;

– vol et escroquerie, Crim. 19 sept. 2006, *Bull. crim.* n° 228 ; *AJ pén.* 2006. 407 ; Crim. 3 oct. 2007, *Bull. crim.* n° 238. On notera que dans cette dernière décision le bénéfice de l'interruption profite à une action fiscale, nonobstant l'indépendance de cette action ; sur cette question (v. R. Merle et A. Vitu, t. II, n° 58 ; v. égal. pour l'homicide et des blessures involontaires et une tromperie aggravée dans la très douloureuse affaire des hormones de croissance, Crim. 7 juill. 2005, *Dr. pénal* 2005, n° 132, obs. J.-H. Robert ; *JCP* 2005. II. 10143, note J. Leblois-Happe). Il faut relever que cette règle s'applique même dans le cas de poursuites séparées (Crim. 28 oct. 1992, *Bull. crim.* n° 350 ; 1er déc. 2004, *Dr. pénal* 2005, n° 31, obs. A. Maron ; *Bull. crim.* n° 304). Dans un arrêt du 27 mars 2002 (*Bull. crim.* n° 53 ; *D.* 2002. IR. 1752) la chambre criminelle a admis qu'un arrêt d'une chambre de l'instruction confirmant un non-lieu, pour certains faits, pouvait néanmoins interrompre la prescription de l'action publique pour des faits connexes, objet d'un renvoi devant la juridiction correctionnelle. Néanmoins la procédure concernant une infraction involontaire contre une personne ne peut interrompre la prescription concernant une poursuite pour un homicide volontaire contre une autre personne (Crim. 2 févr. 1993, *Bull. crim.* n° 55). De même l'interruption de la prescription décennale de l'action publique, applicable à un crime, n'a aucune incidence sur les prescriptions de délits, même connexes, commis plus de trois ans avant l'acte initial de poursuite : Crim. 22 sept. 1998, *D.* 1998. IR. 248 ; *JCP* 1999. IV. 1152 ; *RSC* 1999. 344, obs. A. Giudicelli ; Crim. 21 févr. 2007, *Bull. crim.* n° 55. Un acte interruptif ne peut faire revivre une prescription définitivement acquise.

Le délai déjà écoulé étant anéanti, le principe même de l'interruption conduit à soumettre la prescription à un nouveau délai dont l'acte interruptif marque le point de départ.

La jurisprudence, dans un esprit d'hostilité à la prescription, a admis une double règle. Tout d'abord que le nouveau délai est toujours celui de droit commun même lorsque, initialement, il s'agissait d'une courte prescription. Cette solution, peu rationnelle, critiquée par la doctrine (v. thèse A. Varinard, n° 401, note 56) est appliquée pour tous les délais spéciaux (v. par ex. Crim. 27 juin 1967, *Bull. crim.* n° 192 ; 3 juin 1986, *Bull. crim.* n° 192 ; délits électoraux) à l'exception des délits de presse et de l'infraction d'atteinte à l'autorité de la justice (art. 434-25, al. 4 C. pén.) en raison de dispositions législatives précises.

La seconde règle dégagée par la jurisprudence est beaucoup plus importante. Elle a en effet admis que la prescription pouvait être indéfiniment interrompue. Cette solution est pourtant contraire au texte qui n'autorise l'interruption que dans l'intervalle du délai initial. Elle est de plus contraire au fondement essentiel de la prescription, à savoir l'oubli, puisqu'elle permet une véritable imprescriptibilité de fait. Malgré la condamnation quasi unanime de la doctrine moderne (*Contra*, M.-L. Rassat, n° 302 ; V. égal. S. Guinchard et J. Buisson, n° 1257), cette solution n'est pratiquement plus discutée, les recueils de jurisprudence ne fournissant aucune décision récente (Crim. 2 mars 1854, *D.* 1854. 5. 103) alors que la seule comparaison des dates indiquées révèle que le doublement du délai est bien souvent dépassé.

Ainsi l'oubli, dû au temps qui s'écoule, ne paraît plus avoir, dans la conception moderne de la prescription, qu'un rôle assez limité. Cette observation est d'ailleurs pleinement vérifiée par l'admission, sans référence à aucune disposition textuelle précise, de la théorie de la suspension.

II. — La suspension du délai : le blocage du temps qui s'écoule

Alors que le Code civil (art. 2251 et s.) prévoit que certains événements peuvent empêcher le délai de la prescription de s'écouler, les textes du Code d'instruction criminelle étaient muets sur cette possibilité (pour certaines hypothèses légales, v. cependant la loi du 29 décembre 1977, art. 1er, al. 7) qui suspendent le délai de prescription pendant six mois en matière fiscale ; l'article 450-1 du Code des douanes qui prévoit une suspension maximum d'un an en cas de saisine de la commission de conciliation ou d'expertise douanière ou encore l' art. L 462-3, alinéa 2 du Code de commerce, en matière de liberté des prix et de la concurrence qui suspend le délai pendant la durée de consultation du Conseil de la concurrence (devenu Autorité de la concurrence ; v. égal. Art. 6-1 C. pr. pén. ; L. du 8 févr. 1995 pour les infractions prétendument commises lors d'une poursuite judiciaire, art. 41-1 dernier al. relatif aux mesures alternatives aux poursuites et art. 41-2, al. 8 C. pr. pén. en matière de composition pénale). Aux termes du dernier texte, la prescription est suspendue entre la date à laquelle le procureur propose une composition pénale et la date d'expiration des délais impartis pour exécuter cette obligation. On citera encore l'article 85 alinéa 2 qui suspend la prescription au profit de la victime du dépôt de plainte jusqu'à la réponse du procureur de la République ou, au plus tard une fois écoulé le délai de trois mois et l'article 67 de la Constitution (réforme constitutionnelle du 19 février 2007) suspendant le délai de la prescription pendant la durée du mandat du président de la République pour toute poursuite pouvant être exercée contre lui.(sur l'ensemble des cas v. J. Pradel, n° 250 ; C. Courtin, *préc.*, n° 81 et s. ; F. Desportes et L. Lazerges-Cousquer n° 1028 et s.). Alors que le principe même de la prescription pénale paraît s'opposer à tout blocage du délai, la jurisprudence n'a pas hésité à transposer cette cause d'allongement du droit civil dans le domaine criminel. Elle est donc conduite à refuser de prendre en considération pour la computation du délai, les périodes pendant lesquelles la partie poursuivante se trouvait dans l'impossibilité d'agir. L'assemblée plénière de la cour de cassation a d'ailleurs rendu, sur ce point, une décision de principe en considérant qu'en cas d'impossibilité d'action la prescription est, de droit, suspendue à l'égard des parties poursuivantes (par ex. lorsqu'il existe une procédure particulière, en l'occurrence devant la Cour de justice de la République) dès lors, qu'ayant la volonté d'agir, elles se sont heurtées à un obstacle résultant de la loi elle-même (Ass. plén. 23 déc. 1999, *Bull. crim.* n° 312).

Notons cependant que la suspension n'anéantit pas le délai déjà écoulé qui demeure acquis. Dès que l'obstacle aura disparu la prescription reprendra son cours pour la durée du délai restant à courir. De plus cette mesure n'a en principe qu'une efficacité personnelle (Crim. 14 juin 1979, *Bull. crim.* n° 209) ce qui, une nouvelle fois, l'oppose à l'interruption. Néanmoins elle profite à la partie civile (Orléans 24 avr. 1989, *Gaz. Pal.* 27 févr. 1990, p. 14, obs. J.-P. Doucet). Cela étant quelles sont alors les causes de suspension ? Il arrive que l'impossibilité d'agir résulte d'un obstacle dressé par le législateur lui-même, on parle d'obstacle de droit (A), dans d'autres cas c'est une simple difficulté accidentelle qui réduit la partie poursuivante à l'inactivité : c'est l'obstacle de fait (B).

A. — Les obstacles de droit

Ils peuvent se rencontrer tout au long de la procédure, certains empêchent la mise en mouvement de l'action publique, d'autres bloquent son exercice.

L'arrêt *Garaudy* est un exemple intéressant d'un obstacle de droit suspendant l'écoulement du délai. On sait en effet que la poursuite d'un parlementaire était subordonnée à une autorisation de l'assemblée dont il relevait. Le ministère public devait donc solliciter la mainlevée de l'inviolabilité parlementaire et attendre qu'elle soit accordée. Il est bien certain que, s'agissant notamment des courtes prescriptions, l'absence de suspension assurerait l'impunité systématique des parlementaires. Ainsi dans l'affaire que nous commentons il a fallu plus d'un an pour obtenir cette autorisation. La chambre criminelle a donc décidé, avec logique, que pendant tout ce laps de temps l'écoulement du délai était suspendu (Crim. 24 juill. 1952, *D.* 1952. 633, rapport Patin ; S. 1953. 1. 29, note A. Brunet ; dans le même sens, Crim. 20 mars 1990, *Bull. crim.* n° 121). On notera, qu'aujourd'hui, c'est le bureau de l'assemblée concernée qui décide de la mainlevée de l'inviolabilité parlementaire (art. 26, al. 2 à 4 de la Constitution). Dans le même domaine, la cour de cassation, en assemblée plénière, avait, avant la réforme constitutionnelle du 19 février 2007, admis une solution identique s'agissant de l'immunité du Président de la République (art. 68 de la Constitution). La Haute juridiction a estimé que le Président de la République, en dehors d'une poursuite devant la Haute Cour de justice pour haute trahison, ne pouvait pas être poursuivi pendant la durée de l'exercice de ses fonctions présidentielles pour des infractions commises avant le début de son mandat. Elle en tire alors la conséquence que la prescription est nécessairement suspendue en raison de cette impossibilité d'agir pendant toute la durée du mandat présidentiel (Ass. plén. 10 oct. 2001, *Bull. crim.* n° 206 ; *D.* 2001. chron. 3365, obs. L. Favoreu ; *ibid.* 2002. Jur. 237, note C. Debbasch et Jur. 674, note J. Pradel ; *Dr. pénal* 2001, n° 144, obs. A. Maron ; *JCP* 2002. II. 10024, note C. Franck ; *RSC* 2002. 128, obs. A. Giudicelli ; *ibid.* 676 et 678, obs. V. Bück ; *RFDA* 2001. 1187, obs. O. Beaud ; *ibid.* 1169, obs. O. Jouanjan et P. Wachsmann ; *RTD civ.* 2002. 169, obs. N. Molfessis).

C'est dans le même ordre d'idée qu'il a été décidé que la nécessité d'une mise en demeure pour déclencher l'action publique empêchait la prescription de s'écouler (Crim. 6 mars 1956, *Bull. crim.* n° 224). Il en va de même pour la saisine d'une commission de conciliation douanière (Crim. 22 avr. 1992, *Bull. crim.* n° 171) ou lorsque l'action publique ne peut être exercée qu'après un jugement préalable. C'est la question préjudicielle à l'action. On citera encore la nécessité d'une plainte ou d'une requête préalable. La question de la suspension a été également posée dans l'hypothèse d'un délit commis à l'étranger. La cour de Paris (ch. acc. 27 mars 1953, *JCP* 1953. II. 7701, note J. Larguier) avait estimé que le délai était suspendu aussi longtemps que les conditions d'exercice de cette action n'étaient pas réunies (art. 691 C. pr. pén., aujourd'hui art. 113-8 C. pén.) à savoir, plainte de la victime ou dénonciation officielle par l'autorité du pays où le délit a été commis. Jusqu'à l'accomplissement d'une telle formalité la partie poursuivante ne peut pas être jugée négligente. La chambre criminelle a néanmoins retenu une solution contraire en estimant que cette situation ne constitue pas un obstacle absolu (16 juill. 1987, *Bull. crim.* n° 298. V. égal. en matière d'usure pour un refus de suspension pendant l'instance de règlement judiciaire : Crim. 15 mars 1994, *Bull. crim.* n° 98).

Dans la catégorie des obstacles à l'exercice de l'action publique il y a tout d'abord ceux qui apparaissent en cours d'instance. On citera les conflits de compétence (Crim. 9 juin 1888, *DP* 1 888. 1. 399) qui entraînent la suspension jusqu'à la décision de règlement de juges ; les exceptions préjudicielles civiles (Crim. 20 nov. 1888. 1. 48) administratives (Crim. 13 janv. 1933, *Gaz. Pal.* 1933. 1. 476 ; 28 mars 2000, *Bull. crim.* n° 139 ; *JCP* 2000. IV. 2899 ; *RSC* 2000. 856, obs. A. Giudicelli ; *ibid.* 838, obs. J.-H. Robert ; *D.* 2000. IR. 184 ; *RDI* 2000. 619, obs. G. Roujou de Boubée ; *Dr. pénal* 2000. 106 le délai donné par le juge pour saisir la juridiction compétente est également suspensif ; Crim. 8 juin 1999, *Procédures* 1999, n° 255, obs. J. Buisson ; 3 déc. 2003, *Bull. crim.* n° 233) ou pénales (Crim. 30 mai 1967, *Bull. crim.* n° 165 en matière de dénonciation calomnieuse ; un arrêt de la chambre criminelle du 24 septembre 2002 confirmant cette jurisprudence en matière de dénonciation calomnieuse décide que la prescription est suspendue jusqu'à la date de la révocation d'un fonctionnaire suite à la dénonciation : *Bull. crim.* n° 171 ; *Dr. pénal* 2003. 17 ; *D.* 2002. IR. 3060 et Crim. 16 sept. 2008, *Dr. pénal* 2008. 150, obs. M. Veron). Encore faut-il un exercice effectif des poursuites pénales ou disciplinaires relatives au fait dénoncé (Crim. 17 oct. 2006, *Bull. crim.* n° 250). Dans le domaine de la constitution de partie civile on sait qu'elle n'interrompt la prescription que s'il y a consignation. Il faut préciser que le délai imparti pour réaliser cette consignation suspend la prescription entre le dépôt de la plainte et le versement (Crim. 7 sept. 1999, *préc.*). La cour de cassation a récemment décidé que, dans le cadre d'une procédure devant la chambre de l'instruction, lorsque le président de cette chambre ordonne au juge d'instruction de suspendre l'information, la prescription de l'action publique est suspendue pendant cette période en raison de l'impossibilité d'agir du magistrat instructeur (Crim. 5 mars 2002, *Bull. crim.* n° 53 ; *D.* 2002. IR. 1531 ; *RSC* 2004. 132, obs. A. Giudicelli). Pour les obstacles apparaissant après l'instance on signalera essentiellement le pourvoi en cassation qui suspend la prescription pendant toute la durée de l'instance et jusqu'à la date de l'arrêt de renvoi (Crim. 5 mars 1979, *Bull. crim.* n° 94 ; 19 avr. 1983, *D.* 1983. Somm. 403 ; *Bull. crim.* n° 111 ; v. égal., Crim. 24 févr. 1939, *Bull. crim.* n° 42 pour une suspension pendant un recours en révision). La jurisprudence a donc admis assez largement les suspensions résultant d'un obstacle de droit. Ainsi, elle a considéré que lorsqu'un témoin est empêché de déposer sous serment dans une affaire de diffamation, les juges ayant l'obligation de surseoir à statuer, il y a suspension de la prescription puisque la partie poursuivante ne peut pas agir (Crim. 11 mai 1993, *Bull. crim.* n° 172, *D.* 1993. Somm. 191, obs. C. Bigot ; *Contra*, Crim. 19 juill. 1972, *Bull. crim.* n° 249). De même, et d'une manière plus discutable, elle avait admis que, si des actes d'instruction entachés de nullité ne pouvaient interrompre la prescription, en revanche cette dernière était suspendue. En effet, il y a dans une telle hypothèse un obstacle de droit mettant la partie poursuivante dans l'impossibilité d'agir (Crim. 26 mai 1992, *Bull. crim.* n° 212). Cette solution a, semble-t-il, été abandonnée dans une décision de la chambre criminelle du 21 juin 2005 (*Bull. crim.* n° 184) en matière de diffamation pour des actes annulés par une chambre de l'instruction alors que la partie civile, ignorant la nullité des actes, ne pouvait pas agir (V. égal. : Crim. 3 avr. 2007, n° 06-82.959). Qu'en est-il des obstacles de fait ?

B. — L'obstacle de fait

Il s'entend, nous l'avons dit, d'une difficulté résultant d'un événement accidentel qui, dans une affaire déterminée, empêche de déclencher ou d'exercer l'action publique. Le législateur lui-même a quelquefois pris en considération ces causes de suspension. Outre des lois spéciales prises après les guerres (loi du 24 juillet 1920 ou loi du 12 mai 1950) on citera l'article 6 alinéa 2 du Code de procédure pénale prévoyant une cause très exceptionnelle de suspension si une action a été déclarée prescrite à la suite de la production d'un faux.

Pour les causes judiciaires il en est certaines qui présentent un caractère objectif. On songe immédiatement à la force majeure résultant d'un cataclysme naturel : inondations, tremblements de terre, invasions du territoire et occupations militaires. Les tribunaux se sont montrés, sur ce point, très exigeants (Crim. 1er août 1919, *DP* 1919. 1. 49, note P. Matter).

On citera également le refus d'extradition d'un délinquant par un gouvernement étranger (Crim. 2 juin 1964, *Bull. crim.* n° 189 ; *RSC* 1 965. 150, obs. J.-H. Robert). Le simple retard de transmission d'un dossier (Crim. 3 déc. 1957, *Bull. crim.* n° 794) la procédure d'expertise (Crim. 7 juin 1934, S. 1936. 1. 273, note L. Hugueney ; 25 juill. 1972, *Bull. crim.* n° 257 ; 3 oct. 2000, *BICC* n° 526, p. 34) ou la décision de remise de cause, n'ont pas, en revanche, entraîné la suspension du délai de prescription parce que dans ces cas la partie poursuivante avait la possibilité de réagir (*contra* pour la reconstitution d'un dossier perdu : Crim. 29 mai 1997, *Procédures* n° 242, obs. J. Buisson).

La chambre criminelle ne paraît pas très favorable pour accepter les obstacles de fait de type subjectif. On signalera cependant une décision concernant l'aliénation mentale de l'inculpé (Crim. 8 juill. 1858, *S.* 1858. 1. 834) critiquée par la doctrine (Roux, *Cours de droit criminel français*, 1927, t. II, p. 525) mais le mensonge du prévenu se laissant condamner à la place du coupable n'a pas été considéré comme une cause de suspension (Crim. 8 août 1994, *Bull. crim.* n° 288 ; *RSC* 1995. 125, obs. J.-P. Dintilhac).

S'agissant de circonstances concernant la victime, comme sa minorité, la jurisprudence a toujours refusé la suspension (V. encore récemment Crim.

23 juin 2004, *Bull. crim.* n° 173 ; *D.* 2005. Jur. 1399, obs. M. Royo ; *AJ pénal* 2004. 366, obs. J. Coste ; *RSC* 2004. 883, obs. Y. Mayaud 897, obs. D.-N. Commaret). Il existe néanmoins, une disposition légale contraire prévue initialement par la loi du 10 juillet 1989 qui, en matière de crime commis par un ascendant où une personne ayant autorité sur un mineur, admettait une sorte de suspension en permettant au délai de prescription de courir à nouveau à compter de la majorité de la victime (art. 7, al. 3 C. pr. pén.).

La formulation de ce texte ayant entraîné des difficultés d'application, il a été modifié une première fois par une loi du 4 février 1995 puis une deuxième fois par la loi du 17 juin 1998 qui en ont élargi le domaine d'application à tous les auteurs de ces infractions, en édictant que la prescription ne commence à courir qu'à partir de la majorité de la victime. Ces textes prévoient explicitement une cause de suspension de la prescription. La cour de cassation l'a expressément admis tout en précisant que la victime n'était nullement obligée d'attendre sa majorité pour agir (Crim. 30 nov. 1994, *Bull. crim.* n° 389 ; *RSC* 1995. 369, obs. J.-P. Dintilhac ; 2 déc. 1998, *D.* 1999. IR. 39 ; *JCP* 1998. IV. 3649). Pour autant cette disposition n'a pas été sans entraîner d'importantes difficultés et elle a suscité une abondante doctrine. En effet la chambre criminelle a été amenée à juger que ces textes (celui de 1989 comme ceux de 1995 et 1998) ne pouvaient permettre la poursuite de faits atteints par la prescription au moment de l'entrée en vigueur de ces lois (Crim. 3 nov. 1994, *Bull. crim.* n° 349 ; 28 févr. 1995, *Bull. crim.* n° 87 ; *D.* 1996. Jur. 238, note J. Castaignède ; 26 mars 1997, *Bull. crim.* n° 122 ; 3 sept. 1997 *JCP* 1997. IV. 2466 ; 17 nov. 1999, *BICC* n° 509 ; *JCP* 2000. IV. 1598 ; 7 nov. 2007, *Dr. pénal* 2008, obs. M. Veron ; *AJ pén.* 2007. 29, obs. S. Lavric ; 6 févr. 2008, *AJ pén.* 2008. 232, obs. G. Roussel et plus généralement sur cette question, C. Guéry : « Crimes et délits contre les mineurs : quelle prescription ? », *D.* 1997. chron. 138 et « La prescription des infractions contre les mineurs : un nouvel état des lieux », *D.* 1999. chron. 38 et encore « Kafka II ou pourquoi faire simple quand on peut faire compliqué... une nouvelle loi sur les infractions commises contre les mineurs », *D.* 2004. chron. 3015 ; K. Vartanian : « À propos de l'alinéa 3 de l'article 7 du Code de procédure pénale », *D.* 1997. chron. 67). Les lois du 9 mars 2004 (Perben II) et du 4 avril 2006 ont, une nouvelle fois, modifié ce dispositif. La liste des infractions dont le délai de prescription est suspendu jusqu'au jour de la majorité de la victime résulte des dispositions combinées des articles 7, 8 et 706-47 du Code de procédure pénale.

L'arrêt rendu le 12 juillet 1972, dans le contexte jurisprudentiel de l'époque, paraissait donc *a priori* assez surprenant. Le Sieur Di Constanzo s'est constitué partie civile pour diffamation et faux en écritures privées le 14 mai 1968. Une information a été ouverte le 14 août 1968. Or le premier acte d'instruction, une commission rogatoire délivrée à un commissaire de police, n'est intervenu que le 12 février 1969, ce long retard n'étant expliqué dans aucune pièce de la procédure. Plus de trois mois s'étant écoulés entre les deux actes interruptifs, la chambre de l'instruction de Nîmes a déclaré l'action publique éteinte. Sur pourvoi de la partie civile, la chambre criminelle casse cette décision en considérant que la prescription de l'action publique a été suspendue pendant toute la période d'inactivité du juge d'instruction. La Cour de cassation a en effet considéré qu'une victime qui s'est constitué partie civile (avant la loi du 4 janvier 1993) ne disposait d'aucun moyen de droit pour obliger le juge d'instruction à effectuer un acte interruptif. Elle se trouvait donc placée devant un obstacle l'empêchant d'agir d'une manière absolue ce qui motivait la suspension du délai de prescription. La chambre criminelle a confirmé cette solution dans plusieurs arrêts (Crim. 12 oct. 1982, *Bull. crim.* n° 211 ; 27 janv. 1986, *Bull. crim.* n° 33, *D.* 1986. IR. 302 et obs. J. Pradel ; 24 févr. 1986, *Bull. crim.* n° 71 ; 27 oct. 1987, *Bull. crim.* n° 374) la période d'inaction du juge d'instruction ayant été dans cette affaire de plus de trois ans (v. égal. 7 juin 1990, *Bull. crim.* n° 235, *D.* 1991. IR. 215, pour une inaction du juge en matière de demande de consignation). Cette cause de suspension qualifiée d'obstacle de droit par le *Bulletin criminel* et par certains auteurs (J. Pradel, t. II, n° 231 ; B. Bouloc, t. II, n° 222) nous paraît plus précisément constituer un simple obstacle de fait (en ce sens, R. Merle et A. Vitu, t. II, n° 59). Sans doute est-elle fondée sur une impossibilité juridique d'action de la partie civile mais elle n'est pas la conséquence d'un obstacle que le législateur aurait lui-même introduit dans la marche de la procédure. Elle est le résultat inévitable de l'inaction injustifiée d'un magistrat et n'a donc aucun fondement juridique. L'inaction du ministère public dans une procédure d'appel ne peut évidemment avoir le même effet puisque la partie civile a toujours la possibilité de faire citer le prévenu à une audience de la juridiction du second degré sauf pour cette dernière à renvoyer à une autre audience utile ce qui interrompra la prescription (Crim. 21 mars 1995, *Bull. crim.* n° 115). On peut citer dans le même sens un arrêt ayant admis la suspension du délai à la suite de l'appel d'une décision de non-lieu par la partie civile. Dans ce cas la victime ne peut rien faire jusqu'à ce que le ministère public ait permis à la chambre de l'instruction de statuer (Crim. 25 nov. 1954, *JCP* 1955. II. 8497, note P. Chambon). De telles causes de suspension étaient de nature à accroître assez considérablement les cas où la prescription devait être refusée. Encore fallait-il qu'il y ait une véritable impossibilité d'agir et non pas seulement des difficultés de fait (Crim. 3 mai 1993, *Bull. crim.* n° 162). Il en va de même pour des déclarations mensongères, faites par un prévenu et ayant conduit à une première condamnation, qui ne peuvent constituer un obstacle insurmontable pour le ministère public (Crim. 8 août 1994, *préc.)* ou encore de l'ignorance de la commission des faits pour une partie civile en matière de subornation de témoin (Crim. 27 sept. 1995, *Gaz. Pal.* 1996. I. chron. p. 6, obs. J.-P. Doucet). Le refus d'admettre une suspension dans le cas de l'absence de rédaction d'un jugement frappé d'appel est un peu plus discutable (Crim. 30 mai 2007, *AJ pénal* 2007. 433, obs. C. Saas). Ces différentes décisions confirment en tout cas la thèse selon laquelle la prescription ne peut pas courir contre une partie poursuivante qui n'a aucune possibilité d'éviter la prescription alors qu'elle a été très normalement diligente. Cette solution est confirmée *a contrario* dans un arrêt du 7 février 1980 précité. Cette décision rendue à propos de la très célèbre affaire dite des « écoutes du Canard enchaîné » a refusé d'admettre la suspension du délai de prescription en constatant que la partie civile disposait de moyens juridiques précis, en l'occurrence en présentant un déclinatoire de compétence devant le juge d'instruction (v. la note de W. Jeandidier, *préc.*). La passivité de la victime ne peut donc constituer une cause de suspension (dans le même sens : Crim. 27 juin 1990, *Bull. crim.* n° 267 ; 10 nov. 1999, *Bull. crim.* n° 254 ; *RSC* 2000. 856, obs. D.-N. Commaret ; *RTD com.* 2000. 477, obs. B. Bouloc ; 30 mai 2007, *Bull. crim.* n° 142 : absence de suspension lorsque la partie civile n'a pas cité le prévenu à une audience de la juridiction de jugement ce qui aurait interrompu la prescription ; v. égal. : Crim. 6 févr. 2007, *Bull. crim.* n° 31 ; *AJ pénal* 2007. 222, obs. J. Leblois Happe ; refusant la suspension à la suite d'une ordonnance de non-lieu et la demande d'un acte irrecevable dans le délai de 20 jours parce qu'il subsistait la possibilité de saisir directement la chambre de l'instruction pendant 4 mois [art. 221-2 C. pr. pén.]). La solution est évidemment identique lorsque la victime peut se voir reprocher une véritable faute de comportement qui a contribué à la mise en sommeil de la procédure, en l'occurrence en ne fournissant pas aux autorités de poursuite les renseignements sur le domicile de la personne poursuivie. Le refus de la suspension dans un tel cas paraît aller de soi (Crim. 30 mai 1995, *Bull. crim.* n° 197 ; *D.* 1996. Somm. 262, obs. J. Pradel).

Mais surtout il importe de préciser que la loi du 4 janvier 1993, entrée en vigueur le 1er mars de la même année, permettant à la partie civile de contraindre le magistrat instructeur à accomplir un acte d'instruction a bien évidemment diminué les hypothèses de la suspension pour cause d'inaction du juge d'instruction (pour certains auteurs, tels S. Guinchard et J. Buisson, cette cause de suspension serait devenue obsolète). En effet la victime qui n'agira pas se verra reprocher sa passivité et toute suspension du délai sera exclue (V. Crim. 18 sept. 2001, *Dr. pénal* 2002, n° 10). La chambre criminelle a néanmoins eu l'occasion de préciser dans plusieurs décisions que la suspension pouvait évidemment être retenue dans des affaires ou l'inaction du juge était patente jusqu'à la date d'entrée en vigueur de la loi permettant à la partie civile d'agir : (Crim. 16 juill. 1996, *Bull. crim.* n° 299 ; *D.* 1996. IR. 241 ; 8 janv. 1997, *Bull. crim.* n° 6 ; Crim. 9 juin 1998, *Bull. crim.* n° 188, *D.* 1998. IR. 202 ; *JCP* 1998. IV. 3469 ; 13 oct. 1999, *JCP* 2000. IV. 1128, *Bull. crim.* n° 220). On ajoutera enfin que la chambre criminelle a estimé que les règles qui accordent un délai pour introduire une action en justice à compter de la décision d'admission provisoire à une aide juridictionnelle, étant de nature réglementaire, ne peuvent pas s'appliquer devant les juridictions répressives. En conséquence la prescription ne peut pas être suspendue : (Crim. 14 avr. 1999, *D.* 1999. IR. 139 ; *Procédures*, sept. 1999, obs. J. Buisson). On observera cependant que l'inaction du juge d'instruction peut aujourd'hui encore entraîner une suspension si la partie civile se trouve privée de toute possibilité d'action. Ainsi en est-il dans le cas d'une communication tardive de la consignation au procureur de la République, le délai est nécessairement suspendu puisqu'avant l'ouverture de l'instruction la partie civile ne dispose d'aucune possibilité pour agir (Crim. 22 nov. 2005, *Bull. crim.* n° 304). À côté de l'inaction du juge on précisera qu'un acte discutable de sa part peut aussi être une cause de suspension. Ainsi en a décidé la chambre criminelle pour un refus d'informer injustifié (F. Desportes L. Lazergues Cousquer n° 995 et s.), qualifié improprement de non-lieu (Crim. 5 janv. 2005, *Bull. crim.* n° 10). Il reste que cette impossibilité de tenir compte de l'inaction d'un juge d'instruction, peut se révéler discutable dans le cas des courtes prescriptions (en ce sens, Crim. 26 mai 2009, *Bull. crim.* n° 106), la partie civile devant se montrer particulièrement attentive à l'activité du juge d'instruction pour éviter la prescription.

Les décisions que nous avons commentées, si elles manifestent une sorte de révolte des juges contre une règle qu'ils estiment mauvaise (J. Larguier, note sous Rouen, 12 juill. 1955, *D.* 1955. 261) marquent également l'évolution de la prescription vers une conception strictement procédurale. Le report du point de départ du délai pour certaines infractions, en raison de leur caractère occulte, est une autre affirmation de cette évolution (A. Varinard, *op. cit.*, n° 453 et s. ; J. Pradel, n° 242 ; R. Merle et A. Vitu, n° 54 ; B. Bouloc, n° 209 ; S. Guinchard et J. Buisson, n° 1241 ; F. Desportes L. Lazerges Cousquer n° 995 et s.). On observera que cette solution, purement prétorienne, est de plus en plus utilisée et pour des infractions de plus en plus nombreuses conduisant ainsi à la quasi-imprescriptibilité de certains faits délictueux (v. à titre d'ex. : Crim. 4 mars 1997, *JCP* 1997. 4. 1612 ; *Bull. crim.* n° 83 ; *Dr. pénal* 1997, Comm. 75, obs. M. Véron et plusieurs intéressants articles faisant le point sur cette question J.-F. Renucci, « Infractions d'affaires et prescription de l'action publique », *D.* 1997. Chron. 23, v. égal. M. Véron, *Dr. pénal* 1998, Comm. 16 ; C. Courtin, *Rép. pén.* n° 39 ;

G. Lecuyer, « La clandestinité de l'infraction comme justification du retard de la prescription de l'action publique », *Dr. pénal* 2005, n° 14 ; D.-N. Commaret, « Point de départ du délai de prescription de l'action publique : des palliatifs jurisprudentiels, faute de réforme législative d'ensemble », *RSC* 2004. 897). Il y a incontestablement une augmentation du nombre des infractions clandestines et une certaine évolution de la jurisprudence de la cour de cassation sur cette question. On doit d'ailleurs observer que la chambre criminelle a dégagé depuis quelques années, la notion d'infraction clandestine par nature dont la liste ne cesse de s'allonger (pour un exemple parmi beaucoup d'autres : Crim. 30 sept. 2008, *Dr. pénal* 2008, obs. M. Veron : atteinte à l'intimité de la vie privée). L'attitude tant du législateur, qui multiplie les régimes spéciaux, que de la jurisprudence, qui de manière prétorienne rend certaines infractions de plus en plus difficilement prescriptibles, rend les règles de la prescription à la fois incertaines et complexes. Tel n'est pourtant pas le point de vue de l'assemblée plénière de la Cour de cassation qui, dans plusieurs décisions du 20 mai 2011, refusant de renvoyer au Conseil constitutionnel des questions prioritaires de constitutionnalité, affirme péremptoirement que « les règles relatives au point de départ de la prescription de l'action publique (...) sont anciennes, connues, constantes et reposent sur des critères précis et objectifs » (v. *supra*). Ainsi pourquoi, en cas de meurtre avec dissimulation de cadavre, la chambre criminelle refuse-t-elle avec obstination, le report du point de départ de la prescription (Crim. 8 déc. 2010, n° 10-82861) ? Et pourtant nous pensons qu'une réforme de cette institution s'impose. Il faut sans doute allonger les délais mais il faut surtout que le point de départ soit fixé de manière intangible (sur cette question, A. Mihman, « Comment réformer la prescription de l'action publique », *RPDP* 2007-517, A. Varinard « La prescription de l'action publique : une institution à réformer », in *Mélanges J. Pradel*, Cujas, 2006, p. 605 et s. ; *Rapport Coulon*, La Documentation française, 2008). On ajoutera que l'article 121-7 de l'avant-projet de futur code de procédure pénale, dans la version du 1er mars 2010 (soumise à concertation) précise que, hors les cas où la loi en dispose autrement, la prescription court à compter du jour où l'infraction a été commise. Dans le même temps, la durée du délai est portée à six ans pour les délits passibles d'une peine supérieure à trois années d'emprisonnement (art. 121-6).

En l'état actuel, l'hostilité des magistrats, à l'égard de la prescription, a sans doute rendu cette institution supportable dans un système pénal qui a très profondément évolué. Il reste que, quelles que soient les critiques que l'on puisse adresser à cette institution, on imagine assez mal que l'action publique puisse être exercée sans aucune limitation de durée. Quelles seraient alors les garanties des citoyens ?

A. V.

9

ACTION CIVILE — PRÉJUDICE PERSONNEL ET DIRECT

Crim. 9 février 1989, *Latil-Janet* (*Bull. crim.* n° 63 ; *D.* 1989. Jur. 614, note C. Bruneau ; *ibid.* Somm. 389, obs. J. Pradel)

L'épouse d'un homme victime de blessures par imprudence peut demander au juge pénal réparation de son préjudice moral propre.

Chambre criminelle, 9 février 1989

Latil-Janet

... Sur le second moyen de cassation pris de la violation des articles 2, 3, 591 et 593 du Code de procédure pénale :

En ce que l'arrêt attaqué a condamné in solidum Latil, le responsable, la société Ford France, civilement responsable, et la compagnie d'assurances La Zurich à payer à Mme Janet, née Nadine Follot, la somme de 25 000 francs et à ses enfants Baptiste Janet et Julien Janet, la somme de 10 000 francs chacun, avec intérêts de droit à compter de l'arrêt, en réparation de leur préjudice moral ;

Aux motifs que le conjoint de Christian Janet, Nadine Follot et ses enfants mineurs ont subi du considérablement diminuée sur le plan physique et intellectuel, un préjudice certain, direct, personnel, se détachant de celui souffert par la victime et non compensé par la réparation qui devra être accordée à celle-ci ; que ce préjudice moral de caractère exceptionnel justifie l'allocation à Nadine Janet d'une somme de 25 000 francs et à chacun des deux enfants mineurs la somme de 10 000 francs ;

Alors qu'un préjudice direct peut, seul, donner naissance à l'action civile devant les tribunaux de répression ; que l'exercice de l'action civile devant la juridiction pénale est un droit exceptionnel qui, en raison de sa nature, doit être strictement renfermé dans les limites fixées par le Code de procédure pénale ; que ne présente pas un caractère direct le préjudice moral qui résulterait tant pour Mme Janet, née Follot, que pour les deux enfants Baptiste et Julien Janet des graves infirmités dont reste atteint leur mari et père ; qu'en leur allouant, de ce chef, des dommages-intérêts, la cour d'appel a méconnu le principe ci-dessus rappelé ;

Attendu que l'épouse de Janet ayant réclamé, pour elle-même et pour ses enfants mineurs, des indemnités en réparation du dommage moral que leur causait le spectacle des graves blessures infligées à leur mari et père, « considérablement diminué sur le plan physique et intellectuel », les juges ont accueilli cette prétention par les motifs reproduits au moyen ;

Attendu qu'en statuant ainsi, la cour d'appel a justifié sa décision ;

Qu'en effet, il résulte des dispositions des articles 2 et 3 du Code de procédure pénale que les proches de la victime d'une infraction de blessures involontaires sont recevables à rapporter la preuve d'un dommage dont ils ont personnellement souffert et découlant directement des faits objet de la poursuite ;

D'où il suit que le moyen doit être écarté ;

Et attendu que l'arrêt est régulier en la forme ;

Rejette les pourvois.

OBSERVATIONS

En décidant que les proches (conjoint, parents, descendants, compagnon) d'une personne victime d'une infraction de blessures involontaires sont recevables à exercer l'action civile, la chambre criminelle, dans son arrêt du 9 février 1989, apporte une solution importante, révolutionnaire et non évidente.

Solution importante tout d'abord en raison, faut-il le rappeler, du nombre élevé d'accidents de la circulation : même si les chiffres sont depuis peu à la baisse, ils restent encore élevés puisque l'on compte aujourd'hui encore 54 000 décès par an !

Solution révolutionnaire ensuite car, avant l'arrêt de 1989, la Cour de cassation avait, par une longue suite d'arrêts, rejeté cette action civile (Crim. 4 mai 1954, *JCP* 1954. II. 8245, déboutant l'épouse dont le mari avait été victime d'un grave accident le jour même de son mariage ; 29 nov. 1966, *JCP* 1967. II. 14979, *RTD civ.* 1967. 633, obs. G. Durry ; 6 mars 1969, *Bull. crim.* n° 110 ; *RSC* 1969. 888, obs. J.-M. Robert ; 23 janv. 1975, *D.* 1976. Jur. 375, note J. Savatier ; Ass. plén., 12 janv. 1979, affaire *Salva*, *JCP* 1980. II. 19335, rapport A. Ponsard et note M.-E. Cartier ; 18 janv. 1982, *Bull. crim.* n° 14).

Solution non évidente enfin (v. observations nuancées du rapport Ponsard). L'admission de l'action civile des proches se fonde certes sur d'excellentes raisons, mais elle ne s'accorde guère avec la conception classique des conditions de recevabilité de l'action civile.

I. — Des doutes sur la recevabilité de l'action des proches

La recevabilité de l'action civile des proches de la personne blessée n'est pas exactement conforme à la tradition de l'action civile. Sans doute, les demandeurs à l'action civile ont-ils bien éprouvé un préjudice : l'arrêt du 9 février 1989 évoque « le spectacle des graves blessures infligées à leur mari et père considérablement diminué sur le plan physique et intellectuel ».

Mais on sait que devant le juge pénal, l'existence d'un préjudice ne suffit pas à fonder la recevabilité de l'action civile. Ce n'est pas n'importe quel préjudice qui autorise la victime à saisir le juge répressif.

Il est admis en effet depuis la fin du XIXe siècle que l'action civile exercée devant le juge répressif est de droit étroit : « l'exercice de l'action civile devant la juridiction pénale, rappelle souvent la chambre criminelle, est un droit exceptionnel qui, en raison de sa nature, doit être strictement renfermé dans les limites fixées » par la loi (Crim. 25 févr. 1897, *S.* 1898. 1. 201, note J.-A. Roux ; 11 déc. 1969, *D.* 1970. 156 ; 23 janv. 1975, *préc.* ; 16 févr. 1983, *Bull. crim.* n° 58 ; 15 janv. 1991, *Bull. crim.* n° 24). Cette idée s'explique parce que l'action civile met en mouvement l'action publique et « corroborant » cette dernière risque de provoquer l'engorgement des prétoires pénaux alors que le juge naturel de l'action civile est le juge civil (Crim. 15 mars et 4 oct. 1977, *D.* 1977. IR 239, obs. M. Puech). Or le moyen technique utilisé par la chambre criminelle pour restreindre l'action civile est de dire que celle-ci n'« appartient qu'à ceux qui ont personnellement souffert du dommage directement causé par l'infraction », formule que consacrera l'article 2 du Code de procédure pénale. Le dommage pénal réparable devant le juge répressif doit donc être à la fois direct et personnel (c'est le fameux « étranglement » de l'action civile).

A. — Exigence d'un dommage direct

La jurisprudence et la doctrine ne définissent guère la notion de préjudice direct, que le législateur se borne à rappeler à l'article 2 du Code de procédure pénale. Les auteurs civilistes, se bornent en général à dire que la notion implique un lien de causalité entre l'infraction et le dommage, ajoutant qu'elle suppose une certaine appréciation du juge et qu'elle entraîne quelques incertitudes (G. Durry, obs. *RTD civ.* 1967. 395) et précisant encore que le dommage est direct quand il y a entre le fait dommageable et le dommage un lien suffisant de causalité en sorte que ce dernier est « la suite nécessaire » de celui-là (Pothier, *Traité des obligations*, n° 166 et s.). On parle aussi « d'enchaînement causal » (P. le Tourneau et L. Cadiet, *Droit de la responsabilité et des contrats*, 8e éd., Dalloz, coll. « Dalloz Action », 2010-2011, n° 1777). En procédure pénale, il faut préciser les choses cependant. Le caractère direct du préjudice s'explique par la nature propre de l'infraction pénale qui, loin d'être « tout fait quelconque de l'homme » (art. 1382 C. civ.) est un comportement précis et limitativement conçu par une loi particulière. Par conséquent, une infraction ne peut causer comme dommage réparable que celui qui est prévu par le texte d'incrimination. En revanche, un préjudice « né à l'occasion de l'infraction alors même qu'il lui serait étroitement lié ne pourrait donner lieu à action civile devant les juridictions répressives » (G. Stéfani, *Procès pénal et action civile*, 1955-1956, p. 71, cité par M.-E. Cartier, *JCP* 1980. II. 19335) ; il ne s'agirait là que d'un dommage indirect, par ricochet.

Cette exigence donne lieu à d'innombrables applications en jurisprudence. Elle explique par exemple que l'enfant conçu à la suite du viol d'une jeune femme par son propre père est recevable à agir : l'infraction de viol entraîne bien directement un préjudice notamment économique pour l'enfant qui va devoir vivre dans des conditions désastreuses (Crim. 4 févr. 1998, *Bull. crim.* n° 43 ; *D.* 1999. Jur. 445, note D. Bourgault-Coudevylle ; *RSC* 1998. 579, obs. J.-P. Dintilhac ; *RTD civ.* 1999. 64, obs. J. Hauser ; *JCP* 1999. II. 10178, note J. Moine-Dupuy ; *Dr. pénal* 1998. Comm. 104, obs. A. Maron) ; on pourrait pourtant soutenir que lors de l'infraction génératrice du préjudice, la victime n'existait pas. Elle explique le rejet de l'action intentée par la victime d'un vol aux fins de remboursement des frais engagés pour la mise en place d'un dispositif de surveillance (Crim. 9 avr. 1976, *Bull. crim.* n° 108) ou par les actionnaires d'une société en cas de non-révélation de faits délictueux par le commissaire aux comptes (Crim. 24 janv. 1978, *Bull. crim.* n° 28) ou encore par l'assureur de la victime d'un vol (Crim. 8 avr. 1986, *Bull. crim.* n° 116 ; *D.* 1987. Somm. 77, et obs.). N'est qu'indirect le préjudice causé à l'État ayant versé des aides à une société dont les dirigeants sont poursuivis pour abus de biens sociaux au préjudice de cette société (Crim. 28 févr. 2006, *Bull. crim.* n° 55 ; *D.* 2006. AJ 1456, obs. A. Lienhard ; *AJ pénal* 2006. 224 ; *Rev. sociétés* 2006. 389, obs. B. Bouloc). De même, en cas de condamnation pour vol, mais d'acquittement pour meurtre, les ayants droit de la victime du meurtre ne peuvent obtenir des dommages-intérêts (Crim. 25 avr. 1990, *Bull. crim.* n° 155 ; *D.* 1990. Somm. 375, et obs.). Et bien sûr, la dépense résultant pour l'héritier de l'obligation légale d'acquitter les droits de mutation après décès ne constitue pas un élément du préjudice né directement de l'infraction, objet de la poursuite (Crim. 28 févr. 1996, *Bull. crim.* n° 97). De même encore, est seulement indirect le préjudice d'une association pour l'atteinte à sa réputation causée par la mise en examen de salariés et dirigeants de celle-ci pour infractions à la législation sur les stupéfiants (Crim. 12 sept. 2000, *Bull. crim.* n° 264 ; *D.* 2001. Jur. 1659, note A. Lacabarats ; *RSC* 2001. 405, obs. D.-N. Commaret ; 29 sept. 2009, n° 09-81.159 ; *D.* 2010. 2255. Pan., obs. J. Pradel). Quant aux membres de la famille d'une victime d'une dénonciation calomnieuse, ils ne sont pas les victimes directes de cette infraction (Crim. 22 oct. 2002, *Bull. crim.* n° 189). Enfin, il a été jugé qu'en cas de poursuite pour abus de biens sociaux contre les dirigeants, les associés ne peuvent pas agir : le dommage, dit la chambre criminelle, est subi par la société elle-même et ne constitue pas un préjudice propre à chaque associé (Crim. 13 déc. 2000,

2 arrêts, *Bull. crim.* n° 373 et 378, « Responsabilité civile », *JCP* 2001. I. 338, Chron. G. Viney) : voilà une étrange conception alors qu'il est évident que les agissements du prévenu ont appauvri les associés !

Le cas des proches dans notre affaire est analogue. Ce qui en effet découle directement du délit de blessures par imprudence reproché au prévenu, ce sont les blessures physiques éprouvées par la victime même. La douleur morale de l'entourage n'est qu'un préjudice par ricochet ou médiat, réfléchi, par répercussion dit-on encore. C'est pourquoi, du fait d'un homicide par imprudence, des parents ou amis éprouvant des troubles psychiques ne peuvent pas agir devant le juge pénal car le prévenu, par hypothèse, n'est pas poursuivi pour blessures involontaires sur leur personne (Crim. 1er mars 1973, *JCP* 1974. II. 17615, note G. Viney).

Si dans certains cas, le juge pénal peut réparer un préjudice indirect, c'est parce que le législateur est venu à titre exceptionnel lui consentir de manière expresse une prorogation de compétence. C'est le cas de l'article 3, alinéa 2 du Code de procédure pénale qui décide que l'action civile « sera recevable pour tous chefs de dommages, aussi bien matériels que corporels ou moraux, qui découleront des faits objets de la poursuite ». Ce texte a été pris en 1959 pour permettre à la victime d'un dommage corporel d'obtenir aussi la réparation de son dommage matériel, lequel ne découle pas directement du délit de blessures involontaires. Mais comme ce texte vise le cas très particulier des accidents de la circulation (A. Besson, R. Vouin et P. Arpaillange, *Code annoté de procédure pénale*, 1958, art. 3, p. 3) et la victime directe, il paraît impossible de l'étendre au cas du dommage moral éprouvé par le conjoint de la victime blessée. En outre, la chambre criminelle, après avoir hésité il est vrai, s'est finalement refusée à appliquer l'article 3, alinéa 2 du Code de procédure pénale à la victime d'un accident de la circulation qui n'aurait été atteinte que dans ses biens (Crim. 2 déc. 1975, *Bull. crim.* n° 164 ; 12 déc. 1977, *Bull. crim.* n° 391 ; 18 oct. 1995, *Bull. crim.* n° 312).

Il faut donc convenir que l'épouse du conjoint blessé n'éprouve pas un préjudice direct et qu'elle est donc irrecevable à ce titre. En est-il de même en ce qui concerne la condition que le préjudice doit être aussi personnel ?

B. — Exigence d'un dommage personnel

Cette exigence est assez complexe à analyser.

1° Là encore une définition est nécessaire. Pour la chambre criminelle, le préjudice personnel n'est pas celui qui est propre au demandeur, c'est-à-dire différent dans ses éléments de celui qui s'applique à la victime première. Ce n'est pas non plus celui qui est certain dans son existence. Car il existe des préjudices réels et objectivement réparables qui sont ignorés du juge pénal et dont seul le juge civil peut connaître. C'est pourquoi la chambre criminelle rejette l'action civile des créanciers de la victime (Crim. 16 janv. 1964, *D.* 1964. 194 ; 24 avr. 1971, *Bull. crim.* n° 117), du cessionnaire de son action (Crim. 25 févr. 1897, *préc.*) et des personnes qui sont subrogées dans ses droits (Crim. 18 févr. 1967, *Bull. crim.* n° 186, pour l'assureur avant la loi du 8 juillet 1983, art. 385-1 et s. C. pr. pén., qui admet l'intervention de celui-ci à l'instance pénale ; 2 mai 1984, *Bull. crim.* n° 150). Ces personnes subissent bien un préjudice, mais elles sont étrangères à l'infraction elle-même qu'elles n'ont pas vécue. Si certains subrogés peuvent exceptionnellement agir, c'est que, là encore, un texte spécial est intervenu (par ex. art. L. 376-1 et 454-1 CSS, pour les caisses de sécurité sociale et art. 385-1 et s. C. pr. pén., pour l'assureur). Ainsi le préjudice personnel, c'est celui qu'éprouve la victime même de l'infraction. Seul celui qui a reçu « l'impact de l'infraction » peut faire état d'un préjudice personnel.

Par conséquent, ici encore, la situation du conjoint ou parent est très nette. Il ne peut agir, faute d'avoir reçu le choc de l'infraction. Il n'est pas « la personne que la norme transgressée avait pour but de protéger » (M. Puech, *L'illicéité dans la responsabilité civile extracontractuelle*, 1973, n° 370). Déjà en 1866, Faustin-Hélie ne disait pas autre chose : « Mais quant aux crimes et délits qui ont porté dommage à tous nos proches, nous n'avons en général aucune action pour en poursuivre la réparation. En effet, le dommage ne frappe ni notre personne, ni nos biens ; il n'ouvre donc aucun droit en notre faveur » (*Traité de l'instruction criminelle*, t. I, n° 542, p. 651).

2° Trois remarques générales doivent ici être faites. D'abord, il arrive à la jurisprudence de nier l'existence d'un préjudice personnel et de prétendre, à des fins d'allégement des audiences pénales, que l'infraction est « d'intérêt général » (v. *infra*, n° 10). Ensuite la jurisprudence hésite pour décider si tel préjudice dont elle ne veut pas assurer la réparation est indirect ou s'il est non personnel. Certains arrêts retiennent cette dernière qualification, mais d'autres ont retenu la première (Crim. 23 janv. 1975, *préc.*). On peut s'étonner d'une telle divergence. À la vérité, elle s'explique parce que les deux notions sont très proches l'une de l'autre. Enfin, si la chambre criminelle exige un préjudice direct et personnel pour accorder réparation, ce n'est pas seulement parce qu'elle estime, à juste titre, que la vengeance est de droit étroit, c'est aussi parce qu'elle entend éviter l'encombrement des juridictions pénales. Mais croit-on vraiment que ces dernières vont se trouver engorgées parce qu'on y aura admis le conjoint de la victime blessée ? C'est oublier qu'en pratique, la victime « vraie » se sera elle aussi constituée de sorte que la constitution du conjoint n'apportera qu'une surcharge infime aux magistrats répressifs. Si néanmoins subsistait la crainte de voir ce conjoint poursuivre, le premier, de sa haine le tiers auteur de sa misère morale, il resterait la possibilité — législative celle-là — de l'autoriser à intervenir. Il est en effet choquant de le voir moins bien traité que... les caisses de sécurité sociale (M.-E. Cartier, *préc., in fine*). C'est pourquoi les magistrats dans l'affaire jugée le 9 février 1989, désireux d'accueillir la famille, ont préféré affirmer que le dommage était direct et personnel. Même si cette affirmation n'est pas exacte au regard des conceptions traditionnelles, comme on vient de le voir, elle se fonde sur des raisons solides.

II. — Des raisons pour recevoir l'action des proches

Ces raisons sont au nombre de deux.

A. — L'attitude de la jurisprudence civile dans la même situation

La jurisprudence civile, statuant dans des cas rigoureusement identiques, n'hésite pas à accueillir la demande. Si l'on excepte un arrêt ancien et unique (Req., 22 déc. 1942, *D.* 1945. Jur. 99, note A. Givord), tous ceux qui ont suivi ont admis le principe de l'indemnisation du préjudice moral éprouvé par les proches, qu'ils émanent d'abord de la chambre civile unique (Civ., 22 oct. 1946, *D.* 1947. 59) ou ensuite de la deuxième chambre civile (Civ. 21 oct. 1960, *Bull. civ.* II, n° 594 ; 10 juin 1964, *D.* 1964. Somm. 111 ; 16 févr. 1967, *Bull. civ.* II, n° 77 ; 28 oct. 1968, *JCP* 1970. II. 16359, 1re espèce, note J. Dupichot ; 8 déc. 1971, *Bull. civ.* II, n° 339 ; 14 déc. 1972, *Gaz. Pal.* 1973. 2. 587 ; 5 janv. 1973, *Bull. civ.* II, n° 6 ; 10 oct. 1973, *Bull. civ.* II, n° 254 ; 23 mai 1977, *Bull. civ.* II, n° 139 ; 1er mars 1978, *Bull. civ.* II, n° 51 ; v. dans le même sens pour le préjudice matériel, Civ. 13 déc. 1978, *Bull. civ.* II, n° 271, 18 mars 1981, *D.* 1981. IR 323, obs. Ch. Larroumet ; Civ. 1re, 23 nov. 1989, *Bull. civ.* I, n° 369 ; Civ. 2e, 3 févr. 1993, *JCP* 1993. IV. 879 et 3 mai 1995, *Resp. civ. et assur.* 1995, Comm. 224). Une seule hésitation est apparue. Les premiers arrêts exigeaient un préjudice « d'une gravité exceptionnelle » (Civ., 22 oct. 1946, 16 févr. 1967, 14 déc. 1972, 5 janv. 1973 et 10 oct. 1973, *préc.*). Les derniers ont par bonheur supprimé cette déraisonnable limite (Civ., 23 mai 1977 et 1er mars 1978, *préc.*). Ainsi l'opposition était éclatante entre la deuxième chambre civile et la chambre criminelle avant l'arrêt du 9 février 1989. Grâce à ce dernier, la jurisprudence retrouve son unité.

C'est d'autant plus heureux que les arrêts civils contiennent des attendus... identiques à ceux de la chambre criminelle. Celui du 22 octobre 1946 parle d'un « préjudice découlant (pour le père) directement de l'accident ». Celui du 21 octobre 1960 mentionne le dommage moral que « le mari prétendait avoir personnellement et directement subi ». Celui du 10 juin 1964 vise « un préjudice personnel... en relation directe avec l'accident ». Enfin, ceux des 8 décembre 1971, 23 mai 1977 et 1er mars 1978 se réfèrent à un « dommage personnel, direct et certain ». En somme, dans la même situation, les magistrats civils reconnaissent que le préjudice est direct et personnel alors que leurs collègues de la chambre criminelle niaient avant le 9 février 1989 ce double caractère. Étrange situation qui ne pouvait s'expliquer que par la tradition restrictive de la jurisprudence pénale et par l'existence « au pénal » de l'article 2 du Code de procédure pénale. Les mêmes mots ont donc aujourd'hui le même sens d'une juridiction à l'autre.

B. — L'attitude de la jurisprudence pénale dans une situation assez proche

La chambre criminelle elle-même accueille l'action civile du demandeur si la victime première est décédée des suites de l'infraction. Les proches éprouvent alors, dit-elle, un préjudice propre qui est direct et personnel. Peuvent ainsi demander réparation de leur dommage moral le conjoint (Crim. 6 mai 1982, *Bull. crim.* n° 115 ; *RTD civ.* 1983. 348, obs. G. Durry), les parents (Crim. 2 mars 1967, *Bull. crim.* n° 87 ; 1er mars 1973, *Bull. crim.* n° 105), les descendants (Crim. 15 oct. 1979, *Bull. crim.* n° 277), les frères et sœurs (Crim. 20 juin 1863, *D.* 1864. 1. 99), voire une personne non membre de la famille, mais psychologiquement très proche (Crim. 20 mars 1973, *Bull. crim.* n° 137) ; la jurisprudence précise même que la recevabilité de l'action civile n'est pas subordonnée à l'existence d'une créance alimentaire au profit du demandeur (Crim. 8 mars 1983, *Bull. crim.* n° 71 ; 2 mai 1983, *Bull. crim.* n° 119).

Cette action propre au demandeur ne doit évidemment pas être confondue avec celle qu'il peut exercer en qualité d'héritier car alors il recueille à son décès le patrimoine du défunt et donc l'action en réparation dont il était titulaire. Et c'est ici que la jurisprudence est considérable et évolutive. On résumera comme suit le dernier état de cette jurisprudence faite de distinctions et sous-distinctions :

– Ou bien le défunt avait déjà exercé l'action civile et il meurt en cours d'instance. Les héritiers peuvent évidemment continuer l'action pour obtenir réparation du préjudice causé du défaut (Crim. 9 oct. 1985, *Bull. crim.* n° 305 ; *D.* 1987. Jur. 93, note A. Breton ; 20 mars 1990, *Bull. crim.* n° 121, 1re espèce) ; il faut seulement que l'instance soit reprise par les héritiers (Crim. 26 nov. 1998, *Bull. crim.* n° 318 ; *RSC* 2000. 219, obs. A. Giudicelli) ;

– Ou bien la victime personnelle est décédée sans avoir exercé l'action civile et c'est alors une sous-distinction que fait la jurisprudence.

Première branche de la sous-distinction : le parquet a été aussi taisant que la victime personnelle. Alors les héritiers ne peuvent agir devant le juge pénal et comme le dit la Cour de cassation, « l'action publique n'ayant été mise en mouvement ni par le ministère public, ni par la victime, seule la voie civile est ouverte à la demanderesse pour exercer le droit à réparation reçu en sa qualité d'héritier » (Crim. 27 avr. 2004, *Bull crim.* n° 96 ; *RSC* 2004. 904, obs. D. Commaret ; *JCP* 2004. II. 10157, note Boré et Salve de Bruneton ; Ass. plén. 9 mai 2008, n° 06-85.751, *D.* 2008. AJ 1415, note M. Léna ; *AJ pénal* 2008. 366, obs. C. Saas ; *D.* 2008. Pan. 2759, obs. J. Pradel). La solution est bonne : d'abord les héritiers peuvent toujours aller « au civil » et si le paquet n'a pas poursuivi, c'est que vraisemblablement la coloration pénale de l'affaire était médiocre ; et puis enfin les héritiers ne sont pas les victimes « vraies » de l'infraction.

Seconde branche de la sous-distinction : le parquet a déclenché la poursuite. L'action civile est alors recevable de la part des héritiers, mais à la condition toutefois que la victime n'ait pas renoncé à l'action civile. C'est ce que rappelle le second arrêt rendu le 9 mai 2008 par l'Assemblée plénière (arrêt n° 05-87.379).

En définitive, même si la solution donnée par l'arrêt du 9 février 1989 n'est pas exactement conforme à l'exigence d'un préjudice direct et personnel au sens traditionnel, elle s'impose dans la réalité : d'abord en fait car les victimes par ricochet ont bien éprouvé un préjudice (et souvent considérable) ; ensuite au regard des solutions de longue date admises dans des situations assez ou très voisines. L'arrêt de février 1989 est dans le droit fil du mouvement actuel de protection des victimes d'infractions (v. en dernier lieu, loi du 6 juillet 1990 sur les victimes d'infractions et Convention européenne relative au dédommagement des victimes d'infractions violentes entrée en vigueur le 1er juin 1990 et publiée par décret du 29 mai 1990). C'est la raison pour laquelle la solution inaugurée par l'arrêt du 9 février 1989 a toutes chances de durer longtemps. Elle a déjà été confirmée par un arrêt rendu dans une espèce identique de blessures involontaires (Crim. 21 mars 1989, *Bull. crim.* n° 137) et par un autre rendu dans une affaire de coups volontaires (Crim. 23 mai 1991, *Bull. crim.* n° 220 ; *D.* 1992. Somm. 95, et obs., avec la reprise de la formule du « dommage causé par le spectacle de l'état physique ou psychique découlant des graves blessures infligées à un conjoint »).

J. P.

10

ACTION CIVILE — RECEVABILITÉ — INFRACTIONS D'« INTÉRÊT GÉNÉRAL »

Crim. 25 juillet 1913, *Suter-Siniard* (*D.* 1915. 1. 150, note M. Nast) ;
Crim. 5 février 2003 (*Bull. crim.* n° 25 ; *D.* 2003. IR 1008)

Le délit d'outrage aux bonnes mœurs ne lésant que la généralité des citoyens exclut l'action civile d'un particulier (1re espèce).

Le délit de minoration de comptes de campagne porte atteinte à l'intérêt général et peut également causer à d'autres candidats un préjudice direct et personnel (2e espèce).

Chambre criminelle, 25 juillet 1913

Suter-Siniard

Attendu que si, aux termes des articles 1, 3 et 63 du Code d'instruction criminelle, l'action civile est ouverte au profit de toute personne qui se prétend lésée par un crime, un délit ou une contravention, cette action n'est recevable et ne peut mettre en mouvement l'action publique qu'autant que la partie a été personnellement et directement lésée par l'infraction elle-même ;

Attendu que la dame Suter-Siniard a cité Fort devant la juridiction correctionnelle sous la double inculpation de diffamation et d'outrages aux bonnes mœurs, pour le motif que dans un almanach, par lui publié et contenant des obscénités, il aurait mensongèrement désigné, comme étant une maison de débauche, l'hôtel exploité à Paris par ladite dame ;

Attendu que l'arrêt attaqué après avoir constaté que le délit de diffamation était prescrit, n'a retenu à la charge de Fort que le délit d'outrages aux bonnes mœurs et a déclaré recevable de ce chef l'action exercée par la partie civile seule ;

Mais attendu que le délit d'outrages aux bonnes mœurs ne lèse que la généralité des citoyens, en s'attaquant exclusivement à la morale publique, et que, par suite, il n'entraîne pas, en principe, un préjudice direct porté à tel ou tel individu ;

Que si l'indication mensongère de l'ouverture d'une maison de débauche, dans le local occupé par la dame Suter-Siniard, pouvait, dans les conditions où elle était publiée, constituer une diffamation, et si ce délit pouvait porter directement préjudice à ladite dame, il n'en est pas de même du délit d'outrages aux bonnes mœurs, dont l'élément constitutif, qui est l'obscénité, était étranger à cette indication ; qu'il n'appartient donc qu'au ministère public de poursuivre ce délit d'outrages aux bonnes mœurs, s'il l'avait jugé à propos ;

Et attendu que la non-recevabilité de la poursuite de la partie civile fait tomber l'instance engagée par elle seule ; que le ministère public n'a pu par son intervention, et sans introduire régulièrement une action, couvrir cette nullité et mettre en mouvement l'action publique

Qu'il suit de là que la cassation doit s'étendre à la condamnation pénale prononcée contre la demanderesse ;

Par ces motifs, et sans qu'il y ait lieu de statuer sur les autres moyens du pourvoi, casse.

Chambre criminelle, 5 février 2003

Attendu qu'il résulte de l'arrêt attaqué que Jean-Marie A..., Alain B... et Nathalie C... ont déposé plainte pour fraude électorale contre Jean-Louis X... et Marie-Jo Z... en indiquant que le premier, président de l'OPAC de la Moselle de 1992 à 1998, avait disposé, pour ses diverses campagnes électorales, de personnels rémunérés par l'OPAC et que la seconde, également candidate lors d'une élection, avait bénéficié des mêmes avantages, alors qu'ils étaient candidats dans les élections en cause ;

Attendu que pour déclarer recevable la constitution de partie civile de ces trois plaignants, les juges du second degré énoncent qu'il existe un préjudice personnel et direct possible, ces parties civiles ayant été confrontées, lors de diverses élections, au candidat Jean-Louis X..., suspecté d'avoir minoré ses comptes de campagnes, ou à sa suppléante, Marie-Jo Z..., suspectée d'avoir bénéficié des avantages en résultant ;

Attendu qu'en se prononçant ainsi, et dès lors, d'une part que si l'infraction au Code électoral dénoncée porte atteinte à l'intérêt général, elle peut également causer à d'autres candidats un préjudice direct et personnel, et, d'autre part, que, devant la juridiction d'instruction, pour qu'une constitution de partie civile soit recevable, il suffit que les circonstances sur lesquelles elle s'appuie permettent au juge d'admettre comme possible l'existence du préjudice allégué et la relation directe de celui-ci avec une infraction à la loi pénale, la chambre de l'instruction a justifié sa décision ;

D'où il suit que le moyen ne saurait être accueilli ; Et attendu que l'arrêt est régulier en la forme ;

Rejette le pourvoi.

OBSERVATIONS

Une dame Suter-Siniard cite directement devant le tribunal correctionnel pour outrage aux bonnes mœurs un sieur Fort coupable d'avoir publié un almanach dans lequel il avait mentionné comme maison de débauche l'hôtel qu'elle exploitait à Paris. Les juges du fond accueillent cette action. Mais la Cour de cassation, dans son arrêt du 25 juillet 1913, réagit de manière inverse : elle y affirme que « le délit d'outrage aux bonnes mœurs ne lèse que la généralité des citoyens en s'attaquant exclusivement à la morale publique » et elle en déduit « qu'il n'appartient... qu'au ministère public de poursuivre ce délit... s'il l'avait jugé à propos ». Elle fait ainsi apparaître une distinction entre les infractions qui, par leur nature même, ont été édictées dans le seul intérêt général — on parlera par la suite « d'incriminations d'intérêt général » ou « d'infractions sociales » — et celles qui, au contraire, tendent à la protection conjointe de l'intérêt général et des intérêts individuels. Or la distinction ainsi apparue dans cet arrêt « d'une résonance étrangement moderne » (M.-E. Cartier, *La notion de dommage personnel réparable*, thèse, Paris, 1968, p. 278) allait être promise en jurisprudence à un assez brillant avenir alors pourtant qu'elle paraît très critiquable.

I. — Domaine de la théorie des infractions d'intérêt général

L'arrêt *Suter-Siniard* est le point de départ d'une jurisprudence abondante dont le domaine est cependant restreint depuis quelques années (J. Pradel, n° 309 et s.).

A. — Le flux (action civile rejetée)

Le principe gouvernant la jurisprudence, et déjà affirmé dans l'arrêt du 25 juillet 1913, est celui-ci : il existe des incriminations pour lesquelles le législateur n'a eu en vue que l'intérêt général ou commun à l'ensemble des citoyens et non celui de tel ou tel individu particulier même si en fait l'auteur de l'infraction a pu lui nuire. Cet individu est donc irrecevable à agir, étant censé n'avoir éprouvé aucun dommage.

1° C'est avant tout en droit pénal économique, entendu dans son sens large, que la théorie prétorienne prit toute son ampleur.

Dans son célèbre arrêt *Milhaud*, la Cour suprême a décidé que « par leur objet même, par la nature des infractions qu'elles définissent et par la procédure spéciale qu'elles prévoient, les ordonnances du 30 juin 1945 sur les prix (aujourd'hui abrogées par une ordonnance du 1er décembre 1986) excluent pour les particuliers la faculté de mettre eux-mêmes l'action publique en mouvement ou de se joindre au ministère public pour demander réparation d'un préjudice qui a été en réalité subi par la collectivité tout entière » (Crim. 19 nov. 1959, *D.* 1960. Jur. 463, note G. Durry ; *JCP* 1960. II. 11448, note P. Chambon ; *adde* Crim. 2 mars 1961, *JCP* 1961. II. 12039). On notera le caractère général de l'exclusion alors que dans l'espèce de 1959, il s'agissait d'un cas particulier de pratique de prix illicite, le dépassement du prix limite par le directeur d'une station thermale. Le rejet de l'action civile en matière de prix s'expliquait par deux motifs : la législation des prix vise uniquement l'intérêt général et l'action civile se heurte aux possibilités de transaction de l'administration (note J.-L. Costa au *D.* 1970. 167, 1re colonne). D'ailleurs, peu après, la jurisprudence devait maintenir sa position à propos de deux autres délits définis dans les ordonnances de 1945 sur les prix : celui de refus de vente (Crim. 11 juill. 1962, *D.* 1962. Jur. 497, rapport J.-L. Costa ; *JCP* 1962. II. 12799 ; Paris, 7 févr. 1961, *D.* 1961. Jur. 175, concl. M. Robin) et celui d'entente illicite (Crim. 4 janv. 1967, *Bull. crim.* n° 5 ; *JCP* 1967. II. 15091, *RSC* 1967. 467, obs. J. Robert). Débordant d'ailleurs le cadre des ordonnances de 1945, la théorie du préjudice social s'étend à la vente avec prime, délit qui « a pour objet l'intérêt général et la défense des consommateurs, non la protection des intérêts privés d'un commerçant » (Crim. 5 nov. 1959, *Bull. crim.* n° 467 et 470 ; 2 févr. 1961, *Bull. crim.* n° 69 ; 12 mars 1969, *Bull. crim.* n° 113). La théorie est encore appliquée à la législation sur l'interdiction des loteries (Crim. 4 nov. 1959, *Bull. crim.* n° 463), à celle sur l'exercice illégal de la profession bancaire (Crim. 9 mai 1972, *Bull. crim.* n° 158) et aux délits fiscaux (Crim. 19 mars 1931, *S.* 1932. 1. 343 ; 28 oct. 1959, *Bull. crim.* n° 453 ; 15 janv. 1970, *D.* 1970. Somm. 81).

2° La théorie des incriminations « d'intérêt général » fut également utilisée en dehors du droit économique. Elle est encore d'actualité en matière d'outrages aux bonnes mœurs. Un journaliste ayant été condamné de ce chef à une amende et à des réparations civiles, fit un pourvoi en cassation contre la condamnation civile en visant expressément la théorie des infractions d'intérêt général. Et si la Cour de cassation rejeta le pourvoi, elle le fit en observant qu'en l'espèce la partie civile avait subi un préjudice personnel puisqu'elle avait été nommément visée par l'annonce incriminée ; d'où l'on peut déduire a contrario que si elle n'avait pas éprouvé de préjudice aussi personnel, son action civile aurait été rejetée (Crim. 6 oct. 1987, *Bull. crim.* n° 338).

En dehors de cette infraction, la théorie touche les secteurs les plus variés et il est très difficile d'opérer un classement. Ainsi, en matière d'urbanisme, un arrêt a rejeté la constitution de partie civile de personnes qui avaient été privées d'air et de lumière par un tiers ayant construit un mur sans permis de construire (Crim. 26 nov. 1958, *Bull. crim.* n° 694 ; v. dans le même sens, Crim. 6 janv. 1965, *JCP* 1965. II. 14061 ; 22 mai 1973, *Bull. crim.* n° 229). Même jurisprudence en matière d'infraction à la loi du 12 avril 1943 sur la protection des sites (Douai, 23 oct. 1969, *Gaz. Pal.* 1970. 1. 184, note R. Vassas) ou à la législation sur les bruits causant une gêne excessive (T. pol. Brignolles, 15 nov. 1977, *Gaz. Pal.* 1979. 2. Somm. 435). De même encore, pas d'action civile recevable en cas de non-révélation de crime car « l'article 62 du Code pénal (aujourd'hui art. 434-1 C. pén.) en obligeant les citoyens à concourir dans certains cas à l'action de l'autorité publique n'a en vue que les intérêts de l'ordre public » (Crim. 2 mars 1961, *Bull. crim.* n° 137 ; *D.* 1962. Jur. 121, note P. Bouzat ; *S.* 1961.

1. 105, note M. R. M. P.), en cas de délit de fuite (Paris, 10 nov. 1971, *Gaz. Pal.* 1972. 1. 17), de rébellion à agent (Crim. 11 juin 1956, *Bull. crim.* n° 475), d'exposition d'images indécentes en des lieux publics (Crim. 26 juin 1974, *D.* 1975. Jur. 81, note M. Puech ; *JCP* 1975. II. 18011, note R. Lindon ; *RSC* 1975. 168, obs. J. Robert), d'infraction au Code de la santé publique (Limoges, 2 juill. 1964, *JCP* 1964. II. 13922), d'infraction à la réglementation sur l'insémination artificielle (Crim. 19 oct. 1971, *Bull. crim.* n° 269) de recel de malfaiteurs (Crim. 20 févr. 1985, *Gaz. Pal.* 1985. II. Somm. 214), de discrédit jeté sur une décision de justice (Crim. 7 mars 1988, *Bull. crim.* n° 113 ; *JCP* 1988. II. 21133, note W. Jeandidier ; 9 déc. 1993, *Bull. crim.* n° 382, délit de l'art. 226 ancien C. pén. aujourd'hui art. 434-25 C. pén.) et d'abus d'autorité dirigé contre l'administration (Paris 19 juin 1996, *Dr. pénal* 1996. Comm. 244 et obs. M. Véron). Pas d'action civile recevable non plus en matière d'infractions douanières (Crim. 14 janv. 1991, *Bull. crim.* n° 22, exportation en contrebande de marchandises prohibées ; 10 févr. 1992, *Bull. crim.* n° 62, importation sans déclaration de marchandises prohibées ; 8 janv. 2003, *Rev. pénit.* 2003. 375 et obs. C. Ambroise-Castérot ; 23 avr. 2003, *Les Annonces de la Seine*, 3 juill. 2003, n° 42, contrebande par exportation sans autorisation de marchandises prohibées en cas d'entrave à la liberté du travail), d'atteinte au secret de la défense nationale (Crim. 1er oct. 1996, *Bull. crim.* n° 338) ainsi que celui d'attente à la liberté du travail (Crim 23 avr. 2003, *Bull. crim* n° 84) ou de minoration des comptes de campagne électorale (Crim. 22 févr. 2000, *Bull. crim.* n° 76 ; *D.* 2000. IR 151). On citera encore comme délit d'intérêt général celui d'atteinte au secret de la défense nationale (Crim. 1er oct. 1996, *Bull. crim.* n° 338). Enfin, deux arrêts importants rendus en matière de faux en écriture authentique ont admis la même théorie (Crim. 5 déc. 1973, *Gaz. Pal.* 1974. 1. 129 ; *RSC* 1974. 357, obs. A. Vitu ; 23 mai 1977, *Bull. crim.* n° 182 ; *RSC* 1978. 91, obs. Vitu), sauf à remarquer que le second laisse entendre qu'une personne autre que le demandeur aurait pu agir (v. obs. A. Vitu). N'est-ce pas admettre une limite à la théorie ?

B. — Le reflux (action civile recevable)

Effectivement, la notion d'« incriminations d'intérêt général » n'est pas sans limites. Il faut remarquer tout d'abord que certains secteurs du droit pénal spécial, que l'on aurait pu croire contaminés par cette théorie, lui sont toujours restés étrangers. Ainsi en est-il du défaut d'assistance à personne en péril (Crim. 16 mars 1972, *D.* 1972. Jur. 394, note J.-L. Costa ; *JCP* 1973. II. 17474, note A. Moret ; 19 juin 1996, *Bull. crim.* n° 260, *D.* 1997. Somm. 142, et obs.), même si auparavant les juridictions du fond avaient hésité (contre la recevabilité, T. corr. Béthune, 19 oct. 1950, *JCP* 1951. II. 5990, note P.-A. Pageaud ; pour la recevabilité, Nancy, 27 oct. 1965, *D.* 1966. Jur. 30, note J. Lorentz). Il en est de même en cas de transfert d'une licence de débit de boissons d'un lieu dans un autre sans autorisation (Crim. 23 févr. 1961, *Bull. crim.* n° 117 ; *comp.* la solution inverse en cas d'infraction aux règles sur les zones protégées « qui sont édictées dans le seul intérêt de la moralité publique », Crim. 11 mars 1926, *DH* 1926. 253 ; 15 févr. 1961, *Bull. crim.* n° 93). De même encore, l'action civile est reçue en matière de licenciement pour cause économique (Crim. 23 juin 1981, *Bull. crim.* n° 218), d'ouverture illicite d'une pharmacie (Crim. 28 oct. 1986, *Bull. crim.* n° 308), de corruption passive (Crim. 1er déc. 1992, *Dr. pénal* 1993. Comm. 126), d'exercice sans licence de l'activité d'organisateur de voyages (Crim. 27 févr. 1996, *Bull. crim.* n° 91) d'entrave à la justice par modification de l'état des lieux du crime (Crim. 23 févr. 2000, *Bull. crim.* n° 78 ; *D.* 2000. IR 111 ; 14 janv. 2003, *Dr pénal* 2003, comm. 66, obs. A. Maron ; *Rev. pénit.* 2003. 373, obs. C. Ambroise-Castérot), de recel de malfaiteurs (Crim. 17 sept. 2003, *Bull. crim.* n° 165 ; *D.* 2004, Somm. 666, obs. J. Pradel ; *Dr. péna*l 2004, comm. 5, obs. M. Véron) de travail clandestin (Crim. 6 févr. 2001, *D.* 2002. Somm. 1457, obs. J. Pradel ; *RSC* 2002. 343, obs. A. Cerf-Hollender), d'exercice illégal de la profession d'expert-comptable (Crim 12 juillet 1994, *Bull. crim.* n° 275), etc.

Plus important est le mouvement de reflux de la théorie des infractions d'intérêt général juste avec le début des années 1970. Plus précisément, dans des secteurs où cette théorie avait été admise, elle cesse aujourd'hui de l'être, que ce soit du fait de la jurisprudence ou de la loi.

1° La chambre criminelle est conduite à « requalifier » certains délits naguère considérés par elle comme étant d'intérêt général, pour en faire des délits « ordinaires ». Ainsi précise-t-elle dans divers arrêts que certains textes « édictés en vue de l'intérêt général » protègent aussi les particuliers, « leur méconnaissance pouvant causer à des particuliers un préjudice direct et personnel de nature à servir de fondement à une action civile devant la juridiction répressive » (par ex. Crim. 22 août 1994, *Bull. crim.* n° 290). Une variante est celle-ci : « Si les dispositions de l'article... ont pour objet l'intérêt général et répriment le trouble causé à l'ordre public... elles ont aussi pour but la protection des intérêts privés » (Crim. 17 nov. 1993, *Bull. crim.* n° 347). Ainsi en est-il en matière d'infractions aux règles de l'urbanisme (Crim. 22 nov. 1977, *Bull. crim.* n° 359 ; *D.* 1978. IR 69, obs. G. Roujou de Boubée ; 17 janv. 1984, *Bull. crim.* n° 24 ; *JCP* 1985. II. 20451, note R. Gassin ; 22 août 1994, *préc.*). Même jurisprudence pour la non-révélation de crime (Crim. 17 nov. 1993, *Bull. crim.* n° 347 ; 27 févr. 2001, *Bull. crim.* n° 48 ; *D.* 2001. IR 1998), le recel de malfaiteur (Crim. 17 sept. 2003,

Bull. crim. nº 265 ; *D.* 2004. Somm. 666, obs. J. Pradel ; *Dr. pénal* 2004. Comm. 5, obs. M. Véron ; *AJ pénal* 2003. 105, obs. J. L.-H. ; *RSC* 2004. 86, obs. Y. Mayaud ; *ibid.* 645, obs. J.-P. Delmas Saint-Hilaire), la soustraction de preuves (Crim. 23 févr. 2000, *Bull. crim.* nº 78 ; *Dr. pénal* 2000. Comm. 70, obs. M. Véron ; *ibid.* Comm. 132, obs. A. Maron ; 14 janv. 2003, *Dr. pénal.* Comm. 66. obs. A. Maron), la minoration des comptes de campagne en matière électorale (Crim. 5 févr. 2003, *Bull. crim.* nº 25), le délit de fuite (Crim. 26 oct. 1994, *Dr. pénal* 1996. Comm. 236, M. Véron) et les infractions en matière de bruit causant une gêne excessive (Crim. 20 févr. 1985, *Bull. crim.* nº 83). Quant à l'infraction à la prohibition des loteries, elle porte atteinte non seulement à l'intérêt général, mais aussi à l'intérêt collectif des consommateurs, d'où la recevabilité de l'action d'une association défendant ces derniers (Crim. 22 août 1990, *D.* 1990. IR 243 ; 18 févr. 1998, *Dr. pénal* 1998. Comm. 98, obs. A. Maron). Et s'il n'y a pas de décision nouvelle en matière de discrédit jeté sur une décision de justice, il est admis que la publication de commentaires tendant à exercer des pressions sur les témoins et les juges n'est pas une infraction d'intérêt général (Crim. 2 oct. 1985, *Bull. crim.* nº 291, sur le délit de l'art. 227 ancien C. pén., aujourd'hui art. 434-16 C. pén.).

Le phénomène est également net en droit pénal économique — cette ancienne place forte de la théorie — même si l'on ne retrouve pas l'expression indiquée ci-dessus à propos des infractions non économiques. Il est vrai que la jurisprudence économique nouvelle est plus ancienne que celle de droit commun, la formule ayant été inventée à l'occasion des délits de droit commun. Il faut citer un arrêt de la chambre criminelle qui déclare recevable la plainte initiale avec constitution de partie civile formée par une chambre syndicale de négociants en fruits et légumes du chef d'infraction à l'ordonnance du 22 septembre 1967 sur les marchés d'intérêt national (Crim. 28 janv. 1970, *D.* 1970. Jur. 167, note J.-L. Costa ; *JCP* 1970. II. 16326, note H. Guérin ; *RTD civ.* 1970. 363, obs. G. Durry). La décision est très importante car le délit invoqué est assimilé à la pratique des prix illicites et réprimé conformément à la deuxième ordonnance du 30 juin 1945 (aujourd'hui abrogée il est vrai). Le sentant d'ailleurs, la chambre criminelle affirme, non sans embarras, que l'ordonnance de 1967 « a pour objet principal la défense de l'intérêt général », c'est-à-dire pour objet non exclusif. Cet arrêt « contient en germe l'abandon de la jurisprudence *Milhaud* » (G. Durry, obs. précitées).

2° Le législateur, à son tour, va s'attaquer à la théorie du préjudice social avec l'évident souci de réduire une jurisprudence qu'il estimait contraire aux intérêts de l'individu, spécialement du consommateur. Ainsi, une loi du 27 décembre 1973 sur le commerce et l'artisanat, dite loi Royer, décide en son article 45 que « l'action civile en réparation du dommage causé par l'une des infractions constatées, poursuivies et réprimées suivant les dispositions de l'ordonnance n° 45-1484 du 30 juin 1945 relative... à la législation économique, est exercée dans les conditions du droit commun ». Ce texte a d'ailleurs été actualisé par l'ordonnance du 1er décembre 1986 qui, ayant abrogé cette législation de 1945, parle désormais des « infractions constatées, poursuivies et réprimées suivant les dispositions de l'ordonnance n° 86-1243 du 1er décembre 1986 relative à la liberté des prix et de la concurrence », le reste étant sans changement (*adde*, S. Guinchard, « L'intérêt général », *Mélanges Vincent*, 1982, p. 137 et s.). Il est bien évident cependant qu'en ramenant la matière dans le giron du droit commun de l'action civile, le législateur n'a pas exclu la nécessité d'un préjudice direct et personnel comme le veut l'article 2 du Code de procédure pénale (B. Bouloc, *Revue de jurisprudence commerciale*, déc. 1980, p. 37 ; C. Gavalda, *JCP* 1980. I. 2968). D'autres fois cependant, le législateur s'écarte de cette conception du préjudice, mais condamne tout de même la théorie des infractions d'intérêt général. Un bon exemple en est donné par l'article 1er de la loi du 5 janvier 1988 sur l'action en justice des associations de consommateurs ainsi conçu : « Les associations régulièrement déclarées ayant pour objet statutaire la défense des intérêts des consommateurs peuvent, si elles ont été agréées à cette fin, exercer les droits reconnus à la partie civile relativement aux faits portant un préjudice direct ou indirect à l'intérêt collectif des consommateurs. » Ce texte, qui se trouve aujourd'hui à l'article L. 421-1 du Code de la consommation, est un remaniement de l'article 46 de la loi du 27 décembre 1973 sur le commerce et l'artisanat : bien que ce dernier ait été abrogé par la loi de 1987, la substance subsiste, ce qui prouve que, dès 1973, des concurrents au parquet apparaissaient.

Ce vaste courant d'hostilité à la théorie des « infractions sociales » doit conduire à s'interroger sur son bien-fondé.

II. — Bien-fondé de la théorie des infractions d'intérêt général ?

On comprend certes le souci de la Cour de cassation de réduire le nombre des demandeurs à l'action civile. Le « refoulement » ou l'« étranglement » de celle-ci est de bonne politique judiciaire. Il faut cependant se demander si l'affirmation que certaines infractions ne nuisent qu'à l'intérêt général constitue bien un moyen satisfaisant pour assurer cette politique. Certains auteurs le pensent (J. Rubellin-Devichi, « L'irrecevabilité de l'action civile et la notion d'intérêt général », *JCP* 1965. I. 1922 ; P. Chambon, notes au *JCP* 1970. II. 16375 et *JCP* 1972. II. 17247). La grande majorité de la doctrine reste pourtant résolument hostile (G. Durry, note *préc.* ; F. Alaphilippe, *L'option entre la voie civile et la voie pénale pour l'exercice de l'action civile*, thèse dactyl., Poitiers, 1972, p. 51 et s. ; J. Larguier, « Action individuelle et intérêt général », *Mélanges Hugueney*, 1964, p. 87). La doctrine la plus récente est à l'unisson (v. par ex. F. Desportes et L. Lazerges-Cousquer, n° 1375 ; J. Pradel, n° 312). Cette tendance dominante s'appuie sur deux arguments, très justifiés selon nous.

A. — Absence de critère dans la loi

Le critère de distinction entre les infractions « d'intérêt général » et les autres est à peu près impossible à trouver dans la loi.

Tout d'abord, la distinction n'a aucun appui dans la loi. Sans doute, l'article 47 de la loi du 29 juillet 1881 dispose-t-il que les délits de presse sont poursuivis « à la requête du ministère public ». Mais ce texte dont la portée n'est d'ailleurs pas absolue, est particulier à certaines infractions et l'on peut même considérer que si le législateur de 1881 a édicté cette règle, c'était pour déroger au droit commun qui permet à la victime prétendue d'agir en cas d'inaction du parquet.

Ensuite, on ne peut rien tirer de la lettre même des textes. Sans doute, existe-t-il des infractions qui, parmi leurs éléments constitutifs, comportent un préjudice (blessures ou homicides par imprudence, coups volontaires...) et que l'on serait donc tenté de ranger parmi les infractions ordinaires. Mais il existe aussi d'autres infractions qui ne comportent pas cet élément (empoisonnement...) et qui pourtant n'excluent pas l'action civile.

En outre, l'examen du plan du Code pénal n'apporte pas davantage d'éléments en faveur de ce critère décidément introuvable. C'était déjà vrai avec l'ancien Code pénal de 1810. C'est toujours vrai avec celui de 1994. On n'oserait soutenir que le livre IV sur les crimes et délits contre la nation, l'État et la paix publique (où l'on trouve des infractions comme le faux et la rébellion par exemple, infractions considérées naguère comme d'intérêt général) correspond systématiquement aux infractions d'intérêt général.

La vérité est que la masse des infractions « d'intérêt général » est très hétérogène et qu'il est à peu près impossible de leur trouver un commun dénominateur. Les efforts doctrinaux en ce sens n'ont abouti qu'à des formules dont le brillant cache un profond malaise : on a écrit que les lois « d'intérêt général » comprendraient « les lois de prévention générale et les lois de direction » (J.-P. Delmas Saint-Hilaire, « La mise en mouvement de l'action publique par la victime de l'infraction », *Mélanges Brèthe de la Gressaye*, p. 167) ou qu'elles sanctionneraient « des obligations plutôt que des défenses » (J. Rubelin-Devichi, *préc.*). Ces expressions sont sans doute suggérées par les arrêts sur le droit pénal économique, matière appelant une politique au moins en partie dirigiste et dont la mise en œuvre suppose l'exclusion des particuliers venant exercer l'action civile (J.-L. Costa, « La jurisprudence de la chambre criminelle et l'élaboration d'un ordre public économique et social », *Mélanges Patin*, 1965, p. 65). Mais n'oublions pas qu'une telle appréciation valait surtout à une époque où l'État entendait assurer la direction de l'économie. Il n'en est plus ainsi depuis le virage libéral, notamment à l'occasion de l'ordonnance du 1er décembre 1986 relative à la liberté des prix et de la concurrence (un titre significatif).

B. — Faiblesse de la distinction entre les infractions d'intérêt général et les autres

Plus grave encore est le second grief qui est de principe celui-là et qui se dédouble.

D'une part, il apparaît que toutes les infractions ont pour objet la protection de l'intérêt général et pas seulement celles que la jurisprudence range dans le groupe des « incriminations d'intérêt général ». Dès lors, il n'y aurait jamais place pour une action civile qui est l'expression procédurale du droit d'un particulier ou d'un groupement (en ce sens, note G. Durry, *préc.*). Dès lors à quoi servirait l'article 2 du Code de procédure pénale qui consacre le droit de la victime à exercer l'action civile ?

D'autre part, il est indéniable que toute (ou presque toute) infraction, fût-elle classée dans la catégorie des infractions « d'intérêt général » peut causer un préjudice à un particulier. L'auteur d'une hausse illicite des prix nuit sans nul doute à l'économie nationale, mais il porte non moins certainement atteinte à l'intérêt particulier du consommateur appelé à trop débourser. Or il est évident que les consommateurs ne doivent pas être lésés en cas d'inertie du parquet. L'existence d'un préjudice pour les particuliers est d'ailleurs si évidente que ceux-ci, exclus du prétoire pénal, peuvent obtenir des dommages-intérêts du juge civil ou commercial (Com. 8 oct. 1968, *JCP* 1969. II. 15807, note J. Hémard, pour un refus de vente ; Civ., 1er mars 1965, *D.* 1965. 560, pour une infraction à la législation sur l'urbanisme).

Si donc la jurisprudence entend — très légitimement — restreindre l'action civile, qu'elle utilise des armes raisonnables et légales. Il lui suffit d'appliquer l'article 2 du Code de procédure pénale qui subordonne la recevabilité de l'action civile à la preuve d'un dommage direct et personnel. Elle doit donc scruter espèce par espèce si cette double preuve est rapportée (en ce sens, A. Vitu, obs. *RSC* 1974. 359). Car un équilibre doit être trouvé : s'il ne faut pas que l'action publique soit menacée par l'action civile (J. Larguier,

« L'action publique menacée », *D.* 1968. Chron. 29), il ne faut pas non plus que l'action civile soit injustement étouffée, ce qui se produit avec l'automatisme sans nuance des conceptions prétoriennes sur les « incriminations d'intérêt général ». Cette notion devrait être bannie de notre jurisprudence. Car faute pour elle de trouver un critère sûr des infractions d'intérêt général, la jurisprudence est amenée à construire un système complexe et même incohérent. Citons à cet égard l'exemple des atteintes au service de la justice : moins de trois ans séparent deux arrêts contraires concernant des délits très proches puisqu'en 1985, la publication de commentaires destinés à exercer une pression sur les témoins ou les juges rendant des décisions n'est pas une infraction d'intérêt général (Crim. 2 oct. 1985, *préc.*) alors qu'en 1988, le fait de jeter le discrédit sur une décision de justice est une infraction d'intérêt général (Crim. 7 mars 1988, *préc.*) ! Une politique de protection de la victime doit conduire à l'étranglement de la théorie des infractions d'intérêt général sauf sans doute pour de très rares infractions comme celle d'atteinte au secret de la défense nationale.

J. P.

11

ACTION CIVILE — VICTIME EN SITUATION ILLICITE

Crim. 19 juin 1975, *Dame Toros* (*Bull. crim.* n° 161 ; *D.* 1961, Jur. 679, note A. Tunc)

La concubine privée de son compagnon marié et victime d'un homicide par imprudence est recevable à réclamer des dommages-intérêts au tiers responsable.

Chambre criminelle, 19 juin 1975

Dame Toros

Attendu qu'aux termes de l'article 2 du Code de procédure pénale, l'action civile en réparation du dommage causé par un crime, un délit, ou une contravention, appartient à tous ceux qui ont personnellement souffert du dommage directement causé par l'infraction ;

Attendu qu'il résulte des énonciations de l'arrêt que Bournazel, victime de l'homicide involontaire, était séparé de son épouse, qu'il vivait maritalement depuis plusieurs années avec Toros Suzanne, envers laquelle il avait manifesté l'intention de régulariser sa situation à l'issue d'une procédure de divorce, et que tous deux élevaient ensemble la fille née de leurs relations ainsi d'ailleurs que l'un des enfants issus du mariage de Bournazel ;

Attendu que, pour refuser en cet état de faire droit à l'action civile de la demanderesse Suzanne Toros, la cour d'appel s'est fondée sur le motif repris des premiers juges que son concubinage, étant entaché d'adultère, présentait un caractère délictueux ;

Mais attendu que l'auteur responsable de l'homicide ne pouvait être admis à se prévaloir du caractère délictueux d'un état de fait touchant à la vie privée de la partie adverse et que, d'après les dispositions combinées des articles 336, 337 et 339 du Code pénal, seule l'épouse de la victime aurait eu légalement la faculté de dénoncer ou d'opposer en justice ; que dès lors, l'exception tirée d'un tel état délictueux ne pouvait soustraire le prévenu aux conséquences civiles de sa propre responsabilité, ni priver la demanderesse, si elle avait personnellement souffert du dommage directement causé par l'infraction, de l'action en indemnisation que lui ouvraient en pareil cas les articles 1382 du Code civil, 2 et 418 du Code de procédure pénale ;

D'où il suit que la cassation est... encourue ;

OBSERVATIONS

Sur la question délicate de l'indemnisation du concubin privé par accident de son compagnon, l'arrêt *Dame Toros* ci-dessus rapporté n'est certes pas le plus célèbre. Il constitue cependant le point extrême — et qui ne sera sans doute pas remis en cause — d'une évolution jurisprudentielle tourmentée en décidant qu'un concubin peut demander réparation de son préjudice même si son compagnon était marié. On doit replacer cet arrêt dans cette évolution avant d'en apprécier le bien-fondé.

I. — Évolution de la jurisprudence

Les hésitations de la Cour de cassation s'expliquent parce que la question n'est pas seulement technique, se trouvant liée à des considérations socio-morales qui ont évolué ces dernières décennies. Elles ont eu pour effet de laisser longtemps les concubins dans une grande incertitude. Plusieurs phases peuvent être distinguées avant d'en arriver à l'arrêt du 19 juin 1975.

A. — Première phase

Elle fait apparaître une opposition totale entre la chambre criminelle et la chambre civile (d'abord unique, puis la 2e de la Cour de cassation). Les magistrats de la chambre criminelle, après avoir, il est vrai, hésité, se sont fixés en 1958, en faveur de la concubine par des arrêts conçus en termes généraux et subordonnant l'indemnisation à la seule condition que le préjudice soit certain (Crim. 26 juin 1958, *Gaz. Pal.* 1958. 2. 160 ; 24 févr. 1959, *JCP* 1959. II. 11095 ; 28 déc. 1959, *Bull. crim.* n° 593 ; 20 nov. 1962, *Bull. crim.* n° 330 ; 18 févr. 1964, *Bull. crim.* n° 55). Pendant ce temps, les magistrats civils de la Cour suprême déboutaient la concubine qui ne pouvait se prévaloir « d'un intérêt légitime juridiquement protégé » (Civ., 27 juill. 1937, *Méténier*, *D.* 1938. 1. 5, note R. Savatier ; *S.* 1938. 1. 321, note G. Marty ; Civ., 22 févr. 1944, *D.* 1945. Jur. 245, note J. Flour ; Civ. 2e, 10 janv. 1963, *D.* 1963. 405 ; Civ. 2e, 7 avr. 1967, *D.* 1967. 496). Pourtant la jurisprudence de la 2e chambre civile était contestée par certaines juridictions du fond dont les décisions (Paris 10 mai 1958, *Gaz. Pal.* 1958. 2. 32) annonçaient un revirement.

B. — Deuxième phase

Curieusement, ce fut la chambre criminelle qui fit un pas vers la deuxième chambre civile en rejetant l'action d'une demanderesse dont le concubin décédé était marié, ce qui conférait, disait-elle, au concubinage un caractère délictueux et précaire (Crim. 20 janv. 1966, *JCP* 1966. II. 14870, note A. Wiederkehr ; *D.* 1966. Jur. 184, rapp. R. Combaldieu). Ce « coup de frein » (R. Combaldieu, *préc.*) préfigure le célèbre arrêt *Dangereux* rendu par la chambre mixte le 27 févr. 1970 (*D.* 1970. Jur. 201, note R. Combaldieu ; *RTD civ.* 1970. 353, obs. G. Durry ; *JCP* 1970. II. 16305, concl. J. Lindon et note A. Parlange ; *adde* J. Vidal, *JCP* 1971. I. 2390) : cet arrêt en accordant une indemnité au concubin survivant a relevé d'abord en termes généraux que « l'article 1382 du Code civil n'exige pas, en cas de décès, l'existence d'un lien de droit entre le défunt et le demandeur en indemnisation » et ajoute qu'en l'espèce le concubinage ne présentait pas de caractère délictueux, ce qui implicitement conduisait à exclure toute réparation en cas de concubinage adultérin et par conséquent à opposer les concubinages « purs » et les concubinages « impurs ». Cette distinction entre concubinages « purs » et concubinages doublés d'adultère sera confirmée (Crim. 14 juin 1973, *Bull. crim.* n° 263). Pourtant d'autres décisions, sans contredire directement l'arrêt de 1970, vont très loin, en indemnisant une demanderesse qui était abandonnée depuis plus de trente ans par son mari et en se fondant sur un doute quant à l'existence de l'adultère (Crim. 20 avr. 1972, *Bull. crim.* n° 134 ; 14 juin 1973, *Bull. crim.* n° 262).

C. — Troisième phase

Ces deux arrêts annonçaient un nouveau revirement. C'est la troisième phase qui débute avec l'arrêt *Dame Toros*. Un sieur Bournazel, séparé de son épouse, vivait maritalement depuis plusieurs années avec une dame Toros dont il eut un enfant. Il allait, semble-t-il, entamer une procédure de divorce lorsqu'il fut victime d'un accident mortel. À la demande formée par la Dame Toros, la chambre criminelle répond favorablement : peu importe l'adultère, la stabilité de l'union libre, condition du préjudice, comptant seule désormais (Crim. 4 juin 1985, *Bull. crim.* n° 213). Tous les arrêts postérieurs confirment cette nouvelle jurisprudence (Crim. 8 janv. 1976, *Bull. crim.* n° 5, où le mari de la concubine était en hôpital psychiatrique depuis dix-huit ans ; 3 mai 1977, *Bull. crim.* n° 150 ; 2 mars 1982, *Bull. crim.* n° 64 ; *JCP* 1983. II. 19972, note Ph. Le tourneau, où les concubins étaient certes célibataires, mais où ils vivaient séparément tout en se témoignant mutuellement une « affection profonde et durable »). Il faut cependant une motivation solide en ce qui concerne le préjudice économique (Crim. 10 nov. 1992, *Bull. crim.* n° 365). Et la précarité du concubinage peut conduire les juges à rejeter la demande (Crim. 8 janv. 1995, *Bull. crim.* n° 12, deux femmes se disaient la concubine du défunt) ou à réduire le montant de l'indémnité (Crim. 9 oct. 1996, *Dr. pénal* 1997. comm. 12, obs. A. Maron).

La disparition de la condition d'illicéité et le maintien de la seule condition de préjudice entraînent d'autres applications que celle relative au concubinage. Par exemple, peut obtenir réparation de son préjudice économique l'enfant naturel du conjoint de la victime d'un homicide involontaire : en effet l'absence de lien de filiation entre cet enfant et la victime n'est pas un obstacle à la demande en réparation d'autant plus que cet enfant vivait au foyer du défunt (Crim. 17 oct. 2000, *Bull. crim.* n° 297 ; *RTD civ.* 2001. 379, obs. P. Jourdain). Et en l'espèce, ce qui a beaucoup pesé, c'est que l'enfant naturel vivait au foyer du défunt depuis quatre ans et était donc à la charge de ce dernier, ce que ne manque pas de relever la chambre criminelle.

Que décider dans le cas du concubinage homosexuel ? L'individu qui perd son partenaire victime d'un homicide involontaire peut-il réclamer réparation ? La chambre criminelle n'a pas encore statué, semble-t-il. Mais une décision du fond, en reprenant la formule générale de l'arrêt *Dangereux* du 27 février 1970, a admis l'indemnisation des dommages économique et moral résultant de la disparition de l'union (TGI Belfort 25 juill. 1995, *JCP* 1996. II. 22724, note C. Paulin). Solution dangereuse à notre avis en ce qu'elle est contraire à l'intérêt social (v. dans le même sens G. Viney et P. Jourdain, « les conditions de la responsabilité », 2e éd. 1998, n° 272 *in fine*, in *Traité de droit civil*, sous la direction de J. Ghestin, LGDJ). À titre comparatif, on évoquera une décision qui rejette une action en diffamation lancée par un groupe d'homosexuels contre un évêque (Colmar, 27 juin 1983, *D.* 1983. Jur. 550, note R. Koering-Joulin).

II. — Bien-fondé de la jurisprudence

Cette jurisprudence doit être appréciée à deux égards.

A. — Au point de vue juridique

La chambre criminelle se fonde sur la généralité des articles 1382 du Code civil et 2 du Code de procédure pénale. Elle reprend ainsi la conception de l'arrêt du 20 janvier 1966 précité qui, plus nettement encore, avait décidé que « l'article 1382 du Code civil ne formule aucune distinction en ce qui concerne la nature du dommage éprouvé et, en cas de décès de la victime, la nature du bien d'où résulterait un préjudice actuel, direct et personnel... »

(v. déjà pareillement, Crim. 20 févr. 1863, *D.* 1864. 1. 99 ; *comp.* Crim. 20 nov. 1962, *préc.*, qui parle de la « manière générale » dont procède l'art. 1382 C. civ.). L'argument est puissant car, effectivement, les deux articles posent le principe de la réparation sans prévoir de distinction puisqu'ils sont rédigés en termes très généraux.

L'hésitation reste cependant permise car la généralité de ces textes ne signifie pas nécessairement que l'atteinte à une situation délictueuse ou même seulement illicite laisse subsister le droit à réparation. C'est qu'en l'espèce, la demanderesse se trouvait dans une telle situation.

Que sa situation ait été d'abord délictueuse, la Cour suprême le reconnaît implicitement puisqu'elle se borne à refuser au tiers auteur de l'accident le droit de l'invoquer, l'adultère étant un délit privé qui ne peut être poursuivi que sur plainte de l'époux offensé. L'indifférence de la Cour de cassation à l'égard d'une situation délictueuse, immorale, est d'ailleurs bien connue (Crim. 7 juin 1945, *Lavaure*, *D.* 1946. Jur. 149, note R. Savatier ; *JCP* 1946. II. 2955, note J. Hémard). Et qu'une loi du 11 juillet 1975 ait dépénalisé les atteintes à la fidélité conjugale n'apporte finalement pas grand-chose, si ce n'est une légitimation supplémentaire après coup de la jurisprudence *Dame Toros*. En effet, dès avant cette loi, ces délits n'étaient que de « petites » infractions et la Cour de cassation n'hésitait pas à oublier le délit quand se posait la question de réparation.

Si l'on peut donc admettre que le caractère délictueux d'une situation n'exclut pas la réparation, peut-on raisonner de même à l'égard d'une situation illicite ? C'est qu'en l'espèce, l'illicéité est évidente, le défunt ayant méconnu à la fois le devoir de fidélité (art. 212 C. civ.) et le devoir de vie commune (art. 215 C. civ.). Selon les principes, la décision du 19 juin 1975 est certainement contestable. À quoi servirait en effet de consacrer par voie législative ces règles morales pour les bafouer ensuite à l'occasion d'un procès ? C'est à peu près ce qu'estimait le conseiller Combaldieu quand il disait que la solution adoptée ne doit pas « être ressentie par l'épouse légitime comme un soufflet qui lui serait porté » (rapport sous Crim. 20 janv. 1966, *préc.*). Il faut cependant être réaliste car dans l'application la situation est souvent dramatique, l'époux ayant disparu depuis des années. Et les valeurs morales pratiquées ne sont pas celles du législateur traditionnel. Et un sentiment d'amour peut habiter les faux-ménages aussi bien que les autres. Doit-on ajouter qu'il est choquant que l'auteur du dommage échappe à toute obligation de réparer parce qu'il a eu « la chance » d'écraser une personne en situation illicite ? On ne doit pas enfin sous-estimer les difficultés procédurales soulevées par un divorce (J. Dupichot, *Des préjudices réfléchis nés de l'atteinte à la vie ou à l'intégrité corporelle,* 1969, n° 140). Il faut donc ne pas exiger que le dommage soit légitime. Seule doit compter la condition de certitude du dommage. En somme le dommage est un fait brut détaché de toute condition morale (*contra* Civ. 2e, 24 janv. 2002, pas de réparation de la perte de rémunérations si celles-ci étaient illicites, D. Mazeaud, « La résistance de la règle morale dans la responsabilité civile », *D.* 2002. chron. 2559).

On ajoutera deux observations sur cette condition. D'abord, cette certitude se fonde sur « la continuité et la stabilité de l'union de fait » (Crim. 1er avr. 1968, *Bull. crim.* no 114, pour une demanderesse qui était à la fois ex-épouse divorcée et concubine du défunt dont elle avait eu quinze enfants au cours de vingt-sept années de vie commune), caractères découlant eux-mêmes de la communauté d'existence, de l'affection et, le cas échéant, de la présence d'enfants communs. Les juges doivent tenir compte — pour évaluer le préjudice — de la précarité et l'inertabilité du concubinage C'est par un strict contrôle de la condition de stabilité que l'on évitera des réparations abusives, voire la réparation simultanée en faveur de la veuve et de la concubine ou en faveur de deux concubines (Crim. 8 janv. 1985, *Bull. crim.* no 12 ; *JCP* 1986. II. 29588, note A. Endreo, où la double liaison invoquée était précaire s'agissant d'un polygame qui avait une maîtresse de jour, une autre de nuit) ; il est vrai que cette règle de la réparation simultanée est réduite par cet autre arrêt qui admet l'action à la fois de l'épouse et de la concubine, mais en tenant compte de la précarité du concubinage pour évaluer le préjudice de la concubine (Crim. 9 oct. 1996, *Dr. pénal* 1997. Comm. 12, obs. A. Maron). Ensuite, seconde observation, la concubine peut obtenir réparation même si le concubinage ne s'accompagnait pas de cohabitation (Crim. 2 mars 1982, *Bull. crim.* no 64 ; *JCP* 1983. II. 19972, note P. le Tourneau ; *RTD civ.* 1983. 341, obs. G. Durry).

B. — Au point de vue extrajuridique

On a soutenu que l'indemnisation de la concubine d'un homme marié pouvait nuire à la famille légitime. Mais on a brillamment répondu à cette obligation (note A. Tunc sous Crim. 19 juin 1975). Il est en effet très douteux que le refus d'indemnisation pousse à l'avenir les concubins vers le mariage ; on ne peut avoir une conception quantitative du mariage. Ce qui est sûr en revanche, c'est que dans l'immédiat, un tel refus peut laisser désemparés une femme et des enfants.

Il faut convenir aussi que l'opinion publique est favorable à l'indemnisation (v. les résultats d'un sondage au *Compte général de l'administration de la justice*, 1969, p. R. 109). Cette faveur s'explique à la fois par l'importance sociologique de l'union libre dans les milieux populaires et par l'existence d'un courant d'idées à caractère à la fois idéaliste (œuvres de P. et V. Marguerite et de L. Blum, *Du mariage*, 1907) et démographique (J. Dupichot, *préc.*, nº 95).

Et pourtant, la réparation de la concubine adultère est moralement choquante aux yeux de beaucoup.

J. P.

12

ACTION CIVILE — GROUPEMENT — INTÉRÊT COLLECTIF

Ch. réun. 5 avril 1913, *Syndicat national de défense de la viticulture française c/ Perreau* (*D.* 1914. 1. 65, rapport Falcimaigne et conclusions Sarrut ; *S.* 1920. 1. Jur. 49, note A. Mestre) ; Crim. 18 octobre 1913, *Comité bordelais de vigilance pour la protection morale de la jeunesse et la répression de la licence des rues c/ Hermann* (*S.* 1920. 1. Jur. 321, note L. Hugueney).

Un syndicat professionnel peut exercer l'action civile pour assurer la protection de l'intérêt collectif de la profession qu'il représente (1re espèce).
Une association ne peut exercer l'action civile en cas d'infraction contre la fin qu'elle défend car elle n'est atteinte ni directement ni indirectement. Seul le parquet peut agir (2e espèce).

Chambres réunies, 5 avril 1913

Syndicat national de défense de la viticulture française c/ Perreau

Attendu que des qualités de l'arrêt attaqué il appert que le Syndicat national de défense de la viticulture française est intervenu, en qualité de partie civile, dans la poursuite intentée par le ministère public contre le sieur Perreau sous l'inculpation de falsification de vin par addition d'eau et de mise en vente de vin qu'il savait être falsifié ;
Attendu que, pour déclarer cette intervention recevable et fondée, l'arrêt s'est basé sur ce que le préjudice, dont réparation était demandée, résultait non seulement de la déconsidération que la fraude commise jetait sur le produit naturel, mais encore du fait que cette fraude déterminait une baisse du prix du vin, correspondant à la quantité d'eau livrée à la consommation sous le nom de vin ;
Attendu qu'en statuant ainsi, la cour de Rouen n'a violé aucun des textes visés au moyen ;
Attendu, en effet, d'une part, que l'action civile exercée par le Syndicat national de la viticulture française n'avait pas pour objet de donner satisfaction aux intérêts individuels d'un ou de plusieurs de ses membres, mais bien d'assurer la protection de l'intérêt collectif de la profession, envisagée dans son ensemble et représentée par le syndicat, dont la personnalité juridique est distincte de la personne de chacun de ceux qui le composent ;
Attendu, d'autre part, que les deux causes de préjudice retenues par l'arrêt attaqué étaient de nature à atteindre directement les intérêts économiques, commerciaux ou agricoles, dont

la défense rentre essentiellement dans la mission légale des syndicats professionnels, aux termes de l'article 3 de la loi du 21 mars 1884 ;

Par ces motifs, rejette.

Chambre criminelle, 18 octobre 1913

Comité bordelais de vigilance pour la protection morale de la jeunesse et la répression de la licence des rues c/ Hermann

Attendu que si, aux termes des articles 1, 3 et 63 du Code d'instruction criminelle, l'action civile est ouverte au profit de toute personne qui se prétend lésée par un crime, un délit ou une contravention, cette action n'est recevable et ne peut mettre en mouvement l'action publique qu'autant que la partie qui l'intente a été personnellement et directement lésée par l'infraction ;

Attendu que le Comité bordelais de vigilance pour la protection morale de la jeunesse et la répression de la licence des rues, association déclarée conformément aux dispositions de la loi du 1er juillet 1901, a cité, en qualité de partie civile, Geissler Hermann devant la juridiction correctionnelle, pour le faire condamner à des dommages-intérêts comme prévenu d'avoir commis, par l'exhibition publique d'objets obscènes, le délit d'outrage aux bonnes mœurs prévu et puni par la loi du 2 août 1882 ;

Attendu que la cour d'appel de Bordeaux a déclaré à bon droit l'action du Comité bordelais de vigilance irrecevable faute d'intérêt, aucun préjudice ne pouvant résulter pour lui de l'infraction poursuivie ; qu'en effet, reconnaître dans ces circonstances à l'association dont il s'agit le droit d'exercer une telle action serait lui attribuer un droit qui n'appartient qu'au ministère public ; qu'il suit de ce qui précède que la cour d'appel, loin de violer les textes visés au moyen, en a fait une exacte application ;

Rejette.

OBSERVATIONS

À une époque où les groupements de droit privé (sociétés civiles et commerciales, associations, ordres et syndicats professionnels) se multiplient, il importe de savoir s'ils peuvent se constituer partie civile. La réponse est évidente lorsque le groupement a été atteint dans son patrimoine, ou dans sa réputation, à la manière d'une personne physique : son comptable a détourné une partie de ses fonds, un tiers a détruit par explosif son siège... Dans ces cas, la personne morale ayant éprouvé un préjudice direct et personnel peut indéniablement agir (pour une application, Crim. 16 nov. 1999, *Bull. crim.* nº 260, pour une association qui s'estimait diffamée). Au contraire, les hésitations apparaissent lorsque le groupement entend agir sur la base d'une atteinte à un intérêt collectif dont il a la charge. L'employé d'une entreprise ayant été tué accidentellement du fait de la méconnaissance d'un règlement de sécurité, un syndicat professionnel peut-il poursuivre l'employeur ? Un individu ayant saccagé un lieu touristique, une association constituée pour la protection de ce site peut-elle agir ? À cette question, les deux arrêts ci-dessus apportent une réponse opposée : le premier reçoit un syndicat professionnel alors que le second déboute une association.

I. — L'action des syndicats

L'action civile d'un syndicat professionnel est recevable. Le principe en a été admis par l'arrêt des chambres réunies en date du 5 avril 1913. Mais cette recevabilité est soumise à des conditions (B. Teyssié, *Droit du travail. Relations collectives*, 6e éd., Litec. 2009, no 70 et s.).

A. — Vers l'admission de l'action syndicale

L'action syndicale n'a pas été consacrée dans notre droit sans difficultés. Certes, dès le milieu du siècle dernier, des arrêts s'étaient montrés accueillants (Crim. 10 juill. 1852, *D.* 1852. 1. 207 ; 11 avr. 1863, *D.* 1863. 5. 11). Mais ces décisions n'ont qu'une portée réduite car elles sont antérieures à une importante loi du 21 mars 1884. Ce texte, en effet, a accordé aux syndicats professionnels « la défense des intérêts économiques, industriels, commerciaux et agricoles » de leurs membres (art. 3 ; aujourd'hui de façon voisine, art. L. 2132-3 C. trav.) ainsi que « le droit d'ester en justice » (art. 6, al. 1 ; aujourd'hui art. L. 2132-3 C. trav.). Apportant un élément nouveau dans le débat, la loi de 1884 pose la question de savoir si un syndicat professionnel peut exercer l'action civile. Et cette question est d'autant plus importante que le syndicat, en prenant l'initiative des poursuites, met en mouvement l'action publique (V. *supra*, no 7).

Dans les années qui ont suivi la loi de 1884, la doctrine s'est partagée (pour l'action, R. Garraud, t. I, no 120, p. 265 et 266 ; contre l'action, J.-A. Roux, note au *S.* 1908. 1. 105, 1re colonne, sous Crim. 29 juill. 1907). La jurisprudence, de son côté, très vite saisie d'une foule d'affaires relatives le plus souvent à des fraudes alimentaires, a également hésité. Si l'on excepte la chambre des requêtes (Req. 5 janv. 1897, *D.* 1897. 1. 120 ; *S.* 1897. 1. 212, rapport A. Ballot-Beaupré) et la chambre civile (Civ. 18 janv. 1905, *D.* 1908. 1. 27) qui ont admis sans difficulté l'action syndicale, le reste de la jurisprudence apparut comme singulièrement tourmentée, passant par trois stades.

Dans un premier temps, la chambre criminelle déclara l'action syndicale recevable, d'abord en des termes généraux (Crim. 5 janv. 1894, *D.* 1898. 1. 285), ensuite en invoquant une atteinte aux intérêts collectifs défendus par le syndicat (Crim. 29 juill. 1907, *D.* 1909. 1. 129, note M. Planiol ; *S.* 1908. 1. 105).

Elle se ravisa ensuite et dans un deuxième temps, rejeta l'action syndicale au motif que l'intérêt collectif n'est pas directement lésé par le fait poursuivi alors que l'existence d'un lien direct est nécessaire à la recevabilité de toute action (Crim. 20 déc. 1907, *Bull. crim.* n° 512, pour un syndicat marseillais de commerçants en saindoux, qui avait agi dans une affaire de falsification de graisse alimentaire ; 13 févr. 1909, *S.* 1911. 1. 417, note J.-A. Roux ; 2 févr. 1911, *D.* 1911. 1. 417, note F. Chesney ; 11 janv. 1913, *Gaz. Pal.* 1913. 1. 558). Plus précisément, selon la Cour de cassation, ce sont les consommateurs qui sont directement lésés, non les syndicats pour lesquels la perte de clientèle résultant de la fraude ne constitue qu'un dommage indirect.

Enfin, troisième stade, la Cour suprême, dans son arrêt du 5 avril 1913 rendu toutes chambres réunies, opte solennellement en faveur de la recevabilité de l'action syndicale. En l'espèce, à la suite d'une poursuite lancée par le parquet contre un sieur Perreau pour falsification de vin par addition d'eau et mise en vente de ce produit sous le nom de vin, le syndicat national de la viticulture française était intervenu. La Cour de cassation l'accueille en invoquant deux raisons : 1) cette intervention a pour objet, non la satisfaction d'intérêts individuels de certains membres du syndicat, mais « la protection de l'intérêt collectif de la profession, envisagée dans son ensemble et représentée par le syndicat » ; 2) le préjudice est « de nature à atteindre directement les intérêts économiques, commerciaux ou agricoles dont la défense rentre essentiellement dans la mission légale des syndicats professionnels ». Ainsi la Haute juridiction reprend l'argument qu'elle avait utilisé dans un premier temps et renie celui dont elle avait usé dans un deuxième pour rejeter l'action du syndicat.

Puis une loi du 12 mars 1920 (aujourd'hui art. L. 2132-3 C. trav.) vient consacrer l'arrêt de 1913 en utilisant d'ailleurs une formule un peu plus extensive : « Les syndicats professionnels peuvent devant toutes les juridictions exercer tous les droits réservés à la partie civile relativement aux faits portant un préjudice direct ou indirect à l'intérêt collectif de la profession qu'ils représentent ». Mais c'est déjà évoquer les conditions de l'action syndicale.

B. — Les conditions de l'action syndicale

Parmi ces conditions, l'une est si évidente qu'elle ne figure ni dans l'arrêt de 1913, ni même dans l'article L. 2132-3 du Code du travail : le syndicat ne peut agir que si ses fondateurs ont déposé les statuts et les noms des administrateurs, obligation énoncée à l'article L. 2131-3 du Code du travail (Crim. 10 juill. 1979, *Bull. crim.* n° 244 ; 11 juin 1981, *Bull. crim.* n° 194 ; 28 juin 1988, *Bull. crim.* n° 295 ; *D.* 1989, Somm. 209, obs. Y. Mayaud). Deux autres conditions en revanche appellent de plus amples explications.

1° En premier lieu, le syndicat doit représenter non une profession quelconque, mais celle qui a été atteinte par l'infraction poursuivie. Un syndicat d'ouvriers métallurgistes ne peut se constituer contre un entrepreneur de menuiserie pour manquement au Code du travail (Crim. 17 nov. 1927, *DH* 1928. 37, 2e espèce). Un syndicat de patrons-coiffeurs ne peut agir en cas de violation des règles sur le repos hebdomadaire, instituées dans l'intérêt des travailleurs (Crim. 5 déc. 1963, *Bull. crim.* n° 352).

Cette règle logique, mais restrictive, est complétée par deux autres qui, à l'inverse, étendent le domaine de l'action syndicale. D'une part, il est indifférent que le syndicat ne soit pas le seul représentant de la profession (application du principe du pluralisme syndical) : un syndicat peut donc agir même si d'autres représentent la même profession et même s'ils agissent aussi (Crim. 21 nov. 1913, *D.* 1914. 1. 297, note M. Nast, dans une affaire il y avait quatre syndicats). D'autre part, il importe peu que le syndicat ne réunisse en son sein que quelques membres de la profession qu'il représente (application du principe que l'affiliation syndicale est facultative) ou même qu'il ne soit pas reconnu comme représentatif dans l'entreprise (Crim. 22 nov. 1977, *D.* 1978, IR 62) : ce qui importe seulement, c'est que le syndicat démontre que l'infraction a vocation à nuire à tous les membres de la profession, ainsi qu'on va le voir (Crim. 22 nov. 1977, *Bull. crim.* n° 362).

2° En second lieu en effet, le syndicat doit invoquer un préjudice direct ou indirect à l'intérêt collectif de la profession. S'il est indéniable que le préjudice peut être moral aussi bien que matériel (Crim. 20 nov. 1980, *Bull. crim.* n° 309), les hésitations apparaissent lorsqu'il s'agit de définir l'atteinte directe ou indirecte à l'intérêt collectif de la profession. L'intérêt collectif, notion centrale, c'est celui qui « existe à l'égard de tous les membres de la profession » (R. Merle et A. Vitu, n° 114). Il apparaît donc lorsque l'infraction fait courir à tous les professionnels un « danger anormal » (Crim. 3 déc. 1981, *Bull. crim.* n° 323).

a) Afin de faciliter l'action des syndicats, la loi de 1920, ajoutant à l'arrêt de 1913, décide que le préjudice à l'intérêt collectif peut être direct ou indirect. Il suffit donc que l'intérêt collectif soit atteint indirectement par l'infraction pour que le syndicat soit recevable, alors qu'en droit commun (pour les personnes physiques), le demandeur doit invoquer un préjudice direct (art. 2 C. pr. pén.), c'est-à-dire apparaître comme le premier intéressé par l'infraction. Or, s'agissant des syndicats, la notion d'atteinte indirecte est susceptible de deux sens.

Selon une première conception, admise dans le cas d'une action civile exercée par une personne physique, il faut que le dommage et l'infraction soient unis par un rapport de causalité nécessaire. Au contraire, dans le cas des syndicats, il faut et il suffit que le délit ait porté atteinte à un intérêt professionnel qu'ils représentent. Dès lors, l'action syndicale déroge au droit commun de l'action civile (en ce sens, Lyon 21 mars 1967, *JCP* 1968. II. 15475, note J.-M. Verdier ; B. Bouloc, n° 247).

Une seconde analyse évite au contraire de parler de lien de causalité et voit dans le préjudice indirect celui qui « n'atteint l'ensemble de la profession qu'à travers certains de ses membres directement visés » (J. Rivero et J. Savatier, *Droit du travail*, 13e éd., 1993, p. 137, v. aussi dans le même sens, S. Guinchard et J. Buisson, n° 1069 et s.), celui qui est ressenti par la profession « par contrecoup d'un délit commis envers un tiers » (Lyon 21 mars 1967, *préc.*). Cette deuxième conception est plus juste. Très souvent en effet, c'est toute la profession qui risque d'être atteinte par une infraction qui, dans l'immédiat, n'a nui qu'à l'un de ses membres. En ce sens, on peut invoquer la formule suivante admise par la jurisprudence : « les syndicats n'ont qualité pour agir que lorsque le litige soulève une question de principe dont la solution, susceptible d'avoir des conséquences pour l'ensemble de leurs adhérents est de nature à porter préjudice, même indirect, à l'intérêt collectif de la profession » (Crim. 16 févr. 1999, *Bull. crim.* n° 18).

b) D'un autre côté cependant, l'action syndicale est maintenue dans de strictes limites car l'intérêt collectif — dont l'atteinte est sa raison d'agir — se distingue à la fois du préjudice individuel et du préjudice général ou social.

– Le préjudice individuel, qui est propre à une personne considérée indépendamment de son appartenance professionnelle, ne peut être invoqué par un syndicat : ainsi en est-il en cas de diffamation contre un médecin (Crim. 4 févr. 1938, *DH* 1938. 213), de vol d'un fichier appartenant à l'ORTF (Crim. 15 janv. 1976, *Bull. crim.* n° 13), d'agression commise sur la personne d'un chauffeur de taxi (Crim. 29 oct. 1969, *Bull. crim.* n° 274 ; 20 janv. 1972, *Bull. crim.* n° 30), de harcèlement sexuel d'un salarié du secteur de la profession représentée par le syndicat (Crim. 23 janv. 2002, *Bull. crim.* n° 12 ; *RSC* 2002. 832, obs. G. Giudicelli-Delage) ou de meurtre d'un bijoutier (Crim. 29 janv. 1986, *Bull. crim.* n° 39 ; *D.* 1986. IR 302 et obs. rejet de la Fédération nationale des chambres syndicales des horlogers). On peut donner aussi l'exemple du meurtre d'un policier même dans le service. Plusieurs arrêts ont été rendus en matière d'abus de biens sociaux, tous répètent que « le préjudice indirect causé à l'intérêt collectif de la profession ne se distingue pas du préjudice lui-même indirect qu'auraient pu subir les salariés de l'entreprise », de sorte que le syndicat des salariés est irrecevable à agir (Crim. 27 nov. 1991, *Bull. crim.* n° 439 ; 11 mai 1999, *Bull. crim.* n° 89 ; *D.* 1999. IR 161 ; *RSC* 1999. 829, obs. J.-F. Renucci ; *RTD com.* 1999. 998, obs. B. Bouloc ; 27 oct. 1999, *Bull. crim.* n° 236 ; *Rev. sociétés* 2000. 364, obs. B. Bouloc ; *RTD com.* 2000. 478, obs. B. Bouloc ; 29 nov. 2000, *Bull. crim.* n° 359 ; *Rev. sociétés* 2001. 380, obs. B. Bouloc ; *RTD com.* 2001. 493, obs. N. Rontchevsky ; *ibid.* 534, obs. B. Bouloc). Dans tous ces cas, seule la personne physique peut agir et encore seulement si elle éprouve un préjudice direct et personnel. D'ailleurs, il en est de même dans le cas des ordres professionnels (Crim. 5 févr. 1992, *Bull. crim.* n° 54 ; *D.* 1993. Somm. 203 et obs. ; *RSC* 1993. 129, obs. A. Braunschweig, rejet de l'action d'un ordre des avocats en cas de tentative de meurtre perpétrée contre un avocat par un client mécontent).

– Le préjudice social exclut également l'action du syndicat et, en conséquence, seul le ministère public peut agir. Cette solution se fonde sur la nécessité d'éviter l'envahissement des prétoires par les syndicats, sur les droits du parquet en qualité de représentant de la société et sur l'article L. 2131-1 du Code du travail qui limite l'action des syndicats en décidant qu'ils agissent « exclusivement » en vue de la défense d'intérêts professionnels dont l'objet est d'ailleurs précisé. Dans l'application, la jurisprudence est considérable, étant noté d'emblée que la Cour de cassation use souvent de cette formule : « les syndicats ne tiennent d'aucune disposition de la loi le droit de poursuivre la réparation du trouble que porte une infraction aux intérêts généraux de la société, cette réparation étant assurée par l'exercice même de l'action publique », c'est-à-dire par le parquet (Crim. 8 et 22 déc. 1987, *Bull. crim.* n° 452 et 484 ; *D.* 1988. Somm. 355, obs. J. Pradel).

Par exemple, un syndicat de magistrats ne peut agir contre l'auteur de la séquestration d'un juge (Crim. 27 oct. 1992, *Bull. crim.* n° 344), ou d'une publication jetant le discrédit sur la justice (Crim. 9 déc. 1993, *Bull. crim.* n° 382) ; et en cas de dégradation volontaire d'une perception, un syndicat du personnel de l'administration fiscale voit aussi son action rejetée (Crim. 8 déc. 1987, *Bull. crim.* n° 452). De même, l'Ordre des médecins ne peut agir contre deux toxicomanes ayant obligé un praticien, sous la menace d'un couteau, à leur délivrer une ordonnance prescrivant des stupéfiants (Crim. 5 juin 1996, *Gaz. Pal.* 24 nov. 1996, Chron. de droit criminel par J.-P. Doucet).

– Le préjudice collectif permettant au contraire aux syndicats d'agir donne lieu à une double jurisprudence.

Il y a tout d'abord des décisions qui considèrent, sans la moindre hésitation, que les syndicats peuvent agir. Ainsi en cas d'homicide ou blessures par imprudence (art. 221-6 et 222-19 C. pén.) causés par la violation d'une règle d'hygiène ou de sécurité, le syndicat peut agir (Crim. 26 oct. 1967, *JCP* 1968. II. 15475, note J.-M. Verdier ; *D.* 1968. Jur. 346, note J.-M. R. ; 20 mars 1972, *Bull. crim.* n° 111 ; 3 déc. 1981, *Bull. crim.* n° 323 ; 11 oct. 2005, *Bull. crim.* n° 254 ; *D.* 2005. IR 2821). Au vrai, le doute était possible car les deux articles précités protégeant toutes les personnes et pas seulement les travailleurs, on aurait pu penser que seul l'intérêt social était en cause (obs. J. Savatier, *Dr. soc.* 1967, p. 634). Mais il ne faut pas oublier que le droit à la sécurité apparaît comme le type même des droits collectifs des travailleurs et que le lien entre l'organisation du travail dans l'entreprise et la sécurité est évident (J.-M. Verdier, *préc.*). La jurisprudence est également favorable aux syndicats en cas de violation des règles sur le fonctionnement des comités d'entreprise et sur le rôle des délégués du personnel (Crim. 7 oct. 1959, *D.* 1960. Jur. 294, note J.-M. Verdier ; *JCP* 1961. II. 12170, note R. Vouin ; 2 mars 1961, *JCP* 1961. II. 12095, note H. Guérin ; 3 déc. 1996, *Bull. crim.* n° 441 ; *D.* 1997. IR 54), ou en cas d'infraction à l'obligation du repos hebdomadaire (Crim. 2 nov. 1978, *Bull. crim.* n° 297 ; 23 juill. 1980, *Bull. crim.* n° 232) et même en cas d'exercice illégal d'une profession (Crim. 7 févr. 1962, *Bull. crim.* n° 85 ; 10 juill. 1973, *Bull. crim.* n° 317), ou encore en cas d'infraction aux règles sur le prêt de mains-d'œuvre à but lucratif dit marchandage (Crim. 15 nov. 1983, *Bull. crim.* n° 299), en cas d'atteinte à la liberté syndicale (Crim. 29 oct. 1996, *Bull. crim.* n° 379), en cas de violation de la réglementation sur le transfert des déchets (Crim. 21 mars 2001, *Bull. crim.* n° 77 ; *RSC* 2002. 335, obs. J.-H. Robert). Le syndicat peut encore se constituer en cas de violation du secret professionnel commis par l'employeur à l'occasion du contrôle des arrêts de maladie de ses agents (Crim. 27 mai 1999, *Bull. crim.* n° 109 ; *D.* 2000. Jur. 120, note Y. Saint-Jours ; *AJ pénal* 2004. 303, obs. Y. Mayaud ; *Procédures* 1999. Comm. n° 235, obs. J. Buisson). Un arrêt a même admis — signe des temps — l'action d'un syndicat de personnels hospitaliers dans un cas d'entrave à l'interruption volontaire de grossesse (Crim. 27 nov. 1996, *Bull. crim.* n° 431 ; *D.* 1997. IR 13 ; *RSC* 1998. 117, obs. J.-P. Delmas Saint-Hilaire).

Ensuite il existe un groupe d'arrêts rendus sur des matières où apparaît une hésitation. Spécialement en matière économique, les solutions sont peu nettes, la jurisprudence redoutant une inflation de l'action syndicale et faisant en conséquence parfois appel à l'idée que l'infraction a pour objet l'intérêt général des consommateurs et non l'intérêt collectif des membres de la profession (sur cette théorie des infractions dites d'intérêt général, qui s'applique aussi aux personnes physiques, v. la critique *in* J. Pradel, n° 312). Tantôt — c'est le cas en matière de fraude — la jurisprudence est contradictoire alors qu'on aurait pu espérer une recevabilité sans réserve à la suite de l'arrêt du 5 avril 1913 (Crim. 16 juin 1970, *Bull. crim.* n° 202, admettant le syndicat ; 15 janv. 1970, *Bull. crim.* n° 27, ne l'admettant pas). Tantôt, elle rejette le syndicat, par exemple en cas de vente avec prime (Crim. 5 nov. 1959, *D.* 1960. 80 ; 12 mars 1969, *Bull. crim.* n° 113) et en cas d'infraction à la législation sur les loteries (Crim. 4 nov. 1959, *D.* 1960. 81). Tantôt enfin, elle reçoit le syndicat : ainsi en cas de violation de l'ordonnance du 22 septembre 1967 sur l'organisation des marchés d'intérêt national (Crim. 22 janv. 1970 ; *D.* 1970. Jur. 166, note J.-L. Costa ; *JCP* 1970. II. 16326, note H. Guérin ; *adde*, Mlle Guilberteau, *RSC* 1973. 633). Au vrai, cette dernière jurisprudence est sans doute celle de l'avenir. En effet, l'article 45 de la loi du 27 décembre 1973 sur le commerce et l'artisanat décide que l'action civile en cas d'infraction à l'ordonnance du 1er décembre 1986 relative à la liberté des prix et à la concurrence « est exercée dans les conditions du droit commun ». Et malgré le silence de la loi de 1973 sur les syndicats, deux arrêts remarqués ont accueilli des syndicats de producteurs à l'occasion d'une infraction à son article 44 qui punit la publicité fausse (Crim. 23 janv. et 13 mars 1979, *Bull. crim.* n° 32 et 104 ; *RTD civ.* 1979. 803, obs. G. Durry) : la chambre criminelle s'est fondée sur l'intitulé du chapitre de la loi de 1973 où se trouve l'article 44 « Amélioration des conditions de la concurrence » et, de ce titre, elle a déduit qu'une publicité fausse constitue une atteinte à une saine concurrence, nuisant aux membres de la profession qui, eux, respectent leurs obligations. Précisons qu'aujourd'hui cet article se trouve à l'article L. 121-1 du Code de la consommation.

Sur l'action syndicale, on fera encore deux observations. D'abord, elle présente la nature, non d'une action civile classique, mais d'une véritable action publique puisqu'elle tend au prononcé d'une peine davantage qu'à l'allocation d'une réparation (parfois fixée symboliquement à un franc). Ensuite, elle est parfois d'une indéniable utilité dans la mesure où le ministère public n'est pas toujours informé des manquements portant atteinte à une profession, à une communauté restreinte. Cette dernière considération vaut aussi pour les associations.

II. — L'action des associations

Néanmoins, la régle générale affirmée par la chambre criminelle le 18 octobre 1913 est l'irrecevabilité de l'action associationnelle. Mais cette position de principe est aujourd'hui en net recul.

A. — Le principe de l'irrecevabilité

L'arrêt du 18 octobre 1913 est remarquable car il suit de quelques mois à peine la décision qui avait solennellement accueilli un syndicat professionnel. Et la volonté de la Cour suprême de refouler les associations est d'autant plus nette que les faits auraient pu autoriser, dans le contexte de l'époque, une solution différente. Un industriel forain ayant créé et ouvert au public un « musée pédagogique » où il exposait des objets obscènes, un « comité de vigilance pour la protection de la jeunesse et la répression de la licence des rues », association déclarée, le poursuivit pour outrage aux bonnes mœurs (v. l'exposé des faits, in *Rev. pénit.* 1913, p. 1200 et s.). La chambre criminelle rejette l'action de l'association en invoquant l'absence de préjudice personnel et en affirmant en conséquence le monopole du ministère public.

Cette conception rigoureuse fut maintenue jusqu'à nos jours, au moins dans son principe. Elle fut appliquée à un comité pour la défense de la moralité encore en cas d'outrage aux bonnes mœurs (Crim. 13 avr. 1923, *Gaz. Pal.* 1923. 2. 622 ; 20 févr. 1937, *S.* 1938. 1. 279), à une association de résistants et de déportés en cas de diffamation (Crim. 16 déc. 1954, *D.* 1955. 287, rapport M. Patin), à une association fondée « pour la défense des intérêts des contribuables » en cas d'escroquerie commise au préjudice d'une commune (Crim. 5 févr. 1970, *Bull. crim.* n° 52), à une « association nationale des appellations d'origine agricole » en cas de fraude (Crim. 20 avr. et 8 nov. 1967, *Bull. crim.* n° 128 et 285 ; T. corr. Paris, 18 avr. 1968, deux affaires, *D.* 1969. Jur. 53, note A. Fourgoux), à une association dite « Laissez-les vivre » en cas d'avortement (Crim. 20 déc. 1977, *Bull. crim.* n° 404 ; *RSC* 1978. 654, obs. J.-H. Robert), à une association d'éducateurs pour jeunes inadaptés en cas d'homicide par imprudence ayant fait pour victime un enfant dans un hôpital (Crim. 31 janv. 1978, *Bull. crim.* n° 37 ; *adde* Crim. 22 mai 1979, *Bull. crim.* n° 180), à une fédération départementale de chasseurs pour les meurtre et tentative de meurtre de deux gardes-chasse (Crim. 25 févr. 1987, *Bull. crim.* n° 100) ou pour des faits de chasse sur le terrain d'autrui sans l'accord du propriétaire (Crim. 19 juin 1996, *Bull. crim.* n° 264 ; *Dr. pénal* 1997. Comm. 21, note J.-H. Robert). On peut encore ajouter ces arrêts qui ont déclaré irrecevable l'action civile d'une « association des familles des victimes des accidents de la circulation » (Crim. 23 juin 1986, *Bull. crim.* n° 218), de l'association « Ligue contre la violence routière » (Crim. 12 avr. 1988, *Bull. crim.* n° 146), ou de « l'association pour le respect du suffrage universel » (Crim. 6 mars 1990, *Bull. crim.* n° 104, dans une affaire de fraude fiscale). Dans toutes ces espèces, le préjudice invoqué par les associations « n'est pas distinct du préjudice résultant du trouble que les infractions poursuivies causent aux intérêts généraux de la société et dont la réparation est assurée par l'exercice de l'action publique », ce qui conduit à conférer un monopole au parquet... Un arrêt a même débouté deux associations professionnelles d'enseignants du secteur public qui avaient assigné un cardinal pour diffamation (Ch. réun., 15 juin 1923, *D.* 1924. 1. 153, concl. contraires proc. gén. M. Mérillon et note M. Rolland, *S.* 1924. 1. 49, note A. Chavegrin, affaire du *Cardinal Luçon*). Cette décision n'a pas il est vrai une importance considérable car elle a été rendue à une époque où les fonctionnaires ne pouvant se syndiquer avaient dû créer des associations professionnelles régies par la loi du 1er juillet 1901 sur les associations. Elle est tout de même une nouvelle illustration de l'hostilité de la jurisprudence à l'égard des associations en général, qu'elles soient professionnelles ou désintéressées.

Cette hostilité est partagée par la doctrine dominante, à quelques exceptions près (comme L. Boré, *La défense des intérêts collectifs par les associations devant les juridictions administrations et judiciaires*, thèse Paris I, 1995). La question, à vrai dire, a suscité des débats passionnés. En faveur de cette jurisprudence, on peut faire valoir deux arguments très solides. D'une part, l'article 6 de la loi du 1er juillet 1901, en accordant aux associations le droit général d'ester en justice, ne leur confère pas le droit particulier de se constituer partie civile alors que les syndicats se voient reconnaître expressément cette faculté par l'article L. 2132-3 du Code du travail. Ainsi s'explique pour l'essentiel l'opposition jurisprudentielle entre syndicats et associations. C'est qu'en effet lorsqu'une association prétend invoquer un intérêt collectif, c'est en vérité l'intérêt général dont elle parle, cet intérêt qui a déjà un défenseur tout trouvé avec le parquet. D'autre part, la recevabilité des associations menacerait le ministère public et l'intérêt général : la règle de l'opportunité des poursuites serait tournée, les tribunaux répressifs seraient engorgés, enfin la poursuite serait parfois utilisée à des fins partisanes ou nettement privées (J. Larguier, « L'action publique menacée », *D.* 1958. Chron. 29 et s. ; G. Roujou de Boubée, note sous C. assises Morbihan, 16 mars 1978, *D.* 1979. Jur. 556). Il est vrai qu'en sens contraire, d'autres arguments peuvent être invoqués, inspirés par l'idée que l'action des associations est « une situation naturelle en régime démocratique » (M. Delmas-Marty, note sous Crim. 10 nov. 1976, *JCP* 1977. II. 18709) : cette action peut réduire à néant la coupable inertie du parquet, elle peut aider celui-ci dans la lutte contre certaines formes de la délinquance, notamment de celle qui a pour cible les « exclus » de la société, ces *miserabiles personae* du monde moderne qui ne peuvent agir elles-mêmes. Une conciliation entre ces deux séries d'arguments opposés pourrait être trouvée dans l'octroi du droit d'agir aux seules associations reconnues d'utilité publique (v. en ce sens, proposition de loi Justin Godard du 11 mars 1925, reprise par H. Solus et R. Perrot, *Traité de droit judiciaire privé*, t. I, 1961, no 256 ; Ph. le Tourneau, *L'action civile des associations*, Annales de l'Université des sciences sociales de Toulouse, tome XLIV, 1996, p. 51). En tout cas, les arguments favorables aux associations ont déjà déterminé à l'encontre du principe affirmé depuis 1913 un courant favorable à la recevabilité.

B. — Vers la recevabilité

C'est à la fois le juge et surtout le législateur qui se mettent à accueillir des associations dont l'action leur apparaît socialement utile.

1. — Se fondant sur l'idée que certaines personnes sont dans l'impossibilité d'agir, des arrêts remarqués ont admis ces dernières années des associations venues défendre ces personnes exclues en droit ou en fait. Parmi les exclus en droit, on peut citer les déportés décédés (Crim. 14 janv. 1971, *D.* 1971. Jur. 101, rapp. F. Chapar ; *JCP* 1972. II. 17022, note H. Blin, recevant une association d'anciennes victimes du nazisme en cas d'apologie de crime de guerre) ou... les animaux (Paris 9 oct. 1971, *Gaz. Pal.* 1972. 1. 410 ; 23 févr. 1973, *Gaz. Pal.* 1974. 1. 315, accueillant la société protectrice des animaux). Parmi les exclus en fait, figurent les personnes qui, pour des raisons culturelles ou psychologiques, ne peuvent agir, tels les individus totalement démunis (Colmar 10 févr. 1977, *D.* 1977. Jur. 471, note D. Mayer), recevant l'association « Aide à toute détresse » ou les femmes victimes de viol (C. assises Paris, 15 déc. 1977, *D.* 1978. Jur. 61, note D. Mayer ; *contra* : C. assises Morbihan, 16 mars 1978, *préc.*).

D'autres fois, ce sont des valeurs essentielles qui sont invoquées en faveur de la recevabilité d'une association : ainsi, pour la sauvegarde de la santé, le Comité national français contre le tabagisme a été accueilli dans une poursuite pour infraction relative à la lutte contre le tabagisme (Crim. 29 avr. 1986, *Bull. crim.* n° 146). Une association de protection de l'environnement, quoique non agrée mais qui remplit les conditions prévues par l'article 2 du Code de procédure pénale peut agir dès lors que son objet statutaire est la protection du cadre de vie de la faune et de la flore d'un village (Crim. 12 sept. 2006, *Bull. crim.* n° 217 ; *D.* 2006. 2549 ; *AJ pénal* 2006. 416 ; *RSC* 2007. 303, obs. J.-H. Robert; *Dr. penal* 2006, Comm. 141).

2. — Ces décisions encore rares vont dans le même sens que les textes qui viennent habiliter spécialement certaines associations à agir. Voici les principales : les ligues antialcooliques peuvent agir en cas d'infraction aux dispositions du Code des débits de boissons (art. L. 3355-1 CSP, anc. art. L. 96 C. déb. boissons), les unions départementales d'associations familiales (UDAF) peuvent poursuivre les « faits de nature à nuire aux intérêts moraux et matériels des familles » (art. L. 211-3 CASF) ; les fédérations départementales de chasseurs « ont pour objet la répression du braconnage,

la constitution et l'aménagement des réserves de chasse, la protection et la reproduction du gibier » (art. L. 421-5 C. envir., anc. art. L. 221-2 C. rural) ; les associations régulièrement déclarées depuis au moins cinq ans à la date des faits et combattant le racisme peuvent poursuivre les provocations, diffamations, injures et refus de service fondés sur une discrimination raciale (art. L 421-1 C. consom.) ; les associations présentant le même caractère et ayant pour objet la lutte contre les violences sexuelles peuvent agir contre les auteurs de viol et d'attentat à la pudeur avec violence (art. 2-2 C. pr. pén.) ; les associations de consommateurs régulièrement déclarées peuvent exercer l'action civile « relativement aux faits portant un préjudice direct ou indirect à l'intérêt collectif des consommateurs » (art. 46, al. 1, L. du 27 déc. 1973, aujourd'hui art. L. 421-1 C. consom.) ; les associations de lutte contre le proxénétisme spécialement habilitées peuvent exercer l'action civile « en ce qui concerne les infractions de proxénétisme prévues par le Code pénal ainsi que celles qui se rattachent directement ou indirectement au proxénétisme... » (L. du 9 avr. 1975) ; les associations de protection de la nature et de l'environnement, déclarées depuis trois ans et agréées, peuvent se constituer dans les poursuites pour infractions prévues par la loi du 10 juillet 1976 (art. 40, L. du 10 juill. 1976) ; les mêmes associations peuvent agir en cas d'infractions en matière d'urbanisme (art. L. 160-1 et L. 480-1 C. urb.) ; les associations régulièrement déclarées depuis au moins cinq ans à la date des faits et ayant pour objet la défense de l'enfance martyre peuvent intervenir (mais non agir par voie d'action) dans les poursuites pour sévices à enfant (art. 2-3 C. pr. pén.) ; les associations régulièrement déclarées depuis au moins cinq ans et visant la défense des intérêts moraux de la Résistance ou de la déportation peuvent agir en cas de crimes de guerre ou contre l'humanité (art. 2-4 C. pr. pén.) ou en cas d'apologie de crimes de guerre, de collaboration avec l'ennemi, de dégradation de monuments ou de violation de sépulture (art. 2-5 C. pr. pén.) ; les personnes morales de droit public peuvent, en cas de poursuites pour incendie volontaire dans des forêts, se constituer partie civile devant la juridiction de jugement (art. 2-7 C. pr. pén.). On peut citer encore une loi du 17 décembre 1991 (art. 2-11 C. pr. pén.) qui permet aux associations d'anciens combattants et de victimes de guerre d'ester en justice en ce qui concerne les dégradations ou destructions de monuments ou les violations de sépulture qui ont causé un préjudice direct ou indirect à leur mission. Signalons aussi une loi du 4 janvier 1993 (art. 2-12 C. pr. pén.) qui habilite toute association combattant la délinquance routière à agir en ce qui concerne les délits d'homicide et blessures involontaires commis à l'occasion de la conduite d'un véhicule automobile terrestre à moteur lorsque l'action publique a été mise en mouvement par le parquet ou la partie lésée. Une loi du 13 mai 1996 (art. 2-16 C. pr. pén.) ouvre le droit d'agir à des associations déclarées depuis au moins cinq ans qui se proposent de lutter contre la toxicomanie ou le trafic de stupéfiants. Une loi du 15 juin 2000 ouvre le droit d'agir aux victimes de mouvements « ayant pour but ou pour effet de créer ou d'exploiter une dépendance psychologique ou physique... » (art. 2-17 C. pr. pén.), ce qui vise les mouvements sectaires, aux victimes d'accidents du travail (art. 2-18 C. pr. pén.), aux maires victimes d'injures, d'outrages, de menaces ou de violences (art. 2-19 C. pr. pén.). Une loi du 18 mars 2003 permet aux associations régulièrement déclarées depuis au moins cinq ans à la date des faits de défendre les intérêts moraux et matériels des locataires, propriétaires et bailleurs d'immeubles collectifs à usage d'habitation en cas d'atteintes volontaires à l'intégrité de la personne ou de dégradations (art. 2-20 C. pr. pén.). Enfin, toute association agrée déclarée depuis au moins trois ans visant à la protection archéologique peut agir en cas de dégradation d'une découverte archéologique faite au cours de fouilles ou fortuitement (loi du 20 février 2004, art. 2-21 C. pr. pén.) etc.

Cette liste est sans doute promise à un allongement. Mais dès maintenant, elle suggère une triple remarque faite sous le signe de la diversité.

– *D'abord*, on assiste à une incroyable inflation législative, le législateur habilitant chaque année de nouvelles associations au gré des circonstances : par exemple, le drame du stade de Furiani en Corse a déterminé le législateur du 8 février 1995 (art. 2-15 C. pr. pén.) à accorder le droit d'action aux associations ayant pour objet la défense des victimes d'un accident survenu dans les transports collectifs ou dans un lieu ouvert au public.

– *Ensuite*, le statut de l'association varie selon les cas : telle doit être simplement déclarée, telle autre doit l'être depuis au moins cinq ans, telle autre doit être agréée, voire reconnue d'utilité publique.

– *Enfin*, le champ d'action de l'association n'est pas toujours le même : ici la formule d'habilitation évoque celle des syndicats (cas des associations de consommateurs), là elle se veut plus étroite et alors la Cour de cassation en profite pour imposer une interprétation stricte, en souvenir de l'arrêt de principe du 18 octobre 1913. Un bon exemple est donné par les fédérations départementales de chasseurs qui ne peuvent être reçues que si elles démontrent l'existence d'un préjudice direct et personnel : tel est le cas lorsque le délit de chasse a été commis dans une réserve gérée par une fédération (Crim. 4 juill. 1978, *Bull. crim.* n° 219) qui avait mis en œuvre des dépenses importantes pour gérer la réserve (*id.* et aussi Crim. 8 févr. 1995, *D.* 1996. Jur. 96, note D. Guihal), mais tel n'est pas le cas lorsqu'une fédération se constitue à l'occasion d'une poursuite pour chasse sans permis (Crim. 12 juill. 1956, *JCP* 1957. II. 9764, note J. Audinet), chasse en temps prohibé (Crim. 25 juill. 1956, *id.*, 31 janv. 1968, *JCP* 1968. II. 15688, note H. B.), chasse sur terrain d'autrui (Crim. 11 juill. 1956, *JCP* 1957. II. 9764, note

J. Audinet) ou chasse avec engins interdits (Crim. 5 déc. 1963, *Bull. crim.* n° 350 et 351). De même, le préjudice moral, allégué par une fédération de chasseurs tenant à « l'image déplorable de la chasse renvoyée par l'action de douze chasseurs » condamnés pour avoir utilisé des véhicules dotés d'émetteurs radio, ne constitue pas un préjudice personnel à la fédération, distinct de celui éprouvé par la collectivité publique (Crim. 8 févr. 1995, *Dr. pénal* 1996. Comm. 269, obs. J.-H. Robert). Il est vrai que cette tendance restrictive est combattue par les juridictions du fond et par une partie de la doctrine (J. Guilbaud, *La chasse et le droit*, Litec 11e éd., 1979, n° 254, p. 375). Même rigueur à l'égard des associations combattant le racisme (Crim. 16 févr. 1983, *Bull. crim.* n° 58). Toutefois, la jurisprudence est plus favorable aux ligues anti-alcooliques (Crim. 23 juin 1983, *Bull. crim.* n° 196) et aux associations de protection des consommateurs (Crim. 20 nov. 1980, *Bull. crim.* n° 309 ; 17 juin 1981, *Bull. crim.* n° 210 ; 31 janv. 1983, *Bull. crim.* n° 38 ; T. corr. Metz, 27 mai 1983, *D.* 1983. Jur. 422, note D. Mayer ; *adde* : B. Salingardes, « L'action civile des groupements de consommateurs », *Mélanges de Lagrange*, 1978, p. 181 ; R. Vassas, « L'action civile des associations de consommateurs », *Gaz. Pal.* 1983. 1, doct. 160). Il est vrai qu'actuellement un vent favorable porte la protection du consommateur dans l'opinion et en législation (v. l'intitulé des lois n° 78-23 du 10 janvier 1978 et n° 83-660 du 21 juillet 1983, la première étant « sur la protection et l'information des consommateurs »..., la seconde « relative à la sécurité des consommateurs »...).

***

En conclusion, on fera trois remarques.

1° L'action civile des groupements constitue aujourd'hui un ensemble assez cohérent et unitaire : les syndicats accueillis par la Cour de cassation en 1913 ont vu ensuite leurs possibilités restreintes par la jurisprudence (qui ne faisait du reste qu'appliquer le principe de 1913) tandis que les associations refoulées par la même juridiction la même année ont peu à peu obtenu du législateur le droit d'agir (même si ce droit est parfois entendu restrictivement par la jurisprudence).

2° Les groupements — qui sont de droit privé — ne sauraient être confondus avec les personnes morales de droit public, lesquelles peuvent agir en application des articles 2 et 3 du Code de procédure pénale (Crim. 7 avr. 1993, *Bull. crim.* n° 150, vol avec port d'arme dans un bureau de poste, recevabilité non seulement des employés traumatisés, mais aussi de la Poste elle-même ; 27 nov. 1996, *Bull. crim.* n° 431, recevabilité d'un établissement de santé, dans des poursuites exercées pour entrave à l'interruption volontaire de grossesse, du fait de son préjudice personnel ; Crim. 7 avr. 1999, *Bull. crim.* n° 69 ; *RGDP* 1999. 648, obs. D. Rebut ; *RSC* 2000. 645, obs.

A. Giudicelli ; *ibid.* 1999. 827, obs. J.-H. Robert recevabilité du parc des Écrins du fait du propriétaire d'un chien poursuivi pour divagation de son animal ayant poursuivi un chamois dans les limites du parc).

3° Comme le procès est moins un contentieux entre un auteur et une victime qu'un contentieux entre l'auteur (un individu) et l'État (la société), le rôle des groupements — et même de la victime — devrait être réduit.

J. P.

13

ACTION CIVILE — RECEVABILITÉ — PRÉPOSÉ — ABUS DE FONCTION

Ass. plén. 17 juin 1983, *Communes de Chignin et de Sain-Jeoire-Prieuré c/ Société des transports Chamiot* (*Bull. ass. plén.*, n° 8 ; *JCP* 1983. II. 20120, concl. P. Sadon et F. Chabas ; *D.* 1984. Jur. 134, note D. Denis ; *RTD civ.* 1983. 749, obs. G. Durry ; *Rép. Defrénois* 1984, art. 33230, n° 14, obs. J.-L. Aubert)

Le commettant n'est pas responsable des dommages causés par son préposé qui, agissant sans autorisation, à des fins étrangères à ses attributions, s'est placé hors des fonctions auxquelles il était employé.

Assemblée plénière, 17 juin 1983

Communes de Chignin et de Saint-Jeoire-Prieuré c/ Société des transports Chamiot

« La Cour ;

Sur le moyen unique :

Attendu, selon les énonciations de l'arrêt attaqué, rendu sur renvoi après cassation, que M. Daniel Caille, chauffeur-livreur de la Société d'exploitation des transports Chamiot, a détourné une certaine quantité de fuel destinée à un client, dans l'intention de la vider dans la cuve de la maison de son père, située dans une localité voisine ; qu'au lieu de revenir au siège de l'entreprise, il s'est rendu dans cette localité mais que, s'étant aperçu qu'il était suivi, il a réussi à gagner un endroit désert, où il a déversé le fuel dans une carrière, polluant ainsi le réservoir d'eau de la commune de Chignin et des sources alimentant la commune de Saint-Jeoire-Prieuré ;

Attendu que ces deux communes font grief à la cour d'appel d'avoir décidé que la Société d'exploitation des transports Chamiot n'était pas civilement responsable des dommages causés par M. Caille, son préposé, alors, selon le moyen, que les commettants étant responsables du dommage causé par leurs préposés dans les fonctions auxquelles ils les ont employés, les infractions commises par le préposé à l'occasion et pendant le temps du travail et dans l'exercice de sa fonction engagent la responsabilité du commettant ;

Mais attendu que les dispositions de l'article 1384, alinéa 5 du Code civil ne s'appliquent pas au commettant en cas de dommages causés par le préposé qui, agissant sans autorisation, à des fins étrangères à ses attributions, s'est placé hors des fonctions auxquelles il était employé ;

Que, dès lors, après avoir constaté que la cause des dommages résidait dans un acte délibéré, étranger à ses fonctions, accompli par M. Caille à des fins personnelles, la cour d'appel a décidé à bon droit que la responsabilité de la Société d'exploitation des transports Chamiot n'était pas engagée ;

D'où il suit que le moyen n'est pas ;

Par ces motifs, rejette. »

OBSERVATIONS

Quand un préposé a commis une infraction pénale, la victime de celle-ci disposait naguère d'une action civile à l'encontre du commettant (fondée sur l'art. 1384, al. 5 C. civ.) et d'une autre action civile à l'encontre du préposé (fondée sur les art. 1382 et 1383 C. civ.). Grâce à cette sorte de superposition, la victime avait donc une double garantie, ce qui pouvait présenter un intérêt pour elle lorsque le commettant était insolvable. Ce schéma n'est plus valable aujourd'hui.

– Le *préposé* n'est plus qu'exceptionnellement engagé depuis un arrêt d'Assemblée plénière du 25 février 2000, (affaire *Costedoat*, *Bull.* ass. plén. n° 2 ; *D.* 2000. Jur. 673, note P. Brun et Somm. 463, obs. P. Delebecque ; *JCP* 2000. II. 10295, concl. R. Kessous et note M. Billiau ; *ibid.* I. 241, n°s 16 s., obs. G. Viney; *Dr. et patrimoine*, mai 2000, 107, obs. F. Chabas ; H. Groutel, « Revirement de jurisprudence au sujet de la responsabilité des préposés », *Resp. civ. et assur.*, mai 2000, n° 11 ; *Les grands arrêts de la jurisprudence civile,* 2000. 337, obs. F Terré et Y. Lequette ; *RTD civ.* 2000. 582, obs. P. Jourdain). Plus précisément, « n'engage pas sa responsabilité à l'égard des tiers le préposé qui agit sans excéder les limites de la mission qui lui a été impartie par son commettant ». La formule sera reprise par la chambre criminelle le 23 janvier 2001 (*Bull. crim.* n° 21 ; *RCA* 2001, n° 212, note H. Groutel) puis par un arrêt d'appel qui rajoute que l'irresponsabilité concerne les infractions non intentionnelles (Lyon 19 janv. 2006, *D.* 2006. Jur. 1516, note A. Paulin) et encore par la 2e chambre civile de la Cour de cassation (Civ. 2e, 28 mai 2009, *D.* 2009, 2667, note N. Pierre, à propos d'un accident de la circulation commis par un préposé qui conduisait un véhicule). Avec cet arrêt du 25 février 2000, le préposé bénéficie donc désormais d'une véritable immunité de principe, la victime n'ayant plus devant elle qu'un seul répondant, le commettant. On est donc passé d'un système de cumul à un système de substitution. Il est vrai que cette jurisprudence a été infléchie par un arrêt postérieur selon lequel le préposé condamné pour délit intentionnel (un faux et usage et une escroquerie en l'espèce), même sur l'ordre du patron et ayant causé un préjudice à un tiers, engage sa responsabilité à l'égard de ce dernier (Ass. plén. 14 déc. 2001, *Cousin, Bull. crim.* n° 269 ; *JCP* 2002. II. 10026, note M. Billiau ;

RTD civ. 2002. 109, obs. P. Jourdain ; *D.* 2002. Jur. 1230, note J. Julien ; *ibid.* Somm. 1317, obs. D. Mazeaud ; *ibid.* 2117, obs. B. Thullier). Encore faut-il que l'infraction pénale intentionnelle ait été caractérisée en tous ses éléments l'existence d'une condamnation pénale était indifférente (Crim. 7 avr. 2004, *D.* 2004. IR 1563). Cette position a même été étendue ultérieurement à la faute pénale non intentionnelle (Crim. 28 mars 2006, *Bull. crim.* nº 91 ; *D.* 2006. 1252 ; *RTD civ.* 2007. 135, obs. P. Joudain ; *JCP* 2006. II. 10188, note J. Mouly). Cela dit, on n'en dira pas davantage sur le préposé.

– Quant au *commettant*, il peut donc toujours être visé par l'action civile de la victime. En effet, selon l'article 1384 alinéa 5 du Code civil — qui s'applique devant le juge pénal aussi bien que devant le juge civil — les commettants sont responsables « du dommage causé par leurs domestiques et préposés dans les fonctions auxquelles ils les ont employés ». Est-ce à dire cependant que les juridictions saisies par les victimes devront systématiquement déclarer civilement responsable le patron d'un individu auteur d'une infraction pénale ? Certainement pas, trois situations devant être distinguées.

Il se peut en premier lieu que l'acte du préposé n'ait aucun rapport avec la mission que lui a confié son commettant. Il en est ainsi lorsque le préposé agit en dehors des heures et lieux de travail, avec un matériel qui lui est propre et avec un but étranger à l'entreprise. Le patron n'est évidemment pas responsable (Caen 25 mars 1932, *D.* 1935. 11. 51 pour des manœuvres de séduction suivies de grossesse ; Crim., 27 oct. 1938, *DH* 1938. 615 et 14 déc. 1939, *DH* 1940. 63, pour des rixes entre deux préposés).

À l'inverse — et c'est la seconde situation — si le dommage est commis par le préposé dans le cadre de sa fonction, le commettant est tenu civilement. C'est le cas de l'employé qui, pilotant le véhicule de l'entreprise pour le compte du patron de celle-ci et pendant les heures de service, cause un homicide involontaire.

Reste le cas intermédiaire, celui dans lequel le préposé cause un dommage dans le cadre de sa fonction ou avec des moyens mis à sa disposition par son patron, mais en agissant à des fins étrangères à sa fonction : il y a abus de fonction. Tel est le cas du chauffeur qui, au cours d'une mission, laisse monter un ami dans le véhicule de l'entreprise et lui cause des blessures à la suite d'une fausse manœuvre. Le lien entre la faute du préposé et la fonction doit-il être entendu restrictivement (ce qui défavorise la victime) ou au contraire extensivement (ce qui la sert) ? Longtemps hésitante, la jurisprudence n'a été vraiment fixée qu'avec l'arrêt de l'Assemblée plénière du 17 juin 1983 dont la portée est considérable.

I. — Une jurisprudence longtemps hésitante

Pendant des décennies, la jurisprudence fut partagée : la deuxième chambre civile de la Cour de cassation se montrait restrictive (1er juill. 1954, *D.* 1954. 628 et *JCP* 1954. II. 8352 ; 14 juin 1957, *D.* 1958. Jur. 53, note R. Savatier ; 1er déc. 1966, *Bull. civ.* II, nº 935 ; 15 déc. 1975, *D.* 1976. IR 86) alors que sa chambre criminelle, plus attentive aux victimes, adoptait une conception extensive (20 juill. 1931, *DH* 1931. 493 ; 18 oct. 1946, *S.* 1947. 1. 30). Il est vrai qu'un arrêt des chambres réunies avait paru rallier le camp de la chambre civile (9 mars 1960, *D.* 1960. Jur. 329, note R. Savatier ; *JCP* 1960. II. 11559, note R. Rodière). Cependant, la chambre criminelle avait cru pouvoir continuer à maintenir une interprétation extensive (6 févr. 1965, *Gaz. Pal.* 1965. 11. 24 et *RTD civ.* 1965. 814, obs. R. Rodière ; 27 janv. 1971, *Bull. crim.* nº 30 et 31). Sans doute, un second arrêt rendu en formation solennelle avait-il encore adopté une interprétation restrictive (Ass. plén., 10 juin 1977, *D.* 1977. Jur. 465, note C. Larroumet ; *JCP* 1977. II. 18730, concl. P. Gulphe ; *RTD civ.* 1977. 74, obs. G. Durry). Mais la Haute juridiction n'ayant statué que sur le cas de l'emprunt abusif de véhicule — « le commettant n'est pas responsable du dommage causé par le préposé qui utilise sans autorisation, à des fins personnelles, le véhicule à lui confier pour l'exercice de ses fonctions » — la chambre criminelle ne s'inclina que dans ce cas (Crim., 18 juill. 1978, *Bull. crim.* nº 237) et maintient sa conception extensive dans tous les autres cas (Crim., 18 juin 1979, *Bull. crim.* nº 212 ; T. Hassler, « La responsabilité des commettants. La jurisprudence de la chambre criminelle depuis l'arrêt de l'Assemblée plénière du 10 juin 1977 », *D.* 1980. Chron. 125).

Une telle opposition entre deux formations de la Cour de cassation était très fâcheuse, même s'il en existe d'autres hypothèses (v. par ex. à propos de l'action en réparation de la concubine contre le tiers responsable du décès de son compagnon, *supra*, nº 11). Une décision contenant une formule générale et rendue par l'Assemblée plénière était donc indispensable. Elle survint le 17 juin 1983.

II. — Une jurisprudence désormais fixée

Les faits ayant donné lieu à l'arrêt du 17 juin 1983 sont très simples. Un chauffeur-livreur d'une société de distribution de fuel décide d'en détourner, à son profit, une certaine quantité destinée à un client. Mais ayant constaté qu'il était suivi, il déverse le fuel dans une carrière et pollue l'eau de deux communes. Ces dernières, s'estimant victimes du délit de pollution, agissent contre la société. Les cours d'appel de Chambéry (arrêt du 1er juin

1978) et de Grenoble (arrêt du 20 déc. 1979) les déboutent. Mais ces arrêts sont cassés par la chambre criminelle (arrêt du 3 mai 1979, *Bull. crim.* n° 157 ; 16 déc. 1980, inédit). Sur renvoi, la cour de Lyon refuse de suivre la chambre criminelle (arrêt du 26 mars 1982). C'est ainsi que l'Assemblée plénière est saisie. Dans un attendu de principe, elle rappelle que « les dispositions de l'article 1384, alinéa 5 du Code civil, ne s'appliquent pas au commettant en cas de dommage causé par le préposé qui, agissant sans autorisation à des fins étrangères à ses attributions, s'est placé hors des fonctions auxquelles il était employé ». La formule est extrêmement générale. Elle est proche de celle qu'avait utilisée la même juridiction dans sa décision précitée du 10 juin 1977 : à la notion de « fins personnelles » l'arrêt de 1983 substitue celle de « fins étrangères aux attributions », peut-être plus large. Elle traduit le souci prétorien de fixer l'avenir sans discussions ni distinctions possibles. Désormais, le délit pénal commis par le préposé n'engage plus le commettant civilement si certaines conditions sont remplies.

L'énoncé de ces conditions a donné lieu à un débat doctrinal. Pour certains auteurs, interprétant presque littéralement la formule de l'arrêt du 17 juin 1983, la présomption de l'article 1384, al. 5 C. civ. pesant sur le commettant peut être écartée à trois conditions (que ce dernier devra prouver) : l'absence d'autorisation, la poursuite par le préposé d'une fin étrangère à ses attributions et le dépassement objectif de ses fonctions (G. Durry, *RTD civ.* 1983. 749 ; G. Viney, note au *JCP* 1986. II. 20568). Pour d'autres auteurs, seules les deux premières conditions doivent être remplies par le commettant pour qu'il puisse n'être pas engagé car le fait que le préposé se soit placé hors de ses fonctions n'est qu'une conséquence nécessaire de la seconde condition (C. Larroumet, note au *D.* 1984. Jur. 170). Si l'hésitation était permise à la lecture de l'arrêt du 17 juin 1983, un autre, rendu également par l'assemblée plénière le 15 nov. 1985 (*D.* 1986. Jur. 81, note J.-L. Aubert ; *JCP* 1986. II. 20568, note critique G. Viney ; *D.* 1986. IR 117 et obs. ; *adde* : Y. Lambert-Faivre, chronique au *D.* 1986. 143) devait rallier la seconde thèse : le fait pour le préposé d'agir à des fins contraires à ses attributions a pour conséquence qu'il s'est placé hors de ses fonctions. Il est vrai qu'ultérieurement l'assemblée plénière a nettement affirmé l'existence des trois conditions en décidant que « le commettant ne s'exonère de sa responsabilité que si son préposé a agi hors des fonctions auxquelles il était employé, sans autorisation et à des fins étrangères à ses attributions » (Ass. plén. 19 mai 1988, *D.* 1988. Jur. 513, note C. Larroumet ; *Gaz. Pal.* 1988. II. 640, concl. Dorwling-Carter ; *Defrénois* 1988, art. 343-16, n° 90, obs. J-L. Aubert ; *RTD civ.* 1989. 89, obs. P. Jourdain, préposé d'une compagnie d'assurance qui s'était fait remettre de l'argent par les clients et l'avait ensuite détourné à son profit, et admission de la responsabilité de l'assurance comme commettant). La formule sera reprise (Crim., 16 févr. 1999,

Bull. crim. n° 23 ; *RTD civ.* 1999. 409, obs. P. Jourdain, responsabilité d'une société de gardiennage dont le préposé a commis des vols ; Civ. 2e, 12 mai 2011, *D.* 2011. 1938, note O. Gout, « videurs » d'une discothèque qui expulsent avec violences un client). Ainsi la dernière jurisprudence fait-elle état de trois conditions. Pourtant il paraît plus simple de ne pas distinguer attributions et fonctions : dès lors que le préposé n'est pas dans ses attributions, il se trouve nécessairement hors fonctions. Ainsi, le commettant ne sera dégagé qu'à deux conditions.

A. — Le préposé a dû agir à des fins étrangères à ses attributions

Il faut d'abord que le préposé ait agi à des fins étrangères à ses attributions, c'est-à-dire hors de ses fonctions. Tout détournement de fonction entraîne donc la libération du commettant. L'examen des faits doit permettre assez aisément de déterminer les cas où un tel détournement existe. Deux situations particulières posent cependant problème.

1° Que décider tout d'abord lorsque la faute du préposé a été commise sur la base d'un acte de sa fonction, cet acte étant nécessaire à l'accomplissement de sa faute ? Tel est le cas du clerc de notaire qui détourne les fonds qui lui ont été remis par un client de l'étude en vue d'une opération de prêt. Dans un tel cas, la jurisprudence décide que le commettant reste responsable puisque le dommage causé par le préposé ne peut pas être dissocié de l'acte qu'il aurait dû accomplir dans le cadre de sa fonction (J. Flour, J.-L. Aubert et E. Savaux, *Les obligations, Le fait juridique*, t. II, 13e éd., Sirey, coll. « Université », 2009, n° 218 p. 260). Cette jurisprudence a été rendue par exemple dans l'espèce suivante. Le préposé d'un vendeur d'automobiles s'était fait remettre une grosse somme d'argent en espèces pour la commande d'un véhicule par son employeur, puis avait détourné à son profit cette somme sans transmettre la commande à l'employeur. Le commettant fut déclaré responsable envers la victime de cet abus de fonction (Civ. 2e, 7 déc. 1983, *D.* 1984. Jur. 171, note C. Larroumet) : en effet, « le commettant était tenu par les actes de son préposé qui entraient dans ses fonctions de représentant ». N'est pas davantage hors de ses fonctions l'employé qui a importé en contrebande des marchandises prohibées en utilisant le camion de son employeur lors d'un transport effectué pour le compte de celui-ci pendant le temps de travail (Crim. 19 mai 2003, *Bull. crim.* n° 43).

La dernière jurisprudence criminelle est très sévère pour le commettant en le déclarant responsable dans le cas d'un salarié qui, voulant jouer un « bon tour » à l'un de ses collègues lui avait projeté de l'air comprimé dans le rectum à l'aide d'un compresseur dont il se servait dans son travail, « le prévenu ayant trouvé dans son emploi l'occasion et les moyens de sa faute » (Crim., 23 juin 1988, *Bull. crim.* n° 289, 5e espèce).

2° Que décider ensuite si le préposé, tout en accomplissant un acte objectivement étranger à ses fonctions avait agi subjectivement dans le cadre de celles-ci ? Voici l'employé d'une société de gardiennage qui, volontairement, met le feu à l'usine qu'il devait protéger, mais qui le fait uniquement pour attirer l'attention de ses supérieurs sur les faiblesses du système de protection. Dans un arrêt précité (II *in limine*) du 15 novembre 1985, l'Assemblée plénière exclut la responsabilité du commettant. Les juges reprennent la formule utilisée dans l'arrêt du 17 juin 1983 et ajoutent même que la responsabilité du patron est exclue « quels que fussent les mobiles » du préposé. On savait déjà que les mobiles sont indifférents, au moins en principe, en droit pénal. On constate aujourd'hui que la règle est étendue à la responsabilité civile du commettant.

B. — Le préposé a dû agir sans autorisation du commettant

L'irresponsabilité de ce dernier suppose, selon l'arrêt du 17 juin 1983, une seconde condition : il faut que le préposé, en agissant en dehors de ses fonctions, n'ait pas eu l'autorisation d'utiliser le véhicule ou l'instrument avec lequel il a causé le dommage (Civ. 2e, 11 avr. 1986, *JCP* 1986. IV. 163). Il semble cependant que ce soit au commettant de rapporter la preuve du défaut d'autorisation d'une utilisation du véhicule hors des fonctions (Crim., 13 mai 1980, *Bull. crim.* n° 144). Cette règle se fonde sur le fait que le commettant est la personne la mieux placée pour rapporter la preuve et aussi sur l'intérêt de la victime qui a avantage à ce que la présomption d'autorisation soit maintenue.

III. — Une jurisprudence de grande portée

L'arrêt du 17 juin 1983 présente une très grande importance.

Les théoriciens remarqueront tout d'abord comment se sont établis les rapports entre diverses formations de la Cour de cassation. L'Assemblée plénière a « forcé la chambre criminelle un peu à la façon d'une meute qui poursuit du gibier » (G. Denis, note au *D.* 1984. Jur. 136, 1re colonne). Par tous les moyens, la chambre criminelle s'efforçait de maintenir sa position extensive favorable aux victimes. L'Assemblée plénière, par une formule très large, verrouille toutes les issues par lesquelles la chambre criminelle aurait pu maintenir, au moins en partie, sa conception extensive. Et il était d'emblée évident que, dans ce « jeu » judiciaire, l'Assemblée plénière aurait le dernier mot.

On notera aussi, quant au fond, que la question paraît maintenant tranchée pour longtemps. Après une telle bataille, on n'imagine pas que la chambre criminelle persiste dans sa jurisprudence et même que l'Assemblée plénière change la sienne. La sécurité juridique des justiciables y aura gagné.

Le plus important est sans doute la nouvelle orientation de notre droit quant à l'article 1384, alinéa 5 du Code civil. Et cette orientation est double : renouveau de la faute puisque le commettant n'est plus responsable que s'il avait autorisé le préposé à agir en dehors de ses attributions ou que si ce dernier a agi dans le cadre de ses fonctions, c'est-à-dire seulement dans des cas où sa faute est plus ou moins certaine ; recul des idées de risque et de garantie puisque le commettant cesse de devoir indemniser systématiquement la victime (notes D. Denis au *D.* 1984. Jur. 137, et C. Larroumet, *D.* 1984. Jur. 173, 1re colonne). C'est bien la victime qui est au centre du débat. Et si l'on veut élever celui-ci, il apparaît que l'arrêt du 17 juin 1983, en excluant une réparation systématique de la victime va à la fois à l'encontre de la dernière législation (loi du 5 juillet 1985 sur l'indemnisation des victimes d'accidents de la circulation) et dans le sens de la dernière jurisprudence (Civ. 2e, 6 avr. 1987, *D.* 1988. Jur. 32, note C. Mouly, arrêt revenant sur la célèbre jurisprudence *Desmares* qui était à l'origine de la loi du 5 juillet 1985).

D'un autre côté cependant la jurisprudence, depuis quelques années, étend dans l'intérêt des victimes, l'article 1384 alinéa 1er du Code civil à ces nouveaux responsables que sont les associations (Ass. plén. 29 mars 1991, *JCP* 1991. II. 21673, note J. Ghestin ; *D.* 1991. Jur. 324, note C. Larroumet ; obs. G. Viney, *D.* 1991. Chron. 157 ; *Les grands arrêt de la jurisprudence civile* 2000. 343, obs. F Terré et Y. Lequette ; *RFDA* 1991. 991, obs. P. Bon ; *RTD civ.* 1991. 541, obs. P. Jourdain ; *ibid.* 312, obs. J. Hauser ; *RTD com.* 1991. 258, obs. E. Alfandari et M. Jeantin, association ayant en charge des handicapés dont l'un avait causé un incendie ; Crim., 4 janv. 1995, *Bull. crim.* n° 3, association ayant en charge un handicapé mental qui avait commis des violences sur un autre handicapé ; 26 mars 1997, 2e espèce, *Bull. crim.* n° 124, foyer éducatif auquel avait été confié un mineur qui commit un vol alors qu'il se trouvait chez sa mère).

J. P.

14

ACTIONS PUBLIQUE ET CIVILE — CAS PARTICULIER DE L'INFRACTION COMMISE PAR UN AGENT PUBLIC

T. confl. 14 janvier 1935, *Thépaz* (*S.* 1935. 3. Jur. 17, note R. Alibert) ;
Crim. 22 janvier 1953, *Randon* (*D.* 1953. 109, rapport M. Patin ; *S.* 1953. 7. 150)

Le juge pénal n'est compétent pour statuer sur les dommages-intérêts que si l'infraction commise par l'agent public constitue une faute personnelle, détachable de l'exercice de ses fonctions (1re espèce).

Même si la victime ne peut demander réparation au juge pénal d'un délit commis par un agent public, elle conserve la faculté, en exerçant l'action civile, de mettre l'action publique en mouvement et d'obliger ainsi ce juge à statuer sur la poursuite (2e espèce).

Tribunal des conflits, 14 janvier 1935

Thépaz

Considérant qu'un convoi de camions militaires, allant à la vitesse de 20 kilomètres à l'heure, sous les ordres d'un gradé, a dépassé, sur la route un cycliste, le sieur Thépaz, et que la remorque d'un de ces camions, à la suite d'un coup de volant donné par son conducteur, le soldat Mirabel, en vue d'éviter le choc du camion précédant qui avait brusquement ralenti son allure, a renversé et blessé le cycliste ;

Considérant qu'à raison de cet accident, l'action publique a été mise en mouvement, en vertu de l'article 320 de Code pénal, à la requête du ministère public contre Mirabel, lequel a été condamné par le tribunal correctionnel, puis par la cour d'appel de Chambéry, à 25 francs d'amende et au paiement à Thépaz, partie civile, d'une provision de 7 000 francs, en attendant qu'il soit statué, après expertise, sur sa demande de dommages-intérêts ; que, devant la cour d'appel, l'État, qui n'avait pas été mis en cause par la partie civile, est intervenu pour décliner la compétence de l'autorité judiciaire, aux fins de faire substituer sa responsabilité civile à celle du soldat ;

Considérant que, dans les conditions où il s'est présenté, le fait imputable à ce militaire, dans l'accomplissement d'un service commandé, n'est pas constitutif d'une faute se détachant de l'exercice de ses fonctions ; que, d'autre part, la circonstance que ce fait a été poursuivi devant la juridiction correctionnelle, en vertu des dispositions du nouveau Code de justice militaire sur la compétence, et puni par application de l'article 320 du Code pénal, ne saurait, en ce qui concerne les réparations pécuniaires, eu égard aux conditions dans lesquelles il a été commis, justifier la compétence de l'autorité judiciaire, saisie d'une poursuite civile exercée accessoirement à l'action publique ;

Article 1er. L'arrêté de conflit pris par le préfet de la Savoie, le 7 août 1934, est confirmé ;

Article 2. Est considéré comme nul et non avenu, en ce qu'il a de contraire à la présente décision, l'arrêt de la cour d'appel de Chambéry, en date du 26 juillet 1934.

Chambre criminelle, 22 janvier 1953

Randon

Attendu que Randon, à qui se sont joints ultérieurement Flandin et l'abbé Desgranges, a cité directement devant la juridiction répressive B... Jacques, préfet de l'Yonne, et C... Georges, receveur principal des Postes à Auxerre, pour avoir contrevenu à l'alinéa 1er de l'article 187 du Code pénal qui réprime le délit d'ouverture ou de suppression de lettres lorsqu'il est commis par un fonctionnaire ou agent du gouvernement ou de l'Administration des postes ;

Attendu qu'en déclarant que, par l'effet de cette citation, l'action publique avait été régulièrement mise en mouvement, comme l'action civile, et devrait être poursuivie jusqu'à son terme, quand bien même il serait allégué ou même démontré que les faits dénoncés, commis par des fonctionnaires, constituaient, au point de vue des intérêts civils, une faute non détachable du service, et dont la réparation incomberait à l'Administration, l'arrêt attaqué a fait une exacte application des articles susvisés (art. 1, 3, 63, 64, 145 et 182 C. instr. crim.) ; qu'il résulte en effet de ces divers articles que, hors les exceptions prévues par la loi, la victime d'une infraction à la loi pénale, en portant son action devant les juridictions répressives, met, par là même, l'action publique en mouvement, et qu'il suffit, pour qu'elle puisse user de ce droit, opposable aux fonctionnaires et agents du Gouvernement, même pour des infractions commises dans leur service, aussi bien qu'aux particuliers, qu'ayant la capacité d'ester en justice, elle justifie d'un dommage actuel et personnel, prenant directement sa source dans le délit poursuivi ;

D'où il suit que le moyen n'est pas fondé...

OBSERVATIONS

Quand l'agent d'un service public commet une infraction pénale, le parquet peut évidemment le poursuivre, la qualité d'agent de l'administration ne pouvant constituer une immunité (T. confl., 6 juill. 1957, *Préfet du Tarn-et-Garonne*, *Gaz. Pal.* 1957. 2. 309 ; Crim. 14 déc. 1971, *Bull. crim.* no 354) et pouvant tout au plus entraîner une dérogation aux règles normales de la compétence territoriale au titre du renvoi décidé par la chambre criminelle « dans l'intérêt d'une bonne administration de la justice » (art. 665, al. 2 C. pr. pén.). Mais en revanche, sur le plan de l'action civile, des difficultés apparaissent, issues du principe de la séparation des pouvoirs qui interdit au juge pénal et même plus généralement au juge judiciaire de connaître des conséquences pécuniaires des litiges où l'administration se trouve impliquée. On rappellera en effet que « les fonctions judiciaires sont distinctes et demeurent toujours séparées des fonctions administratives. Les juges ne peuvent à peine de forfaiture troubler, de quelque manière que ce soit, les opérations des corps administratifs... » (art. 13 de la loi des 16 au 16 août 1790 sur l'organisation judiciaire). Il faut donc se demander si le juge pénal doit statuer sur l'action publique lorsque celle-ci est mise en mouvement par l'action civile de la victime. Il faut se demander également si le juge répressif est toujours incompétent pour accorder une réparation à la victime. L'arrêt *Randon*, rendu par la chambre criminelle le 22 janvier 1953, répond à la première question et l'arrêt *Thépaz*, rendu par le tribunal des conflits le 14 janvier 1935, contribue largement à éclairer la seconde.

I. — La victime d'une infraction commise par un agent public peut mettre en mouvement l'action publique

Un sieur *Randon*, quelques jours avant les élections législatives de 1951 avait remis au receveur des postes d'Auxerre 330 plis destinés aux maires du département. Mais sur l'ordre du préfet de l'Yonne, ce fonctionnaire n'expédia pas les lettres. S'estimant victime du délit de suppression de correspondance (art. 187, al. 1 anc. C. pén., aujourd'hui art. 432-9 C. pén.), le sieur *Randon* cita directement le préfet et le receveur devant le tribunal correctionnel d'Auxerre. Mais celui-ci le débouta, estimant que l'action civile était irrecevable puisqu'il y avait faute de service et que le juge judiciaire était incompétent pour en connaître, quant à la réparation, et que, par voie de conséquence l'action publique n'avait pu être mise en mouvement. La cour d'appel de Paris jugea au contraire que par l'effet de la citation, l'action publique avait été régulièrement mise en mouvement, même s'il était démontré que les faits dénoncés constituaient une faute de service dont la réparation incomberait au juge administratif. La chambre criminelle, le 22 janvier 1953, confirma pleinement l'arrêt de la cour d'appel. Elle admit ainsi que la victime d'une infraction pénale commise par un agent public peut, dans tous les cas et par conséquent même si le juge pénal est incompétent pour accorder une réparation, poursuivre cet agent. Cette règle se justifie par deux séries de considérations.

A. — La raison tirée de l'idée de justice

On sait que l'action publique peut être mise en mouvement aussi bien par la victime — à la condition qu'elle remplisse les conditions de capacité et de préjudice — que par le ministère public. Il suffit à la victime, face à l'inertie de ce dernier, de mettre en mouvement son action civile. L'action publique est alors automatiquement lancée (art. 1, al. 2 C. pr. pén. ; *adde, supra*, n° 7). À ce principe, il n'est apporté que de très rares exceptions (par ex. art. 48 de la loi du 29 juillet 1881 pour les cas d'injure ou de diffamation envers les cours et tribunaux).

Or il n'y a aucune raison d'ajouter à ces exceptions celle qui se fonde sur la qualité d'agent public du délinquant. L'admettre conduirait en effet à placer les agents du gouvernement au-dessus des lois puisque le parquet, devenu le seul titulaire de l'action publique, s'abstiendrait en fait, le plus souvent, de poursuivre. Il faut éviter absolument que les fonctionnaires publics constituent une catégorie sociale particulière à l'abri des poursuites, qu'ils deviennent des « affranchis du droit pénal » (G. Liet-Veaux « La caste des intouchables ou la "théorie" du délit de service », *D.* 1952. chron. 133). Que le juge pénal soit compétent ou non pour accorder une indemnisation (on verra, *infra*, II, qu'il ne l'est pas toujours), la victime doit pouvoir traduire l'agent public devant un tribunal répressif. L'égalité de tous les délinquants devant l'action publique l'impose.

B. — La raison technique

À cette raison, s'en ajoute une autre, plus technique. On pourrait être tenté de soutenir, pour contester l'arrêt *Randon*, que les deux actions, publique et civile, sont irrémédiablement liées au motif qu'elles naissent du même fait, l'infraction. Et l'on en déduirait alors que l'impossibilité pour le juge pénal d'indemniser le titulaire de l'action privée devrait entraîner l'impossibilité pour ce juge d'appliquer une peine. Tel était le raisonnement du tribunal d'Auxerre. Mais cette logique est fausse et s'appuie sur un postulat erroné.

1° Il est inexact de soutenir que les deux actions sont nécessairement liées. Outre la désolidarisation de leur prescription, opérée par une loi du 23 décembre 1980 qui a réformé l'article 10 du Code de procédure pénale (M. Roger, « La réforme du délai de prescription de l'action civile », *D.* 1981. Chron. 175), une double divergence apparaît entre les deux actions. D'un côté, la victime, quand elle cesse de pouvoir poursuivre à cause de la survenance d'une loi d'amnistie, conserve cependant le droit de réclamer réparation, et même parfois devant le juge pénal (v. par ex. art. 21, al. 3 de la loi d'amnistie du 3 août 1995 selon laquelle si le tribunal répressif a été saisi avant publication de la présente loi, il reste compétent pour statuer sur les intérêts civils). De l'autre, l'action publique peut survivre à l'action civile, par exemple en cas de retrait de plainte ou de transaction

(v. en ce sens, rapport précité du conseiller Patin, p. 110, 1re colonne). Les deux actions sont donc relativement autonomes l'une par rapport à l'autre.

2° Mais il y a plus car le postulat que l'action civile est indemnitaire est en partie erroné. L'action civile, on le sait depuis longtemps, n'est pas seulement une action en réparation, elle est aussi une action vindicative puisqu'elle met en mouvement l'action publique. Faustin-Hélie écrivait que « l'action civile a souvent pour mobile principal la punition même de l'infraction, l'application de la peine, car la peine seule venge l'injure ou rassure la victime » (*Traité de l'instruction criminelle*, 1re éd., 1846, t. II, p. 179). Par conséquent, à supposer même que le juge pénal ne puisse indemniser la victime de l'agent public, la deuxième fonction de l'action civile subsiste et son maintien suffit à expliquer le déclenchement de la poursuite. Ce n'est que si l'action civile était irrecevable (par ex. pour incapacité du demandeur ou pour défaut de préjudice) que l'action publique ne sera pas mise en mouvement (Crim. 13 avr. 1956, *Bull. crim.* n° 464).

Ainsi, l'arrêt Randon distingue implicitement la recevabilité de l'action civile (d'où découle la mise en mouvement de l'action publique) du bien-fondé de l'action civile (d'où découle la réparation). Or cette distinction est capitale. Elle est aujourd'hui très étudiée en doctrine (R. Merle et A. Vitu, n° 68 et s. ; B. Bouloc, n° 227) ; J. Pradel, n° 352 et s.) et elle donne lieu à des applications nombreuses qui étaient en germe dans l'arrêt du 22 janvier 1953. S'agissant des fonctionnaires, l'arrêt de 1953 sera repris par d'autres (v. par ex. Crim. 23 juill. 1953, *JCP* 1953. II. 7856, pour un préfet encore). Et peu après, la Cour de cassation, changeant de formule, rappellera que « l'intervention d'une partie civile peut n'être motivée que par le souci de corroborer l'action publique et d'obtenir que soit établie la culpabilité du prévenu, que dès lors la constitution de partie civile doit être accueillie, à ces fins, quand bien même il serait allégué ou démontré que la réparation du dommage causé par l'infraction échapperait à la compétence de la juridiction répressive » (Crim. 8 juin 1971, *D.* 1971. Jur. 594, note J. Maury). Cette formule appliquée encore à des fonctionnaires, en l'espèce à des enseignants du secteur public, va d'ailleurs bientôt être étendue à des personnes autres que les agents publics, et dont les infractions ne peuvent être réparées par le juge pénal (cas des employeurs et de leurs préposés (Crim. 15 mars 1977, *JCP* 1979. II. 19148, note B. Bonjean, l'indemnisation des accidents du travail n'étant pas en principe de la compétence du juge pénal ; v. aussi en cette matière : Crim. 15 oct. 1970, *D.* 1970. Jur. 733, note J.-L. Costa, où apparaît la même idée, mais non la formule).

Si le juge pénal peut donc statuer sur l'action publique mise en mouvement par la victime de l'agent public, il faut se demander s'il peut statuer aussi sur l'action civile. Les développements précédents ont montré que le juge pénal ne le peut pas toujours.

II. — La victime d'une infraction commise par un agent public ne peut pas toujours obtenir réparation du juge pénal

La jurisprudence a dégagé un principe net dont l'application est cependant nuancée.

A. — Un principe net

Le juge pénal est compétent pour statuer sur l'action civile lorsque l'infraction commise par l'agent public est une faute personnelle, détachable de sa fonction, non lorsqu'elle ne constitue qu'une faute de service, étant ajouté qu'il ne peut jamais condamner l'administration comme civilement responsable de son agent (Crim. 25 janv. 1961, *JCP* 1961. II. 12032 *bis*, note A. Mestre ; 26 sept. 1989, *Bull. crim.* n° 328 ; 15 févr. 2000, *Bull. crim.* n° 70). Cette distinction entre faute détachable et non détachable résulte d'une jurisprudence constante du tribunal des conflits (26 mai 1924, *Dame Veuve Limetti*, *S.* 1924. 3. 49, note A. Hauriou ; 9 juill. 1953, *Dame Veuve Grange*, *JCP* 1953. II. 7797, note J. Rivero ; 28 mars 1955, *JCP* 1955. II. 8971, note J. Rivero). Après hésitations, la chambre criminelle l'a, à son tour, consacrée avec netteté.

– Ou bien dit-elle la faute est personnelle (détachable de la fonction), alors le juge pénal peut accorder réparation (Crim. 24 janv. 1974, *D.* 1975. Jur. 3, note P. Tedeschi, violences graves commises par des policiers, dépassant largement le cadre de leurs fonctions ; 25 mai 1982, *Bull. crim.* n° 134, refus par un médecin de garde de se rendre au chevet d'un blessé atteint d'une balle au ventre ; 2 avr. 1992, *Bull. crim.* n° 140 ; *JCP* 1993. II. 22105, note Vallar ; *RSC* 1993. 326, obs. G. Levasseur, abstention d'un médecin face à une femme admise en maternité à la suite d'une hémorragie, avec condamnation du praticien, pour non-assistance à l'enfant à naître, ce qui traduisait « un manquement volontaire et inexcusable à des obligations d'ordre professionnel et déontologique » ; 16 nov. 2004, *Bull. crim.* n° 289, violences graves administrées par un policier à l'aide d'une matraque, *D.* 2005. IR 171 ; *AJ pénal* 2005. 76, obs. J. C.). Plus généralement, un arrêt du 30 septembre 2008 donne une définition très claire de la faute personnelle : « est détachable de la fonction d'un agent public, même si elle n'est pas dépourvue de tout lien avec son service, la faute de cet agent qui, impliquant une intention de nuire ou présentant une gravité particulière, révèle un manquement volontaire et inexcusable à des obligations d'ordre professionnel et déontologique » (Crim. 30 sept. 2008, *D.* 2008, 2975, note H. Matsopoulou ; *AJDA* 2008. 1801 ; *AJ pénal* 2008, 505 et 511, obs. G. Roger ; *D.* 2009. Pan. 2239, obs. J. Pradel ; *RSC* 2009. 92, obs. E. Fortier, affaire dite des « écoutes de l'Elysée » où de hauts fonctionnaires, dirigés par un conseiller technique du chef de l'État et le directeur du cabinet de ce dernier, avaient organisé la surveillance habituelle d'une vingtaine de lignes téléphoniques et intercepté des correspondances de personnalités utilisant ces lignes).

– Ou bien au contraire, la faute est simplement de service (non détachable de la fonction), alors le juge pénal est incompétent pour accorder une réparation (Crim. 27 nov. 1984, *Bull. crim.* n° 369, pour un médecin attaché à un service public hospitalier ; 29 janv. 1985, *Bull. crim.* n° 49, violences légères commises par un policier, 29 nov. 1988, *id.* n° 403 ; 15 févr. 2000, *Bull. crim.* n° 70 ; 13 févr. 2007, *AJ pénal* 2007. 227, obs Roussel). La chambre criminelle exige que les juges du fond recherchent réellement si la faute est une faute personnelle détachable du service (Crim 20 juin 2006, *Bull. crim.* n° 189 ; *AJ pénal* 2006. 405, obs. Royer ; 17 oct. 2007, *Bull. crim.* n° 248 ; *AJ pénal* 2007. 534). Elle précise que « la faute : quelle que soit sa gravité, commise par un agent du service public dans l'exercice de ses fonctions et avec les moyens du service n'est pas détachable de ses fonctions » (Crim. 2 déc. 2003, *Bull. crim.* n° 226 ; *RSC* 2004, 244, obs. Y. Mayaud ; *JCP* 2004. II. 10044, note P. Mistretta ; 30 nov. 2010, n° 10-80.447 ; *Rev. pénit.* 2011. 149, obs. C. Ambroise-Castérot).

On comprend l'attitude de la jurisprudence : il ne faut pas que le juge pénal (ou plus généralement judiciaire) porte une appréciation sur la responsabilité du service public, à cause de la règle de la séparation des pouvoirs. Ce n'est donc que si l'infraction est une faute personnelle qu'elle se détache du service public et qu'alors le juge pénal peut l'apprécier et y attacher des effets civils.

On ajoutera d'ailleurs — mais cette observation intéresse essentiellement le droit administratif — que la présence d'une faute personnelle, si elle donne compétence au juge pénal pour accorder des dommages-intérêts, n'exclut pas forcément celle du juge administratif : en effet, dans le but de mieux assurer la réparation de la victime, la jurisprudence administrative admet le cumul des responsabilités de sorte que cette victime peut agir à la fois devant le juge administratif et devant le juge judiciaire (CE 26 juill. 1918, *Lemonnier*, *S.* 1918-1919. III. 41, concl. L. Blum et note A. Hauriou).

B. — Des applications nuancées

Dans l'application, le principe adopté par le tribunal des conflits et la chambre criminelle pose certaines difficultés. Ce sont évidemment les auteurs de droit administratif qui ont défini la faute personnelle et la faute de service : la première est celle qui, selon l'expression de Laferrière dans ses conclusions sur l'affaire *Laumonnier-Carriol* (T. confl. 5 mai 1877, *Lebon*, p. 437) révèle « l'homme avec ses faiblesses, ses passions, ses imprudences... celle qui traduit brutalité ou malveillance » ; la seconde, au contraire est celle qui, toujours selon Laferrière, révèle un administrateur « plus ou moins sujet à erreur », celle qui traduit une défaillance dans le fonctionnement normal du service public (J.-F. Lachaume, H. Pauliat, S. Braconnier et C. Deffigier, *Droit administratif, Les grandes décisions de la jurisprudence*, 15e éd., PUF, 2010, p. 821). De son côté, la jurisprudence pénale s'est efforcée d'apporter des définitions. C'est ainsi que « la faute personnelle est celle qui révèle un manquement volontaire ou inexcusable à des obligations d'ordre professionnel et déontologique » (Crim. 2 avr. 1992, *préc.*).

On serait alors tenté de faire coïncider faute personnelle et infraction pénale. Telle était du reste l'attitude du tribunal des conflits qui, primitivement, assimilait les deux notions. C'est avec l'affaire *Thépaz*, du 14 janvier 1935, que ce tribunal change d'attitude. Le conducteur d'un camion militaire avait provoqué un accident corporel de la circulation. Il fut condamné à une amende par le tribunal correctionnel, puis par la cour d'appel de Chambéry qui en même temps statuaient sur l'action civile. Sur arrêté de conflit pris par le préfet de la Savoie, le tribunal des conflits juge l'arrêt nul en ce qui concerne les condamnations civiles. Il venait d'admettre qu'il existe des infractions pénales qui ne sont pas des fautes personnelles. De même, peut-il exister des fautes personnelles qui ne tombent pas sous le coup d'un texte pénal.

Les applications de la jurisprudence *Thépaz* sont très nombreuses dans la jurisprudence non pénale. D'un côté, dans la veine de cette décision, il a été admis que des blessures par imprudence ne constituaient pas la faute personnelle (T. confl. 30 juin 1949, *Vernet et Arnoux*, *Lebon*, p. 605 et 606). Mais de l'autre, il est vrai, des infractions pénales graves, comportant un dol ou intention, restent des fautes personnelles : coup de feu mortel volontairement tiré par un gardien de la paix qui poursuivait en dehors de ses heures de service un individu qu'il soupçonnait d'avoir tenté de s'introduire chez lui de nuit (T. confl. 30 juin 1949, *Dame Veuve Chulliat*, *Lebon*, p. 606), violation de correspondance (T. confl. 10 déc. 1956, *Randon*, *D.* 1957. Jur. 483, concl. M. Guionin), conduite en état d'ivresse du véhicule d'un automobiliste hospitalisé (CE 9 oct. 1974, *Commune de Lusignan*, *Lebon*, p. 777 et TA Lyon, 7 août 1984, *Gaz. Pal.* 1985. II. 420, note R. Salvat). Rien d'absolu cependant : la faute intentionnelle n'est pas nécessairement une faute personnelle car le Tribunal des conflits a considéré que, quelle que soit sa gravité, une faute commise dans l'exercice des fonctions, avec les moyens du service, par un agent animé par la recherche d'un intérêt personnel, n'est pas détachable du service (T. confl. 19 oct. 1998, *D.* 1999. Jur. 127, note O. Gohin ; *ibid.* 2000. Somm. 306, obs. H. Charles ; *JCP* 1999. II. 10225, concl. J. Sainte-Rose et note A. du Cheyron du Pavillon, des faux en écriture publique n'impliquent pas nécessairement une faute personnelle).

À son tour, la chambre criminelle, assez fournie elle aussi dissocia, infraction et faute personnelle (Crim. 3 avr. 1942, *D.* 1942. Jur. 137, note M. Waline ; *JCP* 1942. II. 1953, note J. Brouchot ; 4 juin 2000, *Bull. crim.* n° 127, faute de négligence imputable à un maire et qui a entraîné la mort d'un enfant, mais qui reste non détachable de sa fonction de maire), sauf à remarquer évidemment que certaines infractions restent des fautes personnelles, soit qu'elles traduisent une intention malicieuse évidente (Crim. 24 janv. 1974, *préc.*, coups violents portés par des policiers), soit qu'elles fassent apparaître une faute très grave (Crim. 2 oct. 1958, *JCP* 1958. II. 10834 et 25 janv. 1961, *S.* 1961. Jur. 293, note G. Meurisse ; *JCP* 1961. II. 12032 *bis*, note A. Maestre, médecin et infirmières s'enfuyant de la salle d'opération en abandonnant la patiente au milieu des flammes) tandis que d'autres infractions resteront des fautes de service. Tout cela s'explique par le fait que la distinction entre faute personnelle et faute de service n'est pas toujours très nette, notamment parce qu'un même dommage peut trouver son origine dans la réunion de ces deux espèces de fautes.

C. — De rares exceptions

Enfin, on doit signaler deux exceptions au domaine sus-indiqué de la faute détachable ou non détachable. Ces deux exceptions sont en sens inverse.

D'une part, une loi du 31 décembre 1957 a transféré aux tribunaux judiciaires la matière des accidents causés par les véhicules de l'administration. Selon la loi de 1957, « par dérogation à l'article 13 de la loi des 16 au 16 août 1790 sur l'organisation judiciaire, les tribunaux de l'ordre judiciaire sont compétents par statuer sur toute action en responsabilité tendant à la réparation des dommages de toute nature causés par un véhicule quelconque. Cette action sera jugée conformément aux règles du droit civil, la responsabilité de la personne morale de droit public étant, à l'égard des tiers, substituée à celle de son agent, auteur des dommages causés dans l'exercice de ses fonctions » (pour des applications, Crim. 20 janv. 1993, 2 arrêts, *Bull. crim.* n° 37 ; 7 avr. 1993, *id.* n° 149, administrations condamnées civilement par le juge pénal). Ne faudrait-il pas aller plus loin encore en accordant au juge pénal le droit de statuer sur l'action civile, même en cas de faute de service ? Le principe de la séparation des juridictions, proclamé en 1790, a-t-il encore aujourd'hui un sens ? Il est permis d'en douter. Une concentration de toutes les conséquences d'une infraction commise par un agent public entre les mains des tribunaux répressifs apporterait une grande simplification et ferait gagner du temps au justiciable.

D'autre part, il est un domaine dans lequel les tribunaux judiciaires ne sont au contraire jamais compétents. C'est celui des infractions volontaires ou non, commises par un instituteur de l'enseignement public sur un élève. Il est en effet radicalement impossible à l'élève victime de mettre en cause devant le juge judiciaire l'instituteur public, la responsabilité civile de l'État étant instituée à la sienne en application de l'article 2 de la loi du 5 avr. 1937 (Crim. 31 janv. 1995, *Bull. crim.* n° 38 ; 20 septembre 2006, *Bull. crim.* n° 230 ; *D.* 2007. 187, note C. Ambroise-Casterot ; *D.* 2007. Pan. 973, obs. J. Pradel ; *AJ pénal* 2006. 503, obs. Roussel ; *AJDA* 2007. 106 ; *RSC* 2007. 116, note A. Giudicelli ; *RD publ.* 2006. 858, obs. P. Maistre du Chambon). Bien sûr, l'action civile est recevable contre l'État, mais devant les juridictions civiles (Cass. ch. mixte, 23 avr. 1976, *Bull. ch. mixte* n° 1 ; *D.* 1977. 21 note Martin ; *RTD Civ.* 1976. 553. obs. G. Durry).

J. P.

PARTIE III

LE DÉROULEMENT DU PROCÈS

Chapitre I — Théories générales

15

LIBERTÉ ET LOYAUTÉ DE LA PREUVE — ÉCOUTES TÉLÉPHONIQUES

Crim. 12 juin 1952, *Imbert* (*JCP* 1952. II. 7241, note J. Brouchot ; *S.* 1954. 1. 69, note A. Légal) ; Crim. 9 octobre 1980, *Tournet* (*D.* 1981. Jur. 332, note J. Pradel ; *JCP* 1982. II. 19578, note G. Di Marino ; *RSC* 1982. 144, obs. J. Robert)

Porte atteinte aux droits de la défense l'officier de police judiciaire commis rogatoirement qui provoque et intercepte une communication téléphonique entre un témoin et un suspect (ultérieurement inculpé) pour inciter ce dernier à faire des aveux (1re espèce).

L'interception de communications téléphoniques à la demande d'un juge d'instruction est licite, sauf en cas de mise en œuvre d'un stratagème ou en cas d'atteinte aux droits de la défense (2e espèce).

Chambre criminelle, 12 juin 1952

Imbert

Attendu qu'aux termes de l'article 90, alinéa 3 du Code d'instruction criminelle, le juge ou l'officier de police judiciaire commis exerce, dans les limites de la commission rogatoire, tous les pouvoirs du juge d'instruction ; qu'il est par suite soumis aux mêmes obligations et doit, dans les diverses opérations qu'il peut être amené à pratiquer, obéir aux mêmes règles ;

Attendu que, pour déclarer Imbert coupable du délit de corruption de fonctionnaire à l'occasion duquel il était poursuivi, l'arrêt attaqué se fonde sur divers moyens de preuve ; que, notamment, il trouve une confirmation de la culpabilité d'Imbert dans les termes d'une conversation téléphonique rapportée dans un procès-verbal dressé par le commissaire de police Vivier et échangée à la date du 27 mai 1949 entre Imbert et un sieur Planchon de qui le premier aurait sollicité la remise d'une somme d'argent pour lui faire obtenir une réduction substantielle de l'amende à laquelle Planchon avait été condamné par le Comité de confiscation des profits illicites dont Imbert était le président ;

Attendu que, devant les juges d'appel, Imbert avait déposé des conclusions tendant à l'annulation du procès-verbal relatant la conversation téléphonique susrappelée, par le motif que le commissaire de police Vivier aurait à cette occasion enfreint les règles de la loyauté auxquelles il était tenu et violé les prescriptions des articles 71 et suivants du Code d'instruction criminelle ;

Attendu que, pour rejeter les conclusions d'Imbert, l'arrêt attaqué s'est fondé sur ce que, à la date où fut dressé le procès-verbal susvisé, l'information était en cours contre X... ; que le commissaire Vivier était chargé de procéder à l'audition de tous témoins et à toutes confrontations ou investigations jugées nécessaires et qu'aucune disposition légale ne lui interdisait d'écouter une conversation téléphonique provoquée d'accord avec lui et sur appel du témoin Planchon entre ce dernier et Imbert ;

Attendu que, tant de l'arrêt lui-même que du procès-verbal de la conversation téléphonique du 27 mai 1949 et du rapport du commissaire de police auquel l'arrêt se réfère expressément, il résulte que le 21 mai 1949, une information était ouverte par le juge d'instruction au tribunal de Nevers contre X..., du chef de concussion, corruption de fonctionnaire, complicité ; que, le même jour, ledit juge d'instruction commettait rogatoirement le commissaire divisionnaire chef de la brigade de police de sûreté à Clermont-Ferrand à l'effet de procéder à l'audition de tous témoins susceptibles de fournir des renseignements, à toutes confrontations nécessaires, à toutes investigations, perquisitions et saisies qui paraîtront utiles à la manifestation de la vérité ; qu'en vertu de cette commission rogatoire, le commissaire de police Vivier procéda du 24 au 27 mai à l'audition de divers témoins, parmi lesquels le Sieur Planchon qui disait avoir été sollicité par le sieur Imbert, président du comité de confiscation des profits illicites de la Nièvre, de lui remettre la totalité de la somme qui devait être reversée à la société « Les Relais du Clos-Ry » dont Planchon était le gérant, par suite de la réduction de l'amende à laquelle ladite société avait été condamnée ;

Que, le 27 mai 1949, le commissaire Vivier, « prévoyant qu'il lui serait difficile d'obtenir des témoignages dans cette affaire de corruption, la loi punissant des mêmes peines la personne corrompue et le corrupteur », tenta de faire accepter par Imbert l'argent qu'il sollicitait de Planchon et d'intervenir à ce moment ; que « en accord avec les membres du parquet et M. Planchon », il faut décider de proposer à Imbert, par téléphone, le versement immédiat d'une partie de la somme qu'il réclamait à Planchon ; que le commissaire de police prépara à l'avance les questions que Planchon allait poser à Imbert, pendant que lui-même prendrait l'écouteur pour enregistrer les réponses de celui-ci ;

Que c'est la conversation téléphonique ainsi organisée qui a fait l'objet du procès-verbal du 27 mai 1949 dans lequel le commissaire de police « agissant en vertu de la commission rogatoire, en date du 21 mai 1949, du juge d'instruction au tribunal de Nevers », rapporte les propos dont il a été « témoin » ;

Attendu que l'opération exécutée dans de telles conditions doit être considérée comme nulle ; qu'en effet, elle a eu pour but et pour résultat d'éluder les dispositions légales et les règles générales de procédure que le juge d'instruction ou son délégué ne sauraient méconnaître sans compromettre les droits de la défense ;

Attendu que la cour d'appel, par l'arrêt attaqué a déclaré Imbert coupable de l'infraction qui lui était imputée en se fondant notamment sur les actes dont l'irrégularité vient d'être constatée ; que, par suite, elle n'a pas donné de base légale à sa décision ;

Et sans qu'il y ait lieu de statuer sur le second moyen invoqué à l'appui du pourvoi ;

Casse...

Chambre criminelle, 9 octobre 1980

Tournet

Attendu que, par commission rogatoire en date du 20 juin 1979 le juge d'instruction a donné pour mission à l'officier de police judiciaire par lui désigné, de procéder éventuellement, entre autres mesures d'investigations, à des écoutes sur la ligne de téléphone du domicile de Tournet, inculpé depuis le 12 juin 1979 et alors détenu ; qu'en exécution de cette commission rogatoire des écoutes téléphoniques ont été opérées entre les 10 et 13 juillet à l'une des résidences du susnommé, lequel avait été libéré et placé sous contrôle judiciaire ; que l'authenticité des enregistrements effectués et des documents se rapportant à ces écoutes et qui sont versés au dossier n'est pas contestée ; — Attendu que la Cour de cassation est en mesure de s'assurer que l'opération critiquée, étrangère à celles que réglementent les articles 114 à 118 du Code de procédure pénale a été accomplie par délégation de pouvoirs du juge d'instruction et sous le contrôle de ce magistrat, sans qu'aucun artifice ou stratagème ait été mis en œuvre ; qu'en outre, aucun élément ne permet d'établir que le procédé ainsi employé ait eu pour résultat de compromettre les conditions d'exercice des droits de la défense ; qu'ainsi et alors que l'article 81 du Code de procédure pénale habilite le juge d'instruction à procéder à tous actes d'information jugés par lui utiles à la manifestation de la vérité, il apparaît qu'aucun principe de droit ni aucune disposition légale n'ont été violés ; d'où il suit que le moyen ne saurait être accueilli ;

Par ces motifs, rejette.

OBSERVATIONS

Les progrès scientifiques posent décidément au pénaliste de réelles difficultés. En droit pénal de fond, on s'est demandé si un texte d'incrimination peut s'appliquer à un acte commis à l'aide d'un procédé technique qui n'était pas encore connu lors de sa promulgation et l'on sait que la réponse de la jurisprudence est nettement affirmative (v. *Les grands arrêts du droit pénal général*, n° 18). En droit pénal de forme, on se demande si, au nom du principe de la liberté de la preuve, tout mode de preuve fondé sur une technique est recevable (v. colloque d'Abidjan, janv. 1972, rapports G. Heuyer, J. Susini, G. Levasseur, Vassali, Y. Le Bris, Baingun, G. Léjins, A. Barletta, M. Van Bemmelen, R. Grassi et R. Ottenhof, *RID pén.* 1972, p. 225 et s.). Les solutions sont nuancées.

a) — Dans certains cas, notre droit se montre très favorable aux techniques modernes. Le législateur a prévu l'expertise sanguine en cas de crime, délit ou accident de la circulation lorsque l'excès alcoolique semble en être la cause (art. L. 3354-1 CSP, anc. art. L. 88 C. déb. boissons), sauf à remarquer que la jurisprudence n'interdit pas au juge de se fonder sur d'autres modes de preuve (Crim. 24 janv. 1973, deux arrêts, *JCP* 1974. II. 17679, note J. Mourgeon). Il a prévu aussi et plus récemment la preuve par empreintes génétiques (art. 706-54 C. pr. pén. dû aux lois des 17 juin 1998 et

15 novembre 2001). De son côté, la jurisprudence admet sous certaines conditions la preuve obtenue par photographie, radar ou cinémomètre en matière de circulation routière (Crim. 3 janv. 1978, deux arrêts, *Bull. crim.* n° 1 et 2 ; 11 janv. 1995, *Bull. crim.* n° 14 ; *RSC* 1995. 589, obs. J.-P. Delmas Saint-Hilaire ; 24 mars 1999, *Bull. crim.* n° 55 ; *D.* 1999. IR 120, arrêts invoquant la fiabilité de l'appareil). Et la pratique fait aujourd'hui appel à l'expertise ADN très fréquemment, surtout dans les affaires de viol ou de meurtre, sur la base des lois précités des 17 juin 1998 et 15 novembre 2001).

b) — Parfois cependant, une hostilité vigoureuse se manifeste. Ainsi en est-il de l'interrogatoire pratiqué sous narcose (Aix, 8 mars 1961, *Rev. sûreté nationale*, mars-mai 1961, p. 48 et surtout Crim. 12 déc. 2000, *Bull. crim.*, n° 369 ; *D.* 2001, Jur. 1340, note *D.* Mayer et J.-F. Chassaing ; *JCP* 2001 II 10495, note C. Puigelier ; *Rev. pénit.* 2001, 590, obs. A. Hervé ; *RSC* 2001, 610 obs. A. Giudicelli, nullité de l'audition d'un témoin entendu sous hypnose et pourtant avec son accord et en présence d'un expert, en vue de réactiver sa mémoire). Ce n'est qu'à des fins thérapeutiques qu'un tel procédé est admissible (T. corr. Seine, 23 févr. 1949, *Cens.*, *S.* 1950.2.149, note A. Légal ; *JCP* 1949. II. 4786, note R. V.).

c) — Reste le cas délicat des écoutes téléphoniques ou fait de recueillir par un procédé technique des conversations échangées par téléphone (v. la jurisprudence *in* J. Pradel, n° 474). Ce procédé est de longue date très utilisé en France, notamment en matière d'infractions de trafic (surtout de stupéfiants). Mais il a longtemps soulevé des difficultés (fiabilité, atteinte aux droits de la défense). Or dans l'adoption des solutions aujourd'hui arrêtées, le rôle de la jurisprudence a été fondamental, qu'il s'agisse de la définition des écoutes téléphoniques, de leur reconnaissance de principe (jusqu'à la loi du 10 juillet 1991, art. 100 à 100-7 C. pr. pén.) ou des conditions de ces écoutes (où la loi précitée ne règle pas tout).

I. — La notion d'écoute téléphonique

Comment définir l'écoute téléphonique ? À une époque où la loi était muette, la jurisprudence avait décidé qu'il y avait écoute téléphonique dans le fait d'accéder à des conversations privées non seulement en utilisant une dérivation, mais encore en employant tout procédé comme le fait d'approcher une radiocassette de l'écouteur (Ass. plén. 24 nov. 1989, *Baribeau*, *D.* 1990. Chron. 15, obs. J. Pradel et Jur. 34).

La loi du 10 juillet 1991 vise « l'interception, l'enregistrement et la transcription de correspondances émises par la voie des télécommunications » (art. 100, al. 1 C pr. pén.). Le texte est large et semble confirmer la définition prétorienne sans apporter de véritable définition.

Or la jurisprudence postérieure a été conduite à apporter certaines précisions sur la notion d'écoute téléphonique, l'intérêt résidant dans le fait que l'écoute téléphonique (et non certains procédés plus ou moins voisins) est soumise aux conditions prévues aux articles 100 et suivants du Code de procédure pénale.

Cette jurisprudence entend strictement l'écoute. Par exemple, ne constitue pas une « interception » le simple compte rendu de propos entendus par des policiers au cours d'une conversation téléphonique qui s'est déroulée en leur présence, sans artifice ni stratagème (Crim. 2 avr. 1997, *Bull. crim.* n° 131 ; *Procédures* 1997, Comm. 217, obs. J. Buisson ; *RSC* 1997. 858, obs. J.-P. Dintilhac). Il en est de même de la simple lecture et transcription par les policiers, sans artifices ni stratagème, de messages parvenus sur la bande d'un récepteur de messagerie unilatérale « Tatoo » (Crim. 14 avr. 1999, *Bull. crim.* n° 82 ; *D.* 1999. Somm. 324, obs. J. Pradel ; *Dr. pénal* 1999. Comm. n° 124, obs. A. Maron). Intercepter dit le Littré, c'est « prendre au passage » (verbe *intercepter* premier sens). Dès lors, intercepter des conversations, c'est les recueillir pendant qu'elles se font de sorte que l'interception suppose une préméditation, l'organisation d'un dispositif technique avant la tenue des conversations et en vue de les capter. Rien de tel dans les deux espèces précitées. Enfin, dernière précision, l'écoute téléphonique au sens des articles 100 et suivants émane d'autorités publiques comme il résulte implicitement de ces articles ; d'ailleurs la jurisprudence a décidé que ces textes ne s'appliquent pas à l'interception, à l'enregistrement et à la transcription par une personne privée de conversations émises par voie de téléphone, même si l'interception a finalement permis de faire apparaître une infraction pénale (Crim. 12 sept. 2000, *Bull. crim.* n° 265 ; *D.* 2000. IR 299 ; *Rev. sociétés* 2001. 128, obs. B. Bouloc ; *RSC* 2001. 405, obs. D.-N. Commaret).

II. — La licéité de principe de l'écoute téléphonique

C'est également la jurisprudence qui a posé la règle de la licéité des écoutes téléphoniques. Sans doute mettra-t-on de côté les arrêts rendus suite à des plaintes émanant de personnes victimes d'appels téléphoniques répétés et injurieux en même temps qu'anonymes Ces arrêts approuvèrent la police d'avoir fait procéder à des écoutes à seule fin de déterminer l'auteur de ces appels. (Crim 4 et 16 janv. 1974, *Bull. crim.* n° 2 et 25 ; *JCP* 1974. II. 17731 note A. Lindon.). En réalité, la question se pose à propos d'investigations relatives à des affaires autres, comme des délits de trafic de drogue ou de proxénétisme La jurisprudence est alors passée par trois stades (v. J. Pradel, *L'instruction préparatoire*, 1990, nº 524) avant d'être consacrée par la loi.

A. — Jurisprudence des juridictions du fond

Dans un premier temps, la licéité des écoutes ne fut proclamée que par des juridictions du fond (T. corr. Seine, 13 févr. 1957, *JCP* 1957. II. 10069 ; Poitiers, 7 janv. 1960, *JCP* 1960. II. 11599, note P. Chambon ; T. corr. Seine, 30 oct. 1964, *D.* 1965. 423).

B. — Jurisprudence de la chambre criminelle

Dans un second temps, la Cour de cassation emboîta le pas, mais d'abord timidement. En effet, dans l'affaire *Pellegrin* où une personne inculpée de vol s'était portée partie civile pour atteinte à l'intimité de la vie privée contre le juge d'instruction qui avait mis sous écoutes la ligne de son conjoint, la Cour esquiva un peu le débat en se retranchant derrière un argument de procédure tiré de l'article 681, alinéa 5, du Code de procédure pénale (aujourd'hui art. 6-1 C. pr. pén.). Toutefois, la Cour suprême marquait un certain préjugé en faveur des écoutes puisqu'elle décidait que l'article 81, alinéa 1, du Code de procédure pénale — qui autorise le juge d'instruction à procéder à tous actes utiles — « ne souffre en principe d'autre restriction que celle du respect des droits de la défense » Crim. 26 juin 1979, *Bull. crim.* nº 227). Par la suite, à l'occasion de l'affaire *Tournet* ci-dessus rapportée, elle se montre beaucoup plus nette en statuant expressément sur la validité des écoutes et en les validant. En l'espèce, un juge d'instruction avait donné commission rogatoire à un officier de police judiciaire afin que soit placée sous écoute la ligne téléphonique d'un inculpé qu'il venait de remettre en liberté. La jurisprudence *Tournet* a été confirmée par plusieurs arrêts postérieurs (Crim. 23 juill. 1985, *D.* 1986. Somm. 120, obs. J. Pradel ; 4 nov. 1987, *D.* 1988. Somm. 195, obs. J. Pradel ; Paris, 27 juin 1984, *D.* 1985. Jur. 93, note J. Pradel).

On notera en marge de la jurisprudence l'aval donné par le ministère de la Justice au procédé des écoutes (réponse du garde des Sceaux à la question écrite de M. Paul Balmigère, nº 3169, du 16 juin 1978, *JO* 29 juill. 1978).

Que pouvait-on penser de notre jurisprudence ? Si l'accord se faisait unanimement sur la licéité d'une écoute destinée à déterminer l'auteur d'appels téléphoniques injurieux, l'opinion était au contraire partagée en ce qui concerne l'écoute destinée à intercepter des paroles. Certains auteurs lui étaient favorables (G. Levasseur, obs., *RSC* 1980. 718 ; L. Lambert, *Formulaire des officiers de police judiciaire*, 2e éd. 1979, p. 285 ; J. Pradel, no 433). Mais d'autres restaient irréductiblement hostiles (R. Gassin, *Rép. pénal*, Dalloz, v. Vie privée, no 101 ; P. Chambon, « De la légalité des écoutes téléphoniques, concernant un inculpé, ordonnées par le juge d'instruction », *JCP* 1981. I. 3029 ; G. Di Marino, note au *JCP* 1981. II. 19578 et « Le statut des écoutes et enregistrements clandestins en procédure pénale », rapport au VIIIe Congrès de l'Association française de droit pénal, Grenoble, 1985, in *Le droit criminel face aux technologies nouvelles de la communication*, 1986, p. 35). Le principal motif d'hostilité provenait de l'article 8 Conv. EDH sur le secret de la vie privée : l'ingérence que constitue l'écoute doit selon ce texte être « prévue par la loi » et « nécessaire à... la défense de l'ordre et à la prévention des infractions pénales ». Or notre législation était muette et notre jurisprudence particulièrement avare de garanties.

C. – Jurisprudence européenne

Précisément, cet argument de droit européen détermina la Cour européenne des droits de l'homme à condamner (le même jour) la France dans deux affaires (CEDH 24 avr. 1990, affaires *Kruslin* et *Huvig*, *D.* 1990. Jur. 353, note J. Pradel ; *RSC* 1990. 615, obs. L.-E. Pettiti ; *RTD civ.* 1991. 292, obs. J. Hauser). La Cour de Strasbourg reprochait à la France non pas l'absence de loi formelle, la jurisprudence pouvant équivaloir à un texte, mais l'insuffisance des garanties. Très exactement, notre droit « n'indiquait pas avec assez de clarté l'étendue et les modalités d'exercice du pouvoir d'appréciation des autorités, [...] n'offrait pas [...] des sauvegardes adéquates contre divers abus à redouter, notamment quant aux catégories de personnes susceptibles d'être mises sous écoute judiciaire, quant à la nature des infractions pouvant y donner lieu... ». Rapidement la chambre criminelle tenta de parer au plus pressé en esquissant un régime des écoutes (avec un premier arrêt « de règlement », Crim. 15 mai 1990, *Bull. crim.* no 193). Puis intervint la loi du 10 juillet 1991 (art. 100 et s. C. pr. pén.). Après les efforts de la jurisprudence (J. Pradel, « Les écoutes téléphoniques judiciaires : un statut en voie de formation », *RFDA* 1991. 83), le législateur intervenait : les écoutes étaient légalisées (J. Pradel, « Un exemple de restauration de la légalité criminelle : le régime des interceptions de correspondances émises par la voie des télécommunications. Commentaire de la loi no 91-646 du 10 juillet 1991 », *D.* 1992. chron. 49). Cependant la jurisprudence antérieure allait continuer de présenter de l'intérêt puisque toutes les conditions des écoutes n'étaient pas prévues par la loi nouvelle, alors que certaines l'étaient par la jurisprudence. Cette dernière avait en effet posé des limites aux écoutes.

III. — Les limites à la licéité de l'écoute téléphonique

Deux limites sont en effet nettement posées par l'arrêt *Tournet* à la légalité des écoutes : existence d'un artifice ou stratagème, atteinte effective aux droits de la défense (*adde* : la limite plus générale en matière d'instruction que la procédure doit être relative à une infraction déterminée : Crim. 23 juill. 1985, *Bull. crim.* n° 275 ; *D.* 1986. IR 120, et obs ; 4 nov. 1987, *préc.*). En vérité, ces deux notions se recoupent en partie comme on va le voir en les examinant successivement. Et le respect de ces limites est assuré par la jurisprudence.

A. — Réalisation d'un artifice

Il faut bien s'entendre sur la définition de l'artifice car, au sens large, le recours à l'écoute en constitue déjà un en soi puisque l'artifice tend à obtenir un renseignement par surprise. Il est bien évident en effet que tout artifice n'est pas systématiquement à proscrire car un certain degré d'adresse est permis et même conseillé. Là où l'artifice devient déloyal, c'est lorsqu'il s'accompagne d'une provocation, menace, mensonge ou promesse fallacieuse et se pose alors un problème de loyauté dans la recherche de la preuve (Crim. 8 juin 2005, *Bull. crim.* n° 173, pas d'atteinte au principe de loyauté quand les enquêteurs n'ont déterminé en rien les agissements délictueux, déjà commis et en train de se commettre). En pratique, l'écoute est illicite lorsque l'officier de police judiciaire joue un rôle actif, soit en parlant lui-même tout en dissimulant sa qualité, soit en faisant parler l'interlocuteur de la personne mise en examen (ou de la personne contre laquelle pèsent déjà des charges) tout en lui dictant ses propos.

La première hypothèse s'est trouvée réalisée dans l'affaire *Wilson*. Le juge d'instruction Vigneau, qui poussant très loin le zèle professionnel, était allé jusqu'à engager avec un témoin une conversation téléphonique, en dissimulant sa qualité et en faisant croire à ce dernier qu'il parlait à l'inculpé lui-même. La Cour de cassation, toutes chambres réunies statuant en Conseil supérieur de la magistrature, a stigmatisé ce procédé comme non conforme à la franchise qui doit guider tout juge d'instruction (Ch. réunies 31 janv. 1888, *D.* 1889. 1. 241). En conséquence, elle a sanctionné de la réprimande simple le magistrat.

La seconde hypothèse a donné lieu à la célèbre affaire *Imbert*, ci-dessus rapportée. Dans le cadre d'une information ouverte contre X du chef de corruption de fonctionnaire, un officier de police judiciaire agissant sur commission rogatoire avait organisé une conversation téléphonique entre deux témoins pour confondre l'un d'eux, dictant les questions à l'autre et écoutant les réponses qu'il consignait aussitôt. Cette écoute téléphonique — quoique sommaire puisque faisait défaut tout intermédiaire technique — fut sanctionnée par la Cour suprême qui annula l'opération au nom des droits de la défense. La cour aurait pu invoquer la violation du principe interdisant aux enquêteurs d'entendre des personnes contre lesquelles pèsent des indices graves de culpabilité (jurisprudence sous l'empire du C. instr. crim., aujourd'hui art. 105 C. pr. pén.). Elle a préféré se fonder sur le principe général des droits de la défense.

Les circonstances de l'affaire *Imbert* se sont reproduites assez récemment. Des gendarmes agissant sur commission rogatoire placent en garde à vue une personne pour procéder à son audition. Cette personne se refusant à toute déclaration, les gendarmes ne purent avoir avec elle qu'une « conversation » qu'ils enregistrèrent et dont ils dressèrent ensuite procès-verbal. Mais les juges annulèrent le procédé car il y avait violation du principe de loyauté et de l'article 105 du Code de procédure pénale (Caen, ch. acc., 28 févr. 1990, *D.* 1990. Somm. 378, obs. J. Pradel). Il y avait donc atteinte aux droits de la défense.

B. — Atteinte aux droits de la défense

L'atteinte à ces droits peut cependant apparaître aussi à l'état pur, sans que le moindre stratagème ait été organisé. Ainsi en est-il lorsque l'écoute porte sur une conversation entre la personne mise en examen et son conseil. L'écoute ne peut alors être admise car elle porterait atteinte aux droits de la défense (Crim. 12 déc. 2000, *Bull. crim.* n° 369, solution implicite). En effet, les rapports entre ces deux personnes restent systématiquement secrets, qu'il s'agisse de correspondances écrites dont la saisie est exclue (Crim. 6 mars 1958, *D.* 1958. 696, art. D. 69 C. pr. pén.) ou de conversations (art. D. 68 C. pr. pén.). Cette règle est indirectement confirmée par l'article 89 du décret du 9 juin 1972 sur la profession d'avocat, qui oblige ce professionnel à taire les déclarations de son client et plus subtilement par la loi du 10 juillet 1991 puisque le nouvel article 100-7 du Code de procédure pénale (qui en est issu) décide « qu'aucune interception ne peut avoir lieu sur une ligne dépendant du cabinet d'un avocat ou de son domicile sans que le bâtonnier en soit informé par le juge d'instruction ». Et comme ce secret de l'avocat est institué dans l'intérêt général, il est absolu et d'ordre public (v. en dernier lieu en ce sens, Aix-en-Provence, 2 févr. 1983, *Gaz. Pal.* 1983, t. I, p. 313). C'est si vrai que la loi du 24 août 1993 a ajouté à l'article 100-7 un troisième alinéa selon lequel « les formalités prévues par le présent article sont prescrites à peine de nullité ». L'écoute téléphonique d'une conversation entre avocat et client ne serait donc possible que si à l'occasion d'une infraction, le premier était ou pouvait être complice du second (Crim. 15 janv. 1997, *Bull. crim.* n° 14 ; *Dr. pénal* 1997, Comm. n° 55, obs. A. Maron ; *RSC* 1997. 668, obs. J.-P. Dintilhac ; 8 nov. 2000, *Bull. crim.* n° 335 ; *D.* 2002. 856, obs. B. Blanchard ; 14 nov. 2001, *Bull. crim.* n° 238 ; 1er oct. 2003, *D.* 2004. Somm. 671, obs. J. Pradel ; *RSC* 2004. 99, obs. C. Ambroise-Castérot) ou lui-même auteur d'une infraction (Crim. 1er oct. 2003, *préc.*). La règle est la même qu'en matière de perquisition, Crim. 5 juin 1975, affaire *Rochenoir*, V. *infra* n° 18 et 31) et encore faut-il que le juge d'instruction ait avisé au préalable le bâtonnier de l'avocat intéressé.

Le juge ayant placé sous écoute la ligne d'un proche de la personne mise en examen peut-il intercepter les communications de ce proche avec l'avocat. La jurisprudence avait d'abord répondu par l'affirmative (Crim. 10 mai 1994, *Bull. crim.* n° 180 ; 8 oct. 1997, *Procédures* 1998, Comm. 46, obs. J. Buisson ; 30 sept. 1998, *id.* n° 243 ; *JCP* 1999. I. 126, Chron. X. Martin ; *Procédures* 1999, Comm. 42, obs. J. Buisson). Mais plus récemment, elle a changé sa position donnant plein effet au secret et aux droits de la défense (Crim. 18 janv. 2006, *Bull. crim.* n° 22 ; *D.* 2006. IR 392, obs. C. Girault ; *AJ pénal* 2006. 254, note P. Dourneau-Josette ; *ibid.* 304, note P. Remillieux ; *RSC* 2006. 413, obs. J. Buisson).

Une difficulté pratique apparaît cependant en cas de mise sur écoutes de la ligne d'une personne autre qu'un avocat, en pratique la ligne du client de l'avocat. La machine ne pouvant distinguer entre les conversations pouvant figurer au dossier (conversations quelconques) et celles qui ne peuvent y figurer (conversations avec l'avocat), le policier devra procéder à un tri pour ne faire apparaître sur son procès-verbal que les premières. Car s'il les mentionne toutes, les secondes devraient ensuite être retirées du dossier puisque nulles (art. 174 C. pr. pén.). Le policier se trouve en fait dans la même position que lorsque, procédant à une perquisition dans un cabinet d'avocat, un magistrat découvre des pièces confidentielles intéressant la défense.

On ne confondra pas le respect des droits de la défense avec le respect de la vie privée, qui doit aussi être assuré. C'est pourquoi la personne dont la conversation a été interceptée par une écoute pratiquée sur la ligne d'un tiers doit, selon la CEDH, pouvoir invoquer la nullité (CEDH 24 août 1998, *Lambert c/ France*, *D.* 1999. Somm. 271, obs. J.-F. Renucci ; *RSC* 1998.

829, obs. L.-E. Pettiti ; *ibid.* 1999. 384, obs. R. Koering-Joulin ; *RTD civ.* 1998. 994, note J.-P. Marguénaud ; *JCP* 1999. I. 105, Chron. F. Sudre. Mais il est vrai que notre chambre criminelle avait dans cette affaire dit l'inverse.

Pour assurer le respect de ces limites, la jurisprudence admet que la personne qui s'estime victime d'un stratagème ou atteinte dans son droit de défense puisse agir en nullité. Et ici le plus remarquable est qu'une personne peut agir même à l'égard d'interceptions qui ont été faites dans une procédure dans laquelle elle n'était pas partie, ces interceptions ayant été jointes à la procédure où elle est partie. Certes la chambre criminelle a d'abord dit le contraire (Crim. 16 mai 2000, *Bull. crim.* n° 190 ; *D.* 2000. IR 205). Mais la France ayant été condamnée par la CEDH (29 mars 2005, *Matheron c/ France*, *D.* 2005. Jur. 1755, note J. Pradel), la chambre criminelle changea d'attitude : elle permet aujourd'hui à une personne mise en examen dans une procédure A de soulever la nullité d'interceptions effectués dans une procédure B où elle n'est pas partie et jointe à la procédure A (Crim. 7 déc. 2005, *Bull. crim.* n° 327 ; *D.* 2006. IR 253 ; *RSC* 2006. 343, obs. D.-N. Commaret).

***

Sous réserve de ces deux limites, le principe de la licéité des écoutes au cours de l'instruction préparatoire doit donc être affirmé (jurisprudence et art. 100, al. 1er C. pr. pén.). Au stade de l'enquête en revanche, il faut affirmer la solution inverse : l'exclusion de toute écoute, pressentie de longue date par la doctrine (A. Chavanne, *Les résultats de l'audio-surveillance comme preuve pénale*, Rapport au XIIe Congrès international de droit comparé, Sydney et Melbourne, 1986, *Rev. dr. int. dr. comp.* 1986. 749) a été magistralement consacrée par la jurisprudence (Ass. plén. 24 nov. 1989, *Bull. crim.* n° 440 ; *D.* 1990. Chron. 34, obs. J. Pradel, « Écoutes téléphoniques et Convention européenne des droits de l'Homme » ; Crim. 4 sept. 1991, *Bull. crim.* n° 312 ; *JCP* 1992 II. 21802, note W. Jeandidier). Peu importe même qu'il y ait accord de l'un des correspondants (Paris 8 févr. 1995, *D.* 1995. Jur. 221, note J. Pradel, et sur pourvoi, Crim. 27 févr. 1996, *Bull. crim.* n° 93, *D.* 1996. Jur. 346, note C. Guéry ; *JCP* 1996. II. 22629, note M.-L. Rassat ; *Gaz. Pal.* 1996. II. 369, rapp. R. Guerder ; *Justices* 1997, n° 5, p. 316, Chron. D. Rebut), avec tout de même une exception en cas de criminalité organisée et sous de stricts conditions (art. 706-95 C. pr. pén.).

J. P.

16

LIBERTÉ ET LOYAUTÉ DE LA PREUVE — ÉLÉMENTS OBTENUS PAR LES PLAIGNANTS OU PARTIES CIVILES

Crim. 23 juillet 1992, *Melle X... et autres* (*Bull. crim.* n° 274 ; *D.* 1993. Somm. 206, obs. J. Pradel ; *RTD civ.* 1993. 101, obs. J. Hauser) ; Crim. 6 avril 1993, *J.L.T.* (*JCP* 1993. II. 22144, note M.-L. Rassat) ; Crim. 11 juin 2002, *Dhaisne, Jacinto et Labradero* (*Bull. crim.* n° 131 ; *D.* 2002. Chron. 2657, obs. L. Collet-Askri ; *RTD civ.* 2002. 498, obs. J. Mestre et B. Fages ; *RSC* 2002. 879, obs. J.-F. Renucci)

Le plaignant peut produire à l'appui de sa plainte des enregistrements qu'il a établis lui-même (1re espèce).

Une partie civile peut communiquer au juge d'instruction des enregistrements qu'elle n'a pu obtenir qu'au prix d'une infraction pénale (2e espèce).

Une partie peut produire des moyens de preuve obtenus de façon illicite ou déloyale et il appartient au juge d'en apprécier la valeur probante en respectant le principe du contradictoire (3e espèce).

Chambre criminelle, 23 juillet 1992

Mlle X... et autres

Sur le moyen unique de cassation pris de la violation des articles 66 de la Constitution, 9 et 1134 du Code civil, 368 du Code pénal, L. 122-35 du Code du travail, 25, 27 et 42 de la loi du 6 janvier 1978, 8 de la Convention européenne des droits de l'Homme et des libertés fondamentales, des articles 1, 85, 206, 427 et 593 du Code de procédure pénale, défaut de motifs, manque de base légale :

En ce que l'arrêt attaqué a dit n'y avoir lieu à ordonner la nullité d'aucun acte de la procédure et a renvoyé le dossier au juge d'instruction saisi afin de poursuivre l'information ;

Aux motifs qu'il résulte de l'enquête conduite par les services de police que la société Carrefour, après avoir constaté une baisse importante du chiffre des encaissements en numéraire du rayon service après-vente du magasin d'Hérouville-Saint-Clair, a placé une caméra à l'intérieur des locaux du service après-vente, dans une bouche d'aération, afin de surveiller les opérations de caisse ; que les films visionnés chaque soir par le personnel du service de sécurité ont, semble-t-il, révélé que plusieurs employés avaient commis des infractions au préjudice de la société Carrefour et ont permis de retrouver des documents, factures, tickets de caisse, jetés par ces employés pour couvrir leurs agissements ; que, sur la plainte de la société Carrefour, les policiers qui ont visionné les films ont procédé à l'audition des personnes mises en cause et recueilli les aveux de certaines d'entre elles ; que les enquêteurs ont également procédé à des perquisitions ainsi qu'à la saisie de divers documents remis par la plaignante et ont restitué à celle-ci les cassettes vidéo, à charge par elle de les tenir à la disposition de la justice ; que sur réquisitoire du procureur de la République, le juge d'instruction a inculpé cinq employés de la société Carrefour d'abus de confiance et de recel d'abus de confiance ; que, pour être constituée, l'infraction d'atteinte à la vie privée suppose l'existence d'un fait d'enregistrement des paroles ou de l'image d'une personne se trouvant dans un lieu privé, sans le consentement de celle-ci, destiné à porter atteinte à l'intimité de sa vie privée ; que les salariés de la société Carrefour qui ont été filmés à leur insu par la caméra dissimulée par leur employeur dans une bouche d'aération se trouvaient sur leur lieu de travail, dans un local d'accès, ouvert à tous ; que, par ailleurs, l'enregistrement de leurs faits et gestes, destiné à permettre la découverte d'infractions de vol, d'abus de confiance ou d'escroquerie commises au préjudice de leur employeur, ne saurait être assimilé à l'enregistrement d'images concernant l'intimité de la vie privée des personnes ; que, dès lors, l'enregistrement critiqué ne constitue pas une atteinte illicite à la vie privée des employés filmés et ne vicie pas la plainte déposée par la société Carrefour ; que, par ailleurs, les films réalisés à la seule initiative de la plaignante, que les policiers se sont bornés à visionner sans en opérer la saisie, ne constituent pas des actes de procédure susceptibles d'être annulés en application de l'article 172 du Code de procédure pénale ; qu'ils n'ont que la valeur d'indices de preuves pouvant être discutés par les parties et faire l'objet de toutes mesures d'instruction utiles ;

Alors qu'il appartient au juge de vérifier la régularité de l'engagement de l'action publique ; que, par ailleurs, si l'employeur a le droit de contrôler et de surveiller l'activité de ses salariés pendant le temps de travail, tout enregistrement, quels qu'en soient les motifs, d'images et de paroles, à leur insu, constitue un mode de preuve illicite ; qu'en l'espèce, il résulte des constatations de l'arrêt attaqué que c'étaient des enregistrements des faits et gestes de salariés de la société plaignante, effectués à leur insu au moyen d'une caméra dissimulée, qui avaient révélé les infractions poursuivies et fondé la plainte contestée ; qu'en refusant, par suite, de prononcer l'annulation de la plainte et de la procédure subséquente, la cour d'appel n'a pas tiré de ses constatations les conséquences légales qui en résultaient nécessairement ;

Alors, en outre, qu'un magasin constitue un lieu privé et que la recherche d'infractions ne saurait justifier un enregistrement d'images, par une personne privée, à l'insu de la personne intéressée, sans porter atteinte à l'intimité de sa vie privée ; que, de ce chef également, la cour d'appel n'a pas légalement justifié sa décision » ;

Attendu qu'en se prononçant comme elle l'a fait par les motifs exactement repris au moyen, la chambre d'accusation n'a pas encouru les griefs allégués ;

Qu'en effet aucun texte de procédure pénale n'interdit la production par le plaignant, à l'appui de sa plainte, de pièces de nature à constituer des charges contre les personnes visées dans celle-ci, lesdites pièces ne constituant pas, au demeurant, des actes d'information susceptibles d'être annulés en application de l'article 172 du Code de procédure pénale ; qu'il appartient aux juridictions répressives d'en apprécier la valeur au regard des règles relatives à l'administration de la preuve des infractions ;

Qu'en conséquence le moyen n'est pas fondé ;
Et attendu que l'arrêt est régulier en la forme ;
Rejette les pourvois.

Chambre criminelle, 6 avril 1993

J.-L. T...

Attendu, d'une part, que le demandeur est sans intérêt à se prévaloir de la nullité prétendue des actes de l'information relatifs à l'enregistrement d'un entretien entre l'inculpé et son épouse, partie civile, effectué le 3 mai 1991 sur commission rogatoire du juge instruction, dès lors qu'il résulte des pièces de la procédure que cet enregistrement s'est révélé totalement inexploitable, et qu'aucune charge fondée sur celui-ci n'a été retenue contre lui ;

Attendu, d'autre part, que, pour refuser d'annuler les actes de la procédure se référant aux enregistrements pratiqués en cours d'information par la partie civile à l'insu de J.-L. T..., et contenant les propos tenus par ce dernier lors de leurs divers entretiens relatifs aux circonstances de la disparition de leur fils, la chambre d'accusation énonce que les bandes magnétiques supportant l'enregistrement de conversations effectué par des tiers présentent le caractère de pièces à conviction n'ayant que la valeur d'indices de preuve, et ne constituent pas des actes de l'information susceptibles d'être annulés en vertu de l'article 172 du Code de procédure pénale ; que leur transcription n'est que la matérialisation de leur contenu afin d'en permettre la production aux débats et la discussion contradictoire ; que les juges précisent, qu'en l'espèce, le magistrat instructeur a versé au dossier les bandes et documents remis par la partie civile, a régulièrement recueilli les explications de l'inculpé sur ces éléments, et fait procéder à l'expertise d'un enregistrement dont l'authenticité était contestée par ce dernier ; qu'ils en déduisent que les droits de la défense ont été respectés ;

Attendu qu'en prononçant ainsi, la chambre d'accusation, devant laquelle ne pouvait être invoquée la violation de l'article 6 de la Convention européenne de sauvegarde des droits de l'Homme et des libertés fondamentales, applicable aux seules juridictions du jugement, n'a pas encouru les griefs allégués aux moyens, lesquels ne peuvent, dès lors, qu'être écartés ;

Sur le deuxième moyen de cassation (...) ;
Sur le troisième moyen (...).
Rejette le pourvoi (...).

Chambre criminelle 11 juin 2002

Dhaisne, Jacinto et Labradero

Attendu qu'aucune disposition légale ne permet aux juges répressifs d'écarter les moyens de preuve produits par les parties au seul motif qu'ils auraient été obtenus de façon illicite ou déloyale ; qu'il leur appartient seulement, en application du texte susvisé, d'en apprécier la valeur probante après les avoir soumis à la discussion contradictoire ;

Attendu qu'il résulte de l'arrêt attaqué que plusieurs membres ou sympathisants de l'association S... ont organisé une opération, dite « testing », destinée à établir d'éventuelles pratiques discriminatoires à l'entrée de discothèques ; qu'à cet effet, les intéressés se sont répartis en trois groupes, l'un constitué par une femme et deux hommes d'origine maghrébine et les autres, par une femme et un homme d'origine européenne ; qu'ainsi regroupés, ils se sont présentés à l'entrée de chaque discothèque ; que, les personnes d'origine maghrébine s'étant vues refuser l'entrée, une enquête a été effectuée par les gendarmes appelés sur place ; qu'à la suite de cette enquête, le procureur de la République a fait citer devant le tribunal correctionnel Z, exploitant des établissements concernés, ainsi que leurs portiers, X et Y, pour discrimination dans la fourniture d'un service à raison de l'origine raciale ou ethnique, sur le fondement des articles 225-1 et 225-2 du Code pénal ; que plusieurs personnes, dont l'association S..., se sont constituées partie civile ; que le tribunal a relaxé les prévenus et débouté les parties civiles de leurs demandes ;

Attendu que, pour confirmer ce jugement, la cour d'appel retient, substituant ses motifs à ceux des premiers juges, que le procédé dit « testing » est illicite ; qu'elle énonce qu'il n'offre « aucune transparence », ne respecte pas « la loyauté nécessaire dans la recherche des preuves et porte atteinte aux droits de la défense ainsi qu'au droit à un procès équitable » ;

Mais attendu qu'en prononçant ainsi, la cour d'appel a méconnu le texte susvisé et le principe ci-dessus énoncé ;

D'où il suit que la cassation est encourue de ce chef ;

Par ces motifs,

Casse et annule l'arrêt susvisé de la cour d'appel de Montpellier, en date du 5 juin 2001, mais uniquement en ce qu'il a débouté l'association S... de ses demandes, toutes autres dispositions étant expressément maintenues ;

Et pour qu'il soit statué à nouveau, conformément à la loi, dans les limites de la cassation ainsi prononcée ;

Renvoie la cause et les parties devant la cour d'appel de Lyon (...).

OBSERVATIONS

L'enregistrement à l'insu des personnes de leurs conversations ou la mémorisation (par filmage ou par procès-verbal) de leur comportement, au titre de la preuve pénale, pose un problème de liberté et surtout de loyauté dans la recherche probatoire. Ces techniques peuvent d'ailleurs s'effectuer dans deux hypothèses.

Ce sont d'abord les *officiers de police judiciaire* qui peuvent agir soit d'office dans le cadre de l'enquête, soit sur commission rogatoire d'un juge d'instruction. La jurisprudence, sans condamner dans son principe le procédé, se montre très prudente, sinon hésitante. Certes, en cas de provocation à l'infraction de leur part, la preuve obtenue est irrecevable (Crim. 11 mai 2006, *Bull. crim.* n° 132 ; *Rev. pénit.* 2006. 859, obs. P. Maistre du Chambon ; 7 févr. 2007, *Bull. crim.*, n° 37 ; *Rev. pénit.* 2007. 673. obs. Verny). Mais pour le reste, la chambre criminelle est plutôt favorable à la recevabilité de la preuve illicite. On ne confondra d'ailleurs pas le cas de la provocation où les enquêteurs incitent directement une personne à commettre un délit et font donc naître en elle la résolution criminelle avec le cas où ils ne font que révéler un comportement délictueux déjà existant (Crim. 16 janv. 2008, n° 07-87.633, *AJ pénal* 2008. 148 ; *RSC* 2008. 367, obs. R. Finielz ; *Rev. pénit.* 2008. 385, obs. C. Ambroise-Castérot ; *D.* 2008. Pan. 2760, obs. J. Pradel). Dans une affaire où un policier avait enregistré à son insu les propos lui ayant été tenus par un avocat ayant désiré le rencontrer, la chambre criminelle a d'abord annulé la procédure (Crim. 16 déc. 1997, *Bull. crim.* n° 427 ; *Dr. pénal* 1998. Comm. n° 61, obs. A. Maron ; *D.* 1998. Jur. 354, note J. Pradel ; *RSC* 1999. 588, obs. J.-P. Delmas Saint-Hilaire), puis devant les résistances de la chambre d'accusation de renvoi, validé cette procédure (Crim. 19 janv. 1999, *Bull. crim.* n° 9 ; *JCP* 1999. II. 10156, note D. Rebut ; *D.* 1999. IR 84 ; *RSC* 1999. 588, obs. J.-P. Delmas Saint-Hilaire, avec une motivation différente fondée sur le fait que le policier objet d'une tentative de corruption par l'avocat pouvait se constituer une preuve des faits dont il était lui même victime, ce qui évoque déjà la seconde hypothèse). Un arrêt plus récent (Crim. 13 oct. 2004, *Bull. crim.* n° 243 ; *Rev. pénit.* 2005. 410, obs. C. Ambroise-Castérot ; *D.* 2004. Pan. 1521, obs. G. Roujou de Boubée, M.-H. Gozzi, S. Mirabail et M. Segonds ; *AJ pénal* 2004. 451, obs. C. S. Enderlin ; *RFDA* 2005. 105, obs. C. Lavialle ; *RSC* 2005. 66, obs. E. Fortis) va même plus loin en validant un enregistrement par magnétophone effectué par un enquêteur et relatif à une conversation entre un préfet et un gendarme, à leur insu. Seules conditions, il faut que cette preuve ne soit pas la seule et qu'elle puisse donner lien à un débat contradictoire à l'audience en application de l'article 427 du Code de procédure pénale. Cette décision, dite des « paillotes corses » conduit à se demander s'il faut encore distinguer entre enquêteur et particulier.

Ce sont ensuite les *particuliers* eux-mêmes (parties civiles, simples victimes, personnes mises en examen) qui, d'initiative veulent se réserver d'emblée une preuve. Très exactement, des personnes se prétendant victime d'une infraction se procurent toutes seules des preuves en recourant par exemple à des prises de vue par voie de caméra ou en enregistrant des conversations, parfois au prix de la commission du délit d'atteinte à la vie privée (art. 226-1 C. pén.). Puis elles remettent ces éléments de preuve entre les mains de la police ou de la justice. Ces éléments sont-ils recevables ? Deux arrêts rendus à peu de distance, l'un en 1992 et l'autre en 1993, apporte une réponse affirmative, surtout le premier. Le troisième, de juin 2002 apporte une réponse aussi nette, et même d'autant plus nette que les circonstances étaient très particulières.

I. — Du droit pour un particulier de produire en justice des enregistrements effectués légalement

Dans la première affaire les faits sont simples. La société Carrefour ayant constaté une baisse importante du montant de ses encaissements en numéraire dans l'un de ses établissements avait installé une caméra dans une bouche d'aération pour surprendre, le cas échéant, des employés à la caisse en train de s'emparer de sommes d'argent. Il apparut bientôt que plusieurs employés s'étaient emparés de numéraire et avaient en même temps détruit des tickets de caisse. La société déposa plainte pour abus de confiance et à l'appui de cette plainte, remit à la police les films accusateurs. Bientôt le juge d'instruction inculpa cinq employés qui d'ailleurs passèrent presque tous aux aveux. Mais la question de l'irrégularité des enregistrements se posa. La chambre d'accusation de Caen affirma la régularité de la procédure et la chambre criminelle, dans son arrêt du 23 juillet 1992 approuva la juridiction d'appel (*adde*, Crim. 6 avr. 1994, *Bull. crim.* n° 136, mêmes faits à ceci près qu'il s'agissait d'un préparateur en pharmacie).

A. — Absence de provocation

D'emblée, on s'étonnera que les inculpés aient pu considérer le procédé comme irrégulier. D'abord car en droit il n'y avait aucune provocation de la part des agents de la société, la caméra ayant eu un rôle purement passif et parce que le lieu des faits est manifestement public en sorte qu'il n'y a pas délit d'atteinte à l'intimité de la vie privée. Ensuite car en fait le procédé utilisé par la Société est tout à fait banalisé : il est courant qu'en cas d'attaque d'une bijouterie ou d'une banque, l'établissement victime remette à la police ou à la justice des films ayant saisi la scène.

Il est plus important d'examiner les trois arguments invoqués par la chambre criminelle à l'appui de sa décision.

B. — Raisons complémentaires

1° Son premier argument est « qu'aucun texte de procédure n'interdit la production par le plaignant... de pièces de nature à constituer des charges contre les personnes visées » dans la plainte. Si l'on peut certes marquer une certaine inquiétude à l'égard des enquêtes parallèles menées par les parties privées pendant que policiers et magistrats conduisent les recherches officielles, il n'y a pas les mêmes raisons de s'inquiéter des preuves qui ont pu être amassées par les victimes « à chaud », avant le commencement de la procédure : on ne risque aucun conflit entre parties privées et organes officiels et, en outre, il est important d'amasser aussitôt que possible, voire pendant la commission de l'infraction, les premières preuves.

Au bon sens, on doit ajouter un argument d'autorité, qui nous vient de la Cour de cassation elle-même. Elle a jugé que la victime d'appels téléphoniques répétés peut procéder d'office à leur enregistrement. En somme, quand un comportement est infractionnel (comme des persécutions), il est loisible à la victime d'en rapporter la preuve par un moyen lui-même réprimé (enregistrement des conversations). Car « le demandeur au pourvoi (l'auteur des persécutions) ne saurait se faire un grief de l'enregistrement des paroles prononcées par lui... elles-mêmes constitutives d'une infraction pénale. » (Crim. 17 juill. 1984, *Bull. crim.* nº 259 ; 13 mai 1992, *Dr. pénal* 1993. Comm. 8). À l'appui de cette solution, on peut invoquer la légitime défense de la part de celui qui enregistre les paroles et l'impossibilité d'obtenir la preuve par d'autres moyens.

2° La chambre criminelle allègue en second lieu que « les dites pièces (les enregistrements) ne constituent pas des actes d'information susceptibles d'être annulés en application de l'article 172 du Code de procédure pénale » (aujourd'hui art. 174). L'affirmation n'était pas nouvelle. Déjà la Cour de cassation avait jugé que des enregistrements téléphoniques sont des pièces à conviction et pas des actes de procédure (Crim. 28 avr. 1987, *Bull. crim.* nº 173), et donc insusceptibles d'annulation. Les actes de procédure, diraiton, ce sont les diligences des juges ou des officiers de police judiciaire, non des lettres, pièces ou documents remis par les parties privées (Crim. 17 mars 1987, *D.* 1987. Somm. 409, obs. J. Pradel). Cette distinction pouvait se comprendre car les lettres, pièces et documents avaient été obtenus ou rassemblés par de simples particuliers.

Aujourd'hui cependant, le débat n'a plus de raison d'être. Les nouveaux articles 173 et 174, issus des lois des 4 janvier et 24 août 1993 parle des « actes ou pièces annulés », ces pièces devant, semble-t-il inclure des lettres, documents et enregistrements. C'est sans doute pourquoi les derniers arrêts ne parlent plus de pièces, mais de façon plus neutre de « moyens de preuve produits par les parties » (Crim. 15 juin 1993, *Bull. crim.* nº 210 ; *D.* 1994. 613, note C. Mascala ; 6 avr. 1994, *Bull. crim.* nº 136).

3° Enfin la chambre criminelle invoque le fait « qu'il appartient aux juridictions répressives d'en apprécier la valeur (des enregistrements) au regard des règles relatives à l'administration de la preuve des infractions ». Voilà l'argument ultime qui supplante tous les autres. Même si l'on admet que le versement du film est irrégulier, la procédure française offre des gardefous tirés de la procédure d'audience, à savoir l'examen contradictoire des preuves et l'intime conviction du juge.

C'est peut-être cet argument qui, de façon implicite, a conduit à légitimer une preuve obtenue non plus « normalement » comme dans le cas qu'on vient de voir, mais grâce à la commission d'une infraction comme il apparaît dans le cas que l'on va voir.

II. — Du droit pour un particulier de remettre à la justice des enregistrements obtenus par voie infractionnelle

Les faits ayant donné lieu à l'arrêt du 6 avril 1993 sont plus complexes. Deux époux, parents d'un enfant, vivent séparés de fait. L'enfant disparaît. Une information est ouverte du chef d'enlèvement de mineur. Au juge d'instruction, la mère relate que son mari lui a avoué, avec force détails, qu'il a assassiné l'enfant. Une inculpation d'assassinat est prononcée contre le père, fondée sur ces déclarations corroborées par des enregistrements de conversation entre les deux parents. Devant la chambre d'accusation, le père invoque la nullité des enregistrements. Celle-ci rend cependant un arrêt de renvoi en cour d'assises qu'il frappe aussitôt de pourvoi. Dans son pourvoi fort bien rédigé, il invoque trois moyens : il y a stratagème et atteinte à la vie privée et donc obtention d'une preuve à l'aide d'une infraction pénale ; et par voie de conséquence, il y a violation du principe du « procès équitable » au sens de l'article 6 de la Convention européenne. La chambre criminelle rejette le pourvoi en invoquant divers arguments. Que peut-on en penser sur l'orientation générale de la jurisprudence ?

A. — Les arguments invoqués par la chambre criminelle

La haute instance avance deux arguments.

Le premier est que les cassettes d'enregistrement sont « des pièces à conviction n'ayant que la valeur d'indices de preuve et ne constituent pas des actes de l'information susceptibles d'être annulés... ». L'argument n'est pas nouveau, ayant déjà esquissé dans l'arrêt du 23 juillet 1992 et même bien avant (v. *supra*, I. B.). Comme pour se convaincre de son argument, la chambre criminelle précise que « les transcriptions ne sont que la matérialisation » du contenu des cassettes, ce qui revient à dire que les procès-verbaux contenant les paroles échangées ne sont pas de vrais procès-verbaux ayant une sorte d'autonomie procédurale. Ce raisonnement, on l'a déjà dit, peut se comprendre. Mais aujourd'hui, les nouveaux articles 173 et 174, issus des lois des 4 janvier et 24 août 1994 parlent « d'actes ou pièces » et le mot « pièces » est si large qu'il doit inclure les pièces à conviction (v. *supra* I. B.).

En outre, la chambre criminelle invoque le fait que le principe du procès équitable de l'article 6 § 1 Conv. EDH ne s'applique pas à l'instruction et ne concerne que les « seules juridictions de jugement ». Cette affirmation est tout à fait classique. Très souvent déjà dans le passé, la chambre criminelle avait jugé que l'article 6 sur le procès équitable (nous disons bien cet article et pas toute la Convention) est étranger à l'instruction (Crim. 14 juin 1984, *Bull. crim.* nº 219 ; 26 mai 1986, *Bull. crim.* nº 173, *D.* 1986. IR 305, et obs. ; 4 janv. 1990, *Bull. crim.* nº 4 ; 10 mars 1992, *Bull. crim.* nº 105, ces arrêts portant sur des aspects différents du long art. 6). Cette affirmation, certes classique, est contestable. Il faut admettre que le principe du procès équitable s'applique à toute la procédure pénale, même si la Cour européenne ne l'a pas encore dit expressément. Le principe d'équité commence à s'appliquer, dit la Cour de Strasbourg, avec l'accusation ou « notification officielle, émanant de l'autorité compétente, du reproche d'avoir accompli une infraction pénale. Elle peut aussi dans certains cas revêtir la forme d'autres mesures impliquant un tel reproche et entraînant elles aussi des répercussions importantes sur la situation du suspect » (CEDH 10 déc. 1982, *Foti c. Italie*, série A, nº 56, § 52). Or l'accusation qui peut résulter d'une arrestation ou d'une mise en examen (la notion européenne d'arrestation est autonome) se situe évidemment bien avant la phase de jugement. D'ailleurs, dans sa dernière jurisprudence, la chambre criminelle intègre l'instruction préparatoire à l'article 6 § 1 Conv. EDH (Crim. 23 avr. 1997, *Bull. crim.* nº 142).

Ainsi les deux arguments de la Cour de cassation ne semblent pas convaincants.

B. — Au-delà des arguments de la chambre criminelle

La Cour de cassation n'évoque pas le respect de la vie privée et ne décide donc pas expressément que la preuve obtenue par la commission du délit d'atteinte à la vie privée est recevable et conforme à la règle de loyauté. Et pourtant c'est bien ici que se situe le cœur de l'arrêt.

Il paraît indubitable qu'en l'espèce, l'épouse a commis le délit d'atteinte à l'intimité de la vie privée. Même si les contours de ce délit ont parfois varié depuis son introduction dans notre droit avec la loi du 17 juillet 1970, il n'a jamais été contesté qu'entrent dans la sphère du délit les conversations entre membres d'une même famille, notamment les conversations entre époux (Crim. 11 févr. 1987, *D.* 1987. Somm. 142), à l'exclusion des problèmes financiers (Besançon 5 janv. 1978, *D.* 1978. Jur. 357, note R. Lindon ; *JCP* 1980. II. 19449, 1re espèce, note D. Bécourt). Dès lors, la preuve en l'espèce a bien été obtenue par la commission d'une infraction pénale.

Cela dit, la chambre criminelle ne sanctionne pas en soi l'obtention de cette preuve. Certes, elle ne dit pas expressément qu'est recevable une preuve communiquée par une partie privée et obtenue par elle au moyen d'un délit pénal. Mais comme le pourvoi était fondé notamment sur ce moyen et qu'il est rejeté, il faut bien admettre que la chambre criminelle en arrive, implicitement mais nécessairement, à admettre la recevabilité d'une telle preuve.

Or en agissant ainsi, la chambre criminelle fait un grand pas. Traditionnellement, il est en effet de règle générale qu'une preuve obtenue par un délit n'est pas recevable (v. cependant déjà Crim. 11 févr. 1992, *Bull. crim.* n° 66, le fait que des enregistrements aient été obtenus par des moyens déloyaux n'empêche pas le juge d'instruction de les joindre à la procédure). Il importe de ne pas attenter aux valeurs fondamentales de notre civilisation, d'où l'interdiction de la torture et de tous procédés assimilés par exemple (A. Gambier, « La défense des droits de la personne dans la recherche moderne des preuves en procédure pénale française », *Dr. pénal* 1992, Chron. 66).

Sans doute dans un passé récent, la chambre criminelle avait-elle admis à titre de preuve des enregistrements réalisés par des personnes privées (note M.-L. Rassat au *JCP* 1993. II. 22144, II. A). Mais ces preuves n'avaient pas été obtenues par voie d'infraction. L'arrêt du 6 avril 1993 et donc très important, même s'il n'a pas été publié au *Bulletin criminel* !

Cet arrêt d'avril 1993 est d'autant plus important qu'il sera suivi de plusieurs autres. À diverses reprises, en effet, la chambre criminelle décidera « qu'aucune disposition légale ne permet aux juges répressifs d'écarter les moyens de preuve produits par les parties au seul motif qu'ils auraient été obtenus de manière illégale » (Crim. 15 juin 1993, *Bull. crim.* n° 210 ; *D.* 1994. Jur. 613, note C. Mascala ; 6 avr. 1994, *Bull. crim.* n° 136 ; *Gaz. Pal.* 1994 . II. 489, note J.-P. Doucet). Plus récemment, modifiant un peu sa formule, elle considérera — dans une affaire où des documents avaient été volés par une partie et où des documents sonores avaient été obtenues par elle dans un contexte portant atteinte à la vie privée, puis remis au magistrat instructeur — que « la circonstance que des documents ou des enregistrements remis par une partie ou un témoin aient été obtenus par des procédés déloyaux ne permet pas au juge d'instruction de refuser de les joindre à la procédure dès lors qu'ils ne constituent que des moyens de preuve qui peuvent être discutés contradictoirement » (Crim. 30 mars 1999, *Bull. crim.* n° 59 ; *D.* 2000. Jur. 391, note T. Garé, *Procédures* 1999, Comm. 251, obs. J. Buisson ; *RG proc.* 1999, 640. chron. D. Rebut). L'essentiel, pour la chambre criminelle, est donc que la preuve puisse être discutée contradictoirement, en fait à l'audience. Ce qui rejoint assez exactement la position de la CEDH : pour elle, la Conv. EDH « ne saurait exclure par principe et *in abstracto* l'admissibilité d'une preuve recueillie de manière illégale », l'important étant que le prévenu ait été tenu au courant de la preuve produite contre lui et ait pu la discuter (CEDH 12 juill. 1988, *Schenk c. Suisse*, série A n° 140 ; *adde* M. Van de Kerchove, « La preuve en matière pénale dans la jurisprudence de la Cour et de la Commission européenne des droits de l'Homme », *RSC* 1992. 1).

III. — Du pouvoir du tribunal d'apprécier la valeur probante de preuves obtenues déloyalement

La troisième espèce, ayant donné lieu à l'arrêt du 11 juin 2002, est extrêmement originale. L'association SOS Racisme, soupçonnant des tenanciers de discothèques de n'accueillir que des clients non maghrébins, organisa une opération dite de « testing », d'origine anglo-saxonne. Diverses personnes furent réparties en petits groupes composés les uns d'individus d'origine maghrébine et les autres d'individus d'origine européenne, et elles se présentèrent à l'entrée de diverses discothèques. Les tenanciers refusèrent l'entrée des personnes d'origine maghrébine. Le parquet lança des poursuites pour discrimination dans la fourniture d'un service à raison de l'origine raciale ou ethnique (art. 225-1 et 225-2 C. pén.) à l'encontre des tenanciers Les juges du fond prononcèrent des relaxes pour illicéité du « testing », défaut de loyauté et atteinte aux droits de la défense ! La chambre criminelle (arrêt du 11 juin 2002) cassa l'arrêt d'appel (du 5 juin 2001) en invoquant classiquement l'indifférence de l'origine illicite ou déloyale de la preuve et en rappelant qu'il appartient au juge d'en apprécier la valeur probante après débat contradictoire.

Sans doute n'y avait-il pas en l'espèce commission d'une infraction pour obtenir une preuve., comme dans le cas précédent. Cependant, l'arrêt que l'on pourrait appeler « l'arrêt du testing » a ceci d'original que la preuve n'est plus administrée par un particulier invoquant un préjudice direct et personnel, comme c'est souvent le cas, mais par une association défendant un intérêt collectif, une valeur générale, celle de la non-discrimination. La chambre criminelle va cette fois très loin, en faisant appel aux associations, suivant en cela l'exemple du législateur. On est dans la présente espèce à la limite de ce qui est possible. Mais la décision de juin 2002 démontre, s'il en était besoin, l'attachement de la chambre criminelle à la recevabilité d'une preuve obtenue par un particulier même de façon irrégulière.

Faut-il ajouter que la loi du 31 mars 2006 pour l'égalité des chances a légalisé la preuve des discriminations par le procédé du « testing » (art. 225-3-1 C. pén.).

***

En conclusion, on peut considérer à la lumière de l'arrêt du 6 avril 1993 et des arrêts subséquents qu'une preuve irrégulièrement obtenue, même à l'aide d'un délit pénal, est recevable à trois conditions :

– il faut que la preuve ait été obtenue par une personne privée, la loyauté étant plus strictement appréciée à l'égard des policiers (Crim. 16 déc. 1997, *Bull. crim.* n° 427 ; *D.* 1998. Jur. 354, note J. Pradel) ;

– il faut que la violation commise par la personne privée ne soit pas trop grave et par ex. on n'admettra pas la preuve extorquée par violence car il importe que le délinquant garde sa liberté : la provocation n'est en effet admissible que si elle ne détermine pas la commission du délit en supprimant la volonté du délinquant. Le raisonnement est le même que pour les violences policières (sur ces dernières v. P. Maistre du Chambon, « La régularité des “provocations policières“ : l'évolution de la jurisprudence », *JCP* 1989. I. 3422) ;

– il faut que soit respecté le principe du contradictoire : les parties doivent pouvoir discuter la valeur de la preuve illicite, notamment à l'audience.

Ainsi le principe de loyauté est à géométrie variable, appliqué avec souplesse. C'est pourquoi lors de la discussion parlementaire de la loi du 15 juin 2000, et plus précisément à l'occasion du débat sur l'article préliminaire du Code de procédure pénale, l'idée d'introduire le principe de loyauté fut rejetée, principe trop flou, relatif, et qui aurait neutralisé la jurisprudence.

Deux arguments vont à l'encontre de la jurisprudence. D'abord, on permet à une personne privée de se procurer une preuve irrégulièrement et même de la produire en justice, et c'est seulement ultérieurement que la preuve en question peut être validée grâce à l'appel au principe du contradictoire, « ce qui est contraire à une chronologie élémentaire » (Ph. Conte, « La loyauté de la preuve dans la jurisprudence de la chambre criminelle de la Cour de cassation : vers la solution de la quadrature du cercle ? », *Dr. pénal* 2009. 13 et s). Ensuite, second argument très proche, la Conv. EDH pose le principe du procès équitable (art. 6) qui tend à relativiser le principe de la recherche de la vérité en insistant sur le déroulement du procès plus que sur son but (recherche de la vérité) ; il est vrai que la CEDH applique le principe d'équité avec souplesse en se contentant d'exiger que la procédure ait été équitable dans son ensemble (CEDH 12 juill. 1988, *Schenk c. Suisse* ; 9 juin 1998, *Teixeira de Castro c. Portugal*, arrêts décidant en outre que la question de la recevabilité d'une preuve relève d'abord des droits nationaux, écho à la règle de la marge nationale d'appréciation, v. J. Pradel, G. Corstens et G. Vermeulen, *Droit pénal européen*, 3e éd., 2009, n° 293).

On approuvera cependant la jurisprudence compte tenu des difficultés d'obtenir la preuve et de la nécessité de faire respecter les règles prévues par le législateur. (V. Lesclous et C. Marsat, « La façon dont une partie recueille les preuves est sans influence sur la validité de la procédure », *Dr. pénal* 1993. Chron. 6 ; F. Ringel, « Le "testing", mode de preuve valable des discriminations raciales », note sous Crim. 11 juin 2002, *LPA* 6 janv. 2003, nº 4, p. 15 et s. ; L. Collet-Askri, « Testing or not testing ? », la chambre criminelle de la Cour de cassation valide ce mode de preuve, serait-il déloyal... À propos de l'arrêt de la chambre criminelle du 11 juin 2002, *D.* 2003. chron. 1309). Une autre justification de la jurisprudence est celle du respect des droits de la défense ; la production d'une pièce peut s'avérer nécessaire aux droits de la défense, lesquels constituent un fait justificatif de l'infraction (par exemple d'enregistrement de conversations téléphoniques privées). Ainsi s'explique la possibilité reconnue à un salarié de voler des documents de l'entreprise pour pouvoir se défendre dans le cadre d'une instance prud'homale (Crim. 11 mai 2004, 2 arrêts, *Bull. crim.* nº 113 et 117 ; *D.* 2004. 2326, note Gaba ; *JCP* 2004. II. 10124. note Gérault ; *Rev. pénit.* 2004. 875, obs. Saint-Pau ; *RSC* 2004. 635, obs. Fortis et 866, du Vermelle). Ainsi aussi s'explique la possibilité pour un mari en instance de divorce d'enregistrer clandestinement des paroles de sa femme où elle reconnaissait le caractère mensonger d'une attestation qu'elle avait établie et accusant son mari de violences à son égard (Crim. 31 janv. 2007, *Bull. Crim.* nº 27 ; *Rev. pénit.* 2007. 385. obs. Ambroise-Castérot, la production en justice de l'enregistrement clandestin est une nécessité pour les droits de la défense). Et si la jurisprudence se montre beaucoup plus sévère en matière civile et sociale, c'est qu'alors qu'ici l'ordre public est moins important que l'ordre public en matière pénale (Soc. 20 nov. 1991, *D.* 1992. Jur. 73, concl. Y. Chauvy, inadmissibilité de l'enregistrement des paroles ou de l'image d'une personne dans les matières non pénales ; Civ. 2e, 7 oct. 2004, *Bull. civ.* II, nº 441 ; *JCP* 2005. II. 10025, note Léger ; *D.* 2005. 122, note Bonfils, arrêt rendu au visa des articles 6 Conv. EDH et 9 C. pr. civ. qui veut qu'une partie prouve « conformément à la loi »).

On ajoutera enfin que la doctrine s'intéresse beaucoup au principe de loyauté (v. pour une vue générale, M.-E. Boursier, *Le principe de loyauté en droit processuel*, Dalloz, Nouvelle bibliothèque des thèses, 2003 ; B. de Lamy, « De la loyauté en procédure pénale. Brèves remarques sur l'application des règles de la chevalerie à la procédure pénale », *Mélanges Pradel,* Cujas, 2006, 97). Mais la doctrine est parfois critique, invoquant le fait que les particuliers doivent être soumis aux mêmes obligations que les agents publics (S. Guinchard et J. Buisson, nº 549 et s. ; B. Bouloc, nº 146 ; J. Pradel, nº 413 et s).

J. P.

17

TABLE D'ÉCOUTE — PARLOIR DE PRISON — POSSIBILITÉ EN CAS D'INFRACTION DE CRIMINALITÉ ORGANISÉE

Crim. 1er mars 2006, *Catherine Y...* (*Bull. crim.* n° 59 ; *D.* 2006. Jur. 1504, note J. Pradel ; *AJ pénal* 2006. 222, obs. J.-P. Céré ; *RSC* 2007. 611, obs. J. Buisson)

Est licite l'interception des conversations tenues au parloir de la prison par une personne, mise en examen pour recel de blanchiment, infraction de criminalité organisée. En outre, ce procédé n'est pas déloyal.

Chambre criminelle, 1er mars 2006

Catherine Y

Sur le moyen pris en ses premières et troisièmes branches : Attendu qu'en écartant, par les motifs reproduits au moyen, le grief d'une violation de l'article 8 de la Convention européenne des droits de l'Homme, la chambre de l'instruction a justifié sa décision :

Que, d'une part, l'interception des conversations de Catherine Y... et de ses visiteurs au parloir de la maison d'arrêt a eu lieu dans les conditions et formes prévues par les articles 706-96 à 706-102 du Code de procédure pénale ; que, d'autre part, les opérations, ordonnées par le juge d'instruction, pour une durée limitée, ont été placées en permanence sous son autorité et son contrôle et ont été justifiées par la nécessité de rechercher la manifestation de la vérité, relativement à des infractions portant gravement atteinte à l'ordre public, telles celles prévues et définies par l'article 706-73, alinéa 14. du Code de procédure pénale ; qu'enfin, la Cour de cassation est en mesure de s'assurer que les garanties légales et conventionnelles reconnues aux personnes concernées par cette mesure ont été respectées, celles-ci ayant tout pouvoir d'en contrôler efficacement : l'exécution ;

Sur le moyen, pris en ses deuxième et quatrième branches :

Attendu que, pour écarter le moyen de nullité, proposé par Michel X..., pris de l'emploi d'un procédé déloyal d'obtention de la preuve d'une infraction et d'une atteinte aux droits de la défense, l'arrêt attaqué relève que le juge d'instruction, aux fins de rechercher la manifestation de la vérité, a eu recours à un dispositif de sonorisation prévu par la loi ; que les juges ajoutent qu'en l'espèce la sonorisation du parloir de Catherine Y... était commandée par la réserve qu'appelaient les accusations qu'elle avait portées contre Michel X... à l'occasion d'un interrogatoire ; qu'enfin, la chambre de l'instruction retient que l'intéressé a été en mesure d'exercer son droit à contester le contenu des procès-verbaux de transcription des conversations enregistrées, régulièrement versés dans la procédure ;

Attendu qu'en statuant ainsi, la chambre de l'instruction a justifié sa décision ; d'où il suit que le moyen doit être écarté ;

Et attendu que l'arrêt est régulier en la forme ; rejette le pourvoi (...).

OBSERVATIONS

La tentation est forte pour les juges d'instruction d'ordonner par voie de commission rogatoire la pose de micros ou tables d'écoute dans le parloir de l'établissement pénitentiaire hébergeant leurs mis en examen. Est-ce possible ?

Une réponse unique est difficile à donner car la jurisprudence a évolué et car la loi, implicitement, opère des distinctions. Deux premières décisions de la chambre criminelle apportaient une réponse positive à cette question : un premier arrêt se fondait sur l'idée qu'aucune disposition légale ou conventionnelle n'interdisait l'appel à ces procédés (Crim. 17 mars 1992, n° 91-86.808, inédit) et un second disait la même chose en précisant que le juge devait pouvoir contrôler la mesure et s'assurer que les droits de la défense n'avaient pas été méconnus (Crim. 12 déc. 2000, *Bull. crim.* n° 362 ; *D.* 2001. Jur. 1340, note D. Mayer et J.-M. Chassaing ; *RSC* 2001. 610, obs. A. Giudicelli ; *Dr. pénal* 2001, Comm. n° 38, obs. A. Maron). Mais cet arrêt de 2000 avait donné lieu à une condamnation de la France par la CEDH suivant l'arrêt du 20 décembre 2005 (*W. c. France*, *D.* 2006. Jur. 764, note D. Roets ; *AJ pénal* 2006. 128, obs. J.-P. Céré ; *RSC* 2006. 423, obs. P. Poncela). Pour les juges européens, il y avait eu ingérence dans la vie du détenu au sens de l'article 8 Conv. EDH sur la protection de la vie privée et notre droit n'indiquait pas avec assez de clarté la possibilité d'une ingérence par les autorités judiciaires.

Et voici qu'une nouvelle affaire apparaît avec l'arrêt ci-dessus rapporté du 1er mars 2006. Saisi du chef de blanchiment aggravé à l'encontre d'un individu placé en détention provisoire, le juge d'instruction eut l'idée de faire placer un système d'écoute dans le parloir où cet individu recevait la visite de membres de sa famille. Les conventions ainsi mémorisées ayant été mauvaises pour la défense de l'intéressé, celui-ci en sollicite l'annulation. La chambre de l'instruction ayant refusé d'annuler les procès-verbaux contenant ces conventions (Orléans, 13 oct. 2005), la personne mise en examen forma un pouvoir en invoquant notamment que la loi n'est pas suffisante pour justifier l'ingérence et que le magistrat a agi avec déloyauté. Les principes en jeu étaient si importants aux yeux du président de la chambre criminelle que celui-ci ordonne l'examen immédiat du pourvoi. Comme on va le voir, la chambre criminelle a rendu un arrêt très motivé, sans doute par crainte d'une nouvelle condamnation de la France par la CEDH. Son arrêt du 1er mars 2006 répond aux deux questions posées par le pourvoi.

I. — La sonorisation d'un parloir de prison est-elle possible au regard des textes, s'agissant de faits de criminalité organisée ?

Telle est la première question. La chambre criminelle répond par l'affirmative en invoquant brièvement l'article 8 Conv. EDH et plus profondément la loi nationale.

A. — Justification sur le fondement de l'article 8 § 2 Conv. EDH

Si l'article 8 du texte européen exprime en forme de principe, la règle du droit au respect de la vie privée en son § 1, il contient aussi un § 2 qui légitime certaines intrusions rendues nécessaires pour assurer « la défense de l'ordre » et « la prévention des infractions pénales ». La lecture de l'arrêt *W. c/ France* du 20 décembre 2005, déjà cité, laisse subsister un doute. Son § 29 indique en effet que « si l'écoute par l'administration pénitentiaire de conventions tenues au parloir est effectuée dans un souci de sécurité de la détention, parfaitement légitime, l'enregistrement systématique de celle-ci à d'autres fins dénie à la fonction du parloir sa seule raison d'être, celle de maintenir au détenu une "vie privée", relative, qui englobe l'intimité des propos tenus avec ses proches ».

L'argument n'est pas très convaincant puisque la CEDH n'a jamais critiqué le principe des écoutes téléphoniques de personnes en liberté, dont l'intimité est ainsi brisée légalement (CEDH 24 avr. 1990, *Huvig c/ France*, *D.* 1990. Jur. 353, note. J. Pradel et Chron. 187, obs. R. Koering-Joulin ; *RSC* 1990. 615, obs. L.-E. Pettiti). Elle exige seulement que le droit interne se montre précis sur l'ingérence (*id.* § 35). Faut-il ajouter que la sonorisation du parloir avait paru au magistrat instructeur un moyen « nécessaire à l'obtention de la preuve, comme le dit le § 2 de l'article 8. On peut donc considérer que la première condition posée par l'article 8 — la nécessité de l'intrusion — était remplie en l'espèce.

B. — Justification sur le fondement du droit interne

L'article 8 veut aussi que l'ingérence soit « prévue par la loi ». Il est vrai que longtemps notre droit interne était silencieux et la jurisprudence était pauvre. Dans une affaire où des enquêteurs avaient simulé une perquisition pour placer un système d'écoute dans un logement privé, la chambre criminelle s'était montrée particulièrement réticente en décidant « qu'une perquisition ne peut avoir d'autre fin que la recherche d'objets utiles à la manifestation de la vérité » (Crim. 15 févr. 2004, *Bull. crim.* n° 68 ; G. Accomando et C. Guéry. « La sonorisation : un mode légal de preuve ? » *D.* 2002. Chron. 2001 ; E. Verny, « Des sonorisations et des fixations d'images décidées par le juge d'instructions », *Rev. pénit.* 2004. 777 et s.).

Or, la loi du 9 mars 2004 est venue combler cette lacune. Les nouveaux articles 706-96 et suivants du Code de procédure pénale permettent expressivement l'appel à la sonorisation en matière de criminalité organisée au sens des articles 706-73 et 74 du même Code. Et précisément, l'article 706-73, dans son énumération d'infractions de criminalité organisée vise notamment le blanchiment et le recel de blanchiment. Doit-on ajouter qu'en l'espèce toutes les conditions de la sonorisation ont été respectées (nécessité de la mesure, décision prise par un juge d'instruction, durée limitée du dispositif). L'auteur du pourvoi s'était plaint que ces conditions — appelées par lui « mesures de sauvegarde » — ne sont pas suffisantes pour justifier l'ingérence par voie de sonorisation. Mais que pouvait-il exiger de plus alors que les efforts du législateur ont été évidents? Enfin, il a eu toute possibilité de contrôler les conditions de réalisation de la sonorisation même s'il a été mis en cause par une écoute incidente liée à une procédure à laquelle il était étranger. Il a d'ailleurs pu essayer de critiquer l'écoute incidente : en effet après condamnation de la France par la CEDH dans une affaire où le requérant n'avait pu contrôler la régularité d'écoutes téléphoniques réalisées dans une procédure où il n'était pas partie et jointes ensuite au dossier où il était mis en examen (CEDH 29 mars 2005, *Matheron c/ France*, *D.* 2005. Jur. 1755, note J. Pradel), la chambre criminelle a indiqué que la chambre de l'instruction doit contrôler la régularité des écoutes à la fois dans la procédure principale et dans la procédure incidente (Crim. 7 déc. 2005, *Bull. crim.* n° 327 ; *D.* 2006. IR 253 ; *RSC* 2006. 343, obs. D.-N. Commaret). Ce qui est jugé pour les écoutes téléphoniques vaut aussi pour les enregistrements de conversations par voie de sonorisation.

La sonorisation d'un parloir est donc parfaitement régulière, au moins pour des infractions appartenant à la criminalité organisée. Mais le demandeur au pourvoi soulevait une seconde question.

II. — La sonorisation d'un parloir est-elle conforme au principe de loyauté ?

La chambre criminelle répond par l'affirmative et pour faire bonne mesure, ajoute qu'il n'y a pas eu d'atteinte aux droits de la défense. Il y a là un double aspect, positif et négatif.

18

PERQUISITIONS ET SAISIES — CABINET D'AVOCAT

Crim. 15 février 1906, *Gérin* (*S.* 1909. 1. 226, note J.-A. Roux) ; Crim. 5 juin 1975, *Rochenoir* (*Bull. crim.* n° 146 ; *JCP* 1976. II. 18243, note P. Chambon)

Le secret des correspondances entre accusé et avocat s'étend même à celles qui sont adressées à un futur avocat et la violation de ce secret peut être invoquée même par un coaccusé (1re espèce).

Le secret professionnel de l'avocat ne peut couvrir des documents que ce praticien détient à la suite d'activités illicites (2e espèce).

Chambre criminelle, 15 février 1906

Gérin

Attendu qu'il résulte de l'arrêt incident, rendu le 28 novembre 1905, que la lettre dont il s'agit, écrite par un nommé Bascans, dit Ducassé, dont la cause, disjointe de celle de Gérin et de Cazes, a été précédemment jugée, avait pour objet de demander en faveur dudit Bascans, à l'avocat auquel elle était adressée, son assistance dans un autre procès ; qu'en même temps, ce détenu y manifestait l'intention de produire, à l'audience où serait jugé Gérin, des déclarations contraires à celles que lui Bascans avait faites jusqu'alors ; que le président des assises, à qui la lettre avait été transmise, l'a déclarée saisie, et en a ordonné la jonction au dossier de Gérin, comme pouvant, à raison de ces dernières énonciations, être utile à la manifestation de la vérité ;

Attendu que, pour repousser les conclusions prises à l'audience par Gérin, et tendant à faire écarter la susdite lettre des débats, l'arrêt déclare que le respect de la correspondance des accusés ne serait imposé qu'à l'égard des lettres adressées à un avocat ayant accepté leur défence, ou, tout au moins, désigné par eux comme étant le défenseur qu'ils ont choisi ; mais que ce motif, qui repose sur des distinctions arbitraires, est contraire à la règle du secret des communications des inculpés, prévenus ou accusés, aussi bien avec les défenseurs qu'ils entendent choisir qu'avec ceux qu'ils ont choisis ou déclaré choisir ;

Attendu que, d'autre part, l'arrêt se fonde sur cette considération que Gérin, étranger à la rédaction et à l'envoi de la lettre, « ne peut exciper du caractère secret et confidentiel d'un écrit émanant d'un tiers » ;

Mais attendu que le principe qui protège le secret des correspondances échangées entre les accusés et leurs défenseurs est d'ordre public, et peut être invoqué par tout accusé dans une même affaire lorsque la violation de ce principe lui a causé directement préjudice ;

Attendu qu'en l'espèce, à raison des intentions annoncées par Bascans dans la lettre saisie, Gérin a pu se prévaloir d'un intérêt personnel à ce que cette pièce ne fût pas maintenue au dossier de la procédure suivie contre lui, versée aux débats, et communiquée au jury dans la chambre de ses délibérations ;

Attendu, dès lors, que la jonction de ladite lettre au dossier maintenue par l'arrêt entrepris, a pu, au regard de Gérin, exercer sur le verdict du jury une influence illégale, et constitue une violation des droits de sa défense ; qu'elle doit entraîner, en ce qui le concerne, l'annulation des débats, du verdict et de l'arrêt de condamnation...

Casse, en ce qui concerne Gérin, l'arrêt de condamnation rendu par la cour d'assises de la Haute-Garonne le 29 novembre 1905, ensemble l'arrêt incident, etc.

Chambre criminelle, 5 juin 1975

Rochenoir

Attendu que Rochenoir a, enfin, soulevé avant toute défense au fond devant les premiers juges la nullité de la procédure résultant, selon lui, de ce que la perquisition opérée par le magistrat instructeur dans son cabinet d'avocat, le 3 août 1971, et la saisie des documents à laquelle cette perquisition a donné lieu avaient été faites dans des conditions portant atteinte au caractère confidentiel des dossiers contenus dans un cabinet d'avocat et au respect dû au principe de la liberté de la défense ;

Attendu que pour rejeter cette exception, les juges du fond constatent que la perquisition en cause a été effectuée par le juge d'instruction lui-même en présence de l'inculpé et d'un représentant du conseil de l'Ordre des Avocats ; qu'elle s'est poursuivie pendant plus de cinq heures et que si, pendant ce laps de temps, près de 4 000 pièces ont été saisies, ces pièces se trouvaient, en fait regroupées dans des dossiers portant le nom des sociétés qu'ils concernaient, dossiers dont le contenu pouvait être aussitôt examiné sans qu'il soit nécessaire de procéder à des recherches particulières ; que si le représentant du conseil de l'Ordre des Avocats a cru devoir élever une protestation contre la saisie de ces dossiers « entiers et complets », le juge d'instruction, qui n'a pas manqué de faire figurer cette protestation dans le procès-verbal, a estimé devoir passer outre ;

Attendu que les juges précisent encore qu'au moment de la perquisition, Rochenoir n'était le conseil d'aucune des personnes qui étaient déjà inculpées dans la procédure, et qu'il s'est révélé qu'aucun des documents saisis n'avait un caractère confidentiel au regard des nécessités de leur défense ;

Attendu qu'en l'état de ces constatations, les juges du fond énoncent que la perquisition et la saisie avaient été régulières aux motifs, d'une part, qu'il appartient au juge d'instruction seul et non au Bâtonnier de l'Ordre des Avocats ou à son représentant de rechercher et de saisir les documents utiles à l'information, et, d'autre part, que le pouvoir du juge ne trouve sa limite que dans le principe de la liberté de la défense qui commande de respecter les communications confidentielles de l'avocat avec ses clients ; que l'arrêt ajoute que le secret professionnel de l'avocat ne peut couvrir des documents tels que ceux qui ont été saisis en l'espèce et que le prévenu avait été amené à recueillir dans des activités ayant motivé sa propre inculpation ;

Attendu que par ces constatations et énonciations, desquelles il résulte que le magistrat instructeur s'est conformé, lors de la perquisition et de la saisie, aux dispositions de l'article 96, alinéa 3, du Code de procédure pénale qui prescrivent au juge d'instruction de provoquer préalablement toutes mesures utiles pour que soit assuré le respect du secret professionnel et des droits de la défense, la cour d'appel a justifié sa décision ; Qu'il s'ensuit que le moyen doit être écarté ;

Et attendu que l'arrêt est régulier en la forme ;

Rejette les pourvois.

OBSERVATIONS

Il faut avant tout définir la perquisition, qu'elle se déroule ou non dans un cabinet d'avocat. Cet acte n'est pas défini par le Code de procédure pénale alors que sa définition présente des intérêts pratiques (présence de la personne ou de deux témoins à l'opération, respect des heures légales, qualité d'enquêteur ou de juge de celui qui opère, signature du procès-verbal de la personne ou des témoins, art. 56 et s pour l'enquête, 92 et s. pour l'instruction). C'est la jurisprudence qui a donc, espèce par espèce, défini la perquisition en dégageant ses deux aspects. Elle est d'abord une recherche, une fouille visant à l'obtention d'indices (*aspect fonctionnel*) : pas de perquisition donc dans le cas d'enquêteur se bornant à prendre des photographies depuis l'extérieur d'un local (Crim. 29 mars 1994, *Bull. crim.* n° 158 ; *D.* 1995. Somm. 144, obs. J. Pradel) ou en cas de remise spontanée d'un document aux enquêteurs (Crim. 20 septembre 1995, *Bull. crim.* n° 276 ; *D.* 1996. Jur. 296, note M. Penneau et Somm. 257, obs. J. Pradel ; 22 mai 2002, *RSC* 2002. 906, obs. J. Buisson ; 10 mars 2004. *Rev. pénit.* 2005. 416, obs. C. Ambroise-Castérot). La perquisition est ensuite une opération menée par un officier de police judiciaire ou par un juge (*aspect organique*) : pas de perquisition dans le cas du gardien qui, sur réquisition de policiers, opère une fouille dans un local d'immeuble où pouvaient se trouver des produits stupéfiants (Crim. 12 févr. 2008, n° 07-87.862, *D.* 2008. AJ 924 ; *AJ pénal* 2008. 244, obs. Roussel ; *Rev. pénit.* 2008. 381, obs. C. Ambroise-Castérot ; *D.* 2008. Pan. 2761, obs. J. Pradel).

Cela rappelé, attachons-nous au cas d'une perquisition effectuée dans un cabinet d'avocat.

Les perquisitions dans un cabinet d'avocat évoquent d'emblée les concepts de secret professionnel (comme pour un médecin) et surtout de droits de la défense. Or ces notions essentielles se heurtent aux nécessités de la recherche de la vérité qui le sont tout autant. C'est dire que la conciliation est malaisée entre ces impératifs opposés. Il est certes admis qu'une perquisition est possible dans le cabinet d'un avocat et, bien sûr aussi, à son domicile personnel. Mais elle est entourée de conditions.

La première intéresse la détermination de l'autorité apte à mener une perquisition. Jadis, dans le silence de la loi, la jurisprudence avait admis qu'un policier nanti d'une commission rogatoire puisse y procéder lui-même (Crim. 11 févr. 1865, *D.* 1865. 1. 94). Sans prendre parti expressément, le Code de procédure pénale de 1959 n'exclut pas cette possibilité et, même dans son article 56, alinéa 3, paraît autoriser un officier de police judiciaire à agir de lui-même dans le cadre d'une enquête de flagrance. Toutefois, la circulaire d'application du Code (art. C 105, al. 6) invitait le policier à en référer au procureur de la République ou au juge d'instruction et la doctrine était plutôt défavorable à l'idée qu'il puisse de lui-même faire une perquisition chez un avocat. Intervint une loi du 30 décembre 1985 qui introduisit dans le Code un article 56-1, alinéa 1 selon lequel « les perquisitions dans le cabinet d'un avocat ou à son domicile ne peuvent être effectuées que par un magistrat et en présence du bâtonnier ou de son délégué » (le reste de l'art. 56-1 ayant été modifié par deux lois des 15 juin 2000 et 12 décembre 2005). De ce texte, il résulte que c'est non seulement un magistrat (du parquet ou de l'instruction) qui décide de la perquisition, mais aussi que c'est lui et non le bâtonnier qui prend connaissance des objets et documents découverts au cours de cette opération pour faire la sélection de ceux qui sont à saisir. Cette analyse résulte à la fois du texte et de ses travaux préparatoires. En outre, elle confirme une jurisprudence très nette (Crim. 24 mars 1960, *JCP* 1960. II. 11672, note P. Mimin ; *D.* 1960. Jur. 531, note L. Crémieu ; *RSC* 1960. 657, obs. J.-M. Robert) et elle a été avalisée par une circulaire du 22 janvier 1986 du ministère de la Justice (*adde* : CE 15 mai 1987, *JCP* 1987, Act. n° 22, arrêt qui rejette un recours pour excès de pouvoir exercé par certains ordres des avocats contre cette circulaire et qui reprend l'analyse précitée). On observera que l'article 56-3 (lois des 4 janvier 1993 et 15 juin 2000) prévoit les mêmes principes pour les perquisitions dans les cabinets de médecins, notaires, avoués et huissiers (opérations menées par un magistrat et en présence d'un représentant de l'organisation professionnelle à laquelle appartient l'intéressé).

La deuxième question découle de la première : le magistrat, qui est donc seul habilité à procéder aux recherches, peut-il saisir n'importe quel objet qui lui paraît utile à la manifestation de la vérité ou bien, au contraire, doit-il s'interdire de saisir certains objets pour assurer le respect des droits de la défense et du secret professionnel ? Les arrêts *Gérin* et *Rochenoir*, ci-dessus rapportés, statuent sur des lettres missives et documents divers. Le premier adopte très nettement une position de principe d'hostilité à la saisie. En revanche, le second est révélateur d'une position actuelle plus nuancée en apportant des limites à l'insaisissabilité des pièces se trouvant chez un avocat.

I. — La régle de l'insaisissabilité des lettres

Le principe est ancien et connu de tous : les lettres du client adressées à l'avocat, les doubles des lettres de celui-ci adressées au client, ainsi que les documents se trouvant chez l'avocat sont absolument insusceptibles de saisie. Doctrine (Faustin Hélie, *Traité de l'instruction criminelle*, 2e éd., 1866, IV, no 1818 ; H. Ader et A. Damien, *Règles de la profession d'avocat*, 13e éd., 2011, no 37-11) et jurisprudence sont là-dessus très fermes, la règle valant d'ailleurs aussi bien lorsque la saisie n'est pas effectuée dans un cabinet d'avocat — notamment, au cas de remise de lettres au juge d'instruction — que lorsqu'il y a saisie véritable dans ce cabinet. La chambre criminelle avait d'abord retenu le principe d'inviolabilité pour le courrier adressé à l'avocat, même lorsque cette correspondance n'était pas encore parvenue entre les mains de ce praticien (Crim. 12 mars 1886, *S.* 1887. 1. 89 ; *D.* 1886. 1. 345 arrêt visant « le droit supérieur de la défense, qui commande d'affranchir de toute entrave la communication de l'accusé avec ses conseils »). Puis elle l'a étendu au cas de l'inculpé mis au secret (Crim. 31 déc. 1897, *S.* 1898. 1. 247) ou adressant à son conseil des instructions répréhensibles (Crim. 9 sept. 1897, *D.* 1898. 1. 146 ; *adde* : Civ., 13 févr. 1893, *D.* 1893. 1. 193, rapport A. Petit, arrêt qui invoque « le principe de la libre défense et l'inviolabilité du secret professionnel »).

A. — Principe

Avec son arrêt *Gérin* du 15 février 1906, la chambre criminelle va plus loin encore, en décidant : 1) que le secret des correspondances entre client et avocat joue aussi lorsque ce dernier n'est pas encore défenseur attitré, mais simplement sollicité de l'être ; 2) que la violation de ce secret peut être invoquée par un coaccusé aussi bien que par l'accusé auteur de la lettre.

Cette position extrême prise par l'arrêt *Gérin* doit être approuvée. S'agissant de la première proposition, qui sera d'ailleurs confirmée (Crim. 6 mars 1958, *Bull. crim.* no 230, *D.* 1958. 696), il est aisé de remarquer que la distinction entre l'avocat qui a déjà accepté sa mission et celui qui est simplement sollicité est arbitraire et se heurte au fondement du secret : en effet l'inviolabilité ne s'appuie pas sur le secret professionnel de l'avocat (art. 378 ancien C. pén. aujourd'hui art. 226-32 C. pén.), mais sur le droit supérieur de défense qui est d'intérêt général (en ce sens, note J.-A. Roux, 5e colonne, *préc.*) et d'ailleurs, la chambre criminelle, dans son arrêt du 6 mars 1958, parlera du « principe de la libre défense qui domine toute la procédure criminelle et qui commande de respecter les communications confidentielles des accusés avec les avocats qu'ils ont choisis ou veulent choisir... ». S'agissant de la deuxième proposition, elle se justifie également lorsque la saisie de la lettre écrite par un accusé nuit en réalité aussi à un autre accusé : ce dernier, alors, agit en son propre nom, en invoquant un préjudice personnel (*comp.* cependant la jurisprudence qui interdit aux coïnculpés d'invoquer la violation au préjudice d'un coïnculpé de l'article 105 du Code de procédure pénale, même si l'irrégularité a nui à leur propre défense : Crim. 2 mai 1968, *Bull. crim.* n° 136 ; Toulouse, 18 déc. 1962, *D.* 1963. Jur. 156, note R. Merle).

Cette jurisprudence va de pair avec l'article D-69 du Code de procédure pénale qui décide que « les lettres adressées sous plis fermés par les prévenus à leur défenseur ainsi que celles que leur envoie ce dernier ne sont pas soumises au contrôle » de l'Administration (J. Pradel, « La correspondance écrite du détenu », *Rev. pénit.* 1987. 257 ; pour une application, TA Versailles, 10 oct. 1997, *D.* 1998. IR 21).

B. — Extension

La vitalité du secret se manifeste encore aujourd'hui non seulement par sa réaffirmation (Crim. 9 févr. 1988, *Bull. crim.* n o 63, qui justifie l'inviolabilité par l'idée de libre défense ; 20 janv. 1993, *Bull. crim.* n° 29 ; 5 oct. 1999, *Bull. crim.* n° 206 ; *D.* 2005. Somm. 155, obs. B. Blanchard ; 13 déc. 2006, *Bull. crim.* n° 313 ; *D.* 2007. AJ 306 ; *ibid.* 2007. 140, obs. C. Girault ; *Dr. pénal* 2007, Comm. 64, obs. A. Maron), mais aussi par son extension à un domaine nouveau. Des décisions de juridictions du fond appliquent l'inviolabilité non plus seulement au « judiciaire », mais aussi au « juridique ». Ces lettres un peu particulières que constituent, avant procès, des consultations données par un avocat à son client se trouvent protégées (T. corr. Nanterre, 18 déc. 1980, *Gaz. Pal.* 1981. 1. 68, note A. Damien, et sur appel, Versailles 28 avr. 1982, *Gaz. Pal.* 1982. 1. 310, note A. Damien ; Crim. 6 févr. 1997, *Bull. crim.* n° 55). Il en est de même de ces documents très proches que sont les propositions transactionnelles (Colmar, ch. acc. 17 déc. 1987, *Gaz. Pal.* 1982. 1. 126, note A. Damien). La correspondance échangée entre deux avocats, hors procès et en vue de parvenir à l'établissement d'un accord commercial ne peut être produite en justice. Cette extension du secret au secteur « juridique » se conçoit car il n'est pas possible de distinguer, sans risque d'arbitraire, entre actes relevant de l'assistance juridique en général et actes relatifs à une défense rendue nécessaire par l'existence d'un procès déjà commencé. Cette attitude, d'ailleurs, est également celle de la Cour de justice des Communautés européennes (v. arrêt du 18 mai 1982, *Gaz. Pal.* 1982. 1. 328, et commentaire A. Damien ; *Gaz.*

Pal. 1982. 11, doct. p. 437). De plus, l'article 4 de la loi du 4 janvier 1993 a ajouté à la loi du 31 décembre 1971 portant réforme de certaines professions judiciaires et juridiques un article 66-5 selon lequel « en toute matière, les consultations adressées par un avocat à son client ou destinées à celui-ci et les correspondances échangées entre le client et son avocat sont couvertes par le secret professionnel ». Cet article 66-5 a même été réécrit par une loi du 7 avril 1997 dans le sens d'un renforcement du secret, y compris en ce qui concerne le plan « juridique » : en effet, décide désormais l'article, « en toutes matières, que ce soit dans le domaine du conseil ou dans celui de la défense, les consultations adressées par un avocat à son client ou destinées à celui-ci, les correspondances échangées entre le client et son avocat, entre l'avocat et ses confrères, les notes d'entretien et, plus généralement, toutes les pièces du dossier sont couvertes par le secret professionnel ». Et de fait, il est artificiel de distinguer entre les activités juridiques et les activités judiciaires de l'avocat, surtout depuis qu'une loi du 31 décembre 1990 a créé une nouvelle profession d'avocat en fusionnant avocats traditionnels et conseils juridiques. Pourtant, la jurisprudence admet que le principe de confidentialité n'est pas absolu.

II. — Les limites à l'insaisissabilité des lettres

Ce principe, en effet, cède aujourd'hui du terrain comme le démontrent certaines décisions récentes qui s'efforcent de combiner le secret professionnel, les droits de la défense et l'efficacité de l'instruction. La cour de Strasbourg adopte une attitude de prudente conciliation en assimilant le cabinet d'avocat à un domicile protégé par l'article 8 Conv. EDH, mais en admettant que des perquisitions y sont possibles si elles poursuivent un but légitime et si la mesure est proportionnée à ces objectifs (CEDH 16 déc. 1992, *Niemetz c. Allemagne*, *Gaz. Pal.* 24 juin 1993, Chron. M. Junosza-Zdrojewski ; *D.* 1993. Somm. 386, obs. J.-F. Renucci).

En pratique, diverses circonstances peuvent se présenter.

A. — Saisie d'une lettre relative à une infraction imputable à un avocat

La première circonstance est relative à l'hypothèse où la lettre litigieuse (ou documents assimilables) serait révélatrice d'une infraction à laquelle l'avocat ne serait pas étranger. Dans l'affaire *Rochenoir*, jugée par la chambre criminelle le 5 juin 1975, le juge d'instruction avait saisi des dossiers entiers représentant près de 4 000 pièces dont l'inculpé *Rochenoir*, par ailleurs avocat, avait soutenu qu'ils étaient confidentiels. La chambre criminelle, pourtant, relève à juste titre, après l'arrêt d'appel, que l'inculpé avait été amené à recueillir certains de ces documents « dans des activités ayant motivé sa propre inculpation » et elle ajoute qu'il n'était le conseil d'aucune des personnes déjà inculpées dans la procédure. En somme, ces lettres ne constituaient pas des éléments de la défense de *Rochenoir* ou des autres inculpés, mais des preuves de la culpabilité de ce dernier dans les faits poursuivis. En d'autres termes, on peut considérer que ces documents étaient le corps ou l'instrument du délit poursuivi. Ils étaient donc susceptibles d'être saisis, au même titre qu'un faux ou qu'un revolver qui auraient été remis à l'avocat par le client après commission de l'infraction. Il est bien évident en effet que le juge peut saisir tous objets ayant un rapport quelconque avec l'infraction et il n'y a aucune raison de faire bénéficier l'avocat d'un privilège que rien ne justifie puisqu'il sort de son rôle. On ne peut admettre que le secret « s'étende aux documents qu'au moment des poursuites, un inculpé remet à son défenseur » (A. Tunc, « Les perquisitions et le secret professionnel », *Rev. adm.* 1951. 300) ou aux pièces qui traduisent une activité délictueuse de l'avocat. En somme, la saisie doit être possible pour tout ce qui n'intéresse pas la défense elle-même (R. Garraud, *Traité d'instruction criminelle et de procédure pénale*, t. III, n° 785).

Cette exception au principe de l'inviolabilité des correspondances pour cause d'infraction commise par l'avocat, a été rappelée ultérieurement de manière directe (Caen, Ch. acc., 25 mars 1987, *Gaz. Pal.* 1987. 11. 448, note A. Damien, et, sur pourvoi, Crim. 9 févr. 1988, *Bull. crim.* n° 63 ; 12 mars 1992, *Bull. crim.* n° 112 ; *D.* 1993. Somm. 207, obs. J. Pradel ; *ibid.* 2004. Somm. 134, obs. A. Brunois ; 20 janv. 1993 et 5 oct. 1999, *préc.* ; 27 juin 2001, *Bull. crim.* n° 163 ; *D.* 2001. IR 2947 ; *RSC* 2001. 832 et 834, obs. D.-N. Commaret ; 14 nov. 2001, *Bull. crim.* n° 238 ; 18 juin 2003, *Bull. crim.* n° 129 ; *RSC* 2004. 422, obs. J. Buisson ; *AJ pénal* 2003. 30, obs. J. C.). La solution est la même au cas d'écoutes téléphoniques de l'avocat de la personne mise en examen, cette mesure étant possible s'il existe contre l'avocat des indices de participation à une infraction (Crim. 15 janv. 1997, *Bull. crim.* n° 14 ; *Procédures* 1997, Comm. n° 126, obs. J. Buisson ; *Dr. pénal* avr. 1997, obs. A. Maron ; *RSC* 1997. 668, obs. J.-P. Dintilhac ; 8 nov. 2000, *Bull. crim.* n° 335 ; *D.* 2002. Somm. 856, obs. B. Blanchard ; 1er oct. 2003, *Bull. crim.* n° 177 ; *AJ pénal* 2003. 64, note Lucéani et Mien ; *D.* 2004. Somm. 671, obs. J. Pradel, avocat ayant pu commettre une violation de secret professionnel et un outrage à magistrat ; 18 janv. 2006, *Bull. crim.* n° 22 ; *D.* 2006. IR 392, obs. C. Girault ; *AJ pénal* 2006. 254, obs. P. Dourneau-Josette ; *ibid.* 126, obs. C. Girault). Très nettement, la chambre criminelle décide qu'une « conversation entre un avocat et son client ne peut être transcrite et versée au dossier d'une procédure que s'il apparaît que son contenu est de nature à faire présumer la participation de cet avocat à une infraction (Crim. 17 septembre 2008, n° 08-85.229, ce n'était pas le cas en l'espèce, d'où l'annulation de la garde à vue consécutive à la conversation). L'arrêt du 17 septembre 2008 vise à la fois les droits de la défense et le principe de confidentialité.

B. — Conséquence : possibilité d'une perquisition

La chambre criminelle va cependant plus loin en admettant que, dès lors que sont respectés les droits de la défense, le juge peut procéder à une perquisition en vue de déterminer l'existence d'infractions pénales, c'est-à-dire afin de faire apparaître la vérité. Cette position a été illustrée par divers arrêts et notamment par un arrêt du 30 juin 1999 (*Bull. crim.* n° 172 ; *JCP* 1999. II. 10177, note X. Martin ; *D.* 1999. Jur. 458, note J. Pradel et Somm. 322, obs. J. Pradel ; *Dr. pénal* 1999, Comm. 155, obs. A. Maron ; *RSC* 1999. 240, obs. D.-N. Commaret ; V. aussi Crim. 14 janv. 2003, n° 02-87.062, non publié au *Bull. crim.* ; *D.* 2003. IR 944 ; *RSC* 2003. 884, obs. J.-F. Renucci, possibilité pour le juge d'instruction de saisir dans un cabinet d'avocats des pièces susceptibles d'établir son éventuelle participation à une infraction pénale). À vrai dire cette hypothèse peut se confondre avec la précédente et tel semblait bien être le cas dans l'arrêt du 30 juin 1999 puisque l'avocat perquisitionné avait été chargé d'une mission d'assistance et de conseil pour la réalisation d'une opération critiquée et qui s'était matérialisée par des documents que le juge devait saisir. Mais on peut aussi imaginer des cas (bien rares) où la saisie est nécessaire à l'instruction sans que l'avocat soit fautif.

Cette jurisprudence parait à l'abri de la critique. Elle concilie en effet les besoins de la recherche de la vérité avec le respect dû aux droits de la défense. Il est regrettable qu'elle n'ait pas été suivie par deux décisions rendues ultérieurement sous l'empire de la loi du 15 juin 2000 (art. 56.1 C. pr. pén. qui prévoit en cas de saisie chez un avocat une sorte « d'arbitrage » par le juge des libertés et de la détention si le bâtonnier s'oppose à la saisie). Dans ces deux décisions, il est certes affirmé que le secret professionnel de l'avocat n'est pas absolu, mais — et c'est la nouveauté par rapport à la jurisprudence de 1999 — que l'atteinte à ce secret doit être entendue de façon restrictive, la saisie des consultations et correspondances étrangères entre avocat et client n'étant autorisée « que si celles-ci révèlent de façon intrinsèque la commission par l'avocat d'une infraction en qualité d'auteur principal ou de complice » (TGI Paris, ord. 7 juill. 2000, *Gaz. Pal.* 29 août 2000, note A. Damien ; 2 oct. 2000, *Gaz. Pal.* 14 oct. 2000, Chron. C. Iweins). On aura noté l'emploi de l'expression « de façon intrinsèque », ce qui laisse entendre que les indices de culpabilité de l'avocat doivent résulter des documents eux-mêmes. D'ailleurs, dans ces deux espèces, le juge « arbitre » n'a pas, dans l'ensemble, maintenu la saisie opérée par le juge d'instruction.

On ajoutera cependant que le juge ne saurait procéder à des perquisitions chez l'avocat sans avoir d'indices. Il convient de prohiber les « parties de pêche » dites aussi perquisitions « à toutes fins » pour trouver par exemple des adresses en interrogeant des ordinateurs ou en fouillant dans des meubles.

C. — Autres applications

Si la participation de l'avocat à une infraction et les nécessités de l'instruction constituent d'indéniables motifs de suppression du principe de confidentialité, la jurisprudence récente en fait apparaître d'autres qui, tout à la fois, sont parfois moins nets et plus discutables. Moins nets car ils apparaissent dans un très petit nombre de décisions correspondant, de plus, à de situations peu classiques et car ils ne peuvent qu'être déduits plus ou moins implicitement du texte des arrêts. Plus discutables aussi, car leur application soulève les plus graves difficultés.

1° Le premier motif paraît résulter de la volonté des parties. La confidentialité et donc l'interdiction de l'inclusion de documents et lettres dans le dossier de la procédure supposerait que la volonté des parties (avocat et client) aille en ce sens. Selon un arrêt, il est possible d'annexer au dossier de l'instruction une lettre adressée par un avocat à son client portant, certes, la mention « personnelle », mais étant cependant observé que « de ce terme, il ne résulte pas que l'avocat expéditeur ait recommandé à son client de la tenir confidentielle » : de la sorte, le client peut disposer à sa guise de la lettre qui est, en somme, sa lettre (Besançon, ch. acc. 24 nov. 1982, *Gaz. Pal.* 1983. 1. 20, note A. Damien). Il s'agissait en l'espèce d'une lettre adressée par un avocat à son client et que ce dernier entendait remettre au juge. Il n'y avait donc pas de saisie au sens classique du mot puisque le juge d'instruction, loin d'avoir un rôle actif, s'était borné à joindre au dossier un document. Dans le même esprit, il est admis que l'OPJ agissant sur commission rogatoire et se faisant remettre un document, en l'espèce un dossier médical, n'opère pas une perquisition (Crim. 20 septembre 1995, *Bull. crim.* n° 276 ; *D.* 1996, Jur. 296, note J. Penneau et Somm. 257, obs. J. Pradel ; *Procédures* 1996, Comm. 15, obs. J. Buisson ; *RSC* 1996. 141, obs. J.-P. Dintilhac).

On peut citer dans le même sens une autre décision, d'ailleurs non pénale et plus ancienne, selon laquelle « les lettres adressées à un avocat par un de ses clients avaient un caractère confidentiel qui subsiste après le décès de l'expéditeur et elles ne pouvaient donc être produites dans un procès pour être opposées à un tiers, qu'avec l'autorisation de leur auteur et de leur destinataire » (Paris 8 nov. 1971, *Gaz. Pal.* 1972. 1. 96). En somme, le consentement des parties justifie l'inclusion au dossier pénal de lettres émanant d'un avocat. Il y a là une sorte de fait justificatif procédural, dont l'existence évite l'annulation de la procédure.

2° La jurisprudence va plus loin encore en admettant que les lettres adressées par ou à un avocat peuvent se retrouver dans un dossier pénal s'il y va de l'intérêt du client (CJCE 18 mai 1982, *préc.*) ou si elles ne contiennent aucune confidence (Caen, ch. acc. 25 mars 1987, confirmé par Crim. 9 févr. 1988, *préc.*), ou encore si l'avocat n'a jamais assisté le prévenu (T. corr. Paris 24 avr. 1984, affaire dite de *Paribas*, *Gaz. Pal.* 1985. 1. 1982, où le juge avait saisi au domicile d'un inculpé une lettre émanant d'un avocat qui ne l'avait jamais assisté ; v. aussi dans le même sens le plus important arrêt *Rochenoir*, où la perquisition avait eu lieu, cette fois, chez l'avocat). De même encore, la saisie est possible lorsque les documents ne concernent pas les droits de la défense (Crim. 7 mars 1994, *D.* 1994. Somm. 192, obs. J. Pradel, pour des documents relatifs à un montage juridique entre deux sociétés). La Cour de Strasbourg admet de son côté que la correspondance entre avocat et détenu peut être lue par les autorités si celles-ci ont des raisons de croire que le contenu de la lettre menace la sécurité de l'établissement (CEDH 25 mars 1992, *Campbell c/ Royaume-Uni*, *RUDH* 1993. 1, obs. F. Sudre et a.).

Ainsi, le principe de la non-saisie de lettres ou de leur non-jonction au dossier d'instruction devient une peau de chagrin : finie en effet la confidentialité si l'avocat est complice du client, s'il y a accord pour la divulgation, si l'intérêt du client est en jeu, si les nécessités de la recherche de la vérité sont en cause, si les propos ne sont pas confidentiels, si l'avocat n'a jamais été le conseil d'une partie. Les avocats s'émeuvent de cette évolution et certains envisagent aujourd'hui de ne plus correspondre qu'oralement. D'ailleurs, déjà, le règlement intérieur du Barreau de Nice oblige les avocats à correspondre seulement par voie orale (v. Civ., 1er févr. 1983, *D.* 1984. IR. 118, obs. A. Brunois). Il est vrai que cette jurisprudence, parfois qualifiée de laxiste, a été grandement facilitée par l'attitude très blâmable de certains avocats, en très petit nombre en réalité (v. l'affaire ayant donné lieu à un arrêt de la Cour de Paris du 27 juin 1984, *D.* 1985. Jur. 93, note J. Pradel, à propos d'une mise sous écoute téléphonique de la ligne d'un avocat qui avait de la déontologie de sa profession une bien curieuse conception).

Finalement, ce qui permet d'expliquer la jurisprudence, ce qui est son fil d'Ariane, c'est que la confidentialité ne peut se fonder que sur les droits de la défense : dès que ceux-ci ne sont pas en cause, pour une raison ou pour une autre, le secret ne se justifie plus, la saisie ou la jonction deviennent possibles. Ainsi la jurisprudence distingue-t-elle entre le secret professionnel de l'avocat (que le juge peut ne pas respecter) et les droits de la défense (qui s'imposent à lui et qui empêchent donc la saisie).

J. P.

19

TÉMOIGNAGE EN JUSTICE — SECRET PROFESSIONNEL — MÉDECINS

Crim. 22 décembre 1966, *Bordier* (*Bull. crim.* n° 305 ; *D.* 1967. 122, rapport R. Combaldieu ; *JCP* 1967. II. 15126, note R. Savatier ; *RSC* 1967. 453, obs. G. Levasseur)

L'obligation du médecin au secret professionnel étant générale et absolue, il ne peut témoigner en justice même à la demande de son client poursuivi.

Chambre criminelle, 22 décembre 1966

Bordier

Attendu qu'il résulte du procès-verbal des débats que la doctoresse T..., témoin cité et dénoncé à la requête de la défense devant la Cour d'assises de la Seine, s'est retranchée, pour refuser de déposer, derrière le secret professionnel, bien que l'accusée eût déclaré qu'elle l'en relevait ; qu'en réponse aux conclusions déposées au nom de l'accusée, tendant à ce que la doctoresse T... soit relevée par la Cour du secret professionnel et entendue sur les faits au sujet desquels elle a déclaré ne pouvoir déposer, la Cour a dit, par arrêt incident, n'y avoir lieu d'y faire droit, au motif que l'obligation au secret professionnel, établie et sanctionnée par l'article 378 du Code pénal pour assurer la confiance nécessaire à l'exercice de certaines professions ou de certaines fonctions, s'impose aux médecins comme un devoir de leur état qu'elle est générale et absolue et qu'il n'appartient à personne de les en affranchir ; Attendu qu'en statuant ainsi, la cour, loin d'avoir violé les textes visés au moyen (art. 378 C. pén. notamment), a fait, au contraire, une exacte application de l'article 378 du Code pénal (aujourd'hui art. 226-13 C. pén.) ; d'où il suit que le moyen ne saurait être accueilli...

OBSERVATIONS

Une femme avait tué de plusieurs coups de couteau son amant endormi, puis elle avait dépecé son corps. Poursuivie pour assassinat, elle sollicita devant la Cour d'assises le témoignage d'un médecin qui l'avait jadis soignée et elle déposa même des conclusions pour le délier de son secret professionnel. Le praticien se déroba cependant et la cour, par arrêt incident l'approuva. Les débats continuèrent. Mais après sa condamnation, elle forma un pourvoi contre les deux arrêts, en invoquant que le médecin aurait donc dû témoigner. Dans son arrêt du 22 décembre 1966, la chambre criminelle la débouta en décidant que « l'obligation au secret professionnel s'impose aux médecins comme un devoir de leur état, qu'elle est générale et absolue, et qu'il n'appartient à personne de les en affranchir ». La formule n'est pas nouvelle, ayant déjà été utilisée en partie dans la célèbre affaire *Watelet* (Crim. 19 déc. 1885, *D.* 1886. I. 347, qui n'avait certes retenu que l'expression d'un « secret général et absolu »), puis complètement dans l'affaire *Decraene* (Crim. 8 mai 1947, *Bull. crim.* n° 124 ; *D.* 1948. Jur. 109, note P. Gulphe ; *JCP* 1948. II. 4141, note A. Légal). Toutefois, l'arrêt *Bordier* du 22 décembre 1966 va plus loin encore que celui de 1947 : dans ce dernier en effet, les juges s'étaient seulement refusés à prononcer une peine contre un médecin qui, après avoir remis un certificat s'était refusé à témoigner devant la cour d'assises, alors que dans l'arrêt de 1966, ils s'opposent à ce que la justice entende un médecin traitant. On peut donc affirmer que l'arrêt *Bordier* constitue une affirmation de la thèse absolutiste du secret dans un cas extrême. Et cette affirmation a d'autant plus d'intérêt qu'elle sera reprise quelques années après dans deux espèces identiques (Crim. 5 juin 1985, *Bull. crim.* n° 218 ; *D.* 1986. IR 120, obs. J. Pradel ; *ibid.* 1988. Jur. 106, note H. Fenaux ; 8 avr. 1998, *Bull. crim.* n° 138, *LPA* 19 juill. 1999, n° 142, note D. Krajeski ; *D.* 1999. Somm. 381, obs. J. Penneau).

En interdisant au médecin traitant de témoigner en justice, l'arrêt de 1966 pose trois questions. Cette prohibition est-elle justifiée ? Ne comporte-t-elle pas des exceptions ? Est-elle aussi applicable aux autres professionnels tenus au secret ?

I. — La prohibition du témoignage en justice du médecin est-elle justifiée ?

La question de principe conduit à choisir entre deux séries de textes contraires : d'un côté, l'article 378 du Code pénal de 1810 (aujourd'hui art. 226-13) qui incrimine la violation du secret professionnel ; de l'autre, les articles 109, 153, 326 et 438 du Code de procédure pénale qui punissent le refus de témoigner en justice. Et deux attitudes sont possibles : ou bien le secret professionnel l'emporte et constitue un fait justificatif du refus de témoigner (conception absolutiste), ou bien, l'obligation de témoigner s'impose — au moins dans certains cas — et justifie la violation du secret professionnel (conception relativiste). Les médecins sont en général favorables à la première thèse et l'on se souvient de la célèbre parole du docteur

Brouardel à la fin du XIXe siècle « Silence toujours et quand même » (v. aussi Dr Portes, *Bull. Ordre des médecins*, déc. 1950). Les juristes, en revanche, sont partagés encore que la thèse absolutiste, en faveur jusqu'au début de ce siècle, s'efface aujourd'hui devant la thèse relativiste (v. Chron. au *JCP* 1969. I. 2234 et M. Delmas-Marty, « À propos du secret professionnel », *D.* 1982. Chron. 267 et s. ; J. Pradel et M. Danti-Juan, n° 309 ; J. Pradel, n° 460).

A. — La thèse absolutiste

Cette thèse absolutiste a été défendue, et pas seulement à propos des médecins, par R. Garraud qui y voyait une « règle indiscutable » et qui préférait parler de prohibition du témoignage plutôt que d'une simple dispense de témoigner (*Traité d'instruction criminelle*, t. II, n° 392, p. 55 *in fine*). À l'appui de cette thèse, on a invoqué trois arguments.

D'abord le secret professionnel est davantage édicté dans l'intérêt public que dans l'intérêt privé du client, destiné en effet à « garantir un devoir professionnel indispensable à tous » (E. Garçon, *Code pénal annoté*, art. 378 C. pén., n° 7). Sa disparition entraînerait donc des inconvénients considérables (Albucher, concl. sous Paris, 6 févr. 1954, *JCP* 1954. II. 8107). Une décision a considéré que le secret « est institué » non seulement dans l'intérêt général pour assurer la confiance qui s'inpose dans l'exercice de certaines professions, mais également dans l'intérêt des particuliers pour garantir la sécurité des confidences que ceux-ci sont dans la nécessité de faire à certaines personnes du fait de leur état ou de leur profession … » (TGI 5 juill. 1996, *D.* 1998. Somm. 96, obs. Massis).

Ensuite, s'il existe certes des cas où l'hésitation est permise, la détermination d'un critère serait hasardeuse et donc dangereuse. En effet, une solution nuancée plutôt qu'absolue « aurait l'inconvénient... de jeter un halo d'indécision autour de la zone d'application du secret médical car... il faut bien convenir que les limites de ce secret se laissent difficilement cerner. Dans ces conditions, n'apparaît-il pas préférable... de fixer une règle de comportement précise et ne laissant place à aucune hésitation » (R. Combaldieu, rapport *préc.*).

Enfin, si le médecin pouvait être délivré du secret, son refus de parler, motivé par des considérations de conscience, équivaudrait à l'aveu implicite des affirmations adverses et rendrait son témoignage sans intérêt (A. Vitu, *Droit pénal spécial*, 1982. II, n° 2007).

B. — La thèse relativiste

Cette seconde conception, très en vogue dans la doctrine moderne, se fonde sur la négation de la première raison invoquée plus haut en faveur de la théorie absolutiste et sur deux autres raisons.

Premièrement, le fondement du secret professionnel — très difficile à découvrir certes — réside avant tout dans l'intérêt particulier du confident. Le secret a un fondement contractuel comme invite du reste à le penser l'article 378 du Code pénal lui-même (aujourd'hui art. 226-13) qui voit dans le professionnel un « dépositaire » auquel le client « confie » un secret. Ce client reste donc le maître du secret comme le déposant reste propriétaire de sa chose. Le client peut donc disposer de son secret et demander au professionnel de le divulguer en justice. C'était justement la thèse de la demanderesse au pourvoi. Il en résulte que le médecin doit parler, sauf à réserver à titre exceptionnel son droit au silence pour des raisons de prudence sociale ou professionnelle (R. Vouin, *La notion de secret médical en droit pénal français*, v. Congrès international de droit comparé, Bruxelles, août 1958, supplément à la *RSC* 1958. 29 et s.).

Deuxièmement, il n'est pas du tout certain que le Code pénal impose la thèse absolutiste. Bien que le texte ne distingue pas entre la révélation indiscrète et le témoignage en justice, il semble avoir été écrit essentiellement pour les « révélations indiscrètes et spontanées commises par des médecins, chirurgiens, etc., et on ne pourrait l'appliquer comme l'indiquent les termes et l'esprit de la loi aux révélations provoquées par la justice elle-même... » (R. Garraud, *Traité de droit pénal*, t. VI, n° 2354, p. 85). Sans doute, cet argument a-t-il perdu un peu de sa valeur avec l'article 109 du Code de procédure pénale qui oblige toute personne à déposer « sous réserve des dispositions des articles 226-13 et 226-14 du Code pénal ». Mais l'objection n'est pas déterminante car l'article 109 du Code de procédure pénale n'impose pas le silence systématique au médecin : il peut très bien se concilier avec un système de libre choix pour le médecin entre silence et révélation.

Troisièmement enfin, la thèse relativiste facilite l'obtention de la vérité. La justice pénale a impérieusement besoin de tout savoir sur une affaire. C'est pourquoi dans le domaine voisin des perquisitions, la jurisprudence s'efforce de les permettre même au mépris du secret professionnel. Ainsi en est-il en faveur des douanes (Crim. 30 janv. 1975, *JCP* 1975. II. 18137, note C. Gavalda ; 25 janv. 1977, *D.* 1977. Jur. 666, note M. Vasseur ; 11 juin 1979, *Bull. crim.* n° 199 ; 12 janv. 1981, *Bull. crim.* n° 11, décisions rendues avant la loi du 29 décembre 1984 — art. L. 16 B du Livre des procédures fiscales — qui est venue permettre à l'administration fiscale de procéder à des « visites » au domicile des contribuables sous certaines conditions). Ainsi en est-il également en matière de secret religieux (Crim. 17 déc. 2002, *Bull. crim.* n° 231 ; *D.* 2004. 302, note C. Bouvier-Le Berre ; *RTD civ.* 2003. 575, obs. R. Libchaber, validation d'une perquisition effectuée par un juge d'instruction dans le bureau d'un évêque et d'un vice-official) et du secret de l'avocat (*supra*, n° 17) Un arrêt a admis, dans un domaine très voisin des perquisitions, qu'un médecin expert, commis par un juge d'instruction pour apprécier l'état de santé d'un détenu, peut légitimement accéder au dossier médical déposé à la prison sans que puisse lui être opposé le secret médical (Rennes, ch. acc. 15 mai 1997, *D.* 1998. Jur. 178, note J. Penneau).

Ces raisons sont si fortes qu'il faudrait un revirement de la jurisprudence *Bordier.* Dans la négative, il conviendrait de modifier la loi, en créant un fait justificatif à la révélation des secrets (et pas seulement du secret médical) : ce serait l'ordre du juge au professionnel de témoigner, ce dernier devant cependant conserver le droit de ne pas déposer. Ajoutons enfin qu'à l'étranger, la thèse relativiste est très souvent admise (J. Pradel, *Droit pénal comparé,* n° 283 et s.). Selon le Code pénal autrichien de 1974, la divulgation n'est pas punissable si elle est justifiée « par un intérêt public ou par un intérêt privé légitime » (art. 121, § 5). En Suisse, l'incrimination de violation du secret professionnel « cesse d'être punissable si elle a été faite avec le consentement de l'intéressé ou si elle est autorisée par le supérieur du dépositaire du secret » (art. 321 C. pén. de 1937). L'article 136 du Code pénal d'Allemagne de l'Est (certes aujourd'hui abrogé) n'incriminait la violation du secret professionnel que si le secret se fondait sur « un intérêt personnel », ce qui impliquait la licéité de la révélation faite dans un intérêt public. Et un peu partout, le délit n'est poursuivable que sur plainte de la victime (J. Honorat et L. Mélénec, « Vers une relativisation du secret médical », *JCP* 1979. I. 2936, not. n° 3 et 4). Ce qui invite à envisager des exceptions au principe absolutiste.

II. — La prohobition du témoignage en justice du médecin comporte-t-elle des exceptions ?

On observera d'abord que le système du secret absolu allait de pair avec une relation individuelle entre le médecin et le malade. Mais aujourd'hui, la médecine s'exerce en équipe de sorte que c'est à tous les membres de l'équipe que le secret est confié. Le secret devient donc collectif, « partagé » comme aime à la dire l'administration fiscale pour obliger le professionnel à lui communiquer des documents secrets.

Mais la thèse du secret absolu est en régression pour une seconde raison, tenant aux nécessités soit de la défense du médecin (attaqué ou menacé d'être attaqué en justice), soit de la sauvegarde de certaines valeurs supérieures.

A. — Les nécessités de la défense

L'exercice de la défense personnelle du médecin justifie certainement ce praticien de violer le secret auquel il est en principe astreint (A. Vitu, *préc.*, n° 2012 et s.), encore que certains médecins soient d'un avis différent (Dr. Portes, *À la recherche d'une éthique médicale*, PUF, 1954, p. 131).

Il est d'abord évident que le médecin est autorisé à parler s'il est poursuivi « car on ne saurait refuser à qui que ce soit le droit de se défendre et cette liberté essentielle ne peut être mise en échec par les règles du secret professionnel » (Douai, 20 oct. 1951, *Gaz. Pal.* 1951. 2. 425). Il ne faudrait pas que le médecin puisse se servir du secret comme d'un bouclier pour se refuser à parler et pour échapper éventuellement à sa responsabilité.

La difficulté est de savoir si cette possibilité de parler vaut aussi lorsque le médecin n'est pas (ou pas encore) poursuivi. Il ne s'agit plus alors de savoir s'il peut être interrogé, mais s'il peut témoigner.

La question a été résolue dans son principe par l'affirmative dans la pittoresque affaire dite du « *Roi des Gitans* ». Des membres d'une communauté de gitans, victimes d'accidents bénins, avaient simulé, à l'instigation d'un des leurs, le « *Roi des Gitans* », le gâtisme, le mutisme et l'impotence, en vue d'obtenir de substantielles indemnités de compagnies d'assurances. Des médecins, trompés par leur habile mise en scène, délivrèrent des certificats attestant faussement l'existence de ces infirmités. Mais, réticentes, les compagnies déposèrent plainte pour escroquerie et les médecins furent amenés à fournir des explications bien qu'ils aient conservé la qualité de témoin. Le « Roi des Gitans » prétendit que ces praticiens, tenus au secret, ne pouvaient déposer. La Cour de cassation lui répondit qu'ils pouvaient justifier de leur bonne foi, d'autant plus que l'article 160 du Code pénal de 1810 (aujourd'hui art. 441-8 C. pén.) réprime la délivrance de faux certificats (Crim. 20 déc. 1967, *Bull. crim.* n° 338 ; *D.* 1969. Jur. 309, note E. Lepointe ; *RSC* 1968. 343, obs. G. Levasseur).

Si le principe du droit pour le médecin de témoigner en justice pour parer à une éventuelle poursuite est certain, ses conditions d'existence doivent cependant être strictement précisées : d'abord car le secret reste la règle, ensuite car le médecin étant témoin et non mis en examen, les droits de sa défense doivent être entendus de manière plus étroite. On peut admettre que la licéité du témoignage suppose trois conditions.

Le médecin, tout d'abord, doit être menacé de poursuite, comme le laisse entendre l'arrêt du 20 décembre 1967. Pratiquement, il faut supposer que la poursuite est ouverte à la suite de sa mise en cause par un tiers, ou sur réquisitoire introductif nominatif ou encore sur plainte nominative avec constitution de partie civile. Le médecin peut alors être entendu comme témoin assisté (art. 113-1 et s. C. pr. pén.).

Ensuite, le médecin ne saurait remplacer son témoignage par des déclarations dans la presse, que ce soit avant ou pendant le procès (v. affaire *Watelet, préc.*).

Enfin, la divulgation du secret doit être limitée à ce qui est strictement indispensable à la défense future ou éventuelle du médecin.

À ces trois conditions, le praticien peut déposer. Il n'est pas nécessaire que le demandeur à l'instance soit le malade lui-même comme on l'a pensé (A.-M. Larguier, *Certificats médicaux et secret professionnel*, 1963, n° 211), mais comme l'affaire du « Roi des Gitans » l'a infirmé. On indiquera encore que la justification du médecin ne peut se fonder ni sur la légitime défense, ni sur l'état de nécessité (qui suppose un danger actuel ou imminent), mais sur la notion de droits de la défense (A. Vitu, *préc.*, n° 2012 ; E. Warembourg-Auque, « Réflexions sur le secret professionnel », *RSC* 1978. 237 et s., not. n° 26 et 27) dont le dynamisme est tel qu'elle peut, à notre avis, être étendue ici au témoin.

B. — La défense d'intérêts supérieurs

Le médecin peut également déposer en justice lorsque certaines valeurs sociales importantes sont en cause. De rares arrêts font fléchir le secret dans l'intérêt de la recherche de la vérité : il a ainsi été jugé qu'un directeur d'hôpital pouvait témoigner devant la cour d'assises en faveur d'un accusé qui invoquait son hospitalisation à titre d'alibi (Crim. 16 mars 1893, *D.* 1894. 1. 347). Il y a lieu de penser que la Cour suprême raisonnerait identiquement pour le médecin, surtout depuis que le législateur a incriminé le refus de témoigner en faveur d'un innocent (art. 63, al. 3 ancien C. pén. ; art. 434-11 C. pén.) et n'a prévu aucune réserve quant au secret professionnel. Une espèce a fait apparaître une sorte de substitut à la déposition d'un médecin devant la cour d'assises. Ce praticien, curieusement, avait accepté de déposer devant le juge d'instruction et ensuite, cité devant la cour d'assises, avait refusé de venir en invoquant le secret professionnel. Le président de la cour donna alors lecture de la déposition faite à l'instruction et la Cour de cassation admit le subterfuge en invoquant l'absence d'objection des parties à l'audience et l'article 594 du Code de procédure pénale qui purge les nullités de l'instruction (Crim. 16 oct. 1985, *Bull. crim.* n° 318). Cet arrêt est révélateur des efforts faits par la jurisprudence pour s'évader du carcan que représente le secret professionnel. Mais on observera qu'aujourd'hui, l'article 594 étant abrogé, il faudrait viser l'article 181, alinéa 4 qui purge les nullités de l'instruction (et par exemple la violation du secret professionnel) une foi rendue la décision de mise en accusation.

Plus importantes sont les dispositions législatives récentes ajoutées hier à l'article 378 du Code pénal, aujourd'hui figurant à la suite de l'article 226-13 du nouveau Code pénal. Ce texte réprimant la révélation d'un secret professionnel est suivi de l'article 226-14 qui institue deux faits justificatifs de cette révélation, dans les cas particuliers suivants. Est d'abord justifié, selon le 1er, celui qui informe les autorités judiciaires, médicales ou administratives de sévices ou privations infligés à un mineur de quinze ans ou à une personne incapable de se protéger elle-même. Ensuite, selon le 2e il en va de même au profit du médecin qui, avec l'accord de la victime dénonce au parquet les sévices de nature sexuelle qu'il a constatés dans l'exercice de sa profession. On doit d'ailleurs admettre que le consentement de la victime, donné à l'origine, autorise l'intervention subséquente car, en matière procédurale, un consentement donné ne peut en principe être rétracté (v. par ex. pour une perquisition effectuée dans le cadre d'une enquête préliminaire, v. l'ouvrage de G. Denis, *L'enquête préliminaire*, 1974, n° 334). Une disposition analogue à celle de l'article 226-14 sur les médecins se trouve à l'article L. 411-3 du Code de l'action sociale et des familles dont l'alinéa 2 autorise les assistants sociaux à communiquer aux autorités judiciaires et administratives chargées de la protection de l'enfance tous renseignements sur les mineurs en dangers.

L'article 226-14, 1er du Code pénal doit être combiné avec l'article 434-3 du même Code, qui tout en obligeant à titre général à dénoncer les sévices visés à l'article 226-14, 1er (sous sanction pénale), réserve le cas des personnes astreintes au secret professionnel, ce qui vise en fait les médecins (*comp.* Crim. 8 oct. 1997, *Bull. crim.* n° 329 ; *D.* 1998. Somm. 305, obs. F. Dekeuwer-Défossez ; *RSC* 1998. 320, obs. Y. Mayaud, les membres d'un service éducatif ne peuvent opposer le secret à un juge des enfants dans une affaire de viol subi par un mineur de 15 ans).

En conclusion avec les articles 226-14 et 434-3 du Code pénal, les médecins peuvent parler sans toutefois y être tenus.

Les solutions sur le témoignage du médecin démontrent donc un glissement vers une conception toujours plus relative du secret, faisant de plus en plus ressortir l'anachronisme de la jurisprudence *Bordier*.

III. — La prohibition du témoignage en justice du médecin s'étend-t-elle à d'autres professionnels ?

Il reste à savoir si cette dernière est applicable aux autres professionnels astreints au secret. Ceux-ci ont aujourd'hui tendance à insister sur l'intangibilité de ce secret. Il est du reste remarquable que, depuis plusieurs décennies, presque tous les textes qui créent un nouveau service public prévoient l'obligation au secret pour les agents qui le composent. Au vrai, la Cour de cassation invite elle-même à distinguer quand elle décide que « toute déclaration d'un témoin tenu au secret professionnel ne saurait en constituer la violation et n'entraîne la nullité... que si elle comporte la révélation d'une information protégée » (Crim. 15 sept. 1987, *Bull. crim.* n° 311). En pratique, on doit distinguer entre trois sortes de professionnels.

Il y a d'abord ceux pour lesquels, à l'instar du médecin en principe, l'obligation au secret l'emporte systématiquement sur le devoir de témoigner. Pour eux, le secret est donc absolu. Ce sont les « confidents nécessaires », que sont d'abord les avocats (Crim. 7 mars 1989, *Bull. crim.* n° 109 ; 16 mai 2000, *Bull. crim.* n° 192 ; *D.* 2002. Somm. 858, obs. B. Blanchard, arrêts pour lesquels « l'obligation au secret professionnel s'impose aux avocats comme un devoir de leur fonction », le premier arrêt ajoutant même que l'obligation du secret est « générale et absolue »). Il faut ajouter les avoués et notaires (Crim 7 avr. 1870, *S.* 1870. I. 277 ; Paris 13 juill. 1973, *D.* 1974. Jur. 16, note E. S. de la Marnière), les prêtres enfin (Crim. 4 déc. 1891, *D.* 1892. I. 139 ; 11 mai 1959, *Bull. crim.* n° 253 ; 5 févr. 1970, *D.* 1970. 249 ; 17 déc. 2002, *Bull. crim.* n° 231 ; *D.* 2004. Jur. 302, note C. Bouvier-Le Berre ; *RTD civ.* 2003. 575, obs. R. Libchaber). Bien sûr, ces « confidents nécessaires » peuvent, comme les médecins, parler lorsqu'une divulgation est nécessaire à leur propre défense (Crim. 29 mai 1989, *Bull. crim.* n° 218 ; *RSC* 1990. 73, obs. G. Levasseur). À ces « confidents nécessaires », on peut assimiler, pour des raisons tenant à l'administration de la preuve, les policiers pour le nom de leurs indicateurs (Crim. 6 juill. 1894, *D.* 1899. 1. 171 ; Haute Cour 6 déc. 1899, *D.* 1903. 2. 368, note R. Sarrut ; Crim. 30 oct. 1906, *D.* 1907. 1. 419 ; 4 avr. 1924, *D.* 1925. 1. 10) et, pour des raisons de défense nationale, les fonctionnaires membres de la DST (Paris 27 mai 1987, *D.* 1987. Somm. 410, obs. J. Pradel).

La seconde catégorie comprend les professionnels qui, astreints au secret, doivent cependant apporter leur témoignage. Pour eux, le secret est relatif. Il s'agit des éducateurs d'enfants inadaptés ou de prévention (Crim. 4 nov. 1971, *Bull. crim.* n° 301 ; *JCP* 1972. II. 17256, note A. Mayer-Jack ; *RSC* 1974. 106, obs. G. Levasseur ; J. Chevassus, *D.* 1973. Chron. 227 ; Crim. 8 oct. 1997, *préc.*), des fonctionnaires des douanes et des postes (Crim.

5 nov. 1903, *D.* 1904. 1. 25, note G. Le Poittevin ; 6 juill. 1929, *DH* 1929. 494), des banquiers (TGI Lure 4 nov. 1970, *D.* 1971. 276, note C. Gavalda ; Crim 27 avr. 1994, *Bull. crim.* n° 152 ; *RSC* 1994. 776, obs. G. Giudicelli-Delage), des administrateurs judiciaires (Crim. 9 oct. 1978, *Bull. crim.* n° 263), des agents d'une société fiduciaire (Crim. 2 mai 1978, *Bull. crim.* n° 133), des assureurs (Crim 28 septembre 1999, *Bull. crim.* n° 201 ; *RSC* 2000. 202, obs. Y. Mayaud ; *D.* 1999. IR 273), des directeurs de foyers accueillant des prisonniers libérés (Crim. 17 mars 1982, *Bull. crim.* n° 78), des préposés d'un organisme de prévention du bâtiment (Crim. 6 juill. 1977, *Bull. crim.* n° 258)... et même des juges d'instruction qui peuvent être appelés à témoigner à l'audience sauf si les faits sont l'objet d'une information en cours (Crim. 5 nov. 1903, *D.* 1904. I. 25, note G. Le Poittevin). On peut y ajouter de manière générale tous les fonctionnaires (M. Waline, « Le secret professionnel des fonctionnaires », *DH* 1940. Chron. 65 ; M. Lohéac et J. Dussert, « Du refus de certains fonctionnaires de collaborer à l'action de la justice criminelle », *RSC* 1950. 92 et s.).

Enfin, de rares professionnels restent libres de témoigner ou de se taire. C'est le cas des assistantes sociales (Crim. 29 juin 1967, *Bull. crim.* n° 200 ; 14 févr. 1978, *Bull. crim.* n° 56 ; *D.* 1978. Jur. 354, note J. Pradel ; *RSC* 1979. 92, obs. G. Levasseur ; *adde* : M. Blondet, « Le témoignage des assistantes sociales devant les juridictions répressives », *JCP* 1968. I. 2178).

Ce tableau appelle trois remarques. D'abord, essentiellement jurisprudentiel, il est susceptible de modifications, et cela d'autant plus que le secret varie dans le temps quant à son fondement. Ensuite, la théorie du secret absolu ne s'applique guère qu'aux professions libérales : mis à part les avocats, avoués et notaires, la jurisprudence Bordier est peu exportable et, de plus en plus, apparaît comme isolée (pour une vue générale, v. R. Floriot et R. Combaldieu, *Le secret professionnel*, 1973, p. 150 et s.). Enfin, les juges d'instruction peuvent vaincre partiellement le secret professionnel concernant les confidents nécessaires en procédant à une perquisition (Crim 30 juin 1999, *Bull. crim.* n° 172 ; *D.* 1999. Jur. 458, note J. Pradel ; *RSC* 1999. 840, obs. D.-N. Commaret pour un cabinet d'avocat ; 17 déc. 2002, *Bull. crim.* n° 231 pour le bureau d'un vice-official).

J. P.

20

ENQUÊTE DE PERSONNALITÉ — PROCÉDURE CRIMINELLE — CARACTÈRE OBLIGATOIRE (NON)

Crim. 1er décembre 1960, *Koerper* (*Bull. crim.* n° 566 ; *D.* 1961. Jur. 385, note M. R. M. P. ; *JCP* 1961. II. 12186 *ter*)

Malgré les termes impératifs de l'article 81, alinéa 6 du Code de procédure pénale, le juge d'instruction, agissant en matière criminelle, peut clore sa procédure sans avoir procédé à une enquête de personnalité.

Chambre criminelle, 1er décembre 1960

Koerper

Attendu que la disposition de l'article 81, avant-dernier alinéa, du Code de procédure pénale, qui fait un devoir au juge d'instruction de ne pas se borner à rassembler les preuves de la culpabilité ou de la non-culpabilité, mais de réunir, dans la mesure du possible les renseignements qui permettront aux juridictions de jugement de déterminer et de mesurer la peine éventuellement applicable, ne déroge pas à la règle fondamentale d'après laquelle les juridictions d'instruction ont le droit et l'obligation de clore leur information lorsqu'elles estiment que celle-ci est complète ; qu'il suit de là que le juge d'instruction et la chambre d'accusation, de même qu'ils auraient eu le devoir de prescrire toutes mesures nouvelles d'information, s'ils s'étaient estimés insuffisamment renseignés sur la personnalité des inculpés, ont pu aussi considérer que les renseignements dont ils disposaient à cet égard étaient suffisants, en l'état du dossier, d'où il suit que le moyen doit être rejeté.

OBSERVATIONS

Avant le Code de procédure pénale de 1959 l'enquête de personnalité retenait doublement l'attention : en législation avec l'ordonnance du 2 février 1945 qui, en son article 8 al. 4, la rend obligatoire dans toute poursuite concernant un mineur délinquant ; en doctrine grâce à divers travaux, menés surtout en congrès, où elle était réclamée (v. diverses communications in *RD pén. crim.* 1948-1949. 309 et s. et 453 et s. ; *RSC* 1950. 685 ; *ibid.* 1957. 835 et 702). Les rédacteurs de 1959, sensibles à cet appel, ont entendu développer les dispositions de l'ordonnance de 1945. Aussi l'ont-ils prévue pour tout individu à l'article 81, alinéa 6, du Code de procédure pénale ainsi rédigé : « Le juge d'instruction procède ou fait procéder... à une enquête sur la personnalité des personnes mises en examen, ainsi que sur leur situation matérielle, familiale ou sociale. Toutefois, en matière de délit, cette enquête est facultative ».

La définition de l'enquête de personnalité n'appelle guère d'observations. Elle constitue de la personne poursuivie un véritable portrait, à la fois personnel et social (relations avec les tiers, instruction, emplois successifs, liens de famille...). C'est dire que cette enquête ne présente aucun caractère de technicité, pouvant être faite par un policier, un gendarme, le service de l'éducation surveillée, le service pénitentiaire d'insertion et de probation, voire par le juge d'instruction lui-même. N'étant donc pas une expertise, elle est faite par une personne qui, à l'audience, ne prêtera pas le serment des experts, mais celui des témoins (Crim. 18 avr. 1969, *Bull. crim.* n° 135 ; 22 mai 1974, *Bull. crim.* n° 194), même si elle a été citée comme expert (Crim. 17 janv. 1990, *Bull. crim.* n° 31 ; *D.* 1990. Somm. 222, obs. J. Pradel). Inversement, l'examen médico-psychologique, prévu à l'article 81 alinéa 8 du Code de procédure pénale, est bien une mesure d'expertise, soumise donc aux articles 156 et suivants du même Code (Crim. 28 janv. 1969, *Bull. crim.* n° 50).

Ce qui, en revanche, a suscité une difficulté d'interprétation aujourd'hui classique, c'est de savoir si cette enquête est obligatoire en matière criminelle. L'arrêt *Koerper* répond par la négative. Sans doute, la chambre criminelle reconnaît-elle que la disposition de l'article 81, alinéa 6, impose au juge d'instruction de faire porter ses investigations sur la personnalité de l'individu poursuivi aussi bien que sur les faits. Mais elle ajoute aussitôt que ce principe « ne déroge pas à la règle fondamentale d'après laquelle les juridictions d'instruction ont le droit et l'obligation de clore leur information lorsqu'elles estiment que celle-ci est complète ». Raisonnement qui avait déjà été tenu trois fois par la Cour de cassation (Crim. 5 avr. 1960, *Bull. crim.* n° 210 ; 29 avr. 1960, *Bull. crim.* n° 233 ; *D.* 1960. 654 ; *RSC* 1960. 656 et 660, obs. J. Robert ; 31 mai 1960, *Bull. crim.* n° 303), mais dans des espèces un peu particulières, les personnes poursuivies étant des Nord-Africains inculpés pour crimes commis à l'occasion des événements d'Algérie. L'arrêt *Koerper*, qui se situe sur le plan du droit commun, est plus révélateur de la pensée de la Cour de cassation (v. dans le même sens, Crim. 23 nov. 1965, *JCP* 1965. IV. 167).

Cette jurisprudence fut défendue par quelques magistrats (M. R. M. P., note *préc.* ; P. Chambon, note au *JCP* 1968. II. 15337). Mais une hostilité déclarée fut manifestée par d'autres (v. note P.-J. Doll, « Le dossier de personnalité », *JCP* 1961. I. 1631) et par la Faculté unanime (G. Levasseur, « De la minimisation du dossier de personnalité à la généralisation du pouvoir discrétionnaire », *RSC* 1961. 83 ; R. Vouin, « L'enquête de personnalité, l'instruction préparatoire et les droits de la défense », *JCP* 1961. I. 1633 *bis* et note au *D.* 1968. Jur. 184 ; Y. Coppard-Britton, *L'enquête de personnalité*, thèse, Rennes, 1969). Au vrai, on peut invoquer des arguments très forts à l'encontre de la position de la Cour suprême.

I. — Justification de l'enquête de personnalité

Cette justification est triple.

D'abord, l'enquête de personnalité est imposée par la loi elle-même. En décidant que le juge fait procéder ou procède lui-même à cette enquête et en ajoutant que cet acte est facultatif en matière de délit, l'article 81, alinéa 6, veut dire *a contrario* qu'il est nécessaire en matière de crime. Tel était bien le sentiment des premiers commentateurs du Code de procédure pénale (A. Besson, R. Vouin et P. Arpaillange, *Code annoté de procédure pénale*, 1958, art. 81, p. 92). Apparaît ainsi une distinction entre deux sortes d'actes d'instruction : ceux qui portent sur les faits et dont l'opportunité est souverainement décidée par le juge d'instruction sous le contrôle de la chambre de l'instruction et, d'un autre côté, l'enquête de personnalité qui, par application du principe de légalité, s'impose au grand criminel et dont la Cour suprême doit contrôler l'existence. On ne saurait donc souscrire à l'opinion dissidente selon laquelle la Cour suprême ne peut contrôler le respect de l'article 81, alinéa 6, du Code de procédure pénale au motif qu'il s'agirait là d'une question de fait.

Notre conception de la justice pénale impose elle aussi cette enquête en matière criminelle. La recherche d'une sanction juste et utile — qui est son objectif — suppose en effet une bonne connaissance de la personnalité de l'individu. L'arrêt *Koerper* reconnaît lui-même la nécessité de recueillir « les renseignements qui permettront aux juridictions de jugement de déterminer et de mesurer la peine éventuellement applicable ». Or, contrairement à ce que semble croire la chambre criminelle, une enquête de personnalité peut apporter au juge les indications nécessaires sur le caractère et le milieu de l'individu. On sait bien que la fiche de renseignements et le bulletin n° 1 du casier judiciaire sont laconiques. Quant aux expertises mentales et psychologiques, leur objectif est différent.

Enfin, astreindre le juge d'instruction à ordonner une enquête de personnalité ne présente aucun inconvénient matériel ni pour le juge d'instruction qui, en l'ordonnant dès sa saisine, ne fera subir aucun retard au règlement de l'affaire, ni pour la Cour de cassation qui peut aisément vérifier l'existence de cette enquête (*contra* M. R. M. P., *préc.*).

II. — Importance de l'enquête de personnalité

Cette importance apparaît à divers égards et elle doit faire l'objet de trois observations.

– La première découle directement de la jurisprudence ci-dessus. Si d'aventure, la chambre criminelle revenait un jour sur sa position actuelle, quelle sanction pourrait s'appliquer ? À notre avis, la personne mise en examen pour crime pourrait, au plus tard dans les vingt jours suivant l'envoi de l'avis d'information (art. 175 C. pr. pén.) solliciter du juge d'instruction la désignation d'un enquêteur de personnalité. Si ce magistrat s'y refuse, il devra rendre une ordonnance motivée de refus dont le mis en examen pourrait faire appel devant la chambre de l'instruction (art 82-1, 81 *in fine*, et 186-1, al. 1 C. pr. pén.).

Notons que l'hypothèse d'un revirement n'est pas théorique. En effet, postérieurement au dernier arrêt qui est du 23 nov. 1965 (*préc.*), la chambre criminelle a appliqué fidèlement les articles 58-1 du Code pénal et 463, alinéa 1, du Code de procédure pénale, aujourd'hui abrogés par une loi du 2 février 1981, qui exigeaient une enquête de personnalité lorsque le prévenu encourait la tutelle pénale, sanction aujourd'hui disparue avec une loi du 2 février 1981 (Crim. 9 mai 1972, *D.* 1972. Jur. 621, note J. Pradel).

– La deuxième, sans rapport avec cette jurisprudence, traduit l'importance de l'enquête de personnalité aux yeux du législateur depuis 1959. L'article 41, alinéa 6 du Code de procédure pénale habilite le procureur de la République à en ordonner une sur les personnes faisant l'objet d'une enquête de police. Il s'agit de réduire l'application de la détention provisoire en permettant aux magistrats d'obtenir en quelques heures divers renseignements sur le domicile et la profession de l'intéressé. Les premières applications de cette forme d'enquête — appelée enquête rapide — ont eu lieu à Paris en 1977 (J. Vérin, « Une recherche expérimentale au tribunal de Paris pour diminuer la détention provisoire », *RSC* 1977. 909) par imitation d'expériences américaines menées par l'Institut Vera de New York à partir de 1961 (J. Vérin, « L'Institut Vera à New York, de remarquables expériences pilotes pour réduire l'emprisonnement », *RSC* 1976. 484). C'est sur ces précédents que le législateur du 2 février 1981 s'est fondé pour ajouter à l'article 41 un alinéa supplémentaire selon lequel « le procureur de la République peut également confier aux personnes habilitées dans les conditions prévues par l'article 81, sixième alinéa, le soin de vérifier la situation matérielle, familiale ou sociale des personnes faisant l'objet d'une enquête » formule légèrement enrichie par une loi du 15 juin 2000 pour ajouter aux personnes habilitées le service pénitentiaire d'insertion et de probation ainsi que le service de l'éducation surveillée. Grâce à celle-ci, le parquetier saura mieux s'il doit utiliser la procédure d'information (et requérir le cas échéant la détention) ou non.

– Troisième observation enfin, lorsque l'enquête sur la personnalité est facultative selon l'article 81 *précité*, c'est-à-dire en matière correctionnelle, l'article D. 17 du Code de procédure pénale indique que les magistrats « tiennent le plus grand compte notamment » du fait que l'individu poursuivi est âgé de moins de vingt-cinq ans (ce qui fait apparaître la notion de jeune adulte délinquant), et récidiviste, est susceptible d'avoir commis un délit comme ceux de violences, d'incendie volontaire ou de nature sexuelle, peut se voir appliquer un sursis avec mise à l'épreuve ou la déchéance de l'autorité parentale.

J. P.

21

EXPERTISE — NOTION

Ass. plén. 19 octobre 1984, *Dobbertin* (*JCP* 1985. II. 20490, note W. Jeandidier) ; Crim. 2 septembre 1986, *Arpino* (*Bull. crim.* n° 251 ; *D.* 1987. Somm. 83, obs. J. Pradel)

La mission de l'interprète-traducteur est une expertise lorsque s'ajoute à la traduction une question d'ordre technique (1re espèce).

La recherche du taux d'alcoolémie est une simple constatation (2e espèce).

Assemblée plénière, 19 octobre 1984

Dobbertin

Sur le moyen unique du pourvoi du procureur général près la cour d'appel de Paris, et sur le premier moyen du pourvoi de R. Dobbertin ; Vu les articles 156 et 157, alinéa 3, du Code de procédure pénale ;

Attendu qu'il résulte de l'arrêt attaqué et des pièces de la procédure que le juge d'instruction de la Cour de sûreté de l'État, dans une information suivie contre R. Dobbertin du chef d'intelligences avec des agents d'une puissance étrangère, a, par ordonnance du 20 mai 1979, confié à Mmes Mespoulhes et Deberre, la mission de traduire en français des documents rédigés en allemand et constituant le support de la poursuite, en précisant : « en cas de difficultés (original manuscrit illisible, photographie défectueuse), les experts mentionneront l'impossibilité de procéder à une traduction littérale et, lorsque ce sera possible, donneront le sens général du texte correspondant, en formulant au besoin leurs réserves » ;

Attendu que, pour dire n'y avoir lieu de prononcer la nullité de l'ordonnance, soulevée tant par l'inculpé que par le procureur général qui soutenaient que le magistrat instructeur aurait dû respecter les formalités prescrites pour la désignation des experts, la chambre d'accusation énonce qu'en dépit du libellé de la mission, « les interprètes-traducteurs ne sauraient être considérés comme des experts au sens des articles 156 et suivants du Code de procédure pénale » ;

Attendu, qu'en statuant ainsi alors que le juge d'instruction avait posé aux traducteurs une « question d'ordre technique » qui conférait à leur mission le caractère d'une expertise, la chambre d'accusation a violé les textes susvisés ;

Par ces motifs : et sans qu'il y ait lieu de statuer sur le second moyen, casse et annule, dans toutes ses dispositions, l'arrêt de la chambre d'accusation de la cour d'appel de Paris, en date du 20 juillet 1984 et renvoie la cause et les parties devant la chambre d'accusation de la cour d'appel de Versailles.

Chambre criminelle, 2 septembre 1986

Arpino

Attendu que, par six ordonnances en date du 8 août 1983, le juge d'instruction, saisi d'une information contre X... des chefs d'homicides volontaires et tentative de vol aggravé criminel, a commis M. Castres de Paulet, afin de relever le taux d'alcoolémie de six victimes ; que, par ordonnance du même jour, il a chargé Mlle Mandrou de procéder à la même opération sur le sang de la septième victime ;

Attendu que, contrairement à ce qui est allégué au moyen, le magistrat instructeur n'a nullement méconnu les dispositions de l'article 159 du Code de procédure pénale dans sa rédaction antérieure à la loi du 30 décembre 1985 ;

Qu'en effet, les missions confiées, limitées à la recherche du taux d'alcoolémie des victimes, aucune interprétation des résultats n'étant demandée, entraient dans le cadre de simples constatations ;

D'où il suit que le moyen ne saurait être accueilli ;

OBSERVATIONS

Il existe deux sortes d'investigations, les expertises et... les autres (interrogatoires, auditions, reconstitutions...). Or il y a des intérêts à savoir si la diligence est une expertise (soumise aux articles 156 et s. C. pr. pén.) ou une simple investigation (régie par l'article 81 C. pr. pén.).

Dans le premier cas, le juge d'instruction doit saisir un technicien inscrit sur une liste d'experts (à défaut de quoi il doit lui faire prêter serment), le commettre par voie d'ordonnance, notifier aux parties le texte de la décision qu'il va prendre (art. 161-1 al. 1, sauf en cas d'urgence. Crim 13 oct. 2009, *D.* 2009. 2554 et 2010. chron. E. Degorce ; *ibid.* 2258. Pan. obs. J. Pradel ; *AJ pénal* 2009. 502, obs. C. Girault). Il doit encore notifier aux parties les conclusions du rapport et leur impartir un délai pour formuler une demande de supplément d'expertise ou de contre-expertise qu'il ne peut refuser que par une ordonnance susceptible d'appel. À l'audience de jugement, l'expert prête le serments des experts. On peut également considérer comme des expertises les examens techniques ou scientifiques ordonnés par les enquêteurs dans le cadre de l'enquête (art. 60 et 77-1 C. pr. pén.). Ces examens sont confiés à des personnes qualifiées (experts) et ont « la même nature que ceux qui peuvent être confiés aux experts par le juge d'instruction en application de l'article 156 du Code de procédure pénale » (Crim. 14 septembre 2005, *Bull. crim.* n° 226 ; *RSC* 2006. 412, obs. J. Buisson). Les conclusions des experts sont notifiées aux parties (art. 167) et dans le cadre de la police aux suspects (art. 60, al. 4 et 77-1, al. 2 C. pr. pén.).

Rien de tel pour les simples investigations que le juge d'instruction confie à la police judiciaire par voie de commission rogatoire, voire par réquisition, sauf à pouvoir agir lui-même et en tout cas sans pouvoir saisir un expert, s'agissant de recherches non techniques et donc de sa compétence (Crim. 29 janv. 2003, *Bull. crim.* n° 22 ; *D.* 2003. Somm. 1730, obs. J. Pradel ; *Dr. pénal* 2003, Comm. n° 53, obs. A. Maron). De plus, il n'y a pas de notifications aux parties. Les investigateurs prêtent le serment des témoins, y compris le juge d'instruction s'il est appelé à déposer à l'audience sur l'affaire qu'il avait instruite.

Dans le principe, il est recouru à l'expertise lorsque se pose « une question d'ordre technique » (art. 156, al. 1 C. pr. pén.) et l'on peut dire à coup sûr que l'examen mental est une expertise, tout comme l'examen médical ou médico-psychologique, qui est pourtant fondé sur l'article 81 du Code de procédure pénale (Crim. 28 janv. 1969, *D.* 1969. Somm. 80 ; 3 oct. 1979, *Bull. crim.* n° 270 ; 20 août 1986, *Bull. crim.* n° 244). On peut admettre aussi sans hésitation que le travail des experts doit permettre de mieux apprécier les responsabilités encourues et la jurisprudence en déduit que la mission d'expertise, donnée par le juge, « en précisant les questions techniques sur lesquelles devaient porter les vérifications des experts indique que leur avis doit permettre au juge de mieux apprécier les responsabilités encourues » (Crim. 13 avr. 2005, *Bull. crim.* n° 132 ; *D.* 2005. IR 1377). En revanche, dans d'autres cas, l'hésitation est permise et la question de la qualification de l'acte d'investigation a dû être faite par la jurisprudence dans des hypothèses où le juge n'avait pas usé des formes de l'expertise pour saisir l'agent d'investigation et où son choix procédural lui avait été reproché.

Les deux espèces ci-dessus rapportées apportent des réponses différentes, mais pas forcément contradictoires. D'un côté, la mission de traduire en français des documents rédigés en allemand et en cas de difficultés (original parfois illisible) de donner le sens général du texte est une expertise (Ass. plén. 19 oct. 1984, *préc.*). De l'autre, la détermination du taux d'alcoolémie de victimes d'infractions n'est qu'une simple constatation (Crim. 2 septembre 1986, *préc.*). Ces espèces, jointes à d'autres, permettent de cerner de plus près ce qu'est une expertise.

I. — La notion d'expertise

Même si la doctrine s'est peu attachée à définir exactement ce qu'est une expertise et paraît se satisfaire de l'appel à l'idée de technicité évoquée (et seule) à l'article 156 du Code de procédure pénale, la jurisprudence a eu l'occasion de statuer à plusieurs reprises.

Ne constituent pas des expertises, la mission de photographier la victime d'un assassinat (Crim. 5 mai 1959, *Bull. crim.* n° 242), la pesée d'un projectile (Crim. 20 janv. 1972, *Bull. crim.* n° 30), la mise sous scellés de limaille sur un établi (Crim. 18 avr. 1972, *Bull. crim.* n° 130), l'analyse de sang pour déterminer le groupe de son porteur (Crim. 4 nov. 1987, *D.* 1988. Somm. 192, obs. J. Pradel ; 7 juin 1988, *Bull. crim.* n° 258) ou la recherche du taux d'alcoolémie (Crim. 2 septembre 1986, *D.* 1987. Somm. 83, obs. J. Pradel ; 6 oct. 1986, *Bull. crim.* n° 270)... Il en est de même de la mesure tendant à la vérification de certains éléments de fait (Crim. 8 avr. 1987, *Bull. crim.* n° 162). Même solution pour l'enquête de personnalité (Crim. 27 nov. 1963, *Bull. crim.* n° 336 ; 27 mai 1981, *D.* 1983. Jur. 63, note F. Chapar ; 17 janv. 1990, *Bull. crim.* n° 31 ; *D.* 1990. Somm. 222, obs. J. Pradel, v. *supra* n° 20). La meilleure preuve que l'enquête de personnalité n'est pas une expertise réside dans le fait que le juge d'instruction — qui n'est pas un technicien — peut la conduire lui-même (art. 81, al. 6 C. pr. pén.). Les « constatations » et « examens techniques ou scientifiques » que le parquet ou sur son autorisation, les officiers de police judiciaire peuvent ordonner dans le cadre de l'enquête préliminaire (art. 77-1 C. pr. pén.) ou que les officiers de police judiciaire peuvent d'office prescrire dans le cadre de l'enquête de flagrance (art. 60 C. pr. pén.) font évidemment partie de ces investigations qui ne sont pas non plus des expertises. Et pourtant ces « constatations » et « examens » peuvent être faits par des experts. Ainsi est un « examen technique » le travail effectué par un administrateur judiciaire en vue de procéder à la vérification de la situation financière d'une entreprise et à la détermination de son véritable gérant (Crim. 4 janv. 1993, *Bull. crim.* n° 3 ; *D.* 1994. Somm. 185, obs. J. Pradel). Les articles 156 et suivants du Code de procédure pénale ne s'appliquent pas à de tels examens car ils ne concernent que les personnes chargées d'une mission par un juge (Crim. 10 mai 1984, *Bull. crim.* n° 168). Comme on l'a dit, l'expertise est au juge d'instruction ce que l'examen scientifique est à l'officier de police judiciaire (S. Guinchard et J. Buisson, n° 488).

Sont au contraire des expertises, les opérations de prélèvements en matière de stupéfiants (Crim. 5 mars 1979, *Bull. crim.* n° 93 ; *D.* 1979. Jur. 338, note J.-M. Robert) et l'examen de projectiles quant à leur calibre et à l'identification de l'arme qui les a tirés (Crim. 18 avr. 1972, *Bull. crim.* n° 129) ainsi bien sûr que l'examen mental ou l'examen médico-psychologique. On peut aussi considérer que la preuve par l'ADN doit emprunter la voie de l'expertise : la circulaire CRIM 01-15 E6 du 20 juillet 2001 relative à la mise en place du Fichier national automatisé des empreintes génétiques et du Service central de préservation des éléments biologiques précise nettement que si le recueil des traces biologiques sur les lieux d'une infraction (« empreinte de question ») et les prélèvements sur un individu peuvent être effectués par les enquêteurs, l'analyse elle-même des traces et prélèvements est effectuée par un expert. Cette circulaire, doit-on ajouter, précise la mise en œuvre des articles 706-54 et suivants du Code de procédure pénale sur le Fichier national automatisé des empreintes génétiques (FNAEG).

II. — Le critère de l'expertise

Ces exemples permettent sans doute de définir le critère de l'expertise. Ce qui caractérise cette forme subtile d'investigation. c'est non seulement le fait qu'elle est ordonnée par un juge, c'est aussi et surtout le fait qu'une interprétation est possible, c'est-à-dire que le raisonnement intervient, deux ou trois solutions étant concevables. En somme, l'expertise est cette mesure d'instruction dont l'objet est d'obtenir de personnes qualifiées des éclaircissements et avis sur des questions d'ordre technique, ce qui implique une appréciation des faits et se distingue de la simple opération matérielle. Il y a donc expertise si à la fois la question à résoudre a été posée par un juge, si elle doit l'être par un spécialiste et si elle implique un choix, un avis. La définition légale est donc insuffisante.

On comprend alors pourquoi la recherche d'un taux d'alcoolémie ou d'un groupe sanguin n'est pas une expertise : si elle constitue bien une diligence technique, une seule solution possible découle des recherches du spécialiste. Au contraire le travail de l'interprète-traducteur est une expertise dans la mesure où il doit imaginer un sens lorsque le texte est imprécis ou défectueux. Et c'est pourquoi notre collègue W. Jeandidier estimait que si le document avait été d'une parfaite lisibilité, le caractère d'expertise n'aurait sans doute pas été reconnu à la mission du linguiste (note précitée), alors pourtant, serions-nous tentés d'ajouter, que la mission conservait son caractère technique. Du reste, peu après, la Cour de cassation devait consacrer cette analyse en décidant que la mission du traducteur-interprète n'est pas une expertise, si elle n'est qu'une « simple traduction » (Crim. 20 août 1986, *Bull. crim.* n° 244). Cet arrêt du 20 août complète admirablement l'arrêt *Dobbertin* : si le traducteur est amené à hésiter, à choisir, à imaginer, il est un expert, mais, s'il se borne à traduire un texte non ambigu, il ne l'est pas.

Il apparaît encore que l'expertise ne saurait être une délégation générale des pouvoirs du juge d'instruction. Ce critère complémentaire s'ajoute à celui de l'interprétation faite par un technicien qu'on vient d'évoquer.

Un juge d'instruction avait confié à un psychocriminologue — de façon imprécise et alors qu'il n'y a pas de définition de l'analyse psychocriminologique — le soin de déterminer, parmi un lot de suspects, celui qui était l'auteur du crime. Le psychologue avait pris des contacts répétés avec les enquêteurs sans en informer le juge et il avait identifié l'auteur sans l'avoir examiné. Il avait ainsi tranché une question de la compétence exclusive du juge. L'annulation de la procédure a été prononcée par la chambre criminelle (Crim. 29 janv. 2003, *Bull. crim.* n° 22 ; *D.* 2003. Somm. 1730, obs. J. Pradel ; *JCP* 2003. IV. 1527 ; *Dr. pénal* 2003. Comm. 53, obs. Maron et Haas).

***

Enfin, il est utile de rappeler que le droit judiciaire privé ne raisonne pas autrement avec sa distinction de la constatation et de l'expertise. Le constatant « ne doit porter aucun avis sur les conséquences de fait ou de droit qui peuvent résulter (de son travail) » (art. 249, al. 2 nouveau C. pr. civ.). L'expert au contraire émet un avis, la preuve en étant que le législateur a dû prévoir le cas où apparaîtrait une divergence d'opinion en cas de pluralité de techniciens (art. 282, al. 2 nouveau C. pr. civ. ; *adde* : J. Vincent et S. Guinchard, *Procédure civile*, 23e éd. 1994, n° 1143 et s.).

J. P.

22

NULLITÉS — CONDITIONS D'ADMISSION — NÉCESSITÉ D'UN PRÉJUDICE

Crim. 18 mars 1976, *Brahim* (*Bull. crim.* n° 101 ; *D.* 1976. Jur. 549, note J.-M. Robert ; *JCP* 1976. II. 18478, note P. Chambon) ; Crim. 29 janvier 2003, *Franck Z...* (*Bull. crim.* n° 22 ; *D.* 2003. Somm. 1730, obs. J. Pradel)

La nullité d'actes de procédure ne peut être prononcée que si une atteinte a été causée ou a pu être causée par l'irrégularité aux intérêts du demandeur (1re espèce).

Le fait de n'avoir pas porté à la connaissance de l'avocat, lors de l'interrogatoire de première comparution, un rapport d'expertise qui a déterminé la mise en examen, viole l'article 116 du Code de procédure pénale et porte nécessairement atteinte aux droits de la défense (2e espèce).

Chambre criminelle, 18 mars 1976

Brahim

Attendu qu'il résulte de l'arrêt attaqué que, dans l'information suivie contre Brahim des chefs d'homicides volontaires et tentatives d'homicides volontaires, vols qualifiés avec port d'arme, vols qualifiés et tentative, le magistrat instructeur a, le 3 mars 1975, ordonné que le dossier de la procédure soit transmis au procureur général dans les conditions prévues par l'article 181 du Code de procédure pénale ; Attendu qu'en cet état, la chambre d'accusation, faisant droit partiellement aux conclusions déposées par les conseils de l'inculpé et aux réquisitions du ministère public, a prononcé l'annulation de divers actes de l'information et leur retrait du dossier à raison de l'état mental de Brahim pendant une période déterminée de l'instruction ; que, par contre, elle s'est bornée à ordonner que soient simplement « cancellés » divers autres procès-verbaux d'interrogatoire ou de confrontation, de façon à rendre illisibles certains mots ou certains passages ; Attendu que, si les modalités prescrites à cet égard par l'arrêt pour assurer matériellement la suppression des parties annulées de la procédure ne sont pas de la nature de celles que prescrit l'article 173 du Code de procédure pénale, qui prévoit à cet effet le dépôt des actes annulés au greffe de la cour d'appel, il n'apparaît pas que la violation des formes qui aurait été ainsi commise ait eu ou ait pu avoir pour effet de porter atteinte aux intérêts du demandeur ; que dès lors, l'article 802 nouveau du Code de procédure pénale fait interdiction à la Cour de cassation de prononcer de ce chef aucune annulation ; qu'ainsi le moyen ne saurait être accueilli... Par ces motifs, rejette.

Chambre criminelle, 29 janvier 2003

Franck Z...

Attendu que, pour faire droit au moyen de nullité, présenté par Franck Z..., pris de l'irrégularité de sa mise en examen et de son placement en détention provisoire, l'arrêt attaqué relève que le rapport d'expertise, s'il a été officiellement déposé le 6 octobre 1999, a été adressé par l'expert par télécopie dès le 28 septembre et que son existence n'a pas été portée à la connaissance de l'avocat de Franck Z..., lors de la mise en examen de ce dernier, le 30 septembre ; que les juges retiennent qu'ont ainsi été violées les dispositions de l'article 116 du Code de procédure pénale qui imposent que l'avocat puisse consulter sur-le-champ le dossier, lequel doit comprendre toutes les pièces de la procédure ; qu'ils ajoutent qu'en l'espèce, cette omission a constitué une atteinte caractérisée aux droits de la défense ;

Attendu qu'en prononçant ainsi, par des motifs qui établissent que l'absence de mise à la disposition de l'avocat de Franck Z... d'une pièce de la procédure, déterminante dans la mise en examen, a nécessairement porté atteinte aux droits de la défense, la chambre de l'instruction a justifié sa décision ;

D'où il suit que les moyens doivent être écartés ;

Et attendu que l'arrêt est régulier en la forme ;

Rejette les pourvois ;

OBSERVATIONS

L'arrêt *Brahim*, du 18 mars 1976, est la première décision rendue par la chambre criminelle après la mise en application de l'article 802 du Code de procédure pénale (loi du 6 août 1975), texte qui n'autorise en principe l'annulation des actes que lorsque l'irrégularité « a eu pour effet de porter atteinte aux intérêts de la partie » concernée c'est-à-dire de faire grief à cette partie. Cet article est l'une des pièces maîtresses de « l'étranglement » des nullités, les principales dispositions autres du Code de procédure pénale étant celles des articles 171 (qui contient la même formule que l'article 802, mais qui est plus large que celui-ci, en visant « la méconnaissance d'une formalité substantielle du présent Code ou toute autre disposition de procédure pénale »), 172 (qui permet à la partie victime de renoncer à se prévaloir de l'irrégularité), 173-1 (qui interdit aux mis en examens de soulever une nullité six mois après leur interrogatoire de première comparution et après chacun de leurs interrogatoires ultérieurs et qui pose la même règle pour les parties civiles), 305-1 (qui interdit à l'accusé de soulever une nullité relative à la constitution du jury ou aux actes autres une fois que le jury de jugement est définitivement constitué), 385 (qui interdit au prévenu de soulever à l'audience une nullité de l'instruction) et 595 (qui interdit aux parties de soulever des nullités de l'instruction une fois que la chambre de l'instruction a statué sur le règlement de la procédure) ; toutes ces dispositions sur des points particuliers restreignent donc les possibilités d'anéantissement d'une procédure (v. parmi les très nombreuses études sur les nullités, G. Di-Marino, *Les nullités de l'instruction préparatoire*, thèse Aix, 1977 ; G. Clément, « De la règle "pas de nullité sans grief en droit judiciaire privé et en procédure pénale" », *RSC* 1984. 433 ; J.-P. Brouillaud, « Les nullités de procédure : des procédures pénales et civiles comparées », *D.* 1996. Chron. 98 ; Dossier *AJ pénal* 2005. 133 et 177, « Les nullités, un contrôle efficace de la procédure ? » ; *AJ pénal* 2008. 181, « Les principales causes de nullité de l'audience pénale »). Mais revenons à notre arrêt.

Un inculpé était devenu dément pendant une partie de l'instruction. Comme il ne pouvait plus assurer sa défense, il convenait d'annuler les actes qui l'intéressaient et qui avaient été établis au cours de sa maladie. La chambre d'accusation aurait dû, en vertu de l'article 173 du Code de procédure pénale (aujourd'hui art. 174) ordonner que ces actes soient retirés du dossier et déposés au greffe. C'est ainsi que procèdent ordinairement les praticiens et peu de temps auparavant un arrêt l'avait décidé même dans une affaire où le retrait, s'il profitait à une partie, nuisait à une autre (Crim. 8 mai 1974, *Bull. crim.* n° 167 ; *RSC* 1975. 163, obs. J.-M. Robert). Or dans notre espèce, les magistrats d'appel s'étaient bornés, au moins pour certaines pièces, à ordonner la cancellation ou bâtonnement au sein des procès-verbaux des phrases devant disparaître (procédé légalisé par la loi du 24 août 1993, art. 174, al. 3 C. pr. pén.). La chambre criminelle, saisie par l'inculpé, approuve ce procédé curieux : les droits de celui-ci ne sont pas atteints, dit-elle, et, en conséquence, l'article 802 peut s'appliquer.

Bien plus récemment, le 29 janvier 2003, la chambre criminelle, dans l'affaire *Franck Z...*, rend un arrêt qui au contraire pose une véritable présomption d'atteinte aux droits de la défense et exclut en conséquence l'application de l'article 802 sans même viser ce texte. En l'espèce, un juge d'instruction avait mis en examen un individu pour assassinat, sans avoir communiqué à son avocat, lors de l'interrogatoire de première comparution, un rapport d'expertise, pièce importante à charge. En agissant ainsi, le magistrat avait méconnu l'article 116 du Code de procédure pénale qui veut que l'avocat, lors de la première comparution, puisse consulter le dossier dans son intégralité. En confirmant l'arrêt de la chambre de l'instruction, la chambre criminelle décide l'annulation de la procédure.

Ces deux espèces apportent d'utiles précisions sur le concept de grief, notion clé quoique sous-jacente de l'article 802. Mais elles sont muettes sur le point de savoir sur qui pèse la charge de le prouver. Enfin elles conduisent à insister sur l'importance du grief en tant que condition de l'annulation de la procédure.

I. — La notion de grief

Que faut-il entendre par grief ? En parlant « d'atteinte aux intérêts d'une partie », de celle que la formalité méconnue avait pour objet de protéger, l'article 802 vise évidemment les droits de la défense, c'est-à-dire les droits des parties privées (personnes mises en examen et partie civiles). Beaucoup d'arrêts se contentent certes de rappeler la formule légale. Mais ils visent en réalité incontestablement les droits de la défense et cette expression apparaît d'ailleurs dans quelques décisions comme celle du 29 janvier 2003 susindiquée. Cela dit, trois observations peuvent être faites.

Par son interprétation de la notion de grief, la chambre criminelle rejoint la jurisprudence qu'elle avait inaugurée en 1960 à propos des nullités substantielles pour atteinte aux droits de la défense au sens de l'article 172 du Code de procédure pénale, devenu l'article 171 avec la réforme de 1993 (Crim. 3 mars, 24 nov. et 27 déc. 1960, *D.* 1961, Jur. 167, note M. R. M. P.).

A. — Les caractères du grief

1° Dans le principe, le grief est personnel en ce sens que seule la partie ayant subi une atteinte dans ses droits de défense peut agir pour faire triompher la demande en nullité (Crim. 11 janv. 1994, *JCP* 1994. IV. 931 ; 14 déc. 1999, *Bull. crim.* n° 304 ; *Dr. pénal* 2000. Chron. 31, obs C. Marsat ; *D.* 2000. IR 153). C'est ainsi traditionnellement qu'un individu ne saurait soulever une irrégularité dans l'audition d'un autre individu impliqué dans la même procédure (Crim. 18 avr. 2000, *Bull. crim.* n° 150 ; *D.* 2000. IR 205 ; 4 mars 2004, *Bull. crim.* n° 57 ; *D.* 2004. IR 1213 ; *AJ pénal* 2004. 207, obs. J. Leblois-Happe) Même position à propos d'une perquisition effectuée chez un tiers (Crim. 15 févr. 2000, *Bull. crim.* n° 68 ; *D.* 2000. IR 143). Aujourd'hui cependant, cette rigueur s'assouplit : en effet des arrêts admettent que le demandeur en nullité puisse invoquer l'irrégularité d'un acte de la procédure concernant un tiers si cet acte, illégalement accompli a porté atteinte à ses intérêts. Par exemple, le requérant peut invoquer l'irrégularité du contrôle d'identité de la personne qui l'a dénoncée à la suite de ce contrôle (Crim. 6 sept. 2006, *Bull. crim.* n° 208 ; *D.* 2006. IR 2483 ; *ibid. D.* 2007. Pan. 973, obs. J. Pradel ; *AJ pénal* 2006. 509, note C. Girault ; *JCP* 2007. II. 10081, note H. Matsopoulou).

2° Le plus délicat concerne la nature du grief, de l'atteinte aux droits de la défense. Cette atteinte doit-elle être effective ou peut-elle être simplement éventuelle ? L'arrêt *Brahim* paraît pencher en faveur de la seconde conception. S'il refuse certes d'annuler la procédure, il aurait sans doute accepté de le faire dans le cas où la violation des règles aurait « pu avoir pour effet » de nuire au demandeur (en ce sens, G. Di-Marino, *préc.*, p. 320). La Cour suprême élargit donc le texte qui ne vise que les irrégularités qui ont « eu pour effet de porter atteinte aux intérêts du demandeur ». Or le législateur a absolument voulu limiter l'annulation des procédures à la preuve d'un préjudice réel. En effet, il a refusé de suivre une proposition parlementaire qui voulait substituer à l'expression « lorsque celle-ci a eu pour effet de porter atteinte... » figurant dans le projet de loi une autre expression visant les nullités « de nature à porter atteinte... » (Rapport de la Commission des lois de l'Assemblée nationale, 1975, n° 1499, p. 41, amendement n° 24). L'arrêt *Brahim* n'est donc conforme ni à la lettre de la loi ni à l'intention de ses rédacteurs. Et d'ailleurs, il sera sans lendemain à cet égard puisque tous les arrêts ultérieurs renoncent à l'élargissement qu'il avait cru devoir admettre. Moins d'un an après, le resserrement se produisait (Crim. 25 janv. 1977, *Bull. crim.* n° 31 ; 28 avr. 1977, *Bull. crim.* n° 147) et il devait se maintenir (Crim. 2 sept. 1986, *Bull. crim.* n° 251). Il n'est plus remis en cause : l'annulation suppose l'existence d'un préjudice effectif (Crim. 10 mars 1993, *Bull. crim.* n° 106 ; 25 janv. 1996, *Bull. crim.* n° 51 ; *D.* 1996. Somm. 258, obs. J. Pradel ; 17 septembre 1996, *Bull. crim.* n° 316 ; *D.* 1997. Somm. 144, obs. J. Pradel ; *RSC* 1997. 149, obs. J.-P. Dintilhac ; 27 avr. 2000, *Bull. crim.* n° 170 ; *D.* 2000. IR 184 ; 17 oct. 2000, *Bull. crim.* n° 298 ; 10 déc. 2008, n° 08-86.668, *D.* 2009. AJ 231, avocat non convoqué et non présent d'où il résulte qu'il a été porté atteinte aux intérêts du demandeur).

B. — L'appréciation du grief

Mais à supposer que l'on admette aujourd'hui un préjudice effectif, toute difficulté n'a pas disparu. C'est qu'en effet la preuve de ce préjudice est bien malaisée. Comme il a été très bien dit, l'appréciation se faisant *in concreto*, cas par cas, on ne pourra utiliser aucun précédent et « des juges d'une égale bonne foi donneront des solutions contraires » (J.-M. Robert, *préc.*). Dans l'affaire *Franck Z...*, la chambre criminelle a considéré qu'il y avait « nécessairement » atteinte aux droits de la défense et a ainsi posé (à juste titre d'ailleurs) une véritable présomption de grief, un peu comme dans le cas d'une garde à vue irrégulière (v. *infra*, n° 24). Ce qui vient encore compliquer les choses, c'est que cette appréciation appartient en dernier lieu à la chambre criminelle elle-même comme le laissent entendre nos deux arrêts. La voilà donc une nouvelle fois juge du fait, comme il advient déjà en matière de détention provisoire. Ce qui ne signifie pas que ces difficultés d'application justifient l'abrogation de l'article 802, parfois réclamée à grands cris (v. W. Jeandidier, note au *D.* 1978. Jur. 622, *in fine*). Car, faut-il le rappeler, l'article 802 sauve bien des procédures. Dans le cas de déloyauté et/ou d'atteinte aux droits de la défense, les juges ont tendances à présumer le grief. Voici une personne qui fait des déclarations à un enquêteur sous condition de leur non-transcription sur procés-verbal. Le fait par l'OPJ de les coucher néanmoins sur un procés-verbal est un procédé déloyal et attentatoire aux droits de la défense (Crim. 3 avr. 2007, *Bull. crim.* n° 102 ; *D.* 2007. AJ 1422 ; *ibid.* 2007. chron. 1821, obs. Ménotti ; *ibid.* 2008. Pan. 2761, obs. J. P radel ; *AJ pénal* 2007. 285, obs. Royer ; *Dr. pénal* 2008. chron. 45, obs. Lesclous.

II. — La charge de la preuve du grief

Les arrêts *Brahim* et *Franck Z...*, laissent en suspens un grave problème posé par l'application du grief comme cause d'annulation : qui va devoir rapporter la preuve de ce préjudice ? L'article 802 est muet sur ce point (v. *contra*, l'art. 114, al. 2 C. pr. civ.). Et c'est tout juste si lors des travaux préparatoires, la question a été évoquée une fois, du reste dans le sens que la preuve pèse sur le demandeur (séance du 6 juin 1975, *JO* déb., Sénat, p. 1357).

En doctrine, deux thèses s'opposent. D'un côté, un auteur, presque isolé, a proposé que la preuve de l'irrégularité fasse présumer une atteinte aux droits de la défense, sauf au ministère public à démontrer l'absence de préjudice (P. Strasser, note sous Lyon ch. acc., 27 janv. 1978, *D.* 1979. Jur. 390). De l'autre, la quasi-totalité des auteurs estime au contraire que c'est au demandeur qu'incombe la charge de la preuve (R. Merle et A. Vitu, n° 582 ; P. Couvrat, « Les méandres de la procédure pénale », *D.* 1976. Chron. 43 ; J. Pradel, *L'instruction préparatoire*, n° 743, p. 768). Ainsi le veulent l'intention du législateur qui a entendu restreindre les nullités et le principe général selon lequel la charge de la preuve pèse sur le demandeur.

La Cour de cassation n'a pas pris formellement parti immédiatement. Pourtant, certains arrêts postérieurs à l'arrêt *Brahim* laissent apparaître un préjugé en faveur de la thèse de la doctrine majoritaire. Parfois en effet, il est question d'un préjudice qui « n'est pas établi, ni même allégué » (Crim. 16 déc. 1976, *Bull. crim.* n° 370) ou qui, plus simplement, « n'est (pas) allégué » (Crim. 25 oct. 1977, *Bull. crim.* n° 318 ; 30 nov. 1981, *Bull. crim.* n° 315 ; 16 janv. 1995, *Bull. crim.* n° 19). S'il en est ainsi, n'est-ce pas parce que le demandeur n'a rien fait ? Et s'il n'a rien fait, ne peut-on pas soutenir qu'il aurait dû faire quelque chose ? Mais un arrêt plus récent décidait plus nettement qu'il appartient au demandeur à l'annulation « d'invoquer une violation des règles de procédure » et donc de démontrer l'existence d'un grief (Crim. 15 févr. 2000, *Bull. crim.* n° 68, *préc.*).

III. — L'importance pratique du grief

En marge des deux points qu'on vient d'examiner, il faut souligner l'importance pratique de l'article 802 c'est-à-dire le poids considérable du concept de préjudice : déjà les premiers commentateurs de la loi du 6 août 1975 sur l'article 802 prédisaient une application réelle de ce texte (A. Maurice-Hernaut, « Réflexions sur l'article 802 », *D.* 1976. Chron. 117, *in fine*). En pratique, les juges se refusent à annuler des procédures dans des cas où ils l'auraient fait avant la réforme de 1975 (v. par ex., Crim. 25 janv. 1977, *Bull. crim.* n° 31, défaut de mention de la date d'envoi de la lettre recommandée fixant l'audience de la chambre d'accusation alors que le conseil de l'inculpé assistait à l'audience ; Crim. 27 févr. et 14 juin 1978, *Bull. crim.* n° 144 et 199, interrogatoire irrégulier d'un inculpé par des experts ; Crim. 16 janv. 1991, *Bull. crim.* n° 27 ; *D.* 1992. Somm. 99, obs. J. Pradel, avocat n'ayant pas pu avoir accès au dossier plus de vingt-quatre heures avant l'interrogatoire par le juge d'instruction...). On peut citer aussi le cas où a été violé par le juge d'instruction le délai de quatre jours ouvrables pour la convocation du conseil (art. 118 C. pr. pén., aujourd'hui 114) : si le conseil a assisté à l'interrogatoire sans protester et si la violation n'a pas porté atteinte aux intérêts de l'intéressé, l'article 802 peut s'appliquer et la nullité est donc rejetée (Crim. 2 septembre 1986, *Bull. crim.* n° 251 ; *D.* 1987. Somm. 82, obs. J. Pradel ; 30 oct. 2001, *Bull. crim.* n° 223). La violation du secret de l'instruction concomitante à l'accomplissement d'un acte (présence de journalistes à la garde à vue) ne peut conduire à l'annulation de cet acte que s'il en est résulté une atteinte aux intérêts d'une partie (Crim. 25 janv. 1996, *Bull. crim.* n° 51 ; *D.* 1996. Somm. 258, obs. J. Pradel ; *Dr. pénal* 1996, Comm. 200, obs. A. Maron). On indiquera encore que la matière de la garde à vue est soumise à l'article 802 de sorte que la nullité de celle-ci n'est pas prononcée si la violation des règles relatives à l'examen médical n'a causé aucune atteinte aux intérêts de l'individu (Crim 25 févr. 2003, *Bull. crim.* n° 50 ; *RSC* 2004. 421, obs. J. Buisson ; *comp.* les règles relatives à la notification des droits, v. *infra*, n° 25). La participation simulée d'un enquêteur à une action illicite ne vicie pas la procédure si elle n'a pas déterminé la personne intéressée à commettre un délit (Crim. 23 nov.

1999, *Bull. crim.* n° 269 ; *Dr. pénal* 2000, Comm. 82, obs. A. Maron ; *D.* 2000. IR 38) etc.

Cette politique d'une utilisation importante de l'article 802 — et qui tend à sauver le maximum de procédures — va de pair avec une autre jurisprudence qui poursuit la même finalité. Il s'agit de celle qui veut que la chambre d'accusation saisie d'une prétendue nullité par requête du parquet ou par ordonnance du juge d'instruction ne peut statuer que sur les actes visés par le procureur ou le juge (Crim. 27 juin 1991, *Bull. crim.* n° 285 ; *D.* 1991. Jur. 587, note D. Mayer ; *ibid.* 1992. Somm. 98, obs. J. Pradel).

J. P.

23

NULLITÉS — CONDITIONS D'ADMISSION — ATTEINTE À UNE RÈGLE D'ORDRE PUBLIC

Crim. 10 novembre 1977, *Flahaut* (*D.* 1978. Jur. 621, note W. Jeandidier) ;
Crim. 25 février 1980, *P...* (*Bull. crim.* n° 70)

Bien que l'interrogatoire de la personne mise en examen par l'expert soit interdit par l'article 164 du Code de procédure pénale, l'irrégularité qui en découle ne touche pas à l'organisation judiciaire de sorte que l'article 802 du Code de procédure pénale peut s'appliquer (1re espèce).

Les dispositions de l'article 53 de la loi du 29 juillet 1881 sur les citations tendant à garantir les droits de la défense et à protéger la liberté d'expression, l'article 802 du Code de procédure pénale se trouve exclu lorsqu'elles sont méconnues (2e espèce).

Chambre criminelle, 10 novembre 1977

Flahaut

... Attendu que, d'après le rapport d'expertise, l'un des experts a écrit le 7 juillet 1976 à l'inculpé : « Nous vous demandons simplement de bien vouloir nous indiquer sur quelle équipe de chercheurs, et sur quel matériel scientifique la Société Givaudan pouvait s'appuyer pour l'étude des différentes propriétés de la toxicité de l'hexachlorophène, en précisant les dates des modifications intervenues dans la composition des équipes de chercheurs » ; Attendu que l'arrêt attaqué tout en constatant une violation des prescriptions de l'article 164 du Code de procédure pénale, qui n'autorise pas l'expert à entendre l'inculpé, relève que l'inculpé s'est borné, dans sa réponse, à des énonciations louangeuses à l'égard de l'activité et du comportement de la société, en ce qui concerne la qualité de ses chercheurs et de son laboratoire, mais s'est abstenu de donner les précisions demandées ;

Attendu qu'en cet état, la chambre d'accusation a pu considérer qu'il y a eu, non pas une nullité touchant à l'organisation judiciaire, mais une violation des formes substantielles, exclusive en l'espèce, d'atteinte aux droits de la défense ; que, dès lors l'article 802 du Code de procédure pénale pouvait trouver application ; d'où il suit que le moyen..., n'est pas fondé ;

Et attendu que l'arrêt est régulier en la forme ;

Par ces motifs, rejette.

Chambre criminelle, 25 février 1980

P...

Attendu que, par actes des 29 et 30 avril 1976, L... et R... ont été cités à la requête de P..., sous la prévention de diffamation publique envers un fonctionnaire public à raison de ses fonctions ; qu'il résulte de l'examen de la procédure que bien que les prévenus fussent cités devant le tribunal correctionnel de Blois, la partie civile P... a élu domicile dans la ville de Vendôme, en l'étude de Delorme, huissier instrumentaire ; qu'avant toute défense au fond, L... et R..., se fondant sur les dispositions des alinéas 2 et 3 de l'article 53 de la loi du 29 juillet 1881 sur la liberté de la presse, lesquelles tendent à garantir les droits de la défense et touchent à la protection de la liberté d'expression telle que la réglemente cette loi ;

Qu'ainsi l'application des articles 565 et 802 précités se trouvait exclue et que, dès lors, le moyen ne saurait être accueilli ;

Et attendu que l'arrêt est régulier en la forme ;

OBSERVATIONS

On sait que le célèbre article 802 du Code de procédure pénale (dû à une loi du 6 août 1975, légèrement retouchée par une autre, du 24 août 1993) a donné à la règle « pas de nullité sans grief » une ampleur sans précédent (parmi les nombreuses études doctrinales, v. not. les études citées *supra* n° 22 *in limine*). On en rappellera la teneur : « En cas de violation des formes prescrites par la loi à peine de nullité ou d'inobservations des formalités substantielles, toute juridiction, y compris la Cour de cassation, qui est saisie d'une demande d'annulation ou qui relève d'office une telle irrégularité ne peut prononcer la nullité que lorsque celle-ci a eu pour effet de porter atteinte aux intérêts de la partie qu'elle concerne. » Selon les termes mêmes du texte, la règle nouvelle se voit attribuer ainsi un domaine considérable à deux égards : elle s'applique devant toutes les juridictions, aussi bien d'instruction que de jugement (v. du reste la place de l'art. 802 qui se trouve dans un appendice du Code de procédure pénale intitulé « Dispositions générales ») et elle concerne toutes les nullités, qu'elles soient textuelles ou substantielles. Dès lors, une grave question se pose : l'article 802 s'applique-t-il même à la violation des dispositions substantielles d'ordre public ? En d'autres termes, les nullités d'ordre public, qui sont par hypothèse les plus graves, peuvent-elles être prononcées qu'il y ait ou non atteinte aux intérêts d'une partie et notamment s'il n'y a pas une atteinte aux intérêts d'une partie ?

Dans les deux décisions ci-dessus rapportées — il aurait pu en être choisi d'autres aussi révélatrices — la Cour de cassation répond que la nullité subsiste de toute façon : elle le déclare indirectement dans son arrêt du

10 novembre 1977 et directement dans son arrêt du 25 février 1980. La matière de l'ordre public est donc soustraite à l'article 802 et la nullité doit donc être prononcée même en l'absence d'un grief. Cette jurisprudence dont on devine aussitôt que l'application est malaisée entraîne-t-elle d'importantes conséquences et est-elle bien fondée ?

I. — Bien-fondé de l'absence de la condition de grief en cas de nullité d'ordre public

C'est qu'en effet les arguments à l'encontre de cette jurisprudence ne manquent pas. D'abord, l'article 802, répétons-le, est rédigé en termes généraux. Le législateur a voulu que les nullités soient désormais aussi peu nombreuses que possible, l'impératif de célérité devenant le principe premier. Devant le Sénat, M. Lecanuet, garde des sceaux, devait déclarer qu'il convenait de « faire échec à ces manœuvres purement dilatoires qui paralysent le fonctionnement de la justice » (*JO* déb., Sénat 6 juin 1975, p. 1357). Ensuite l'article 802 précise qu'il s'applique aussi aux nullités « relevées d'office » par le juge, ce qui évoque le cas des nullités d'ordre public (M.-L. Rassat, n° 434, p. 686). Enfin, on peut invoquer le voisinage du Code de procédure civile dont l'article 114, alinéa 2, dispose que « la nullité ne peut être prononcée qu'à charge pour l'adversaire qui l'invoque de prouver le grief que lui cause l'irrégularité, même lorsqu'il s'agit d'une formalité substantielle ou d'ordre public », ce qui exclut de réserver un sort particulier à ces dernières.

Ces arguments sont pourtant loin d'entraîner une adhésion définitive. L'argument d'analogie tiré du Code de procédure civile ne saurait être retenu : les deux Codes de procédure sont distincts et il y a longtemps que l'on a renoncé à utiliser l'un, spécialement le Code de procédure civile, pour combler les lacunes de l'autre (v. en dernier lieu, Crim. 5 novembre 1981, *Bull. crim.* n° 296 ; 19 janv. 1982, *Bull. crim.* n° 18) ; d'ailleurs, l'article 114, alinéa 1 du nouveau Code de procédure civile exclut la règle « pas de nullité sans texte » pour les formalités substantielles ou d'ordre public (J. Vincent et S. Guinchard, *Procédure civile*, 23e éd., 1994, n° 696). En outre, l'intention du législateur a justement été d'exclure du champ de l'article 802 les nullités d'ordre public. Le projet de loi de 1975 avait expressément prévu les nullités d'ordre public à côté des nullités textuelles et substantielles. Mais un député proposa un amendement tendant à remplacer les mots « d'ordre public » par l'expression « à l'exception toutefois de celles prévues par l'article 105 », cet article visant les mises en examen tardives. Il s'agissait d'assurer le respect de l'article 105 (AN, séance du 25 avr. 1975, *JO* déb. parl., p. 2171). Or l'amendement fut adopté, ce qui tendait à exclure les nullités d'ordre public du champ d'application de l'article 802.

On peut ajouter un troisième argument qui est le plus fort. Les formalités d'ordre public sont fondamentales, conformes à l'intérêt général. Supérieures aux intérêts privés, elles ne sauraient donc être couvertes, même en l'absence de tout grief, sous peine de dénaturer l'esprit de notre procès pénal.

Ces raisons sont décisives. Aussi la doctrine majoritaire exclut-elle les nullités d'ordre public de l'article 802 (P. Couvrat, « Les méandres de la procédure pénale », *D.* 1976. Chron. 43 ; J.-M. Robert, note au *D.* 1976. Jur. 547 ; R. Merle et A. Vitu, n° 582 ; S. Guinchard et J. Buisson, n° 2174 ; J. Pradel, n° 783). Certes quelques auteurs soutiennent que l'article 802 du Code de procédure pénale, avec sa condition du grief, englobe même les nullités d'ordre public, en se fondant sur la nouvelle rédaction des articles 171 et 802 du fait de la loi du 24 août 1993 (P. Conte et P. Maistre du Chambon, n° 461). Mais ces deux articles n'ont pas été réellement modifiés si ce n'est que, pour l'essentiel, l'actuel article 171 correspond à l'ancien article 172, alinéa 1. La jurisprudence de son côté est très ferme dans son refus d'englober les nullités d'ordre public dans l'article 802, soit qu'elle vise expressivement l'article 802 (Crim. 17 avr. 1980, *JCP* 1981. II. 19632, note W. Jeandidier, arrêt reprenant, Crim. 3 avr. 1979 ; 2 déc. 1980, *Bull. crim.* n° 327 ; 17 févr. et 17 mars 1981, *Bull. crim.* n° 65 et 96, trois arrêts reprenant Crim. 25 févr. 1980 ; 19 mai 1980, *Bull. crim.* n° 148 ; 27 oct. 1997, *Bull. crim.* n° 352 ; *D.* 1997. IR 251 ; *Rev. sociétés* 1997. 869, obs. B. Bouloc ; *RSC* 1998. 336, obs. J.-F. Renucci ; *RTD com.* 1998. 428, obs. B. Bouloc), soit que plus souvent elle ne le vise pas parce que le pourvoi n'y a pas fait allusion (v. par ex. Crim. 27 avr. 2000, *Bull. crim.* n° 170 ; *D.* 2000. IR 184, la violation du secret de l'instruction n'entraîne pas la nullité de la procédure s'il n'y a pas eu d'atteinte aux intérêts du mis en examen). Mais il est vrai qu'il ne semble pas y avoir beaucoup d'arrêts récents (*Comp.* Crim. 18 avr. 2000, *Bull. crim.* n° 150 ; *D.* 2000. IR 205, il résulte de l'art. 802 que n'a qualité pour soulever la nullité que celui qui est concerné par elle).

II. — Conséquences de la jurisprudence sur l'exclusion de la condition de grief en cas de nullité d'ordre public

L'étude des conséquences de cette jurisprudence débouche sur une double observation.

A. — La certitude

Cette certitude consiste en une nouvelle classification des nullités.

Jusqu'à la loi du 6 août 1975, la doctrine, en s'appuyant notamment sur les règles gouvernant l'instruction préparatoire, distinguait deux sortes de nullités : les nullités textuelles (ou formelles), fondées sur un texte, et que le juge devait prononcer par égard pour le principe légaliste d'une part, et les nullités virtuelles ou substantielles admises en l'absence de texte d'autre part. Et parmi ces dernières, on sous-distinguait les nullités pour violation d'une règle d'ordre public que le juge devait toujours prononcer, et les nullités pour atteinte aux droits de la défense que le juge ne devait reconnaître qu'en cas de grief pour une partie (Crim. 3 mars, 24 nov. et 27 déc. 1960, *D.* 1961. Jur. 167, note M. R. M. P. ; *adde* : G. Levasseur, « Les nullités de l'instruction préparatoire », *Mélanges Patin*, 1965, p. 471 et s., note n° 20 et s.). À l'appui de ce schéma, on pouvait s'appuyer sur deux séries de textes : l'article 172, alinéas 1 et 3 du Code de procédure pénale pour la seconde distinction, les articles 170 et 172, alinéa 1 pour la première. On aurait même pu croire que celle-ci, sorte de *summa divisio*, avait été confirmée par l'article 802 qui cite côte à côte les nullités textuelles et les nullités substantielles. Et d'un point de vue strictement légaliste, c'est vrai.

Cependant, la jurisprudence et notamment nos arrêts consacrent une nouvelle distribution des nullités. Il faut en effet désormais distinguer entre nullités d'ordre public (qui doivent toujours être prononcées) et nullités « ordinaires » (qui ne doivent l'être qu'en cas de grief). Il est vrai qu'au sein de ces dernières, on retrouve la distinction du textuel et du substantiel.

B. — La question

La seconde observation est une question. Pour faire jouer l'article 802 au maximum, les juges ne vont-ils pas être tentés de restreindre le domaine de l'ordre public ? L'arrêt *Flahaut* invite précisément à se poser cette interrogation. L'expert s'étant substitué au juge d'instruction en interrogeant à sa place un inculpé, il y avait bien atteinte aux règles de compétence et d'organisation judiciaire. En le niant, la chambre criminelle étonne et suggère l'idée qu'elle a peut-être entendu « sauver » une procédure (v. les inquiétudes de W. Jeandidier, note sous Crim. 10 nov. 1977, *préc.*). Il est vrai qu'il n'y avait pas véritable interrogatoire, mais questionnaire adressé par l'expert à l'inculpé.

Ce risque est également évoqué par M.-J. Belot dans sa thèse excellente sur l'ordre public et le procès pénal (Nancy, 1980, p. 197 et s.) à propos de l'article 513 du Code de procédure pénale qui exige le rapport d'un conseiller pour toute affaire soumise à la chambre des appels correctionnels. Alors que la jurisprudence traditionnelle y voyait une formalité d'ordre public, « indispensable avant tout débat » (Crim. 29 avr. 1969, *Bull. crim.* nº 146), deux arrêts rendus sous l'empire de l'article 802 ont décidé que ce texte pouvait, faute de préjudice pour les parties, s'appliquer lorsque ce rapport est tardif (Crim. 28 nov. 1977, *Bull. crim.* nº 372 ; *D.* 1978. IR 138) ou trop succinct (Crim. 9 janv. 1978, *Bull. crim.* nº 10). Il est vrai qu'il y avait tout de même un rapport. Car il n'y a pas de rapport du tout, l'article 802 ne saurait s'appliquer de sorte que l'annulation doit être prononcée (Crim. 27 oct. 1997, *Bull. crim.* nº 351 ; *D.* 1997. IR 13).

Sans doute est-il délicat de répondre avec netteté à cette question. Les arrêts qu'on vient de citer ne sont pas assez caractéristiques pour la plupart. Mais, de toute façon, la réponse dépend essentiellement du domaine assigné par la jurisprudence à l'ordre public procédural.

III. — Le concept de nullité d'ordre public

Or nous touchons ici à la difficulté majeure suscitée par l'application des arrêts *Flahaut* et autres. Qu'est-ce que l'ordre public, entendu dans son sens procédural, puisque de toute évidence l'ordre public de fond (visé par ex. à l'art. 144 C. pr. pén.) est en dehors de notre propos ? La difficulté est extrême. La notion d'ordre public est très rarement utilisée par la loi (v. cependant les art. 508, 570 et 571 C. pr. pén., qui semblent distinguer l'ordre public et la bonne administration de la justice). En outre, l'ordre public est par principe rebelle à une définition précise car il est un concept fuyant et évolutif, un peu comme les bonnes mœurs. Aussi comprend-on la modestie d'un auteur qui, au terme d'une savante étude sur l'ordre public s'abstient d'en donner une définition (J. Belot, *préc.*, p. 375). D'autres cependant, aidés par la jurisprudence, s'efforcent de cerner le concept. Voyons ce que disent la doctrine et la jurisprudence.

A. — La doctrine

Parmi les auteurs, certains proposent des définitions générales de l'ordre public, « règles essentielles à la validité de la procédure » (P. Chambon, note au *JCP* 1961. II. 11952), « moyen de défendre les intérêts généraux de la société » (R. Merle, note au *D.* 1963. Jur. 157), « règles qui intéressent les principes fondamentaux essentiels » (J. Dumont, *J.-Cl. Proc. pén.*, art. 170 à 174-1 fasc. 20, nº 48), « but suprême du procès pénal » (A. Thomas-Chevallier, *L'avocat et le juge d'instruction*, thèse, Nancy, 1978, n° 609)... Peut-être convient-il de voir deux aspects dans l'ordre public : ce qui caractérise notre civilisation juridique en la distinguant des autres (par ex. interdiction pour l'inculpé de prêter serment) d'une part, ce qui est nécessaire au fonctionnement de la justice (par ex. règles sur la compétence) d'autre part. Par ailleurs, les nullités d'ordre public seraient alors les irrégularités consistant dans la violation soit d'une règle découlant d'un choix moral ou politique, soit d'une règle imposée par la nature des choses.

Ces définitions ne sont pas sans intérêt. Elles permettent en effet de faciliter la détermination des aspects de l'ordre public. Certains auteurs s'y sont essayés. L'un semble voir dans l'ordre public tout ce qui concerne « l'ordre et la composition des juridictions, les règles de la compétence, le serment des témoins et des experts, la règle du double degré de juridiction, l'autorité de la chose jugée, la prescription, les formes et délais des voies de recours » (A. Maurice-Hersant, « Réflexions sur l'article 802 du Code de procédure pénale », *D.* 1976, Chron. 117). De telles précisions nous rapprochent de la jurisprudence.

B. — La jurisprudence

L'examen des arrêts suscite pourtant une double difficulté : tous ne visent pas l'article 802 et certains utilisent non l'expression « d'ordre public », mais l'adjectif « substantiel » ou son synonyme « essentiel », et quelques-unes parlent même de « règles édictées dans l'intérêt d'une bonne administration de la justice ». Il est bien certain cependant que la Cour suprême voit dans l'ordre public tout ce qui est « fondamental » (Crim. 6 avr. 1894, *D.* 1898. 1. 284, 2e espèce) y compris ce qui touche à la bonne administration de la justice. Trois séries de règles présentent ce caractère, même si dans la plupart des cas que l'on va citer, la jurisprudence n'a pas statué à propos de l'article 802 du Code de procédure pénale, parfois car ce texte n'existait pas encore au moment où l'arrêt a été rendu.

1° D'abord, sont d'ordre public toutes les dispositions relatives à l'action publique : monopole du parquet dans certains cas pour la mise en mouvement de cette action (Crim. 10 déc. 1953, *D.* 1954. 105, rapport M. Patin), nécessité d'une plainte, avis ou autorisation dans certaines hypothèses (Crim. 5 août 1948, *JCP* 1949. II. 4770 ; 16 janv. 1964, *Bull. crim.* n° 16), prescription (jurisprudence considérable, v. par ex. en dernier lieu, Crim. 19 avr. 1995, *Bull. crim.* n° 159), autorité de chose jugée (Crim. 20 févr. 1939, *Bull. crim.* n° 50), amnistie (Crim. 10 juin 1971, *Bull. crim.* n° 188)... Est encore d'ordre public la règle que le réquisitoire introductif doit être signé du procureur (Crim. 4 déc. 1952, *Bull. crim.* n° 290 ; *JCP* 1953. II. 7625, note P. Chambon ; 23 août 1971, *Bull. crim.* n°115 *; adde* : cependant la possibilité de remplacer le réquisitoire perdu par la copie certifiée conforme du registre des ouvertures d'information tenu au parquet, Crim. 15 nov. 1993, *Bull. crim.* n° 338 ; *D.* 1994. Somm. 188, obs. J. Pradel).

2° Il en va de même des règles sur l'organisation et la composition des juridictions (Crim. 26 mai 1842, *Bull. crim.* n° 127 ; 15 nov. 1973, *Bull. crim.* n° 420 ; 13 mai 1996, *Bull. crim.* n° 199), étant précisé que le ministère public doit toujours être présent (Crim. 21 oct. 1953, *Bull. crim.* n° 270) ainsi que le greffier (Crim. 26 mai 1842, *Bull. crim.* n° 127). Et par voie de conséquence, la compétence est aussi d'ordre public (Crim. 7 août 1851, *D.* 1851. 1. 278 ; 6 août 1977, *Bull. crim.* n° 276 ; 22 mai 1996, *Bull. crim.* n° 212 ; 12 janv. 2000, *Bull. crim.* n° 24 ; 15 févr. 2000, *Bull. crim.* n° 70). La nomination irrégulière du juge d'instruction est de nullité d'ordre public (Crim. 15 juin 1982, *Bull. crim.* n° 161). Des difficultés sont apparues à propos de la désignation du juge d'instruction par le président du tribunal (art. 83 C. pr. pén.). Avant la survenance de l'article 802, la jurisprudence annulait la procédure, mais sans vraiment s'expliquer (Crim. 13 mai 1971, *D.* 1971. Jur. 499, note J. Pradel). Après la réforme, la jurisprudence allégua que l'absence de désignation « touche à l'organisation et à la composition des juridictions qui sont d'ordre public et comme telles échappent aux prévisions de l'article 802 » (Crim. 3 avr. 1979, *préc.* ; 17 avr. 1980, *JCP* 1981. II. 19632, note W. Jeandidier ; 10 mai 1983, *Bull. crim.* n° 136, à propos du remplacement du juge en cours d'instruction ; *comp.* 18 mai 1983, *Bull. crim.* n° 148 et *D.* 1984. Jur. 188, note W. Jeandidier). Il est vrai que cette question de la désignation du juge d'instruction par le président échappe aujourd'hui à la matière des questions d'ordre public : en effet, l'article 83 du Code de procédure pénale, siège de la matière, a été réécrit par une loi du 6 juillet 1989 qui oblige le président à établir un tableau de roulement des magistrats instructeurs, mesure qualifiée par la chambre criminelle « d'acte d'administration judiciaire » (Crim. 4 déc. 1990, *Bull. crim.* n° 415 ; *D.* 1991. Somm. 214, obs. J. Pradel). Et même si une loi du 4 janv. 1993 a supprimé le tableau et si une autre, du 24 août 1993 l'a rétabli à titre facultatif, la qualification « d'acte d'administration judiciaire » n'a pas été remise en cause.

Toutefois, en matière de compétence, la jurisprudence s'efforce parfois d'entendre restrictivement le concept d'ordre public pour « nommer » une procédure. À un mis en examen qui soulevait avec une certaine vraisemblance l'incompétence territoriale d'un juge d'instruction, la chambre criminelle répond que seuls peuvent être annulés les actes accomplis par un juge « manifestement incompétent » (Crim. 15 janv. 2008, *Bull. crim.* n° 5 ; *D.*

2008. AJ 419, note Léna ; *ibid.* 2008. Pan. 2561, note d'Avout ; *RSC* 2008. 358, obs. Finielz ; *AJ pénal* 2008. 192, note Royer ; *Dr. pénal* 2009. chron. 1, obs. Guérin).

3° La théorie de l'instance enfin constitue un troisième domaine de l'ordre public, mais seulement à certains égards car il convient de distinguer.

a) N'est certainement pas d'ordre public l'inobservation d'un délai de rédaction d'un procès-verbal (Crim. 20 juin 1977, *Bull. crim.* n° 227 ; 5 févr. 1985, *Bull. crim.* n° 60). Quant à l'absence de signature, la jurisprudence est plus hésitante : des arrêts anciens ont vu dans la signature une formalité substantielle d'ordre public (Crim. 11 déc. 1974, *Bull. crim.* n° 367, pour un procès-verbal ; 17 mars 1987, *D.* 1987. Somm. 408, obs. J. Pradel, pour un rapport d'expertise ; 17 févr. 1987, *Bull. crim.* n° 77, pour un réquisitoire introductif). Mais un arrêt plus récent subordonne le succès de l'action en nullité à la preuve d'un grief (Crim. 5 nov. 1996, *Dr. pénal* 1997, Chron. 14, obs. V. Lesclous et C. Marsat).

b) Sont indéniablement d'ordre public les règles sur le serment des experts, des témoins ou des interprètes (Crim. 19 mai 1978, *Bull. crim.* n° 157 ; 4 nov. 1983, *Bull. crim.* n° 283 ; 17 mars 1987, *D.* 1987. Somm. 408 et obs. ; 12 janv. 2000, *Bull. crim.* n° 19 ; *Comp.* Crim. 17 déc. 1997, *Bull. crim.* n° 433 en application de l'article 802, l'inobservation de la formalité du serment ne saurait entraîner la nullité de la décision si cette omission n'a pas eu pour effet de porter atteinte aux intérêts du prévenu). La situation est la même pour le cas du réquisitoire introductif au supplétif non daté et/ou non signé (Crim. 4 déc. 1952, *Bull. crim.* n° 290 ; 23 août 1971, *ibid.*, n° 115). De même le fait pour un expert d'entendre la partie civile alors que le juge d'instruction, dans son ordonnance, le commettant avait précisé qu'il ne le pourrait que sur autorisation de sa part, est une irrégularité imparable car il y a une méconnaissance d'une règle d'ordre public touchant à l'organisation judiciaire (Crim. 17 janv. 2006, *Bull. crim.* n° 19 ; *D.* 2006. IR 531 ; *AJ pénal* 2006. 175, obs. C. Girault ; *D.* 2007. Pan. 973, obs. J. Pradel). Il en va de même de l'oralité des débats (Crim. 12 oct. 1977, *Bull. crim.* n° 303), des voies de recours (Crim. 24 janv. 1979, *Bull. crim.* n° 36) et par exemple des formes de l'appel devant la chambre d'accusation (Crim. 22 juill. 1986, *Bull. crim.* n° 239 ; *D.* 1987. Somm. 79, obs. J. Pradel ; 17 nov. 1987, *D.* 1988. Somm. 191, obs. J. Pradel) ou de l'opposition devant la Cour de cassation (Crim. 24 juin 1987, *Bull. crim.* n° 264 ; *D.* 1988. Somm. 189, obs. J. Pradel), de la méconnaissance de ses pouvoirs d'évocation par la chambre d'accusation (Crim 5 oct. 1982, *Bull. crim.* n° 205 ; *JCP* 1983. II. 2005, note D. Allix). Des écoutes téléphoniques effectuées au cours d'une enquête préliminaire par des policiers sont nulles, seul un juge d'instruction pouvant en ordonner à l'époque

(Crim. 27 févr. 1996, *D.* 1996. Jur. 346, note C. Guéry). Des réquisitions effectuées par des policiers, aux fins de remise de documents, sont nulles sans autorisation du procureur de la République comme l'exige l'article 77-1-1 du Code de procédure pénale (Crim. 1er septembre 2005, *Bull. crim.* nº 211 ; *AJ pénal* 2005. 419 ; *RSC* 2006. 399, obs. J. Buisson, arrêt visant la bonne administration de la justice ; 6 déc. 2005, *Bull. crim.* nº 319 ; *D.* 2006. Pan. 617, obs. J. Pradel ; *ibid.* 1429, note Mathonnet et Ghnassia ; *RSC* 2007. 599, obs. Buisson). De même encore, sont d'ordre public les dispositions des articles 570 et 571 du Code de procédure pénale sur le pourvoi en cassation formé contre les arrêts avant dire droit (Crim. 19 mai 1980, *D.* 1981, Jur. 177, note W. Jeandidier). Il en va de même du rapport oral, formalité destinée à l'information de la juridiction saisie (Crim. 27 oct. 1997, *Bull. crim.* nº 351, *préc.*). Enfin les dispositions relatives à l'entraide répressive internationale sont d'ordre public (Crim. 4 nov. 1997, *Bull. crim.* nº 365 ; *RSC* 1998. 351, obs. J.-P. Dintilhac). Étrangement cependant, un arrêt récent a considéré que le principe de publicité des audiences pouvait être méconnu s'il n'en était pas résulté d'atteinte aux intérêts du demandeur (Crim. 15 juin 1999, *Bull. crim.* nº 156 ; *D.* 1999. Jur. 689, note D. Mayer et J.-F. Chassaing) ; cependant, un arrêt plus récent a reconnu que la publicité des débats « est une règle d'ordre public » (Crim. 27 sept. 2000, *Bull. crim.* nº 283).

c) Reste la question des droits de la défense.

– Considérons d'abord le droit interne classique.

À première vue, les droits de la défense sont nettement distincts de l'ordre public (v. *supra* II-A). Pourtant certains arrêts entretiennent la confusion en assimilant les deux notions (Crim. 28 mars 1973, *Bull. crim.* nº 261 ; 26 juin 1979, *Bull. crim.* nº 230). Un arrêt a considéré que la transcription effectuée par un enquêteur, contre le gré de l'intéressé, de propos tenus officieusement par ce dernier « élude les règles de procédure et compromet les droits de la défense » ; c'est une allusion indirecte à la nature d'ordre public des règles de procédure et, en outre, une affirmation par ailleurs dans l'arrêt, qu'est violé le principe de loyauté ce qui paraît (à juste titre) lui conférer le caractère d'une règle d'ordre public (Crim. 3 avr. 2007, *Bull. crim.* nº 102 ; *D.* 2007. AJ 1422 et Chron. ; Cass. 1817, obs. D. Caron et S. Menotti ; *AJ pénal* 2007. 285, obs. G. Royer ; *D.* 2008. Pan. 2761, obs. J. Pradel). Il faut admettre aussi que par exemple la privation pour le mis en examen détenu du droit de communiquer librement avec son conseil, la violation de leur correspondance ou le serment du mis en examen sont des nullités d'ordre public. C'est pareil pour la contradiction à l'audience (Crim. 21 janv. 1975, *Bull. crim.* nº 26) et par exemple la présence du prévenu à l'audience au cours de laquelle est décidé l'ajournement de l'article 469-3, alinéa 2 du Code de procédure pénale, aujourd'hui de l'article 132-60 du nouveau Code pénal (Crim. 17 nov. 1987, *Bull. crim.* n° 414). De même encore, le policier qui place une personne en garde à vue doit le lui indiquer immédiatement, tout retard portant nécessairement atteinte à ses intérêts (Crim. 30 avr. 1996, *Bull. crim.* n° 182 ; *RSC* 1996. 879, obs. J.-P. Dintilhac, v. *infra*, n° 25). Dans le même esprit, il a été jugé que « l'absence de convocation de l'avocat au débat contradictoire ayant empêché celui-ci d'assister le demandeur portait nécessairement atteinte aux intérêts de celui-ci » (Crim. 4 déc. 2007, n° 07-86.794, *AJ pénal* 2008. 95, obs. S. Lavric ; *D.* 2008. Pan. 2762, obs. J. Pradel, à propos du débat sur la prolongation de la détention provisoire). On est très proche du concept d'ordre public.

Mais la jurisprudence admet le caractère d'ordre privé du fameux article 105 du Code de procédure pénale : en conséquence, un mis en examen ne peut se prévaloir de prétendues nullités causées à ce titre à un coïnculpé (Crim. 26 mai 1976, *Bull. crim.* n° 186 ; 23 avr. 1981, *Bull. crim.* n° 117 ; Toulouse, 18 déc. 1962, *D.* 1963. Jur. 156, note R. Merle). Elle raisonne pareillement sur le terrain de l'article 118, alinéas 2 et 3 du Code de procédure pénale, aujourd'hui article 114, alinéa 2 obligeant le juge d'instruction à convoquer l'avocat cinq jours au moins avant l'interrogatoire (Crim. 2 septembre 1986, *Bull. crim.* n° 251 ; *D.* 1987. Somm. 82, obs. J. Pradel, arrêt décidant avec une particulière netteté que la nullité est caractérisée, mais que la preuve d'une atteinte aux intérêts de l'intéressé n'est pas rapportée et qu'en conséquence l'art. 802 C. pr. pén. s'applique ; 11 janv. 1994, *Bull. crim.* n° 15 ; 30 septembre 1997, *Procédures* 1998, n° 50, obs. J. Buisson).

Enfin en ce qui concerne les perquisitions, la jurisprudence a évolué. Des arrêts ont d'abord admis que les formalités en cette matière étaient d'ordre public (Crim. 27 septembre 1984, *Bull. crim.* n° 275 ; 7 déc. 1993, *Bull. crim.* n° 372). Mais aujourd'hui, la chambre criminelle considère que ces formalités ne sont pas exclues du champ d'application de l'article 802 (Crim. 17 septembre 1996, *Bull. crim.* n° 316 ; *RSC* 1997. 149, obs. J.-P. Dintilhac ; 30 mai 1997, *Procédures* 1997, n° 275, obs. J. Buisson).

– La question des nullités est renouvelée aujourd'hui par la jurisprudence de la CEDH. Celle-ci, interprétant la Conv. EDH, pose des principes dont la méconnaissance par le juge interne (voire par la loi) entraîne la nullité d'une décision. Et comme la nullité est automatique, c'est parce qu'une règle (européenne) en cause est d'ordre public, même si la jurisprudence ne le dit pas forcément. On va donner deux exemples de jurisprudence nationale, fondée sur celle de Strasbourg, qui annule ainsi des procédures, et sans échappatoire possible.

D'abord, la personne poursuivie qui n'a pas été mise au courant de tous les éléments retenus à sa charge peut obtenir la nullité de la décision. Ainsi, l'acte saisissant la juridiction de jugement doit, dans l'intérêt de la défense du prévenu : « Indiquer d'une manière détaillée la nature et la cause de la prévention dont il est l'objet afin qu'il soit mis en mesure de se défendre tant sur les divers chefs d'infractions qui lui sont reprochés que sur chacune des circonstances aggravantes susceptibles d'être retenues à sa charge » (Crim. 17 déc. 1997, *Bull. crim.* n° 434, pour l'état de récidive qui n'était pas visé à la prévention et qui avait été retenu par le juge de fond pour aggraver la peine). Même jurisprudence à propos de la préméditation non visée dans la décision de renvoi, non évoquée au cours des débats et retenue en tant que question spéciale (Crim. 4 févr. 2009, n° 08-85.144, *D.* 2009. AJ 732).

Le second exemple concerne le délai d'appel ouvert contre une décision au prévenu et au procureur général, le premier disposant de dix jours (art. 498 C. pr. pén.) et le second de deux mois (art. 505 C. pr. pén.). Y a-t-il atteinte à l'égalité des armes — principe dégagé par la CEDH — et donc annulation de la décision de condamnation quand celle-ci a aggravé la peine prononcée en première instance, sur appel du procureur général après épuisement du délai d'appel du prévenu, sans que ce dernier ait fait appel. Notre jurisprudence avait d'abord considéré que le délai plus long accordé en procureur général « n'est pas contraire à l'exigence d'un procès équitable dès lors que le prévenu bénéficie également d'un droit d'appel » (Crim. 27 juin 2000, *Bull. crim.* n° 243 ; *D.* 2001, Somm. 514, obs J. Pradel). Mais la CEDH fut d'un avis contraire en considérant qu'il y avait violation de l'article 6 § 1 Conv. EDH : le prévenu se trouve, dit-elle, dans une position d'infériorité contraire au principe de l'égalité des armes (CEDH 3 oct. 2006, *Ben Naceur c/ France, D.* 2007. Pan. 979, obs. J. Pradel ; *RSC* 2008. 153, obs. D. Roets ; 22 mai 2008, *Gacon c/ France*, *RSC* 2008. 635, obs. A. Giudicelli, et 696, obs. J. P. Marguénaud). La chambre criminelle crut devoir s'incliner (Crim. 17 septembre 2008, *AJ pénal* 2008. 456, obs. C. Saas ; *Dr. pénal* 2008. Comm. 161, obs. A. Maron et Haas ; *D.* 2009. Chron. 44, par P. Chaumont ; 10 févr. 2009, n° 08-83.837, *D.* 2009. AJ 814 et obs. C. Girault, arrêt visant « le principe de l'égalité des armes tel qu'il résulte de l'exigence d'un procès équitable au sens de l'article 6 § 1 Conv. EDH... »). La position traditionnelle de notre jurisprudence (Crim. 27 juin 2000, *préc.*) est pourtant aujourd'hui confortée par une réforme de l'article 500-1 du Code de procédure pénale accordant un droit d'appel incident de cinq jours au prévenu après appel du procureur général. D'autre part, la question d'une réforme de l'article 505 est posée.

Ce qui entretient l'hésitation pour les droits de la défense, c'est que d'une part ces droits sont distincts de l'ordre public peut-on soutenir (ne sont-ils pas d'intérêt privé ?) alors que d'autre part le Conseil constitutionnel qualifie de principes fondamentaux du droit les droits de la défense en général (par ex. décis. n° 80-127 DC 19 et 20 janv. 1981, *Sécurité et Liberté*, *D.* 1982. I. 441, note A. Dekeuwer ; *JCP* 1981. II. 19701, note C. Franck).

Il faut bien admettre en tout cas que la jurisprudence est souvent hésitante (par ex. à propos des perquisitions et de l'absence de signature), voire inattendue (par ex. à propos de la publicité des audiences). Sans qu'il faille aller jusqu'à abroger l'article 802 du Code de procédure pénale — ce qui ne résoudrait rien et ce qui accroîtrait même le nombre des annulations — on peut le regretter.

J. P.

24

PRINCIPE DE CÉLÉRITÉ — MÉCONNAISSANCE — SANCTION

Crim. 29 novembre 2000, *Administration des douanes et des droits indirects* (*Dr. pénal* 2001. Comm. 54, obs. A. Maron) ; CEDH 26 octobre 1999, *Maini c. France*

La durée excessive d'une procédure, à la supposer établie, ne saurait entraîner sa nullité (1re espèce).

Le caractère raisonnable d'une procédure s'apprécie suivant les circonstances de la cause et eu égard aux critères de complexité de l'affaire, du comportement du requérant et des autorités compétentes. Si la durée de la procédure est déraisonnable, l'État défendeur doit verser au requérant une somme d'argent (2e espèce).

Chambre criminelle, 29 novembre 2000

Administration des douanes et des droits indirects

Attendu que la durée excessive d'une procédure, à la supposer établie, ne saurait entraîner sa nullité ;

Attendu que pour annuler la procédure suivie contre Yves Bescond, Guy Dal Pan, Michel Laugier, Jean-Paul Patarozzi, Claude Valmont et Moïse Weil, la cour d'appel relève que, dès le 25 septembre 1986, l'administration des douanes était en possession de l'ensemble des faits qui ont servi à établir son procès-verbal, lequel n'a cependant été déclaré aux prévenus que le 7 septembre 1989 et clos le 29 septembre 1989, la comparution devant le tribunal ayant lieu en janvier 1991 ; que les juges ajoutent qu'un tel retard confronte le mis en cause à un dépérissement évident des preuves et donc de ses moyens de défense générant ainsi un déséquilibre dans les moyens offerts à la partie poursuivante et à la défense ;

Mais attendu qu'en annulant les poursuites en raison de la durée de la procédure, la cour d'appel a méconnu la portée du texte susvisé ;

D'où il suit que la cassation est encourue.

Cour européenne des droits de l'Homme, 26 octobre 1999

Maini c. France

Sur la violation alléguée de l'article 6 § 1 de la convention.

Le requérant se plaint de la durée de la procédure pénale avec constitution de partie civile et allègue une violation de l'article 6 § 1 de la Convention, ainsi libellé :

« Toute personne a droit à ce que sa cause soit entendue (...) dans un délai raisonnable, par un tribunal (...) qui décidera (...) des contestations sur ses droits et obligations de caractère civil (...) »

Le Gouvernement estime que la procédure n'est pas déterminante pour des « droits et obligations de caractère civil » du requérant et, qu'en tout état de cause, il n'y a pas eu dépassement du « délai raisonnable » prévu à cet article.

Sur l'application de l'article 6, § 1 de la Convention...

Période à prendre en considération.

La période à considérer a débuté le 2 septembre 1991, par le dépôt de la plainte pénale du requérant avec constitution de partie civile (§ 7 ci-dessus), et s'est terminée le 1er octobre 1997, par l'arrêt de la Cour de cassation (§ 22 ci-dessus). Elle a donc duré six ans et un mois.

Caractère raisonnable de la durée de la procédure.

Le caractère raisonnable de la durée d'une procédure s'apprécie suivant les circonstances de la cause et eu égard aux critères consacrés par la jurisprudence de la cour, en particulier la complexité de l'affaire, le comportement du requérant et celui des autorités compétentes (voir, parmi beaucoup d'autres, les arrêts Acquaviva précités, pp. 15-16, § 53 et Selmouni c. France du 28 juillet 1999, à paraître au Recueil 1999, §o 112).

La Cour constate tout d'abord que l'affaire n'était pas complexe et que le Gouvernement ne fait pas grief au requérant d'avoir retardé la procédure par son comportement.

S'agissant du comportement des autorités compétentes, la Cour relève deux délais dans le déroulement de l'instruction, soit du 28 novembre 1991 (date des réquisitions d'informer) au 26 janvier 1994 (commission rogatoire du juge d'instruction) et du 2 décembre 1994 (arrêt de la chambre d'accusation annulant l'avis de clôture) au 13 septembre 1995 (audition du requérant). Elle constate que ces délais ont contribué à ralentir la marche de l'instruction de deux ans et onze mois sur une durée globale de quatre ans et six mois. Or elle estime que le Gouvernement, qui reconnaît ces intervalles d'inactivité à la charge des autorités judiciaires, n'a fourni aucune explication convaincante de ceux-ci.

La Cour réaffirme qu'il incombe aux États contractants d'organiser leur système judiciaire de telle sorte que leurs juridictions puissent garantir à chacun le droit d'obtenir une décision définitive sur les contestations relatives à ses droits et obligations de caractère civil dans un délai raisonnable.

En l'espèce, la Cour considère qu'il y a eu violation de l'article 6 § 1 de la convention.

Sur l'application de l'article 41 de la Convention.

Aux termes de l'article 41 de la Convention,

« Si la Cour déclare qu'il y a eu violation de la Convention ou de ses Protocoles, et si le droit interne de la Haute Partie contractante ne permet d'effacer qu'imparfaitement les conséquences de cette violation, la Cour accorde à la partie lésée, s'il y a lieu, une satisfaction équitable. »...

Par ces motifs, la Cour, à l'Unanimité,

1° Dit qu'il y a eu violation de l'article 6 § 1 de la Convention ;

2° Dit que l'État défendeur doit verser au requérant, dans les trois mois, 300 000 (trente mille) francs français pour dommage moral ;

3° Dit que l'État défendeur doit verser au requérant, dans les trois mois, 413 (quatre cent treize) francs français pour frais et dépens ;

4° Dit que ces montants seront à majorer d'un intérêt simple de 3,47 % l'an à compter de l'expiration dudit délai et jusqu'au versement ;

5° Rejette la demande de satisfaction équitable pour le surplus.

OBSERVATIONS

Le principe de célérité est à la mode. Les études récentes sont nombreuses (v. par ex. G. Roujou de Boubée, « Le temps dans la procédure pénale », Annales Fac. dr. Clermont-Ferrand, 1983, p. 77 et s. ; La célérité de la procédure pénale en droit comparé, séminaire international organisé sous la direction de J. Pradel à Syracuse en septembre 1995, *RID pén.* 1995, vol. 66, p. 323 et s.). Des ouvrages généraux de procédure pénale consacrent même des développements à la célérité. Et c'est heureux car depuis quelques années, la lenteur de la justice pénale prend des proportions inquiétantes. Ainsi, la durée moyenne des instructions qui était inférieure à six mois en 1968 est passée à plus de dix-sept mois en 2005, même s'il est vrai que les juges d'instruction sont de plus en plus saisis uniquement d'affaires complexes. Or cette lenteur ne fait que des victimes : la société qui tarde à donner une réponse à un fait qui a troublé les citoyens ; la victime qui attend la juste sanction d'une infraction qui lui a causé du mal ; l'auteur enfin qui ne saurait rester trop longtemps sous le coup d'une accusation qui, par hypothèse engendre à son préjudice un trouble.

Or notre chambre criminelle paraît rester insensible à ces inconvénients en se refusant à annuler une procédure qui a trop traîné en longueur. L'arrêt du 29 novembre 2000 caractérise lumineusement cette prudence extrême. Par opposition, la CEDH se montre beaucoup plus accueillante aux personnes ayant souffert de la lenteur de la procédure, comme le montre par exemple son arrêt du 26 octobre 1999.

I. — Une jurisprudence interne peu accueillante au grief de lenteur

Dans l'affaire ayant abouti à l'arrêt du 29 novembre 2000, les faits étaient très simples. Le 25 septembre 1986, l'administration des douanes est en possession de tous les faits qui serviront à établir son procès-verbal qui ne sera cependant communiqué aux prévenus qu'en septembre 1989. Et leur comparution n'aura lieu qu'en janvier 1991. Près de cinq ans et demi se seront écoulés entre le rassemblement des preuves par les douanes et la comparution des prévenus devant la justice ! La chambre des appels correctionnels (Paris, 15 sept. 1999) avait considéré que la violation de l'article 6 § 1 Conv. EDH sur le délai raisonnable constitue la violation d'un droit fondamental du prévenu, que cette seule violation constitue un préjudice et qu'en outre la lenteur de la procédure peut faire supporter aux prévenus un risque de dépérissement des preuves, ce qui génère un déséquilibre entre accusation et défense. Les juges d'appel avaient donc multiplié les arguments en faveur de l'annulation de la procédure, qu'ils prononcèrent d'ailleurs. Le pourvoi, formé sans doute par les douanes encore que l'arrêt ne le précise pas, était fondé sur deux arguments : le principe du délai raisonnable ne concerne que les juridictions, pas les administrations ; la méconnaissance de ce principe n'est pas une cause de nullité de la procédure. La chambre criminelle, dans son arrêt du 29 novembre 2000, ne répond pas directement, négligeant les arguments des juges du fond et de l'auteur du pourvoi. Sèchement, elle se borne à affirmer que la durée excessive d'une procédure n'invalide pas celle-ci. Que doit-on en penser ?

A. — État de la jurisprudence

Les précédents sont nombreux et il faut reconnaître que la chambre criminelle n'a ici jamais changé sur le principe. C'est seulement la motivation qui varie. Parfois la chambre criminelle rejette le pourvoi du demandeur se plaignant de la lenteur de la procédure, en indiquant que le moyen est mélangé de fait et de droit, et donc irrecevable (Crim. 19 nov. 1987, *Bull. crim.* n° 420 ; 13 nov. 1989, *Bull. crim.* n° 408). De façon voisine, la chambre criminelle invoque le pouvoir souverain du juge du fond (Crim. 6 mars 1986, *Bull. crim.* n° 94 ; *D.* 1986. 315, note D. Mayer ; *D.* 1986. IR 305. obs. J. Pradel ; 12 déc. 1988, *Bull. crim.* n° 419) ou, ce qui est pareil, affirme que l'appréciation du délai raisonnable échappe à son contrôle (Crim. 21 août 2002, n° 02-84.080). D'autres fois, la Haute instance se contente de rappeler que la durée excessive d'une procédure ne saurait entraîner sa nullité, sans s'engager dans une quelconque motivation ; cette méthode, adoptée par l'arrêt du 29 novembre 2000 avait déjà été utilisée à six reprises (Crim. 7 mars 1989, *Bull. crim.* n° 109 ; 24 oct. 1989, *Bull. crim.* n° 378 ; 3 févr. 1993, *Bull. crim.* n° 57 ; *D.* 1993. 515, note J.-F Renucci ; 4 mai 1994, *Bull. crim.* n° 166 ; 30 mai 1994, *Bull. crim.* n° 170 ; 30 mai 1994, *Bull. crim.* n° 210 ; 30 juin 1998, n° 97-80.842 ; *RSC* 1998. 784, obs. J.-P. Dintilhac ; 22 sept. 1998, *Bull. crim.* n° 231 ; *Procédures* 1999, Comm. 71, obs. J. Buisson) et elle sera reprise ultérieurement

(Crim. 14 nov. 2002, n° 02-88.703). Ce qui est frappant, c'est que la chambre criminelle ne se départit pas de sa méthode même si les actes de procédure se sont étalés sur une très longue période : 21 ans dans l'affaire jugée le 7 mars 1989 ! Cette motivation sera reprise dans un arrêt du 26 septembre 2001 (*D.* 2002. Somm. 1462, obs. J. Pradel), qui reprend lui-même la motivation de ces quatre arrêts et de celui du 29 novembre 2000.

Cet arrêt du 29 novembre 2000 paraît donc être un arrêt de routine. Pas tout à fait cependant. Dans toutes les affaires antérieures publiées au *Bulletin criminel*, les juges du fond avaient rejeté la demande d'annulation fondée sur la lenteur extrême, en fait sur l'article 6 § 1 Conv. EDH qui entend que la procédure se déroule « dans un délai raisonnable » ; et il avait été aisé à la chambre criminelle de rejeter le pourvoi, parfois en faisant remarquer que le demandeur avait usé de procédés dilatoires (Crim. 24 oct. 1989, *préc.*) ou qu'il n'avait subi aucune entrave à son droit de se défendre (Crim. 30 mai 1994, *Bull. crim.* n° 210). Or dans la présente affaire, les juges d'appel avaient annulé la procédure et ils l'avaient fait en multipliant les arguments. La cassation de leur décision prouve à l'évidence que la chambre criminelle entend maintenir haut et fort le principe. Son dernier arrêt est dépourvu de toute ambiguïté alors que dans le passé, la chambre criminelle s'était contentée de dire que la cour d'appel avait « justifié sa décision sans encourir les griefs allégués » (en ce sens, obs. A. Maron, *Dr. pénal* 2001, Comm. 54, p. 24, 2e colonne).

Dans le même esprit, on signalera un arrêt décidant que l'obligation pour le juge d'instruction de rendre l'ordonnance visée par l'article 175-2, alinéa 2 du Code de procédure pénale n'est pas prévue à peine de nullité et n'est pas juridictionnelle (Crim. 17 janv. 2006, *Bull. crim.* n° 20 ; *D.* 2006, IR 533, obs. C. Girault ; *AJ pénal* 2006. 177, obs. C. Saas). Rappelons qu'il s'agit de l'ordonnance motivée par laquelle le juge à l'issue d'un délai de deux ans à compter de l'ouverture de son information justifie des raisons de la durée de sa procédure. Cette ordonnance est donc pour la jurisprudence une simple mesure d'administration judiciaire (v. déjà en ce sens, Paris 20 déc. 2002, obs. P. Morvan, « L'ordonnance justifiant la poursuite de l'instruction de l'article 175-2 du code de procédure pénale : critique d'un arrêt de règlement », *D.* 2003. Chron. 2511).

B. — Appréciation de la jurisprudence

Deux arguments étaient soulevés dans le pourvoi

1° Le pourvoi invoquait d'abord, rappelons-le, que l'exigence d'un délai raisonnable ne concerne que les juridictions, ce qui revient à considérer que la procédure administrative ne fait pas partie de la procédure pénale, même si elle lui sert ensuite de fondement. Deux arguments peuvent être invoqués en faveur de cette affirmation : le fait que l'article 6 § 1 Conv. EDH parle du « tribunal », donc des juridictions ; le fait que, selon la jurisprudence de la chambre criminelle elle-même, l'irrégularité éventuelle d'une procédure conduite par les douanes ne peut être invoquée à l'occasion de la procédure pénale subséquente (Crim. 13 déc. 2000, *Dr. pénal* 2001. Comm. 56, obs. J.-H. Robert). Il est permis de répondre cependant : d'abord car il existe une autre jurisprudence qui autorise le juge judiciaire à annuler les actes d'investigation des fonctionnaires chargés de fonctions de police judiciaire au sens de l'article 15-3 du Code de procédure pénale qui les oblige à recevoir les plaintes (Crim. 6 nov. 1991, *Dr. pénal* 1992. Comm. 66 ; 5 mai 1999, *Bull. crim.* n° 88 ; *Dr. pénal* 1999. Comm. 142 ; *D.* 1999. IR 217) ; ensuite car il est difficile de séparer procédure administrative et procédure judiciaire dès lors que la seconde prend appui sur la première.

2° Le pourvoi invoquait ensuite, on l'a dit également, que la violation du délai raisonnable n'est pas une cause de nullité, mais il s'agissait d'une simple affirmation qui peut être combattue par deux arguments. D'abord la lenteur de la procédure peut en fait causer un préjudice au prévenu en le privant de la possibilité de soulever des preuves en sa faveur. Il n'est pas bon de dire que le prévenu peut, pour obtenir réparation, saisir la juridiction nationale compétente ou le juge de Strasbourg (comme l'indique le sommaire de l'arrêt précité du 7 mars 1989 alors que l'arrêt lui-même ne dit rien de tel) car il est bien certain que la meilleure réparation consiste dans l'annulation de la procédure. Dès lors les juges auraient pu faire appel à la théorie des nullités substantielles qui, on le sait, permet dans le silence de la loi, d'annuler un ou des actes irréguliers. La jurisprudence rendue au lendemain de la promulgation du Code de procédure pénale de 1959 le permettait (v. par ex. Crim. 14 avr. et 14 déc. 1961, *Bull. crim.* n° 199 et 528 ; 14 mars 1974, *D.* 1974. Jur. 604, note J.-M. Robert), tout comme aujourd'hui l'article 802 du Code de procédure pénale qui permet au juge de prononcer une nullité substantielle en cas de grief pour la partie que la formalité devait protéger : on peut considérer que des actes effectués trop tard sont l'équivalent d'une formalité méconnue. Second argument, la Cour de cassation se trouve en porte à faux avec l'article 6 § 1 Conv. EDH sur le délai raisonnable, texte qu'elle neutralise en quelque sorte.

II. — Une jurisprudence strasbourgeoise très accueillante au grief de lenteur

Les arrêts de la CEDH sur l'exigence d'une justice opérant dans un « délai raisonnable » sont innombrables. Il faut avant tout préciser que la Convention européenne des droits de l'Homme fait état de deux sortes de délais raisonnables : celui de l'article 5 § 3 sur la détention provisoire et celui de l'article 6 § 1 sur la procédure en général. L'arrêt ci-dessus rapporté du 26 octobre 1999 est relatif à la seconde situation. À vrai dire il existe un très grand nombre d'arrêts sur ce point et beaucoup d'autres décisions que celle du 26 octobre 1999 auraient pu être choisies. La littérature est considérable (v. par ex. J.-F. Rennucci, *Traité de droit européen des droits de l'Homme*, 2007, n° 328 et s. ; J. Pradel, G. Corstens et G. Vermeulen, n° 423 et s. ; F. Sudre, *Droit européen et international des droits de l'Homme*, 8e éd., 2006, p. 391 et s. ; W. Peukert, « La célérité dans le procès pénal et la jurisprudence de la CEDH », *RID pén.* 1995, n° 3-4, p. 673 et s ; F. Sudre, J.-P. Marguénaud, J. Andriantsimbazovina, A. Gouttenoire et M. Levinet, *Les grands arrêts de la Cour européenne des droits de l'Homme*, PUF, 5e éd., 2009, p. 348 et s.).

Le texte de base est évidemment l'article 6 § 1 Conv. EDH selon lequel « toute personne a droit à ce que sa cause soit entendue... dans un délai raisonnable, par un tribunal... qui décidera... du bien-fondé de toute accusation en matière pénale dirigée contre elle ». Il s'agit, a rappelé la CEDH, d'éviter une lenteur excessive de la justice tout en permettant à la personne en cause de ne pas subir trop longtemps une grande incertitude sur son sort (arrêt du 10 nov. 1969, *Stögmüller c. Autriche*, A-40). L'application du principe du délai raisonnable suppose la réponse à deux questions.

A. — Détermination du délai

Cette détermination oblige à fixer son premier jour (*dies a quo*) et son dernier jour (*dies ad quem*) : c'est ce que la CEDH appelle la « période à prendre en considération ».

Le premier jour est celui de « l'accusation » de la personne, notion qui s'entend de façon autonome et non par référence au droit national (au sens de l'ordonnance de mise en accusation en droit français). Le juge européen retiendra la date de l'ouverture de l'enquête préliminaire, de l'émission d'un mandat d'arrêt, de l'inculpation (ou mise en examen en droit français), de la levée de l'immunité parlementaire, voire — comme dans l'arrêt *Maini* — de la constitution de partie civile.

Le dernier jour est celui de la fin de l'ensemble de la procédure, phases de recours incluses. Dans l'affaire *Maini*, le délai s'achève avec l'arrêt de la Cour de cassation qui a clôturé la procédure puisque le pourvoi du demandeur a été rejeté.

B. — Qualification du délai

Cette opération consiste à dire si le délai est raisonnable ou non raisonnable. C'est, selon la CEDH, l'appréciation du « caractère raisonnable de la durée de la procédure ».

Traditionnellement, et le présent arrêt ne fait que le confirmer, la CEDH utilise trois critères (§ 33 de l'arrêt) :

– d'abord celui de la complexité de l'affaire, ce qui inclut toutes les données de fait et de droit du dossier. On peut citer au titre des données de fait le grand nombre de suspects et la dimension internationale de l'affaire. Parmi les données de droit, on peut évoquer le cas d'une infraction commise à l'étranger, ce qui doit conduire le juge à rechercher s'il y a réciprocité d'incrimination, qui est souvent une condition de la répression dans le pays qui n'est pas celui de la commission ;

– ensuite celui du comportement du requérant qui peut par son attitude dilatoire retarder le cours de la justice, par exemple en changeant sans cesse d'avocat ou en tardant volontairement de communiquer à la justice les pièces qu'elle lui réclame, ou encore en prenant la fuite ;

– enfin celui de l'attitude des autorités judiciaires qui doivent tout faire pour que les affaires ne s'enlisent pas et qui sont ainsi tenues à une véritable obligation de résultat. Par exemple, une procédure qui dure 15 ans dont 6 devant la Cour de cassation viole évidemment l'article 6 § 1 (CEDH 25 mars 1996, *Mitap et Müflüoglu c. Turquie, RSC* 1997. 475, obs. R. Koering-Joulin). Les États doivent organiser leur service de la justice afin que les affaires soient traitées sans retard. Dans l'affaire Maini, l'instruction avait sommeillé à deux reprises, soit pendant près de trois ans en tout (§ 34). La violation de l'article 6 § 1 était évidente.

Ces trois critères sont raisonnables. Mais il faut bien convenir que leur mise en œuvre est malaisée tant ils sont enrobés dans le flou et l'impressionnisme. Les juges de Strasbourg le savent bien puisqu'au fil des espèces, ils répètent que « le caractère raisonnable de la durée d'une procédure s'apprécie suivant les circonstances de la cause et en égard aux critères consacrés par la jurisprudence de la Cour... ».

***

Est-il permis de souhaiter un revirement de notre jurisprudence interne ? À deux reprises déjà, des juges du fond n'avaient pas hésité à annuler des procédures qui avançaient à un pas de sénateur. Mais les deux fois, on l'a vu, la chambre criminelle a broyé ces velléités fondées sur le bon sens. Un changement de cap de la chambre criminelle n'est pourtant pas impensable en raison de la pression du droit européen d'autant plus que l'article 6 § 1

Conv. EDH est avec la loi du 15 juin 2000 relayé par la création d'un article préliminaire du Code de procédure pénale qui dispose qu'il « doit être définitivement statué sur l'accusation dont cette personne » (la personne suspectée ou poursuivie) « fait l'objet dans un délai raisonnable ». Cette nouvelle disposition n'apporte rien de nouveau sur le plan technique, mais elle peut avoir une vertu pédagogique d'autant plus que la loi de juin 2000 introduit dans le Code diverses dispositions tendant à accélérer la procédure, ces dispositions étant regroupées au sein de la loi dans un chapitre intitulé « Dispositions renforçant le droit à être jugé dans un délai raisonnable » (v. études au *D.* 2001, Chron. not. p. 1119 à 1123 et à la *Rev. pénit.* 2001, p. 148 à 157).

Cependant, à l'encontre d'un revirement de notre jurisprudence, on invoquera en premier lieu cet arrêt qui affirme qu'une décision de la CEDH ayant constaté le non-respect du délai raisonnable est sans incidence sur la validité des procédures internes, d'où il est tiré la conséquence qu'un moyen fondé sur la jurisprudence européenne est sans intérêt (Crim. 3 févr. 1993, *D.* 1993. Jur. 515, note J.-F. Renucci). Il s'agissait de l'affaire *Kemmache* où celui-ci, après avoir obtenu la condamnation de la France par la CEDH pour violation du délai raisonnable (et obtenu une « satisfaction équitable ») tentait par un pourvoi contre sa condamnation criminelle de la faire tomber en invoquant la condamnation de la France. En second lieu, il faut bien reconnaître qu'il n'y a pas dans notre législation de texte instituant un recours des justiciables contre les lenteurs de la justice pour faire annuler la procédure pénale (alors qu'il existe dans la Conv. EDH une affirmation du principe du délai raisonnable, à l'article 6 § 1 pour l'essentiel). Dans notre droit il existe seulement l'article L. 781-1 du Code l'organisation judiciaire (devenu l'art. L 141-1 du même Code) qui, de façon générale, décide que « L'État est tenu de réparer le dommage causé par le fonctionnement défectueux du service de la justice. Cette responsabilité n'est engagée que par une faute lourde ou par un déni de justice ». Ce texte donne lieu à de plus en plus d'applications de la part de la première chambre civile de la Cour de cassation, compétente en la matière (Civ. 1re, 13 mars 2007, *D.* 2007. 1929, note J. Pradel, inactivité d'un juge d'instruction pendant plus de quatre ans et responsabilité de l'État ; 25 mars 2009, nº 07-17.575, *D.* 2009. AJ 1022, treize ans entre l'accident et la consécration du droit à indemnisation ; 25 mars 2009, nº 07-17.576, *D.* 2009. AJ 1022, quinze ans entre l'accident et la consécration du droit à indemnisation).

J. P.

Chapitre II — Phase préparatoire

25

GARDE À VUE — DROITS DU SUSPECT — NOTIFICATION IMMÉDIATE — OBLIGATION POUR L'ENQUÊTEUR

Crim. 30 avril 1996, *Hassan Maghrebi* (*Bull. crim.* n° 182 ; *RSC* 1996. 879, obs. J.-P. Dintilhac)

L'enquêteur a le devoir de notifier les droits attachés au placement en garde à vue dès que la personne retenue se trouve en état d'en être informée. Tout retard injustifié dans la notification porte nécessairement atteinte aux intérêts de la partie qu'elle concerne.

Chambre criminelle, 30 avril 1996

Hassan Maghrebi

Attendu qu'il appert de l'arrêt attaqué et du jugement qu'il confirme que Hassan Maghrebi a été interpellé le 11 juillet 1994 vers 23 h 35 en flagrant délit de vol ; que, conduit au commissariat, il a été entendu par un agent de police judiciaire, puis, le 12 juillet 1994 à 2 h 15, s'est vu notifier, par un officier de police judiciaire, son placement en garde à vue ainsi que les droits découlant de cette mesure ;

Attendu que, pour annuler la procédure diligentée contre lui, la cour d'appel retient qu'en différant sans nécessité, au-delà du temps que justifiaient le transfert et l'accomplissement des diligences normales de mise à disposition de l'officier de police judiciaire, le placement en garde à vue de Hassan Maghrebi et son information immédiate sur ses droits, les services de police ont méconnu l'obligation définie par l'article 63-1 du Code de procédure pénale ; qu'ils ajoutent que ce retard a porté atteinte aux intérêts du prévenu dont l'état de santé n'a pas été jugé compatible avec la mesure de garde à vue et qui a dû être hospitalisé ;

Attendu qu'en cet état, les juges ont justifié leur décision sans encourir les griefs allégués ;

Qu'en effet, selon l'article 63-1 du Code de procédure pénale, l'officier de police judiciaire ou, sous son contrôle, l'agent de police judiciaire, a le devoir de notifier les droits attachés au placement en garde à vue dès que la personne retenue se trouve en état d'en être informée ; que tout retard injustifié dans la mise en œuvre de cette obligation porte nécessairement atteinte aux intérêts de la partie qu'elle concerne ;

D'où il suit que le moyen ne peut être admis ;

OBSERVATIONS

Si le Code de procédure pénale de 1959 a bien officialisé la garde à vue, il n'a initialement prévu qu'un petit nombre d'obligations à la charge des fonctionnaires chargés de la mettre en œuvre (art. 63 et s. pour l'enquête de flagrance, 77 pour l'enquête préliminaire et 154 pour l'instruction préparatoire). Sans doute la durée de la mesure de rétention était-elle quantifiée dans sa durée. Sans doute aussi l'officier de police judiciaire devait-il mentionner sur le procès-verbal d'audition du gardé à vue la durée des interrogatoires et des repos. Mais c'était à peu près tout. Et la chambre criminelle, dans ce contexte, n'entendait pas prononcer l'annulation de la procédure en cas d'irrégularité, afin de sauvegarder les preuves recueillies au cours de l'interrogatoire du gardé à vue. À vrai dire, la chambre criminelle a varié dans le fondement qu'elle assignait à son refus d'annulation. Dans un premier temps, elle affirma que « les prétendues irrégularités qui ont pu concerner la garde à vue... étant nécessairement mélangées de fait et de droit ne sauraient être invoquées devant la Cour de cassation, sans avoir été préalablement soumises aux juges du fond » (Crim. 15 et 29 oct. 1959, *Bull. crim.* n° 435 et 457). Position correcte puisque la Haute Juridiction a toujours déclaré irrecevable un pourvoi fondé sur un moyen mélangé de fait et de droit (Crim. 1er juill. 1978, *Gaz. Pal.* 1978. 1. 244 ; 19 juin 1957, *Bull. crim.* n° 504). Par la suite, elle raisonna autrement : tout en concédant que les irrégularités peuvent engager la responsabilité personnelle du policier, elle ajouta que « les règles énoncées aux articles 63 et 64 du Code de procédure pénale ne sont pas prescrites à peine de nullité et que leur inobservation... ne saurait par elle-même entraîner la nullité des actes de la procédure lorsqu'il n'est pas démontré que la recherche et l'établissement de la vérité s'en sont trouvés viciés fondamentalement ». Cette formule apparaît pour la première fois avec l'arrêt *Kissari* et elle sera souvent reprise (Crim. 27 déc. 1960, *Bull. crim.* n° 622 ; 17 mai 1966, *Bull. crim.* n° 150 ; 10 oct. 1968, *JCP* 1969. II. 15741, note P. Chambon ; 21 oct. 1980, *D.* 1981. Jur. 104, note D. Mayer ; 22 déc. 1987, *D.* 1989. Jur. 323, note F. Julien-Laferrière ; 26 févr. 1991, *Bull. crim.* n° 97 ; *D.* 1992. Somm. 99, obs. J. Pradel ; *adde* Crim. 3 oct. 1973, *Bull. crim.* n° 343, ne reprenant que la première partie de la formule). Notons qu'un arrêt plus récent change un peu la formule en décidant que « ... leur inobservation, comme celle des dispositions de l'article 5 de la Convention européenne des droits de l'Homme, n'entraîne pas par elle-même, la nullité des actes de procédure lorsqu'il... n'est pas démontré que la recherche et l'établissement de la vérité s'en sont trouvés fondamentalement altérés » (Crim. 23 avr. 1992, *D.* 1992. Somm. 322, obs. J. Pradel).

Vinrent les lois des 4 janvier et 24 août 1993 qui ajoutèrent dans le Code des droits « nouveaux » au profit de la personne gardée à vue : droit de faire prévenir sans délai une personne, droit de se faire examiner par un médecin, droit de solliciter un avocat (art. 63-1 et 77 C. pr. pén., ces dispositions n'ayant pas été modifiées par la loi du 14 avril 2011 relative à la garde à vue). Et détail important, ces droits sont notifiés « immédiatement » — soit dès le début de la garde à vue — par l'officier de police judiciaire à l'intéressé. Quelle allait être l'attitude de la jurisprudence en cas de violation de ces droits de la seconde génération par le policier ou gendarme ? Allait-elle rester indifférente comme auparavant à propos des exigences de la « première génération ». Les premiers arrêts traduisirent effectivement une certaine indifférence des juges à l'égard des exigences nouvelles (Crim. 18 juill. 1995, *Bull. crim.* n° 258 ; 6 déc. 1995, *Bull. crim.* n° 369). Mais bientôt les choses changèrent, le nouveau credo — inauguré par l'arrêt ci-dessus rapporté du 30 avril 1996 — étant nettement plus favorable à la personne gardée à vue. Selon cet arrêt, l'article 63-1 impose à l'officier de police judiciaire de « notifier les droits attachés au placement en garde à vue dès que la personne retenue se trouve en état d'en être informée ; tout retard injustifié dans la mise en œuvre de cette obligation porte nécessairement atteinte aux intérêts de la partie qu'elle concerne » de sorte que les actes accomplis en méconnaissance de cette formalité substantielle encourent l'annulation. D'autres arrêts suivirent, reprenant la même formule (Crim. 3 déc. 1996, *Bull. crim.* n° 443 ; Procédures 1997, Comm. 68, obs. J. Buisson ; 29 avr. 1998, *Bull. crim.* n° 145, *RSC* 1998. 785, obs. J.-P. Dintilhac ; Rev. gén. proc. 1999.87, Chron. D. Rebut ; *D.* 1998. IR 163 ; 18 juin 1998, *Bull. crim.* n° 200 ; Procédures 1999, Comm. 15, obs. J. Buisson ; *D.* 1998, IR 209 ; *RSC* 1998. 785, obs. J.-P. Dintilhac ; 14 déc. 1999, *Bull. crim.* n° 301 ; *Dr. pénal* 2000, Comm. 39, obs. A. Maron ; *D.* 2000, IR 44 ; 14 déc. 1999, *Bull. crim.* n° 302 ; 10 mai 2000, *Bull. crim.* n° 182 ; 30 janv. 2001, *Bull. crim.* n° 26).

Après la loi du 15 juin 2000 relative à la présomption d'innocence, qui a retouché plusieurs articles du Code de procédure pénale sur la garde à vue, la chambre criminelle maintient sa position. D'une part, elle reprend quasiment la formule en jugeant que « tout retard dans la mise en œuvre de cette obligation » (de notifier ses droits au suspect) « non justifiée par des circonstances insurmontables, porte nécessairement atteinte aux intérêts de la personne concernée » (Crim. 11 oct. 2000, *Bull. crim.* n° 296 ; 6 déc. 2000, *Bull. crim.* n° 367 ; *Dr. pénal* 2001, Comm. 39 et obs. A. Maron ; Procédures 2001, Chron. 69 et obs. J. Buisson ; *RSC* 2001. 697, obs. J. Buisson). D'autre part, juste avant cette formule, elle glisse cette autre : « Selon les articles 63 et 63-1 du Code de procédure pénale la personne qui, pour les nécessités de l'enquête, est, sous la contrainte, mise à la disposition d'un officier de police judiciaire, doit immédiatement être placée en garde à vue et recevoir notification des droits attachés à cette mesure » (*adde* Crim. 6 févr. 2002, *Bull. crim.* n° 26).

Ainsi la jurisprudence pose deux règles, qui apparaissent déjà dans l'arrêt du 30 avril 1996 : une obligation de principe pour le policier de notifier au suspect les droits énumérés aux articles 63-1 et suivants et 77 du Code de procédure pénale, et cela dès le début de la garde à vue ; des limites exceptionnelles à cette obligation.

I. — Le principe de l'obligation d'une notification immédiate de ses droits au gardé à vue

C'est la règle d'or dans le droit de la garde à vue.

Encore doit-on remarquer d'emblée que cette obligation ne s'impose au policier que s'il y a garde à vue ou, si l'on préfère, que si ce fonctionnaire a indiqué au suspect qu'il allait exercer à son encontre une mesure de contrainte, une atteinte à sa liberté, bref une mise en garde à vue. C'est ainsi que la jurisprudence décide que la notification des droits n'a pas à être faite dans le cas d'une personne qui se rend dans un local de police ou de gendarmerie sans contrainte et sur simple convocation (Crim. 6 mai 1997, *Bull. crim.* n° 174 ; 19 janv. 2000, *Bull. crim.* n° 33 ; 28 juin 2000, *Bull. crim.* n° 251 ; *D.* 2002. Jur. 438, note F. Lombard et A. Haroune). De même, n'y a-t-il pas de garde à vue dans le fait pour des policiers et gendarmes de demander à une personne de les suivre, cette personne acceptant de le faire (Crim. 4 mars 1998, *Bull. crim.* n° 84 ; *D.* 1998. IR 146 ; *RSC* 1998. 583, obs. J.-P. Dintilhac ; 2 déc. 1998, *Dr. pénal* 1999, Comm. n° 94, obs. A. Maron).

En revanche s'il y a garde à vue, l'officier de police judiciaire doit notifier au suspect dès le début de celle-ci les droits qui lui ont été accordés par la loi. Et deux questions se posent.

A. — Les raisons de la notification immédiate

Il s'agit bien sûr de protéger le citoyen qui est présumé innocent et notamment de lui permettre d'emblée d'organiser un embryon de défense.

Il faut bien saisir en effet que de contrainte qu'elle était exclusivement naguère (Crim. 28 janv. 1992, *Bull. crim.* n° 32 ; *Dr. pénal* 1992. Comm. 241, obs. A. Maron), la garde à vue devient aujourd'hui — avec les lois des 4 janvier et 24 août 1993, et surtout 15 juin 2000 et 14 avril 2011 — également un droit : en effet le gardé à vue, avec la troisième loi, peut désormais bénéficier de la visite d'un avocat dès le début de la garde à vue et du fait de la quatrième, peut être assisté d'un avocat au cours de ses auditions. Et comme la garde à vue n'est plus possible qu'à l'égard de suspects (art. 63, al. 1 C. pr. pén.), un policier ne saurait prolonger leur audition sans décider une garde à vue au cas où l'intéressé voudrait quitter le poste de police : alors en effet l'enquêteur est tenu soit de relâcher la personne soit de la placer en garde à vue, évidemment en le lui notifiant immédiatement. Le fonctionnaire de police se trouve ainsi dans la même situation que le juge d'instruction : le policier ne saurait procéder à une mise en garde à vue tardive comme le magistrat ne saurait signifier une mise en examen tardive. Ce sont les droits de la défense qui sont en jeu (J. Pradel, « Les personnes suspectes ou poursuivies après la loi du 15 juin 2000. Évolution ou révolution ? », *D.* 2001. Chron. 1039, spéc. p. 1042, 1re colonne). Mais bien entendu, un policier peut continuer à entendre une personne même en cas d'indices de participation à l'infraction et sans la mettre en garde à vue si elle y consent (Crim. 28 juin 2000, *Bull. crim.* no 251, *préc.*).

On comprend ainsi que la chambre criminelle ait usé de la formule inaugurée avec l'arrêt du 30 avril 1996. Elle crée en quelque sorte une nullité substantielle automatique exclue du champ d'application de l'article 802 du Code de procédure pénal, une quasi-nullité d'ordre public, par principe préjudiciable à l'individu gardé à vue. Tout cela est assez simple et doit conduire les officiers de police judiciaire à se montrer stricts. Cependant, la jurisprudence admet que n'est pas tardive une notification des droits faite un quart d'heure après le placement en garde à vue (Crim. 27 juin 2000, *Bull. crim.* no 246). On y verra une marque de réalisme.

B. — Les modalités de la notification immédiate

Comment ensuite s'applique la règle de la notification immédiate ?

1° Il existe un premier train de dispositions qui intéressent l'individu. Notamment quand l'individu se présente spontanément au poste de police et lorsqu'à l'issue d'une perquisition ou de son audition il est placé en garde à vue au motif que cette audition a fait apparaître des indices de culpabilité, la chambre criminelle a décidé dans certains arrêts que le délai de garde à vue rétroagit à l'heure de l'arrivée de l'intéressé au poste de police. Plus précisément, selon cette jurisprudence, la notification des droits n'a pas été tardive « dès lors qu'elle a été effectuée dès le placement effectif en garde à vue », « et que la durée de cette mesure est calculée à compter, non pas de ce placement, mais de son arrivée plusieurs heures auparavant dans les services de police » (Crim. 13 nov. 1996, *Bull. crim.* no 401 ; *Justices* 1997, no 7, p. 188, Chron. D. Rebut : *Dr. pénal* 1997, Comm. 71, obs. A. Maron ; 6 mai 1997, *Bull. crim.* nº 174 ; 14 oct. 1998, *Bull. crim.* nº 260 ; *D.* 1999. IR 28). Il faut pourtant reconnaître que cette garde à vue rétroactive n'est pas logique car lorsque l'intéressé arrive au poste de police volontairement il n'est pas en état de garde à vue, faute de coercition ; en outre avec la rétroactivité, les droits ne sont par hypothèse plus notifiés « immédiatement » comme le veut l'article 63-1 du Code de procédure pénale. La chambre criminelle s'en est rendu compte et a peu après modifié sa formule, le « dès lors que » étant remplacé par le « même si » : « même si, dans un souci de garantie des droits de la personne, la durée de la garde à vue est calculée rétroactivement à compter de l'heure d'arrivée dans le service » (Crim. 24 nov. 1998, *Dr. pénal* 1999, Chron. 5, obs. A. Maron). Par la suite la chambre criminelle indiquera qu'il importe peu que la garde à vue ait été, dans l'intérêt de la personne gardée à vue, calculée à compter du début des opérations. (Crim. 16 févr. et 12 déc. 2000, *Bull. crim.* nº 72 et 369). L'idée de rejet de la rétroactivité se maintient aujourd'hui même si la formule change (Crim. 31 oct. 2001, *Bull. crim.* nº 226). Avec la loi du 14 avril 2011 relative à la garde à vue, le nouvel article 63-III, al. 1, dispose que « l'heure du début de la mesure et fixée, le cas échéant, à l'heure à laquelle la personne a été appréhendée », c'est-à-dire placée sous contrainte, ce qui rejette définitivement l'idée de la rétroactivité.

Le principe de la notification immédiate ne concerne pas seulement le suspect. Il intéresse aussi le magistrat directeur des investigations, le législateur ayant considéré que l'argument de la présomption d'innocence lié aux droits de la défense impliquait l'avertissement de la justice. Plus précisément, le procureur de la République est informé dès le début de la garde à vue (art. 63-I, al. 1 et 77 C. pr. pén.). Or là encore, la jurisprudence estime cette formalité comme substantielle, « tout retard dans la mise en œuvre de cette obligation, non justifiée par des circonstances insurmontables, faisant nécessairement grief aux intérêts de la personne concernée » (Crim. 29 févr. 2000, *Bull. crim.* nº 93 ; *D.* 2000. IR 108 ; *RSC* 2000. 420, obs. D.-N. Commaret ; 10 mai 2001, *Bull. crim.* nº 119 ; *Procédures* 2001, Comm. 184, obs. J. Buisson). De même, le juge d'instruction doit être averti de la même façon par l'enquêteur lorsque ce dernier a, sur commission rogatoire, placé une personne en garde à vue (art. 154 al. 1 C. pr. pén.). Or là encore, la jurisprudence raisonne de la même façon (Crim. 19 déc. 2000, *Bull. crim.* nº 383 ; 2 févr. 2005, *Bull. crim.* nº 41). Il faut que les magistrats puissent exercer leur contrôle. Seul signe de souplesse, l'avis de placement en garde à vue peut être transmis à un auditeur de justice qui assistait un magistrat du parquet (Crim. 31 oct. 2001, *Bull. crim.* nº 227).

2. — La loi n'est cependant pas faite exclusivement dans l'intérêt du suspect. Si la notification n'est consignée que postérieurement à son accom-

plissement, il n'y a pas pour autant tardiveté : ce qui importe, c'est que la notification ait été faite dès le début de la garde à vue, sa consignation pouvant intervenir ultérieurement (Crim. 9 févr. 2000, *Bull. crim.* n° 64 ; 21 mars 2000, *Bull. crim.* n° 127 ; *D.* 2000. IR 153). En somme, la chambre criminelle s'attache au respect de la substance du droit. Il faut bien sûr qu'il y ait dans la procédure la preuve écrite que la personne a eu connaissance de ses droits dès le début de la garde à vue (Crim. 21 mars 2000, *préc.*).

Cette règle est sage, compte tenu de la multiplicité et de la complexité des investigations qui très souvent doivent être faites immédiatement après le début de la garde à vue. Elle prouve aussi que le principe de l'interdiction d'une notification tardive est entendu avec souplesse.

II. — Les assouplissements à l'obligation d'une notification immédiate de ses droits au gardé à vue

Il faut revenir à la formule clé de l'arrêt du 30 avril 1996, si souvent reproduite : « tout retard *injustifié* dans la mise en œuvre de » l'obligation de notification « porte nécessairement atteinte aux intérêts de la partie qu'elle concerne ». Ce qui *a contrario* signifie qu'il peut exister des retards justifiés. Des arrêts postérieurs parleront d'une « circonstance insurmontable » entraînant un retard dans la notification (v. ci-dessus). Bref, l'obligation d'une notification immédiate n'est pas absolue : ainsi n'est pas tardive une notification des droits effectuée un quart d'heure après le placement en garde à vus (Crim. 27 juin 2000, *Bull. Crim.* n° 246) et la position de la jurisprudence est même un peu plus souple en cas d'arrestation sur mandat d'arrêt européen compte tenu du transfert de l'intéressé (Crim. 1er mars 2006, *Bull. crim.* n° 62 ; *AJ pénal* 2006. 223, obs. S. Enderlin, arrestation à 11 h 45 en Angleterre et notification le même jour à 16 h 25 par des enquêteurs français). Mais les exceptions sont entendues très restrictivement de telle sorte que seule une véritable force majeure procédurale peut justifier le retard du policier ou gendarme (et du même coup sauver la procédure). Deux éléments caractérisent le caractère exceptionnel de la notification tardive.

Tout d'abord, les circonstances justifiant le retard doivent figurer dans le dossier de la procédure en sorte que si nul élément ne vient expliquer le retard, celui-ci est fautif (Crim. 11 oct. 2000, *Bull. crim.* n° 296 ; 6 déc. 2000, 1er arrêt, *Bull. crim.* n° 367 ; 4 janv. 2005, *Bull. crim.* n° 3 ; *AJ pénal* 2005. 160, obs. J. Leblois-Happe ; *Dr. pénal* 2005. Comm. 49, obs. A. Maron ; *D.* 2005. jur 761, note J.-L. Lennon ; *ibid.* 2006. Pan. 617, obs. J. Pradel ; 31 mai 2007, *Bull. crim.* n° 146 ; *AJ pénal* 2007. 385, obs. Roussel).

Ensuite, les hypothèses pratiques de circonstances justifiant un retard dans la notification sont très rares. La lecture du Bulletin criminel en fait apparaître seulement quatre (pour l'instant)

– La première est évidemment l'ivresse : lorsque lors de son interpellation, le suspect était en état d'ébriété et donc incapable de comprendre la portée des droits qui sont les siens, la notification n'aura lieu qu'après dégrisement (Crim. 3 avr. 1995, *Bull. crim.* n° 140 ; *RSC* 1995. 609, obs. J.-P. Dintilhac ; *D.* 1996. Somm. 261, obs. J. Pradel ; *Dr. pénal* 1995, Comm. 187, obs. A. Maron ; *Procédures* 1995, Comm. 191, obs. J. Buisson ; notification huit heures après la mise en garde à vue, 10 mai 2000, *Bull. crim.* n° 181 ; 18 oct. 2000, *Dr. pénal* 2001, Chron. 23, obs. C. Marsat ; 4 janv. 2005, *Bull. crim.* n° 3 ; *D.* 2005. 761, obs. Lennon, et Pan. 620, obs. Pradel ; *AJ pénal* 2005. 160, obs. Leblois-Happe)

– On peut assimiler à l'ivresse le fait que l'état de santé de la personne placée en garde à vue ait nécéssité son transfert à l'hôpital et qu'une fois arrivée à cet établissement, elle ait refusé de recevoir des soins (Crim. 27 nov. 2007, *Dr. pénal* 2008. Comm. 401)

– La seconde réside dans le fait que le local de police est assiégé par des manifestants de sorte qu'il s'avère impossible de présenter la personne retenue à un officier de police judiciaire chargé de lui notifier ses droits (Crim. 10 avr. 1996, *Gaz. Pal.* 1996. II. 136 ; *Procédures* 1996, Comm. 229, obs. J. Buisson)

– La troisième situation est celle dans laquelle l'interpellation de la personne se fait sur la voie publique et où il faut bien attendre l'arrivée au poste de gendarmerie ou de police pour qu'il puisse être procédé à la notification (Crim. 23 mars 1999, *Bull. crim.* n° 51 ; *D.* 1999. Somm. 324, obs. J. Pradel ; *RSC* 2001. 325, obs. V. Bück). Cependant, ne constitue pas une circonstante insurmontable le transfert du service d'interpellation au service compétent, en l'espèce la brigade des mineurs (Civ, 1re, 9 janv. 2008, *Dr. pénal* 2009. chron. 8, obs. V. Lesclous).

– En plus de ces trois cas, on citera le temps nécessaire pour avoir un interprète (Paris 7 oct. 1997, *Dr. pénal* 1998. Comm. 138, 2e arrêt, obs. A. Maron, qui serait certainement reconnu lui aussi par la chambre criminelle si elle était saisie à ce titre)

***

La jurisprudence fait donc preuve d'une grande rigueur dans l'application des articles 63-1 et 77 du Code de procédure pénale dans leurs dispositions relatives à la notification de ses droits au suspect. D'abord en effet, elle présume inéfragablement l'existence d'une atteinte aux intérêts du suspect en cas de notification tardive et pourrait-on ajouter, elle brise comme verre les rares tentatives de quelques juridictions du fond qui entendaient rechercher in concreto l'existence d'un grief éventuel pour sauver des procédures (v. Ch. acc. Versailles, 24 mars 1999 et Paris 8 juin 1999, *Dr. pénal* 2000, Comm. 39 et obs. A. Maron). Ensuite elle fait passer par une porte très étroite les exceptions au principe de la notification immédiate.

La seule véritable brèche au principe de l'annulation de la procédure suite à une notification tardive consiste dans le cantonnement de la nullité à certains actes : la procédure postérieure à la garde à vue n'est pas annulée dans la mesure où elle n'a pas pour soutien cette mesure (Crim. 26 mai 1999, *Bull. crim.* n° 106 ; *Dr. pénal* 1999, Chron. 28, obs. A. Maron ; *D.* 1999. IR 194 ; 26 janv. 2000, *Bull. crim.* n° 46, *Dr. pénal*, 2000, Comm. 95, obs. A. Maron ; *D.* 2000. IR 93 ; *RSC* 2000. 422, obs. D.-N. Commaret ; 29 février 2000, *Bull. crim.* n° 91 ; *D.* 2000. IR 143 ; *RSC* 2001. 325, obs. V. Bück ; 22 juin 2000, *Bull. crim.* n° 242 ; *Dr. pénal* 2000, Comm. 108, 2e arrêt, obs. A. Maron ; 4 janv. 2005, *Bull. crim.* n° 3, *préc.* ; 15 avr. 2005, *ibid.* n° 125).

J. P.

26

GARDES À VUE SUCCESSIVES — FAITS DIFFÉRENTS OU IDENTIQUES

Crim. 13 février 1996, *X...* (*Bull. crim.* n° 74 ; *D.* 1996. Somm. 258, obs. J. Pradel ; *JCP* 1997. I. 3998, Chron. M. Véron ; *Procédures* 1996. Comm. 143, obs. A. Maron ; *RSC* 1996. 690, obs. J.-P. Dintilhac) ; Crim. 17 mars 2004, *X. Laaziz et Y. Pierre* (*Bull. crim.* n° 69 ; *D.* 2004. Pan. 684, obs. J. Pradel ; *AJ pénal* 2004. 248, obs. J. Coste ; *RSC* 2005. 378, obs. J. Buisson) ; Crim. 2 septembre 2004, *X. Roland et Y. Geneviève épouse X* (*Bull. crim.* n° 196 ; *D.* 2005. Pan. 684, obs. J. Pradel ; *AJ pénal* 2004. 409, obs. J. Coste)

Si pour les mêmes faits, un individu est placé en garde à vue à plusieurs reprises, la durée totale de la détention ne peut dépasser la durée maximale de la garde à vue (1re espèce).

Pour des faits distincts, des mesures de garde à vue immédiatement successives sont possibles, mais leur durée totale ne peut dépasser la durée maximale de la garde à vue (2e espèce).

Pour des faits distincts, des mesures de garde à vue séparées dans le temps peuvent dépasser la durée maximale de la garde à vue (3e espèce).

Chambre criminelle, 13 février 1996

X.

Attendu qu'il résulte des articles 77 et 154 du Code précité. qu'une personne ne peut être retenue en garde à vue. à l'occasion des mêmes faits, pour une durée totale excédant 48 heures : que le dépassement de ce délai, même si les mesures ont été successivement ordonnées en application de l'un et l'autre de ces textes, constitue par lui-même une atteinte aux intérêts de la personne concernée ;

Attendu qu'il résulte de l'arrêt attaqué et des pièces de la procédure, qu'à la suite d'une plainte pour viols déposée par Y..., X... beau-père de la plaignante. a été placé en garde à vue durant 9 heures. au cours d'une enquête préliminaire. ultérieurement classée sans suite ; que, sur une nouvelle plainte de Y... dénonçant les mêmes faits, une enquête a été ordonnée à l'issue de laquelle une information a été ouverte, par réquisitoire introductif du 11 avril 1994, contre personne non dénommée, du chef de viols par personne ayant autorité ;

Attendu que, sur commission rogatoire du juge d'instruction, X... a été interpellé et placé en garde à vue du 18 au 20 juin 1995 pendant une durée totale de 43 h 30 ; qu'à l'issue de cette mesure il a été présenté au juge d'instruction qui l'a mis en examen et placé sous contrôle judiciaire ;

Attendu que, saisie par le juge d'instruction sur le fondement de l'article 173 du Code de procédure pénale au motif que la durée totale de la garde à vue subie par l'intéressé était de 52 h 30, la chambre d'accusation, pour dire n'y avoir lieu à annulation d'actes de la procédure. retient que le cumul des gardes à vue successives est licite et ajoute qu'en l'espèce la personne concernée n'a subi aucun grief ;

Mais attendu qu'en statuant ainsi, la chambre d'accusation a méconnu les principes sus-énoncés ;

D'où il suit que la cassation est encourue ; Par ces motifs :

Casse et annule, en toutes ses dispositions, l'arrêt de la chambre d'accusation de la cour d'appel de Versailles, en date du 22 septembre 1995, et pour qu'il soit à nouveau jugé conformément à la loi, dans les conditions de l'article 609-1, alinéa 2, du Code de procédure pénale ;

Renvoie la cause et les parties devant la chambre d'accusation de la cour d'appel de Paris.

Chambre criminelle, 17 mars 2004

X. Laaziz et Y. Pierre

Vu les articles 63, 77, 154, 706-29 du Code de procédure pénale, 5.3 de la Convention européenne des droits de l'Homme ;

Attendu que, si une personne peut être soumise, à l'occasion de faits distincts, à des mesures de garde à vue immédiatement successives et indépendantes l'une de l'autre, elle ne peut toutefois être retenue de manière continue à la disposition des officiers de police judiciaire pendant une période totale excédant la durée maximale de garde à vue autorisée par la loi ; que le dépassement de ce délai porte nécessairement intérêts de la personne concernée ;

Attendu qu'il résulte de l'arrêt attaqué et des pièces de la procédure que les policiers ont interpellé Laaziz X... le 9 juillet 2003, à 18 heures, à la suite d'un contrôle routier régulier au cours duquel, d'une part, il a présenté un permis de conduire s'étant révélé faux et, d'autre part, les policiers du commissariat de Saint-Denis ont aperçu dans son véhicule une plaque d'immatriculation provenant d'une automobile volée ; que sa garde à vue, décidée dans le cadre d'une enquête de flagrant délit pour faux et recel, qui a débuté à 18 heures, a été levée à 22 h 30 sur instruction de remise en liberté donnée par le procureur de la République de Bobigny ; que des policiers de la brigade des stupéfiants de Plis, enquêtant sur commission rogatoire du juge d'instruction de Créteil et apprenant la présence de l'intéressé, soupçonné d'infractions à la législation sur les stupéfiants, dans les locaux du commissariat, l'ont placé en garde à vue le même jour à 22 h 20 ; que cette mesure a été levée, après prolongations, le 13 juillet, à 18 h 48 ;

Attendu que, pour écarter le moyen d'annulation, proposé par Laaziz X... et pris de l'irrégularité de sa garde à vue en ce qu'elle aurait duré 96 heures 48 minutes, l'arrêt attaqué relève que, dans l'hypothèse où la seconde garde à vue est motivée par des faits distincts de ceux avant donné lieu à la première mesure, il n'existe aucune limitation du nombre des gardes à vue dont peur faire l'objet une même personne pour des faits distincts ; que les juges ajoutent que chaque garde à vue, prise indépendamment, a respecté la durée maximale prévue par la loi et que l'intéressé n'a subi aucun grief ;

Mais attendu qu'en prononçant ainsi, alors que Laaziz X... a été retenu, de manière ininterrompue, à la disposition d'un officier de police judiciaire, sous le régime de la garde à vue, au-delà de la durée maximale légalement autorisée qui était, en l'espèce, de 96 heures, en application de l'article 706-29 du Code procédure pénale, et alors que ce dépassement a nécessairement porté atteinte à ses intérêts, la chambre de l'instruction a méconnu le sens et la portée des textes susvisés et du principe énoncé ci-dessus ;

D'où il suit que la cassation est encourue de ce chef ;

Par ces motifs :

1. — Sur le pourvoi de Pierre Y... :

Le rejette ;

II. — Sur le pourvoi de Laaziz X... :

Casse et annule, en toutes ses dispositions, l'arrêt susvisé de la chambre de l'instruction de la cour d'appel de Paris, en date du 28 novembre 2003, et, pour qu'il soit à nouveau jugé, conformément à la loi ;

Renvoie la cause et les parties devant la chambre de l'instruction de Versailles, à ce désignée par délibération spéciale prise en chambre du conseil.

Chambre criminelle, 2 septembre 2004

X... Roland et Y. Geneviève épouse X

Attendu qu'il résulte de l'arrêt attaqué et des pièces de la procédure que, le 13 juin 2002, le procureur de la République de Nîmes a chargé la gendarmerie du Vigan (Gard) d'enquêter sur la gestion de l'association L'Accueil cévenol, chargée de l'hébergement de personnes âgées ; que, dans le cadre de cette enquête, Roland X... l et Geneviève Y..., épouse X..., respectivement président et vice-présidente de l'association, ont été placés en garde à vue, le premier, du 3 décembre 2002 à 11 heures 45 au 4 décembre 2002 à 11 heures et la seconde, du 2 décembre 2002 à 9 heures 30 au 4 décembre 2002 à 9 heures 25 ; qu'ultérieurement, ils ont fait 1 objet d'une citation directe devant le tribunal correctionnel des chefs de modifications substantielles, sans en informer l'autorité de tutelle, de l'activité ou du fonctionnement d'une association, et de faux et usage, la caisse régionale d'assurance-maladie ayant été destinataire de renseignements mensongers sur le contrat de travail d'une employée de ladite association ;

Que, le 17 décembre 2002, après réception par le procureur de Nîmes d'un rapport de la mission interministérielle du logement social révélant diverses irrégularités dans le fonctionnement du centre d'amélioration du logement (CAL), le SRPJ de Montpellier s'est vu confier une enquête préliminaire dans le cadre de laquelle Geneviève Y..., épouse X..., présidente du CAL et Roland X..., directeur, ont été placés en garde à vue, la première, du 6 octobre 2003 à 15 heures 15 au 8 octobre 2003 à 14 heures 20, et le second, du 6 octobre 2003 à 15 heures 15 au 8 octobre 2003 à 14 heures 20 ; qu'à l'issue de ces auditions, les époux X... ont été mis en examen, le 8 octobre 2003, des chefs d'abus de confiance, escroquerie, faux et usage ;

Attendu que, pour écarter le moyen d'annulation proposé par les demandeurs et pris de l'irrégularité de leur garde à vue en ce que les deux enquêtes portant sur la même affaire, la durée cumulée des deux mesures aurait dépassé le délai légal de 48 heures, l'arrêt attaqué relève que les placements en garde à vue du mois de décembre 2002 étaient justifiés par des soupçons de faux et usage relatifs à un contrat de travail conclu par l'association L'Accueil cévenol alors que l'enquête diligentée en octobre 2003 était fondée sur des soupçons d'abus de confiance, d'escroquerie et de faux et image commis au sein du CAL et d'une société anonyme en forme simplifiée Jeunesse et Cité ; que les juges ajoutent que les deux procédures concernaient des faits distincts, la seule existence d'un « dénominateur commun » constitué par l'identité des mis en cause ne pouvant permettre de retenir la notion d'unicité d'affaire ;

Attendu qu'en cet état, la chambre de l'instruction a justifié sa décision ;

D'où il suit que le moyen doit être écarté ;

Et attendu que l'arrêt est régulier en la forme ;

Rejette le pourvoi.

OBSERVATIONS

La pratique révèle l'existence d'une question délicate, celle d'une pluralité de privations de liberté avant poursuite et contre un même individu (rétention aux fins de vérification d'identité, rétention douanière, garde à vue). Pour répondre aux difficultés posées par la légalité de ces mesures, on doit opérer des distinctions.

a) Une première situation est celle dans laquelle une personne est l'objet de rétentions successives opérées dans des cadres juridiques différents.

On peut d'abord imaginer qu'une personne est privée de sa liberté, pour que puisse être vérifiée son identité et qu'immédiatement ensuite elle soit placée en garde à vue, une infraction pouvant lui être imputée. On sait que la première mesure peut durer au plus 4 heures (art. 78-3, al. 3 C. pr. pén.) et que la seconde peut en droit commun durer 24 heures, puis sur autorisation du parquet, encore 24 heures (art. 63, al. 2 et 77, al. 2 C. pr. pén.). Or, l'article 78-4 du Code de procédure pénale indique que la durée de la rétention de l'article 78-3 « s'impute, s'il y a lieu, sur celle de la garde à vue ». Il y a là une règle favorable à la liberté et qui se justifie aisément. Toutefois, on conviendra que l'imputation ne joue que si les deux mesures — la rétention aux fins d'identité et la garde à vue — se suivent immédiatement car si la seconde intervient après un temps de liberté suivant la libération au titre de la rétention aux fins d'identité, la règle de l'imputation ne doit plus jouer. L'article 78-4 le laisse entendre en parlant de la rétention qui s'impute « s'il y a lieu ».

Une seconde hypothèse est celle où pour les mêmes faits délictueux une rétention douanière (art. 323 C. douanes) est suivie d'une garde à vue de la personne. Là encore, l'imputation de la première sur la seconde s'appliquera et d'ailleurs, en le disant, l'article 323 ne contient pas les mots « s'il y a lieu ». Peut-être faut-il alors en déduire que l'imputation joue même si les deux mesures ne se suivent pas immédiatement. Quant à la jurisprudence, elle décide, sans distinguer, que bien que les deux institutions obéissent à des régimes différents, la durée totale de la privation de liberté ne peut excéder 24 heures sans l'intervention d'un magistrat (Crim. 1er déc. 1997, *Bull. crim.* nº 424 ; *Procédures* 1998. Comm. 97, obs. J. Buisson).

b) Plus complexe est la seconde situation, dans laquelle les rétentions sont opérées successivement dans le cadre unique de la garde à vue. Nous sommes ici au cœur du sujet et il n'y a pas de texte. Les solutions sont données cette fois par la chambre criminelle qui a statué sur deux hypothèses très différentes : tantôt les gardes à vue concernent le même fait, tantôt elles concernent des faits différents.

I. — Des gardes à vue successives portant sur les mêmes faits

Traitons d'abord de l'hypothèse où les gardes à vue successives portent sur le même fait. Concrètement, une personne est gardée à vue par exemple dans le cadre de la flagrance pendant 6 heures, puis libérée, puis à nouveau gardée à vue 20 heures dans le cadre d'une commission rogatoire. Est-ce que le total des temps de rétention peut dépasser les 24 heures légales, sans autorisation de prolongation par un magistrat ?

La question a été résolue par un arrêt de la chambre criminelle du 13 février 1996 ci-dessus rapporté. Suspecté de viols sur la personne de sa belle-fille, un individu avait été placé en garde à vue à deux reprises, d'abord au cours d'une enquête préliminaire pendant 9 heures (le 9 mai 1989), ensuite exécution d'une commission rogatoire pendant 43 heures 30 (du 18 au 20 juin 1995), une prolongation en cours de garde à vue ayant certes été signée par un juge d'instruction, mais le total de la garde à vue ayant été de 52 heures 30, soit bien plus que les 48 heures légales. Était-ce cependant possible ?

La chambre d'accusation de Versailles (22 sept. 1995) avait rejeté la requête en annulation de la procédure. Elle invoquait le fait que cinq années séparaient les deux gardes à vue et que l'intéressé n'éprouvait aucun grief puisque ses déclarations se plaçaient avant la 48e heure, les heures au-delà étant des heures de repos. Cette décision est cassée, la durée totale de la privation de liberté ne peut dépasser 48 heures, le dépassement « constituant une atteinte aux intérêts de la personne concernée ». Il y a donc présomption de préjudice pour la garde à vue et l'existence d'un grief n'est pas nécessaire. En somme, la garde à vue est une matière d'ordre public et l'article 802 du Code de procédure pénale — ce texte salvateur de bien des procédures puisqu'il exclut la nullité en cas d'absence de grief pour le plaideur — ne s'applique pas. La situation est la même que pour toute violation des principes sur l'organisation judiciaire (Crim. 17 avr. 1980, *JCP* 1981. III. 19632, note W. Jeandidier ; 30 oct. 1995, *Bull. crim.* n° 333 ; 4 septembre 1996, *Bull. crim.* n° 313). La garde à vue est ainsi enserrée dans des règles strictes et la formule utilisée dans l'arrêt du 13 février 1996 est également appliquée à la notification tardive des droits (Crim. 30 avr. 1996, *Bull. crim.* n° 182 ; *RSC* 1996. 879, obs. J.-P. Dintilhac, et de nombreux arrêts postérieurs). La solution est aujourd'hui confirmée par la loi 14 avril 2011 sur la garde à vue, le nouvel article 63-III, al. 2 décidant que « si une personne a déjà été placée en garde à vue pour les mêmes faits, la durée des précédentes périodes de garde à vue s'impute sur la durée de la mesure ».

II. — Des gardes à vue successives portant sur des faits distincts

Deux gardes à vue successives se déroulent, l'une portant sur une infraction A et l'autre ayant pour objet une infraction B (arrêts des 17 mars et 2 sept. 2004). Deux situations peuvent se présenter.

A. — Mesures de garde à vue immédiatement successives

Dans l'affaire ayant donné lieu à l'arrêt du 17 mars 2004, un individu est placé en garde à vue, notamment pour faux, le 9 juillet 2003 de 18 heures à 22 heures 30, soit pendant 4 heures 30. Parallèlement à cette procédure, d'autres enquêteurs, agissant sur commission rogatoire d'un juge d'instruction saisi du chef de trafic de drogue, apprennent que l'individu qu'ils soupçonnent était en garde à vue. Ils en profitent, entrent en contact avec leurs collègues et placent l'intéressé en garde à vue à leur tour. La mesure s'étendra du 9 juillet à 22 h 30 au 13 juillet à 18 h 48. Ainsi, calcul fait, l'intéressé est resté en garde à vue pendant alors que la garde à vue en matière de trafic de drogue ne peut dépasser 96 heures (art. 706-29 C. pr. pén., aujourd'hui art. 706-88). Est-ce possible ?

Le mis en cause ne le pensant pas avait déposé une demande d'annulation de la procédure en faisant valoir que la mesure avait duré plus de 96 heures. Mais la chambre de l'instruction (Paris, 28 nov. 2003) avait considéré que dans le cas où la deuxième garde à vue est fondée sur des faits différents de ceux de la première, les deux gardes à vue sont indépendantes l'une de l'autre ; elle avait ajouté qu'il n'y a aucune limitation du nombre de gardes à vue applicables à une même personne.

La chambre criminelle avait le choix entre deux solutions. Elle pouvait appliquer séparément les deux gardes à vue : la première, relative à un fait A avait duré 4 heures 30, soit bien moins que les 24 heures du droit commun, et la seconde relative à un fait B s'était étendue sur 91 heures 88, ce qui reste en deçà des 96 heures permises. Avec ce système distributif, on peut dépasser le maximum prévu pour l'infraction la plus grave. La chambre criminelle pouvait d'autre part considérer qu'en tout état de cause, le total des gardes à vue ne peut dépasser 96 heures, ce qui correspond à la durée maximale de la garde à vue en cas de trafic de drogue.

C'est cette dernière thèse, la plus favorable à l'individu, que retient l'arrêt du 17 mars 2004. Elle mérite l'approbation.

En premier lieu, la loi prévoit un maximum de 96 heures (sauf en matière de terrorisme avec une loi du 23 janvier 2006) et elle n'admet aucun allongement au prétexte d'une pluralité des faits servant de fondement à plusieurs gardes à vue successives. En second lieu, si on admettait un dépassement du maximum légal en cas de pluralité de gardes à vue pour des faits différents, on en viendrait à légitimer de bien curieuses manœuvres policières : des enquêteurs pourraient, à l'égard d'un individu suspecté de plusieurs délits, « empiler » des gardes à vue, une première pour un fait A, une seconde pour un fait B, etc. le tout de façon continue, sans libération entre chaque mesure policière. On en arriverait alors à des gardes à vue de longue durée, de plusieurs semaines à la limite, génératrices d'un épuisement physique ou moral de la personne et peut être d'aveux factices. Il y aurait donc un risque d'atteinte aux droits de la défense et d'ailleurs l'arrêt du 17 mars 2004 considère que le dépassement du délai « porte nécessairement atteinte aux intérêts de la personne concernée ». On retrouve la formule utilisée pour la notification tardive des droits du gardé à vue et pour le dépassement du délai en cas de fait unique (v. *supra* I). La solution est-elle la même si les gardes à vue sont séparées ?

B. — Mesures de garde à vue séparées dans le temps

L'arrêt du 2 septembre 2004 répond à cette question. Deux gardes à vue étaient séparées par près d'une année et leur durée cumulée avait dépassé 48 heures.

Les juges d'appel avaient refusé d'annuler la procédure (Nîmes, ch. instr., 8 juin 2004) et la chambre criminelle, dans son arrêt du 2 septembre 2004 rejette le pourvoi formé contre l'arrêt nîmois.

Très exactement, la chambre criminelle précise que « la seule existence d'un dénominateur commun constitué par l'identité des mis en cause ne permettait pas de retenir la notion d'unité d'affaire ». Indirectement, les juges mettent l'accent sur la dualité d'affaires et par les précisions chiffrées qu'ils donnent sur les dates des deux gardes à vue (décembre 2002 et octobre 2003), ils laissent apparaître que près d'une année les séparait. On ne peut donc parler d'un épuisement physique ou psychologique de la personne retenue comme dans le cas précédent. Même si l'idée d'un risque d'épuisement n'est pas expressément inscrite dans l'arrêt du 2 septembre 2004 — c'est tout juste si le pourvoi rappelle que le dépassement du délai de garde à vue prévu à l'article 77 du Code de procédure pénale constitue par lui-même une atteinte aux droits de la personne concernée — elle est sous-jacente : en l'espèce, il est évident que le suspect avait eu largement le temps de prendre du repos après l'issue de la première garde à vue.

L'idée du risque d'épuisement physique ou psychologique est bien le fil d'or qui guide la jurisprudence (v. déjà Crim. 26 févr. 1991, *Bull. crim.* n° 97 ; *D.* 1992. Somm. 99, obs. J. Pradel, pour une garde à vue qui s'était déroulée dans une ambiance tendue et où un médecin qui avait examiné le gardé à vue « n'avait pas relevé d'état d'épuisement ») : des gardes à vue qui s'enchaînent les unes aux autres font planer ce risque, d'où l'impossibilité de dépasser le maximum légal, mais des gardes à vue non immédiatement successives ne contiennent pas ce risque, d'où la possibilité de dépasser le maximum légal.

J. P.

27

GARDE À VUE — DROITS DU SUSPECT — DROIT AU SILENCE — DROIT À L'AVOCAT

CEDH 27 novembre 2008, *Salduz c. Turquie* (*JCP* 2009. I. 104, n° 5, obs. F. Sudre ; *Dr. pénal* 2009. chron. 4, obs. E. Dreyer ; *ibid.* obs. V. Lesclous ; *ibid.* 2010, chron. 1, obs. Guérin ; *RTD civ.* 2010. 513 et 517, obs. P. Puig ; *Rev. fr. dr. const.* 2011. 99, obs. N. Catalan) ; Cons. const. 30 juillet 2010, *M. Daniel W et autres* (*JO* 31 juillet, p. 14198 ; *Rev. pénét.* 2010, 597, études O. Foll et J. Poinas, F. Casorla, Th. Renoux ; *D.* 2010. 1928, entretien C. Charrière-Bournazel ; *ibid.* 1949, Point de vue, P. Cassia et 2259, obs. J. Pradel ; *Gaz. Pal.* 4-5 août 2010, étude O. Bachelet) ; Crim. 19 octobre 2010, *M. T.* (n° 10-82-902 ; *JCP* 2010, n° 2094, étude H. Matsopoulou ; *Dr. pénal* 2010, dossiers 11 et 12, avis de l'avocat général Robert – extraits, note A. Maron et Étude V. Georget). *Noter qu'il existe deux autres arrêts du même jour et dans le même sens.*

Il faut en règle générale que l'accès à un avocat soit consenti dès le premier interrogatoire d'un suspect par la police, sauf à démontrer à la lumière des circonstances particulières de l'espèce qu'il existe des raisons impérieuses de restreindre ce droit (1ère espèce).

Est inconstitutionnelle une restriction aux droits de la défense, imposée de façon générale, sans considération des circonstances particulières susceptibles de la justifier, pour rassembler ou conserver les preuves ou assurer la protection des personnes. L'est également l'absence de notification à la personne de son droit de garder le silence (2e espèce).

Sauf exception justifiée par des raisons impérieuses tenant aux circonstances particulières de l'espèce, toute personne soupçonnée d'avoir commis une infraction doit, dès le début de la garde à vue, être informée de son droit de se taire et bénéficier, sauf renonciation sans équivoque, de l'assistance d'un avocat (3e espèce).

CEDH 27 novembre 2008

Salduz c. Turquie, n° 32, 54, 55, 59 et 62

52. Une législation nationale peut attacher à l'attitude du prévenu à la phase initiale des interrogatoires de police des conséquences déterminantes pour les perspectives de la défense

lors de toute procédure pénale ultérieure. En pareil cas, l'article 6 exige normalement que le prévenu puisse bénéficier de l'assistance d'un avocat dès les premiers stades des interrogatoires de police. Ce droit, que la Convention n'énonce pas expressément, peut toutefois être soumis à des restrictions pour des raisons valables. Il s'agit donc, dans chaque cas, de savoir si la restriction litigieuse est justifiée et, dans l'affirmative, si, considérée à la lumière de la procédure dans son ensemble, elle a ou non privé l'accusé d'un procès équitable, car même une restriction justifiée peut avoir pareil effet dans certaines circonstances (voir *John Murray*, précité, § 63, *Brennan*, précité, § 45, et *Magee*, précité, § 44).

53. Les principes décrits au paragraphe 52 ci-dessus cadrent également avec les normes internationales généralement reconnues en matière de droits de l'homme (paragraphe 37-42 ci-dessus) qui se trouvent au cœur de la notion de procès équitable et dont la raison d'être tient notamment à la nécessité de protéger l'accusé contre toute coercition abusive de la part des autorités. Ils contribuent à la prévention des erreurs judiciaires et à la réalisation des buts poursuivis par l'article 6, notamment l'égalité des armes entre les autorités d'enquête ou de poursuite et l'accusé.

54. La Cour souligne l'importance du stade de l'enquête pour la préparation du procès, dans la mesure où les preuves obtenues durant cette phase déterminent le cadre dans lequel l'infraction imputée sera examinée au procès (*Can. c. Autriche*, n° 9300/81, rapport de la Commission du 12 juillet 1984, § 50, série A n° 96). Parallèlement, un accusé se trouve souvent dans une situation particulièrement vulnérable à ce stade de la procédure, effet qui se trouve amplifié par le fait que la législation en matière de procédure pénale tend à devenir de plus en plus complexe, notamment en ce qui concerne les règles régissant la collecte et l'utilisation des preuves. Dans la plupart des cas, cette vulnérabilité particulière ne peut être compensée de manière adéquate que par l'assistance d'un avocat, dont la tâche consiste notamment à faire en sorte que soit respecté le droit de tout accusé de ne pas s'incriminer lui-même. Ce droit présuppose que, dans une affaire pénale, l'accusation cherche à fonder son argumentation sans recourir à des éléments de preuve obtenus par la contrainte ou les pressions au mépris de la volonté de l'accusé (*Jalloh c. Allemagne* [GC], n° 54810/00, § 100, CEDH 2006-…, et *Kolu c. Turquie*, n° 35811/97, § 51, 2 août 2005). Un prompt accès à un avocat fait partie des garanties procédurales auxquelles la Cour prête une attention particulière lorsqu'elle examine la question de savoir si une procédure a ou non anéanti la substance même du droit de ne pas contribuer à sa propre incrimination (voir, *mutatis mutandis, Jalloh*, précité, § 101). La Cour prend également note à cet égard des nombreuses recommandations du CPT (paragraphe 39-40 ci-dessus) soulignant que le droit de tout détenu à l'obtention de conseils juridiques constitue une garantie fondamentale contre les mauvais traitements. Toute exception à la jouissance de ce droit doit être clairement circonscrite et son application strictement limitée dans le temps. Ces principes revêtent une importance particulière dans le cas des infractions graves, car c'est face aux peines les plus lourdes que le droit à un procès équitable doit être assuré au plus haut degré possible par les sociétés démocratiques.

55. Dans ces conditions, la Cour estime que, pour que le droit à un procès équitable consacré par l'article 6 § 1 demeure suffisamment « concret et effectif » (paragraphe 51 ci-dessus), il faut en règle générale, que l'accès à un avocat soit consenti dès le premier interrogatoire d'un suspect par la police, sauf à démontrer, à la lumière des circonstances particulières de l'espèce, qu'il existe des raisons impérieuses de restreindre ce droit. Même

lorsque les raisons impérieuses peuvent exceptionnellement justifier le refus de l'accès à un avocat, pareille restriction – quelle que soit sa justification – ne doit pas indûment préjudicier aux droits découlant pour l'accusé de l'article 6 (voir, *mutatis mutandis, Magee*, précité, § 44). Il est en principe porté une atteinte irrémédiable aux droits de la défense lorsque des déclarations incriminantes faites lors d'un interrogatoire de police subi sans assistance possible d'un avocat sont utilisées pour fonder une condamnation.

59. La Cour rappelle par ailleurs que ni la lettre ni l'esprit de l'article 6 de la Convention n'empêchent une personne à renoncer de son plein gré, que ce soit de manière expresse ou tacite, aux garanties d'un procès équitable (*Kwiatkowska c. Italie*, n° 52868/99, 30 nov. 2000). Toutefois, pour être effective aux fins de la Convention, la renonciation au droit de prendre part au procès doit se trouver établie de manière non équivoque et être entourée d'un minimum de garanties correspondant à sa gravité (voir *Sejdovic c. Italie* [GC], n° 56581/00, § 86, CEDH 2006 – ..., *Kolu*, précité, § 53, et *Colozza c. Italie*, 12 févr. 1985, § 28, série A n° 89). Ainsi, en l'espèce, la Cour ne peut se fonder sur la mention figurant dans le formulaire exposant les droits du requérant selon laquelle l'intéressé avait été informé de son droit de garder le silence (paragraphe 14 ci-dessus).

62. En résumé, même si le requérant a eu l'occasion de contester les preuves à charge à son procès en première instance puis en appel, l'impossibilité pour lui de se faire assister par un avocat alors qu'il se trouvait en garde à vue a irrémédiablement nui à ses droits de la défense.

Conseil constitutionnel, 30 juillet 2010, n° 2010-14/22 QPC

M. Daniel W et autres

18. Considérant que ces évolutions ont contribué à banaliser le recours à la garde à vue, y compris pour des infractions mineures ; qu'elles ont renforcé l'importance de la phase d'enquête policière dans la constitution des éléments sur le fondement desquels une personne mise en cause est jugée ; que plus de 790 000 mesures de garde à vue ont été décidées en 2009 ; que ces modifications des circonstances de droit et de fait justifient un réexamen de la constitutionnalité des dispositions contestées ;

21. Considérant qu'aux termes de l'article 7 de la Déclaration de 1789 : « Nul homme ne peut être accusé, arrêté ni détenu que dans les cas déterminés par la loi, et selon les formes qu'elle a prescrites. Ceux qui sollicitent, expédient, exécutent ou font exécuter des ordres arbitraires, doivent être punis ; mais tout citoyen appelé ou saisi en vertu de la loi doit obéir à l'instant : il se rend coupable par la résistance » ; qu'aux termes de son article 9 : « Tout homme étant présumé innocent jusqu'à ce qu'il ait été déclaré coupable, s'il est jugé indispensable de l'arrêter, toute rigueur qui ne serait pas nécessaire pour s'assurer de sa personne doit être sévèrement réprimée par la loi » ; que son article 16 dispose : « Toute société dans laquelle la garantie des droits n'est pas assurée, ni la séparation des pouvoirs déterminés, n'a point de Constitution » ;

24. Considérant, en outre, qu'il incombe au législateur d'assurer la conciliation entre, d'une part, la prévention des atteintes à l'ordre public et la recherche des auteurs d'infractions, toutes deux nécessaires à la sauvegarde de droits et de principes de valeur constitutionnelle, et, d'autre part, l'exercice des libertés constitutionnellement garanties ; qu'au

nombre de celles-ci figurent le respect des droits de la défense, qui découle de l'article 16 de la Déclaration de 1789, et la liberté individuelle que l'article 66 de la Constitution place sous la protection de l'autorité judiciaire ;

25. Considérant qu'en elles-mêmes, les évolutions rappelées ci-dessus ne méconnaissent aucune exigence constitutionnelle ; que la garde à vue demeure une mesure de contrainte nécessaire à certaines opérations de police judiciaire ; que, toutefois, ces évolutions doivent être accompagnées des garanties appropriées encadrant le recours à la garde à vue ainsi que son déroulement et assurant la protection des droits de la défense ;

26. Considérant que l'autorité judiciaire comprend à la fois les magistrats du siège et du parquet ; que l'intervention d'un magistrat du siège est requise pour la prolongation de la garde à vue au-delà de quarante-huit heures ; qu'avant la fin de cette période, le déroulement de la garde à vue est placé sous le contrôle du procureur de la République qui peut décider, le cas échéant, de sa prolongation de vingt-quatre heures ; qu'il résulte des articles 63 et 77 du Code de procédure pénale que le procureur de la République est informé dès le début de la garde à vue ; qu'il peut ordonner à tout moment que la personne gardée à vue soit présentée devant lui ou remise en liberté ; qu'il lui appartient d'apprécier si le maintien de la personne en farde à vue et, le cas échéant, la prolongation de cette mesure sont nécessaires à l'enquête et proportionnés à la gravité des faits que la personne est suspectée d'avoir commis ; que, par suite, le grief de la méconnaissance de l'article 66 de la Constitution doit être écarté ;

27. Considérant cependant, d'une part, qu'en vertu des articles 63 et 77 du Code de procédure pénale, toute personne suspectée d'avoir commis une infraction peut être placée en garde à vue par un officier de police judiciaire pendant une durée de vingt-quatre heures quelle que soit la gravité des faits qui motivent une telle mesure ; que toute garde à vue peut faire l'objet d'une prolongation de vingt-quatre heures sans que cette faculté soit réservée à des infractions présentant une certaine gravité ;

28. Considérant, d'autre part, que les dispositions combinées des articles 62 et 63 du même code autorisent l'interrogatoire d'une personne gardée à vue ; que son article 63-4 ne permet pas à la personne ainsi interrogée, alors qu'elle est retenue contre sa volonté, de bénéficier de l'assistance effective d'un avocat ; qu'une telle restriction aux droits de la défense est imposée de façon générale, sans considération des circonstances particulières susceptibles de la justifier, pour rassembler ou conserver les preuves ou assurer la protection des personnes ; qu'au demeurant, la personne gardée à vue ne reçoit pas la notification de son droit de garder le silence ;

29. Considérant que, dans ces conditions, les articles 62, 63, 63-1, 63-4, alinéa 1er à 6, et 77 du Code de procédure pénale n'instituent pas les garanties appropriées à l'utilisation qui est faire de la garde à vue compte tenu des évolutions précédemment rappelées ; qu'ainsi, la conciliation entre, d'une part, la prévention des atteintes à l'ordre public et la recherche des auteurs d'infractions et, d'autre part, l'exercice des libertés constitutionnellement garanties ne peut plus être regardée comme équilibrée ; que, par suite, ces dispositions méconnaissent les articles 9 et 16 de la Déclaration de 1789 et doivent être déclarées contraires à la Constitution ;

Chambre criminelle, 19 octobre 2010

M. T

Attendu que, pour rejeter la requête aux fins d'annulation d'actes de la procédure de M. T., l'arrêt se borne à relever l'absence, dans la Convention européenne des droits de l'homme, de mention expresse portant obligation d'une assistance concrète et effective par un avocat de la personne gardée à vue dès la première heure de cette mesure et de notification d'un droit de se taire, et le défaut de condamnation expresse de la France par la Cour européenne des droits de l'homme pour ce motif ; que les juges ajoutent qu'en l'état de la jurisprudence de cette Cour, la disposition du droit français prévoyant une intervention différée de l'avocat lorsque le gardé à vue est mis en cause pour des infractions d'une certaine gravité, tels les crimes et délits de trafic de stupéfiants, n'est pas contraire à l'article 6 § 3 de la Convention susvisée ;

Attendu qu'en prononçant ainsi, la chambre de l'instruction a méconnu le texte conventionnel susvisé, d'où il résulte que, sauf exceptions justifiées par des raisons impérieuses tenant aux circonstances particulières de l'espèce, et non à la seule nature du crime ou délit reproché, toute personne soupçonnée d'avoir commis une infraction doit, dès le début de la garde à vue, être informée de son droit de se taire et bénéficier, sauf renonciation non équivoque, de l'assistance d'un avocat ;

Attendu que, toutefois, l'arrêt n'encourt pas la censure, dès lors que ces règles de procédure ne peuvent s'appliquer immédiatement à une garde à vue conduite dans le respect des dispositions législatives en vigueur lors de sa mise en œuvre, sans porter atteinte au principe de sécurité juridique et à la bonne administration de la justice ;

Que ces règles prendront effet lors de l'entrée en vigueur de la loi devant, conformément à la décision du Conseil constitutionnel du 30 juillet 2010, modifier le régime juridique de la garde à vue, ou, au plus tard, le 1er juillet 2011 ;

D'où il suit que le moyen ne saurait être accueilli ;

OBSERVATIONS

Notre garde à vue légalisée par les auteurs du Code de procédure pénale en 1959 a longtemps été considérée comme un modèle d'équilibre entre les droits du suspect (avec par exemple la quantification de la durée de la mesure et la possibilité d'examens médicaux) et la recherche de la vérité (avec notamment l'absence de l'avocat) comme le montre la lecture des articles 63 et s. sur l'enquête de flagrance, 77 sur l'enquête préliminaire et 154 sur les commissions rogatoires. Cependant peu à peu, un malaise se fit jour. La matière fut réformée plusieurs fois, notamment par des lois du 24 avril 1993 et du 15 juin 2000. Et surtout, des juges, devenus concurrents du législateur portèrent des coups terribles à l'œuvre de ce dernier. L'offensive fut ouverte par la CEDH avec son arrêt *Salduz* du 27 novembre 2008, annoncé, d'ailleurs par quelques précédents assez peu remarqués. La brèche fut agrandie par le Conseil constitutionnel avec sa décision du 30 juillet

2010, puis par la Cour de cassation avec, entre autres, trois arrêts du 19 octobre 2010. Et le législateur ne put que suivre ces appels des juges, la loi du 14 avril 2011 consacrant très largement ces décisions (J. Pradel, Vers une métamorphose de la garde à vue. Après la « décision pilote » du Conseil constitutionnel du 30 juillet 2010 et les arrêts de la chambre criminelle du 19 oct. 2010, *D.* 2010, chron. 2783 ; commentaire de la loi du 14 avril 2011 par H. Matsopoulou au *JCP* 3 mai 2011, et par J. Pradel *JCP* 25 mai 2011). La donnée majeure de ces décisions, et de la loi du 14 avril 2011, est certainement l'assistance de l'avocat lors de l'audition policière de son client. Sont ainsi affirmés par tout cet ensemble juridique des droits au suspect gardé à vue. Cependant une lecture attentive des décisions et de la loi de 2011 laissa apparaitre des limites à ces droits.

I. — L'affirmation des droits du suspect gardé à vue

Ces trois décisions consacrent deux droits, la notification du droit au silence et l'assistance d'un avocat au cours de l'audition. Le second droit est plus important que le premier. L'un et l'autre s'expliquent par l'état de fragilité dans lequel est placée la personne, l'arrêt *Salduz* parlant « d'un accusé se trouvant souvent dans une situation particulièrement vulnérable à ce stade de la procédure » (§ 54).

A. — La notification du droit au silence

Parallèlement à divers droits étrangers (de common law ou romano-germaniques), cette notification est prévue par la décision du Conseil en date du 30 juillet 2010 dont le considérant 28 affirme « qu'au demeurant la personne gardée à vue ne reçoit pas la notification de son droit de garder le silence ». L'arrêt de la chambre criminelle du 19 octobre 2010 indique que « toute personne soupçonnée d'avoir commis une infraction doit, dès le début de la garde à vue, être informée de son droit de se taire ». Du côté de la CEDH, si l'arrêt *Salduz* est muet sur ce point, le droit a cependant été affirmé à de multiples reprises (CEDH 25 févr. 1993, *Funcke c. France*, § 28, *JCP* 1994-I-3742, n° 13 obs. F. Sudre ; 17 déc. 1993, *Saunders c. Royaume-Uni*, *JCP* 1997-I-4000, n° 18 obs. F. Sudre ; 2 mai 2000, *Condron c. Royaume-Uni*, § 61, *Rev. pénit.* 2000, 629, obs. X. Samuel ; 14 oct. 2010, *Brusco c. France*, § 54, *Dr. pénal* 2010, Étude 29, comm. C. Mauro). Il s'agit d'éviter que le suspect ne s'auto-incrimine et plus précisément, il s'agit de « protéger l'accusé contre une coercition abusive de la part des autorités et ainsi d'éviter les erreurs judiciaires et d'atteindre les buts de l'article 6 Conv. EDH » (CEDH 14 oct. 2010, § 44).

Cette notification peut certes dans certains cas gêner les enquêtes et c'est pourquoi le législateur français, après l'avoir consacré en 2000 (art. 63-3 al. 1 *in fine*) l'avait retouchée en 2001 et même supprimée en 2003. Mais finalement la loi du 14 avril 2011 l'a consacrée à nouveau à l'article 63-1, 3° selon lequel la personne est avisée du fait qu'elle bénéficie « du droit, lors de ses auditions, après avoir décliné son identité, de faire des déclarations, de répondre aux questions qui lui sont posées ou de se taire ». Évidemment, la personne peut d'abord parler, puis se taire, puis se remettre à parler ou vice-versa.

B. — L'assistance d'un avocat

Le droit à cette assistance est consacré par les trois décisions. Il faut cependant distinguer.

1° La CEDH a fait preuve longtemps d'une certaine prudence. L'arrêt *Salduz* décide que la personne doit en règle générale « avoir accès » à un avocat dès le premier interrogatoire (§ 55), l'arrêt ne parlant pas de présence, encore moins, de présence active. Et la doctrine a bien posé la question de savoir comment interpréter cette expression qui peut signifier soit un entretien avant l'interrogatoire soit la présence de l'avocat à l'interrogatoire (M.-A. Bernaert, « *Salduz* et le droit à l'assistance d'un avocat dès les premiers interrogatoires de la police », *RDPC*, nov. 2009, 972). Le doute subsiste avec l'arrêt *Dayanan c. Turquie* du 13 octobre 2000 où il est dit que le suspect doit jouir de la possibilité de se faire assister par un avocat dès le moment de son placement en garde à vue (§ 31) « et cela indépendamment des interrogatoires » (§ 32). La formule sera reprise à l'identique dans l'arrêt *Adamkiewicz c. Belgique* du 2 mai 2011 (§ 84). On peut tout de même pencher en faveur de la thèse de la présence, et même active, de l'avocat au cours de l'audition de la personne compte tenu du principe européen de l'effectivité des droits garantis (M.-A Bernaert, *précité* ; v. aussi H. Matsopoulou, *Gaz.Pal.* 2-3 déc. 2009, 19). On peut d'autant plus le penser que dans l'affaire *Dayanan* le suspect avait exercé son droit au silence, et que les juges auraient pu dire qu'alors le droit à l'assistance d'un avocat n'avait pas de sens. Faut-il ajouter que dans une opinion concordante (à l'arrêt *Salduz*), le juge Zaguebelsky auquel se rallient les juges Casadevall et Türnen, a déclaré que « l'importance des interrogaoires est évidente… de sorte que… l'impossibilité de se faire assister d'un avocat pendant les interrogatoires s'analyse, sauf exception, en une grande défaillance par rapport aux exigences du procès équitable ».

La situation est encore plus nette avec l'arrêt *Pishchalnikov c. Russie* en date du 24 octobre 2009 (en anglais) où la Cour décide que l'atteinte aux droits du suspect du fait qu'il n'a pas été représenté par un avocat au cours de l'interrogatoire initial par la police est d'une gravité telle qu'il n'est pas nécessaire d'examiner si le requérant a été ultérieurement assisté par un avocat (§ 79 et 80).

On évoquera enfin l'arrêt *Brusco* du 14 octobre 2010 où il est rappelé que « la personne placée en garde à vue a le droit d'être assistée d'un avocat dès le début de cette mesure ainsi que pendant les interrogatoires » (§ 45). Et en l'espèce, les juges constatent que les aveux ont été obtenus lors d'une première audition en l'absence d'avocat qui n'a pu « l'assister lors de cette déposition et lors de celles qui suivirent » (§ 54). L'avocat doit donc être là pour assister effectivement son client lors de l'audition (étude C. Mauro, *Dr. pénal* 2010, Étude 29, § 7).

2° Il faut s'attacher aux décisions des juridictions nationales.

Le Conseil constitutionnel constate que la personne est « retenue contre sa volonté » et ne peut « bénéficier de l'assistance effective d'un avocat », ajoutant qu'une « telle restriction aux droits de la défense est imposée de manière générale, sans considération des circonstances particulières susceptibles de la justifier… » (consid. 28). Deux remarques s'imposent. La première est que la place de l'avocat est certes affirmée, mais sans que l'on sache son rôle. Mais il est vrai que le Conseil a souligné l'importance essentielle de la garde à vue (près de 800 000 en 2009) et donc des auditions effectuées dans son cadre, puisque la procédure d'instruction ne concerne plus que 3 % des affaires (consid. 18 et 16), ce qui justifie l'accroissement du rôle de l'avocat qui ne peut plus être limité à un entretien de 30 minutes avant l'audition. La seconde remarque est que la décision du Conseil « sauve » les régimes spéciaux, applicables aux affaires de criminalité organisée au sens des articles 706-73 et suivants du Code de procédure pénale, selon lesquels l'avocat n'apparaît qu'au bout de 48 heures, voir 72 heures dans le cas de trafic de drogue et de faits de terrorisme : la raison en est que le Conseil a déjà statué sur la constitutionnalité de ces textes par décision du 2 mars 2004, qu'il a déclaré alors les textes conformes à la Constitution et que depuis lors n'est survenu aucun changement de circonstances qui seul aurait pu conduire le Conseil à statuer à nouveau (art. 23-2 de l'ord. du 7 nov. 1958). L'apport du Conseil, intéressant certes, reste réduit par rapport à la CEDH et, on va le voir par rapport à la Cour de cassation avec son contrôle de conventionnalité.

Dans son arrêt du 19 octobre 2010, la chambre criminelle note d'abord que la chambre de l'instruction avait considéré que la Conv. EDH ne mentionne pas expressément l'assistance concrète et effective de l'avocat pour une personne gardée à vue et que, en outre, la France n'a pas été condamnée par les juges de Strasbourg pour exclusion de l'avocat au début de la garde à vue. Il s'agissant en l'espèce d'une affaire de criminalité organisée au sens des articles 706-73 et suivants (trafic de drogue). La chambre criminelle casse la décision d'appel au motif que « toute personne soupçonnée d'avoir commis une infraction doit dès le début de la garde à vue... bénéficier de l'assistance d'un avocat ». Toutefois, la chambre criminelle apporte des limites à ce principe et c'est même cet aspect qui est peut être le plus important.

Deux décisions plus récentes de la chambre criminelle confirment cette nécessité de la présence de l'avocat à l'audition de la personne. C'est d'abord une décision du 11 mai 2011 (Crim. 11 mai 2011, n° 10-84.251, *JCP G.* 1366, note X. Pin). Une personne avait été condamnée pour atteinte sexuelle aggravée sur une mineure de 15 ans, sur la base de ses déclarations faites au cours d'une garde à vue, sans qu'elle ait pu être assistée par un avocat, et ensuite rétractées. Cassation au motif de l'absence d'un avocat. La seconde décision est un arrêt du 31 mai 2011, trois autres identiques ayant été rendues le même jour (Crim. 31 mai 2011, n° 11-81.412, *JCP G.* 1257, note J. Pradel). Dans une affaire de trafic de drogue, un individu avait été placé en garde à vue en mars 2010, poursuivi et mis alors en examen. Il avait alors soulevé la nullité de sa garde à vue pour absence d'avocat. La chambre de l'instruction rejette la requête. Mais son arrêt est cassé pour cause d'absence d'avocat, au visa là encore de l'article 6 § 3 de la Convention européenne des droits de l'Homme. Là encore, la procédure s'était déroulée avant la mise en vigueur de la loi du 14 avril 2011. Là encore, la chambre criminelle a appliqué la jurisprudence de Strasbourg, ce qui revient à appliquer non pas rétroactivement cette loi, mais immédiatement les arrêts *Salduz et autres*. Le message de l'arrêt du 31 mai 2011 sera repris par un autre, en date du 7 juin 2011 (Crim. 7 juin 2011, n° 11-81.702).

II. — Les limites aux droits du suspect gardé à vue

Restons un instant sur l'arrêt de la chambre criminelle du 19 octobre 2010 car sa formule, reproduite dans son intégralité, est celle-ci : « sauf exceptions justifiées par des raisons impérieuses tenant aux circonstances particulières de l'espèce et non à la seule nature du crime ou délit reproché, toute personne soupçonnée d'avoir commis une infraction doit, dès le début de sa garde à vue être informée de son droit de se taire et bénéficier, sauf renonciation non équivoque, de l'assistance d'un avocat ». Voilà donc deux limites posées. Les raisons impérieuses et la renonciation non équivoque à l'assistance d'un avocat. Ces conditions que l'on retrouve inégalement dans les deux autres décisions mentionnées ont été avalisées, par le législateur du 14 avril 2011. Reprenons-les en se disant bien que ces limites portent surtout sur l'assistance de l'avocat.

A. — Les raisons impérieuses

Les trois juridictions en reconnaissent la légitimité, mais de façon plus ou moins précise.

1° La CEDH s'est montrée de plus en plus restrictive au fil des années. Elle avait d'abord considéré que l'exclusion de l'avocat pouvait se fonder sur des « motifs raisonnables » (CEDH 26 mai 1993, *Brannigan et Mc Bride c. Royaume-Uni*, *D.* 1995, 106, note J.-F. Renucci ; *RSC* 1993, 818, obs. L.-E. Pettiti, et 1994, 362, obs. R. Koering-Joulin). Elle exigea ensuite des « raisons valables » (CEDH 11 oct. 2001, *Bronnon c. Royaume-Uni* ; 12 mai 2005, *Ocalan c. Turquie*, *RFDA* 2006, 308, étude Labayle ; *RSC* 2006, 431, obs. F. Massias). Elle impose enfin aujourd'hui des « raisons impérieuses fondées sur les circonstances particulières de l'espèce » et encore « à la condition que pareille restriction ne préjudicie pas indûment aux droits découlant pour l'accusé de l'article 6 » (*Salduz*, précité, § 55). La chambre criminelle, le 19 octobre 2010, parle également des « raisons impérieuses tenant aux circonstances de l'espèce ». On observera que la loi du 14 avril 2011 retient exactement la formule des « raisons impérieuses » (art. 63-4-2 al. 4 et 5).

2° Or le Conseil constitutionnel est un peu plus vague. Certes, il stigmatise l'absence d'avocat aux côtés du gardé à vue. Mais il vise une « restriction aux droits de la défense… imposée de façon générale, sans considération des circonstances particulières susceptibles de la justifier pour rassembler ou conserver les preuves ou assurer la protection des personnes » (cons. 28). On a remarqué que « la Cour de cassation allait plus loin que le Conseil constitutionnel et que la Conv. EDH est plus protectrice des droits que ne l'est notre Constitution française » (A. Maron, « Troisième messe de requiem pour la garde à vue », *Dr. pénal* 2010, Étude 11).

Il est vrai cependant que la formule du Conseil *in fine* est quasiment reprise par le législateur du 14 avril 2011 qui évoque les raisons impérieuses « tenant aux circonstances particulières de l'enquête, soit pour permettre le bon déroulement d'investigations urgentes tendant au recueil ou à la conservation des preuves, soit pour prévenir d'une atteinte imminente aux personnes (art. 63-4-2 al. 4). Comme si le législateur voulait être aussi précis que possible et se montrer bon élève du Conseil !

3° De toutes manières, ces « raisons impérieuses » sont d'application délicate. La question essentielle est celle de la motivation qui doit être faite *in concreto*, comme pour la détention provisoire. On peut s'attendre à un contentieux.

B. — La renonciation non équivoque.

On rappellera que l'assistance d'un avocat n'est en droit français jamais obligatoire, sauf dans certains cas exceptionnels concernant essentiellement les mineurs (art. 4 al. 2 et 13 al. 1 ord. 2 févr. 1945) et les accusés (art. 317 C. proc. pén.). Premièrement la personne en garde à vue peut refuser l'assistance d'un avocat. L'arrêt de la chambre criminelle du 19 octobre 2010 vise la « renonciation non équivoque ». La CEDH est à l'unisson. L'arrêt *Salduz* parle d'abord du droit à un avocat (§ 52) et pas de l'obligation d'un avoir un et surtout rappelle que « ni la lettre ni l'esprit de l'article 6 Conv. EDH n'empêchent une personne de renoncer de son plein gré que ce soit de manière expresse ou tacite aux garanties d'un procès équitable » encore que la renonciation doit être « non équivoque et entourée de garanties correspondantes à la gravité de l'affaire » (§ 59). Cette position se retrouve postérieurement dans l'arrêt *Yoldas c. Turquie* (23 févr. 2010).

Ces garanties sont d'autant plus nécessaires aux yeux de la CEDH qu'elle se méfie des aveux passés sans avocat. Le même arrêt *Salduz* contient en effet une phrase importante : « Il est en principe porté une atteinte irrémédiable aux droits de la défense lorsque des déclarations incriminantes faites lors d'un interrogatoire de police subi sans assistance possible d'un avocat sont utilisés pour fonder une condamnation » (§ 55 *in fine*).

Cette méfiance à l'égard des aveux passés sans avocat se retrouve dans la loi du 14 avril 2011 qui a ajouté au Code de procédure pénale une disposition prenant place dans son article préliminaire et ainsi écrite : « En matière criminelle et correctionnelle, aucune condamnation ne peut être prononcée contre une personne sur le seul fondement de déclarations qu'elle a faites sans avoir pu s'entretenir avec un avocat et être assistée par lui ». D'où l'on peut déduire que de telles déclarations peuvent être prises en compte par le juge, mais seulement si elles sont accompagnées d'une autre preuve (dans le même sens, Crim. 4 janv. 2011, *D.* 2011. 242, obs. Lena ; *AJ pénal* 2011. 83, obs. Donat ; 18 janv. 2011, *D.* 2011. 381).

***

On fera trois remarques en guise de conclusion.

1° La loi du 14 avril 2011 est le pur produit des efforts des juges constitutionnels, européens et judiciaires dont elle va jusqu'à reproduire les formules.

C'est la théorie des sources du droit qui est remise en cause, la loi perdant son monopole normatif.

2° Cette perte de monopole apparait aussi à propos de la date d'application de la loi du 14 avril 2011. Si en effet le Conseil constitutionnel le 30 juin 2010 et la chambre criminelle le 19 octobre 2010, tout en déclarant note Code au regard de la garde à vue inconstitutionnel et inconventionnel, ils avaient cependant décidé de reporter au 30 juin 2011 les effets de leur censure. Cette attitude a attiré les foudres, de certains auteurs, surtout à l'égard de la décision de la chambre criminelle. Celle-ci avait pourtant pris soin de se justifier en invoquant les principes de sécurité juridique et de bonne administration de la justice, ce qui permettait de « sauver » des procédures en cours qui étaient valables quand elles ont été faites. Cette restriction était très raisonnable à la fois pour des raisons de fait donc, mais aussi pour des raisons de droit puisque le principe de sécurité juridique a été considéré par la CEDH elle-même comme inhérent au droit européen des droits de l'homme (CEDH 13 juin 1979, *Marcks c. Belgique*, § 58 ; v. Georget, étude 12 in *Dr. pénal* 2010, *préc.*). Hélas, l'Assemblée plénière de la Cour de cassation, dans quatre arrêts du 15 avril 2011 – rendus le jour même où était publiée la loi qui décidait qu'elle s'appliquerait le 1er juin – ont adopté le principe de l'application immédiate en faisant prévaloir le droit au procès équitable sur les deux principes précités, et conférant ainsi un effet direct et immédiat à la Conv. EDH. Il va en résulter une grande fragilisation de procédures en cours portant parfois sur des infractions très graves.

3° Enfin, on peut considérer que la violation des droits accordés maintenant aux personnes en garde à vue sont de nature non pas législative mais conventionnelle compte tenu de l'effet direct du droit européen des droits de l'homme affirmé par l'Assemblée plénière dans ses arrêts du 15 avril 2011.

J. P.

28

GARDE À VUE — PROLONGATION — AUTEUR — MINISTÈRE PUBLIC

CEDH, 23 novembre 2010, *Moulin c. France* (*D.* 2010, 2776, obs. S. Lavric ; *D.* 2011, 277, note J.-F. Renucci ; *D.* 2011, 26, Point de vue F. Fourment ; *D.* 2011, 338, note J. Pradel) ; Crim. 15 décembre 2010, *X* (*D.* 2010, 338, note J. Pradel).

Du fait de leur statut, les membres du ministère public ne remplissent pas l'exigence d'indépendance à l'égard de l'exécutif qui au même titre que l'impartialité compte parmi les garanties inhérentes à la notion autonome de « magistrat » au sens de l'article 5 § 3 Conv. EDH (1re espèce).

Le ministère public n'est pas une autorité judiciaire au sens de l'article 5 § 3 Conv. EDH, faute de présenter les garanties d'indépendance et d'impartialité requises par ce texte. Mais la garde à vue n'est pas irrégulière si elle a été prolongée par le ministère public dès lors que sa durée est compatible avec l'exigence de brièveté posée par l'article 5 § 3 (2de espèce).

Cour européenne des droits de l'homme, 23 novembre 2010

Moulin c. France

56. La Cour constate tout d'abord que si l'ensemble des magistrats de l'ordre judiciaire représente l'autorité judiciaire citée à l'article 66 de la Constitution, il ressort du droit interne que les magistrats du siège sont soumis à un régime différent de celui prévu pour les membres du ministère public. Ces derniers dépendent tous d'un supérieur hiérarchique commun, le garde des sceaux, ministre de la Justice, qui est membre du gouvernement, et donc du pouvoir exécutif. Contrairement aux juges du siège, ils ne sont pas inamovibles en vertu de l'article 64 de la Constitution. Ils sont placés sous la direction et le contrôle d leurs chefs hiérarchiques au sein du Parquet, et sous l'autorité du garde des sceaux, ministre de la Justice. En vertu de l'article 33 du code de procédure pénale, le ministère public est tenu de prendre des réquisitions écrites conformes aux instructions qui lui sont données dans les conditions prévues aux articles 36, 37 et 44 du même code, même s'il développe librement les observations orales qu'il croit convenables au bien de la justice.

57. La Cour n'ignore pas que le lien de dépendance effective entre le ministre de la Justice et le ministère public fait l'objet d'un débat au plan interne (voir, notamment, paragraphes 25 et 28 ci-dessus). Toutefois, il ne lui appartient pas de prendre position dans ce

débat qui relève des autorités nationales : la Cour n'est en effet appelée à se prononcer que sous le seul angle des dispositions de l'article 5 § 3 de la Convention, et des notions autonomes développées par sa jurisprudence au regard desdites dispositions. Dans ce cadre, la Cour considère que, du fait de leur statut ainsi rappelé, les membres du ministère public, en France, ne remplissent pas l'exigence d'indépendance à l'égard de l'exécutif, qui, selon une jurisprudence constante, compte, au même titre que l'impartialité, parmi les garanties inhérentes à la notion autonome de « magistrat » au sens de l'article 5 § 3 (*Schiesser*, précité, § 31, et, entre autres, *De Jong. Baljet et Van den Brink c. Pays-Bas*, 22 mai 1984, § 49, série A n° 77, ou plus récemment *Pantea c. Roumanie*, n° 33343/96, § 238, CEDH 2003-VI (extraits)).

58. Par ailleurs, la Cour constate que la loi confie l'exercice de l'action publique au ministère public, ce qui ressort notamment des articles 1er et 31 du code de procédure pénale. Indivisible (paragraphe 26 ci-dessus), le parquet est représenté auprès de chaque juridiction répressive de première instance et d'appel en vertu des articles 32 et 34 du code précité. Or la Cour rappelle que les garanties d'indépendance à l'égard de l'exécutif et des parties excluent notamment qu'il puisse agir par la suite contre le requérant dans la procédure pénale (voir, en dernier lieu, *Medvedyev et autres*, précité, § 124 ; paragraphe 46 ci-dessus).

59. Dès lors, la Cour estime que le procureur adjoint de Toulouse, membre du ministère public, ne remplissait pas, au regard de l'article 5 § 3 de la Convention, les garanties d'indépendance exigées par la jurisprudence pour être qualifié, au sens de cette disposition, de « juge ou (...) autre magistrat habilité par la loi à exercer des fonctions judiciaires ».

60. En conséquence, la Cour constate que la requérante n'a été présentée à un « juge ou (...) autre magistrat habilité par la loi à exercer des fonctions judiciaires », en l'espèce les juges d'instruction d'Orléans, en vue de l'examen du bien-fondé de sa détention, que le 18 avril 2005 à 15h14, soit plus de cinq jours après son arrestation et son placement en garde à vue.

61. Or la Cour rappelle que, dans l'arrêt *Brogan*, elle a jugé qu'une période de garde à vue de quatre jours et six heures sans contrôle judiciaire allait au-delà des strictes limites de temps fixées par l'article 5 § 3, même quand elle a pour but de prémunir la collectivité dans son ensemble contre le terrorisme, ce qui n'était au demeurant pas le cas en l'espèce (*Brogan et autres*, précité, § 62, et *Medvedyev et autres*, précité, § 129).

62. Partant, il y a eu violation de l'article 5 § 3 de la Convention.

Chambre criminelle, 15 décembre 2010

X

Sur le premier moyen de cassation du mémoire ampliatif, pris de la violation des articles 5 § 1 et 5 § 3 de la Convention européenne de sauvegarde des droits de l'homme, 63, 63-1, 63-4, 591 et 593 du code de procédure pénale [...] ;

Attendu qu'il résulte de l'arrêt attaqué et des pièces de la procédure que M. X. a été placé en garde à vue le 22 septembre 2008 à 18h10, dans l'enquête ouverte sur les circonstances dans lesquelles il venait de blesser avec une carabine à air comprimé l'un de ses voisins auquel l'opposait un litige relatif à une servitude de passage ; que cette mesure a été prolongée sur autorisation du procureur de la République à compter du 23 septembre à 18h10, et a pris fin le même jour, à 19h15, soit une durée de 25 heures et 5 minutes, après divers actes d'enquête, parmi lesquels une perquisition, qui a eu lieu à partir de 17h05 à son domicile ; – Attendu que, mis en examen, M. X. a présenté une requête aux fins d'annulation de pièces de la procédure, en soutenant, notamment, que le procureur de la République, sous le contrôle duquel avait été ordonnée puis prolongée la garde à vue, n'était pas une autorité judiciaire compétente au sens de l'article 5, § 3, de la Convention européenne des droits de l'homme, alors qu'il ne présente pas les garanties d'indépendance et d'impartialité requises par ce texte et qu'il est partie poursuivante, l'arrêt n'encourt pas pour autant la censure, dès lors que le demandeur a été libéré à l'issue d'une privation de liberté d'une durée compatible avec l'exigence de brièveté imposée par ledit texte conventionnel ; d'où il suit que le moyen, nouveau, mélangé de fait et, comme tel irrecevable en sa seconde branche, ne saurait être admis ;

OBSERVATIONS

Que le statut du ministère public retentisse sur le régime de la garde à vue, notamment de sa prolongation résulte des deux arrêts ci-dessus évoqués. Il s'agit de savoir en effet si le procureur de la République peut prolonger une garde à vue. La Conv. EDH laisse planer un doute alors que le droit français répond ans hésitation par l'affirmative. Mais voyons les textes. L'article 5 § 3 Conv. EDH décide que « toute personne arrêtée ou retenue… doit être aussitôt traduite devant un juge ou un autre magistrat habilité par la loi à exercer des fonctions judiciaires ». De son côté l'article 63 al. 2 (repris par l'article 63.II al. 2 dû à une loi du 15 avril 2011) prévoit que « la garde à vue peut être prolongée pour un nouveau délai de vingt quatre heures au plus, sur autorisation … du procureur de la République… ».

L'interprétation de ces textes est en grande partie donnée par les deux arrêts ci-dessus rapportés. L'un et l'autre décident que le procureur de la République n'est pas un magistrat indépendant et impartial, de sorte qu'il est incompétent pour assurer le contrôle juridictionnel de la garde à vue. Mais cette incompétence est-elle absolue ? A vrai dire, l'arrêt de la chambre criminelle du 15 décembre 2010 apporte une limite à cette incompétence, en décidant de ne pas censurer une décision de la chambre de l'instruction dans la mesure où l'intéressé « avait été libéré à l'issue d'une privation de liberté d'une durée compatible avec l'exigence de brièveté imposée par le texte conventionnel ». Mais quelle est la portée de cette limite ?

I. — Le principe de l'incompétence du parquet pour assurer le contrôle juridictionnel de la garde à vue

Au regard de la liberté et donc de la garde à vue, le magistrat qui en connait doit être indépendant (à l'égard du pouvoir exécutif) et impartial (à l'égard des parties). C'est à cette double condition qu'il est « un magistrat habilité par la loi à exercer des fonctions judiciaires » au sens de l'article 5 § 3 Conv. EDH sur le droit à la liberté et à la sûreté.

A. — La jurisprudence de la CEDH

Très soucieux du respect des libertés individuelles, les juges européens affirment de longue date que le magistrat connaissant de la garde à vue, notamment de sa durée, doit être indépendant et impartial. Toutefois la rigueur strasbourgeoise s'est renforcée au fil des arrêts.

1° La CEDH a d'abord raisonné de façon subjective, *in concreto* : elle se demandait si dans l'espèce considérée, le parquetier avait ou non reçu des instructions de l'exécutif et s'il était ou non impartial à l'égard des parties (en ayant ou non poursuivi ultérieurement la personne gardée à vue). Révélatrice de cette position est l'affaire *Schiesser c. Suisse* (4 déc. 1979, Série A, n° 34, *CDE* 1980, 467, obs. G. Cohen-Jonathan ; *AFDI* 1980, 325, obs. Pelloux ; *JDI* 1982, 195, obs. P. Rolland) : en effet la Cour entend « limiter son examen… à la manière dont… la législation a été appliquée dans les circonstances de la cause » (§ 32), étant noté que dans cette affaire le parquetier saisi avait agi en toute liberté et sans déclencher ultérieurement la poursuite.

2° Mais par la suite, la CEDH va se rallier à une conception objective, *in abstracto* en ne considérant que les apparences d'impartialité et d'indépendance. Dans l'affaire *Huber c. Suisse* (23 oct. 1990, *AFDI* 1991, 587, obs. V. Coussirat-Coustère), elle décide que « sans doute, la Convention n'exclut-elle pas que le magistrat qui décide de la détention ait aussi d'autres fonctions, mais que son impartialité peut paraître sujette à question, s'il peut intervenir dans la procédure pénale ultérieure en qualité de partie poursuivante » et ajoute « qu'il en allait ainsi en l'occurrence, l'article 5 § 3 ayant été enfreint ». Donc la simple possibilité pour le procureur, selon le droit interne, d'exercer ultérieurement la poursuite, le discrédite pour la garde à vue. Ce qui vaut pour l'impartialité vaut *mutadis mutandis* pour l'indépendance (CEDH 22 mai 1998, *Vasilescu c. Roumanie*, § 40-41, *Rec. CEDH* 1998-III ; 3 juin 2003, *Pantea c. Roumanie*, § 238-239, *D.* 2003, 2268, obs. J.-F. Renucci ; *RSC* 2004. 441, obs. F. Massias).

Ce deuxième courant est illustré en France par l'affaire *Medvedyev* qui a donné lieu à deux arrêts. Le premier, qui est un arrêt de chambre, décide que « le procureur de la République n'est pas une autorité judiciaire… il lui manque en particulier l'indépendance à l'égard de l'exécutif pour avoir cette qualité » (10 juill. 2008, § 61, *D.* 2009. 600, note J.-F. Renucci et

2008. 3055, note P. Hennion-Jacquet ; *AJ pénal* 2008. 469, obs. C. Saas ; *RSC* 2009. 176, obs. J.-P. Marguénaud ; *Dr. pénal* 2009, chron. 4, obs. E. Dreyer et 8, obs. V. Lesclous). Sur demande de la France qui s'estimait injustement condamnée, la CEDH rendit un second arrêt en grande chambre le 29 mars 2010 (*D.* 2010, 898, note S. Lavric, *ibid.* 1386, note J.-F. Renucci ; *ibid.* 1390, note P. Hennion-Jacquet ; *AJDA* 2010, 648, note S. Brondel ; *Dr. pénal* 2010, Étude 12, note Thierry). Cet arrêt condamne moins gravement la France, mais l'idée reste la même puisqu'il y est dit que « le magistrat » (au sens de l'article 5) doit présenter les garanties d'indépendance à l'égard de l'exécutif et des parties, ce qui exclut normalement qu'il puisse agir par la suite contre le requérant dans la procédure pénale à l'instar du ministère public » (§ 124). On pouvait en déduire que notre procureur ne remplit pas les conditions requises par l'article 5 § 3 Conv. EDH.

Cette idée va être exprimée plus nettement encore dans l'arrêt *Moulin c. France* ici commenté. Dans son arrêt du 22 novembre 2010, la CEDH dépeint dans son ensemble le statut du ministère public, en indiquant que tous ses membres « dépendent d'un supérieur hiérarchique commun, le garde des sceaux... ils ne sont pas inamovibles contrairement aux juges du siège... ». Elle en déduit que « les membres du ministère public, en France, ne remplissent pas l'exigence d'indépendance à l'égard de l'exécutif » et elle ajoute qu'ils manquent d'impartialité (§ 57) de sorte qu'ils ne sont pas au regard de l'article 5 § 3 des magistrats habilités par la loi à exercer des fonctions judiciaires (§ 59). Bien sûr, cette affirmation ne vaut qu'au regard de l'article 5 § 3.

Or la chambre criminelle va consacrer la même règle dans son arrêt du 15 décembre 2010.

B. — L'arrêt de la chambre criminelle du 15 décembre 2010

La chambre criminelle était saisie d'un pourvoi contre un arrêt de la chambre de l'instruction de Saint-Denis de la Réunion qui avait considéré que « le ministère public est une autorité judiciaire au sens de l'article 5 § 3 ». La chambre criminelle conteste cette affirmation en estimant que « le ministère public ne présente pas les garanties d'indépendance et d'impartialité requises par l'article 5 § 3 et qu'il est partie poursuivante ».

1° L'arrêt du 15 décembre 2010 est capital à plusieurs titres. D'abord, c'est la première fois que notre chambre criminelle décide que le ministère public n'est pas une autorité judiciaire au sens de l'article 5 § 3 et, en décidant comme ils l'ont fait, les juges réunionnais n'avaient fait que confirmer une tradition jurisprudentielle française. Dans le passé au contraire, la chambre criminelle avait expressément considéré que le procureur était « un magistrat de l'ordre judiciaire et que l'article 5 § 3 n'interdisait pas que ce magistrat prolonge la garde à vue (Crim. 10 mars 1992, *Bull. crim.*, n° 105). Ensuite la nouveauté de l'affirmation nouvelle est d'autant plus importante qu'elle émane de la chambre criminelle statuant en formation plénière de chambre.

2° Capital, cet arrêt du 15 décembre 2010 pose cependant une difficulté au regard de la jurisprudence du Conseil constitutionnel. On sait que le Conseil a toujours admis que le procureur puisse prolonger une garde à vue à l'issue d'un délai de 24 heures puisqu'il est le garant des libertés selon l'article 66 de la Constitution. Très exactement le Conseil décide que « l'autorité judiciaire qui en vertu de l'article 66 de la Constitution assure le respect de la liberté individuelle comprend à la fois les magistrats du siège et ceux du parquet » (Cons. const. 11 août 1993, n° 93-326 DC, *JCP* 1993, n° 3720, note F. Le Gavetier ; *D.* 1993. 299, note J. Pradel ; *RFDC* 1993, 848, note T. Renoux ; 29 sept. 2002, n° 2002-411 DC et 2 mars 2004, n° 2004-492 DC, *D.* 2004. 2756, obs. B. de Lamy ; *RSC* 2004. 725, obs. C. Lazerges, et 2005. 122, étude V. Bück). En somme le juge constitutionnel s'oppose au juge judiciaire (sur la question, v. J. Pradel, note in *D.* 2011, 342, 1re colonne).

Cependant, l'opposition est sans doute moins grave qu'il n'y paraît à la lecture de ces lignes puisque le procureur peut tout de même connaître de la garde à vue, y compris pour la prolonger pour une certaine durée selon l'arrêt de la chambre criminelle du 15 décembre 2010. Apparaît ainsi une importante limite.

II. — La limite à l'incompétence du parquet pour assurer le contrôle juridictionnel de la garde à vue

L'arrêt du 15 décembre 2010 en admettant cette limite repose implicitement sur toute une jurisprudence européenne fondée sur une interprétation du mot « aussitôt » qui figure à l'article 5 § 3.

A. — L'interprétation du mot « aussitôt » par la CEDH

On rappellera que, selon l'article 5 § 3, la personne privée de liberté doit être « aussitôt traduite devant un juge ou un autre magistrat habilité par la loi à exercer des fonctions judiciaires ». Toute la discussion porte sur le mot « aussitôt ». Ce terme est la traduction du mot « *promptly* » car la Conv. EDH a été rédigée en anglais et traduite ensuite en français (dont le texte fait certes également foi). Il y a là une difficulté car, comme l'a souligné la CEDH, le mot « aussitôt » veut dire non sur le champ, mais immédiatement alors que le terme « *promptly* » permet plus de flexibilité (CEDH 29 nov. 1988, *Brogan et autres c. Royaume-Uni*, § 59, *RTD eur.* 1989. 163, obs. G. Cohen-Jonathan ; *RSC* 1989. 373, obs. L.-E. Pettiti et P. Teitgen ; sur l'ensemble de la question, S. Trechsel, *Human Rights in Criminal Proceedings*, Oxford, 2005, p. 512). Dans l'affaire *Brogan*, les juges décident que « placés ainsi devant des textes d'un même traité normatif faisant également foi, mais ne concordant pas entièrement, ils doivent les interpréter d'une manière qui les concilie dans la mesure du possible et soit le plus propre à atteindre le but et à réaliser l'objet de ce traité » (§ 59).

En l'espèce, les juges avaient considéré qu'une garde à vue ayant duré quatre jours et six heures avant présentation à un juge était excessive au regard de l'article 5 § 3. D'où la doctrine en déduit qu'un délai de quatre jours était conventionnellement admissible. Dans l'affaire *Ipek and Others c. Turquie* en date du 3 février 2009 (arrêt rédigé en anglais), les juges admettent : « The Court reiterates that it has held in many occasions that the strict time constraint imposed for detention without juridical contrôle is a maximum of four days » (§ 36).

Un autre arrêt a admis dans le même esprit qu'une garde à vue de trois jours avant présentation à un juge est conforme à l'article 5 § 3 (CEDH 27 mai 2004, *Ayaz et autres c. Turquie*) et il en va de même *a fortiori* d'un délai de deux jours (CEDH, gr. ch., 29 avr. 1999, *Aquilina c. Malte*). Inversement, un délai de cinq jours (dans l'affaire *Moulin*) est évidement inadmissible.

Certes, le critère est quelque peu factuel, conformément aux habitudes des juges européens qui consacrent la méthode casuistique. Jouent un rôle la nature de l'infraction et sa gravité, la qualité du délinquant et par exemple le fait qu'il est mineur. En tout cas, la durée de deux jours doit explicitement être admise par les juges de Strasbourg. On comprend alors l'attitude de la chambre criminelle.

B. — Le ralliement de la chambre criminelle à la CEDH

On sait que dans l'affaire *X*, la garde à vue, à l'issue d'un délai de 24 heures a été prolongée par le procureur, mais pour une heure cinq minutes seulement. Les juges de cassation tout en reconnaissant que le procureur n'est pas une autorité judiciaire au sens de l'article 5 § 3 ont considéré que la libération de l'intéressé s'était effectuée à l'issue d'un délai « compatible avec l'exigence de brièveté imposée par l'article 5 § 3 ».

D'où il résulte implicitement que la chambre criminelle se rallie à la CEDH et qu'au-delà de quarante-huit heures, c'est un juge qui est seul compétent, ce qui vise les affaires de criminalité organisée. Ces affirmations sont d'ailleurs celles de notre législation sur la garde à vue (art. 63.II al. 1 C. proc. pén. sur la garde à vue en droit commun avec une prolongation possible de la part du procureur jusqu'à douze heures ; art. 706-88 C. proc. pén. pour la garde à vue en matière de criminalité organisée où les prolongations – après deux jours et jusqu'à quatre jours, voire six jours, ne peuvent être accordées que par le juge des libertés et de la détention ou le juge d'instruction).

29

SECRET DE L'INSTRUCTION — PERSONNES ASTREINTES — CAS DE LA PARTIE CIVILE

Crim. 9 octobre 1978, *Julan* (*Bull. crim.* n° 263 ; *D.* 1979. Jur. 185, note P. Chambon ; *RSC* 1979. 560, obs. G. Levasseur et 821, obs. J. Larguier)

La partie civile ne concourt pas à la procédure d'instruction et n'est donc pas astreinte au secret.

Chambre criminelle, 9 octobre 1978

Julan

Attendu, d'une part, que l'article 378 du Code pénal ne vise que les faits parvenus à la connaissance d'une personne dans l'exercice d'une profession ou d'une fonction aux actes de laquelle la loi, dans un intérêt général et d'ordre public, a imprimé le caractère confidentiel, ou dans le cas où les mêmes faits lui ont été confiés sous le sceau du secret en raison d'une semblable profession ou fonction ; Attendu, d'autre part, que si, selon l'article 11 du Code de procédure pénale, toute personne qui concourt à la procédure de l'instruction est tenue au secret professionnel dans les conditions et sous les peines de l'article 378 du Code pénal, tel n'est pas le cas de la partie civile ; qu'il appert de l'arrêt attaqué (Basse-Terre, 15 juin 1976) que Julan a été désigné, par l'ordonnance du président du tribunal de grande instance, comme administrateur provisoire de la société « l'Assistance mutuelle de Mare-Gaillard » ; que, dans l'exercice de ses fonctions, il a pris connaissance d'une lettre qui avait été adressée par Cipolin, trésorier de « l'Assistance mutuelle de Mare-Gaillard » au président de cette société et qui contenait diverses imputations dirigées contre deux membres du conseil d'administration ; qu'ultérieurement, après qu'il eut porté plainte contre X... pour abus de confiance au nom de la société dont il était l'administrateur provisoire et qu'il se fut, pour elle, constitué partie civile, Julan a reproduit, dans un tract qu'il a fait diffuser, les mentions de la susdite lettre émanée de Cipolin et a fait état, dans le même tract, de l'inculpation des deux anciens dirigeants mis en cause ; qu'à raison de ces faits, Julan a été, par la cour, déclaré coupable de violation des dispositions de l'article 378 du Code pénal et de l'article 11 du Code de procédure pénale ;

Mais attendu qu'en statuant ainsi les juges d'appel n'ont pas donné de base légale à leur décision alors que, d'une part, l'administrateur d'une personne morale, fût-il, comme en l'espèce, judiciairement désigné, n'exerçant pas l'une des fonctions visées par l'article 378 précité du Code pénal, les indiscrétions qu'il peut commettre en ladite qualité ne sauraient, à ce titre, donner lieu à l'application de ce texte et que d'autre part, la victime d'un crime ou d'un délit qui a porté plainte et s'est constituée partie civile devant le juge d'instruction conformément aux dispositions de l'article 85 du Code de procédure pénale ne concourt pas à la procédure d'instruction au sens de l'article 11 du même Code ; qu'ainsi la cassation est encourue ;...

Par ces motifs, casse...

OBSERVATIONS

La partie civile n'est pas astreinte au secret de l'instruction proclamé par l'article 11 du Code de procédure pénale. Ainsi en décide l'arrêt ci-dessus, rendu dans les circonstances suivantes. Désigné comme administrateur provisoire d'une société, un sieur Julan avait pris connaissance d'une lettre adressée au président de cette société, et qui contenait des imputations dirigées contre des membres du conseil d'administration. Le sieur Julan, en tant que représentant légal du groupement qu'il administrait se constitua partie civile. Puis il fit distribuer un tract dans lequel il reproduisait les mentions de la lettre. Poursuivi pour violation du secret professionnel, il fut condamné par les juges du fond, mais sauvé par la Cour suprême.

I. — Caractère certain de la régle

Pour savoir si la partie civile est tenue au secret de l'instruction (qui est une variété de secret professionnel naguère traité à l'art. 378 ancien C. pén. aujourd'hui régi par l'art. 226-13 C. pén.), il faut lire l'article 11, alinéa 2 du Code de procédure pénale qui astreint au secret « toute personne qui concourt » à l'instruction. « Concourir », c'est collaborer, coopérer, participer, tendre vers le même but (*Dictionnaire Petit Robert, v.* Concourir). Et « concourir » à l'instruction, c'est participer à la recherche de la vérité de manière objective, dans le sens de l'intérêt général. Il apparaît alors que la partie civile ne « concourt » pas à la procédure. Elle agit en effet à titre personnel, dans son intérêt propre, étant mue soit le plus souvent par un désir de réparation, soit plus rarement par un sentiment de vengeance. Sans doute, peut-elle réclamer une expertise, de nouvelles investigations, faire appel de certaines ordonnances et notamment de celle de non-lieu. Mais dans tous ces cas, elle agit dans un intérêt égoïste. Le plan subjectif sur lequel elle se situe l'apparente à la personne mise en examen qui, elle non plus, ne « concourt » pas et qui peut donc tout comme elle, dévoiler le contenu du dossier, ameuter des journalistes, tenir des conférences de presse, distribuer des tracts, écrire un livre... (Paris, réf. 11 juin 1986, *RSC* 1986. 855, obs. G. Levasseur).

On serait tenté de rapprocher la partie civile du ministère public en ce sens que l'un et l'autre sont des parties poursuivantes et que certains textes permettent au ministère public de communiquer à des tiers des éléments tirés d'un dossier d'instruction : ainsi, l'article L. 621-11 du Code de commerce sur le redressement et la liquidation judiciaire des entreprises décide que « le procureur de la République communique au juge-commissaire, sur la demande de celui-ci ou d'office, nonobstant toute disposition législative contraire, tous les renseignements qu'il détient et qui peuvent être utiles à la procédure commerciale ». C'est oublier cependant que la partie civile n'est pas exactement sur le même plan que le parquet : celui-ci met en mouvement et exerce l'action pénale que celle-là peut seulement mettre en mouvement (art. 1, al. 1 et 2, C. pr. pén.). C'est oublier aussi et surtout que le ministère public agit objectivement, dans l'intérêt d'une bonne administration de la justice (v. *supra*, n° 6). Au vrai, le parquet est tenu au secret car, à l'inverse de la partie civile, il concourt bien à la procédure.

À cette première raison, tirée de l'expression « toute personne qui concourt » (art. 11, al. 2), on peut en ajouter une seconde : si la partie civile peut parler, c'est aussi pour qu'elle puisse assurer sa défense dans de meilleures conditions, comme le suggère l'article 11, alinéa 1 qui, en posant le principe du secret prévoit cependant des réserves et notamment celle « sans préjudice des droits de la défense ». Ce second fondement vaut d'ailleurs aussi pour le mis en examen.

Il n'y a donc aucun doute : la partie civile n'est pas liée par le secret de la procédure. En l'affirmant pour la première fois dans son arrêt du 9 octobre 1978, la Cour de cassation n'a du reste fait que suivre l'avis d'une doctrine presque unanime (A. Besson, « Le secret de la procédure pénale et ses incidences », *D.* 1959. Chron. 191, n° 38 ; J. Granier, « L'article 11 du Code de procédure pénale », *JCP* 1958. I. 1453, n° 24 c ; J. Larguier, « Le secret de l'instruction et l'article 11 du Code de procédure pénale », *RSC* 1959. 316).

II. — Dangers de la régle

Parfaitement justifiée au regard de l'article 11 du Code de procédure pénale, la solution est pourtant dangereuse pour la justice. La partie civile est en effet tenue au courant de toute la procédure à l'occasion de chacune de ses auditions (art. 114, al. 3, C. pr. pén.). Et cet avantage subsiste, selon la jurisprudence, même lorsque sa qualité est contestée et tant qu'une décision définitive d'irrecevabilité n'a pas été prise (Crim. 28 mai 1968, *D.* 1969. Jur. 3, note P. Faivre, v. *infra*, n° 37). Accédant ainsi au dossier de manière large, la partie civile peut impunément informer toute personne de la marche de la procédure. Seules limites, la partie civile et la personne mise en examen ne peuvent publier, avant décision judiciaire, des informations relatives à des constitutions de partie civile (art. 2 de la loi du 2 juillet 1931, qui prévoit aussi une amende) et encore cette prohibition est aujourd'hui très affaiblie (v. *infra*, n° 26) ; et en outre la partie civile doit faire attention à ne pas tomber sous le coup de l'article 434-16 du Code pénal qui répriment notamment ceux qui avant le prononcé d'une décision définitive, auront publié « des commentaires tendant à exercer des pressions en vue d'influencer les déclarations des témoins ou la décision des juridictions ». En fait, ces deux barrières n'ont qu'un intérêt relatif. Et pourtant, il faut défendre le secret de l'instruction dans l'intérêt de la recherche de la vérité et pour la réputation de la personne mise en examen. Pourrait-on alors envisager d'étendre le secret à la partie civile, et même à d'autres personnes comme le mis en examen, en modifiant l'article 11 ? Ce serait inutile car les « fuites » subsisteraient et l'opinion n'y serait pas favorable (en ce sens, v. F. Boulan, « Le secret de l'enquête et de l'instruction », *Mélanges P. Kayser*, p. 127 et s., n° 24, 1979).

Il n'en reste pas moins que les parties civiles « violent » quotidiennement le secret de l'instruction, au plus grand préjudice de la présomption d'innocence. Des journalistes reçoivent assez souvent des photocopies d'actes d'instruction — aisément obtenus notamment par les parties civiles qui ont accès au dossier — et ils s'empressent de les publier.

III. — Extension de la régle

On signalera enfin que ce qui vaut pour la partie civile vaut à plus forte raison pour la victime simple, le civilement responsable (qui, à l'instruction, est juridiquement un témoin), le témoin (sauf le témoin instrumentaire, qui « concourt ») et bien sûr le journaliste. Au contraire, « concourent » à l'instruction le juge d'instruction (Rennes 7 mai 1979, *JCP* 1980. II. 19333, note P. Chambon et chronique J.-Y. Chevallier, *JCP* 1980. I. 2984 ; v. aussi, Crim. 6 déc. 1977, *Bull. crim.* n° 385), le greffier, les experts, les policiers et gendarmes, les interprètes et, comme il a déjà été dit, les magistrats du ministère public. Et les avocats sont dans une situation particulière : ils ne sont pas astreints au secret de l'instruction de l'article 11 du Code de procédure pénale, mais ils restent tenus au secret professionnel (en application des art. 226-13 C. pén. et 160 du décret du 27 nov. 1991 sur la profession d'avocat (v. pour une application, Crim. 28 oct. 2008, *Bull. crim.* n° 215 ;

D. 2009. Pan. 2243, obs. J. Pradel ; *AJ pénal* 2009. 26, note Porteron ; *Adde* sur l'ensemble de la question : « Le respect de la présomption d'innocence et le secret de l'enquête et de l'instruction, Une journée de réflexion organisée par la Commission des lois du Sénat », *Les rapports du Sénat*, nº 602, 1993-1994).

J. P.

30

SECRET DE L'ENQUÊTE ET DE L'INSTRUCTION — JOURNALISTES

CEDH 3 octobre 2000, *Du Roy c. France* (*D.* 2001. Somm. 515, obs. J. Pradel et 1064, obs. J.-F. Renucci ; *RSC* 2001. 176, obs. J. Francillon) ;
Crim. 16 janvier 2001, *Gouyou-Beauchamps et autres* (*Bull. crim.* n° 10 ; *D.* 2001. Somm. 2346, obs. B. de Lamy et 1067, obs. J.-F. Renucci) ;
Crim. 19 juin 2001 (*Bull. crim.* n° 149 ; *D.* 2002. Somm. 1463, obs. J. Pradel ; *RSC* 2002. 96, obs. B. Bouloc, *ibid.* 119, obs. J. Francillon ; *ibid.* 593, obs. J.-P. Delmas Saint-Hilaire ; *RTD com.* 2002. 178, obs. B. Bouloc)

L'interdiction faite aux journalistes de faire état des plaintes avec constitution de partie civile est contraire à la liberté d'expression au sens de l'article 10 Conv. EDH (1re espèce).

Le délit de publication d'informations relatives à des constitutions de partie civile, prévu par la loi du 2 juillet 1931 consacrant une interdiction générale et absolue contrevient à la liberté d'expression au sens de l'article 10 Conv. EDH (2e espèce).

Un journaliste publiant un ouvrage dont la matière est constituée par le contenu d'un dossier d'instruction peut être poursuivi pour recel de secret de l'instruction, le principe européen de la liberté d'expression ne pouvant le sauver (3e espèce).

Cour européenne des droits de l'homme, 3 octobre 2000

Du Roy c. France

Les journalistes qui rédigent des articles sur des procédures pénales en cours doivent ne pas franchir les bornes fixées aux fins d'une bonne administration de la justice, et respecter le droit de la personne mise en cause d'être présumée innocente ;

Si, comme dans le cas d'espèce (interdiction de publier, avant décision judiciaire, toute information relative à des constitutions de partie civile..., L. 2 juill. 1931, art. 2), les juridictions internes l'ont estimée justifiée pour protéger la réputation d'autrui et garantir l'autorité du pouvoir judiciaire, cette justification ne paraît pas suffisante lorsqu'on sait qu'elle ne concerne que les procédures pénales ouvertes sur plainte avec constitution de partie civile à l'exclusion de celles ouvertes sur réquisition du parquet ou sur plainte simple ;

Or une telle différence de traitement du droit à l'information ne semble fondée sur aucune raison objective, alors qu'elle entrave de manière totale le droit de la presse à informer le public sur des sujets qui, bien que concernant une procédure pénale avec constitution de partie civile, peuvent être d'intérêt public ;

En l'espèce, tel était le cas, car cette affaire visait des personnalités du monde politique français et mettait en cause leurs agissements, prétendument frauduleux, à la direction d'une société publique de gestion de foyers d'hébergement pour émigrés ;

De toute façon, la Cour note que d'autres mécanismes protecteurs des droits des personnes mises en cause rendent non nécessaire l'interdiction absolue prévue par la loi du 2 juill., 1931, tels que les art. 9-1 C. civ. et 91 Code de procédure pénale ;

En conclusion, la condamnation des journalistes ne représentait pas un moyen raisonnablement proportionné à la poursuite des buts légitimes visés compte tenu de l'intérêt de la société démocratique à assurer et à maintenir la liberté de la presse ;

Il y a donc eu violation de l'art. 10 Conv. EDH.

Chambre criminelle, 16 janvier 2001

Gouyou-Beauchamps et autres

Attendu que, selon l'article 10 précité, toute personne a droit à la liberté d'expression ; que l'exercice de ce droit ne peut comporter de conditions, restrictions, ou sanctions prévues par la loi, que lorsque celles-ci constituent des mesures nécessaires, dans une société démocratique, notamment à la protection de la réputation ou des droits d'autrui, pour empêcher la divulgation d'informations confidentielles ou pour garantir l'autorité et l'impartialité du pouvoir judiciaire ;

Attendu qu'il résulte de l'arrêt attaqué qu'à la suite de la publication de plusieurs articles parus dans les quotidiens « Le Figaro », « Var Matin », « Nice Matin » et d'informations diffusées par la chaîne de télévision France 2 relatant le dépôt, par les consorts Nicolaï Duplessis, d'une plainte avec constitution de partie civile, pour prise illégale d'intérêts, qui mettait en cause François Léotard, celui-ci a engagé des poursuites contre les journalistes sur le fondement de l'article 2 de la loi du 2 juillet 1931, interdisant de publier, avant décision judiciaire, toute information relative à des constitutions de partie civile ; que Christian Daurès et Thierry Prudhon, signataires de l'article publié dans « Nice Matin », Jean Richard, auteur de l'article du « Figaro », Françoise Laborde et François Ponchelet, rédacteurs en chef des journaux télévisés de France 2, ainsi que Xavier Gouyou-Beauchamps, Christian Grimaldi et Jean-Pierre Milet, directeurs de publication, ont été condamnés de ce chef ;

Mais attendu que l'article 2 de la loi du 2 juillet 1931, par l'interdiction générale et absolue qu'il édicte, instaure une restriction à la liberté d'expression qui n'est pas nécessaire à la protection des intérêts légitimes énumérés par l'article 10.2 de la Convention susvisée ; qu'étant incompatible avec ces dispositions conventionnelles, il ne saurait servir de fondement à une condamnation pénale ;

D'où il suit que l'arrêt doit être annulé ; que par application de l'article 612-1 du Code de procédure pénale, il y a lieu d'en étendre les effets à Christian Daurès, Thierry Prudhon et Jean-Pierre Milet qui ne se sont pas pourvus ;

Par ces motifs :

Annule, en toutes ses dispositions, l'arrêt susvisé de la cour d'appel d'Aix-en-Provence, en date du 9 mars 2000...

Chambre criminelle, 19 juin 2001

Attendu qu'il résulte de l'arrêt attaqué que Z a porté plainte en se constituant partie civile à la suite de la publication, le 25 janvier 1996, aux éditions A..., d'un livre intitulé « L... » portant sur l'affaire dite des « E... » dans laquelle il était mis en examen ; que la partie civile ayant exposé que X et Y, rédacteurs de l'ouvrage, avaient été en possession d'une copie du dossier d'instruction en cours, dont ils avaient publié des passages, ces derniers, à l'issue d'une information, ont été renvoyés devant le tribunal correctionnel pour recel de violation de secret de l'instruction ou de secret professionnel ;

Attendu que, pour retenir la culpabilité des prévenus qui contestaient avoir obtenu les informations de façon illégale, mais refusaient de révéler leurs sources, la cour d'appel relève que l'ouvrage comporte des fac-similés d'écoutes téléphoniques qui sont la reproduction exacte de fiches consignées dans la procédure suivie par le juge d'instruction, ainsi que des extraits de procès-verbaux de déclarations dressés par ce magistrat ; que les juges ajoutent qu'en l'absence de tout élément permettant d'accréditer l'hypothèse d'une divulgation accidentelle, son auteur ne peut être qu'un professionnel, tenu au secret, qu'il s'agisse d'une personne soumise au secret de l'instruction, ou d'un avocat tenu au secret professionnel en vertu de l'article 160 du décret du 27 novembre 1991 organisant la profession d'avocat ; qu'ils en déduisent que, quel que soit le cheminement des pièces litigieuses, celles-ci n'ont pu parvenir entre les mains des prévenus qu'à l'aide d'une infraction ; qu'ils relèvent que cette situation ne pouvait être ignorée de journalistes expérimentés ;

Attendu qu'en l'état de ces motifs, déduits d'une appréciation souveraine des circonstances de la cause, la cour d'appel, qui a caractérisé la détention et la publication, en connaissance de cause, par les prévenus, de photocopies de pièces issues d'une instruction en cours, a justifié sa décision ;

D'où il suit que le moyen ne peut qu'être écarté ;

Attendu que, pour rejeter le grief pris d'une violation de l'article 10 de la Convention européenne des droits de l'Homme, la cour d'appel, par motifs propres et adoptés, relève que la matière essentielle de l'ouvrage litigieux est constituée par le contenu même du dossier de l'information en cours, que le livre reproduit en particulier de nombreux passages d'auditions de personnes entendues par le juge d'instruction, et que ces éléments ont nourri de façon détaillée l'exposé des auteurs sur le fonctionnement du système d'écoutes mis en place à la P... ; que les juges précisent que les prévenus se sont trouvés en possession d'informations confidentielles sur Z auxquelles ils n'avaient aucun droit d'accès, ce qui heurtait un intérêt légitime de celui-ci ; qu'ils ajoutent que les limites auxquelles est soumise la liberté d'expression sont nécessaires d'autant qu'il n'est pas établi que les contraintes exercées en la cause aient nui de réelle façon à l'information de l'opinion et que la justice se soit trouvée dans une impossibilité de fonctionner dont il aurait fallu informer cette opinion ;

Attendu qu'en l'état de ces énonciations dont il résulte que les prévenus ont été poursuivis pour avoir divulgué le contenu demeuré confidentiel de pièces issues d'une information en cours, mesure justifiée par les impératifs de protection des droits d'autrui, au nombre desquels figure la présomption d'innocence, par la préservation d'informations confidentielles, ainsi que par la garantie de l'autorité et l'impartialité du pouvoir judiciaire, la cour d'appel a justifié sa décision au regard de l'article 10 de la Convention européenne des droits de l'Homme ;

Que le moyen ne saurait être accueilli ;

D'où il suit que le moyen ne peut qu'être rejeté ;

Et attendu que l'arrêt est régulier en la forme ;

Rejette le pourvoi ;

OBSERVATIONS

Un journaliste peut-il publier des informations tirées d'un dossier d'enquête ou d'instruction ? La réponse est malaisée car s'affrontent trois principes : celui du secret de la procédure, qui est nécessaire à la recherche des preuves et qui conduit à paralyser le journaliste (art. 11 C. pr. pén.) ; celui de la liberté d'expression qui, au contraire, justifie l'action du journaliste (art. 10 Conv. EDH) ; enfin celui de la présomption d'innocence qui, comme le premier, pousse au secret (Crim. 19 juin 2001, *Bull. crim.* n° 149 ; *D.* 2001. Jur. 2538, note B. Beignier et B. de Lamy, et 2002, Somm. 1463, obs. J. Pradel ; *RSC* 2002. 96, obs. B. Bouloc, le secret vise à protéger la présomption d'innocence).

La doctrine est considérable (P. Auvert, « Le journaliste, le juge et l'innocent », *RSC* 1996. 625 ; « Justice pénale, police et presse », sous la direction de R. Errera, Travaux de l'Institut de sciences criminelles de Poitiers, éd. Cujas, vol. 7, 1988 ; « Le respect de la présomption d'innocence et le secret de l'enquête et de l'instruction : une journée de réflexion organisée par la commission des lois du sénat », sous la direction de J. Larché, *Les rapports du Sénat,* n° 602, 1993-1994 ; « Justice et transparence » sous la présidence de J. Bérard et rapport C. Jolibois, *Les rapports du Sénat,* n° 247, 1994-1995). La jurisprudence de son côté, qu'elle soit interne ou européenne, est également importante. Trois décisions ont été choisies. Les deux premières sont relatives à la publication d'une constitution initiale de partie civile et la troisième intéresse le délit de recel de violation du secret de l'enquête et de l'instruction. Deux questions sont donc posées.

I. — La publication d'une constitution initiale de partie civile est-elle licite ?

Selon l'article 2 de la loi du 2 juillet 1931, « il est interdit de publier avant décision judiciaire, toute information relative à des constitutions de partie civile faites en application de l'article 63 du Code d'instruction criminelle (art. 85 C. pr. pén.) sous peine de l'amende de 18 000 € édictée par le dernier alinéa de l'article 39 de la loi du 29 juillet 1881 sur la presse ». Ce texte tend à assurer la protection de la réputation et de la considération des personnes visées dans une telle constitution de partie civile. D'un autre côté, il y a l'article 10 Conv. EDH qui affirme que « toute personne a droit à la liberté d'expression » (al. 1), tout en ajoutant certes que l'exercice de cette liberté peut être soumis « à certaines formalités, conditions, restrictions ou sanctions prévues par la loi qui constituent des mesures nécessaires dans une société démocratique... à la défense de l'ordre ou à la prévention du crime... à la protection de la réputation ou des droits d'autrui, pour empêcher la divulgation d'informations confidentielles ou pour garantir l'autorité et l'impartialité du pouvoir judiciaire ». Dans l'ensemble, le texte conventionnel assure la liberté de l'information.

Comment concilier les deux textes ou doit-on décider que l'un l'emporte sur l'autre ? Que décident les jurisprudences nationale et européenne et que peut-on en penser ?

A. — État de la jurisprudence

Les arrêts sont peu nombreux, mais très nets.

D'un côté les premières décisions, émanant de la chambre criminelle, appliquent strictement la loi du 2 juillet 1931 et confirment en conséquence les condamnations prononcées par les juges du fond sur la base de ce texte. Un des tout premiers arrêts ne vise que cette loi (Crim. 27 oct. 1992, *Bull. crim.* n° 343). Un second plus intéressant en ce qu'il vise à la fois la loi de 1931 et la Conv. EDH, décide que la loi de 1931 n'est pas incompatible avec l'article 10 Conv. EDH puisque la liberté d'expression peut être soumise à certaines restrictions (Crim. 19 mars 1996, *Bull. crim.* n° 117 ; *Procédures* 1996. Comm. 225, obs. J. Buisson). La solution et la motivation seront reprises exactement dans un arrêt de 2000 (Crim. 14 juin 2000, *Bull. crim.* n° 223 ; *D.* 2001. Somm. 515, obs. J. Pradel ; *RSC* 2001. 176, obs. J. Francillon). Dans ces deux dernières espèces, le journaliste auteur d'un article et le directeur de la publication (l'*Événement du Jeudi* en 1986 et *Le Monde* en 2000) s'étaient trouvés condamnés pour avoir fait état de constitutions de partie civile par voie initiale devant des juges d'instruction.

L'arrêt du 19 mars 1996 fut soumis aux juges de Strasbourg, ce qui nous valut la décision du 3 octobre 2000 ci-avant rapportée et condamnant la France. La CEDH, en effet, fit prévaloir la liberté d'expression sur le crédit et la considération des personnes visées par les plaintes avec partie civile.

La chambre criminelle, dans une dernière affaire, analogue aux deux précédentes, s'incline. Dans l'arrêt du 16 janvier 2001 également rapporté ci-avant, elle fit prévaloir le texte conventionnel sur la loi interne. C'est tout juste si elle adopta — pour sauver ce qui lui reste d'autonomie — une motivation légèrement différente.

B. — Appréciation de la jurisprudence

En faveur de l'applicabilité de la loi de 1931, la chambre criminelle invoquait le caractère non absolu de l'article 10 Conv. EDH. En faveur de sa non-applicabilité, la CEDH, dans son arrêt du 3 octobre 2000, avançait la liberté de la presse et le caractère trop absolu de la loi de 1931 en même temps que son caractère contradictoire puisqu'échappent à ses dispositions les plaintes simples, et enfin le fait que d'autres mécanismes protecteurs des droits de l'individu suffiraient. Enfin toujours dans le sens de la non-applicabilité de la loi de 1931, la chambre criminelle, dans son arrêt de janvier 2001, se fonde de façon peu détaillée (comme à son habitude fréquente) sur le caractère trop absolu de l'interdiction prévue par l'article 2 de la loi de 1931 et implicitement sur la supériorité des dispositions conventionnelles, la loi de 1931 étant « incompatible avec ces dispositions ».

1° Que la Conv. EDH soit supérieure à la loi interne est évident. Mais le dire sans rien ajouter d'autre est assez trompeur car l'article 10 du texte européen limite fortement le principe de liberté d'expression qu'il commence par affirmer. Et toute la question est de savoir si dans la sphère des limites et exceptions peut se glisser la loi de 1931. Il n'est pas question en effet de contester dans son principe la liberté d'expression en général et la liberté de la presse en particulier, qui joue, selon le CEDH, le rôle de chien de garde de la démocratie (arrêt du 27 mars 1996, *Goldwin c. Royaume Uni*, Rec. 1996. II, p. 500 et s. , *D.* 1997. Somm. 211, obs. N. Fricero). Il faut seulement éviter que cette liberté fasse des ravages qui seraient hors de proportion avec l'avantage qu'elle procure.

Or il nous semble que la loi de 1931 est indispensable pour éviter certaines dérives. La CEDH considère que l'interdiction édictée par la loi de 1931 traduit une différence de traitement inadmissible entre plainte avec partie civile et plainte simple. Les deux plaintes seraient très proches l'une de l'autre et il faudrait les traiter identiquement en étendant aux premières la règle d'une possible publicité admise pour les secondes (en ce sens J.-F. Renucci, obs. *D.* 2001. Somm. 1064). Il suffit pourtant de relire les travaux préparatoires de la loi de 1931 et de rappeler la nature de deux sortes de plaintes, la première seule lançant la poursuite, pour comprendre que l'assimilation n'est pas raisonnable. Si le législateur de 1931 a entendu exclure les constitutions de partie civile — et elles seules — c'est parce que celles-ci « se trouvent la plupart du temps utilisées pour satisfaire des intérêts ou des rancunes privés au service desquels l'action publique ne devrait point se mettre » (Travaux préparatoires de la loi, *D.* 1931. IV. 290, 1re colonne). Car souvent, « le mobile qui a poussé le plaignant à agir est moins avouable encore : individus assoiffés de basses vengeances diffamateurs d'habitude, maîtres professionnels qui monnaient leur désistement... » (*id.* p. 290, 2e colonne). Il est bien évident que, en se constituant partie civile, le plaignant peut obtenir de la victime des avantages indus s'il va donner à la presse le fait de sa constitution. Pareil chantage ne se conçoit pas en revanche dans le cas de la plainte simple qui ne met pas en mouvement l'action publique et qui même n'oblige pas le parquet à ouvrir une enquête. Que la presse publie des plaintes simples, soit. Mais qu'elle puisse publier des plaintes initiales avec partie civile la rend « complice » du chantage du plaignant qui en arrive à instrumentaliser la justice. Il est donc dommage que la CEDH n'ait pas saisi cet aspect des choses, qui il est vrai est presque propre au droit français. Et il est plus dommage encore que la Cour de cassation ait suivi la CEDH alors que l'article 10 Conv. EDH contient des échappatoires et permettait d'éviter un tel alignement.

2° Il y a plus encore car les juges de Strasbourg, en considérant qu'il y avait d'autres mécanismes protecteurs de la réputation de la personne, paraissent faire fausse route. La CEDH vise d'abord l'article 9-1 du Code civil qui permet à une personne présentée publiquement comme coupable d'obtenir du juge la publication d'un communiqué rectificatif. Mais il apparaît aussitôt que ce procédé fonctionne a posteriori, une fois que le mal est déjà fait. C'est préventivement qu'il faut agir et c'est pourquoi le législateur de 1931 avait vu juste. La CEDH évoque ensuite l'article 91 Code de procédure pénale, qui permet certes à la victime d'une constitution d'obtenir des dommages-intérêts de l'auteur de la constitution. Mais il faut qu'un non-lieu ait été rendu en sa faveur, ce qui laisse apparaître que là encore le remède agit après coup. Mieux vaut certes un remède *a posteriori* que pas de remède du tout. Mais mieux vaut encore un remède *a priori* qu'un remède *a posteriori*.

Que penser de tout cela ? Il est peu probable que la Cour de Strasbourg change sa jurisprudence, tant elle est attachée à la liberté d'expression (v. CEDH, 21 janv. 1999, *RTDH* 1999. 672, note Bigot ; *D.* 1999. Somm. 272, obs. N. Fricero, arrêt condamnant la France pour violation de l'art. 10 Conv. EDH ; 29 mars 2001, *Thoma c/ Luxembourg*, la liberté d'expression constitue l'un des fondements essentiels d'une société démocratique, 843 ; *RTDH* 2002. 203, obs. Spielmann) encore que dans ses dernières décisions, elle se montre plus sensible à la nécessaire conciliation entre la liberté d'expression et le droit à la réputation et à la présomption d'innocence. Elle indique en effet que le journaliste à des « devoirs et responsabilités » et qu'il ne saurait porter atteinte à la réputation d'autrui (CEDH, gr. ch., 10 déc. 2007, *Stoll c/ Suisse*, *JCP* 2008. I. 110, n° 11, obs F. Sudre ; v. aussi 22 oct. 2007, *JCP* 2007. II. 10193, note Derieux ; *JCP* 2008. I. 110, n° 10, obs. F. Sudre). D'un autre côté, il n'est pas sûr que la chambre criminelle modifie sa position nouvelle au moins dans le principe. Nous disons bien dans le principe car si la publication a été faite en termes imprudents et sans ménager la considération ou la réputation d'autrui, la répression fondée sur l'article 2 de la loi de 1931 resterait possible, se trouvant être conforme à l'article 10 Conv. EDH, (v. en ce sens, *a contrario* les moyens développés par l'auteur du pourvoi dans l'affaire ayant abouti à l'arrêt précité du 16 janvier 2001, *Bull. crim.* 2001, n° 10). Et pourtant la loi du 2 juillet 1931 est touchée et bientôt le législateur l'abrogera (Loi du 9 mars 2004, art. 53). On peut le regretter.

On notera d'ailleurs que l'arrêt strasbourgeois avait donné lieu à une opinion dissidente du juge français, M. Costa (dont le contenu est résumé en Sommaires commentés de droit pénal, *D.* 2001. Somm. 2346, obs. B. de Lamy).

II. — Un journaliste publiant des pièces d'une instruction est-il coupable de recel du secret de l'instruction ?

C'est la question, résolue par l'arrêt du 19 juin 2001, Les journalistes, on le sait, ne sont pas astreints au secret de la procédure, faute de concourir à celle-ci (v. *supra* n° 29). Mais devant les ravages causés par certains journalistes et notamment par le fait qu'ils peuvent égratigner la présomption d'innocence de personnes soupçonnées ou mises en examen, (et qui, le cas échéant, bénéficieront ultérieurement d'un non-lieu), la jurisprudence a imaginé un biais et ce fut le recel (art. 321-1 C. pén.) qui en constitua l'habillage technique. En voici le principe : les « fuites » ne pouvant provenir que de personnes concourant à la procédure (ou des avocats eux aussi tenus au secret en application de l'art. 160 du décret n° 91-1197 du 27 nov. 1991 sur la profession d'avocat), les journalistes qui tiennent leurs informations de ces personnes sont des receleurs et il importe peu que la source de leur information n'ait pu être déterminée.

On retrouve alors les deux conditions d'existence du délit de recel : l'élément moral puisque le journaliste, étant un professionnel, sait bien qu'il tient ses informations d'une personne concourant à la recherche de la vérité ;

l'élément matériel puisque l'information est contenue dans un support matériel (les procès-verbaux ou leurs photocopies), car doit-on le rappeler, le délit de recel ne saurait porter sur une simple information (Crim. 3 avr. 1995, *Bull. crim.* n° 142 ; *D.* 1995. Somm. 320, obs. J. Pradel). C'est cette construction d'ensemble que consacre l'arrêt du 19 juin 2001. En l'espèce, dans le cadre de l'affaire dite « des écoutes de l'Élysée », une information avait été ouverte qui devait aboutir à la mise en examen d'une personne. Peu après deux journalistes publiaient un ouvrage intitulé *Les oreilles du président* dont la matière était largement constituée d'informations tirées du dossier dont ils avaient eu connaissance, des pièces diverses leur ayant été communiquées par photocopie. La personne mise en examen attaqua les journalistes pour recel de violation du secret de l'instruction. Les journalistes furent condamnés de ce chef et leur pourvoi fut rejeté par l'arrêt du 19 juin 2001. Cette jurisprudence est parfaitement orthodoxe et les juges avaient déjà adopté cette qualification précédemment (Crim. 13 mai 1991, *Bull. crim.* n° 200 ; *D.* 1993. Somm. 17, obs. G. Azibert ; *RSC* 1992. 312, obs. J.-P. Delmas Saint-Hilaire ; Paris 16 juin 1999, *D.* 2000. Jur. 167, note C. Bigot).

Deux obstacles se dressent cependant devant cette jurisprudence.

a) Le premier est tiré de l'article 10 Conv. EDH qui consacre le principe de la liberté d'expression, même si le § 32 pose certaines exceptions comme la prévention du crime. Or la CEDH tient au respect de la liberté du principe de la presse. On l'a bien vu dans la fameuse affaire *Calvet*. Des journalistes avaient été condamnés pour avoir publié des informations sur le salaire d'un grand chef d'entreprise, en faisant ressortir que son salaire avait cru beaucoup plus que celui des salariés. La condamnation se fondait sur les articles L. 60 ancien Code pénal et L. 103 LPF (recel de violation du secret général) et elle avait été approuvée par la chambre criminelle (Crim. 3 avr. 1995, *JCP* 1995. II. 22429, note E. Derieux ; *D.* 1995. Somm. 320, obs. J. Pradel). Mais la CEDH condamna la France ; elle fit prévaloir la liberté d'expression ou relevant que « l'écrit litigieux » (l'article de presse dans le *Canard Enchaîné*), apportait une contribution à un débat relatif à une question d'intérêt général et en ajoutant que l'information fiscale en cause n'était pas secrète compte tenu notamment de la jurisprudence nationale selon laquelle les questions patrimoniales concernant une personne publique ne relèvent pas du domaine de la vie privée (CEDH 21 janv. 1999, *Fressoz et Roire c. France*, *JCP* 1999. II. 10120, note E. Derieux ; *RTD civ.* 1999. 359, obs. J. Hauser et 919, obs. J.-P. Marguénaud ; *D.* 1999. Somm. 272, obs. N. Fricero ; *RSC* 1999. 631, obs. F. Massias ; *RTD com.* 1999. 783, obs. F. Deboissy).

On ne peut cependant pas dire que le délit de recel est désormais totalement inapplicable : il existe bien un secret fiscal (art. L. 103 LPF), au moins si l'intérêt général n'est pas en cause — le critère est flou — et la qualification pénale de l'acte de divulgation (recel de violation d'un secret) est bonne (F. Deboissy et J.-C. Saint-Pau, « La divulgation d'une information patrimoniale. À propos de l'affaire Calvet », *D.* 2000. Chron. 267). On comprend donc que dans l'arrêt du 19 juin 2001, les juges aient légitimé l'application de ce délit de recel et exclu celle de l'article 10 Conv. EDH. Les journalistes avaient « pillé » le dossier pénal et publié de nombreuses informations confidentielles.

b) Le second obstacle est lui aussi assez sérieux. Il est apparu avec un arrêt de la chambre criminelle en date du 24 mai 2005 (*Bull. crim.* n° 155 ; *Rev. pénit.* 2006. 143, obs. J.-C. Saint-Pau ; *D.* 2005. IR 1962). Cette décision casse un arrêt d'appel qui n'avait pas indiqué que la divulgation du secret émanait d'une personne dépositaire de ce secret par état ou par profession. Ce qui revient à exiger pratiquement des juges du fond à préciser le nom de la personne qui a transmis les informations aux journalistes (v. cependant, Crim. 25 oct. 2005, *Bull. crim.* n° 268 ; *D.* 2005. IR 3037 ; *RTD com.* 2006. 496, obs. B. Bouloc, répression d'un journaliste qui avait fait illustrer un article relatant l'arrestation d'une personne par une photographie de celle-ci et qu'il s'était fait remettre par un policier). Cette exigence de la Cour de cassation paraît peu réaliste alors d'une part que le secret a nécessairement été divulgué par une personne tenue à la discrétion et d'autre part que l'on ne peut attendre aucun secours des journalistes qui peuvent toujours pas divulguer leurs sources (art. 109, al. 2 C. pr. pén.). Il est vrai que dans une décision postérieure, la chambre criminelle n'a pas repris cette exigence et n'a pas hésité à rejeter le pourvoi formé par ce journaliste poursuivi par recel de violation du secret de l'instruction ou du secret professionnel (Crim. 12 juin 2007, *Bull. crim.* n° 157 ; *JCP* 2007. I. 210, n° 12, obs. Dreyer, et II. 10159, note Fourment ; *AJ pénal* 2007. 439, note Royer ; *RSC* 2008. 95, obs. Francillon).

La construction jurisprudentielle sur le recel de la violation de secret professionnel risque cependant de perdre une partie de son intérêt. C'est d'autant plus dommageable que l'on voit de grands quotidiens publier aujourd'hui des pages entières de procès-verbaux d'instruction ! Les journalistes ne peuvent pas tout publier !

***

En marge de ces deux questions, on dira quelques mots de la loi du 4 janvier 2010 sur la protection du secret des sources des journalistes. Alors que la jurisprudence se méfie parfois des journalistes, cette loi les protége, qu'il s'agisse des perquisition effectuées dans les locaux d'une entreprise de presse (art. 56-2, qui prévoit des conditions strictes), du versement au dossier d'éléments de preuve obtenus par une réquisition prise en violation du principe du secret des sources des journalistes (art. 60-1, al. 3, déclarant nul un tel versement), de la transcription des correspondances téléphoniques avec un journaliste permettant d'identifier une source en violation du secret des sources des journalistes (art. 100-5, al. 4, déclarant nulles de telles transcriptions), enfin des auditions des journalistes à l'audience (art. 326, al. 2, et 437, al. 2, autorisant les journalistes à ne pas déposer).

J. P.

31

SAISINE DU JUGE D'INSTRUCTION — ÉTENDUE — FAIT NOUVEAU

Crim. 6 février 1996, *Procureur général près la cour d'appel d'Angers et autres* (*Bull. crim.* n° 60 ; *D.* 1996. Jur. 198, note J. Pradel et Somm. 262, obs. J. Pradel ; *Justices* 1996, n° 4, p. 286, Chron. D. Rebut ; *JCP* 1996. II. 22634, note P. Chambon ; *Dr. pénal* 1996, Comm. 74, obs. A. Maron ; *RSC* 1996. 880, obs. J.-P. Dintilhac ; *Rev. sociétés* 1997. 125, obs. B. Bouloc)

Le juge d'instruction qui, au cours de ses investigations, acquiert la connaissance de faits nouveaux peut dans l'urgence en consigner l'essentiel. Mais il ne saurait procéder à des actes qui présentant un caractère coercitif, exigent la mise en mouvement de l'action publique. D'où l'obligation pour le juge de communiquer la procédure au parquet aux fins de réquisitions.

Chambre criminelle, 6 février 1996

Procureur général près la Cour d'appel d'Angers et autres

Attendu qu'il résulte de l'arrêt attaqué et des pièces de la procédure qu'ayant eu connaissance d'autres faits qualifiés d'abus de biens sociaux, pouvant avoir été commis par les dirigeants de la Sté H..., antenne de Bourges, pour financer le bulletin municipal de la commune de Romorantin, le juge d'instruction a, le 13 févr. 1993, adressé aux sections des recherches de Paris et Angers une commission rogatoire faisant état de ce qu'il était « nécessaire de s'interroger sur les conditions de financement des chantiers réalisés par l'entreprise H... et tout particulièrement sur ceux traités par l'antenne de Bourges (chantiers Christian P..., marchés conclus avec la mairie de Romorantin) ; que cette commission rogatoire avait pour objet de « procéder à une enquête complète, à l'audition de tous témoins, à toutes constatations, perquisitions régulières partout où besoin sera ainsi qu'à toutes saisies qui paraîtront nécessaires à la manifestation de la vérité en vue d'identifier les auteurs ou complices » et précisait les règles à respecter en cas de mise en garde à vue ; qu'ensuite, le 26 février, le magistrat instructeur a délivré commission rogatoire aux fins d'obtenir les relevés des comptes bancaires du maire de Romorantin ; que, le 10 mars 1993, il a prescrit la mise sous écoutes téléphoniques du directeur de l'agence H... de Bourges, François B... ; que, le 11 mars, il s'est transporté à la Direction départementale des affaires sanitaires et sociales, à Orléans ;

Attendu que, les officiers de police judiciaire chargés de l'exécution des commissions rogatoires ayant, les 15 et 16 mars 1993, procédé à l'audition de François B... et en ayant informé le juge d'instruction, celui-ci a, le 16 mars 1993, décerné un mandat d'amener à l'égard de l'intéressé ; qu'enfin, le 17 mars 1993, il a communiqué la procédure en vue de réquisitions supplétives concernant ces nouveaux faits ; que, le même jour, le procureur de la République l'a requis d'informer sur ces faits sous la qualification « d'abus de biens sociaux » puis, le 8 avr. 1993, sous celle de « recel d'abus de biens sociaux » ;

Attendu qu'il ne peut être reproché à la chambre d'accusation d'avoir annulé l'ensemble des actes ainsi effectués, au motif que le magistrat avait « instruit » sur ces faits nouveaux sans en avoir été saisi, et d'avoir énoncé que ces actes d'instruction, méconnaissant les dispositions de l'art. 80 Code de procédure pénale, n'avaient pu servir de base aux réquisitoires supplétifs des 17 mars et 8 avr. 1993, lesquels étaient eux-mêmes, par voie de conséquence, entachés de nullité ; qu'en effet, les pouvoirs accordés au juge d'instruction par l'art. 81, al. 1er, Code de procédure pénale et qui lui permettent de procéder, conformément à la loi, à tous les actes d'information qu'il juge utiles à la manifestation de la vérité, sont limités aux seuls faits dont il est régulièrement saisi conformément aux art. 80 et 86 de ce Code ; que, lorsqu'il acquiert la connaissance de faits nouveaux, si l'art. 80 ne lui interdit pas, avant toute communication au procureur de la République, d'en consigner la substance dans un procès-verbal et, le cas échéant, d'effectuer d'urgence des vérifications sommaires pour en apprécier la vraisemblance, il ne peut, sans excéder ses pouvoirs, procéder à des actes qui, présentant comme en l'espèce un caractère coercitif, exigent la mise en mouvement préalable de l'action publique...

Par ces motifs, rejette.

OBSERVATIONS

Le principe général est bien connu : le juge d'instruction est saisi *in rem* en sorte qu'il informe sur les faits qui lui ont été dénoncés par le parquet ou la partie civile, mais seulement sur ces faits. Cette règle traditionnelle s'explique par le principe de séparation de la poursuite et de l'instruction. Car si le juge pouvait se saisir lui-même d'infractions non visées au réquisitoire introductif du parquet, il pourrait poursuivre des faits que ce dernier n'avait pas voulu lui communiquer. L'article 80 al. 1 du Code de procédure pénale, en conséquence, rappelle que « le juge d'instruction ne peut informer qu'en vertu d'un réquisitoire du procureur de la République ». Dans la pratique cependant, il est parfois difficile de déterminer la saisine du juge d'instruction : celle-ci se fonde-t-elle sur la lettre du réquisitoire ou sur les pièces d'enquête qui y sont annexées ? Dans le silence de la loi, la jurisprudence indique que « la saisine du juge, quant aux faits, est déterminée par les pièces annexées au réquisitoire » (Crim. 27 juin 1991, *D.* 1991. Jur. 587, note D. Mayer ; *ibid.* 1992. Somm. 98, obs. J. Pradel) ou visées au réquisitoire (Crim. 11 avr. 2002, *Bull. crim.* n° 87 ; *Rev. sociétés* 2002. 561, obs. B. Bouloc ; *RTD com.* 2002. 737, obs. B. Bouloc ; 8 juin 2005, *id.* n° 173). En cas de difficulté d'interprétation des pièces, c'est la chambre de l'instruction qui procède à la délimitation nécessaire et cela de façon discrétionnaire (Crim. 27 et 28 juin 1991, *Bull. crim.* n° 285 et 287 ; 8 juin 2005, *préc.*). Si le magistrat instructeur déborde sa saisine, en étendant ses investigations à des faits non virés au réquisitoire introductif, sa procédure en ce qui concerne les actes non vissés au réquisitoire est nulle (Crim. 28 sept. 2005, *Bull. crim.* n° 246).

La vraie difficulté est ailleurs. Elle réside dans la découverte par le juge d'instruction de faits nouveaux, au cours de ses investigations. Que doit faire le magistrat instructeur ? L'arrêt ci-dessus rapporté indique la marche à suivre à l'occasion d'une affaire très caractéristique. À la suite d'une banale affaire d'établissement de fausses attestations, un juge avait étendu ses investigations et découvert des faits d'abus de biens sociaux imputables à d'autres personnes que celles impliquées initialement. Concernant ces faits nouveaux le juge avait saisi des comptes bancaires, procédé à des écoutes téléphoniques et même décerné un mandat d'amener. Puis il avait sollicité du parquet un réquisitoire supplétif pour asseoir sa saisine sur ces faits. Le parquet avait accepté. Mais la chambre d'accusation annula les actes relatifs aux faits nouveaux par un arrêt que le procureur général frappa en vain d'un pourvoi. La chambre criminelle confirma donc la décision d'appel. Dans son arrêt du 6 février 1996, la chambre criminelle précise en effet que le juge peut, à l'occasion de la découverte de faits nouveaux, en consigner la substance à titre conservatoire car l'article 80 du Code de procédure pénale ne le lui interdit pas. Mais il ne peut aller au-delà en réalisant des actes de nature coercitive, ces actes exigeant la mise en mouvement préalable de l'action publique. On peut en déduire que, ces actes urgents effectués, le juge doit solliciter du parquet un réquisitoire supplétif. Ainsi la chambre criminelle, dans cet arrêt que l'on peut considérer comme un arrêt de principe, indique exactement les pouvoirs du juge d'instruction (v. dans le même sens, Crim. 30 mai 1996, *Bull. crim.* n° 226 ; *Dr. pénal* 1996. Comm. 169 et 174, obs. A. Maron ; *RSC* 1996. 880, obs. J.-P. Dintilhac ; 1er déc. 1998, *Bull. crim.* n° 323 ; *RTD com.* 1999. 777, obs. B. Bouloc ; 10 mai 2001, *Procédures* 2001. Comm. 180, obs. J. Buisson). Cependant, l'exercice de ces pouvoirs supposant un fait nouveau, il faut bien savoir ce que recouvre le fait nouveau. Quelques remarques enfin s'imposent sur le cas voisin où la découverte des faits nouveaux est faite par des enquêteurs opérant sur commission rogatoire.

I. — Pouvoirs du juge d'instruction à l'égard des faits nouveaux découverts en cours d'instruction

Ces pouvoirs, on doit les considérer d'un double point de vue, positivement et négativement.

A. — Positivement

L'arrêt du 6 février 1996 énonce clairement ce que peut faire le juge d'instruction : il peut consigner la substance des faits nouveaux et effectuer les actes urgents, c'est-à-dire en fait « fixer » les preuves. Par exemple, le juge pourra entendre un témoin qui lui rapporte un fait dont il n'est pas saisi et il pourra même lui poser des questions pour donner quelque consistance aux déclarations de ce témoin. Le juge pourra aussi signer une commission rogatoire afin que soient consignés d'urgence des indices ou des déclarations (v. aussi Crim. 30 juin 1999, *Bull. crim.* n° 176 ; *D.* 1999. Somm. 326, obs. J. Pradel, permettant de procéder à des vérifications auprès de l'administration fiscale et de se faire remettre volontairement des documents). L'arrêt parle de la « substance » des faits nouveaux. Ce qui évoque « l'essentiel, l'important » (Littré. *Dictionnaire de la langue française*, V. *Substance*).

Le vrai fondement de ce pouvoir accordé au juge d'instruction est celui-ci. C'est grâce à ces constatations que pourra être appréciée la vraisemblance des faits nouveaux (Crim. 6 février 1996 ; 1er déc. 1998, *Bull. crim.* n° 323, *préc.* ; 11 mai 2000, *Bull. crim.* n° 186 ; *D.* 2000. IR 225, tous arrêts indiquant que le juge et les enquêteurs peuvent avant communication au parquet procéder à des actes concernant les faits nouveaux « pour en apprécier la vraisemblance »). Et c'est grâce à ces constatations que le parquet ainsi informé par l'effet d'une ordonnance de soit-communiqué du juge d'instruction sera en mesure de prendre une décision sur la suite à donner (réquisitoire supplétif au juge d'instruction pour élargir sa saisine, poursuite autonome, voire classement sans suite) : c'est ce qu'indique l'article 80, alinéa 3 du Code de procédure pénale.

Déjà dans un arrêt du 18 décembre 1908, rendu au rapport du conseiller Laurent-Atthalin (*Bull. crim.* n° 495), la chambre criminelle rappelait ceci : « Il est essentiellement de l'office du juge d'instruction, avisé par la déclaration d'un témoin de l'existence d'un fait délictueux quelconque, de faire préciser cette déclaration et, le cas échéant, d'en vérifier sommairement l'exactitude... ». Plus récemment, la même juridiction rappelait que « le juge a le droit et le devoir... de recevoir et de consigner toutes révélations relatives à l'existence de crimes et délits même non visés dans le réquisitoire introductif et de procéder aux vérifications que peuvent exiger ces constatations pour mettre le procureur en mesure d'apprécier l'opportunité de poursuites nouvelles » (Crim. 28 mai 1957, *Bull. crim.* n° 447). On glisse du pouvoir au devoir.

Cependant l'activité du magistrat instructeur est entendue strictement. La Cour de cassation use des mots « sommaire » (Crim. 11 déc. 1908, *préc.*) ou « sommairement » (Crim. 6 févr. 1996, *préc.* ; *adde* : Crim. 30 juin 1999, *préc.* permettant l'accomplissement d'actes sur trois jours), ce qui fait apparaître les limites de cette activité.

B. — Négativement

Le juge ne peut pas accomplir des « actes qui présentent un caractère coercitif » et c'est ici qu'apparaît la nouveauté de l'arrêt du 6 février 1996. À l'instar des cholestérols, bons parfois et mauvais d'autres fois, il y a les bons actes d'instruction (les actes conservatoires, que le juge peut faire) et les mauvais actes (qu'il ne peut pas faire).

Que recouvre cette notion d'actes coercitifs ? Si l'on considère ce qu'avait fait en l'espèce le juge, on répondra qu'il s'agit d'écoutes téléphoniques et de mandats d'amener, voire de saisies. Cependant, la notion va beaucoup plus loin. Elle inclut tous les autres mandats, y compris le discret mandat de comparution et, certainement aussi la mise en examen, acte capital pour celui qui en est l'objet, tous ces actes supposant le déclenchement de la poursuite, comme le note notre arrêt. Or la poursuite est un monopole du parquet. Si les perquisitions et saisies sont possibles de la part de la police judiciaire avant poursuite, c'est car il y a urgence. La conséquence de tout cela, c'est que tout acte coercitif effectué de son propre mouvement par le juge d'instruction (ou par les officiers de police judiciaire agissant sur commission rogatoire) est nul de nullité absolue : il y a en effet atteinte à un principe d'organisation judiciaire, celui de la séparation de la poursuite et de l'instruction (Crim. 11 févr. 1975, *Bull. crim.* n° 45, pour une inculpation nouvelle ; 9 avr. 1986, *Bull. crim.* n° 122, pour un mandat de dépôt ; 13 déc. 2000, *Bull. crim.* n° 377, pour une perquisition). Ainsi — et c'est essentiel — le juge d'instruction dès l'accomplissement des diligences conservatoires et vérificatrices, doit communiquer son dossier au parquet (art. 80, al. 3 C. pr. pén.) et il ne pourra effectuer des actes coercitifs qu'après avoir reçu du parquet une sorte de « feu vert » sous la forme de réquisitions supplétives.

Tout ce processus suppose évidemment qu'il y ait bien fait nouveau.

II. — Ce que sont les faits nouveaux découverts en cours d'instruction

On observera avants tout que le fait nouveau n'est pas le droit nouveau. Ce qui signifie que le juge peut qualifier comme il l'entend les faits qui lui ont été attribués par le parquet, celui-ci n'ayant pu que lui proposer une qualification (Crim. 23 janv. 1990, *Bull. crim.* n° 42). Donc le juge désireux de requalifier les faits n'est pas obligé de solliciter du parquet un réquisitoire supplétif. Encore faut-il bien sûr que les faits requalifiés par le juge soient les mêmes que ceux visés par le parquet.

Cela dit, les faits nouveaux s'entendent de deux façons.

A. — Faits totalement nouveaux

Il existe en premier lieu des faits franchement nouveaux. Un juge saisi du chef de vol d'un tableau ancien découvre une escroquerie. On peut aussi évoquer le cas de faits postérieurs au réquisitoire introductif, même s'ils traduisent la simple persistance d'une volonté coupable qui s'était déjà manifestée avant ce réquisitoire : c'est le cas des infractions continues, le juge ne pouvant connaître des faits postérieurs au réquisitoire que s'il a un réquisitoire supplétif (Crim. 12 févr. 1969, *Bull. crim.* n° 69 ; *RSC* 1969. 888, obs. J.-M. Robert).

B. — Faits partiellement nouveaux

Les choses sont moins simples lorsque les faits ne sont que partiellement nouveaux. On peut présenter les choses ainsi.

1° Lorsque le fait nouveau s'intègre au fait déjà connu (puisque visé au réquisitoire introductif) un réquisitoire supplétif n'est pas nécessaire. Il en est ainsi en cas d'indivisibilité, notion supposant « entre les divers faits... un lien tel que l'existence des uns ne peut se comprendre sans l'existence des autres » (Crim. 24 juill. 1875, *Bull. crim.* n° 239). Il en va de même « quand les faits sont si intimement liés que l'une des infractions est la suite nécessaire de l'autre » (Cass. ch. réunies 22 avr. 1869, *D.* 1869. I. 377).

Donnons des exemples. Saisi du chef de meurtres simple, le juge découvre que l'auteur a agi avec préméditation : un réquisitoire supplétif n'est pas nécessaire car la préméditation n'est pas un fait nouveau et s'intègre naturellement à l'acte homicide (Crim. 27 juill. 1970, *Bull. crim.* n° 249). Le juge saisi de vols multiples en découvre d'autres commis de la même façon :

des réquisitions supplétives ne sont pas là, semble-t-il, non plus nécessaires. Dans une information pour favoritisme après dénonciation de l'irrégularité d'un marché, le juge se trouve saisi de l'ensemble des actes irréguliers, notamment des avenants antérieurs à sa saisine et se rattachant par un lien d'indivisibilité à ce marché (Crim. 20 septembre 2000, *Bull. crim.* n° 275). Enfin en cas de poursuite du chef d'association de malfaiteurs, il a été admis que le juge peut parfaitement confier à la police judiciaire le soin de rechercher si les personnes poursuivies de ce chef avaient commis d'autres infractions que celles visés au réquisitoire introductif (Crim. 12 févr. 1985, *Bull. crim.* n° 69 ; *JCP* 1986. I. 20587, note W. Jeandidier) : car les nouveaux délits en projet, découverts grâce à la commission rogatoire, s'intègrent au délit d'association de malfaiteurs qui implique « la préparation... d'un ou plusieurs crimes ou d'un ou plusieurs délits... » (art. 450-1 C. pén.).

2° Au contraire, si le fait nouveau est seulement connexe au fait initialement déféré au juge, il semble que le juge ne puisse agir coercitivement sans réquisitions supplétives. Sans doute la jurisprudence décide-t-elle différemment (Crim. 25 nov. 1969, *Bull. crim.* n° 314). Mais cette jurisprudence, d'ailleurs un peu ancienne, paraît hasardeuse : les faits connexes ont leur propre autonomie.

III. — Cas particulier des faits nouveaux découverts par les enquêteurs agissant rogatoirement

Ces règles valent-elles encore dans ce cas ? Dans le principe, la réponse est affirmative. Il a été jugé en effet que les enquêteurs « peuvent avant toute communication au juge des procès-verbaux les constatant, effectuer d'urgence des vérifications sommaires pour en apprécier la vraisemblance » (Crim. 11 mai 2000, *Bull. crim.* n° 186, *préc.*). Mais en revanche, les enquêteurs ne peuvent placer en garde à vue une personne (Crim. 1er avr. 1998, *Bull. crim.* n° 124 ; *RG proc.* 1999, 90 chron. D. Rebut) ni saisir des documents (Crim. 24 nov. 1998, *Bull. crim.* n° 315 ; *Procédures* 1999. Comm. n° 106, obs. J. Buisson ; *Dr. pénal* 1999. Comm. 50, obs. A. Maron ; 28 sept. 2005, *Bull. crim.* n° 246 ; *AJ pénal* 2005. 458, obs. Roussel). Plus généralement, ces enquêteurs « ne peuvent procéder à des actes revêtant un caractère coercitif, pouvant uniquement mettre en œuvre les pouvoirs qu'ils tiennent des règles prévues pour les enquêtes préliminaires ou de flagrance » (Crim. 13 déc. 2000, *Bull. crim.* n° 377, *préc.* ; *Procédures* 2001, Comm. 114, obs. J. Buisson). Cette dernière décision a été reprise plus récemment (Ass. plén. 22 nov. 2002, *Bull. crim.* n° 2 ; *D.* 2003. IR 108 ; *Rev. sociétés* 2003. 359 ; obs. B. Bouloc ; *RSC* 2003. 325, obs. B. Bouloc et 373, obs. J. Buisson ; *RTD com.* 2003. 390, obs. B. Bouloc). C'est logique. Mais il est curieux que les juges excluent tout pouvoir coercitif et fassent appel aux pouvoirs des enquêteurs en cas de flagrance, qui sont des pouvoirs coercitifs à propos des perquisitions par exemple !

En outre, doit-on le rappeler, les enquêteurs découvrant des faits étrangers à l'infraction et susceptibles d'une incrimination pénale doivent en informer le juge mandant (Crim. 14 janv. 1992, *Bull. crim.* n° 13 ; *RSC* 1993. 130, obs. A. Braunschweig).

J. P.

32

PREMIÈRE COMPARUTION DE LA PERSONNE MISE EN EXAMEN DEVANT LE JUGE D'INSTRUCTION — IMPORTANCE

Crim. 27 novembre 1963, *Poupard* (*Bull. crim.* n° 338 ; *JCP* 1964. II. 13543, note P. Chambon) ; Crim. 12 octobre 1972, *Camerini* (*Bull. crim.* n° 286 ; *D.* 1973. Jur. 170, note J. Pradel) ; Crim. 6 novembre 1979, *Haguel* (*Bull. crim.* n° 306)

Le juge d'instruction saisi contre une personne dénommée n'est pas tenu, avant de rendre une ordonnance de non-lieu, de procéder à son interrogatoire de première comparution lorsque sa culpabilité est dès l'abord exclue (1re espèce).

Nul ne peut être jugé ni mis en accusation s'il n'a fait l'objet d'un interrogatoire ou si, à défaut, il n'a pas été dûment appelé à cette fin (2e espèce).

La première comparution de l'inculpé n'a pas à être suivie d'un interrogatoire sur le fond lorsqu'elle a permis à l'inculpé de s'expliquer suffisamment (3e espèce).

Chambre criminelle, 27 novembre 1963

Poupard

Sur le troisième moyen de cassation pris de la violation de l'article 7 de la loi du 20 avril 1810, défaut de motifs, manque de base légale,

« en ce que l'arrêt attaqué n'a pas répondu au moyen d'appel du demandeur pris de ce que le dossier d'instruction ne comportait pas d'interrogatoire de l'inculpé » ;

Attendu que la chambre d'accusation, répondant au grief formulé sur ce point dans le mémoire dont le demandeur l'avait saisie, déclare qu'en l'état des documents produits et des témoignages recueillis à l'information, le juge d'instruction a décidé, à bon droit, qu'il n'y avait lieu de suivre sur la plainte de la partie civile, encore bien que Privas, contre qui les poursuites étaient exercées, n'eût point été régulièrement inculpé ni interrogé par le magistrat instructeur ;

Attendu qu'en statuant ainsi, l'arrêt attaqué n'a violé aucune disposition légale ;

Qu'en effet, le juge d'instruction avant de rendre une décision de non-lieu, n'est pas tenu de procéder à l'inculpation ni même à l'audition de la personne visée dans l'acte de poursuite, s'il lui apparaît au vu des éléments de l'information et sans qu'il soit besoin de recevoir ses déclarations, que la culpabilité de cette personne se trouve d'ores et déjà exclue ;

D'où il suit que le moyen doit être rejeté ;

Chambre criminelle, 12 octobre 1972

Camerini

Attendu que nul ne peut être jugé, ni mis en accusation, sans avoir été entendu ou dûment appelé ;

Attendu qu'il résulte des énonciations de l'arrêt attaqué que Camerini, qui avait pris la fuite dès l'ouverture de l'information, a été écroué en exécution d'un mandat d'arrêt, postérieurement à la date de l'ordonnance de transmission de pièces au procureur général ;

Attendu que, pour rejeter une requête de Camerini, qui demandait à fournir ses explications au cours d'un supplément d'information, ce même arrêt mentionne que la procédure était régulière dès lors que le demandeur s'était mis dans l'impossibilité d'être interrogé, et avait été régulièrement appelé par un mandat de justice, notifié au dernier domicile connu et diffusé sur tout le territoire national ;

Mais attendu qu'en statuant ainsi, la chambre d'accusation a gravement méconnu les droits de la défense ; qu'en effet, en matière criminelle, seul l'arrêt de renvoi marque la clôture de l'information ;

D'où il suit qu'en renvoyant un inculpé, alors détenu, devant la cour d'assises, sans lui faire connaître les faits qui lui étaient imputés, et en refusant de recevoir ses explications, alors qu'il n'avait jamais été entendu, l'arrêt a enfreint les dispositions, imposées à peine de nullité par les articles 114 et 170 du Code de procédure pénale ;

D'où il suit que la cassation est encourue ;

Par ces motifs :

Casse et annule l'arrêt de la chambre d'accusation de la cour d'appel de Toulouse du 3 mai 1972.

Chambre criminelle, 6 novembre 1979

Haguel

Sur le moyen unique de cassation pris de la violation des articles 114, 118, 170 et 172 du Code de procédure pénale, 593 du même Code, défaut de motifs et manque de base légale, ensemble violation des droits de la défense,

Sur la première branche du moyen ;

Attendu que pour écarter l'exception présentée régulièrement par les demandeurs tirée de la nullité prétendue de la procédure d'instruction, en ce qu'il n'aurait pas été procédé à leur interrogatoire sur le fond, la seule formalité du procès-verbal de comparution ayant été accomplie à leur égard, l'arrêt attaqué relève que, conformément aux prescriptions de l'article 114 du Code de procédure pénale, le juge d'instruction a fait connaître expressément à chacun des inculpés les faits qui leur étaient reprochés sous les inculpations d'escroquerie et complicité et d'infractions à la législation sur les chèques ; que les susnommés se sont expliqués sur le fond, les déclarations de Haguel ayant été faites en présence de son conseil ;

Que dans ces conditions, les demandeurs ne sont pas fondés à soutenir qu'en l'absence d'interrogatoire, il y a eu atteinte aux droits de la défense ;

Que dès lors, le moyen pris en sa première branche doit être rejeté ;

Sur la seconde branche du moyen ;

Attendu qu'il ne résulte ni des énonciations de l'arrêt, ni de celles du jugement, ni d'aucunes conclusions régulièrement déposées devant le tribunal que les demandeurs aient présenté devant celui-ci l'exception de nullité prétendue de la procédure d'instruction en ce que, en l'absence de tout interrogatoire sur le fond, les conseils des inculpés n'auraient pas été mis en mesure de prendre connaissance du dossier ;

Qu'ainsi cette branche du moyen est irrecevable aux termes exprès de l'article 385 du Code de procédure pénale ;

Et attendu que l'arrêt est régulier en la forme ;

Rejette les pourvois.

OBSERVATIONS

Le Code d'instruction criminelle ne connaissait qu'une seule notion d'interrogatoire. C'est la loi du 8 décembre 1897, dite loi *Constans*, qui a distingué entre l'interrogatoire de première comparution et l'interrogatoire sur le fond. Cette distinction cardinale a été reprise par le Code de procédure pénale en ses articles 114 et suivants. Mais si la loi de 1897 et le Code de 1959 ont fixé le déroulement du premier interrogatoire, ils n'ont rien dit de son importance réelle. Est-il toujours nécessaire (*comp.* art. 328, 410, 411, 513 C. pr. pén. qui imposent l'interrogatoire devant les juridictions de jugement) ? Est-il parfois suffisant ou ne faut-il pas au contraire qu'il soit systématiquement suivi d'un ou de plusieurs interrogatoires au fond ? C'est la jurisprudence qui a résolu ces deux questions.

I. — L'interrogatoire de première comparution est-il toujours nécessaire ?

Deux arrêts répondent à cette question de manière complémentaire et sans se contredire, en dépit des apparences. Tandis que l'arrêt *Camerini* rappelle le principe général que « nul ne peut être jugé ni mis en accusation sans avoir été entendu ou dûment appelé », l'arrêt *Poupard* exprime la règle particulière que la première comparution n'est pas nécessaire « si la culpabilité de la personne poursuivie se trouve d'ores et déjà exclue ». Apparaissent donc un principe et des exceptions.

A. — Le principe

Dans l'affaire *Camerini*, l'inculpé avait pris la fuite dès le début de l'information et il n'avait été arrêté qu'après ordonnance de transmission des pièces au procureur général (à l'époque où, en matière criminelle, l'instruction par le juge d'instruction devait être complétée par la chambre d'accusation qui était saisie par cette ordonnance). Il voulut alors fournir des explications à la chambre d'accusation qui rejeta sa requête à cette fin et rendit un arrêt de renvoi devant la cour d'assises. La Cour suprême fustigea un tel procédé qui lui paraissait attentatoire aux droits de la défense et affirma fortement la nécessité de principe de l'interrogatoire.

À vrai dire la solution n'est pas nouvelle, la Cour de cassation l'ayant déjà exprimé en des termes à peu près identiques (Crim. 12 févr. 1835, *Bull. crim.* n° 54 ; 8 avr. 1892, *Bull. crim.* n° 104 ; 12 sept. 1912, *Bull. crim.* n° 480 ; 1er déc. 1966, *Bull. crim.* n° 275 ; *D.* 1967. 23, rapport J.-L. Costa). Très anciennement, la chambre civile de la Cour de cassation avait même dit de manière voisine que « personne ne doit être condamné sans avoir été interpellé et mis en demeure de se défendre » (Civ., 7 mai 1828, *S.* 1828. 1. 329). Revenons à la procédure pénale en examinant le principe dans son fondement, dans sa sanction et dans ses conséquences.

1° C'est en dégageant la nature de l'interrogatoire (en général) que l'on peut discerner le fondement de la jurisprudence *Camerini*. Depuis fort longtemps, la chambre criminelle affirme que l'interrogatoire est à la fois un moyen d'instruction et un moyen de défense (Crim. 16 nov. 1849, *S.* 1850. 1. 524). Peu après la doctrine confirmait cette analyse (Faustin-Hélie, IV, n° 1919, t. VI, n° 2905 ; VII, n° 3542). Et il est remarquable de constater que l'affirmation selon laquelle l'interrogatoire est notamment un moyen de défense a été faite en jurisprudence et en doctrine plusieurs décennies avant la loi du 8 décembre 1897 dont on a trop dit qu'elle avait créé la théorie des droits de la défense.

Il n'en reste pas moins que la loi de 1897 et aujourd'hui les articles 114 et suivants du Code de procédure pénale, ont considérablement renforcé le caractère de défense du premier interrogatoire. En effet, au cours de cet interrogatoire, le juge doit faire connaître à la personne mise en examen : 1° les faits qui lui sont reprochés (mise en examen ou ex-inculpation) ; 2° son droit de ne faire aucune déclaration ; 3° son droit à l'assistance d'un conseil qu'elle pourra rencontrer aussitôt. En ne procédant pas à cet interrogatoire ou en refusant à l'intéressé la possibilité (même le droit) de le subir, le juge d'instruction et la chambre de l'instruction portent gravement atteinte à l'organisation de la défense. Mais il y a plus encore car seul l'interrogatoire de première comparution entraîne ou peut entraîner un ou plusieurs interrogatoires sur le fond, ces derniers déclenchant pour l'intéressé le bénéfice de deux autres droits (présence de l'avocat à ces interrogatoires et mise du dossier à la disposition de celui-ci avant lesdits interrogatoires, art. 114 C. pr. pén.). Par conséquent, l'exclusion de la première comparution peut enlever deux prérogatives à l'intéressé, sans compter celle de la possibilité de s'expliquer devant un magistrat.

Certes, l'exclusion de tout interrogatoire au cours de l'instruction préparatoire laisse la possibilité à l'individu poursuivi de s'expliquer devant la juridiction de jugement. Mais la chance d'avoir pu obtenir un non-lieu a disparu et les interrogatoires d'audience étaient traditionnellement rapides ou même parfois tout empreints des préjugés de l'instruction préparatoire (R. Vouin, « L'interrogatoire de l'accusé par le président de la cour d'assises », *RSC* 1955. 43). Aujourd'hui, semble-t-il, l'instruction d'audience, en matière criminelle au moins, est beaucoup plus soignée.

2° Ainsi justifiée, la nécessité de principe de la première comparution doit être sanctionnée. La méconnaissance des droits de la défense est sanctionnée de la nullité de l'acte, voire des actes ultérieurs (art. 171 et 174 C. pr. pén.). Comme l'omission de la première comparution porte bien atteinte aux droits de la défense, il est logique d'annuler la procédure à partir du moment où cet interrogatoire aurait dû être fait. Et comme les magistrats sont libres d'y procéder quand ils l'estiment opportun, c'est la décision de clôture qui seule doit être annulée. C'est ainsi qu'ont raisonné les magistrats de la Cour de cassation dans l'affaire *Camerini* (v. dans le même sens Crim. 8 avr. 1892, *préc.*). Une fois pourtant, la Cour suprême s'était refusée à prononcer la nullité (Crim. 12 sept. 1912, *préc.*).

3° La jurisprudence a tiré du principe une conséquence relative à une espèce dans laquelle un juge d'instruction avait lancé un mandat d'arrêt contre un individu qu'il n'a jamais pu interroger par la suite, ce mandat n'ayant pas été précédé de l'avis du parquet qu'exige l'article 131 du Code de procédure pénale. La Cour suprême en a déduit que ce mandat était nul de sorte que l'intéressé n'avait pas été dûment appelé (Crim. 7 avr. 1987, *Bull. crim.* n° 159 ; Douai, ch. acc. 3 mars 1993, *D.* 1994. Somm. 189, obs. J. Pradel). Inversement, ce mandat est valable si l'article 131 a été respecté (Crim. 26 janv. 2000, *Bull. crim.* n° 44)

B. — Les exceptions

Un principe cependant est rarement sans faille. Il existe deux cas dans lesquels la procédure reste régulière malgré l'absence de tout interrogatoire.

1° Le premier cas est indiqué par l'arrêt *Camerini* lui-même qui après avoir affirmé que « nul ne peut être jugé, ni mis en accusation sans avoir été entendu » ajoute les mots « ou dûment appelé ». Ce n'est donc pas l'interrogatoire en soi qui est indispensable, c'est l'effort fait par le juge pour qu'il ait lieu qui l'est. Sans cette réserve, l'intéressé pourrait se dérober et il ne serait jamais renvoyé devant la juridiction de jugement. Le mauvais vouloir de l'individu poursuivi (ou exceptionnellement son déménagement et son ignorance de la poursuite), justifie donc le juge de n'avoir pas procédé à l'interrogatoire de première comparution.

Toute la difficulté est de savoir quand l'intéressé peut être considéré comme ayant été « dûment appelé ». Il est certain tout d'abord que si un mandat d'arrêt a été décerné, il est censé avoir été « dûment appelé » (Crim. 3 janv. 1891, *D.* 1891. 1. 447). On doit également admettre sans hésitation qu'il n'a pas été « dûment appelé » s'il a été convoqué par simple lettre ou par la voie administrative. Un tel mode en effet n'est pas prévu par la loi à l'égard des personnes poursuivies, et s'il est prévu pour les témoins (art. 101 C. pr. pén.), il est établi que ces derniers ne peuvent être condamnés pour non-comparution lorsqu'ils n'ont été touchés que par ce mode (Crim. 18 oct. 1956, *D.* 1956. 774). Reste la situation intermédiaire, celle dans laquelle l'intéressé a été touché par mandat de comparution. La jurisprudence répute « dûment appelé » l'individu qui a fait l'objet d'un mandat de comparution et qui n'y a pas déféré (Crim. 25 juill. 1979, *Bull. crim.* n° 252). Cet arrêt laisse d'ailleurs entendre que le bénéfice des droits de la défense se mérite puisque le fait pour l'intéressé de se soustraire à l'exécution d'un mandat de comparution lui ôte le droit de les invoquer. Cependant, la portée de l'arrêt du 25 juillet 1979 paraît réduite car, en l'espèce, la poursuite se fondait sur le délit d'injures publiques envers les armées (art. 29, 30 et 33 de la loi du 29 juillet 1881). La Cour de cassation adopterait-elle la même solution pour une infraction plus grave, notamment pour un crime ? Ce n'est pas certain du tout. Il est vrai qu'alors le juge usant le plus souvent du mandat d'amener, la difficulté est résolue d'elle-même.

2° La seconde exception à la nécessité de la première comparution (et à plus forte raison de tout interrogatoire ultérieur) est formulée par l'arrêt *Poupard*. Cet interrogatoire devient inutile lorsque la culpabilité de la personne poursuivie est nécessairement exclue.

Cette règle, souvent appliquée par les praticiens, est parfois critiquée. On fait observer qu'il est inconcevable qu'une instruction diligentée contre une personne dénommée puisse se terminer sans que cette personne en ait été informée (P. Chambon, note sous Crim. 27 nov. 1963, *Bull. crim.* n° 338 ; *JCP* 1964. II. 13543). Nous ne sommes pas de cet avis, pour deux raisons. En fait un tel acte fait perdre du temps à tout le monde. Et surtout en droit, l'interrogatoire de première comparution ne se conçoit que si le juge peut faire connaître à l'intéressé « chacun des faits dont il est saisi » (art. 116, al. 2 C. pr. pén.), alors que, par hypothèse, rien ne peut ici lui être imputé. Cette analyse est un peu confirmée par la nouvelle réduction de l'article 116 du Code de procédure pénale sur la première comparution (loi du 15 juin 2000) : le juge qui « envisage de mettre en examen une personne » procède à sa première comparution avec interrogatoire ou audition et si à l'issue de cet acte il constate que manquent les éléments à charge, il l'informe qu'elle n'est pas mise en examen. Il y aura certes en première comparution mais sans suite réelle et sans mise en examen.

Le domaine de la jurisprudence *Poupard* doit toutefois être bien compris car en l'espèce l'initiative de la poursuite émanait du parquet. Si au contraire, l'initiative vient d'une victime prétendue qui se constitue partie civile par voie d'action et de façon nominative, les choses se présentent différemment. C'est qu'en effet, l'article 91 du Code de procédure pénale, prévoit que la personne mise en examen et toute personne visée dans la plainte peuvent, en cas de non-lieu et après survenance de celui-ci, agir en dommages-intérêts contre le signataire de cette plainte. Pratiquement, cette disposition impose au juge d'instruction soit de mettre en examen la personne visée dans la plainte soit d'entendre cette personne en qualité de témoin assisté (art. 113-2, al. 1 C. proc. pén.). Faire subir à cette personne un interrogatoire de première comparution, c'est-à-dire la mettre en examen, ou l'entendre comme témoin assisté lui permet de connaître l'issue de la procédure d'instruction puisque les ordonnances de règlement sont portées à la connaissance des mis en examen et des témoins assistés (art. 183, al. 1 C. pr. pén.). Ces personnes pourront donc agir en réparation sur le fondement de l'article 91 *précité*.

Dans l'application, la principale difficulté suscitée par l'arrêt *Poupard* est de savoir dans quels cas la culpabilité de l'individu poursuivi peut être réputée comme d'ores et déjà exclue. Question de fait évidemment. Il est sûr en tout cas que le premier interrogatoire, parce qu'il met en mouvement les droits de la défense, doit intervenir dès qu'apparaissent des « indices graves et concordants d'avoir participé aux faits dont le juge d'instruction est saisi » (art. 105 C. pr. pén.) ou peut intervenir quand « il existe des indices graves ou concordants rendant vraisemblables » que la personne ait « pu participer comme auteur ou comme complice à la commission des infractions » dont le juge d'instruction est saisi (art. 80-1, al. 1 C. pr. pén.). Mais dans bien des cas, le juge d'instruction pourrait se contenter d'entendre le suspect comme témoin assisté : en effet toute personne visée expressément dans un réquisitoire introductif et qui n'est pas mise en examen ne peut être entendue que comme témoin assisté, décide aujourd'hui l'article 113-1 du Code de procédure pénale (L. du 15 juin 2000). Encore que si le juge considère qu'il n'y a même pas des indices de participation aux faits à la charge de la personne visée au réquisitoire (art. 113-2, al. 2 C. pr. pén.), il ne sera même pas tenu d'entendre cette personne. Car ce qu'imposent à notre avis les articles 113-1 et suivants au juge, c'est d'entendre la personne visée au réquisitoire ou dans une plainte comme témoin assisté, *s'il entend l'interroger, c'est-à-dire s'il a un doute sur sa culpabilité*. Mais si d'ores et déjà, le juge exclut la culpabilité, il n'est pas tenu de l'entendre et il pourra clore sa procédure sans l'avoir entendue. C'est pratiquement ce que disait l'arrêt Poupard déjà bien avant la loi du 15 juin 2000.

Si en revanche, le magistrat instructeur met en examen une personne, doit-il faire suivre la première comparution d'un interrogatoire ultérieur ? C'est le second problème.

II. — Faut-il toujours un interrogatoire au fond après l'interrogatoire de première comparution ?

Selon l'arrêt *Haguel* du 6 nov. 1979, l'interrogatoire de première comparution n'a pas à être suivi d'un interrogatoire sur le fond s'il a permis à l'intéressé de s'expliquer complètement.

Sur cette règle, les précédents sont incertains. La Cour de cassation avait d'abord jugé qu'une première comparution est suffisante (Crim. 11 juill. 1902, *S.* 1903. 1. 545, note J.-A. Roux ; 26 mars 1909, *Bull. crim.* n° 192 ; 14 mars 1913, *D.* 1914. 1. 44). Puis elle exigea un interrogatoire sur le fond, annulant une procédure ne comprenant qu'une première comparution (Crim. 24 juin 1922, *D.* 1924. 1. 58 ; *adde* : Paris, 11 déc. 1961, *JCP* 1962. II. 2692 *bis*, note P. Chambon). Avec l'arrêt *Haguel*, elle revient aujourd'hui à ses premiers errements.

À l'époque où cet arrêt a été rendu, sa justification était assez malaisée car la première comparution n'était pas un vrai interrogatoire, le juge se bornant à recueillir les déclarations que l'inculpé voulait bien leur faire alors que, doit-on le rappeler, l'interrogatoire suppose des « questions posées aux inculpés par le magistrat » (Crim. 2 mars 1972, *Bull. crim.* n° 82). Cependant en pratique, et pour des raisons de célérité, on admettait que si « spontanément », l'intéressé avait tout dit au juge lors de sa première comparution, un interrogatoire au fond était inutile. Tel était le message profond de l'arrêt *Haguel*.

Aujourd'hui, avec les réformes opérées par les lois des 4 janvier et 24 août 1993 et 15 juin 2000, le nouvel article 116 sur la première comparution opère une distinction.

– Ou bien, le mis en examen a déjà un avocat et celui-ci a été convoqué en vue de l'assister lors de la première comparution : comme il a pu consulter le dossier (art. 114, al. 3 C. pr. pén.), un véritable interrogatoire est possible à l'occasion de la première comparution.

– Ou bien le mis en examen n'a pas encore d'avocat. Il lui en est alors désigné un aussitôt et cet avocat pourra consulter sur le champ le dossier et s'entretenir avec le mis en examen. Et alors de deux choses l'une : ou bien il y a interrogatoire au fond de suite si le mis en examen le veut bien et comme dans le premier cas, la première comparution et l'interrogatoire au fond se confondent ; ou bien le mis en examen se refuse à subir un interrogatoire, se bornant à faire des « déclarations ». Et c'est ici que l'arrêt *Haguel* conserve un intérêt : si en effet ces « déclarations » sont complètes, nul interrogatoire au fond n'aura lieu et c'est seulement si elles ne sont pas complètes que le juge d'instruction devra procéder à un second (voire à d'autres encore) interrogatoire, au fond celui-là, où il pourra interroger l'intéressé.

Tout cela se trouve confirmé par un arrêt en date du 26 mai 2010 (n° 10-81.839, *D.* 2010. Pan. 2257, obs. J. Pradel). Une personne avait fait l'objet d'une mise en examen à l'occasion d'un interrogatoire de première comparution puis renvoyée en jugement. Condamnée en première instance, elle fait appel et soulève devant la cour une exception de nullité de la procédure au motif qu'elle n'a pas été interrogée au fond par le magistrat instructeur. La cour d'appel suit le prévenu, mais sur pourvoi du parquet général, la décision est cassée : l'interéssé n'avait formulé aucune demande d'interrogatoire au fond devant le juge d'instruction et, de plus la décision de renvoi de ce juge purge les nullités (art. 179, *in fine,* et 385, al. 1). La réponse était imparable.

J. P.

33

INTERROGATOIRE SUR LE FOND — COMMUNICATION DU DOSSIER AU CONSEIL DE LA PERSONNE MISE EN EXAMEN

Crim. 17 mars 1899, *Guyon* (*S.* 1901. 1. 473, note J.-A. Roux) ; Crim. 5 juin 1975, *Rochenoir* (*Bull. crim.* n° 146 ; *JCP* 1976. II. 18243, note P. Chambon)

La règle de l'article 114, alinéa 3 du Code de procédure pénale (anciennement loi de 1897, puis art. 118, al. 3, communication obligatoire du dossier au conseil à partir du quatrième jour avant la première comparution) ne s'étend pas à la confrontation lorsqu'au cours de celle-ci, le mis en examen n'est amené à s'expliquer que sur les déclarations du témoin avec lequel il est mis face à face (1re espèce).

Bien que l'article 114, alinéa 3, du Code de procédure pénale (anciennement art. 118, al. 3) exige une communication au conseil de tout le dossier au plus tard quatre jours ouvrables avant l'interrogatoire du mis en examen, le juge d'instruction peut se contenter de lire à ce dernier les pièces parvenues à son cabinet le jour même de l'interrogatoire s'il entend faire porter ses questions sur ces pièces (2e espèce).

Chambre criminelle, 17 mars 1899

Guyon

Attendu qu'il résulte des constatations de l'arrêt attaqué : 1° que, le 25 août 1898, l'un des juges d'instruction près le Tribunal de la Seine s'est transporté, accompagné des inculpés, au domicile des demoiselles Weiler pour y recueillir leurs dépositions et procéder à certaines constatations matérielles ; 2° que les inculpés étaient assistés de leurs défenseurs, auxquels la procédure antérieure avait été communiquée la veille ; 3° que, le même jour, toujours en présence du conseil de la femme Guyon, le juge d'instruction a communiqué à cette inculpée les dépositions qu'il venait de recevoir ; 4° qu'enfin l'arrêt reproduit les questions que le juge d'instruction a adressées à la femme Guyon lorsqu'il l'a confrontée avec les demoiselles Weiler et le sieur Levasseur ; Attendu qu'aucune de ces questions n'a le caractère d'un interrogatoire ; qu'elles se sont strictement maintenues dans les limites d'un acte de confrontation portant uniquement sur les déclarations des témoins ; que, dès lors, les prescriptions de l'article 10 de la loi du 8 décembre 1897 n'étaient pas applicables ;

Rejette le premier moyen du pourvoi ;

Chambre criminelle, 5 juin 1975

Rochenoir

Attendu que Rochenoir a soulevé régulièrement la nullité de la procédure résultant, selon lui, de ce que le juge d'instruction l'a interrogé les 27 et 30 août 1971 et le 29 mai 1973, en violation des prescriptions de l'article 118, alinéa 3 du Code de procédure pénale du fait que les procès-verbaux de certaines déclarations, faites la veille ou le même jour par des coïnculpés ou des témoins, ne se trouvaient pas contenues dans le dossier qui avait été mis à la disposition de ses conseils vingt-quatre heures au plus tard avant lesdits interrogatoires ; Attendu qu'il résulte tant des énonciations de l'arrêt que des pièces de la procédure que l'interrogatoire du 27 août 1971 a été différé à la demande des avocats du demandeur, du temps nécessaire pour qu'ils puissent prendre plus amplement connaissance du dossier et que lecture intégrale des déclarations faites la veille par les deux frères Frenkel et par Haguenauer a été faite à Rochenoir ; que, lors de l'interrogatoire du 30 août suivant, les déclarations de Bierre, entendu le même jour, lui ont été également lues en présence de ses conseils ; qu'enfin, avant son interrogatoire du 29 mai 1973, il lui a été donné connaissance dans les mêmes conditions des déclarations de Lescesne et d'Adamo, témoins entendus le même jour ; Attendu que pour rejeter l'exception, les juges énoncent ensuite que, d'une part, l'obligation faite au juge d'instruction par l'article 118, alinéa 3, du Code de procédure pénale de mettre la procédure à la disposition du conseil de l'inculpé vingt-quatre heures au plus tard avant chaque interrogatoire n'impose que la communication de toutes les pièces qui se trouvent contenues dans le dossier à cette date sans en omettre une seule ; qu'il n'est pas contesté qu'en l'espèce, les prescriptions de ce texte ont été respectées ; qu'ainsi, aucune nullité formelle pouvant résulter des dispositions de l'article 170 du même Code ne peut, à cet égard, être retenue ; que, d'autre part, aucune disposition légale n'interdit que, l'information se poursuivant, les pièces établies ou parvenues entre la date de la communication de la procédure et celle de l'interrogatoire de l'inculpé soient versées au dossier ; que le magistrat instructeur ayant pris soin, en l'espèce, de donner connaissance à Rochenoir et à ses conseils de telles pièces, avant les interrogatoires, aucune atteinte n'a été portée aux droits de la défense de l'inculpé dans des conditions susceptibles d'entraîner la nullité prévue par l'article 172 du Code de procédure pénale ; Attendu que par l'ensemble de ces constatations et énonciations, les juges du fond ont justifié leur décision au regard, d'une part, des articles 118, alinéa 3, et 170 du Code de procédure pénale, et, d'autre part, de l'article 172 du même Code.

OBSERVATIONS

Lors de son interrogatoire sur le fond, la personne mise en examen se voit accorder par l'article 114 du Code de procédure pénale (lois des 4 janvier et 24 août 1993) deux prérogatives : la convocation de son conseil (qui pourra l'assister) et la communication à celui-ci du dossier quatre jours ouvrables au plus tard avant cet acte. Cette seconde garantie pose diverses difficultés.

Voici la première : le droit à la communication que la loi accorde au conseil, peut-il profiter aussi à l'intéressé lui-même ? La jurisprudence répondait par la négative (Crim. 2 mai 1903, *D.* 1905. 1. 23 ; 10 août 1906, *D.* 1909. 1. 23 ; 9 févr. 1978, *Bull. crim.* nº 53 ; Ass. plén. 30 juin 1995, *D.* 1995. Jur. 417, note J. Pradel ; *JCP* 1995. II. 22479, note P. Chambon) même si le mis en examen était lui-même avocat (Crim. 6 nov. 1952, *JCP* 1953. II. 7357, note P. Chambon). Solution qui se fondait sur la crainte que l'intéressé ne soit tenté de soustraire le dossier ou de faire pression sur des témoins, ce qui expliquait l'extension de la règle à la phase de jugement (Crim. 9 févr. 1978, *Bull. crim.* nº 52). Mais ce principe de non-communication du dossier au mis en examen a disparu avec la loi du 30 décembre 1996 (art. 114, al. 4 et s. C. pr. pén.). En revanche, il est vrai, le témoin assisté n'a pas le droit de consulter lui-même le dossier, seul son conseil le pouvant (art. 113-3, al. 1 C. pr. pén.).

Et voici maintenant la seconde : si le délai de quatre jours n'est pas respecté, la nullité de l'interrogatoire est-elle encourue ? Jadis, elle était imparable (Crim. 27 juill. 1906, *D.* 1907. 1. 334). Mais aujourd'hui, à la suite de l'article 802 du Code de procédure pénale (v. *supra*, nº 22), la jurisprudence écarte la nullité lorsque le conseil de l'intéressé a assisté à l'interrogatoire et n'a élevé aucune protestation : de son silence, les juges induisent l'absence de grief pour son client (Crim. 2 septembre 1986, *Bull. crim.* nº 251 ; *D.* 1987. Somm. 82, obs. J. Pradel ; 30 oct. 2001, *Bull. crim.* nº 223). Et il en est de même si l'irrégularité n'a pas eu pour effet de porter atteinte aux intérêts de la personne mise en examen (Crim. 16 janv. 1991, *Bull. crim.* nº 27 ; *D.* 1992. Somm. 99, obs. J. Pradel ; 11 janv. 1994, *Bull. crim.* nº 15).

Enfin deux autres questions bien plus délicates se posent : d'une part, la convocation du dossier dans le délai légal, prévue pour les interrogatoires par l'article 114, alinéa 2 du Code de procédure pénale s'impose-t-elle aussi pour les confrontations, et d'autre part la communication du dossier doit-elle être totale ?

I. — La communication du dossier s'impose-t-elle pour les confrontations?

Sous l'empire du Code de procédure pénale, dans sa version primitive, l'article 118 de ce Code invitait l'interprète à se poser la première question. En effet son alinéa 1 (jadis l'art. 9, al. 2, de la loi du 8 décembre 1897) décidait que la convocation du conseil s'imposait à la fois pour les interrogatoires et pour les confrontations, alors que son alinéa 3 (jadis l'art. 10, al. 1, de la loi du 8 décembre 1897) ne prévoyait la communication du dossier que pour les interrogatoires. Dès lors fallait-il ou non soumettre les confrontations de l'inculpé avec un témoin à la communication préalable du dossier au conseil ? Depuis les réformes de 1993, l'article 114 (qui prend un peu la suite de l'art. 118) parle de convocation de l'avocat avant interrogatoire (al. 2) et de mise du dossier à sa disposition avant chaque interrogatoire (al. 3). Se pose donc encore le problème de savoir si la communication du dossier doit s'effectuer aussi bien pour les confrontations (dont d'ailleurs la loi ne parle plus) que pour les interrogatoires ?

A. — État de la jurisprudence

Que décide la jurisprudence ? Dès le lendemain de la loi de 1897, elle a adopté une position nette dont elle ne s'est jamais départie depuis. Elle récuse la distinction légale entre interrogatoire et confrontation pour lui en substituer une autre qui est fondée sur une opposition entre deux sortes de confrontations : d'un côté, la confrontation simple où les questions se sont strictement limitées aux déclarations du témoin et qui n'est pas soumise à l'exigence de la communication (ni du reste à celle de la convocation du conseil) ; de l'autre, la confrontation au cours de laquelle les questions ont débordé le cadre de la déposition du témoin, et qui, constituant ainsi un véritable interrogatoire est soumise à l'exigence de la communication (et à celle de la convocation). De très nombreux arrêts, dont l'arrêt *Guyon*, ont consacré cette distinction (Crim. 5 janv. 1901, *D.* 1901. 1. 113, rapport Boyer ; 17 avr. 1907, *Bull. crim.* n° 180 ; 22 déc. 1910, *Bull. crim.* n° 659 ; 7 janv. 1911, *Bull. crim.* n° 12 ; 3 mars 1921, *D.* 1921. 1. 181 ; 8 juill. 1959, *Bull. crim.* n° 347).

En somme, la nature de la confrontation dépend de l'objet des questions posées par le juge à l'intéressé mis en face du témoin. Il ne semble pas y avoir encore de jurisprudence depuis les lois de 1993, mais on peut penser que cette distinction subsistera.

B. — Appréciation de la jurisprudence

Que vaut cette jurisprudence ? Elle a donné lieu en doctrine à un débat célèbre. Résumons-en les termes.

En faveur de la position de la Cour de cassation, on peut invoquer trois arguments. Le premier est tiré des travaux préparatoires de la loi de 1897. Le Sénat avait adopté les 22 et 23 mai 1882 le texte suivant : « le juge d'instruction n'est pas tenu de communiquer la procédure au conseil avant les confrontations ; mais si la communication n'a pas eu lieu, il ne peut interroger l'inculpé que sur les déclarations du témoin avec lequel il est confronté » (*JO*, 23 et 24 mai 1882, déb. parl., p. 514 et 533). Sans doute, cette disposition ne se retrouve-t-elle expressément ni dans la loi de 1897, ni par voie de conséquence dans l'article 118 du Code de procédure pénale. Elle y est pourtant implicitement puisque ces textes ne visent que l'interrogatoire quand ils évoquent la communication du dossier. Le second argument est tiré des nécessités de l'instruction : un interrogatoire mené à l'occasion d'une confrontation n'est utile que s'il est fait par surprise, avant que le mis en examen n'ait pu prendre connaissance des déclarations du témoin et réfléchi à la réponse qu'il pourrait faire. Le raisonnement est ingénieux, mais il se heurte à l'esprit de la loi qui multiplie les garanties destinées à éviter les déclarations obtenues de l'intéressé par surprise (v. notamment le formalisme de la première comparution, art. 116 C. pr. pén.). Le troisième argument, d'ordre pratique lui aussi, intéresse le témoin : sans la distinction jurisprudentielle, le juge devrait toujours convoquer le témoin une seconde fois. Ces arguments, dans l'ensemble, sont d'un grand poids et l'on comprend qu'ils aient poussé certains commentateurs de la première heure à proposer à la jurisprudence le système qu'elle allait consacrer (Depeiges, *Journal du ministère public*, 1899, p. 109 et s. ; R. Bérenger, *Rev. pénit.* 1899, p. 156).

Cependant cette opinion doctrinale et la jurisprudence se heurtent à une objection grave, tirée de la lettre même de l'article 118 du Code de procédure pénale (aujourd'hui art. 114) qui parle d'interrogatoire. Or qu'est-ce que l'interrogatoire ? C'est l'acte par lequel le juge, de manière active, arrache la vérité à l'intéressé en lui posant des questions (v. pour une définition très proche, Crim. 2 mars 1972, *Bull. crim.* n° 82). Et l'interrogatoire s'oppose à la confrontation ou acte au cours duquel le juge se fait neutre, se bornant à laisser témoin et mis en examen exposer chacun leur thèse. Comme l'a écrit admirablement J.-A. Roux, « l'interrogatoire est une tenaille donnée au juge d'instruction pour arracher des témoins et de l'inculpé les renseignements qu'ils possèdent » alors que « la confrontation est une balance, mise entre ses mains pour soumettre à l'épreuve d'un débat contradictoire les déclarations que la procédure d'instruction secrète lui a fait recueillir séparément » (note précitée sous l'arrêt *Guyon*). Dès lors, tout s'éclaire. Quand le juge pose des questions au mis en examen à l'occasion d'une confrontation, il procède à un interrogatoire et son acte reste un interrogatoire même si les questions restent strictement dans les limites des déclarations des témoins (en ce sens, J.-A. Roux, précité). En somme, le sens même des mots impose de remplacer le critère tiré de l'objet des questions par un autre critère, tiré du comportement du juge.

Mais, répétons-le, la jurisprudence n'a jamais voulu s'engager sur cette voie. Raisonnant en fait (sans le dire évidemment), elle est plus sensible aux nécessités pratiques qu'au sens exact des mots (v. sur l'ensemble de la question, P. Chambon et C. Guéry, *Droit et pratique de l'instruction préparatoire,* Dalloz Action, 2010-2011, n° 112-41 et s. ; J. Pradel, *L'instruction préparatoire,* 1990, n° 398).

II. — La communication du dossier doit-elle être totale ?

Dans le cas d'un interrogatoire mené par un juge délégué par voie de commission rogatoire, c'est l'entier dossier qui doit être mis à la disposition de la défense, là où s'exécute la mission dès lors que cette communication a été expressément demandée par le conseil de l'inculpé (Crim. 9 févr. 1982, *Bull. crim.* n° 47 ; *D.* 1982. Jur. 544, note J. Pradel). Et si le juge procède lui-même, qu'en est-il ? L'article 114, alinéa 3 du Code de procédure pénale se borne à parler d'une mise à la disposition de la « procédure ». Pour mieux comprendre la question, il faut rappeler que souvent le juge ne reçoit certaines pièces (rapport d'exécution, procès-verbaux d'audition établis en exécution d'une commission rogatoire...) qu'après communication, c'est-à-dire en pratique quelques heures seulement avant l'interrogatoire. La connaissance de ces pièces étant utile à la conduite de l'interrogatoire, il faut se demander si le juge peut faire porter ses questions aussi bien sur elles que sur les autres. Une réponse affirmative revient à autoriser le juge à ne pas communiquer toute la procédure dans le délai légal. À vrai dire, une telle réponse méconnaît l'esprit de la loi. Comment en effet le conseil pourrait-il sérieusement remplir sa mission s'il n'a en mains que certaines cartes du jeu au moment où se fait l'interrogatoire ? La logique de la loi impose que le magistrat ne fasse porter son interrogatoire que sur les pièces communiquées dans le délai de l'article 114, alinéa 3 du Code de procédure pénale. En revanche, cette réponse va dans le sens de la célérité. Mais que dit notre droit ?

Il est certain tout d'abord que le juge n'a pas à faire figurer au dossier la copie d'une commission rogatoire tant qu'elle est en cours d'exécution (Crim. 30 juin 1999, *Bull. crim.* n° 176 ; *D.* 1999. Somm. 326, obs. J. Pradel) : sage précaution notamment en cas d'écoutes téléphoniques ! Il est certain aussi que le juge peut demander au mis en examen de renoncer à se prévaloir de l'irrégularité fondée sur une violation de l'article 114, alinéa 3 du Code de procédure pénale. La renonciation est licite (art. 172 C. pr. pén. ; v. pour une application, Crim. 28 juill. 1958, *Bull. crim.* n° 589) et elle présente l'avantage d'une économie de temps puisque le juge pourra, en un seul interrogatoire, poser toutes les questions utiles.

Mais si l'intéressé n'accepte pas de renoncer ou si le juge omet de l'interpeller sur ce point, la question reste entière. La jurisprudence a évolué et trois temps sont à distinguer.

Tout d'abord, elle avait admis que le juge pouvait, le même jour, en interrogeant plusieurs inculpés se servir contre certains des déclarations faites par les autres depuis la communication (Crim. 5 avr. 1901, *S.* 1902. 1. 103). Manifestement, cette position n'était pas conforme à l'article 10, alinéa 1, de la loi du 8 décembre 1897 (art. 114, al. 3 C. pr. pén. aujourd'hui).

Aussi, rapidement, appliqua-t-elle la loi de façon plus rigoureuse, interdisant avec netteté que le juge fasse porter ses questions sur des éléments contenus dans les pièces après communication. De très nombreux arrêts ont consacré cette position (Crim. 3 avr. 1903, *Bull. crim.* n° 147 et *D.* 1906. 1. 455 ; 30 juin 1904, *Bull. crim.* n° 288 ; 30 nov. 1933, *D.* 1934. 1. 121, note G. Leloir ; 3 août 1937, *D.* 1937. 1. 94 ; 28 juill. 1958, *Bull. crim.* n° 589 ; 21 févr. 1967, *Bull. crim.* n° 72).

Malgré la conformité de cette jurisprudence à l'article 118, alinéa 3 du Code de procédure pénale (aujourd'hui art. 114, al. 3), la Cour de cassation a infléchi sa rigueur à l'occasion de l'affaire *Rochenoir.* En l'espèce, le prévenu avait été interrogé sur des déclarations de témoins et de coïnculpés recueille la veille ou le jour même. Le délai minimum, à l'époque, de vingt-quatre heures entre communication du dossier et l'interrogatoire n'avait donc pas été respecté. Néanmoins, la Cour de cassation n'a pas voulu annuler la procédure parce que le conseil avait pu prendre connaissance de ces pièces tardives avant l'interrogatoire (qui avait même été retardé de quelques heures à cette fin) et parce que, en outre, l'inculpé en avait entendu la lecture. En somme, le fait pour le conseil de pouvoir prendre connaissance des pièces parvenues moins de vingt-quatre heures avant l'interrogatoire (aujourd'hui quatre jours) et le fait pour le mis en examen de pouvoir en écouter la lecture constituent des équivalents à la communication dans le délai légal. Cet arrêt est important car le critère de validité de la procédure n'est plus la communication de celle-ci au conseil dans le délai légal, mais l'absence d'atteinte aux droits de la défense, notion visée expressément en l'espèce et fondée sur le double fait indiqué à l'instant.

La solution de l'arrêt *Rochenoir* a reçu peu après une véritable consécration par le législateur. En effet, l'article 802 du Code de procédure pénale, issu de la loi du 6 août 1975, subordonne l'annulation de la procédure, sauf cas exceptionnels, à la preuve d'une atteinte effective aux droits de la défense (v. *supra*, n° 21). En outre la jurisprudence *Rochenoir* sera confirmée par la Cour de cassation en des termes quasiment identiques (Crim. 20 févr. 1990, *Bull. crim.* n° 86).

On signalera enfin que toutes les règles ci-dessus s'appliquent aussi à la partie civile, l'article 114 du Code de procédure pénale visant dans un strict souci d'égalité les deux parties privées. La règle générale est en effet l'identité de condition entre partie civile et mis en examen (art. 114 C. pr. pén.), issu de la loi du 22 mars 1921 dont les travaux préparatoires sont révélateurs à cet égard (v. *D.* 1921. 4, p. 6 et 7, 1re et 2e colonnes).

Toute cette jurisprudence est antérieure aux lois de 1993. Mais elle doit, semble-t-il, continuer à s'appliquer.

J. P.

34

MOMENT DE LA MISE EN EXAMEN EN CAS D'AVEUX

Crim. 4 janvier 1977, *Jamet* (*Bull. crim.* n° 5 ; *JCP* 1977. II. 18727, note A. Mayer-Jack) ; Crim. 16 juin 1981, *Chatelain* (*Bull .crim.*, n° 207 ; *D.* 1983. IR 76, obs. G. Roujou de Boubée)

Bien que le suspect ait fait des aveux, le policier agissant sur commission rogatoire peut continuer à l'entendre avec son accord (1re espèce).
Dès que les aveux du suspect sont vérifiés, celui-ci ne peut plus être entendu par le policier agissant sur commission rogatoire et il doit en conséquence être présenté au juge d'instruction aux fins d'inculpation (2e espèce).

Chambre criminelle, 4 janvier 1977

Jamet

Attendu qu'il résulte des pièces de procédure qu'au cours de l'exécution d'une commission rogatoire transmise le 10 mai 1973 par le juge d'instruction de Bourges aux fins d'identification des auteurs d'un vol qualifié, un officier de police judiciaire a entendu, en qualité de témoin, Jamet, alors détenu à la maison d'arrêt de Mâcon, et lui a donné lecture de l'article 105 du Code de procédure pénale, après avoir reçu un aveu de culpabilité, puis a recueilli les autres explications de l'intéressé avec son accord ; que le procès-verbal mentionne des déclarations relatives au rôle de deux coauteurs, mais tendant à mettre hors de cause Yvette Rebillard ; Attendu qu'en cet état, la Cour de cassation est en mesure de s'assurer que les prescriptions de l'article 105 du Code de procédure pénale ont été respectées et que les droits de la défense n'ont subi aucune atteinte ; Qu'en effet, s'il appartient au juge d'instruction d'informer contre toute personne que l'instruction fera connaître, c'est à la condition de n'inculper une personne déterminée qu'après s'être éclairé sur le point de savoir si celle-ci a pris une part aux agissements incriminés dans des conditions de nature à engager sa responsabilité pénale, alors surtout qu'une infraction apparaît comme étant le fait de plusieurs individus ; Qu'en outre, la nullité d'une telle audition pourrait être encourue seulement s'il était établi que cet acte avait été accompli dans le dessein de faire échec aux droits de la défense ; qu'il n'en est pas ainsi en l'espèce, dès lors que les auditions antérieures à l'inculpation avaient pour objet, dans une information suivie contre inconnu, de parvenir à l'identification des auteurs du vol ; Qu'ainsi le moyen n'est pas fondé.

Chambre criminelle, 16 juin 1981

Chatelain

Attendu qu'il appert des pièces de la procédure qu'une information ayant été ouverte contre X..., à la suite d'une tentative de vol avec prise d'otages au cours de laquelle Neiburt Régine, épouse Forest allait trouver la mort et son mari être blessé, le juge d'instruction a donné commission rogatoire à la section des recherches de la gendarmerie de Chambéry aux fins d'identifier le ou les auteurs de ces crimes ; que l'enquête aboutit aux interpellations successives de Chatelain Jean-François, Cacciani Stéphane et Fauvette Marie-Joëlle ; que tous trois ont reconnu leur participation aux faits, objet de la poursuite ;

Que, plus particulièrement, Chatelain était entendu, en qualité de témoin, les 12 et 13 février 1981 ; que lors de sa dernière audition, il avouait être l'un des auteurs de l'agression dont les époux Forest avaient été les victimes, exposait en détail la préparation et l'exécution des faits, reconnaissait que c'était lui qui avait, par deux fois, fait feu sur les époux Forest et dénonçait Fauvette Marie-Joëlle, sa maîtresse, et Cacciani Stéphane comme étant ses complices ; qu'il s'offrait enfin « pour prouver la véracité de ses dires » à conduire les enquêteurs dans une sapinière où il avait caché deux sacs contenant les armes utilisées ; que ces sacs furent effectivement découverts à l'endroit indiqué ; que le lendemain, 14 février, Chatelain, était une nouvelle fois entendu, à sa demande, et identifiait chacun des objets saisis et notamment le fusil avec lequel il avait tiré ; qu'à cet instant, les officiers de police judiciaire « devant les indices graves et concordants réunis contre lui » interrompaient son audition et lui notifiaient que « conformément à l'article 105 du Code de procédure pénale », il allait être conduit devant le juge d'instruction ;

Que, par requête fondée sur l'article 171 du Code de procédure pénale, le procureur de la République a saisi la chambre d'accusation aux fins d'annulation de la dernière audition de Chatelain en qualité de témoin qui « lui semblait avoir été faite au mépris des dispositions de l'article 105 du Code de procédure pénale » ;

Que, par l'arrêt attaqué, la cour faisait droit à une requête, sans constater cependant que les officiers de police judiciaire avaient agi dans le dessein de faire échec aux droits de Chatelain ;

Que, contrairement à ce qui est allégué au moyen, c'est à bon droit que la chambre d'accusation s'est bornée à l'annulation de cette dernière audition, ayant jugé qu'il avait été régulièrement procédé aux auditions antérieures ;

Qu'en effet, alors que Chatelain sur qui ne pesaient que de simples soupçons et qui persistait à nier toute participation aux faits, objets de l'enquête, sans que puissent lui être opposés des arguments déterminants, sa décision soudaine « d'avouer clairement les faits tels qu'ils s'étaient passés » commandait aux officiers de police judiciaire de le laisser s'expliquer et de vérifier ensuite si ses aveux étaient corroborés par des éléments objectifs permettant de conclure à l'existence de charges de nature à engager sa responsabilité pénale ;

Qu'enfin, la cour ayant refusé, à bon droit, d'annuler dans sa totalité le procès-verbal d'audition de Chatelain, en qualité de témoin, il ne peut lui être fait grief de n'avoir pas annulé la déposition de la partie civile devant le juge d'instruction, au motif qu'elle se référait aux déclarations de Chatelain rapportées dans le procès-verbal critiqué ;

D'où il suit que le moyen ne saurait être accueilli ;
Et attendu que l'arrêt est irrégulier en la forme ;
Rejette le pourvoi.

OBSERVATIONS

À l'occasion d'une information ouverte contre X, le juge d'instruction ou les policiers commis rogatoirement par lui peuvent être conduits à entendre comme témoin le délinquant lui-même et ils peuvent l'amener progressivement à passer des aveux irréversibles. À quoi auront alors servi les dispositions relatives aux droits de la défense (art. 114 et s. C. pr. pén.) qui prévoient, à compter de la mise en examen, l'assistance d'un conseil ? Cette formalité sera en effet intervenue trop tard et le conseil n'aura peut-être plus rien à défendre. Aussi pour éviter de telles mises en examen, dites tardives, l'article 105 du Code de procédure pénale décide que « les personnes à l'encontre desquelles il existe des indices graves et concordants d'avoir participé aux faits dont le juge d'instruction est saisi ne peuvent être entendus comme témoins ». C'est reconnaître un droit du suspect à la mise en examen.

Bien que l'article 105 ne parle pas de l'aveu, celui-ci a donné lieu à une abondante jurisprudence dont les arrêts *Jamet* et *Chatelain* constituent des pièces importantes dans l'application de ce texte.

I. — L'aveu constitue-t-il des « indices graves et concordants de participation aux faits » ?

L'aveu du suspect peut-il entrer dans la famille des « indices graves et concordants d'avoir participé aux faits » ? À cette question, l'arrêt *Chatelain*, du 16 juin 1981, reprenant certains précédents, apporte une réponse nette, facilitée par le déroulement des faits. L'auteur d'une tentative de vol avec prise d'otages avait été entendu par les gendarmes les 12 et 13 février 1981. Le deuxième jour, il avait passé des aveux complets, allant même jusqu'à indiquer le lieu où il avait caché deux sacs contenant les armes qu'il avait utilisées. Après avoir vérifié ce dernier point, les gendarmes entendirent l'intéressé une troisième fois, le 14 février. La chambre d'accusation, saisie sur la base de l'article 171 du Code de procédure pénale (aujourd'hui art. 173), annula cette dernière audition et sa décision fut confirmée par la chambre criminelle. Se trouvent ainsi réaffirmées deux règles sur les rapports entre indices et aveux.

A. — Dans le principe, l'aveu n'est pas un indice grave

L'aveu en soi n'est pas un indice grave de nature à invalider le procès-verbal qui le contient. En effet, le procès-verbal du 13 février reste intact.

Ce premier principe s'explique aisément car on ne considère pas (ou plus) l'aveu comme la « reine des preuves », même si certains auteurs pratiquent encore une véritable religion de l'aveu (L. Lambert, « Nécessité judiciaire, sociale et morale de l'interrogatoire policier », *RSC* 1949, supplément au numéro d'avr.-juin). On sait bien que tous les aveux n'ont pas la même valeur (A. Mellor, *Les grands problèmes contemporains de l'instruction criminelle*, 1952, p. 204 et s.). D'ailleurs, l'article 428 du Code de procédure pénale rappelle que « l'aveu, comme tout élément de preuve est laissé à la libre appréciation des juges ».

De ce principe, la jurisprudence déduite que l'agent d'investigation doit tout faire pour déterminer la valeur de l'aveu. La chambre criminelle n'a cessé de le répéter dès le lendemain de la loi du 8 décembre 1897, quitte à user de formules légèrement différentes. Elle a d'abord dit que le magistrat, avant de procéder à l'inculpation a « le devoir de recueillir des renseignements et de ne prendre parti sur la mise en prévention... qu'après s'être fait une opinion sur la participation (du témoin) aux faits délictueux » (Crim. 8 déc. 1899, *D.* 1903. 1. 457, note G. Le Poittevin). Elle décide aujourd'hui que le magistrat ne doit « mettre en examen une personne déterminée qu'après s'être éclairé, notamment en faisant procéder à son audition en qualité de témoin, sur sa participation aux agissements incriminés dans des conditions pouvant engager sa responsabilité pénale » (Crim. 18 juin 1998, *Bull. crim.* n° 200 ; *Dr. pénal* 1999, Comm. 28 ; 1er arrêt, et 30, 1er arrêt, obs. A. Maron ; 29 sept. 1998, *Procédures* 1999. Comm. 75, obs. J. Buisson ; 23 mars 1999, *Bull. crim.* n° 51 ; *D.* 1999. Somm. 324, obs. J. Pradel ; 8 juin 1999, *Bull. crim.* n° 124 ; *D.* 1999. IR 221 ; 26 janv. 2000, *Bull. crim.* n° 44 ; 8 nov. 2000, *Bull. crim.* n° 335 ; *D.* 2002. Somm. 856, obs. B. Blanchard ; 27 févr. 2001, *Bull. crim.* n° 50 ; *D.* 2001. IR 1437 ; 30 sept. 2008, *Bull. crim.* n° 198. *D.* 2008. AJ 2671 ; *AJ pénal* 2008. 513, obs. C. Girault ; v. déjà une formule très proche dans Crim. 4 janv. 1977, *Jamet*, *préc.*). Aussi a-t-il toujours été admis qu'un individu pouvait être entendu comme témoin avant d'être inculpé (Crim. 8 déc. 1899, *préc.* ; 6 août 1960, *Bull. crim.* n° 401 ; 21 juin 1962, *Bull. crim.* n° 230) et même placé en garde à vue avant d'être mise en examen dès lors qu'il n'est pas nommément visé par un réquisitoire introductif (Crim. 28 avr. 2004, *Bull. crim.* n° 102 ; *ibid.* n° 103, *D.* 2005. Pan. 688, obs. J. Pradel ; *RSC* 2005. 384, obs. J. Buisson). De même, le policier peut, à la suite d'aveux incomplets du suspect, et s'il est muni d'une commission rogatoire à cet effet évidemment, mettre sa ligne téléphonique sur écoute (Crim. 23 avr. 1981, *Bull. crim.* n° 117) ou le confronter avec ses coauteurs (Crim. 6 août 1960, *préc.*). Il n'est pas discuté en effet que l'aveu n'entraîne pas l'obligation d'arrêter l'audition (P. Spiteri, « Le problème des inculpations tardives », *JCP* 1966. I. 2014, n° 11 et 12). Un arrêt a même admis que des enquêteurs, après avoir recueilli des aveux du suspect, pouvaient poursuivre son audition dans le but de vérifier ses déclarations initiales (Crim. 24 févr. 1987, *Bull. crim.* n° 93).

B. — Dans la pratique, l'aveu est souvent un indice grave

L'aveu dont il est très probable qu'il correspond à la vérité constitue un indice au sens de l'article 105. C'était le cas dans l'affaire *Chatelain* des aveux passés le 14 février 1981, postérieurement à la vérification faite sur les lieux par les gendarmes. On peut également considérer comme certain l'aveu qui est confirmé par les déclarations de témoins (Crim. 9 juill. 1975, *JCP* 1977. II. 18727, note A. Mayer-Jack). Peut même parfois être considéré comme étant certain, l'aveu qui est très précis et très détaillé (Crim. 13 févr. 1975, *JCP* 1977. II. 18727, note A. Mayer-Jack). Dans les deux premières hypothèses, il y a concordance entre l'aveu et des éléments extrinsèques (déclarations de témoins) qui permettent d'en vérifier la sincérité. Dans le troisième, c'est de manière intrinsèque en quelque sorte qu'il y a concordance entre les divers aspects de l'aveu.

Dans l'application, des difficultés peuvent cependant apparaître car si les indices de l'article 105 qui commandent la mise en examen sont d'une moindre gravité que les charges qui justifient le renvoi (art. 176 et s., 211 et s. C. pr. pén.), elles-mêmes moins fortes que les preuves qui seules autorisent la condamnation, il reste en pratique difficile de séparer indices et charges, même lorsqu'il y a des aveux. Souvent ce sont les mêmes éléments probatoires que l'on qualifie d'indices pour mettre en examen et de charges pour renvoyer en jugement. Parfois d'ailleurs, le renvoi intervient juste après la mise en examen et sans qu'entre les deux actes soit intervenu le moindre élément nouveau. En réalité, les indices et les charges sont extrêmement proches d'autant plus que l'article 105 qui parlait primitivement « d'indices sérieux de culpabilité » vise, depuis l'ordonnance du 23 septembre 1958, les « indices graves et concordants de culpabilité » (et depuis une loi du 24 août 1993 « d'indices graves et concordants d'avoir participé aux faits »).

Au vrai, dans les indices au sens de l'article 105, est très importante la conviction des enquêteurs et des juges et l'on pourrait presque parler d'intime conviction (Crim. 20 juin 2001, *Bull. crim.* n° 156 ; *D.* 2001. IR 2724 juge ayant indiqué par écrit que les éléments à charge lui paraissaient suffire pour impliquer « en toute certitude » certaines personnes qui ne pouvaient plus être entendues comme témoin).

II. — Problèmes particuliers qui peuvent se présenter

L'interdiction d'entendre une personne en qualité de témoin se fonde aujourd'hui uniquement sur l'existence « d'indices graves et concordants ». Les choses sont pourtant moins simples en réalité et deux difficultés peuvent se présenter.

A. — La question de la volonté d'attenter à la défense

Il faut d'abord se demander si l'agent d'investigation ne doit pas avoir eu « le dessein de faire échec aux droits de la défense » pour que l'audition soit annulée.

Cette expression, précisément, a une longue histoire, illustrée par deux affaires célèbres où le suspect avait passé des aveux avant son inculpation. Dans l'affaire *Dominici* (Crim. 22 juill. 1954, *JCP* 1954. II. 8351, note R. Vouin) où l'inculpation n'avait été prononcée que plusieurs jours après des aveux incomplets, la procédure fut validée car la tardiveté de l'inculpation n'avait eu ni pour but ni pour résultat de gêner la défense. Peu après cependant, dans l'affaire *Fesch et Blot* (Crim. 16 juin 1955, *JCP* 1955. II. 8851, note R. Vouin), la chambre criminelle annula la procédure car la tardiveté de l'inculpation, survenue après aveux complets et réitérés, avait eu pour résultat de nuire à la défense. Ce critère objectif fut légalisé par l'article 105 dans le Code de procédure pénale, version primitive de 1959. Mais celui-ci fut modifié par une ordonnance du 13 février 1960 qui, désireuse d'aider la police en des temps difficiles, retint le critère du but. La doctrine critiqua sévèrement, faisant valoir que la preuve de la mauvaise foi du juge ou du policier est très malaisée (P.-A. Pageaud, « Inculpations tardives et contrôle de la Cour de cassation », *Mélanges Patin*, 1965, p. 439 et s. ; R. Vouin, notes précitées et « Le malheureux article 105 », *D.* 1974. Chron. 1). Et voilà que la loi du 24 août 1993 supprime à nouveau la condition de dessein. Longue histoire qui n'est peut-être pas terminée !

Il est vrai que l'exigence du dessein (critère subjectif) à côté du critère des indices graves et concordants (critère objectif) avait eu pour conséquence de rendre à peu près impossible une annulation de procédure, la preuve du dessein étant quasiment impossible. Et l'on vit par exemple des arrêts se refuser à annuler des procédures où les indices étaient écrasants, au motif que manquait le dessein de nuire à la défense (Crim. 17 mars 1987, *D.* 1987. Somm. 409, obs. J. Pradel ; 1er févr. 1988, *Bull. crim.* n° 47). Rarissimes étaient les annulations (Crim. 13 févr. 1975 où il est sûr que le juge avait ordonné aux policiers de continuer l'audition malgré des aveux certains, Crim. 9 juill. 1975 pour des circonstances proches, *JCP* 1977. II. 18727, note A. Mayer-Jack). Avec la loi de 1993, les droits de la défense sont mieux protégés. Mais l'enquête pourra être rendue plus difficile car la seule parade à la mise en examen dès survenance d'indices sera de considérer ces derniers comme n'étant ni graves ni concordants, ou graves mais pas concordants, ou encore concordants mais pas graves. La marge de manœuvre est devenue restreinte. Il est sûr en tout cas que le juge d'instruction peut ne pas mettre en examen et préférer la voie de l'audition pour être mieux éclairé dès lors que l'individu nie toute participation et que les indices restent incertains (Crim. 13 mars 1997, *Bull. crim.* n° 105, dans une espèce où la procédure a été jugée d'autant plus régulière que l'intéressé avait bénéficié de l'assistance d'un avocat lors de la garde à vue). Depuis la loi du 15 juin 2000, quand les indices ne sont pas « graves et concordants » au sens de l'article 105, mais lorsqu'il y a seulement des « indices rendant vraisemblable » la participation de la personne aux faits au sens de l'article 113-2, alinéa 2, la personne ne pourra plus être entendue que comme témoin assisté par le juge (avec avocat) sauf si elle accepte d'être entendue par le policier (sans avocat) (chron. au *D.* 2001, sur les personnes suspectes ou poursuivies après la loi du 15 juin 2000. Évolution ou révolution, p. 1117).

B. — La question posée par le suspect qui, après notification de l'article 105, entend continuer à parler

Un cas particulier doit être réservé : celui où après des aveux nets, le suspect se voit notifier l'article 105 (c'est fréquent et opportun) et demande au policier de continuer à l'entendre. La jurisprudence se refuse à annuler comme cela apparaît nettement dans l'arrêt *Jamet* rendu par la chambre criminelle le 4 janvier 1977 (*préc.* ; v. aussi Crim. 28 avr. 1981, *Bull. crim.* n° 130, où le suspect voulait continuer à s'expliquer « pour se soulager »). Deux raisons justifient la solution. D'abord le fait — non indiqué par ces deux arrêts — qu'il ne peut y avoir atteinte aux droits de la défense d'une personne qu'à l'insu de celle-ci (v. dans le même sens, les art. 116, al. 3 et 172 C. pr. pén.) ; c'est qu'en effet la disposition de l'article 105 est d'intérêt privé (Crim. 26 mai 1976, *Bull. crim.* n° 186 ; Toulouse, 18 déc. 1962, *D.* 1963. 156, note R. Merle). Ensuite le fait que les déclarations postérieures à l'aveu peuvent être nécessaires à la détermination exacte de la responsabilité du suspect en cas d'infraction commise à plusieurs. Dans les deux espèces de 1977 et 1981, il y avait justement des coauteurs. Pour assurer la défense du suspect venant d'avouer sa participation, il fallait donc l'autoriser à s'expliquer encore pour lui permettre de circonscrire son action personnelle vis-à-vis de ses coauteurs. Pourtant il est très douteux que cette possibilité puisse encore jouer : les enquêteurs peuvent certes entendre sur commission rogatoire un suspect au sens des articles 113-1 et s. si ce dernier le demande (art. 152, al. 2 *in fine*). Mais ce suspect correspond au concept de témoin assisté, contre lequel pèsent des indices légers. Si les indices sont lourds (au sens des art. 80-1, al. 1 et 105), seul le juge peut, semble-t-il, agir puisque les articles 80-1 et 105 ne sont pas évoqués par l'article 152, alinéa 1. Mais il faut tout de même attendre ce que décidera la jurisprudence.

On ajoutera encore deux observations : 1° le caractère de l'aveu, et par conséquent le moment où la mise en examen doit intervenir constituent essentiellement des questions de fait ; 2° la Cour de cassation exerce un contrôle sur la procédure puisqu'il lui faut apprécier si le comportement du juge a été correct (d'où la fréquence de la formule : « Attendu qu'il appert des pièces de la procédure... », v. l'arrêt *Chatelain*).

J. P.

35

DÉTENTION PROVISOIRE — DÉCISION DE MISE OU DE MAINTIEN — CONTRÔLE DE SA MOTIVATION

Crim. 19 février 1980, *Espié* (*Bull. crim.* n° 60) ; Crim. 19 février 1980, *Zaccaria* (*Bull. crim.* n° 61) ; Crim. 6 mars 1986, *Lamarque* (*Bull. crim.* n° 94 ; *D.* 1986. Jur. 315, note D. Mayer)

N'est pas motivée la décision qui maintient le mis en examen en détention en invoquant seulement sa participation active à une organisation de trafic de stupéfiants (1re espèce).

Est motivée la décision qui maintient le mis en examen en détention en invoquant que les investigations en cours dans une grave affaire de proxénétisme pourraient être perturbées par les pressions de l'inculpé sur des témoins particulièrement exposés (2e espèce).

Les dispositions du Code de procédure pénale ne sont pas incompatibles avec celles de la Convention européenne et sont plus favorables que ces dernières aux inculpés.

L'appréciation du caractère raisonnable de la détention provisoire est une question de fait (3e espèce).

Chambre criminelle, 19 février 1980

Espié

Attendu qu'il résulte de la combinaison des articles 144, 145 et 148, alinéa 3, du Code de la procédure pénale que la décision d'une juridiction d'instruction, statuant sur la détention, doit être spécialement motivée par les éléments de l'espèce, par référence aux dispositions de l'article 144 du même Code ;

Attendu que pour infirmer l'ordonnance du juge d'instruction ayant décidé la mise en liberté d'Espié, inculpé d'infraction à la législation sur les stupéfiants, et le maintenir en détention, la chambre d'accusation se borne à énoncer « qu'il est reproché audit inculpé d'avoir participé activement à une organisation qui avait pour but d'introduire en France des quantités non négligeables de stupéfiants et que ces faits ont troublé gravement et durablement l'ordre public » ;

Mais attendu qu'en l'état de ces seuls motifs qui ne répondent pas aux exigences des textes précités, la chambre d'accusation n'a pas justifié sa décision ;

Que la cassation est, dès lors, encourue ;
Par ces motifs :
Casse et annule.

Chambre criminelle, 19 février 1980

Zaccaria

Attendu que pour confirmer l'ordonnance du juge d'instruction qui avait prolongé la détention provisoire du demandeur, les juges ont estimé que des investigations étant en cours, il y avait lieu de craindre, vu la gravité et la nature des faits de proxénétisme, objet de l'information, que l'inculpé se livre à des pressions sur des témoins particulièrement exposés dans ces sortes d'affaires ;

Attendu qu'en cet état, la Cour de cassation est en mesure de s'assurer que la chambre d'accusation a ordonné le maintien en détention du demandeur dans les conditions prévues par l'article 148 du Code de procédure pénale ainsi que l'exige l'article 145 de ce Code et pour les cas limitativement énumérés par l'article 144 dudit Code ;

D'où il suit que le moyen ne saurait être accueilli ;

Et attendu que l'arrêt est régulier en la forme ;

Rejette le pourvoi.

Chambre criminelle, 6 mars 1986

Lamarque

Sur le moyen unique de cassation pris de la violation des articles 144, 145, 148, 593 du Code de procédure pénale, des articles 5 et 6 de la Convention européenne de sauvegarde des droits de l'Homme et des libertés fondamentales, défaut de réponse à conclusions, défaut de motifs et manque de base légale ;

Attendu qu'il appert de l'arrêt attaqué et des pièces de la procédure que Maxime Lamarque, poursuivi des chefs d'homicide volontaire, vols qualifiés, tentative de vol qualifié, vols et association de malfaiteurs, a présenté à la chambre d'accusation une demande de mise en liberté fondée notamment sur la violation des articles 5, § 3 et 6, § 1 de la Convention européenne de sauvegarde des droits de l'Homme et des libertés fondamentales ; — Attendu que pour rejeter cette demande les juges, après avoir exposé les faits et la procédure, énoncent notamment que l'inculpation repose sur des indices et des présomptions sérieux et multiples ; que la longueur de l'information provient de la vérification minutieuse et scrupuleuse de tous les éléments de fait ; que le délai raisonnable prévu par l'article 6, § 1er de la Convention européenne de sauvegarde des droits de l'Homme et des libertés fondamentales a été en l'espèce respecté ; que le maintien en détention de Lamarque est indispensable pour préserver l'ordre public du trouble durable et persistant causé par les infractions commises, et en l'absence de garantie sérieuse de représentation, pour éviter qu'il ne profite de son élargissement pour se soustraire à l'action de la justice ; — Attendu, d'une part, que contrairement à ce qui est allégué au moyen, les dispositions du Code de procédure pénale qui définissent limitativement les cas dans lesquels le placement ou le maintien en détention peut être ordonné par le juge, loin d'être incompatibles avec les dispositions de la Convention européenne de sauvegarde des droits de l'Homme et des libertés fondamentales, instituent au contraire en faveur des inculpés des garanties supplémentaires destinées à éviter toute détention injustifiée ; — Attendu, d'autre part, que la Cour de cassation a ordonné le maintien en détention du demandeur en se référant aux éléments de l'espèce et en visant certains des cas limitativement énumérés par l'article 144 du Code de procédure pénale ; qu'à cet égard il n'importe que la gravité des peines encourues ne figure pas parmi les cas prévus dans ledit article, dès lors que cette considération n'a été retenue par les juges que comme l'un des éléments de fait pouvant permettre de conclure que la détention était nécessaire pour garantir le maintien de l'inculpé à la disposition de la justice ; — Attendu, enfin, que la chambre d'accusation s'est expliquée au sujet de la complexité et de la durée de la procédure ; que si elle ne s'est expressément référée qu'à l'article 6 de la Convention européenne de sauvegarde des droits de l'Homme, il se déduit de sa décision de rejet de la demande de mise en liberté qu'elle a estimé que la durée de la détention elle-même n'excédait pas un délai raisonnable ; que cette appréciation de fait échappe au contrôle de la Cour de cassation ; d'où il suit que le moyen ne saurait être accueilli ;...

Par ces motifs, rejette...

OBSERVATIONS

Sous l'empire du Code de procédure pénale primitif, la liberté de l'inculpé était mal protégée. Sans doute l'article 137 proclamait-il que la détention, appelée alors « préventive » (et, détail révélateur, pas « provisoire ») était « une mesure exceptionnelle ». Mais cette belle intention législative était lettre morte et la Cour de cassation n'avait pas le moyen d'assurer le contrôle des détentions préalables : point de contrôle d'opportunité car, en le faisant, elle se serait érigée en juge du fait (Crim. 10 févr. 1966, *D.* 1966. 399) et point non plus de contrôle de légalité, faute d'une énumération légale des motifs d'incarcération (Crim. 25 juin 1959, *Lacour*, *D.* 1959. Jur. 452, note M. R. M. P. ; *JCP* 1959. II. 288, concl. C. Gerthoffer et note R. Vouin). Le contrôle de légalité n'apparaissait que dans des cas tout à fait exceptionnels (par ex. délits correctionnels punissables seulement d'amende).

Or après 1959, deux événements vont survenir qui permettront d'espérer une protection des libertés plus forte — sous la forme d'un contrôle de la légalité des motifs d'incarcération — et c'était d'autant plus nécessaire que le nombre des inculpés incarcérés augmentait. Le premier fait est la grande réforme de la loi du 17 juillet 1970 (art. 137 et s. C. pr. pén., plusieurs fois retouchés depuis et notamment par cinq lois des 6 juillet 1989, 30 décembre 1996, 15 juin 2000, 5 mars 2007 et 24 novembre 2009). Le second est la Convention européenne des droits de l'homme. La loi de 1970 va d'emblée susciter un contentieux considérable : environ une vingtaine de décisions publiées chaque année au *Bulletin criminel*. Par la suite, l'intégration de la Convention dans notre droit va provoquer à son tour quelques arrêts, en vérité peu nombreux comparativement à ceux qui sont issus de la loi de 1970. Les deux arrêts du 19 février 1980, rendus en application des seules dispositions du Code de procédure pénale, permettent de démontrer l'existence du contrôle de légalité qu'exerce aujourd'hui la Cour de cassation, ce contrôle dont il faut cependant mesurer la portée réelle. Quant à l'arrêt du 6 mars 1986 où sont visés à la fois le Code français et la Convention européenne, il permet de s'interroger sur l'apport de cette dernière. De là, les trois développements qui suivent.

I. — Le contrôle de la motivation selon le droit national

Quel est exactement l'état de notre droit et quelle en est la portée ?

A. — État du droit national

L'existence de la motivation des décisions du juge d'instruction par la chambre de l'instruction, puis d'un contrôle de la motivation des décisions de celles-ci par la Cour de cassation est l'une des idées maîtresses de la loi de 1970 « tendant à renforcer la garantie des droits individuels des citoyens ». Pour y parvenir, le législateur a opéré en deux temps. Il a d'abord énuméré aux articles 137 et surtout 144 du Code de procédure pénale les cas dans lesquels la détention est possible, ceux-ci étant groupés autour des idées de *recherche de la vérité* (risque de perte des preuves et indices matériels, risque de pression sur les témoins, risque de concertation entre personnes mises en examen et complices), de *mesure de sûreté* (protection de la personne mise en examen, maintien de cette personne à la disposition de la justice, cessation de l'infraction ou prévention de son renouvellement) et d'*ordre public* (lequel n'est pas défini) ; à ces cas s'ajoute celui où l'intéressé se soustrait aux obligations du contrôle judiciaire. À vrai dire les trois cas principaux étaient déjà proposés par la doctrine (dès Faustin-Hèlie) et inscrits dans une circulaire de la Chancellerie du 2 avril 1952 ; on les retrouve aussi à l'étranger (J. Pradel, *Droit pénal comparé*, n° 355). Dans un second temps, le législateur a obligé le juge (qui, depuis la loi du 15 juin 2000, n'est plus le juge d'instruction, mais le juge des libertés et de la détention) à rendre une décision devant « comporter l'énoncé des conditions de droit et de fait sur le caractère insuffisant des obligations du contrôle judiciaire et le motif de détention par référence aux seules dispositions des articles 143-1 et 144 », que la décision soit prise en cas de mise en détention en matière correctionnelle ou en matière criminelle (art. 137-3, al. 1).

Or, dès le lendemain de la mise en application de la réforme de 1970, la Cour suprême devait être saisie de pourvois formés contre des arrêts qui ne comportaient pas aux yeux de leurs auteurs une motivation suffisante (v. les deux premières décisions : Crim. 22 et 24 juin 1971, *JCP* 1971. II. 16915, note J. Robert ; *D.* 1971. Jur. 546, note J. Pradel). Et rapidement, deux séries d'arrêts de la Cour de cassation allaient se constituer.

La première série est faite de décisions qui se bornent à reproduire les termes généraux de l'article 144 du Code de procédure pénale (procédé des clauses de style) ou qui se contentent de dégager un élément de fait et de le juxtaposer à l'un des cas prévus par cet article, mais sans faire apparaître de lien entre eux (procédé de l'oubli du lien de causalité). Cette deuxième méthode, moins grossière que la première, a été utilisée dans l'affaire *Espié*. La chambre d'accusation de Grenoble s'était bornée à dire que l'inculpé avait participé à une organisation ayant pour but l'importation de produits stupéfiants et que ces faits avaient « troublé gravement et durablement l'ordre public ». Cette motivation faisait écho à l'article 144-2° autorisant la détention notamment lorsqu'elle est « nécessaire pour préserver l'ordre public du trouble causé par l'infraction » (aujourd'hui art. 144, 7ᵉ qui vise un « trouble exceptionnel et persistant à l'ordre public »). Et pour donner l'illusion d'une motivation sérieuse, les magistrats grenoblois avaient ajouté à la formule légale deux adverbes sonnant fort. Hélas, ces magistrats n'avaient pas fait de véritable raisonnement pour faire apparaître en quoi, en l'espèce, l'ordre public avait été troublé. Le lien de causalité n'apparaissait pas véritablement alors qu'il était imposé, au moins implicitement, par l'article 145, alinéa 1 du Code de procédure pénale (... « les éléments de l'espèce par référence aux dispositions de l'article 144 » comme le décidait à l'époque cet article...), l'article 137-3 parlant aujourd'hui du « motif de détention par référence aux seules dispositions des articles 143-1 et 144 » sur les cas de détention. La Cour de cassation ne pouvait que censurer l'arrêt. Dans le passé, elle avait déjà cassé plusieurs arrêts qui avaient appliqué l'une ou l'autre méthode (Crim. 24 juin 1971, *préc.* ; 7 août 1971, *Bull. crim.* n° 247 ; *D.* 1972. Jur. 318, note M. Lescure et E. Robert ; 12 juin, 28 nov. et 20 déc. 1972, *Bull. crim.* n° 207, 359 et 394 ; *RSC* 1973. 714, obs. J. Robert ; 23 septembre 1974, *Bull. crim.* n° 271 ; *RSC* 1975. 435, obs. J. Robert ; 30 septembre 1976, *Bull. crim.* n° 275 ; 13 nov. 1977, *Bull. crim.* n° 364 ; 1ᵉʳ févr. 1983, *Bull. crim.* n° 43). Un arrêt plus récent casse une décision qui se contentait de dire que « la détention est nécessaire à l'instruction et à titre de mesure de sûreté sans préciser que les objectifs fixés ne pouvaient être atteints par un placement sous contrôle judiciaire » (Crim. 16 févr. 2010, *D.* 2010. AJ 711, note M. Léna ; *AJ pénal* 2010. 248, obs. Ascensi ; *Procédures* 2010, n° 148, obs. J. Buisson). De même encore, les juges ne peuvent se contenter de se référer à un arrêt précédemment rendu en matière de détention provisoire (Crim. 9 oct. 1984, *Bull. crim.* n° 291). Dans ces décisions, la Cour suprême rappelle souvent que les juges du fond se sont bornés à reproduire les termes généraux de l'article 144 sans se référer aux éléments de l'espèce.

Dans le cas particulier où les magistrats fondent la détention provisoire sur l'ordre public, ils doivent justifier que cette « détention est nécessaire pour préserver l'ordre public du trouble actuellement causé par l'infraction » (Crim. 26 juin 1989, *Bull. crim.* n° 269 ; 7 août 1990, *D.* 1991. Somm. 210, obs. J. Pradel). C'est le mot « actuellement » qui est important : il en résulte que le trouble à l'ordre public doit exister encore au moment où le juge statue. Cette exigence a été légalisée par la loi du 30 décembre 1996 qui exige « un trouble exceptionnel et *persistant* à l'ordre public, auquel la détention est l'unique moyen de mettre fin » (art. 144, al. 1, 3e C. proc. pén., aujourd'hui art. 144, 3e). Il faut ajouter que le trouble à l'ordre public ne saurait se confondre avec la gravité de l'infraction (Douai, ch. acc. 17 juin 1997, *D.* 1997. Jur. 593, note C. Guéry et du même, *Détention provisoire*, Dalloz 2001, n° 1-23).

Évidement une détention provisoire fondée, non sur un des cas de l'article 144, mais sur l'encombrement de la cour d'assises, n'est pas admissible (Crim. 2 sept. 2009, n° 09-83.950 ; *D.* 2009. 2348, obs. M. Léna ; *ibid.* 2010. 2260, obs. J. Pradel ; *AJ pénal* 2009. 452, obs. Lasserre Capdeville).

Au contraire, la Cour de cassation rejette les pourvois lorsque les décisions attaquées appliquent aux éléments de fait les cas abstraitement formulés par l'article 144. C'est la deuxième série de décisions. Les juges du fond avaient justement fait cet effort dans l'affaire Zaccaria, puisqu'ils avaient évoqué le risque de pressions de l'inculpé sur certains témoins qui étaient d'autant plus exposés à de telles manœuvres qu'il s'agissait de proxénétisme. Avant cette décision, de nombreuses autres avaient déjà approuvé les juges du fond dans leurs efforts de motivation (Crim. 22 juin 1971, *préc.* ; 21 août 1971, *Bull. crim.* n° 248 ; *JCP* 1971. II. 16915, note J. Robert ; 16 et 21 déc. 1971, et 7 janv. 1972, *D.* 1972. Jur. 318, note M. Lescure et E. Robert ; 21 déc. 1971, *Bull. crim.* n° 364 ; 4 juin, 18 oct. et 18 déc. 1973, *Bull. crim.* n° 254, 369 et 471 ; 19 mars 1974, *Bull. crim.* n° 116 ; 11 févr. 1975, *Bull. crim.* n° 45 ; 29 juin, 15 septembre et 24 nov. 1976, *Bull. crim.* n° 234, 274 et 340 ; 21 mars 1978, *Bull. crim.* n° 107 ; *D.* 1979. IR 41, obs. M. Puech ; 6 juin 2000, *Bull. crim.* n° 211 ; 15 mars 2005, *Bull. crim.* n° 87). Dans ces différentes espèces, les juges n'ont pas manqué de relever des détails précis sur l'intéressé : il est en rapport avec des personnes impressionnables ou il a refusé de répondre au juge d'instruction (d'où la nécessité de l'empêcher d'exercer « une pression sur les témoins ou sur les victimes ainsi que sur leur famille », art. 144-2e) ; il a un ascendant sur ses coreligionnaires en raison de son niveau d'instruction (d'où la même nécessité) ; il est instable, sans emploi ou a déjà été condamné à une peine d'emprisonnement (d'où la nécessité de « prévenir le renouvellement » de l'infraction, art. 144-6e ; Crim. 15 novembre 2008, *Bull. crim.* n° 99, sur l'intérêt des antécédent judiciaires) ; il fait partie du milieu des truands, vit en hôtel ou en meublé, a déjà pris la fuite à l'étranger, a été arrêté sur mandat d'arrêt international... (d'où la nécessité de « garantir son maintien à la disposition de la justice », art. 144-5e). En outre, et de manière plus générale, les juges du fond invoquent souvent les « lourdes présomptions de culpabilité », voire la nature de l'infraction : ainsi des faits de proxénétisme incitent souvent la Cour de cassation à rejeter le pourvoi de la personne mise en examen.

Trois observations complémentaires doivent être faites sur l'existence du contrôle de motivation.

1° D'abord, ce contrôle est facilité avant tout par l'attitude de la Cour de cassation qui, dès avant l'application de la loi de 1970, avait admis la recevabilité immédiate du pourvoi formé contre une décision relative à la détention (Ord. prés. ch. crim. 26 nov. 1959, *Bull. crim.* n° 512 ; 11 janv. 1967, *Bull. crim.* n° 18). Il l'est également par le soin que mettent parfois les chambres de l'instruction à accumuler des faits précis en faveur de la mise ou du maintien en détention provisoire (v. pour un bel exemple, Crim. 21 août 1986, *D.* 1987. Somm. 81, obs. J. Pradel, où sont évoqués jusqu'aux mensonges de l'inculpé).

2° Ensuite, ce contrôle est renforcé par la volonté de la Cour de cassation qui, parfois, n'hésite pas à relever d'office le moyen tiré d'une violation des articles 144, 145 et 148 (Crim. 7 août 1971, *préc.*).

3° Enfin ce contrôle s'étend à l'insuffisance des obligations du contrôle judiciaire, cette exigence ayant été posée par une loi du 30 décembre 1996 (aujourd'hui art. 137-3 C. Pr. pén.). D'où la cassation d'un arrêt qui ordonnant le placement en détention, avait omis de se prononcer sur le caractère insuffisant du contrôle judiciaire (Crim. 16 juill. 1997, *Bull. crim.* n° 273 ; *D.* 1998. Somm. 170, obs. J. Pradel ; *RSC* 1998. 149, obs. J.-P. Dintilhac ; 26 févr. 2008, *Bull. crim.* n° 50 ; *D.* 2008. AJ 853, note E. Allain ; *AJ pénal* 2008. 228, note Nord-Wagner ; *Procédures* 2008. Comm. 155, obs. J. Buisson ; 18 juin 2008, *Bull. crim.* n° 157 ; *D.* 2008. AJ 2147, obs. M. Léna ; *AJ pénal* 2008. 428 ; *Dr. pénal* 2009. chron. 1, obs. Guérin). D'où aussi le rejet du pourvoi formé contre un arrêt qui s'était bien expliqué sur ce point (Crim. 18 septembre 1997, *Bull. crim.* n° 303 et 304 ; *RSC* 1998. 149, obs. J.-P. Dintilhac).

Cette question sur la motivation de l'insuffisance d'un contrôle judiciaire ne doit pas être confondue avec celle de la nécessaire motivation d'une application du contrôle judiciaire (Crim. 6 août 1995, *Bull. crim.* n° 264 ; *D.* 1996. Somm. 261, obs. J. Pradel ; 13 févr. 2002, *Bull. crim.* n° 28).

B. — Portée du droit national

Est-ce à dire cependant que la portée — et donc l'efficacité — du contrôle de la motivation des mesures de détention, tel qu'il a été conçu par le législateur de 1970, soit considérable ? Les premiers commentateurs de la loi de 1970 se sont montrés dans l'ensemble optimistes (M. Larocque, « Le contrôle juridictionnel de la détention préventive », in *Détention provisoire, contrôle judiciaire et garde à vue, Problèmes soulevés par leur contrôle juridictionnel*, XIIe Journées franco-belgo-luxembourgeoises, Publications de la Faculté de droit de Poitiers, 1971, p. 120 et s.). Et pourtant il convient d'aborder un écueil.

Cet écueil tient à la politique de la Cour de cassation. Celle-ci contrôle bien le rapport formel entre les éléments de fait de l'espèce et les cas abstraitement prévus par l'article 144 du Code de procédure pénale. Elle entend bien que les juges fassent un raisonnement à partir de ces faits. Mais elle ne va pas au-delà.

D'une part, elle ne contrôle pas les affirmations des juges du fond sur les éléments de fait et considère ceux-ci comme définitivement acquis. Dans son arrêt du 21 août 1971 (*préc.*), elle indique que l'arrêt est motivé « d'après les éléments de l'espèce *appréciés souverainement* par la cour et par référence aux dispositions de l'article 144 ».

D'autre part, elle ne contrôle pas toujours le lien fait par les juges du fond entre les éléments de fait qu'ils ont retenu et le risque de réalisation des éventualités énumérées par l'article 144 du Code de procédure pénale. Elle ne juge donc pas le raisonnement des juges du fond. Dans l'affaire *Zaccaria*, la Cour suprême décide que « les juges *ont estimé* que des investigations étant en cours, il y avait lieu de craindre... que l'inculpé se livre à des pressions sur les témoins ».

Au vrai, cette politique de la Cour de cassation s'explique par l'interdiction pour celle-ci de juger en fait. Mais du même coup, le contrôle de la motivation n'est pas total. Et la réforme de 1970, sans être inutile, n'apporte pas tous les bienfaits que l'on avait attendus d'elle.

Faut-il alors attendre quelques avantages de la Convention européenne des droits de l'Homme qui contient justement plusieurs dispositions intéressant la détention provisoire et sa motivation ?

II. — Le contrôle de la motivation selon le droit européen

Deux dispositions de la Conv. EDH doivent être considérés.

A. — L'article 5 § 1, c)

Selon cette disposition, « nul ne peut être privé de sa liberté sauf dans les cas suivants et selon les voies légales : c) lorsqu'il a été arrêté et détenu en vue d'être conduit devant l'autorité judiciaire compétente, lorsqu'il y a des raisons plausibles de soupçonner qu'il a commis une infraction ou qu'il y a des motifs raisonnables de croire à la nécessité de l'empêcher de commettre une infraction ou de s'enfuir après l'accomplissement de celle-ci ». Ce texte énumère donc un certain nombre de cas dans lesquels la détention peut être décidée ou maintenue (risques de rechute et de fuite). Or des individus incarcérés sur le fondement des nécessités de l'ordre public, évoquées à l'article 144 du Code de procédure pénale ont imaginé d'invoquer l'article 5-1 c de la Convention qui est supérieure à la loi interne (v. *Les grands arrêts du droit pénal général*, n° 5) et qui est silencieux sur ce motif de détention comme on vient de le voir. Mais la Cour de cassation, dans son arrêt *Lamarque* du 6 mars 1986 n'a pas admis un tel moyen, répondant en effet que « contrairement à ce qui est allégué au moyen, les dispositions du Code de procédure pénale qui définissent limitativement les cas dans lesquels le placement ou le maintien en détention peut être ordonné par le juge, loin d'être incompatibles avec les dispositions de la Convention, instituent au contraire en faveur des inculpés des garanties supplémentaires destinées à éviter toute détention injustifiée » (v. dans le même sens, Crim. 20 oct. 1987, *Bull. crim.* n° 357).

On peut, d'un côté, se réjouir de cette décision qui reconnaît le principe que l'article 5 de la Convention s'applique bien à la détention provisoire, ce qui avait pourtant été nié peu avant (Crim. 3 janv. 1986, *D.* 1986. Jur. 137, note R. Koering-Joulin), mais ce qui sera confirmé peu après (Crim. 21 août 1986, *D.* 1987. Somm. 81, obs. J. Pradel). Mais d'un autre côté, on dit volontiers que l'arrêt Lamarque montre le peu d'intérêt de la Convention en matière de détention provisoire puisque l'article 144 du Code de procédure pénale est, aux yeux de la Cour de cassation, un texte plus précis et donc plus protecteur de l'inculpé que l'article 5 de la Convention (W. Jeandidier, *RSC* 1986. 711 et s., notamment n° 12 à 16). C'est sans doute vrai. Mais à notre avis, on peut présenter les choses autrement en disant que les conditions de la détention provisoire résultent à la fois de l'article 144 du Code de procédure pénale et de l'article 5 de la Convention (*comp.* l'analyse de D. Mayer qui voit dans la Convention une garantie minimale que les législateurs internes peuvent enrichir, note au *D.* 1986. 317, 1re colonne). Il suffit alors, qu'un motif de détention soit inscrit dans l'un ou l'autre texte pour qu'il soit de droit positif. C'est ainsi que la Cour suprême « sauve » le motif tiré des nécessités de l'ordre public, motif pourtant très rarement admis à l'étranger.

B. — L'article 5 § 3

Cela dit, les juges européens raisonnent comme le fait notre droit positif. On retrouve le risque d'amoindrissement des preuves (CEDH 6 avr. 2000, *Labita c. Italie*, *RFDA* 2001. 1250, chron. Bayle et Sudre ; *RSC* 2000. 667, obs. F. Massias) et le risque de pression sur les témoins et de concertation entre accusés (CEDH 26 juin 1991, *Letellier c. France*, *D.* 1992. 328, obs. Renucci ; *RSC* 1991. 805, obs. L.-E. Pettiti). Certes, en cas de terrorisme et criminalité organisée, les exigences s'assouplissent, compte tenu de la dangerosité de l'accusé (CEDH 6 nov. 2003, *Pantano c. Italie* n° 60851/00, non publié § 69, cité *in* J.-F. Renucci ; *Traité de droit européen des droits de l'homme*, LGDJ 2007, n° 263, p. 322).

Le second texte de la Convention est son article 5-3 selon lequel « toute personne arrêtée ou détenue... a le droit d'être jugée dans un délai raisonnable, ou libérée pendant la procédure ». Indirectement, ce texte implique que la détention provisoire ne dure pas trop longtemps, comme si elle devenait sans motifs au-delà d'un certain délai.

1° Traditionnellement, notre jurisprudence faisait peu de cas de ce texte. Dans ses arrêts les plus récents, notamment et encore dans l'arrêt Lamarque, elle y voyait une question de fait échappant à son contrôle. Peu de temps auparavant, elle y avait vu, de façon voisine, un moyen mélangé de fait et de droit (Crim. 18 févr. 1986, *Bull. crim.* n° 66 ; *D.* 1986. IR 305, obs. J. Pradel). La Cour suprême avait pourtant naguère réservé un meilleur accueil à l'idée de délai raisonnable (v. à propos d'un supplément d'information, Crim. 22 févr. 1982, *D.* 1983. IR 74, obs. G. Roujou de Boubée). Mais cette période paraissait révolue et la Cour de cassation n'entendait plus contrôler si le délai de la détention a cessé d'être raisonnable, faute de la persistance de motifs valables et elle abandonnait cette matière aux juges d'instruction et aux chambres d'accusation. En effet, dans sa dernière jurisprudence, la chambre criminelle considère que la durée de la détention provisoire — qui ne saurait dépasser le délai raisonnable prévu par l'article 144-1 du Code de procédure pénale — relève de l'appréciation souveraine des chambres de l'instruction (Crim. 1er oct. 2002, n° 02-84.980 ; 3 juin 2003, *Bull. crim.* n° 111 ; *Dr. pénal* 2003. Chron. 26, obs. A. Maron). Tout au plus, et la question est différente, la chambre criminelle consentait-elle :

a) À rechercher si les juges de la chambre d'accusation s'étaient eux-mêmes interrogés sur le caractère raisonnable du délai au cas où l'inculpé aurait soulevé ce point devant eux (Crim. 19 févr. 1986, *Bull. crim.* n° 65 ; 3 juill. 1990, *Bull. crim.* n° 273).

b) À vérifier si les motifs invoqués par la chambre d'accusation n'étaient pas contradictoires (Crim. 20 oct. 1987, *Bull. crim.* n° 356). C'est l'application du droit commun.

Il est vrai qu'il s'était parfois trouvé des chambres d'accusation pour appliquer l'article 5-3 Conv. EDH : ainsi l'une d'elles a considéré comme non raisonnable au sens de ce texte un délai de seize mois entre l'arrêt de mise en accusation et la date de comparution devant les assises (Versailles, ch. acc. 13 juill. 1989, *D.* 1989. Somm. 391, obs. J. Pradel, arrêt indiquant que « le seul fonctionnement défectueux du service public de la justice ne pouvait être subi par l'accusé »).

2° La Cour européenne de Strasbourg, parallèlement n'hésitait pas en revanche à contrôler la durée de la détention provisoire. Dans l'affaire *Wemhoff* (arrêt du 27 juin 1968), elle justifie une détention de trois ans et demis « en raison de la nature des infractions... et de l'extrême complexité de l'affaire ». Dans l'affaire *Neumeister*, du même jour et où la détention avait duré deux ans et deux mois, la Cour au contraire considère que le maintien en détention a violé l'article 5-3, en indiquant notamment que le danger de fuite invoqué à l'encontre de l'élargissement doit s'apprécier au regard de divers éléments — gravité des faits, caractère, ressources et domicile de l'inculpé notamment — pas totalement remplis en l'espèce (V. Berger, *Jurisprudence de la Cour européenne des droits de l'Homme*, 12e éd., Sirey, 2011, p. 151 et s. ; J. Pradel, G. Corstens et G. Vermeulen, n° 344 et s.). Plus tard, la Cour déclarera également que l'article 5-3 est violé dans les affaires *Letellier* du 26 juin 1991, *D.* 1992. Somm. 328, obs. J.-F. Renucci ; *RSC* 1991. 805, obs. L.-E. Pettiti, *Kemmache* du 27 nov. 1997, *D.* 1998. Somm. 206, obs. J.-F. Renucci ; *RSC* 1998. 168, obs. L.-E. Pettiti et *I.A* du 23 septembre 1998, toutes contre la France ; dans cette dernière affaire la détention provisoire avait duré plus de cinq ans.

De forts soupçons de participation à des infractions graves, même s'ils constituent un facteur pertinent, ne légitiment qu'à eux seuls une très longue détention provisoire (CEDH 18 déc. 1996, *Scott c. Espagne*, § 78 ; 27 août 1992, *Tomasi c. France*, § 89).

De façon générale, la jurisprudence européenne retient trois critères en matière de délai raisonnable de la détention : la complexité de l'affaire, le comportement du requérant et celui des autorités judiciaires. Ces trois critères, la CEDH les applique de façon concrète en rappelant depuis l'arrêt *Wemhoff* de 1968 : « Il incombe en premier lieu aux autorités judiciaires nationales de veiller à ce que, dans un cas donné, la durée de la détention provisoire d'un accusé ne dépasse pas la limite du raisonnable. À cette fin, il leur faut examiner toutes les circonstances de nature à révéler ou écarter l'existence d'une véritable exigence d'ordre public justifiant, eu égard à la présomption d'innocence, une exception à la règle du respect de la liberté individuelle et en en rendant compte dans leurs décisions relatives aux demandes d'élargissement. C'est essentiellement sur la base des motifs figurant dans lesdites décisions ainsi que des faits non controuvés figurant dans lesdites décisions que la Cour doit déterminer s'il y a eu ou non violation de l'article 5 de la Convention ». Aux juges nationaux d'être attentifs et aussi à leurs législateurs !

3° Cette conception européenne dès ses premières décisions a inspiré la loi du 30 décembre 1996 qui a introduit dans le Code de procédure pénale un article 144-1 selon lequel « la détention provisoire ne peut excéder une durée raisonnable au regard de la gravité des faits reprochés à la personne mise en examen et de la complexité des investigations nécessaires à la manifestation de la vérité. » On aura observé que la loi ne reprend que le premier critère européen (complexité de l'affaire), remplaçant les deux autres par celui de gravité des faits (v. circulaire d'application du 3 mars 1997, annexe n° 3). Le texte ajoute que l'élargissement de la personne s'impose « dès que les conditions prévues à l'article 144 et au présent article ne sont plus remplies ».

Une première application de l'article 144-1 du Code de procédure pénale est faite avec l'arrêt du 22 juillet 1997 (Crim. 22 juill. 1997, *Bull. crim.* n° 277, l'espèce, *D.* 1998. Somm. 171, obs. J. Pradel ; *RSC* 1998. 149, obs. J.-P. Dintilhac). La détention avait duré quatre ans et demi, et son maintien n'était justifié que par la nécessité d'une expertise : rien sur la gravité des faits, rien sur la complexité des investigations. En pratique, l'article 144-1 conduit les juges à adopter une motivation plus précise que par le passé (A. Maron, *Dr. pénal* 1998, Chron. n° 1). Bien sûr, si le détenu provisoire est responsable de l'allongement de la durée de sa détention, parce qu'il multiplie les incidents procéduraux, l'article 144-1 ne lui sera d'aucun secours (Crim. 12 juin 1997, *Bull. crim.* n° 233). Ce qui rejoint la jurisprudence de la CEDH (v. *supra* III. B. 2). Bien sûr, l'estimation de la durée de détention relève de l'appréciation souveraine de la chambre de l'instruction (Crim. 3 juin 2003, *Dr. pénal* 2003. Chron. 26, obs. A. Maron).

C. — L'article 5 § 4

Selon l'article 5-4 Conv. EDH, « toute personne privée de sa liberté par arrestation ou détention a le droit d'introduire un recours devant le tribunal afin qu'il statue à bref délai sur la légalité de sa détention ».

Ce texte n'est pas sans influence sur notre jurisprudence. D'abord, lorsque le juge d'instruction, très insouciant, reste passif devant une demande d'élargissement formée par l'inculpé, celui-ci peut saisir directement la chambre d'accusation (Colmar, ch. acc., 21 nov. 1985, *D.* 1987. Somm. 80, obs. J. Pradel). Ensuite lorsque le juge, certes un peu moins insouciant, communique la demande d'élargissement au parquet, mais pas immédiatement comme il en a le devoir, un arrêt a admis que l'inculpé peut, là encore, saisir directement la chambre d'accusation (Paris, ch. acc. 20 juin 1990, *D.* 1991. Somm. 212, obs. J. Pradel, où le juge n'avait transmis la requête au parquet qu'au bout de quinze jours ; *comp.* il est vrai Crim. 25 mars 1985, *Bull. crim.* n° 122, selon lequel « la loi a confié à la conscience du juge d'instruction le soin d'ordonner la communication dans le plus bref délai »). Allant plus loin encore, un arrêt se fonde sur l'article 5-4 Conv. EDH pour obliger la Cour de renvoi à statuer très vite après cassation (Paris, ch. acc. 29 septembre 1988, *D.* 1989. Somm. 172, obs. J. Pradel ; *RSC* 1989. 143, obs. A. Braunschweig, le délai ayant dépassé six mois). On aura noté, il est vrai, que ces arrêts n'émanent pas de la Cour de cassation.

J. P.

36

DÉTENTION PROVISOIRE EN MATIÈRE CORRECTIONNELLE — MISE EN LIBERTÉ SOUS CONTRÔLE JUDICIAIRE — RÉINCARCÉRATION

Crim. 22 janvier 1981, *Gérard* (*Bull. crim.* n° 33 ; *D.* 1981. Jur. 561, note J. Pradel)

Malgré les dispositions impératives de l'article 145, alinéa 3 du Code de procédure pénale (aujourd'hui art. 145-1, al. 1, de ce Code) qui excluent en principe la détention au-delà de six mois (aujourd'hui quatre mois), une remise en détention est possible après expiration de ce délai au cas où la personne mise en examen élargie avait été placée sous contrôle judiciaire et en avait méconnu les obligations.

Chambre criminelle, 22 janvier 1981

Gérard

Attendu que les dispositions de l'article 145, alinéa 3, du Code de procédure pénale ne font pas obstacle à la mise en détention provisoire de l'inculpé, dès lors qu'il est constaté que celui-ci s'est volontairement soustrait à une obligation du contrôle judiciaire ;

Attendu qu'il appert de l'arrêt attaqué que Gérard, inculpé de faux en écriture privée et d'usage de faux, a été placé sous mandat de dépôt le 10 septembre 1976 ; que le 4 avril 1977, le juge d'instruction a ordonné la prolongation de la détention provisoire du 10 avril 1977 au 10 juin 1977, date à laquelle Gérard a été mis sous contrôle judiciaire avec, notamment, l'obligation de verser un cautionnement dans le délai de quinze jours ; que le 1er juillet 1977 il a été constaté que l'inculpé n'avait pas satisfait à cette obligation ;

Attendu que pour confirmer la décision du magistrat instructeur qui avait refusé de faire droit aux réquisitions du procureur de la République tendant à l'application à l'encontre de l'inculpé des dispositions de l'article 141-2 du Code de procédure pénale, la chambre d'accusation, après avoir relevé que la détention provisoire déjà subie par Gérard atteignait le maximum de la durée autorisée par l'article 145, alinéa 3, dudit Code, énonce que cette durée « ne peut en aucun cas être dépassée, même si, au cours de l'information, il a été ordonné une mesure de contrôle judiciaire dont les conditions n'ont pas été respectées » ;

Mais attendu qu'en statuant ainsi, les juges d'appel ont ajouté à l'article 141-2 du Code de procédure pénale une condition qui n'y est pas contenue et ont violé ledit texte de loi ;

D'où il suit que la cassation est encourue ;

Par ces motifs :

Casse et annule dans l'intérêt de la loi et sans renvoi, l'arrêt de la chambre d'accusation de la cour d'appel de Rennes, en date du 18 août 1977, en toutes ses dispositions.

OBSERVATIONS

Un individu mis en examen pour un délit correctionnel et placé en détention provisoire est libéré au bout de six mois en application de l'article 145, alinéa 3, du Code de procédure pénale (aujourd'hui, depuis la réforme du 15 juin 2000, art. 145-1, al. 1 C. pr. pén., cette durée est de quatre mois). Placé aussitôt sous contrôle judiciaire, l'intéressé n'en respecte pas les obligations. Le juge (entendons aujourd'hui le juge des libertés et de la détention) peut-il ordonner sa réincarcération ? L'arrêt *Gérard*, ci-dessus rapporté, répond par l'affirmative (*adde* dans le même sens, Crim. 20 déc. 1983, *Bull. crim.* n° 349 ; *D.* 1984. Jur. 349, note J. M. R. ; 15 avr. 1991, *Bull. crim.* n° 178). Cette jurisprudence appelle deux observations.

I. — La possibilité d'une réincarcération est-elle bien fondée ?

Au vrai, deux possibilités s'offraient au juge : soit exclure toute réincarcération après une première détention de six mois en s'appuyant sur une interprétation très bienveillante de l'article 145, alinéa 3 du Code de procédure pénale qui interdit « la prolongation de la détention » au-delà de six mois (système libéral) (aujourd'hui art. 145-1, al. 1, qui parle d'ailleurs de quatre mois) ; soit au contraire autoriser la réincarcération en appliquant littéralement l'article 141-2 du Code de procédure pénale qui permet au juge de décerner un mandat d'arrêt ou de dépôt « si la personne mise en examen se soustrait volontairement aux obligations du contrôle judiciaire » (système répressif). En choisissant cette dernière conception, la chambre criminelle, dans l'arrêt *Gérard*, a deux fois raisons (*contra*, J. Michaud, « Encore une étape de la procédure pénale », *RSC* 1976. 517 ; M.-L. Rassat, *JCP* 1983. I. 3123, n° 93). On observera que la chambre d'accusation avait exclu la réincarcération et que la chambre criminelle a été saisie d'un pourvoi dans l'intérêt de la loi, a dit le contraire.

a) D'une part, à raisonner en *droit*, il apparaît que l'article 145, alinéa 3 du Code de procédure pénale, devenu l'article 145-1, alinéa 1, invoqué en faveur de la conception libérale, ne peut pas s'appliquer. D'abord en effet, ce texte vise, non la détention provisoire prononcée à la suite d'un contrôle judiciaire qui a échoué, mais la détention provisoire « classique », celle de l'article 144 du Code de procédure pénale, celle qui est décidée au titre des nécessités de l'instruction, de la sûreté ou de l'ordre public (l'art. 145-1 se trouve dans la même section du Code que l'art. 144, celle consacrée à la détention provisoire) et indépendamment d'une mesure de contrôle judiciaire qui aurait échoué. Ensuite, l'article 145, alinéa 3 du Code de procédure pénale, (aujourd'hui l'art. 145-1, al. 2) intéresse « la prolongation » de la détention au-delà du terme fatidique de six mois (aujourd'hui quatre mois) et non la réincarcération.

Au contraire, l'article 141-2 du Code de procédure pénale peut s'appliquer à notre hypothèse : il concerne la décision de réincarcération après une première incarcération suivie de contrôle judiciaire aussi bien que l'incarcération après une période de contrôle judiciaire puisqu'il est rédigé en termes généraux. Le contrôle judiciaire y gagne une nouvelle jeunesse.

b) D'autre part, à considérer les choses sur le plan de l'*opportunité*, la possibilité d'une réincarcération apparaît pour le juge d'instruction une nécessité. On sait que l'article 145, alinéa 3 du Code de procédure pénale (aujourd'hui devenu l'art. 145-1, al. 1), a été conçu par le législateur du 6 août 1975 comme une réponse à l'indifférence des juges instructeurs à l'égard du contrôle judiciaire créé en 1970. Ceux-ci n'ayant pas saisi la perche tendue à l'époque pour les inciter à laisser l'inculpé en liberté le plus souvent possible (J. Souleau, « Neuf années de contrôle judiciaire », *RSC* 1980. 41), le législateur de 1975 décida de recourir à la manière forte en bridant impérativement la durée de la détention en matière correctionnelle à six mois (aujourd'hui quatre mois, sauf prolongation). Et l'on peut à la rigueur comprendre la politique adoptée en 1975. Cependant, et ceci est fondamental, il ne faut surtout pas que dans les affaires longues et complexes, les intéressés profitent de cette disposition bienveillante pour s'enfuir et paralyser ainsi la marche de l'instruction. Il importe donc que le juge en plaçant sous contrôle l'individu qu'il était obligé de libérer conserve néanmoins sur lui un moyen de pression, notamment pour l'empêcher de fuir. Or ce moyen ne peut être que la menace d'une réincarcération. L'article 141-2 du Code de procédure pénale apparaît ainsi comme une arme à peu près satisfaisante (et en tout cas la seule) à la disposition du juge d'instruction. Et c'est parce que cette possibilité est indispensable que le garde des Sceaux a ordonné un pourvoi dans l'intérêt de la loi contre un arrêt de chambre d'accusation qui avait exclu toute réincarcération dans le cas d'espèce, comme il a déjà été dit. De plus, pour simplifier la tâche du juge des libertés et de la détention, et indirectement du juge d'instruction, il a été jugé que la décision de placement en détention provisoire, prise pour sanctionner la violation des obligations du contrôle judiciaire n'a pas être motivée par des considérations de droit et de fait exigées par l'article 144 du Code de procédure pénale (Crim. 25 nov. 2003, *Bull. crim.* n° 220 ; *AJ pénal* 2004. 74).

On peut également imaginer un juge d'instruction ayant tellement besoin que le mis en examen soit en détention provisoire, qu'il va organiser un contrôle judiciaire si rigoureux que l'intéressé le méconnaîtra inévitablement et se retrouvera en prison (obs. au *D.* 1981. 561, sous Crim. 22 janv. 1981).

Le système de l'arrêt *Gérard* est également consacré dans la phase de jugement. Il a été jugé en matière criminelle que si l'accusé en détention provisoire avait été placé sous contrôle judiciaire, il retourne en prison s'il vient à méconnaître les obligations du contrôle judiciaire (Crim. 18 févr. 1998, *Bull. crim.* n° 67 ; *RSC* 1998. 580, obs. J.-P. Dintilhac).

II. — La durée de la réincarcération

L'arrêt *Gérard* laisse en suspens une question importante : s'il reconnaît bien qu'après une détention de six mois et une période de contrôle judiciaire, une réincarcération est possible, il ne nous renseigne pas sur la durée maximale de cette seconde période d'incarcération. Pourra-t-elle être illimitée ou devra-t-elle, comme la première, être limitée à six mois dans le cas prévu à l'article 145-2, alinéa 2 du Code de procédure pénale (aujourd'hui quatre mois) ? La réponse à cette question a été apportée par un arrêt postérieur, du 20 décembre 1983, précité. Cette décision juge que la nouvelle incarcération ne pourra pas dépasser six mois, comme la première, de sorte qu'à l'issue de cette nouvelle incarcération, le juge devra encore libérer l'intéressé, quitte à le mettre encore sous contrôle judiciaire. Ainsi « la détention renouvelée épouse le même régime que celui qui était le sien lors de la première incarcération » (C. Guéry, *Détention provisoire*, 2001, n° 8-7, p. 199).

Avec la loi du 15 juin 2000, le principe ne change pas. Mais la durée totale de la détention et donc celle de la réincarcération est calculée de façon précise par deux textes. C'est d'abord l'article 141-3 du Code de procédure pénale pour les majeurs : « lorsque la détention provisoire est ordonnée à la suite d'une révocation du contrôle judiciaire à l'encontre d'une personne antérieurement placée en détention provisoire pour les mêmes faits, la durée cumulée des détentions ne peut excéder de plus de quatre mois la durée maximale de la détention prévue respectivement aux articles 145-1 » (quatre mois ou, dans certains cas, davantage) « et 145-2 » (un an ou, dans certains cas, davantage). Lorsque la peine encourue est inférieure à celle mentionnée à l'article 143-1 (trois ou cinq ans d'emprisonnement selon les types d'infractions), « la durée totale des détentions ne peut excéder quatre mois ». C'est ensuite l'article 11-1, Ord. 2 février 1945 sur les mineurs : « Lorsque la détention provisoire est ordonnée à la suite d'une révocation du contrôle judiciaire à l'encontre d'un mineur antérieurement placé en détention provisoire pour les mêmes faits, la durée cumulée des détentions ne peut excéder de plus d'un mois la durée maximale de la détention prévue à l'article 11 » (qui indique la durée des diverses détentions provisoires applicables à un mineur). En conclusion, la durée de la réincarcération est désormais impérativement plafonnée.

J. P.

37

DEMANDE DE CONSTITUTION DE PARTIE CIVILE — IRRECEVABILITÉ OPPOSÉE PAR LE JUGE D'INSTRUCTION — CONDITION DU DEMANDEUR PENDANT L'INSTANCE D'APPEL

Crim. 28 mai 1968, *Dame Stein* (*Bull. crim.* n° 176 ; *D.* 1969, Jur. 3, note P. Faivre ; *RSC* 1969. 167, obs. J. Robert)

La personne qui se constitue partie civile par voie d'intervention devant le juge d'instruction et qui relève appel de l'ordonnance ayant déclaré sa constitution irrecevable conserve sa qualité de partie civile pendant l'instance d'appel.

Chambre criminelle, 28 mai 1968

Dame Stein

Attendu qu'aux termes de l'article 197, alinéa 3, du Code de procédure pénale, modifié par l'ordonnance du 4 juin 1960, lorsqu'une procédure est soumise à la chambre d'accusation, le dossier, comprenant les réquisitions du procureur général, est déposé au greffe de la chambre et tenu, pendant cinq jours, à la disposition des conseils des inculpés et des parties civiles ;

Attendu que, sur plainte de la commission de contrôle des banques, une information a été ouverte contre Travers du chef d'infraction à la réglementation de la profession bancaire ; qu'en cours de procédure, la dame Stein s'est régulièrement constituée partie civile, le 31 octobre 1967 ; que, par ordonnance du 4 novembre 1967, le juge d'instruction a, sur les réquisitions du parquet, déclaré cette constitution de partie civile irrecevable ; qu'usant du droit que lui conférait l'article 186, alinéa 2 du Code de procédure pénale, la dame Stein, à qui l'ordonnance avait été signifiée, en a relevé appel ;

Attendu qu'en cet état, la chambre d'accusation a été saisie par le conseil de la demanderesse d'un mémoire tendant à l'annulation de la procédure au motif que le ministère public lui avait refusé la communication du dossier ; que, pour rejeter cette requête, la chambre d'accusation, après avoir déclaré l'appel irrecevable, énonce que « le refus de communication du dossier opposé par le ministère public au conseil de la requérante était justifié tant que la qualité de partie civile de cette dernière n'avait pas été reconnue et admise » ;

Attendu qu'en décidant ainsi, la chambre d'accusation n'a pas donné une base légale à sa décision ; qu'en effet, la demanderesse qui s'était régulièrement constituée partie civile, avait, par l'effet de son appel de l'ordonnance d'irrecevabilité, conservé cette qualité et que, en conséquence, son conseil était en droit de prendre connaissance du dossier de la procédure au greffe de la cour dans les conditions prévues par l'article 197 susvisé ; que l'inobservation des dispositions dudit article entraîne nullité s'il y a eu violation des droits des parties ; que tel est bien le cas de l'espèce, dès lors que le conseil de la partie civile avait été empêché de consulter les pièces de la procédure et de prendre connaissance des réquisitions du procureur général qui y figuraient et qu'il avait formulé, dans des conclusions régulières, des réserves expresses à cet égard ;

Par ces motifs, et sans qu'il y ait lieu d'examiner le second moyen proposé, casse...

OBSERVATIONS

Au cours d'une information, une personne se constitue partie civile. Le juge d'instruction rend une ordonnance d'irrecevabilité, lui déniant ainsi le droit d'être partie à l'instance. Cette personne fait appel de l'ordonnance en application de l'article 186, alinéa 2 du Code de procédure pénale qui l'autorise à le faire de toutes celles qui font « grief à ses intérêts civils ». Faut-il lui reconnaître pendant l'instance d'appel les mêmes prérogatives que celles dont bénéficie la partie civile qui n'est pas l'objet d'une telle ordonnance ? En répondant par l'affirmative, l'arrêt *Dame Stein*, appelle plusieurs observations.

Il faut signaler de suite que l'intérêt de cette question est considérable à un double point de vue.

Premièrement parce que les droits accordés à la partie civile au cours de l'instruction sont très importants (et d'ailleurs analogues à ceux de la personne mise en examen) : possibilité pour son conseil et pour elle-même d'avoir accès au dossier avant ses auditions et d'assister à celles-ci (art. 114 C. pr. pén.), droit d'être avisée de toutes ordonnances juridictionnelles (art. 183 C. pr. pén.), possibilité d'interjeter appel de certaines ordonnances et par exemple de celle qui déclare recevable une autre partie civile (art. 186, al. 2 C. pr. pén.), faculté de solliciter une mesure d'instruction (art. 82-1 C. pr. pén.) et spécialement de participer à l'expertise (art. 156, al. 1, 159, al. 2, 165 et 167 C. pr. pén.), droit de récuser le juge d'instruction (art. 669, al. 1 C. pr. pén.).

Deuxièmement parce que l'intervention de la partie civile pouvant être contestée par toutes les parties, y compris par une autre partie civile (art. 87, al. 2, 185, al. 1, 186, al. 1 et 2 C. pr. pén.), la question a toutes chances de se poser souvent.

Cela dit, l'arrêt *Dame stein* pose deux questions, celle de sa légitimité et celle de savoir si elle peut être étendue à des situations autres et voisines.

I. — Justification de la solution admise dans l'arrêt *Dame Stein*

Que peut-on penser de la jurisprudence *Dame Stein* qui, disons-le d'emblée, tranche avec la longue théorie d'arrêts qui marquent une grande réserve à l'égard des demandeurs à l'action civile en exigeant la preuve d'un préjudice direct et personnel ?

À l'encontre de l'arrêt du 28 mai 1968, on peut invoquer un solide argument pratique : un individu, alléguant un préjudice de pure façade va pouvoir accéder à la procédure et en surveiller le déroulement. À propos de cet arrêt, le procureur général J. Robert évoquait l'éventualité d'un historien des mœurs ou d'un journaliste qui peut ainsi mettre son nez dans un dossier où il n'a rien à faire (obs. *RSC* 1969. 162). Il y a longtemps que la doctrine insiste sur les inconvénients de ce droit de regard accordé aux parties civiles (J. Granier, « Quelques réflexions sur l'action civile », *JCP* 1975. I. 1386, et « La partie civile au procès pénal », *RSC* 1968. 1). Devant les juges d'instruction, le risque d'immixtion d'un intrus est d'ailleurs d'autant plus grave que, selon une jurisprudence ferme et abondante, une personne peut intervenir non seulement si elle est indéniablement lésée par une infraction, mais aussi si les circonstances sur lesquelles elle s'appuie permettent d'admettre comme possible l'existence du préjudice allégué et la relation directe de ce préjudice avec l'infraction poursuivie (Crim. 13 juin 1978, *Bull. crim.* n° 193 ; 6 févr. 1996, *Bull. crim.* n° 60 ; 16 févr. 1999, *Bull. crim.* n° 17 ; 11 déc. 2002, *Bull. crim.* n° 224 ; *D.* 2003. IR 434 ; *RTD com.* 2003. 336, obs. N. Rontchevsky ; *ibid.* 390, obs. B. Bouloc ; *Rev. sociétés* 2003. 145, obs. B. Bouloc ; *RSC* 2004. 113, obs. J. Riffault-Silk). Et comme la partie civile n'est pas tenue au secret de l'instruction (Crim. 9 oct. 1978, *D.* 1979. Jur. 185, note P. Chambon, v. *supra*, n° 25), sa constitution, même non fondée, lui permettra de répandre dans le public des informations préjudiciables à la personne mise en examen, voire à la justice. C'est pourquoi, par prudence, la loi du 30 décembre 1996 décide que, contrairement à ce qui se passe pour le mis en examen, l'avocat d'une partie civile dont la recevabilité est contestée ne peut transmettre à celle-ci une copie des pièces de l'instruction sans l'autorisation préalable du juge d'instruction (art. 114, al. 11 C. pr. pén.).

Cependant, on peut être tenté d'invoquer en faveur de la solution admise en 1968 deux arguments. Le premier, retenu par l'arrêt lui-même, consiste à fonder la persistance de la qualité de partie civile après l'ordonnance sur une présomption de régularité de la constitution. Cet argument vaudrait si la constitution n'était contestée par aucune partie et même aussi longtemps que le juge n'a pas rendu d'ordonnance d'irrecevabilité, mais dès lors qu'il a rendu une telle ordonnance, on ne peut plus dire que cette régularité est présumée. Et tel était bien le cas en l'espèce. Dès lors, s'il y a contestation matérialisée par une ordonnance d'irrecevabilité, c'est un autre argument qu'il faut invoquer. Cet argument est l'effet suspensif de l'appel qui a pour conséquence de retarder l'exécution de l'ordonnance jusqu'à la décision confirmative de la chambre de l'instruction (J. Pradel, n° 795). Et comme l'effet suspensif de l'appel vaut aussi bien au stade de l'instruction que devant les juridictions de jugement, l'argument est très solide.

Il faut donc admettre que, malgré certains inconvénients pratiques, la partie civile conserve sa qualité et donc ses prérogatives jusqu'au jour où la chambre de l'instruction aura confirmé l'ordonnance d'irrecevabilité (si elle la confirme). Mais la conserve-t-elle encore si elle intente un pourvoi en cassation contre l'arrêt de confirmation ?

II. — Extension de la solution à d'autres situations

Elle doit l'être d'abord en cas de pourvoi en cassation, formé contre l'arrêt de la chambre de l'instruction. En effet, le pourvoi a lui aussi un effet suspensif puisque l'article 569, alinéa 1 du Code de procédure pénale ne prévoit d'exception à cet effet qu'à l'égard des condamnations civiles (v. en ce sens P. Faivre, note *préc.*). Donc la partie civile conserve sa qualité jusqu'à l'arrêt rejetant le pourvoi formé contre l'arrêt d'appel.

Il doit en être de même lorsque la constitution de partie civile est faite devant les juridictions de jugement. C'est qu'en effet l'effet suspensif des voies de recours joue là aussi. C'est en vain que l'on opposerait à cette idée un arrêt qui a déclaré que l'auteur d'une constitution de partie civile irrecevable n'a pas la qualité de partie civile et ne peut donc intenter un pourvoi (Crim. 4 nov. 1969, *JCP* 1970. II. 16268, note P. Chambon). C'est qu'en l'espèce, la constitution était tardive puisqu'elle était intervenue à l'audience après les réquisitions du ministère public sur le fond. Or l'article 421 du Code de procédure pénale décide expressément que, faite à l'audience, « la déclaration de partie civile doit, à peine d'irrecevabilité, être faite avant les réquisitions du ministère public sur le fond ». Il est évident qu'en entrant trop tard dans le procès, une personne ne peut jamais — et cela de manière indubitable — être considérée comme une partie. Le principe doctrinal affirmé plus haut est donc bien fondé.

Reste le cas d'une constitution de partie civile faite devant le juge d'instruction et par voie d'action. Dans le principe, il n'y a aucune raison de penser autrement. Mais en pratique, la question est presque dépourvue d'intérêt : si en effet la partie civile écartée par une ordonnance d'irrecevabilité peut évidemment saisir la chambre de l'instruction, puis la chambre criminelle de la Cour de cassation, elle ne peut en fait exercer aucune des prérogatives indiquées ci-dessus (I) puisque le dossier est vide, les investigations n'ayant par hypothèse pas commencé.

On peut rapprocher ces solutions extensives (et favorables à la partie civile) d'une hypothèse rare qui est la suivante. Après ordonnance de non-lieu, le ministère public décide la réouverture de l'instruction sur charges nouvelles. La chambre criminelle décide, en ce cas, que la partie civile retrouve la qualité qu'elle avait dans la première procédure et en déduit qu'elle peut interjeter appel d'une ordonnance de refus d'informer du juge d'instruction ; en effet une telle ordonnance fait grief à ses intérêts civils (Crim. 23 juin 2009, *Bull. crim.* n° 127 ; *D.* 2009. AJ 2039, note Gachi ; *AJ pénal* 2009. 505, obs. Ascensi ; *Dr. pénal* 2010. chron. 1, obs. Guérin).

J. P.

38

CHAMBRE DE L'INSTRUCTION — ORDONNANCES DU JUGE D'INSTRUCTION — DROIT D'APPEL DU MIS EN EXAMEN

Crim. 6 janvier 1961, *Imerzeg* (*Bull. crim.* n° 6 ; *D.* 1961. Jur. 581, note M. R. M. P.)

La personne mise en examen ne peut interjeter appel des ordonnances du juge d'instruction que dans les cas énumérés par le Code de procédure pénale dont les dispositions sont limitatives.

Chambre criminelle, 6 janvier 1961

Imerzeg

– Attendu que pour débouter le demandeur, l'arrêt énonce notamment que la cour n'étant saisie que d'un incident relatif à la détention préventive, il ne lui appartient pas de contrôler la régularité des actes qui n'intéressent en rien la détention de l'inculpé et qui font partie d'une procédure qui n'est pas soumise à la juridiction d'instruction du second degré au sens de l'article 206 du Code de procédure pénale ; — Attendu qu'en statuant ainsi, la chambre d'accusation n'a violé aucun des textes visés au moyen, ni aucun principe de droit ; — Attendu, en effet, qu'en permettant aux inculpés de relever appel des ordonnances prévues par l'article 186, § 1er et 3 du Code de procédure pénale, ce texte, dont les dispositions sont limitatives, leur a attribué un droit exceptionnel, qui ne comporte aucune extension et dont ils ne sauraient s'autoriser pour faire juger, à l'occasion d'une de ces procédures spéciales, des fins de non-recevoir étrangères à son unique objet ; — Attendu d'autre part en ce qui concerne la prolongation de la détention préventive, qu'il est souverainement constaté par chacun des arrêts attaqués qu'il existe de lourdes présomptions de culpabilité et des motifs de craindre que l'inculpé ne tente de se soustraire à la justice ;

Par ces motifs, rejette.

OBSERVATIONS

Les articles 186, alinéas 1 et 3, et 186-1 du Code de procédure pénale (186, al. 1 et 3 avant la loi du 29 décembre 1972) indiquant les ordonnances du juge d'instruction dont la personne mise en examen peut interjeter appel, le problème s'est posé de savoir si cette énumération est limitative. C'est par l'affirmative que répond la Cour de cassation dans son arrêt *Imerzeg* du 6 janvier 1961 : les dispositions légales... « sont limitatives (et ont) attribué (aux inculpés) un droit exceptionnel, qui ne comporte aucune extension... »

Cette règle, reflet fidèle du principe légaliste, se justifie en réalité par la nécessité de donner à la poursuite toute la promptitude désirable, alors qu'une multiplication des appels, surtout de la part d'une partie privée, pourrait avoir un effet dilatoire. Il ne faut pas oublier que cette jurisprudence a été établie par le président de la chambre criminelle de la Cour de cassation, Maurice Patin, dont l'une des idées maîtresses était la célérité du procès pénal et l'étranglement de tout ce qui pouvait y faire obstacle, notamment la nullité (v. sous l'arrêt *Imerzeg*, la note M. R. M. P. qui dissimule mal ses initiales qui sont celles de deux grands magistrats, le président Marcel Rousselet et le président Maurice Patin ; *adde* : J. Pradel, *La célérité du procès pénal*, VIe Congrès de l'Association française de droit pénal, Montpellier, nov. 1983, in *RI crim. et pol. tech.* 1984, p. 402 ; *La célérité de la procédure pénale en droit comparé*, séminaire organisé par l'Institut supérieur de sciences criminelles de Syracuse et sous la direction de J. Pradel, *RID pén.* 1995, p. 323 et s.).

Aujourd'hui cependant, l'apparition de textes spéciaux, étrangers au Code de procédure pénale, comme les Codes de l'urbanisme et du travail, suscite l'embarras lorsqu'un juge d'instruction rend une ordonnance dans le cadre de l'une de ces législations particulières. La règle classique de 1961, conçue en termes très généraux, vaut-elle encore ? Poser la question, c'est reconnaître qu'il faut distinguer entre les ordonnances prévues par le Code de 1959 et celles qui appartiennent aux textes étrangers à ce Code.

I. — Les ordonnances prévues dans le Code de procédure pénale

S'agissant des ordonnances prises dans le cadre du Code de procédure pénale, le caractère limitatif de l'appel par la personne mise en examen est maintenu avec une grande force. La formule même de l'arrêt *Imerzeg* a été reprise un très grand nombre de fois (Crim. 13 mars 1968, *Bull. crim.* n° 88 ; 7 août 1971, *Bull. crim.* n° 247 ; 10 mai 1973, *Bull. crim.* n° 166 ; 21 juin 1973, *Bull. crim.* n° 254 ; 18 mai 1977, *Bull. crim.* n° 181 ; 30 janv. 1979, *Bull. crim.* n° 43 ; 8 oct. 1979, *Bull. crim.* n° 272 ; 25 juill. 1983, *Bull. crim.* n° 225 ; 13 déc. 1995, *Bull. crim.* n° 380 ; 10 déc. 1996, *Bull. crim.* n° 458). Parfois cependant, le principe est formulé autrement

(Crim. 26 janv. 1971, *Bull. crim.* n° 23 ; 4 févr. 1982, *Bull. crim.* n° 41). Mais l'idée reste la même.

Ce principe a du reste toutes chances de subsister à l'avenir car, depuis l'arrêt de 1961, l'impératif de célérité a été consacré avec éclat. En effet, une loi du 29 décembre 1972 a prévu deux dispositions de nature à restreindre encore les cas d'appel du mis en examen (et de la partie civile) : le nouvel article 186 *in fine* décide en effet que le président de la chambre de l'instruction rend une ordonnance de non-admission d'appel en cas de recours contre une ordonnance non visée à l'article 186 (v. cependant, Crim. 2 févr. 2005, *Bull. crim.* n° 38, ordonnance entachée d'excès de pourvoir pour avoir rejeté un appel là où il était recevable, en matière de compétence en l'espèce ; 6 déc. 2005, *Bull. crim.* n° 316 ; *D.* 2006. IR 253, ordonnance identique ayant rejeté un appel de la partie civile, l'ordonnance de renvoi en police correctionnelle ayant fait grief à ses intérêts civils) ; le nouvel article 186-1, relatif aux ordonnances concernant l'expertise et susceptibles d'appel, décide que le même magistrat rend en cas d'appel une ordonnance excluant la saisine de sa chambre s'il l'estime opportun.

Dans l'application, le principe donne lieu à une abondante jurisprudence car certains individus ont une tendance presque innée à vouloir retarder l'instruction. Leur astuce comporte deux modalités, l'une directe et l'autre indirecte, et, dans les deux cas, la chambre criminelle a su la déjouer.

A. — La modalité directe

Le mis en examen — et c'est la modalité directe — peut d'abord faire appel dans un cas non prévu par les articles 186 et 186-1. On pourrait croire que depuis les réformes du 29 décembre 1972 cette hypothèse est devenue d'école. Hélas, il n'en est rien car : 1) les présidents usent fort peu de leur pouvoir, la Cour de cassation ayant du reste décidé qu'ils n'étaient pas tenus de l'exercer alors pourtant que l'article 186 in fine dit le contraire (Crim. 19 mars 1975, *Bull. crim.* n° 82 ; *RSC* 1976. 142, obs. J.-M. Robert) ; 2) lorsque les présidents usent de leur pouvoir, les individus mis en examen n'hésitent pas à faire un pourvoi contre leur ordonnance bien que l'article 186 in fine ait exclu toute voie de recours (Crim. 24 janv. 1974, *JCP* 1974. II. 17750, note P. Chambon ; 28 juin 1977, 2 arrêts, *Bull. crim.* n° 244 et 245 ; *RSC* 1978. 370, obs. J.-M. Robert ; ord. 6 juin 1996, *Bull. crim.* n° 241) ; 3) Une loi du 5 mars 2007 est venue soustraire au droit de filtrage des présidents les demandes de contre-expertise (pour une application, Crim. 4 déc. 2007, *Bull. crim.* n° 296 ; *D.* 2007. AJ 355, obs. Darsonville ; *AJ pénal* 2008. 147, obs. S. Lavric ; *Procédures* 2008. Comm. 57, obs. J. Buisson).

Quoi qu'il en soit, le mis en examen est refoulé impitoyablement. Par exemple, son appel a été déclaré irrecevable.

– Contre des ordonnances fixant le montant d'une consignation et le délai de son versement (Crim. 3 avr. 1990, *Bull. crim.* n° 143 ; *D.* 1990. Somm. 379, obs. J. Pradel).

– Contre une ordonnance décidant sa mise en liberté, celle-ci étant toutefois combinée à un arrêté d'internement (Paris, 14 janv. 1955, *JCP* 1955. II. 8517, note R. Combaldieu).

– Contre des ordonnances de renvoi devant le tribunal correctionnel (Crim. 17 juin 1975, *JCP* 1978. II. 18772, note W. Jeandidier) ou devant le tribunal de police (27 oct. 1992, *Bull. crim.* n° 342) sauf à remarquer un droit d'appel si l'ordonnance est complexe : ainsi l'ordonnance de clôture qui rejette implicitement une demande d'expertise (appel recevable : art. 186-1 et 156, al. 2) est susceptible d'appel à ce deuxième titre (Crim. 2 mai 1967, *Bull. crim.* n° 143) et il en va de même d'une demande aux fins d'amnistie, là où l'appel est également possible (Crim. 4 janv. 2005, *Bull. crim.* n° 4). Cependant n'est pas complexe l'ordonnance de renvoi en correctionnelle qui rejette implicitement une demande d'actes, l'intéressé ayant omis de saisir le président de la chambre d'accusation dans les conditions prévues à l'article 81 in fine suite à la passivité du juge d'instruction qui avait été lui-même saisi d'une telle demande (Crim. 30 nov. 1999, *Bull. crim.* n° 279, *RSC* 2000. 423, obs. D.-N. Commaret).

– Contre une ordonnance par laquelle le juge d'instruction s'était reconnu sans qualité pour annuler lui-même certains actes de la procédure argués d'irrégularités (Crim. 3 nov. 1965, *Bull. crim.* n° 220 ; *RSC* 1966. 357, obs. J.-M. Robert).

– Contre le refus par le juge d'instruction d'accéder à une demande de dessaisissement ; il s'agit là d'un acte de simple administration dont les parties ne sont pas recevables à relever appel (Crim. 21 juin 2005, *Bull. crim.* n° 183 ; *Procédures* 2005. Comm. 239, obs J. Buisson).

– Contre une décision sur l'opposition à la publicité des débats devant le juge des libertés et de la détention (Crim. 24 juin 2009, *Procédures* 2009, n° 371, obs. J. Buisson).

Dans le même esprit, on peut citer une décision du Conseil constitutionnel du 13 juillet 2011 (Cons. const. 13 juill. 2011, n° 2011-153 QPC, *JO* 14 juill.). Un juge d'instruction saisi initialement de faits qualifiés criminellement avait en cours de procédure adopté une qualification correctionnelle et, en même temps, avait saisi le JLD aux fins de maintien de la personne en détention provisoire (art. 146 C. pr. pén.). L'intéressé souleva alors une QPC fondée sur le fait que l'ordonnance du JLD n'était pas visée à l'article

186 du Code de procédure pénale qui énumère les ordonnances susceptibles d'appel en sorte que cet article méconnaissait le droit à un recours juridictionnel effectif. Les Sages refusèrent de la suivre car l'intéressé peut à tout moment solliciter sa liberté et faire appel d'une décision de refus. Ainsi l'article 186 n'est pas anticonstitutionnel (consid. 6). Les Sages notent également « qu'il est loisible au législateur, afin d'éviter, dans l'intérêt d'une bonne administration de la justice, les recours dilatoires provoquant l'encombrement des juridictions et l'allongement des délais de jugement des auteurs d'infraction, d'exclure la possibilité d'un appel par la personne mise en examen des ordonnances du juge d'instruction ou du juge des libertés et de la détention qui feraient grief à ses droits lorsqu'existent d'autres moyens de procédure lui permettant de contester utilement et dans des délais appropriés les dispositions qu'elles contiennent » (consid. 5).

B. — La modalité indirecte

Le mis en examen peut aussi agir indirectement en faisant appel dans un cas où il le peut et en saisissant ensuite la chambre de l'instruction de conclusions tendant à la faire statuer sur une matière où l'appel n'eut pas été recevable à titre principal. C'est ce qu'avait fait le conseil d'*Imerzeg*. Sur un appel contre une ordonnance prolongeant la détention, il avait déposé devant la chambre d'accusation des conclusions aux fins d'annulation de la procédure, contournant ainsi à l'époque l'interdiction de saisir directement la cour d'un appel contre une ordonnance avec l'idée de lui faire juger une question de nullité en méconnaissant les articles 171 et 172 qui alors organisaient une procédure particulière en la matière (v. pour des hypothèses très proches, Crim. 2 nov. 1960, *D.* 1961. Jur. 581, note M. R. M. P. ; 10 mai et 21 juin 1973, *Bull. crim.* n° 217 et 293). Impossible répondit la chambre criminelle : la demande en annulation est irrecevable. C'est ici que toute la formule de l'arrêt *Imerzeg* doit être rappelée : les dispositions légales « sont limitatives et attribuent aux inculpés un droit exceptionnel qui ne comporte aucune extension et dont ils ne sauraient s'autoriser pour faire juger des fins de non-recevoir étrangères à son unique objet ». Très voisin est le cas dans lequel le mis en examen saisit la chambre de l'instruction en application de l'article 148-4 du Code de procédure pénale. On sait qu'en vertu de ce texte, il peut solliciter de celle-ci son élargissement lorsqu'il n'a pas été interrogé par le juge d'instruction depuis plus de quatre mois. Devant cette chambre, le mis en examen peut être tenté de soulever des nullités de procédure. Impossible répondit encore la Cour de cassation (Crim. 20 oct. 1987, *Bull. crim.* n° 356 ; *D.* 1988. Somm. 191, obs. J. Pradel).

Sans doute, depuis les lois des 4 janvier et 24 août 1993, le mis en examen (et la partie civile) peut-il de lui-même soulever des nullités en saisissant la chambre de l'instruction. Mais le principe du caractère limitatif de l'appel subsiste à titre de règle générale, et même dans le cas particulier d'une demande d'annulation greffée sur un appel contre une ordonnance de maintien en détention ou de placement sous contrôle judiciaire (Crim. 10 déc. 1996, *Bull. crim.* n° 458). En effet, le droit de soulever des nullités est de droit étroit, se trouvant soumis à des conditions strictes : notamment, la requête en annulation doit être motivée et faire l'objet d'une demande au greffe de la chambre de l'instruction ; en outre le demandeur ne saurait soulever une nullité qui aurait déjà pu l'être à l'occasion d'une saisine précédente de la chambre de l'instruction. Pour rendre plus strict encore le droit pour le mis en examen de soulever des nullités, le président de la chambre de l'instruction peut par ordonnance déclarer la requête irrecevable. Si par conséquent, à l'occasion d'un appel formé contre une ordonnance prolongeant la détention, le mis en examen soulève une nullité en dehors des conditions où il peut le faire (art. 173 et 174, al. 1er C. pr. pén.), la chambre de l'instruction ne pourra que rejeter la demande en nullité et elle ne statuera que sur la liberté du mis en examen.

Les praticiens désignent souvent cette construction prétorienne sous l'appellation de « jurisprudence de l'unique objet », tirée de la formule même créée par la Cour de cassation. C'est qu'en effet l'appel du mis en examen n'a qu'un seul objet, celui qui est prévu par le texte légal autorisant cette voie de recours.

Toutefois, la règle de « l'unique objet » compte de rares exceptions centrées sur l'idée de violation de principes essentiels ayant un effet sur la détention. Ainsi à l'occasion de l'appel d'une ordonnance de refus de mise en liberté, le juge supérieur peut examiner des conclusions aux fins d'incompétence (Crim. 9 mai 1990, *Bull. crim.* n° 176), de prescription (Crim. 24 janv. 1984, *Bull. crim.* n° 34), d'abrogation de la loi pénale (Crim. 14 mars 1988, *Bull. crim.* n° 124) ou soulevant l'absence de procédure d'extradition et l'irrégularité prétendue de son arrestation (Crim. 24 septembre 1997, *Bull. crim.* n° 311 ; *RG proc.* 1998. Chron. 333, par D. Rebut).

II. — Les ordonnances prévues hors Code de procédure pénale

Cette hostilité malgré tout à peu près générale au mis en examen ne se retrouve plus quand l'ordonnance qu'il attaque n'est pas de celles que prévoit le Code de procédure pénale. Il faut évidemment mettre à part les cas très rares où un texte prévoit l'appel contre l'ordonnance du juge d'instruction (par ex. art. L. 121-3 C. consom. sur la publicité fausse ou de nature à induire en erreur), la chambre de l'instruction devant statuer dans un délai de dix jours à compter de la réception des pièces. Dans les autres cas, où la loi ne prévoit pas expressément l'appel devant la chambre de l'instruction, la jurisprudence admet la recevabilité de celui-ci. Ainsi en est-il de l'ordonnance par laquelle le juge d'instruction décide l'interruption de travaux en application de l'article L. 480-2 du Code de l'urbanisme (Crim. 10 janv. 1980, *D.* 1981. Jur. 96, note critique P. Chambon ; RDI 1981. 272, obs. G. Roujou de Boubée ; *contra*, Crim. 5 févr. 1976, *Bull. crim.* n° 46 ; *D.* 1976. IR 94). De même, l'appel est recevable contre l'ordonnance par laquelle le juge d'instruction oblige une entreprise à prendre toutes mesures pour rétablir les conditions d'hygiène et de sécurité selon les modalités prévues par l'article L. 4747-11 du Code du travail ; un juge d'instruction ayant pris de telles dispositions, la chambre criminelle répondit qu'il avait excédé ses pouvoirs, mais admit l'appel devant la chambre d'accusation (Crim. 24 févr. 1981, 2e espèce, *D.* 1981. Jur. 469, note P.-F. Malaval).

Dans ces deux espèces, la chambre criminelle se fonde sur deux arguments. Le premier est que les ordonnances « n'entrent pas dans les prévisions des dispositions des articles 186 et suivants ». L'argument est solide car les rédacteurs des articles 186 et suivants n'ont pu avoir en vue que les ordonnances du Code auquel elles appartiennent et n'ont pu songer à des attributions que des lois distinctes et postérieures accorderaient un jour au magistrat instructeur (v. note P.-F. Malaval, *préc.*). Le second est l'existence du « principe général du double degré de juridiction » comme le rappelle l'arrêt précité du 24 févr. 1981. Là encore, il n'y a rien à opposer puisque ce principe est manifestement général (CE 19 oct. 1962, *Canal*, *JCP* 1963. IV. 13068, note C. Debbasch) et qu'il ne peut être méconnu que s'il existe une disposition précise contraire. Or il n'est rien de tel dans les deux Codes. Au surplus, la gravité des mesures prises par le juge d'instruction implique la possibilité d'un appel. Un recours est d'ailleurs également prévu par l'article 389 du Code des douanes qui autorise le juge d'instruction à prescrire la vente de marchandises saisies quand elles sont périssables (v. cependant, Crim. 16 janv. 1976, *Bull. crim.* n° 15, excluant l'appel).

J. P.

39

CHAMBRE DE L'INSTRUCTION — POUVOIRS — DÉTENTION PROVISOIRE — DÉSACCORD AVEC LE JUGE DES LIBERTÉS ET DE LA DÉTENTION

Crim. 22 décembre 1959, *Pesquet* (*Bull. crim.* n° 569 ; *D.* 1960. 1, concl. A. Besson ; *JCP* 1962. II. 12857, note P. Chambon) ; Crim. 4 novembre 1977, *Léger* (*Bull. crim.* n° 370 ; *D.* 1978. Jur. 56, note P.-F. Malaval ; *JCP* 1978. II. 18781, note P. Chambon ; *RSC* 1978. 652, obs. J. Robert) ; Crim. 19 février 2002, *X...* (*Bull. crim.* n° 30 ; *D.* 2003. Somm. 32, obs. J. Pradel)

La chambre d'accusation infirmant la décision par laquelle le juge d'instruction s'était refusé à prendre une mesure de détention doit décerner elle-même le mandat de dépôt (1re espèce).

La chambre d'accusation qui a pris elle-même une mesure de détention que le juge d'instruction s'était refusé à prendre ne garde compétence pour en assurer le devenir que si elle s'en était réservé expressément la charge (2e espèce).

La chambre de l'instruction ayant pris elle-même une mesure de détention que le juge des libertés et de la détention s'était refusé à prendre garde compétence pour en assurer le devenir sauf si elle en décide autrement (3e espèce).

Chambre criminelle, 22 décembre 1959

Pesquet

Attendu qu'en matière de détention préventive ou de liberté provisoire, le Code de procédure pénale a établi un système de voies de recours destiné à garantir l'intérêt des justiciables, comme celui de la vindicte publique ; que par l'effet de ce système, les incidents se rapportant à cette matière donnent lieu à des instances distinctes de celle qui concerne le fond, sans pouvoir nuire, d'ailleurs, à la poursuite du procès ; que spécialement le juge d'instruction est placé par la voie de l'appel, sous le contrôle immédiat et permanent de la chambre d'accusation, d'ailleurs qualifiée par le Code de procédure pénale de juridiction d'instruction du second degré ; qu'il peut être appelé, devant cette chambre, aussi bien, par le prévenu, des ordonnances refusant sa mise en liberté provisoire, que par le ministère public, des ordonnances accordant la liberté provisoire ou refusant la délivrance d'un mandat ; que par suite la chambre d'accusation, au cas où elle infirme la décision qui lui est ainsi déférée, sans être obligée d'évoquer le fond, ni même pouvoir le faire, est légalement habilitée à prendre elle-même les mesures de mise en liberté ou en détention que le magistrat instructeur aurait pu prendre, et d'imposer l'effet de ces mesures pour la suite de la procédure et jusqu'à décision nouvelle de sa part ; que c'est là même ce qui résulte des dispositions des articles 144 et 207, alinéa premier, du Code de procédure pénale ; que si, il est vrai, ce Code n'a expressément statué que pour le cas où la chambre d'accusation ordonnerait la liberté alors que le juge d'instruction avait décidé la détention, la situation inverse doit se résoudre d'après le même principe, la chambre d'accusation étant alors en droit de délivrer elle-même et sans réquisitions spéciales les mandats, d'ailleurs immédiatement exécutoires, que le juge d'instruction s'est refusé à décerner ;

Attendu qu'à la date du 4 novembre 1959, le procureur de la République a saisi le juge d'instruction, chargé d'informer contre Pesquet du chef d'infraction à la législation sur les armes, de réquisitions tendant à placer l'inculpé en état de détention préventive ;

Que le magistrat instructeur, par ordonnance du 6 novembre 1959, a dit n'y avoir lieu de faire droit à ces réquisitions ;

Que le procureur de la République a aussitôt relevé appel de cette ordonnance ;

Attendu que la chambre d'accusation, saisie de cet appel, après avoir légalement procédé aux débats prévus par les articles 191 et suivants du Code de procédure pénale, a infirmé l'ordonnance du juge d'instruction ; que, toutefois, elle s'est bornée, cette infirmation prononcée, à enjoindre au juge d'instruction et, à défaut, à tout magistrat instructeur régulièrement désigné, de délivrer mandat ;

Attendu qu'une telle injonction était, dans la mesure où elle visait le juge d'instruction dont l'ordonnance était infirmée, une atteinte portée à l'indépendance de ce magistrat qui, ayant statué dans la limite de ses attributions, ne pouvait être contraint à modifier sa décision ; qu'en outre, dans la mesure où elle s'adressait à tout autre juge d'instruction, elle constituait un excès de pouvoir, puisqu'elle aboutissait, dans un cas non prévu par la loi, au dessaisissement, au profit d'un autre magistrat, du magistrat chargé de l'information par décision du président du tribunal ainsi qu'en dispose l'article 83 du Code de procédure pénale ;

Que la seule conséquence légale de l'infirmation de la décision du juge d'instruction était la délivrance par la chambre d'accusation elle-même d'un mandat de dépôt, ou d'un mandat d'arrêt, la question de la liberté ou de la détention de l'inculpé dépendant désormais, et de ce fait, pour la suite de la procédure d'instruction de sa seule et propre appréciation ;

Qu'il suit de là qu'il y a eu violation de la loi ;

Et attendu que la juridiction de renvoi doit être à même d'apprécier la situation de l'inculpé dans son ensemble ; qu'il en résulte que l'annulation ne saurait être limitée à la seule injonction donnée par la Chambre d'accusation au juge d'instruction et qu'elle doit s'étendre aux dispositions mêmes par lesquelles ladite chambre d'accusation a infirmé la décision de ce juge ;

Par ces motifs :

Casse et annule dans toutes ses dispositions concernant Pesquet, l'arrêt de la Chambre d'accusation de la cour d'appel de Paris du 20 novembre 1959, et pour être à nouveau statué conformément à la loi sur l'appel porté par le Procureur de la République contre l'ordonnance du juge d'instruction du 6 novembre 1959, renvoie la cause et les parties devant la deuxième chambre d'accusation de la même cour d'appel.

Chambre criminelle, 24 novembre 1977

Léger

Attendu que le juge d'instruction, juridiction du premier degré, est en principe seul compétent pour statuer en premier ressort, sur les demandes de mise en liberté formées au cours de l'instruction préparatoire dont il est chargé ; qu'il n'en est autrement, hormis les cas prévus par les articles 148 (dernier alinéa) et 148-A du Code de procédure pénale, que lorsque la chambre d'accusation, statuant dans les conditions prévues par l'article 207, alinéa 1er, dudit Code, a pris elle-même une mesure de mise en détention en se réservant expressément la faculté d'en ordonner, le cas échéant, la prolongation ou d'y mettre fin soit d'office soit sur les réquisitions du ministère public ou sur la demande de l'inculpé ;

Attendu qu'il résulte de l'arrêt attaqué que, l'inculpé Léger a été mis en détention provisoire par le juge d'instruction, que le 30 juin 1977, le magistrat instructeur a ordonné la mise en liberté d'office de l'inculpé ; que sur appel du procureur de la République, la chambre d'accusation a infirmé cette décision, par arrêt du 27 juillet 1977 ; que, saisi le 10 août 1977, alors que l'instruction préparatoire était encore en cours, d'une demande de mise en liberté, le juge d'instruction l'a transmise sans statuer à la chambre d'accusation qui l'a rejetée ;

Attendu qu'en cet état, la chambre d'accusation a violé le principe susénoncé et méconnu les règles de sa propre compétence ; que la cassation est donc encourue ;

Chambre criminelle, 19 février 2002

X.

Attendu que, si le juge des libertés et de la détention ou le juge d'instruction chargé de l'information sont en principe seuls compétents, selon les distinctions prévues par la loi, pour statuer, en premier ressort, sur les mesures relatives à la détention de la personne mise en examen, il en est autrement lorsque, statuant dans les conditions de l'article 207, alinéa 1er, du Code de procédure pénale, la chambre de l'instruction, après infirmation de l'ordonnance entreprise, s'est expressément réservé le contentieux de la détention provisoire ou a délivré elle-même le titre de détention ;

Attendu qu'il résulte de l'arrêt attaqué et des pièces de la procédure que X..., mis en examen pour violences aggravées, a été placé sous contrôle judiciaire par ordonnance du juge des libertés et de la détention ; que, par arrêt en date du 19 juillet 2001, la chambre de l'instruction a infirmé cette ordonnance et décerné mandat de dépôt contre l'intéressé ; que, le 1er octobre 2001, faisant droit à la demande de celui-ci, le juge d'instruction a ordonné sa mise en liberté sous contrôle judiciaire ; que le ministère public a interjeté appel ;

Attendu que le procureur général a demandé l'annulation de l'ordonnance entreprise en faisant valoir que la chambre de l'instruction était seule compétente, à l'exclusion du juge d'instruction ou du juge des libertés et de la détention, pour statuer sur la détention provisoire ;

Attendu que, pour écarter cette argumentation et confirmer l'ordonnance, la chambre de l'instruction énonce que, par son arrêt du 19 juillet 2001, elle ne s'était pas réservé expressément le contentieux de la détention ; qu'elle ajoute que les « droits accrus de la personne mise en examen ne peuvent être pleinement respectés « que si la demande de mise en liberté est examinée préalablement par le juge du premier degré » ;

Mais attendu qu'en prononçant ainsi, alors qu'ayant décerné le mandat de dépôt, elle était, faute d'en avoir décidé autrement dans son arrêt du 19 juillet 2001, seule compétente pour connaître du contentieux de la détention provisoire, la chambre de l'instruction a méconnu le texte susvisé et le principe ci-dessus énoncé ;

D'où il suit que la cassation est encourue ;

OBSERVATIONS

Les conflits entre juge d'instruction et chambre de l'instruction, quoique rares, s'avèrent particulièrement irritants et délicats à résoudre d'abord en ce qui concerne les actes d'instruction. Voici un juge d'instruction qui par exemple se refuse à mettre en examen une personne alors que le parquet le requiert. Sur appel du parquet, la chambre d'accusation va statuer, mais ne pourra pas donner au magistrat instructeur d'injonction (Crim. 25 juin 1996, *D.* 1997. Jur. 62, note J. Pradel) ; la chambre sera donc amenée à évoquer si elle considère la mise en examen nécessaire. Les conflits peuvent ensuite porter sur la détention provisoire, concernant avant la loi du 15 juin 2000 le juge d'instruction et la chambre d'accusation (sur la question, v. L. Remplon, « La maîtrise du contentieux de la détention en cas d'opposition entre chambre d'accusation et juge d'instruction », *JCP* 1978. I. 2887 et *JCP* 1988. I. 3334) et impliquant désormais le juge des libertés et de la détention et la chambre de l'instruction. Ils mettent en jeu des notions essentielles de la procédure pénale. Deux sortes de problèmes se posent à propos de la détention provisoire.

I. — La chambre qui infirme une décision libérale du juge doit délivrer elle-même le mandat de dépôt

On peut d'abord imaginer qu'après décision du juge portant refus de mise en détention (ou décidant la mise sous contrôle judiciaire), la chambre soit saisie sur appel du parquet et estime qu'une infirmation de cette décision s'impose. Est-ce à elle de délivrer le mandat de dépôt ou bien doit-elle au contraire donner au juge l'ordre de le faire ?

L'arrêt *Pesquet* du 22 décembre 1959 tranche le débat en faveur de la première thèse. En l'espèce, la chambre d'accusation avait ordonné à un magistrat instructeur rétif de décerner mandat de dépôt. La Cour de cassation, dans sa décision du 22 décembre 1959 répond que « la seule conséquence légale de l'infirmation de la décision du juge est la délivrance par la chambre d'accusation elle-même d'un mandat de dépôt ».

Cette solution est logique. Elle est d'abord conforme au rôle de la chambre d'accusation (aujourd'hui chambre de l'instruction) qui est juridiction supérieure d'instruction et qui, à ce titre, possède des pouvoirs réels. Elle permet ensuite de respecter l'indépendance du juge d'instruction, ce que rappelle du reste l'arrêt (v. W. Jeandidier, *La juridiction d'instruction au second degré*, 1982, nº 220).

La jurisprudence Pesquet tranche avec les solutions admises sous l'empire du Code d'instruction criminelle (v. concl. proc. gén. A. Besson au *D.* 1960. 1 ; v. cependant Crim. 30 déc. 1842, *D.* 1843. I. 134, cassant un arrêt de chambre d'accusation ayant enjoint à un juge d'instruction d'infliger une amende à un témoin récalcitrant) en même temps qu'elle annonce une réforme de l'article 207, alinéa 1er du Code de procédure pénale. Ce texte, dans sa rédaction due à l'ordonnance du 4 juin 1960, décide en effet : « Lorsque la chambre d'accusation (aujourd'hui chambre de l'instruction) a statué sur l'appel formé contre une ordonnance du juge d'instruction (aujourd'hui juge des libertés et de la détention) en matière de détention provisoire, soit qu'elle ait confirmé l'ordonnance, soit que, *l'infirmant*, elle ait ordonné une mise en liberté ou maintenue en détention ou *décerné un mandat de dépôt ou d'arrêt...* »

Cette jurisprudence se fonde donc aujourd'hui sur plusieurs arguments très solides. On peut donc la tenir pour acquise.

II. — La chambre ayant délivré le mandat de dépôt peut-elle se réserver le contentieux ultérieur de cette mesure ?

Une fois que la chambre a décerné un mandat de dépôt, est-ce à elle ou au juge des libertés et de la détention qu'incombe le soin de connaître des suites de ce mandat (demandes de mise en liberté en toute matière, prolongation de la détention pendant l'instruction et lors de la clôture de celle-ci en matière correctionnelle) ? Notre droit se montre ici particulièrement tourmenté.

A. — Premier stade : compétence automatique de la chambre

Dans un premier temps, la jurisprudence avait décidé que « la question de la liberté ou de la détention de l'inculpé dépendait désormais... pour la suite de la procédure d'instruction de la seule appréciation » de la chambre d'accusation (Crim. 22 déc. 1959, *préc.*). Cet arrêt déduisait d'ailleurs cette règle de la compétence de cette juridiction à décerner le mandat. Apte à signer celui-ci devant le refus du juge d'instruction, la chambre d'accusation se trouvait du même coup apte à en régler les suites. Dix-huit années plus tard, la Cour suprême devait réaffirmer, avec l'arrêt *Brugière*, la même règle (Crim. 22 févr. 1977, *Bull. crim.* nº 69 ; *D.* 1977. IR 184, obs. anonyme ; *JCP* 1978. II. 18781, note P. Chambon).

En faveur de la solution, on pouvait invoquer de manière simpliste une certaine conception de la responsabilité : la chambre d'accusation ayant pris l'initiative d'une mesure de détention, elle doit en assurer toutes les conséquences. Sur un plan plus pratique, la solution se recommandait par sa simplicité et par son efficacité puisqu'elle évitait l'instauration d'un conflit entre la chambre d'accusation et le juge d'instruction, celui-ci dès retour du dossier à son cabinet l'œuvre de celle-là pouvant détruire.

La solution cependant présentait un triple inconvénient.

1° Elle heurtait de front l'article 207, alinéa 1er du Code de procédure pénale selon lequel, une fois l'arrêt de la chambre d'accusation rendu, « ... le procureur général fait *sans délai* retour du dossier au juge d'instruction après avoir assuré l'exécution de l'arrêt ». La juridiction d'appel doit donc se dessaisir aussitôt. Elle ne peut pas évoquer la partie du dossier relative à la détention provisoire.

2° Elle méconnaissait le principe du double degré de juridiction qui, en matière de détention, n'est méconnu que dans deux cas exceptionnels qui évoquent l'idée d'une faute du juge d'instruction (art. 148 *in fine* et 148-4 C. pr. pén.), cas rappelés d'ailleurs par l'arrêt *Léger* étudié plus bas. Or ce principe cardinal (v. Crim. 10 janv. 1980, *Bull. crim.* nº 18 qui parle du « principe général du double degré de juridiction »), avait été respecté lorsque la décision du juge d'instruction avait été déférée devant la chambre de l'instruction. Il doit donc l'être aussi toutes les fois qu'une décision nouvelle doit être prise, d'autant plus que cette décision doit être rendue au vu d'éléments apparus depuis la première. On sait bien en effet qu'un dossier d'instruction vit sans cesse, l'état des investigations et la situation des parties étant en perpétuelles modifications.

3° Enfin la solution jurisprudentielle présentait un grave inconvénient pratique lié à l'observation qui vient d'être faite. Car c'est le juge d'instruction qui a le dossier et qui par conséquent le connaît. Maîtresse du contentieux, la chambre d'accusation devait donc demander à ce magistrat copie du dossier toutes les fois qu'elle devait statuer.

B. — Deuxième stade : compétence de la chambre seulement si elle se réserve le contentieux ultérieur

Ces éléments ont conduit à un abandon de la jurisprudence *Pesquet* et *Brugière* : dans son arrêt *Léger* du 24 novembre 1977, la chambre criminelle décida que la chambre d'accusation ne conserverait le contentieux de la détention que si, prenant elle-même une mesure de mise en détention, « elle s'était réservée expressément la faculté d'en ordonner, le cas échéant, la prolongation ou d'y mettre fin ». Cette nouvelle jurisprudence fut confirmée peu après (Crim. 26 juill. 1978, *Bull. crim.* n° 247 ; 11 janv. 1983, *Bull. crim.* n° 13 ; 2 juill. 1985, *Bull. crim.* n° 252 ; *D.* 1986. IR 118, obs. J. Pradel ; 1er avr. 1992, *Bull. crim.* n° 136). Et la Cour de cassation en tira la conséquence que la chambre d'accusation devenant compétente en application de la réserve de contentieux, le juge d'instruction cesse de l'être (Crim. 4 nov. 1987, *Bull. crim.* n° 386 ; *D.* 1988. Somm. 191, obs. J. Pradel ; *RSC* 1988. 333, obs. A. Braunschweig).

Certains auteurs ont témoigné une discrète sympathie à l'égard de la jurisprudence Léger, manifestant seulement le souhait que les chambres d'accusation n'usent qu'exceptionnellement de ce droit d'évocation (P.-F. Malaval, *préc.*). Mais on peut faire ressortir la dangerosité de cette jurisprudence nuancée, qui fait apparaître deux sortes de juges d'instruction : ceux dont la chambre se méfie et pour lesquels elle usera de la jurisprudence Léger, et les autres (L. Remplon, *préc.*, n° 12). Et plus gravement encore, on maintient l'inégalité entre mis en examen, certains seulement « bénéficiant » du double degré de juridiction. Et enfin, ultime désagrément pour le mis en examen, c'est qu'il devra attendre plus longtemps une réponse à sa demande de mise en liberté : vingt jours à compter de la réception de la demande par la chambre (art. 148-2, al. 2 C. pr. pén.) contre huit jours lorsque la demande est adressée au juge d'instruction (art. 148 C. pr. pén.).

Pourtant la jurisprudence *Léger* est la seule qui permette d'éviter des situations inadmissibles au cas où le juge s'entêterait dans sa position. Car, sans réserve du contentieux, le juge, dès que la chambre lui aurait retourné le dossier, pourrait faire remettre l'intéressé en liberté. Le parquet ferait appel et la chambre le placerait à nouveau en détention, et ainsi de suite. Cette situation deviendrait même ubuesque depuis qu'une loi du 9 juillet 1984 a supprimé l'effet suspensif du parquet en matière d'ordonnances sur la liberté de l'inculpé (en abrogeant l'art. 186, al. 6 C. pr. pén. qui consacrait cet effet). Admissibles avant la loi de 1984, les critiques contre la jurisprudence *Léger* ont perdu, depuis cette réforme, leur valeur (v. *D.* 1986. IR 118 et 119, et les obs.).

C. — Troisième stade : ultimes soubressauts ?

La solution de l'arrêt *Léger* allait elle-même être remise en cause par un arrêt du 19 février 2002 ci-dessus rapporté. Un juge des libertés et de la détention avait placé un individu sous contrôle judiciaire. La chambre de l'instruction avait ensuite infirmé cette décision et décerné mandat de dépôt contre l'intéressé. Peu après, sur demande de ce dernier, le juge d'instruction ordonnait sa mise en liberté sous contrôle judiciaire. Sur pourvoi du procureur général, la chambre criminelle casse l'arrêt ; à ses yeux la chambre de l'instruction ayant décerné le mandat de dépôt était seule compétente pour connaître du contentieux de la détention provisoire « faute d'en avoir décidé autrement ». La règle nouvelle avait déjà été esquissée dans des termes voisins peu auparavant (Crim. 5 févr. 2002, *Bull. crim.* n° 18 ; *D.* 2002. IR 1012). Elle sera reprise peu après dans les mêmes termes exactement (Crim. 25 févr. 2003, *Bull. crim.* n° 49 ; 19 déc. 2006, *Bull. crim.* n° 318 ; *D.* 2007. AJ 224). La chambre criminelle en revient presque à l'arrêt Pesquet sans renier totalement sa jurisprudence *Léger*. En clair, désormais, la chambre de l'instruction qui, plus répressive que le juge des libertés et de la détention, décerne un mandat de dépôt est chargée du contentieux suscité par ce mandat, sauf si elle n'en veut pas alors que selon la jurisprudence *Pesquet* elle l'assumait automatiquement et que selon l'arrêt *Léger*, elle ne s'en trouvait chargée que si elle l'avait bien voulu.

Que penser de cette jurisprudence de 2002 ? Certes le principe du double degré de juridiction se trouve méconnu par l'effet de cette espèce d'évocation *parte in qua* limitée à la détention provisoire, du moins si la chambre de l'instruction ne dit rien sur le titulaire du contentieux. Mais d'un autre côté, on évite de faire apparaître au grand jour une opposition entre juge et chambre. Autre avantage, la procédure est plus rapide. Enfin, on peut se demander si la meilleure solution, ne serait pas, comme il en avait été décidé dans l'affaire *Pesquet*, que la chambre conserve systématiquement la gestion du contentieux. L'autorité prenant une décision doit en assumer les conséquences (sauf maintien des pouvoirs du juge d'instruction lors de la clôture de sa procédure, art. 179, al 3 et 181, al. 7 C. pr. pén.). Ce serait beaucoup plus simple.

Et cependant la loi du 9 mars 2004 (art. 207, al. 1 *in fine* C. pr. pén.) a décidé que si la chambre de l'instruction décerne un mandat de dépôt ou infirme une décision d'élargissement, le contentieux ultérieur reste entre les mains du juge d'instruction et du juge des libertés et de la détention « sauf mention expresse de sa part disant qu'elle est seule compétente pour statuer sur les demandes de liberté et de prolonger le cas échéant la détention provisoire ». L'article 207 ajoute enfin qu'il en va de même quand la chambre ordonne un contrôle judiciaire ou en modifier les modalisations.

Enfin la question semble définitivement résolue par une décision du Conseil constitutionel du 17 décembre 2010 (n° 2010-81 QPC, *D.* 2011. Actu. 17 ; *ibid.* Actu. 307, note C. Girault). Aux yeux du Conseil, la faculté offerte à la chambre par l'article 207, al. 1, est contraire aux articles 6 et 16 de la Déclaration des droits de l'homme, le mis en examen étant privé du droit au double degré de juridiction et le principe d'égalité entre les justiciables étant méconnu. Et cette déclaration d'inconstitutionnalité prend effet à compter de la date de publication de la décision du Conseil. Dès lors cessent automatiquement de produire effet à compter de cette date les arrêts par lesquels une chambre de l'instruction s'était réservée le contentieux ultérieur de la détention : il en va de même en matière de contrôle judiciaire et d'assignation à résidence sous surveillance éléctronique.

On peut penser que la solution est désormais définitive puisqu'elle émane du juge constitutionel qui ne pourra plus revenir dessus, sauf circonstances nouvelles, mais l'interrogation demeure au cas où juge et chambre s'entêtent.

J. P.

Chapitre III — Phase décisoire

40

COUR D'ASSISES — NULLITÉ — PROCÉDURE ANTÉRIEURE À L'OUVERTURE DES DÉBATS

Crim. 11 février 1987, *Shi Peï Pu* (*Bull. crim.* n° 69 ; *D.* 1987. Jur. 215, note H. Angevin ; *RSC* 1987. 463, obs. A. Brawnschweig)

L'article 305-1 du Code de procédure pénale, en vertu duquel les irrégularités de la procédure antérieures à l'ouverture des débats doivent être soulevées dès cette ouverture, s'applique même à la cour d'assises sans jurés.

Chambre criminelle, 11 février 1987

Shi Peï Pu

Sur le premier moyen de cassation pris de la violation de l'article 272 du Code de procédure pénale, « en ce que l'accusé n'a pas été assisté d'un interprète lors de son interrogatoire préalable par le président de la cour d'assises, alors que le procès-verbal des débats fait ressortir que le même président a estimé que l'exposant ne parlant pas suffisamment la langue française, il était nécessaire de désigner un interprète de langue chinoise, d'où il résulte bien que l'absence d'un interprète, lors de l'interrogatoire préalable, formalité pourtant prévue par l'article 272, a porté atteinte aux droits de la défense » ;

Attendu que, bien que la cour d'assises composée conformément aux dispositions de l'article 698-6 du Code de procédure pénale, pour le jugement des crimes énumérés aux articles 697-1, 702 et 706-16 du même Code, ne comporte pas de jury, aucun texte de loi n'exclut les affaires de sa compétence du champ d'application de l'article 305-1 ; qu'il s'ensuit que les exceptions définies par ce dernier article doivent, à peine de forclusion, être soulevées avant l'ouverture des débats ;

Attendu, en l'espèce, qu'il n'apparaît d'aucune pièce de la procédure que l'accusé ait soulevé, avant l'ouverture des débats, une exception tirée d'une nullité résultant d'une irrégularité commise à l'occasion de son interrogatoire préalable par le président ; qu'en application des articles 305-1 précité et 599, alinéa 2, du Code de procédure pénale, l'accusé n'est dès lors pas recevable à présenter comme moyen de cassation une nullité qu'il n'a pas soulevée devant la cour d'assises

conformément aux prescriptions du premier de ces textes ; d'où il suit que le moyen doit être déclaré irrecevable ;

...

Par ces motifs, rejette...

OBSERVATIONS

Un individu, de nationalité chinoise, avait été renvoyé devant une cour d'assises sans jury (art. 698-6 C. pr. pén.) pour complicité d'intelligences avec un agent d'une puissance étrangère de nature à nuire à la situation diplomatique de la France. Son interrogatoire antérieur à l'audience, prévu par l'article 272 du Code de procédure pénale, avait été effectué sans interprète alors que sa connaissance de la langue française était si médiocre qu'il avait fallu lui en désigner un au cours des débats ultérieurs. Condamné à six ans de réclusion criminelle, il avait alors introduit un pourvoi en cassation en alléguant une atteinte aux droits de la défense à l'occasion de cet interrogatoire. La chambre criminelle, dans son arrêt du 11 février 1987, rejette le pourvoi en invoquant d'elle-même l'article 305-1 du Code de procédure pénale (dû à une loi du 30 décembre 1985) selon lequel « l'exception tirée d'une nullité autre que celles purgées par l'arrêt de renvoi devenu définitif et entachant la procédure qui précède l'ouverture des débats doit, à peine de forclusion, être soulevée dès que le jury de jugement est définitivement constitué... ». Du même coup, elle admettait que ce texte est d'application générale, intéressant aussi bien la cour d'assises sans jurés que la cour d'assises ordinaire. C'est la première fois que la Cour de cassation étend à ce point l'article 305-1 (*adde* ultérieurement, Crim. 4 mai 1988, *Bull. crim.* n° 193) et il faudra bien se demander si une telle audace est justifiée. Pourtant, la solution n'étonnera qu'à demi, tant le contexte général dans lequel elle s'insère est défavorable aux nullités. Un rappel de cet environnement doit donc précéder l'examen du bien fondé de l'arrêt et de son application à la cour d'assises statuant en appel.

I. — État de la jurisprudence en général

La procédure suivie devant la cour d'assises est extraordinairement lourde et formaliste. Sans doute est-ce là le résultat d'une volonté du législateur qui a entendu défendre l'accusé et qui, plus précisément, a eu peur de l'erreur judiciaire en un domaine où elle aurait des conséquences plus graves encore qu'en matière correctionnelle. Cependant, le pointillisme législatif a entraîné en pratique un nombre considérable de cassations dont l'effet évident a été un ralentissement du cours de la justice, même dans des cas où les droits de l'accusé n'avaient pas été formellement atteints. C'est dans ces conditions que le législateur du 30 décembre 1985, soucieux d'une plus grande célérité dans l'administration de la justice, a introduit dans le Code de procédure pénale un article 305-1 obligeant les parties, sous peine de forclusion, à invoquer dès l'ouverture des débats les irrégularités commises entre la décision de mise en accusation et cette ouverture elle-même (qui fait directement suite à la constitution définitive du jury). Ce texte évoque celui de l'article 385 du même Code qui veut que, en matière correctionnelle, les exceptions tirées de la nullité de la citation ou de la procédure antérieure soient « à peine de forclusion... présentées devant toute défense au fond ». L'idée est toujours la même : ne laisser qu'un bref délai aux parties pour soulever une nullité afin que ne soit pas encouru le risque de devoir refaire toute la procédure de jugement en cas de reconnaissance d'une irrégularité par le juge supérieur (*adde* dans le même esprit l'art. 385-1 C. pr. pén.).

La règle nouvelle inscrite à l'article 305-1 est d'importance car cette phase de la procédure criminelle, quoiqu'antérieure aux débats, est une fourmilière de formalités et, par conséquent, une source importante d'éventuelles cassations. La voilà tarie pour peu que les parties aient omis de soulever une nullité en temps opportun. Déjà à diverses reprises, la chambre criminelle a rejeté des pourvois dans les circonstances suivantes, là où elle les aurait accueillis avant la réforme du 30 décembre 1985 :

– Irrégularité de l'interrogatoire préalable d'identité de l'accusé (interrogation de l'art. 272 C. pr. pén) (Crim. 2 septembre 2005, *Bull. crim.* n° 216) ;

– Présence d'un juré incapable puisque n'ayant pas atteint l'âge légal de vingt-trois ans (Crim. 8 oct. 1986, *Bull. crim.* n° 276 ; *D.* 1986. Jur. 605, note H. Angevin ; *RSC* 1987. 243, obs. A. Braunschweig) ;

– Défaut de constatation au procès-verbal du nombre des jurés dont les noms ont été déposés dans l'urne (Crim. 8 oct. 1986, *Bull. crim.* n° 277) ;

– Irrégularité commise dans la publicité de l'audience au cours de laquelle a été effectué le tirage au sort de la liste des jurés de session (Crim. 22 oct. 1986, *Bull. crim.* n° 300, 9 déc. 1987, *Bull. crim.* n° 463) ;

– Présence au sein du jury de jugement d'un juré ayant exercé une profession incompatible avec cette fonction (Crim. 19 nov. 1986, *Bull. crim.* n° 349) ;

– Irrégularité résultant d'une violation de l'article 277 du Code de procédure pénale relatif à la date à laquelle il doit être procédé à l'interrogatoire prescrit par l'article 272 du même Code (Crim. 3 déc. 1986, *Bull. crim.* n° 365 ; 1er déc. 1999, *Bull. crim.* n° 287 ; *D.* 2000. IR 35) ;

– Non-constatation de la prestation de serment de jurés (Crim. 10 déc. 1986, non publié) ;

– Radiation, lors de la révision de la liste de session, du nom d'un juré dont il semble que sa profession n'était pas incompatible avec l'exercice des fonctions de juré (Crim. 17 déc. 1986, non publié) ;

– Irrégularité pouvant entacher le tirage au sort des jurés composant la liste de session (Crim. 9 déc. 1987, *Bull. crim.* n° 453) ;

– Irrégularité pouvant entacher l'arrêt rendu avant l'ouverture des débats et ordonnant la disjonction des poursuites (Crim. 11 oct. 1989, *Bull. crim.* n° 349) ;

– Irrégularité commise à l'occasion de l'exercice du droit de récusation (Crim. 23 déc. 1986, *Bull. crim.* n° 388) ;

– Incompétence du magistrat chargé du tirage au sort de la liste des jurés de session (Crim. 14 janv. 1987, non publié) ;

– Irrégularité affectant le tirage au sort d'un juré supplémentaire (Crim. 21 janv. 1987, non publié) ;

– Irrégularité concernant un exploit de signification de l'arrêt de renvoi, soulevée après arrestation du contumax déjà condamné (Crim. 26 mars 2003, *Bull. crim.* n° 79 ; *D.* 2003. IR 1546) ;

– Irrégularité dans la composition de la juridiction, matière pourtant d'ordre public (Crim. 25 septembre 2002, *Bull. crim.* n° 176 ; *D.* 2002. IR 2914 ; *contra* Crim. 11 mai 1988, *Bull. crim.* n° 207).

Il faut ajouter une limite, très raisonnable : le président n'est pas tenu de rappeler aux parties, avant l'ouverture des débats, les prescriptions de l'article 305-1 (Crim. 27 oct. 1987, *Bull. crim.* n° 365 ; 22 déc. 1987, *Bull. crim.* n° 481 ; 4 mai 1988, *Bull. crim.* n° 193 ; 20 août 1997, *Bull. crim.* n° 287 ; *Procédures* 1998, Comm. 68, obs. J. Buisson ; *D.* 1998. Somm. 175, obs. J. Pradel).

Ainsi, le domaine de l'article 305-1 du Code de procédure pénale s'étend à une foule d'actes — y compris à certains qu'on aurait pu croire d'ordre public, comme l'âge d'un juré — et plus précisément à tous ceux qui, postérieurs à l'arrêt de renvoi en cour d'assises, touchent soit aux mesures d'instruction ou d'administration (art. 268 à 287), soit aux règles relatives au jury (art. 255 à 266 sur les conditions d'aptitude aux fonctions de juré et sur la formation du jury ; art. 288 à 292 sur la révision de la liste du jury ; art. 293 à 305 sur la formation du jury de jugement). Aussi la question se pose de savoir si l'article 305-1 s'applique aussi aux cours d'assises sans jury. On sait que la chambre criminelle a répondu par l'affirmative dans son arrêt du 11 février 1987. Que vaut cette affirmation ?

II. — Bien-fondé de l'arrêt du 11 février 1987

La discussion sur le bien-fondé de l'arrêt du 11 février 1987 doit être menée sur deux plans, sur celui de la lettre de la loi et sur celui de l'intention du législateur du 30 décembre 1985.

A. — La lettre de la loi

La lettre de la loi conduit à une position nuancée. D'un côté, l'article 698-6 du Code de procédure pénale qui institue la cour d'assises sans jurés pour le jugement de certains crimes en matière militaire décide qu'« il n'est pas tenu compte des dispositions qui font mention du jury ou des jurés » alors que l'article 305-1 de ce Code se trouve inclus dans une section intitulée « de la formation du jury de jugement » et rappelle que les nullités doivent être soulevées « dès que le jury de jugement est définitivement constitué ». On pourrait en déduire que l'article 305-1 ne s'applique qu'aux cours d'assises ordinaires, avec jurés. D'un autre côté cependant, remarque la Cour de cassation, aucun texte n'exclut l'article 305-1 des affaires traitées par les cours d'assises sans jurés et, peut-on ajouter, l'article 698-6 du Code de procédure pénale, qui énumère les dispositions du Code qui ne s'appliquent pas devant les cours d'assises sans jurés n'inclut pas l'article 305-1 (en ce sens H. Angevin, note au *D.* 1987. Jur. 216, 2e colonne).

B. — L'intention du législateur

L'intention du législateur, en revanche, n'appelle pas la moindre hésitation. Les rédacteurs de la loi du 30 décembre 1985 ont entendu, on l'a déjà dit, éviter que ne soient refaites des procédures entières de jugement à cause d'une cassation pour irrégularité touchant à une formalité initiale. La circulaire du 22 janvier 1986 prise en application de cette loi, rappelle d'ailleurs que le législateur a eu « pour objet essentiel, d'accroître l'efficacité de la justice pénale » (*BOMJ*, no 21, janv.-mars 1986, p. 71) et qu'il a pris en considération le rapport déposé par la commission réunie en 1980, animée par le premier avocat général Toubas, « qui tendait dans le respect des droits de la défense, à limiter les causes d'annulation en matière criminelle » (*id.* p. 82 et 83). Lors des travaux préparatoires, le garde des Sceaux avait déclaré au Sénat : « Devant la cour d'assises, il est essentiel d'éviter que se déroulent, pendant des journées et parfois des semaines entières, des procès qui sont, dès l'origine, destinés à être annulés par la Cour de cassation, une formalité procédurale n'ayant pas été respectée. C'est pourquoi les nullités de la procédure précédant l'ouverture des débats... nous paraissent devoir, à peine de forclusion, être soulevées... dès que le jury est constitué » (*JO* déb. Sénat, 24 oct. 1985, p. 2393). Avant la réforme de 1985, on voyait en effet des avocats se faire donner acte d'une telle irrégularité dont ils gardaient la trace « en portefeuille » pour ne l'invoquer, par le biais d'un pourvoi en cassation, que lorsque la peine leur paraissait trop forte. Une épée de Damoclès pesait ainsi sur les débats en cas de donné-acte. Ce risque a disparu. Sans doute, avec une cour d'assises sans jury, ce risque est-il moindre puisqu'une bonne partie des pourvois en cassation, relatifs à la procédure antérieure au début des débats est fondée justement sur la violation d'une disposition intéressant le jury. Cependant, l'article 305-1 du Code de procédure pénale couvre aussi les actes obligatoires ou facultatifs des articles 268 à 287 de ce Code. Or ces actes existent aussi bien dans la procédure menée devant une cour d'assises sans jury que devant une cour d'assises ordinaire. Il est donc utile d'étendre l'article 305-1 à la cour d'assises sans jurés. C'est ce qu'a voulu implicitement le législateur et c'est ce qu'a justement compris la chambre criminelle. Là où les raisons de décider sont les mêmes, il faut décider pareillement. Et c'est pourquoi ce qui vient d'être décidé par la chambre criminelle pour la cour d'assises statuant sans jurés en matière militaire vaut aussi pour celle, identiquement composée, statuant en matière de crime de terrorisme (art. 706-25 C. pr. pén. qui renvoie expressément à l'art. 698-6 C. pr. pén.) et de crime de trafic de stupéfiants (art. 706-27 C. pr. pén. qui renvoie lui aussi à l'art. 698-6 C. pr. pén.). Il en résulte que, au regard de l'article 305-1 du Code de procédure pénale, il n'y a qu'une seule cour d'assises, la présence ou l'absence de jurés en son sein n'étant qu'une modalité de détail.

Point extrême du domaine d'application de l'article 305-1 du Code de procédure pénale, l'arrêt du 11 février 1987 est donc important puisqu'il s'applique à toutes les cours d'assises. Il l'est aussi parce que la Cour de cassation, qui n'était pas saisie au titre de l'article 305-1, texte non visé au pourvoi, aurait pu se contenter de rejeter celui-ci en invoquant sa jurisprudence classique selon laquelle le magistrat procédant à l'interrogatoire de l'article 272 du Code de procédure pénale apprécie souverainement s'il doit désigner un interprète puisque cet acte ne porte pas sur le fond (Crim. 16 déc. 1976, *D.* 1978. Jur. 28, note F. Chapar ; 21 déc. 1977, *Bull. crim.* n° 409 ; 4 janv. 1980, *Bull. crim.* n° 5).

La règle de l'article 305-1 s'applique-t-elle aussi devant la cour d'assises statuant en appel ? Selon l'article 599, alinéa 2 du Code de procédure pénale : « ... l'accusé n'est pas recevable à présenter comme moyen de cassation les nullités qu'il n'a pas soulevées devant la cour d'assises statuant en appel conformément aux prescriptions de l'article 305-1 ». En somme, devant la cour d'assises d'appel, l'accusé doit à peine de forclusion soulever les nullités dès que le jury de jugement est constitué. La règle est donc la même qu'en première instance (pour des applications, Crim. 29 janv. 1997, n° 97-80.288 ; 23 oct. 2002, n° 01-87.952 ; 31 mai 2007, *D.* 2007. AJ 1874).

***

L'arrêt de février 1987 est une belle illustration de l'attitude générale de notre droit positif en faveur d'un étranglement aussi net que possible des nullités. On en connaît les pièces maîtresses qui sont les dispositions des articles 173-1 (obligation pour les parties privées à agir en nullité d'un acte dans les six mois de tout interrogatoire ou audition), 175, alinéa 2 (obligation pour les parties privées de soulever une nullité dans les vingt jours à compter de l'envoi qui leur est fait de l'avis de fin d'information, ce qui selon la jurisprudence empêche, même en matière criminelle, les parties d'invoquer les nullités de la procédure antérieure à cet avis en cas d'appel de l'ordonnance de règlement, Crim. 10 juill. 2002, *Bull. crim.* n° 152 ; *D.* 2003. Somm. 33, obs. J. Pradel ; *RSC* 2002. 817, obs. Y. Mayaud) 178 à 181 (décidant que les vices de la procédure sont couverts dès que les ordonnances de règlement sont devenues définitives), etc.

J. P.

41

COUR D'ASSISES — ARRÊT — VALIDITÉ — DATE DU PROCÈS-VERBAL

Crim. 20 novembre 1975, *Goldman* (*Bull. crim.* n° 252 ; *JCP* 1975. II. 18188 *bis*, note R. C. ; *Gaz. Pal.* 1975. 2. 835, note Y. M. ; *RSC* 1976. 747, obs. J. Robert)

La règle selon laquelle le procès-verbal relatant les débats d'assises doit être établi dans les trois jours de l'arrêt étant substantielle, la procédure doit être annulée si cette pièce n'est pas datée, à moins qu'on puisse suppléer à cette omission par une pièce quelconque du dossier.

Chambre criminelle, 20 novembre 1975

Goldman

Statuant sur le pourvoi formé par Goldman Pierre, contre un arrêt rendu le 14 décembre 1974 par la cour d'assises siégeant à Paris, qui, pour homicides volontaires, tentatives d'homicides volontaires, vols qualifiés, détention d'armes prohibées et usage de faux documents administratifs, l'a condamné à la réclusion criminelle à perpétuité et a ordonné la confiscation des armes saisies...

Attendu que l'article 378, alinéa 2, du Code de procédure pénale édicte que le procès-verbal des débats est dressé et signé dans le délai de trois jours au plus tard du prononcé de l'arrêt ; que cette exigence, ajoutée à la législation antérieure par le Code de procédure pénale, et qui se combine avec l'article 568 du même Code, est substantielle ;

Attendu qu'il résulte de l'examen du procès-verbal des débats que celui-ci, s'il a été signé par le président de la cour d'assises et par le greffier, et s'il expose l'accomplissement des formalités au cours des audiences successives de l'affaire, ne fait pas mention de la date à laquelle il a été dressé et clos ; qu'il n'est possible de suppléer à cette omission ni par des énonciations tirées de cette pièce, ni par les autres pièces du procès ;

Attendu qu'en cet état, la Cour de cassation n'est pas en mesure de vérifier si le délai prescrit par l'article 378, alinéa 2, susvisé a été respecté ; Qu'il s'ensuit que la cassation est encourue de ce chef ;

Par ces motifs, et sans qu'il soit besoin de statuer sur les autres moyens : Casse et annule l'arrêt de la cour d'assises siégeant à Paris, en date du 14 décembre 1974, et renvoie devant la cour d'assises de la Somme.

OBSERVATIONS

Avec la feuille de questions, le procès-verbal des débats devant la cour d'assises est la pièce la plus importante de la procédure criminelle d'audience. Ce document, en effet, « constate l'accomplissement des formalités prescrites » au cours de l'audience (art. 378, al. 1 C. pr. pén.) de sorte qu'une formalité non décrite par lui est réputée n'avoir été accomplie (Crim. 9 oct. 1985, *Bull. crim.* n° 307). Pièce essentielle par son contenu, le procès-verbal des débats est le film de l'audience dont il relate les derniers moments (v. toutefois Crim. 10 nov. 2004, *Bull. crim.* n° 283 ; *D.* 2005. IR 169, non nécessité de marquer les suspensions d'audience, la loi n'y obligeant pas). Le procès-verbal est également important par son autorité : en effet, ses énonciations valent jusqu'à inscription de faux (Crim. 9 déc. 1987, *Bull. crim.* n° 453). Il soulève cependant une difficulté majeure : dans quel délai doit-il être établi (ce qui pose évidemment le problème de sa date) ?

Le Code d'instruction criminelle était muet, prévoyant seulement son établissement et la jurisprudence avait décidé que la procédure n'était pas nulle quand le procès-verbal était rédigé après coup (Crim. 28 janv. 1843, *Bull. crim.* n° 18). La doctrine critiquait, estimant que le greffier devrait rédiger le procès-verbal séance par séance, seul moyen de permettre aux parties de contrôler la procédure (R. Garraud, *Traité d'instruction criminelle et de procédure pénale*, t. IV, n° 1436).

Plus exigeant, le Code de procédure pénale dispose que « le procès-verbal est dressé et signé dans le délai de trois jours au plus tard du prononcé de l'arrêt » (art. 378, al. 2). Cependant, ce texte n'ayant pas prévu la nullité, on pouvait hésiter sur la possibilité d'annuler une procédure d'assises dont le procès-verbal n'était pas daté.

Dans son arrêt *Goldman* du 20 novembre 1975, la Cour suprême dit que la formalité de l'article 378, alinéa 2, du Code de procédure pénale est en liaison avec l'article 568 du même Code (qui fixe à cinq jours francs le délai du pourvoi en cassation) et qu'elle est substantielle. Comme en l'espèce, la date du procès-verbal ne figurait pas sur celui-ci, elle annule l'arrêt (v. dans le même sens, Crim. 26 janv. 1983, *Bull. crim.* n° 35). Sans le dire expressément, la Cour de cassation entend que les parties puissent prendre connaissance du procès-verbal avant l'expiration du délai de pourvoi afin d'être en mesure d'apprécier l'opportunité de ce pourvoi (v. en ce sens, note F. Chapar, *préc.*). Le bien-fondé de cette observation est d'ailleurs renforcé par divers arrêts : d'abord par une décision antérieure selon laquelle « l'absence de procès-verbal rend impossible la vérification de l'accomplissement des formalités substantielles imposées par la loi » (Crim. 9 janv. 1963, *Bull. crim.* n° 14) ; ensuite par deux décisions ultérieures rendues dans des affaires où le procès-verbal avait été rédigé plus de trois jours après l'arrêt (Crim. 28 avr. 1977, *Bull. crim.* n° 147 ; *D.* 1978. Jur. 28, note E. Chapon ; 23 juill. 1980, *Bull. crim.* n° 233). Cela étant, cette jurisprudence *Goldman*, il convient de l'examiner en elle-même et de rechercher si elle est encore exactement de droit positif.

I. — L'arrêt Goldman en lui-même

La décision rendue dans l'affaire *Goldman* appelle trois observations.

A. — Une décision inattendue

D'abord car elle s'oppose à une tradition très ferme illustrée par de nombreux arrêts de rejet dont certains seulement ont été publiés au *Bulletin criminel* (Crim. 24 févr. 1965, *Bull. crim.* n° 60 ; 10 juillet 1969, *Bull. crim.* n° 225). Ensuite car elle était contraire à la pratique des greffiers qui négligeaient souvent d'établir le procès-verbal dans les trois jours parce qu'une telle obligation leur paraissait difficile à respecter. Un vieil arrêt n'avait-il d'ailleurs pas justifié l'absence de délai dans le Code d'instruction criminelle par « les besoins du service de la cour d'assises » (Crim. 20 juin 1912, *Bull. crim.* n° 320) ?

B. — Une décision constestable

Inattendue, la jurisprudence Goldman est aussi en partie contestable, quoique l'intention des magistrats l'ayant faite soit séduisante. Peut-on affirmer en effet avec certitude que sans le procès-verbal les parties se trouveraient dans l'impossibilité de savoir si les formalités d'audience ont été méconnues ? Ne leur incombe-t-il pas de suivre pas à pas les débats pour en déterminer au fur et à mesure les vices et, le cas échéant, s'en faire donner acte ? Le procédé, d'ailleurs, est courant (v. sur cette pratique, P. Faivre, « Le donné acte devant la cour d'assises », in *Mélanges Patin*, 1965, p. 554). En outre, la jurisprudence de 1975 retarde considérablement le cours de la justice. Finalement, on peut se demander si la cassation de l'arrêt rendu en l'espèce n'a pas été commandée par un doute éprouvé par les magistrats de la Cour suprême sur la culpabilité, d'autant plus que la peine infligée était très lourde. Cette considération perd certes aujourd'hui du poids puisqu'une loi du 15 juin 2000 a instauré un appel des arrêts d'assises.

C. — Une décision de portée relative

Ces critiques sont tempérés il est vrai par le fait que l'arrêt *Goldman* n'a pas la portée qu'on lui a prêtée lors de sa venue.

Cela apparaît à la lecture de l'arrêt lui-même. La nullité du procès-verbal (et donc de l'arrêt) ne peut être proclamée que s'il n'est pas possible de suppléer à l'omission de la date par des énonciations tirées soit de cette pièce elle-même (preuve intrinsèque), soit de toute autre pièce de la procédure (preuve extrinsèque). Cette porte ouverte pour sauver des procédures allait d'ailleurs être bientôt utilisée par la Cour de cassation (Crim. 22 déc. 1975, *Bull. crim.* n° 295, la date résultant de l'inventaire de la procédure ; 15 févr. 1977, *Bull. crim.* n° 59). On notera que la jurisprudence ne s'était pas toujours montrée aussi libérale et l'on se souvient d'un arrêt qui avait annulé un réquisitoire introductif et la procédure subséquente au motif que celui-là n'était pas daté (Crim. 23 avr. 1971, *Bull. crim.* n° 115, affirmant le caractère substantiel de la date).

II. — L'arrêt Goldman replacé dans la jurisprudence

L'après *Goldman* est difficile à analyser, la chambre criminelle étant passée par des stades successifs.

A. — L'appel à l'article 802

Elle a d'abord fait appel à l'article 802 du Code de procédure pénale (loi du 5 août 1976 entrée en vigueur le 1er janvier 1976). On sait que selon cette disposition, l'inobservation de certaines formalités textuelles ou substantielles, n'entraîne pas la nullité lorsqu'il n'y a pas atteinte effective aux intérêts de la personne en faveur de laquelle ces formalités ont été instituées. Peu après la mise en application de cette loi, la chambre criminelle rejetait justement des pourvois fondés sur l'absence de date du procès-verbal en invoquant l'article 802 (Crim. 16 déc. 1976, *D.* 1978. Jur. 28, note F. Chapon ; 8 juin 1977, *Bull. crim.* n° 210). Dans ces espèces, la faute du greffier n'avait pas empêché le demandeur au pourvoi d'agir en temps utile. Inversement, l'arrêt d'assises est cassé lorsque les parties n'ont pas pu prendre connaissance du procès-verbal dans les trois jours de cet arrêt (Crim. 28 avr. 1977 et 23 juill. 1980, *préc.*, affirmant le caractère substantiel du délai). Plus récemment et dans l'esprit des arrêts du 16 décembre 1976 et du 8 juin 1977, la chambre criminelle devait rappeler encore que le délai de trois jours n'est pas prévu à peine de nullité dès lors qu'il n'est pas établi que cette inobservation a porté atteinte aux intérêts de l'accusé (Crim. 13 nov. 1996, *Bull. crim.* n° 403 ; *JCP* 1997. I. 4031, note A. Maron, arrêt invoquant l'exercice d'un pourvoi en cassation ; 15 déc. 1999, *Bull. crim.* n° 310 ; 10 déc. 2003. *Bull. crim.* n° 239 ; *D.* 2004. IR 250).

B. — L'abandon de l'article 802

Cependant une autre jurisprudence décide que l'indication de la date à laquelle le procès-verbal a été établi est « essentielle à sa validité » (Crim. 10 janv. 1996, *Bull. crim.* n° 9 ; *D.* 1996. Somm. 260, obs. J. Pradel ; *Dr. pénal* 1996, Comm. 120, obs. A. Maron, arrêt indiquant même que « la cassation est derechef encourue » ; 17 mars 1999, *Bull. crim.* n° 46 ; *D.* 1999. IR 130). Nulle allusion à l'article 802 ou à la nécessité d'un préjudice éprouvé par l'accusé du fait de l'omission de la date. Cette omission apparaît comme la violation d'une règle d'ordre public.

Cette position implacable doit être rapprochée de celle sur la signature du greffier. On rappellera que selon l'article 378, alinéa 1 du Code de procédure pénale, le procès-verbal est signé par le président et le greffier. Dans une espèce, où le greffier n'avait pas apposé sa signature, le procès-verbal signé du seul président mentionnait « suite au congés-maladie du greffier et à son état invalidant ne permettant pas sa signature », la chambre criminelle sanctionna le procédé en considérant que, compte tenu du manque de précision, notamment quant à la durée d'invalidité du greffier, la chambre d'accusation ne pouvait pas s'assurer de l'existence d'un cas de force majeure, seul susceptible de conférer, faute de signature du greffier, authenticité aux actes susvisés (Crim. 12 septembre 2007, *Bull. crim.* n° 202 ; *D.* 2007. AJ 2472 ; *AJ pénal* 2007. 493).

***

On regrettera ces hésitations jurisprudentielles entre une cassation automatique et une cassation sous condition de nuisance des intérêts de l'accusé. À notre avis, c'est cette dernière conception qui est la meilleure, représentée de surcroît par un plus grand nombre d'arrêts que la thèse absolutiste et rigoureuse. Si l'on fait abstraction des arrêts minoritaires (10 janv. 1996 et 17 mars 1999), on retiendra en combinant l'article 378 et les arrêts majoritaires :

– que le procès-verbal doit être établi et signé dans les trois jours du prononcé de l'arrêt, ce qui implique en principe la datation de cette pièce ;

– qu'à défaut de date, la preuve du respect du délai peut résulter de tous les éléments de la procédure, y compris du procès-verbal lui-même ;

– que si ledit procès-verbal n'est pas établi dans les trois jours, son annulation n'est possible qu'en cas d'atteinte aux droits de la défense, en pratique que si l'accusé n'a pu en prendre connaissance au greffe dans le délai de cinq jours, qui est le délai pour se pourvoir en cassation.

J. P.

42

COUR D'ASSISES — ARRÊT — MOTIVATION

Crim. 14 octobre 2009, *V.* (*D.* 2009. 2545, note K. Gachi, et 2778, note J. Pradel ; *D.* 2010. 39, chron. A. Leprieur, P. Chaumont et E. Degorce ; *AJ pénal* 2009. 495, étude J. Lasserre Capdeville ; *JCP* 2009, n° 47, note H. Matsopoulou) ; CEDH, gr. ch., 16 novembre 2010, *Taxquet c. Belgique*, (*D.* 2011. 47, note J.-F. Renucci, 48, note J. Pradel) ; Cons. const. 1er avril 2011, n° 2011-113/115 QPC *M. Xavier P. et autre* (*JO* 2 avr. 2011 ; *D.* 2011. 1154, Point de vue par W. Mastor et B. de Lamy et 1156 par J.-B. Perrier ; chron. M. Huyette. 1158 ; *Dr. pénal*, mai 2011, note A. Maron et M. Haas).

Répond aux exigences de motivation l'arrêt rendu après information préalable sur les charges fondant la mise en accusation et alors qu'ont été assurés le libre exercice des droits de la défense ainsi que le caractère public et contradictoire des débats (1re espèce).

La non-motivation du verdict d'un jury populaire n'emporte pas en soi violation du principe du procès équitable si le procureur a permis à l'accusé de comprendre sa condamnation (2e espèce).

Si la motivation des jugements et arrêts constitue une garantie légale de l'exigence constitutionnelle de l'absence d'arbitraire, la Constitution ne confère pas à cette obligation un caractère général et absolu. L'absence de motivation ne peut être justifiée que si la loi a instituée des garanties propres à exclure l'arbitraire (3e espèce).

Chambre criminelle, 14 octobre 2009

V

Sur le second moyen de cassation, pris de la violation des articles 6, § 1, e la Convention européenne des droits de l'homme, 591 et 593 du code de procédure pénale ;

en ce que, pour déclarer X coupable du crime d'homicide volontaire avec cette circonstance que ce meurtre avait eu pour objet soit de préparer ou de faciliter le délit de vol, la cour d'assises s'est bornée à apposer la mention « oui à la majorité de dix voix au moins » aux deux questions qui lui étaient posées ;

alors qu'il résulte de la jurisprudence conventionnelle (Taxquet c. Belgique, CEDH 13 janv. 2009 ; req. n° 926/05) que ne répond pas aux exigences de motivation du procès équitable la formulation des questions posées au jury, vague et abstraite, qui ne permet pas à l'accusé de connaitre les motifs pour lesquels il est répondu positivement ou négativement à celles-ci ; qu'en condamnant X du chef d'homicide volontaire avec cette circonstance que ce meurtre avait eu pour objet soit de préparer ou de faciliter le délit de vol, en l'absence de considérations de fait lui permettant de comprendre les raisons concrètes pour lesquelles il a été répondu positivement ou négativement à chacune des questions posées à la cour et au jury, la cour d'assises a méconnu le sens et la portée des dispositions conventionnelles en privant la demanderesse du droit à un procès équitable ;

Attendu que sont reprises dans l'arrêt de condamnation les réponses qu'en leur intime conviction, magistrats et jurés composant la cour d'assises d'appel, statuant dans la continuité des débats, à vote secret et à la majorité qualifiée des deux tiers, ont donné aux questions sur la culpabilité, les unes principales, posées conformément au dispositif de la décision de renvoi, les autres subsidiaires, soumises à la discussion des parties ; Attendu qu'en cet état, et dès lors qu'ont été assurés l'information préalable sur les charges fondant la mise en accusation, le libre exercice des droits de la défense ainsi que le caractère public et contradictoire des débats, l'arrêt satisfait aux exigences légales et conventionnelles invoquées ; d'où il suit que le moyen ne saurait être accueilli ;

Et attendu que la procédure est régulière et que la peine a été légalement appliquée aux faits déclarés constants par la cour et le jury ;

Rejette le pourvoi [...].

Cour européenne des droits de l'Homme, grande chambre, 16 novembre 2010, n° 926/05

Taxquet c. Belgique

90. Il ressort de la jurisprudence précitée que la Convention ne requiert pas que les jurés donnent les raisons de leur décision et que l'article 6 ne s'oppose pas à ce qu'un accusé soit jugé par un jury populaire même dans le cas où son verdict n'est pas motivé. Il n'en demeure pas moins que pour que les exigences d'un procès équitable soient respectées, le public et, au premier chef, l'accusé doit être à même de comprendre le verdict qui a été rendu. C'est là une garantie essentielle contre l'arbitraire. Or, comme la Cour l'a déjà souvent souligné, la prééminence du droit et la lutte contre l'arbitraire sont des principes qui sous-tendent la Convention (parmi d'autres, voir, *mutatis mutandis, Roche c. Royaume-Uni* [GC], n° 32555/96, § 116, CEDH 2005-X). Dans le domaine de la justice, ces principes servent à asseoir la confiance de l'opinion publique dans une justice objective et transparente, l'un des fondements de toute société démocratique (voir *Suominen c. Finlande*, n° 37801/97, § 37, 1er juill. 2003 et *Tatichvili c. Russie*, n° 1509/02, § 58, CEDH 2007-III).

92. Devant les cours d'assises avec participation d'un jury populaire, il faut s'accommoder des particularités de la procédure où, le plus souvent, les jurés ne sont pas tenus de – ou ne peuvent pas – motiver leur conviction (paragraphes 85 à 89 ci-dessus). Dans ce cas également, l'article 6 exige de rechercher si l'accusé a pu bénéficier des garanties suffisantes de nature à écarter tout risque d'arbitraire et à lui permettre de comprendre les raisons de sa condamnation (paragraphe 90 ci-dessus). Ces garanties procédurales peuvent consister par exemple en des instructions ou éclaircissements donnés par le président de la cour

d'assises aux jurés quant aux problèmes juridiques posés ou aux éléments de preuve produits (voir paragraphe 43 et suivants ci-dessus), et en des questions précises, non équivoques soumises au jury par ce magistrat, de nature à former une trame apte à servir de fondement au verdict ou à compenser adéquatement l'absence de motivation des réponses du jury (voir *Papon c. France*, précité). Enfin, doit être prise en compte, lorsqu'elle existe, la possibilité pour l'accusé d'exercer des voies de recours.

93. En l'espèce, il convient de noter que dans ses observations devant la Cour, le requérant dénonce l'absence de motivation du verdict de culpabilité et l'impossibilité de faire appel de la décision rendue par la cour d'assises. Comme il a été rappelé (paragraphe 89 ci-dessus), la non-motivation du verdict du jury populaire n'emporte pas, en soi, violation du droit de l'accusé à un procès équitable. Eu égard au fait que le respect des exigences du procès équitable s'apprécie sur la base de la procédure dans son ensemble et dans le contexte spécifique du système juridique concerné, la tâche de la Cour, face à ce verdict non motivé, consiste à examiner si, à la lumière de toutes les circonstances de la cause, la procédure suivie a offert suffisamment de garanties contre l'arbitraire et a permis à l'accusé de comprendre sa condamnation. Ce faisant, elle doit garder à l'esprit que c'est face aux peines les plus lourdes que le droit à un procès équitable doit être assuré au plus haut degré possible par les sociétés démocratiques (*Salduz c. Turquie*, [GC] n° 36391/01, § 54, CEDH 2008-…).

94. En l'occurrence, le requérant était accusé de l'assassinat d'un ministre d'État et d'une tentative d'assassinat sur la compagne de celui-ci. Or ni l'acte d'accusation ni les questions posées au jury ne comportaient des informations suffisantes quant à son implication dans la commission des infractions qui lui étaient reprochées.

99. Enfin, il y a lieu de noter l'absence de toute possibilité d'appel contre les arrêts de la cour d'assises dans le système belge. Pour ce qui est du recours en cassation, il ne porte que sur des points de droit et, dès lors, n'éclaire pas adéquatement l'accusé sur les raisons de sa condamnation. Quant à l'article 352 du CIC selon lequel, au cas où les jurés se sont trompés au fond, la cour d'assises sursoit au jugement et renvoie l'affaire à une session suivante pour être soumise à un nouveau jury, comme le reconnaît le Gouvernement (paragraphe 31 ci-dessus) il n'est que très rarement utilisé.

100. En conclusion, le requérant n'a pas disposé de garanties suffisantes lui permettant de comprendre le verdict de condamnation qui a été prononcé à son encontre. La procédure n'ayant pas revêtu un caractère équitable, il y a donc violation de l'article 6 § 1 de la Convention.

Conseil constitutionnel, 1er avril 2011, n° 2011-113/115 QPC

M. Xavier P. et autre

Après avoir rappelé les articles 349 (une question pour chaque fait principal), 350 (question spéciale s'il résulte des débats une circonstance aggravante non mentionnée dans la décision de renvoi), 353 (lecture, avant délibération, par le président d'une instruction pour les jurés) et 357 (mention « oui » ou « non » sur un bulletin secret), les juges rendent la décision suivante :

11. Considérant qu'il ressort des articles 7, 8 et 9 de la Déclaration de 1789 qu'il appartient au législateur, dans l'exercice de sa compétence, de fixer des règles de droit pénal et de

procédure pénale de nature à exclure l'arbitraire dans la recherche des auteurs d'infractions, le jugement des personnes poursuivies ainsi que dans le prononcé et l'exécution des peines ; que l'obligation de motiver les jugements et arrêts de condamnation constitue une garantie légale de cette exigence constitutionnelle ; que, si la Constitution ne confère pas à cette obligation un caractère général et absolu, l'absence de motivation en la forme ne peut trouver de justification qu'à la condition que soient instituées par la loi des garanties propres à exclure l'arbitraire ;

12. Considérant, en premier lieu, que les dispositions particulières prévues par le chapitre VI du titre Ier du livre II du code de procédure pénale soumettent les débats de la cour d'assises aux principes d'oralité et de continuité ; que ces principes imposent que les preuves et les moyens de défense soient produits et discutés oralement au cours des débats ; qu'il ressort des articles 317 et suivants du code de procédure pénale que l'accusé assiste personnellement aux débats et bénéficie de l'assistance d'un défenseur ; que l'article 347 interdit qu'en cours de délibéré, le dossier de la procédure soit consulté par la cour d'assises hors de la présence du ministère public et des avocats de l'accusé et de la partie civile ; qu'en outre, les magistrats et les jurés délibèrent ensemble immédiatement après la fin des débats ; qu'ainsi, ces dispositions assurent que les magistrats et les jurés ne forgent leur conviction que sur les seuls éléments de preuve et les arguments contradictoirement débattus ;

13. Considérant, en deuxième lieu, que la cour d'assises doit impérativement statuer sur les questions posées conformément au dispositif de la décision de renvoi dont l'article 327 du code de procédure pénale prescrit la lecture à l'ouverture des débats ; que l'article 348 prévoit qu'après avoir déclaré les débats terminés, le président donne lecture des questions auxquelles la cour et le jury doivent répondre ; que l'article 349 impose que chaque fait spécifié dans la décision de mise en accusation ainsi que chaque circonstance ou chaque cause légale d'exemption ou de diminution de peine invoquée fassent l'objet d'une question ; que des questions spéciales ou subsidiaires peuvent, en outre, être posées à l'initiative du président ou à la demande du ministère public ou d'une partie ; que l'accusé peut ainsi demander que la liste des questions posées soit complétée afin que la cour d'assises se prononce spécialement sur un élément de fait discuté pendant les débats ;

14. Considérant, en troisième lieu, que les modalités de la délibération de la cour d'assises sur l'action publique sont définies de façon précise par le chapitre VII du même titre ; que les dispositions de ce chapitre, parmi lesquelles figurent les articles contestés, fixent l'ordre d'examen des questions posées à la cour d'assises, l'organisation du scrutin et les règles selon lesquelles les réponses doivent être adoptées ;

15. Considérant, en quatrième lieu, qu'il appartient au président de la cour d'assises et à la cour, lorsqu'elle est saisie d'un incident contentieux, de veiller, sous le contrôle de la Cour de cassation, à ce que les questions posées à la cour d'assises soient claires, précises et individualisées ;

16. Considérant, en dernier lieu, que l'article 359 du code de procédure pénale a pour effet d'imposer que toute décision de la cour d'assises défavorable à l'accusé soit adoptée par au moins la majorité absolue des jurés ; qu'en imposant que la décision de la cour d'assises sur la culpabilité de l'accusé soit rendue par la seule lecture des réponses faites aux questions, le législateur a entendu garantir que la décision sur l'action publique exprime directement l'intime conviction des membres de la cour d'assises ;

17. Considérant qu'il résulte de l'ensemble de ces garanties relatives aux débats devant la cour d'assises et aux modalités de sa délibération, que le grief tiré de ce que les dispositions critiquées laisseraient à cette juridiction un pouvoir arbitraire pour décider de la culpabilité d'un accusé doit être écarté ;

18. Considérant que les dispositions contestées ne méconnaissent aucun autre droit ou liberté que la Constitution garantit,

Décide :

Art. 1er – Les articles 349, 350, 353 et 357 du code de procédure pénale sont conformes à la Constitution.

OBSERVATIONS

Depuis quelques années, la question de la motivation des arrêts des cours d'assises retient l'attention. Doit-on rappeler en effet que de façon générale la juridiction criminelle est composée en partie de citoyens non juristes (les jurés) alors que les principes du procès équitable appellent à première vue une motivation, meilleure façon pour l'accusé de comprendre le sens de sa condamnation. On le voit immédiatement, c'est le principe européen du procès équitable qui a suscité la question. Tant que la jurisprudence de Strasbourg n'a pas eu dans notre droit un poids considérable, le problème ne s'est pas posé. Jadis la motivation était rejetée par les meilleurs auteurs (R. Garraud, *Instruction criminelle et procédure pénale*, IV, nº 1491, p. 471) et les praticiens en parlaient fort peu. Il n'en va évidemment pas de même aujourd'hui.

Trois décisions récentes ont été choisies dont il convient d'analyser le sens avant de pouvoir porter un jugement sur le droit positif qu'elles expriment.

I. — État du droit positif

A. — L'arrêt de la chambre criminelle du 14 octobre 2009

La tradition est claire. En matière correctionnelle (et de police), « le juge ne peut prononcer une condamnation qu'autant qu'il constate les éléments du délit et précise les circonstances de fait dans lesquelles il a été commis » (Crim., 30 oct. 1924, *DH* 1924. 653 ; 15 mars 1955, *D.* 1955. 420 ; 31 oct. 1957, *D.* 1958, Somm. 27). Ainsi le veulent les articles 495 et 543 du Code de procédure pénale. En revanche, en matière criminelle, la culpabilité résulte seulement d'une réponse « oui » ou « non » posée par le président. À plusieurs reprises, la chambre criminelle en a décidé ainsi.

1°. Déjà dans l'arrêt du 30 avril 1996 (*Bull. crim.*, nº 181 ; *RSC* 1996. 877, obs. J.-P. Dintilhac), elle avait rejeté un moyen tiré de « l'exigence d'un procès équitable qui suppose une motivation permettant le contrôle du juge de légalité » spécialement dans une affaire où l'accusé ne cessait de nier les faits. Or la chambre criminelle avait répondu que « l'ensemble des réponses, reprises dans l'arrêt de condamnation qu'en leur intime conviction, magistrats et jurés ont donné aux questions posées conformément à l'arrêt de renvoi tient lieu de motifs aux arrêts de la cour d'assises statuant sur l'action publique ». Et elle avait ajouté « que sont ainsi satisfaites les dispositions de l'article 6 Conv. EDH sur l'exigence d'un procès équitable dès lors que sont assurés l'information préalable des charges fondant l'accusation, le libre exercice des droits de la défense et la garantie de l'impartialité des juges ».

Cette formule est très proche de celle de l'affaire *V* ici rapportée à ceci près que l'arrêt dans cette affaire n'invoque pas l'article 6 Conv. EDH et que la garantie de l'impartialité des juges est remplacée par l'idée que les réponses aux questions sont « reprises dans l'arrêt de condamnation ».

D'autres arrêts postérieurs à celui de 1996 sont de la même veine, comme ceux du 2 mars 2008 (n° 07-83.965) et du 15 décembre 1999 (*Bull. crim.*, n°s 307 et 308).

2° L'arrêt du 14 octobre 2009, dans l'affaire *V*, se contente d'un embryon de motivation fondée sur deux éléments : 1. Les charges énoncées dans la décision de l'instruction portant renvoi en cour d'assises, cette décision étant motivée et résultant d'une procédure contradictoire ; 2. Les questions subsidiaires c'est-à-dire les questions résultant des débats en application de l'article 351 du Code de procédure pénale, cette seconde raison étant propre à l'arrêt du 14 octobre 2009 et traduisant le souci des juges de la chambre criminelle de justifier la position française de non-motivation expresse.

B. — L'arrêt de la CEDH du 16 novembre 2010

La CEDH a été amenée à statuer sur la motivation des arrêts d'assises à plusieurs reprises.

1° A titre liminaire et général, la CEDH entend ne pas « remettre en cause l'institution du jury populaire, car les Etats contractants jouissent d'une grande liberté dans le choix des moyens propres à permettre à leur système judiciaire de respecter les impératifs de l'article 6 (§ 84 de l'arrêt *Taxquet*, 16 novembre 2010) et elle précise même que « devant les cours d'assises, avec participation d'un jury populaire, il faut s'accommoder des particularités de la procédure où le plus souvent les jurés ne sont pas tenus de — ou ne peuvent pas — motiver leur conviction » (§ 92 *id.*, v. aussi et déjà

CEDH 24 juill. 2002, *Papon c. France*). Voilà qui déjà nous rassure sur la souplesse de la Cour de Strasbourg.

2° L'arrêt *Taxquet* relate plusieurs précédents. On en citera quatre qui confirment ce qui vient d'être dit. En 1992, la défunte Commission européenne des droits de l'homme avait noté que si la décision ne comportait aucune motivation, le président de la cour d'assises avait du moins préalablement posé à un jury des questions concernant les circonstances de fait de la cause, que l'accusé avait pu contester, ce qui constituait « une trame sous-tendant la décision critiquée et une compensation adéquate du caractère laconique des réponses du jury », d'où le rejet de la requête en inconventionnalité (*R. c. Belgique*, n° 72). Dans la célèbre affaire *Papon*, le ministère public et l'accusé s'étaient vu offrir la possibilité de contester les questions posées et de demander au président de poser au jury des questions subsidiaires. Les juges et les jurés avaient répondu aux 768 questions posées par le président, trame apte à servir de fondement à la décision et que leur précision compensait adéquatement l'absence de motivation des réponses du jury, ce qui est une réponse très proche de celle admise dans l'affaire *R. c. Belgique* (CEDH, 24 juill. 2002, *Papon c. France*, *D.* 2002. 2572, obs. J.-F. Renucci). Dans l'affaire *Sarri c. Danemark* (n° 31913/96, 2 févr. 1999) la Cour estime que l'absence de motivation d'un arrêt qui résultait de ce que la culpabilité d'un requérant avait été déterminée par un juge populaire, n'était pas en soi contraire à la Convention.

Sans doute dans l'affaire *Göktepe c. Belgique* (n° 50372/99, 2 juin 2005), ce pays a été condamné pour cause de violation de l'article 6. Mais c'est parce que le président avait refusé de poser des questions individualisées sur l'existence de circonstances aggravantes, privant ainsi le juge de la possibilité de déterminer individuellement la condamnation dont il est l'objet (*id.*). C'est ce qui nous a conduit à évoquer cet arrêt.

3° Dans l'affaire *Taxquet*, l'accusé se voyait reprocher l'assassinat d'un ministre d'État et une tentative d'assassinat sur la compagne de ce dernier. Il fut condamné à une peine d'emprisonnement de 20 ans. Après avoir en vain saisi la Cour de cassation, il est allé à Strasbourg. Le 13 juin 2009, la deuxième section de la CEDH conclut à la violation de l'article 6 § 1 Conv. EDH en ce que la formulation des questions posées au jury ne permettait pas de connaitre les motifs pour lesquels il avait répondu positivement aux questions posées qui étaient vagues et générales. La CEDH ajoutait qu'il aurait fallu un « résumé » des principales questions pour lesquelles la cour d'assises l'avait condamné.

À la suite d'une demande du gouvernement belge, la CEDH en formation en grande chambre statue le 16 novembre 2009. Elle maintient la condamnation contre la Belgique, tout en se montrant plus souple : disparaissait l'exigence d'un résumé et la Cour se contentait d'une procédure qui permettait au requérant de comprendre les raisons de sa condamnation. Plus précisément, l'arrêt du 16 novembre 2010 note trois éléments :

– l'acte d'accusation, s'il désignait chacun des crimes dont le requérant était accusé, ne démontrait pas quels étaient les éléments à charge ;

– les questions posées au jury étaient laconiques et générales car sur les 32 questions, le requérant qui comparaissait avec sept autres coaccusés n'était concerné que par quatre d'entre elles ;

– enfin le droit belge ne comporte aucune possibilité d'appel (contrairement au droit français).

C. — La décision du Conseil constitutionnel du 1er avril 2011

1° La chambre criminelle saisie à plusieurs reprises de demandes de questions prioritaires de constitutionnalité (QPC) a hésité avant de saisir le Conseil constitutionnel. Elle avait d'abord considéré que la question posée conduisait à contester non pas la constitutionnalité des articles 349, 350, 353 et 357 du Code de procédure pénale sur l'arrêt d'assises, mais l'interprétation qu'elle en avait donnée au regard du caractère spécial ou de la motivation des arrêts d'assises (*Crim.* 19 mai 2010, n° 09-83.321 QPC, *JurisData* n° 2010-022893 ; *Crim.* 19 mai 2010, n° 09-82582 QPC, *JurisData* n° 2010-006669). Mais finalement elle se résolut à saisir le juge constitutionnel par arrêt du 19 janvier 2011 (*D.* 2011, 800, note J.-B. Perrier). Et celui-ci rendit une décision le 1er avril 2011.

2° Cette décision répond à trois griefs relatifs à la procédure d'assises : atteinte à l'égalité entre justiciables, violation du principe des droits de la défense et de celui de l'obligation de motivation. Seul ce dernier sera évidemment examiné.

Dans ses considérants 11 à 16, la décision multiplie les arguments pour rejeter la demande de QPC après avoir posé à titre linéaire dans le considérant 11 qu'il appartient au législateur de fixer des règles excluant l'arbitraire et qu'à cet égard l'obligation de motiver les décisions de condamnation « constitue une garantie légale de cette exigence constitutionnelle », le Conseil ajoutant toutefois, que « si la Constitution ne confère pas à cette obligation un caractère général et absolu, l'absence de motivation en la forme ne peut trouver de justifications qu'à la condition que soient instituées par la loi des garanties propres à exclure l'arbitraire ». Cette phrase est très importante car elle laisse entendre que les arrêts d'assises peuvent n'être pas motivés si des garanties compensatoires sont instituées, la décision parlant de « garanties propres à exclure l'arbitraire ».

– *Premières garanties relatives à la procédure antérieure à la décision de la cour d'assises* : les preuves sont produites et discutées oralement et en présence de l'accusé (principe d'oralité) ; celui-ci est assisté d'un avocat (principe des droits de la défense) ; magistrats et jurés délibèrent immédiatement après les débats (principe d'immédiateté) ; la conviction se forge sur des éléments de preuve contradictoirement débattus (principe du contradictoire) ;

– *Deuxièmes garanties relatives aux questions* : celles-ci découlent de la décision de renvoi (sous-entendu décision que la personne poursuivie a pu discuter en en contestant les éléments au cours de l'instruction ou en formant un recours) ; le président à la fin des débats d'assises donne lecture de la liste des questions, cette liste devant indiquer chaque fait spécifique et chaque circonstance, des questions spéciales ou subsidiaires pouvant en outre être posées, fût-ce à la demande de l'accusé ;

– *Troisièmes garanties relatives aux modalités de la délibération de la cour d'assises sur l'action publique* : tout est prévu pour simplement éviter tout arbitraire ;

– *Quatrièmes garanties relatives aux incidents* : le président doit veiller, sous le contrôle de la Cour de cassation, à ce que les questions posées soient « claires, précises et individualisées », allusion transparente à l'arrêt *Taxquet* ;

– *Cinquièmes garanties relatives aux votes* : toute décision défavorable à l'accusé doit être adoptée par au moins la majorité absolue des jurés (art. 359) ; la décision est rendue sur la seule lecture des questions (qui, on le sait, a pu être discutée à l'audience).

Par voie de conséquence, les articles incriminés, 349, 350, 353 et 357 du Code de procédure pénale sont conformes à la Constitution.

On aura noté que le Conseil ne dit pas ce que le législateur aurait à faire le cas échéant pour modifier l'état de droit. Il n'avait d'ailleurs pas à le faire de façon générale et plus encore dans le cas présent puisqu'il considère que le Code de procédure pénale, tel qu'il est rédigé actuellement est conforme à la Constitution.

II — Appréciation du droit positif

Ce qui est essentiel, c'est que le condamné ait compris pourquoi il l'a été, ce qui implique une certaine motivation, pas forcément bien sûr sans le sens admis en matière correctionnelle et de police. Cette motivation s'impose pour des raisons psychologiques et juridiques (J. Pradel, note au *D.* 2009. 2780, 2ᵉ colonne). Il n'en reste pas moins qu'une motivation est difficile à organiser et qu'elle appelle l'instauration de règles procédurales particulières.

A. — Difficultés suscitées par la motivation

Ces difficultés sont si fortes que le législateur n'a pas prévu de motivation des arrêts d'assises et a préféré imaginer corrélativement un système très original. Il faut bien reconnaître qu'une motivation est très difficile à établir à la manière de ce que font les juges correctionnels et de police. Plusieurs obstacles s'opposent en effet à une motivation classique en matière criminelle.

1° Certains sont de fait. On sait bien que les jurés ne sont pas des juristes. Montesquieu avait écrit : « Le peuple n'est pas jurisconsulte. Il lui faut présenter un seul objet, un fait et un seul fait, et qu'il n'ait qu'à voir s'il doit condamner, absoudre ou remettre le jugement » (*De l'esprit des lois*, Livre VI, ch. IV). En outre, le nombre des membres de la cour d'assises (12 en première instance dont 9 jurés, 15 en appel dont 12 jurés) rend difficile un dialogue, même si la loi parle d'une « délibération » avant le vote (art. 356 al. 1, C. proc. pén.).

2° Plus importants sont les obstacles de droit.

D'abord, chaque magistrat et juré écrit « secrètement » sur un bulletin le mot « oui » ou « non » (art. 357 C. proc. pén.). Il en résulte que le président, s'il lui était demandé de rédiger après coup une motivation, ne pourrait pas le faire, obligé qu'il serait de se remémorer les termes de la discussion sans savoir ce que chaque magistrat ou juré a finalement décidé.

Ensuite, le principe de continuité des débats en Cour d'assises (qui est propre à cette juridiction) implique que l'arrêt soit rendu à l'issue des débats car le renvoi est exclu en matière criminelle à cause de la présence des jurés. Or la rédaction d'un arrêt motivé prendrait beaucoup de temps. Imaginons une affaire complexe impliquant une dizaine d'accusés et une pluralité de faits. Il peut en résulter plusieurs centaines de questions et bien évidemment une longue motivation. Après un délibéré qui a pu durer une dizaine d'heures, le président va devoir passer de longues heures pour rédiger la décision.

Et pourtant il faut bien que l'accusé soit « à même de comprendre le verdict qui a été rendu » (arrêt *Taxquet*, *préc.*, § 390). D'un autre côté, le particularisme de la cour d'assises dû à la présence de citoyens fait qu'une motivation doit se présenter sous un jour particulier. C'est évoquer l'obligation d'une certaine motivation.

B — Obligation d'une certaine motivation

Puisqu'une motivation à la mode correctionnelle est exclue, notamment pour les raisons juridiques indiquées à l'instant, deux voies se présentaient à l'esprit.

1° La première voie possible est celle d'une feuille de motivation qui serait parallèle à la feuille des questions. Une loi belge du 21 décembre 2009, prise très (trop) rapidement après la condamnation de la Belgique par le premier arrêt *Taxquet* (du 13 juin 2009), et avant l'arrêt de grande chambre (en date du 16 novembre 2010) a consacré ce système. Après déclaration sur la culpabilité par le jury seul, la cour et le jury se réunissent pour fixer la peine (si la culpabilité est retenue) et « sans devoir répondre à l'ensemble des conclusions déposées, ils formulent les principales raisons de leur décision. La décision est signée par le président, le ou la chef du jury et le greffier » (art. 334 C. inst. crim.). On se souvient que le premier arrêt *Taxquet* avait imposé un « résumé » des motifs.

L'idée se retrouve encore dans un projet de loi sur la participation des citoyens au fonctionnement de la justice pénale et le jugement des mineurs, d'avril 2011. Un article 364-1 décide que « le président ou l'un des magistrats assesseurs, par lui désigné rédige la motivation de l'arrêt après qu'il a été répondu aux questions et statué le cas échéant sur la peine. En cas de condamnation, la motivation consiste dans l'énoncé des principales raisons, qui pour chacun des faits reprochés à l'accusé ont convaincu la cours d'assises… ». L'expression des « principales raisons » se trouve déjà dans la loi belge précitée. L'article 364-1 dispose enfin que « cette motivation figure sur un document annexe à la feuille des questions, appelée feuille de motivation ». Heureusement que le texte ne prévoit pas que la motivation pourra être rendue quelques jours après la réponse aux questions, ce qui avait été envisagé dans un projet de 1996, resté sans suite et très contestable (H. Angevin, De la motivation des décisions des juridictions comportant un jury, *Droit pénal*, août-septembre 1996, n° 32).

Ce système raisonnable présente cependant deux inconvénients. D'abord il n'exclut pas totalement les obstacles à la motivation qui ont été dénoncés plus haut. Certes une doctrine y est favorable (M. Huyette, « Comment motiver les décisions de la cour d'assises ? », *D.* 2011, chron., 1158). Ensuite, il est assez lourd et pourrait entraîner un accroissement du nombre des pourvois en cassation.

2° C'est pourquoi un autre système est envisageable, celui d'un réseau serré de questions nombreuses et précises. Les obstacles précités disparaissent alors. Mais il faut évidement que ces questions soient très précises et très claires, et bien sûr avec un seul objet pour chacune d'elles. On sait en effet que sont prohibées les questions complexes (Crim. 6 déc. 2000, n° 00-82.942, *D.* 2001, 906). Après tout, un réseau serré de questions équivaut pratiquement à une motivation. Cependant, il conviendrait que les présidents d'assises unifient un peu leur pratique, par exemple par la création de sorte de trames.

3° On dira quelques mots des droits allemand (avec des échevins comme en France) et espagnol (avec des jurés ne statuant que sur la culpabilité, comme en Angleterre). Ces deux pays ont un point commun, celui d'une motivation très serrée et rédigée par le président. Mais en Allemagne, le jugement peut n'intervenir que dans les onze jours après la clôture des débats, ce qui donne au président le temps de rédiger avec soin sa décision (art. 267 et 268 St PO). En Espagne, une fois que les jurés ont dit à haute voix, *(a alta voz)* leur décision, le président du jury rédige un résumé des motifs, après quoi c'est le président qui rédige la décision. On voit donc que ces deux droits ne peuvent pas inspirer le nôtre, tant ils sont différents.

J. P.

43

ÉVOCATION — DÉTENTION PROVISOIRE (RÉSERVE DU CONTENTIEUX) — QESTION PRIORITAIRE DE CONSTITUTIONNALITÉ — CHAMBRE DE L'INSTRUCTION — CHAMBRE DES APPELS CORRECTIONNELS — PRINCIPE D'ÉGALITÉ — DOUBLE DEGRÉ DE JURIDICTION

Cons. const. 17 décembre 2010, n° 2010-81 QPC, *Boubakar B.* (*JO* 19 déc. 2010, p. 22375 ; *JCP G* 2011-144 obs. V. Tellier-Cayrol) ; Crim., 15 février 2011, n°10-90123, *Sergio X.*

Les deuxième et troisième phrases de l'article 207 du Code de procédure pénale, permettant à une chambre de l'instruction, infirmant une décision du juge d'instruction ou du juge des libertés et de la détention, relative à la détention provisoire, de se dire seule compétente pour statuer ultérieurement en cette matière, sont inconstitutionnelles. En effet, en conférant à cette juridiction le pouvoir discrétionnaire de priver une personne mise en examen d'un double degré de juridiction en matière de détention provisoire, de contrôle judiciaire ou d'assignation à résidence avec surveillance électronique, ce texte méconnait les exigences d'égalité entre les justiciables résultant des articles 6 et 16 de la déclaration de 1789. L'inconstitutionnalité étant retenue, les décisions, par lesquelles des chambres de l'instruction se sont réservées une compétence en ces matières, cessent de produire effet à compter de la publication de la décision (1re espèce).

En revanche, l'article 520 du Code de procédure pénale qui impose à une cour d'appel, lorsqu'elle annule un jugement, pour violation ou omission des formes prescrites par la loi, d'évoquer et de statuer sur le fond, ne porte pas atteinte au droit du prévenu à un recours juridictionnel effectif ni à son droit à un procès équitable. En effet, cette solution, qui est obligatoire et prise par décision susceptible d'un pourvoi en cassation, est conforme au principe constitutionnel d'égalité entre les justiciables (art. 16 DDHC). La question prioritaire de constitutionnalité posée, ne présentant pas un caractère sérieux il n'y a pas lieu de la renvoyer au Conseil constitutionnel (2e espèce).

Conseil constitutionnel, 17 décembre 2010, n°2010-81 QPC

Boubakar B.

3. Considérant que la question prioritaire de constitutionnalité porte sur le premier alinéa de l'article 207 du code de procédure pénale ;

4. Considérant qu'aux termes de l'article 6 de la Déclaration des droits de l'homme et du citoyen de 1789 : « La loi... doit être la même pour tous, soit qu'elle protège, soit qu'elle punisse » ; que son article 16 dispose : « Toute société dans laquelle la garantie des droits n'est pas assurée, ni la séparation des pouvoirs déterminée, n'a point de Constitution » ; que, si le législateur peut prévoir des règles de procédure différentes selon les faits, les situations et les personnes auxquelles elles s'appliquent, c'est à la condition que ces différences ne procèdent pas de distinctions injustifiées et que soient assurées aux justiciables des garanties égales ;

5. Considérant que les droits de la personne mise en examen placée en détention provisoire sont prévus par les dispositions des articles 143-1 à 148-8 du code de procédure pénale ; qu'il résulte des articles 185, 186, et 187-1 à 187-3 du même code que la chambre de l'instruction est la juridiction d'appel des décisions du juge d'instruction ou du juge des libertés et de la détention statuant sur la détention provisoire d'une personne mise en examen ; que le législateur a ainsi prévu que les décisions juridictionnelles rendues en cette matière puissent, à la demande de cette personne ou du ministère public, faire l'objet d'un réexamen, par la chambre de l'instruction, de la régularité et de la nécessité d'une telle mesure privative de liberté ;

6. Considérant que la deuxième phrase du premier alinéa de l'article 207 du code de procédure pénale déroge au principe selon lequel la chambre de l'instruction est dessaisie par sa décision statuant sur l'appel relevé contre une ordonnance en matière de détention provisoire ; qu'elle permet à la chambre de l'instruction, lorsqu'infirmant une décision du juge d'instruction ou du juge des libertés et de la détention, elle rend une décision ayant pour effet d'ordonner la détention provisoire, de la prolonger ou de rejeter une demande de mise en liberté, de se dire seule compétente pour statuer en cette matière, selon un régime dérogatoire, pour la suite de la procédure d'instruction ; que la dernière phrase de cet alinéa étend la même faculté aux décisions rendues en matière de contrôle judiciaire ou d'assignation à résidence avec surveillance électronique ;

7. Considérant que ces dispositions confèrent à la chambre de l'instruction le pouvoir discrétionnaire de priver une personne mise en examen, durant toute la procédure d'instruction, des garanties prévues par les articles 144-1 et 147 du code de procédure pénale qui prescrivent au juge d'instruction ou au juge des libertés et de la détention d'ordonner sa mise en liberté immédiate dès que les conditions légales de la détention ne sont plus remplies, de celles prévues par l'article 148 du même code pour l'examen des demandes de mise en liberté en première instance et du droit à un double degré de juridiction instauré pour toute décision en matière de détention provisoire ; que l'éventuelle divergence entre les positions respectives des juridictions de première instance et d'appel relativement à la nécessité ultérieure de la détention de la personne mise en examen ne peut toutefois justifier qu'il soit ainsi porté atteinte aux droits qui sont accordés par la loi à toute personne placée en détention provisoire ; que, par suite, les deuxième et troisième phrases du premier alinéa de l'article 207 du code de procédure pénale méconnaissent les exigences résultant des

articles 6 et 16 de la Déclaration de 1789 et doivent être déclarées contraires à la Constitution ;

8. Considérant qu'aux termes du deuxième alinéa de l'article 62 de la Constitution : « Une disposition déclarée inconstitutionnelle sur le fondement de l'article 61-1 est abrogée à compter de la publication de la décision du Conseil constitutionnel ou d'une date ultérieure fixée par cette décision. Le Conseil constitutionnel détermine les conditions et limites dans lesquelles les effets que la disposition a produits sont susceptibles d'être remis en cause » ; que la présente déclaration d'inconstitutionnalité prend effet à compter de la date de publication de la présente décision ; que cessent de produire effet, à compter de cette date, les décisions par lesquelles une chambre de l'instruction s'est réservée la compétence pour statuer sur les demandes de mise en liberté et prolonger le cas échéant la détention provisoire ; qu'il en va de même en matière de contrôle judiciaire ou d'assignation à résidence avec surveillance électronique ;

9. Considérant que la première phrase du premier alinéa de l'article 207 du code de procédure pénale ne porte atteinte à aucun autre droit ou liberté que la Constitution garantit,

Décide : Article 1er. Les deuxième et troisième phrases du premier alinéa de l'article 207 du code de procédure pénale sont déclarées contraires à la Constitution.

Chambre criminelle, 15 février 2011

Sergio X.

Attendu que la juridiction a transmis à la Cour de cassation la question prioritaire de constitutionnalité suivante :

« L'article 520 du code de procédure pénale porte-t-il atteinte au droit à un procès équitable garanti par la Constitution en ce qu'il prive la personne poursuivie d'un double degré de juridiction qui porte sur le fond d'une poursuite pénale ? » ;

Attendu que les dispositions législatives contestées sont applicables à la procédure et n'ont pas déjà été déclarées conformes à la Constitution dans les motifs et le dispositif d'une décision du Conseil constitutionnel ;

Mais attendu que la question, ne portant pas sur l'interprétation d'une disposition constitutionnelle dont le Conseil constitutionnel n'aurait pas encore eu l'occasion de faire application, n'est pas nouvelle ;

Et attendu que la question posée ne présente pas un caractère sérieux dès lors que, si la disposition qu'elle vise impose à la cour d'appel d'évoquer et de statuer sur le fond après annulation du jugement, c'est dans tous les cas et par un arrêt susceptible d'un pourvoi en cassation, et qu'il n'est ainsi porté atteinte ni au droit du prévenu à un recours juridictionnel effectif ni à son droit à un procès équitable garantis par l'article 16 de la Déclaration des droits de l'homme et du citoyen ;

D'où il suit qu'il n'y a pas lieu de la renvoyer au Conseil constitutionnel ;

OBSERVATIONS

Permettre à tout citoyen de contester une disposition législative qui semble porter atteinte à un droit ou une liberté fondamentale constitue, incontestablement, un progrès de l'État de droit. Cette modification constitutionnelle introduisant un article 61-1 dans notre texte fondamental, présentée par ses promoteurs comme une véritable révolution juridique, fut pour cette raison assez unanimement saluée positivement lors de sa mise en place (v. J. B. Perrier « Le droit pénal face à la question prioritaire de constitutionnalité », *RPDP* 2010-33 et l'abondante bibliographie citée dans cette étude). Il semble d'ailleurs que les simples citoyens, (sans doute plus exactement leurs avocats), se soient totalement appropriés, cette procédure, du moins si l'on en juge par quelques éléments statistiques. Ainsi au 20 mai 2011 le Conseil constitutionnel a-t-il déjà rendu 111 décisions, 26 d'entre elles considérant que la disposition déférée était totalement ou partiellement non conforme à un principe constitutionnel sans compter les assez nombreuses réserves d'interprétation pour des dispositions jugées conformes au bloc de constitutionnalité. On peut ajouter d'autres statistiques, non moins significatives, établies après un an d'application de ce nouveau dispositif. Au cours de cette période quelques 2000 questions ont été posées, 527 ayant été soumises à la cour de cassation ou au Conseil d'état qui jouent, il faut le rappeler, un rôle de filtre dans les transmissions au Conseil constitutionnel (Pour d'autres statistiques, v. E. Verny « In limine », *RPDP* 2010-277).

Cette incontestable réussite quantitative doit-elle conduire à considérer que cette possibilité de passer au crible des grands principes toutes les lois en vigueur qui n'ont jamais été soumises préalablement à un contrôle de constitutionnalité, ce « bénéfice d'inventaire rétrospectif » pour reprendre une formule de Ph. Comte, *(*« In limine »*, RPDP* 2010-534) n'amène pas, dans certains cas, à des solutions qui ne constituent pas nécessairement une avancée pour l' État de droit ?

Cette observation, quelque peu pessimiste, résulte de l'analyse que l'on peut faire de la décision du Conseil du 17 décembre 2010 rendue dans un domaine assez technique de la procédure pénale, le droit d'évocation de la chambre de l'instruction.

D'une manière générale ce droit permet à une juridiction du second degré (chambre de l'instruction mais aussi chambre des appels correctionnels), lorsqu'elle est saisie d'un appel et qu'elle infirme une décision, de s'emparer de l'ensemble du dossier alors même qu'elle ne serait saisie que d'un problème particulier. L'effet le plus significatif de cette procédure est donc de priver le justiciable d'un double degré de juridiction.

Ce n'est, cependant, pas directement sur cette base que le Conseil constitutionnel a été conduit à déclarer contraire à la Constitution les deuxième et troisième phrases du premier alinéa de l'article 207 du Code de procédure pénale mais sur le fondement de la violation du principe d'égalité devant la justice (art. 6 et 16 de la Déclaration des droits de l'homme et du citoyen de 1789). Ce qui est visé, c'est le pouvoir discrétionnaire reconnu à la chambre de l'instruction dans le domaine de la détention provisoire, domaine dans lequel l'évocation est normalement exclue, de se réserver le contentieux ultérieur concernant cette mesure. Dès lors, une telle motivation peut conduire à s'interroger, plus globalement, sur la question de l'évocation en général puisque, par hypothèse, en toute circonstance, cette procédure supprime au moins partiellement, le premier degré de juridiction. La multiplication des questions prioritaires de constitutionnalité devait assez rapidement nous apporter un premier élément de réponse, s'agissant de l'évocation décidée par une chambre des appels correctionnels sur la base de l'article 520 du Code de procédure pénale. La chambre criminelle, saisie d'une question prioritaire de constitutionnalité concernant cet article, a considéré que la question posée ne présente pas un caractère sérieux, au motif, notamment, que l'évocation s'impose à la juridiction dès lors qu'elle annule le jugement qui lui est soumis. Elle n'a donc pas transmis cette question au Conseil constitutionnel.

L'analyse des fondements juridiques de ces deux décisions relatives à la constitutionnalité du système de l'évocation que nous examinerons dans un premier temps (I) nous permettra dans un second temps de déterminer quelle peut être leur portée (II).

I — Fondement juridique de l'inconstitutionnalité

Dans la question prioritaire de constitutionnalité présentée par la chambre de l'instruction de la Cour d'appel de Paris le 2 juillet 2010 tendant à l'invalidation de l'article 207 en ce qu'il concerne la possibilité pour une chambre de l'instruction de se réserver le contentieux de la détention provisoire, le demandeur se fondait essentiellement sur la violation du double degré de juridiction. Il n'invoquait qu'à titre subsidiaire le non-respect du principe d'égalité devant la loi et l'exigence de motivation des décisions de justice. Dans son arrêt de transmission au Conseil constitutionnel la chambre criminelle a retenu le caractère sérieux de cette demande au seul motif que des justiciables, placés dans des situations identiques, ne peuvent se voir appliquer des règles différentes sans que des critères objectifs puissent justifier cette différence de traitement sur le seul fondement de la violation du principe d'égalité (Crim. 28 sept. 2010, n° 10-90.098, à publier). Inversement, dans sa décision de rejet de la question prioritaire de constitutionnalité relative à l'évocation devant une chambre des appels correctionnels, le caractère non sérieux de la demande résulte directement du respect du principe d'égalité puisque l'annulation du jugement de 1re instance emporte nécessairement l'obligation d'évocation pour la juridiction saisie. Le principe d'égalité est donc respecté et il importe peu que le second degré de juridiction soit supprimé puisque l'arrêt est susceptible d'un pourvoi en cassation. Ainsi, même si elles le font d'une manière un peu différente, les deux juridictions rejettent-elles une justification de l'inconstitutionnalité fondée sur le seul non-respect d'un double degré de juridiction (A) pour s'appuyer sur le principe beaucoup plus général de l'égalité des justiciables devant la loi dont la violation résulte du seul fait que des citoyens, placés dans une situation identique, ne soient pas traités de la même manière, ce qui paraît, au moins *a priori*, condamner tout système dans lequel le juge dispose d'un choix discrétionnaire (B).

A.— Constitutionnalité et double degré de juridiction

La question de la valeur constitutionnelle du principe du double degré de juridiction, déjà posée de nombreuses fois, ne sera évidemment pas tranchée par cette décision du 17 décembre 2010, sinon assez partiellement dans le domaine de la détention provisoire.

Le droit à un juge d'appel est affirmé précisément dans le Pacte international relatif aux droits civils et politiques (art. 14 § 5) pour toute personne déclarée coupable d'une infraction. Il en est de même dans le Protocole additionnel n° 7 à la Conv. EDH dans son article 2 § 1. Il a néanmoins été admis par la Cour européenne des droits de l'homme (CEDH) que ce droit à un deuxième juge n'implique pas obligatoirement un droit d'appel mais qu'il pouvait aussi s'agir de la possibilité d'un pourvoi en cassation (CEDH, 13 févr. 2001, *Krombach c. France*, n° 29731/96). On peut ajouter qu'il ne concerne pas les décisions des juridictions d'instruction qui ne se prononcent pas sur la culpabilité. Cette reconnaissance conventionnelle très limitée du principe n'est pas confortée par une affirmation constitutionnelle plus précise. Sans doute, le Conseil constitutionnel a-t-il eu l'occasion de censurer indirectement des dispositions qui méconnaissaient ce principe mais, il l'a fait en se référant à une rupture d'égalité devant la justice. Cette décision, rendue à propos de la loi sécurité et liberté des 19 et 20 janvier 1981 (décis. n° 80-127 DC), censurait deux articles permettant à une victime, soit de former une demande nouvelle en cause d'appel, soit de se constituer partie civile pour la première fois devant la cour d'appel, dès lors que cette dérogation reposait sur un motif sérieux. Le Conseil a considéré que ces dispositions étaient génératrices d'inégalité puisque, selon l'attitude de la partie civile, le prévenu pouvait se voir privé ou non, de la possibilité d'un appel, s'agissant des questions concernant ses intérêts civils. Pour autant, on ne peut pas dire que le principe constitutionnel d'un double degré de juridiction était généralement reconnu. Certains auteurs ont pu parler d'une valeur « paraconstitutionnelle » (N. Molfessis, « La protection constitutionnelle du double degré de juridiction », *Justices* 1996, p. 17). L'occasion était donc donnée au Conseil constitutionnel de préciser sa jurisprudence. Tel n'est pas le cas puisqu'une nouvelle fois, c'est par le détour du principe d'égalité qu'il sanctionne l'absence d'un double degré de juridiction, dans le domaine, il est vrai très sensible, de la détention provisoire. En réalité, l'analyse du considérant n° 7 de la décision montre, qu'au-delà du droit au double degré de juridiction, garanti par l'interdiction de principe de l'évocation en matière de détention provisoire (art. 207, C. pr. pén.), c'est le caractère discrétionnaire de la réserve de son contentieux qui est sanctionné par la Haute juridiction.

La confirmation de ce point de vue nous est indirectement donnée par la chambre criminelle dans sa décision du 15 février 2011. Alors que le seul motif invoqué par le prévenu,pour critiquer l'article 520 du Code de procédure pénale, est qu'il prive la personne poursuivie d'un double degré de juridiction et donc d'un procès équitable, la Cour de cassation se contente de relever que lorsque la juridiction d'appel annule un jugement, elle doit, dans tous les cas, évoquer. Quant au respect du procès équitable, il est assuré par le droit du prévenu à un recours juridictionnel effectif puisque l'arrêt est susceptible d'un pourvoi en cassation. Ainsi, il importe peu que la personne poursuivie soit privée d'un degré de juridiction puisqu'elle peut accéder à un juge de cassation. Par ailleurs, puisque l'évocation concerne tous les plaideurs placés dans cette situation, ce que révèle l'expression « dans tous les cas », il n'y a aucune atteinte au principe d'égalité (dans le même sens: Crim. 29 mars 2011, n° 11-90003 QPC). De même par une décision du 7 décembre 2010 (n° 10-87339, à publier), la chambre criminelle casse un arrêt de la cour d'appel de Douai qui, souhaitant respecter le principe du double degré de juridiction, avait renvoyé la procédure devant la juridiction du premier degré dont elle venait de réformer la décision. Elle le fait au seul motif que la chambre de l'instruction aurait dû user de son pouvoir d'évocation. En effet, l'obligation d'évoquer et de statuer sur le fond s'applique non seulement lorsqu'il y a eu violation des formes prescrites par la loi mais encore lorsqu'il a été mal jugé sur un incident (dans le même sens, Crim. 2 mars 2011, n° 10-86940, a publier, *JCP* 2011 Act. 342, note S. Detraz)

B. — Inconstitutionnalité et ruptures d'égalité

Dans l'affaire soumise au Conseil constitutionnel, c'est sur le seul fondement du principe d'égalité que la chambre criminelle a renvoyé la question prioritaire de constitutionnalité en estimant que l'article 207 du Code de procédure pénale ne fournit à la chambre de l'instruction aucun critère objectif permettant de décider d'une réserve de contentieux de la détention provisoire ou, au contraire, de renvoyer l'affaire au juge des libertés et de la détention. On peut remarquer que l'absence de motivation, pourtant invoquée, n'est retenue par aucune des deux juridictions. Cette solution peut facilement s'expliquer, puisque les décisions qui relèvent d'un pouvoir discrétionnaire ne sont pas soumises à l'exigence de motivation. (En ce sens, F. Desportes et L. Lazerges, *Procédure pénale*, Economica, 2009, n° 3210)

La question qui était posée était donc de savoir si le régime dérogatoire à la règle selon laquelle il n'y a pas d'évocation en matière de détention provisoire était ou non justifiée et si pour reprendre la formule du considérant n° 4 « elle apportait aux justiciables des garanties égales ».

Si la réponse à la première partie de la question pouvait être positive, en revanche, il était bien difficile d'aboutir à un même résultat pour la seconde.

En effet, il faut rappeler que la disposition soumise à la censure du Conseil constitutionnel, relativement récente puisqu'elle a été introduite dans le Code de procédure pénale par la loi du 2 mars 2004 dite *Perben II*, légalisait un système laborieusement mis en place par la jurisprudence. En effet, lorsqu'une chambre de l'instruction censure une décision du juge des libertés et de la détention ou du juge d'instruction, elle ne peut pas évoquer et doit donc faire retour du dossier au juge d'instruction, qu'elle confirme ou qu'elle infirme la décision qui lui est soumise. En cas d'infirmation d'une ordonnance qui décidait d'une remise en liberté, elle pouvait évidemment décerner un mandat d'arrêt ou de dépôt (Crim. 22 déc. 1949, *Bull. crim.*, n° 569). Restait alors la question de savoir qui, de la chambre de l'instruction ou du juge des libertés et de la détention, devait connaître des suites du mandat. La jurisprudence qui, dans un premier temps, avait admis que le contentieux de la détention provisoire relevait, dès lors, de la chambre d'accusation (ex-chambre de l'instruction), avait ensuite nuancé cette position en estimant que cette solution impliquait nécessairement une prise de position sur ce point, autrement dit, une réserve, en ce sens, exprimée dans l'arrêt. Par la suite, la chambre criminelle avait, au contraire, considéré, en l'absence d'indication dans la décision que la chambre de l'instruction était seule compétente (sur cette question, v. *supra* n° 41, obs. J. Pradel). C'est donc cette incertitude juridique que le législateur avait souhaité supprimer en complétant l'article 207 du Code de procédure pénale, pour permettre à la chambre de l'instruction de se réserver le contentieux de la détention provisoire après l'annulation d'une décision la concernant. Il en est de même pour celui du contrôle judiciaire ou de l'assignation à résidence sous surveillance électronique. L'objectif de cette mesure était évidemment d'éviter que la personne poursuivie ne soit, en quelque sorte, victime d'une différence de points de vue entre la juridiction du premier degré et la chambre de l'instruction sur la nécessité de sa détention, autrement dit qu'elle soit soumise à des emprisonnements et à des remises en liberté successifs, au gré des décisions des deux juridictions (V. J. Pradel, *Procédure pénale*, n° 797).

Cette situation, sans doute exceptionnelle, est cependant parfaitement possible puisque la chambre de l'instruction, en dehors des cas où elle évoque, ne peut pas adresser une injonction au juge d'instruction (v. sur cette question, C. Guéry « Les pouvoirs de la chambre de l'instruction et la liberté du magistrat instructeur » *D.* 2007. 603).

Le Conseil constitutionnel balaie pourtant cette argumentation en se contentant d'affirmer que cette divergence « ne peut toutefois justifier qu'il soit ainsi porté atteinte aux droits qui sont accordés par la loi à toute personne placée en détention provisoire ». Cette formule renvoie incontestablement à l'absence d'un double degré de juridiction en matière de détention provisoire alors que l'on sait que c'est plus généralement le principe d'égalité, garanti par les articles 6 et 16 de la Déclaration des droits de l'homme et du citoyen, qui a été retenu pour fonder la censure.

Il faut bien admettre qu'en se fondant sur cet aspect général du principe d'égalité il était bien difficile pour le juge constitutionnel de considérer, qu'aux termes de l'article 207 du Code de procédure pénale, les justiciables bénéficient de garanties égales. En effet, par ce mécanisme, la chambre de l'instruction décide, en toute liberté et sans avoir à le motiver, des cas dans lesquels elle conservera le contentieux et ceux où elle le laissera aux juges saisis, autrement dit, de distinguer entre les juges du premier degré ceux dont elle se méfie et ceux auxquels elle peut faire confiance (v. Pradel, *préc.*, et L. Remplon, « La maitrise du contentieux en cas d'opposition entre chambre d'accusation et juge d'instruction » *JCP* 1978, I, 2887 et *JCP* 1988, I, 3334).

Comme on a pu le constater le principe d'égalité est le motif d'inconstitutionnalité le plus invoqué (de façon quasi-systématique) depuis sa première admission dans une décision du 27 décembre 1973 (cons. const. 27 déc. 1973, n° 73-51 DC, Rec. Cons. const. 24). Sans doute, le respect de ce principe n'interdit-il pas que le législateur traite de façons différentes des situations différentes ou qu'il déroge à l'égalité pour des raisons d'intérêt général, mais encore faut-il que la différence de traitement, qui en résulte, soit en rapport direct avec l'objet de la loi qui l'établit. Si ce considérant est fréquemment repris par le Conseil constitutionnel sa portée semble beaucoup plus limitée lorsqu'il s'agit d'une atteinte au principe d'égalité devant la justice, une conception stricte de l'égalité s'imposant en ce domaine (L. Favoreu, L. Philip, P. Gaïa, R. Ghevontian, F. Mélin-Soucramanien, A. Roux, *Les grandes décisions du Conseil constitutionnel*, 16e éd., Dalloz, 2011, nº 8). Ainsi a-t-il été conduit à déclarer non conforme une loi généralisant le juge unique devant le tribunal correctionnel au motif que c'était le président de la juridiction qui choisissait discrétionnairement, la formation de jugement, collégiale ou unique, ce qui était contraire au principe d'égalité devant la justice (Cons. const. 25 juill. 1975, *D.* 1977. 627, note Hauriou et Levasseur ; *JCP* 1975, II, 18200, note Franck ; v. égal. Cons. Const. 19 et 20 janv. 1981, *préc.*). La décision commentée s'inscrit donc parfaitement dans la continuité de la jurisprudence constitutionnelle. Il reste cependant à se demander si la solution aurait été identique si le législateur de 2004 avait décidé que la réserve de contentieux était obligatoire (En ce sens la solution prémonitoire de J. Pradel, *préc.* nº 797). On peut légitimement penser le contraire puisque, dans une telle hypothèse, il devenait difficile d'invoquer une rupture d'égalité (En ce sens, v. Tellier Cayrol note sous l'arrêt au *JCP* 2011, nº 144). Alors que la raison réelle de la décision réside dans la privation du double degré de juridiction, dans le domaine sensible de la privation ou de la restriction de liberté avant jugement, n'est-il pas paradoxal de constater que ce droit ne peut être protégé que parce qu'il n'a été supprimé qu'à quelques-uns, alors qu'il ne pourrait l'être si toutes les personnes, placées dans cette situation, avaient été privées de cette garantie ? N'est-ce pas accepter une conception abstraite de l'égalité ? Il reste à se demander qu'elle est la portée exacte de cette décision.

II.– Portée de la décision d'inconstitutionnalité

Dès lors que le fondement de l'inconstitutionnalité parait résider dans le fait que la différence de traitement entre les justiciables résulte d'une décision discrétionnaire d'une juridiction, il convient de se demander quelle peut être son incidence dans le domaine du droit de l'évocation tout d'abord (A) et plus généralement ensuite (B).

A. – Portée de la décision et évocation

Dans son considérant nº 8, le Conseil constitutionnel, conformément à l'article 62 de la Constitution, précise que la déclaration d'inconstitutionnalité prend effet à compter de la date de publication de la décision. Il en résulte naturellement que toutes les décisions des chambres de l'instruction, ayant décidé d'une réserve de contentieux de la détention provisoire, cessent de produire leurs effets à cette même date. Il en va de même pour le contrôle judiciaire ou l'assignation à résidence sous surveillance électronique. La solution est logique mais elle laisse sans aucune solution les éventuelles difficultés en cas de désaccord entre les deux niveaux de juridictions d'instruction sur ces questions fondamentales relatives à la privation de liberté des personnes mises en examen.

Il faut, en effet, rappeler que, selon une jurisprudence assez nette de la chambre criminelle, lorsqu'elle n'évoque pas, la chambre de l'instruction ne peut adresser aucune injonction à un juge d'instruction (Crim. 13 févr. 1987, *Bull. crim.* n° 12 ; Crim. 17 nov. 1998, *Procédures* 1999, n° 132, obs. J. Buisson ; en ce sens C. Guéry, *préc.* ; S. Guinchard et J. Buisson, *Procédure pénale*, n° 2151). Ce qui est vrai d'une manière générale l'est évidemment en matière de détention provisoire. Aux termes de l'article 207 alinéa 1er, dont la première phrase est expressément maintenue par le Conseil constitutionnel, dans son considérant n° 9, quelle que soit la décision prise par la chambre d'instruction (confirmation ou infirmation), le procureur général qui a assuré l'exécution de l'arrêt, fait, sans délai, retour du dossier au juge d'instruction qui pourra, par exemple, en cas de décision de maintien en détention, accéder à la première demande de mise en liberté déposée par la personne détenue. On peut comprendre l'intérêt qui s'attache au respect de l'indépendance du juge d'instruction. Il est plus difficile d'admettre qu'aucun système ne donne à une juridiction hiérarchiquement supérieure un moyen juridique lui permettant de trancher un différend avec un juge, qu'elle est, par ailleurs, chargée de contrôler.

Au-delà du cas précis, soulevé dans la question prioritaire de constitutionnalité, on peut évidemment s'interroger sur les effets potentiels de la décision dans les autres cas d'évocation. On a vu, qu'en toute logique, le caractère obligatoire de l'évocation devant la chambre des appels correctionnels, dans le cadre de l'art. 520 du Code de procédure pénale, mettait cette procédure à l'abri d'une inconstitutionnalité (arrêt de la chambre criminelle commenté). Faut-il en déduire, en revanche, *a contrario*, que lorsque l'évocation est facultative, le problème peut naturellement se poser ? On pourrait d'abord, il est vrai, remarquer que la réserve de contentieux n'est pas à proprement parler une véritable évocation puisque cette procédure est exclue dans le domaine de la détention provisoire. L'objection est incontestable, au moins d'un point de vue sémantique (v. sur ce point C. Guéry, *préc.*, n° 14). Il reste que dans ce domaine restreint pour lequel le juge constitutionnel s'est prononcé, comme pour tous les autres cas, ce qui caractérise l'évocation, c'est son caractère facultatif alors que sa conséquence, pourtant inéluctable, est la suppression du double degré de juridiction en matière d'instruction. Sans doute, pour cette raison, les cas d'évocation sont-ils très précisément énumérés. Sans entrer dans le détail de ces différentes hypothèses, prévues par les articles 206 al. 3, 207 al. 2, 207-1 al. 2, 221-2 al. 3 et 4, 221-3 II 3e et 4e, on peut schématiquement les classer en deux catégories. Dans la première, il s'agit de retenir le dossier à la suite de l'annulation d'un acte de l'information ou de l'infirmation d'une ordonnance du juge d'instruction. L'évocation intervient alors dans le cadre d'un contrôle classique, exercé par la chambre de l'instruction. Dans tous les autres cas, la chambre de l'instruction est saisie parce que le juge d'instruction n'a pas agi dans les délais qui lui étaient imposés ou qu'il avait lui-même fixés pour répondre à une demande des parties ou du ministère public ou pour mener de façon diligente son instruction. On peut donc considérer, qu'il s'agit dans ces dernières hypothèses, en évoquant, de surmonter une résistance ou une inertie de la juridiction du premier degré. Peut-on imaginer que le respect du principe d'égalité puisse conduire à considérer que l'évocation devrait être obligatoire dans toutes ces situations ce qui, d'un point de vue pratique, est difficilement concevable sans entrainer une surcharge insupportable pour la juridiction d'instruction du second degré ? On peut rappeler que, pour éviter cet engorgement, la loi du 9 mars 2004 a instauré un système d'évocation partielle permettant à la chambre de l'instruction, sur la base de l'article 207 alinéa 2 *in fine* notamment, de ne procéder qu'à certains actes avant de renvoyer le dossier au juge d'instruction. Cette solution, saluée positivement par les praticiens, ajoute une nouvelle rupture d'égalité entre les justiciables puisque le double degré n'est que partiellement supprimé.

Peut-on imaginer qu'il soit possible de distinguer parmi toutes les hypothèses d'évocation celles qui pourraient rester facultatives et celles qui seraient obligatoires ? On a beaucoup de mal à l'admettre sur le seul fondement de l'exigence d'égalité entre les justiciables, sauf à considérer que le double degré de l'instruction n'est impératif que dans le seul domaine des décisions concernant les restrictions ou les privations de liberté des personnes mises en examen. Mais on ne peut ignorer que lorsque la chambre de l'instruction évoque, elle prend en charge la totalité de l'information, donc l'ensemble des décisions, y compris celles relatives à la liberté, qui seront alors également privées d'un double examen.

Comme on peut le constater, le contrôle de la constitutionnalité, par le biais de la question prioritaire de constitutionnalité pourrait conduire à des modifications très importantes du système de l'évocation à moins que la Cour de cassation, consciente de cette difficulté, ne considère que les requêtes sur ce point ne présentent pas un caractère sérieux au regard du principe d'égalité. Mais la décision du Conseil constitutionnel commentée conduit à une interrogation plus globale sur les conséquences possibles du recours à l'argument de la rupture d'égalité entre les justiciables.

B. — Portée générale de la décision

Il est beaucoup d'autres domaines ou la rupture d'égalité entre les justiciables pourrait être invoquée comme fondement d'une question prioritaire de constitutionnalité. Le filtrage opéré par la Cour de cassation étant loin d'être « épais » (v. E. Verny, « In limine », *RPDP, préc.*), de nombreuses dispositions de notre droit pénal pourraient être remises en cause.

Il est évidemment hors de question d'essayer, particulièrement à cette place, de faire un inventaire des dispositions qui pourraient-être frappées d'inconstitutionnalité. En s'appuyant sur les décisions rendues par le Conseil, on peut imaginer que certaines règles seraient censurées. Ainsi notre collègue V. Tellier Cayrol, dans sa note au *JCP* (sous l'arrêt commenté), signale-t-elle l'article 388-1, alinéa 2 du Code de procédure pénale, autorisant les assureurs, mis en cause dans une affaire répressive, à intervenir pour la première fois en cause d'appel. Cette solution est contraire au principe d'égalité puisqu'il y a suppression éventuelle d'un double degré de juridiction. On signalera, également, parmi les questions prioritaires, actuellement soumises au Conseil constitutionnel, l'inconstitutionnalité de l'article 186 alinéa 1er, du Code de procédure pénale qui ne permet pas au mis en examen de faire appel de l'ordonnance rendue par le juge des libertés et de la détention qui le maintient en détention en application de l'article 146 du Code de procédure pénale, c'est-à-dire après une requalification des faits, pour lesquels il est poursuivi, de crime en délit (Crim. 18 mai 2011, n° 11-00018 QPC). Par décision n° 2011-153 QPC du 13 juillet 2011 (*JO* 14 juill., p. 12251), le Conseil constitutionnel a déclaré l'article 186 alinéa 1er du Code de procédure pénale conforme à la constitution mais avec une réserve importante d'interprétation en édictant qu'il ne pouvait « exclure la possibilité d'un appel par la personne mise en examen des ordonnances du juge d'instruction ou du juge des libertés et de la détention qui feraient grief à ses droits lorsqu'existent d'autres moyens de procédure lui permettant de contester utilement et dans des délais appropriés les dispositions (...) ».

Plus globalement il est possible de s'interroger sur les dispositions qui accordent à certains juges des pouvoirs discrétionnaires de choisir une solution plutôt qu'une autre. Ainsi en est-il pour les pouvoirs propres dont dispose le président de la chambre de l'instruction lorsque, sur la base de l'article 221-2, il peut décider, par ordonnance non susceptible d'appel, de ne pas saisir la chambre de l'instruction alors qu'un juge d'instruction fait preuve d'inactivité dans la conduite d'un dossier depuis plus de quatre mois. Ne peut-on pas parler d'une inégalité pour les justiciables, dans une telle hypothèse ? Que dire du pouvoir discrétionnaire du président de la cour d'assises (art. 310, C. pr. pén.) ? Sans doute, tous les accusés sont-ils également soumis à cette règle mais ce pouvoir n'est-il pas, dans son essence, contraire à l'égalité des justiciables, le président pouvant d'ailleurs, s'il l'estime opportun, saisir la cour d'assises pour statuer sur ce problème, ou au contraire, ne pas le faire ? On pourrait encore citer le juge des enfants qui, dans le système actuellement en vigueur, décide librement après avoir instruit une affaire de juger lui-même le mineur en audience de cabinet ou au contraire de le renvoyer devant le tribunal pour enfants (art. 8 ord. 2 févr. 1945).

Pour avoir une idée de ce que pourrait décider le Conseil constitutionnel si ces dispositions lui étaient soumises, ce qui implique selon les règles de la QPC qu'il n'ait pas encore eu l'occasion de le faire, il faut, bien sûr, essayer de se référer à la conception de l'égalité, telle qu'elle peut être dégagée des décisions déjà rendues en cette matière (sur cette question, v. l'excellente thèse de notre collègue D. Déchenaud, *L'égalité en matière pénale*, préface P. Maistre du Chambon, LGDJ, coll. « Bibl. Sciences criminelles », n° 45-2008; v. égal. M. Danti Juan, *L'égalité en droit pénal*, préface J. Pradel, Cujas 1987). Comme on le sait, l'égalité devant la loi ne consiste pas à traiter de façon abstraite tous les citoyens de façon identique, autrement dit, d'une manière absolument égale, mais simplement selon la formule d'Aristote de « traiter également toutes choses égales ». Ainsi le Conseil constitutionnel, dès sa première décision sur cette question, s'est-il prononcé en ce sens (Cons. const. 23 juill. 1975, *préc.*). Si le principe d'égalité s'oppose à ce que des citoyens, se trouvant dans des situations semblables, soient traités de manière différente (arrêt *juge unique*) en revanche il ne s'oppose pas à ce que « le législateur règle de façons différentes des situations différentes » (Cons. Const. 6 mars 1998, n° 98-397 DC).

Le législateur est donc libre, en dehors de celles expressément prohibées par la Constitution, d'établir des distinctions entre les justiciables en explicitant le but poursuivi par la loi. Selon le Conseil constitutionnel cette différence de situation est appréciée au regard de l'objectif ou de la finalité de la loi examinée (v. sur cette question, D. Déchenaud, *préc.*, n° 19 et s.).

La seule conclusion que nous pouvons en tirer pour notre propos est que le principe d'égalité est nécessairement empreint d'une grande relativité, l'objectif du législateur pouvant évoluer dans le temps. Ainsi le Conseil constitutionnel a-t-il validé une disposition de la loi du 9 septembre 2002 étendant la procédure de l'ordonnance pénale à certains délits. Il a estimé qu'en prévoyant des règles de procédure différentes, selon les faits, les situations et les personnes auxquelles elles s'appliquent, la procédure n'est pas contraire au principe d'égalité. En jugerait-il nécessairement de même aujourd'hui pour une loi, actuellement en discussion, relative à la répartition des contentieux (art. 20) qui permet d'appliquer cette procédure à toute une série d'infractions contre les biens (vol, filouterie, destruction) ? Sauf à admettre que tous les vols simples relèvent désormais de cette procédure, n'y aurait-il pas une inégalité entre les justiciables sachant que l'utilisation de cette procédure sera d'une utilisation plus ou moins importante selon les tribunaux en fonction de leur volume d'activité ?

On peut enfin se demander si le concept d'égalité ne peut pas être utilisé de manière excessive pour des situations qui restent dissemblables. Toute l'évolution de notre législation tend, après avoir développé sous la pression de la CEDH le principe de l'égalité des armes entre l'accusation et la défense, à instaurer une égalité des armes entre la personne poursuivie et la partie civile alors, qu'au moins sur certains points, une différenciation des droits de ces deux parties au procès pénal s'impose (V. D. Déchenaud, *préc.*, n° 733). L'abrogation de l'article 575 du Code de procédure pénale, à la suite d'une question prioritaire de constitutionnalité, nous paraît illustrer une utilisation discutable du principe d'égalité. Ainsi, alors que la CEDH dans un arrêt du 3 déc.. 2002, *Berger c. France* (§ 38, *JCP G* 2003, I, 109, obs. F. Sudre) avait rejeté cette argumentation au motif que la partie civile ne peut pas être considérée comme l'adversaire du parquet qui seul disposait du droit de se pourvoir en cassation contre les arrêts de la chambre de l'instruction, notre Haute juridiction a estimé qu'en privant la partie civile de ce droit, le code de procédure pénale apportait une restriction injustifiée aux droits de la défense (V. Cons. const. 23 juill. 2010, n° 2010-18 QPC). Et pourtant n'est-il pas logique que, sauf exceptions précisément définies par la loi, lorsque l'action publique est éteinte, la partie civile ne puisse plus exercer une voie de recours puisque son action civile, accessoire à l'action publique, disparait également ? La partie civile conserve évidemment la possibilité d'agir devant les juridictions civiles. La qualité de partie civile et celle de mis en cause étant différentes, il est abusif d'invoquer le principe d'égalité pour justifier l'extension, du droit reconnu au parquet de se pourvoir en cassation, à la partie civile (v. D. Déchenaud, *préc.*, n° 728 et Ph. Comte, *préc.* « In limine », *RPDP* 2010-535).

Ces quelques interrogations sont-elles de nature à remettre en cause le principe même d'un contrôle de constitutionnalité, tel qu'il est organisé dans le cadre de la question préalable ? Certainement pas. Mais peut-être pourrait-on souhaiter que le filtre mis en place pour la mise en œuvre de cette procédure soit un peu plus fin. Est-il opportun, au seul motif d'une violation de l'égalité, une règle sans doute fondamentale, mais dont on connait la relativité, de remettre en cause une disposition qui légalisait une solution pragmatique, patiemment élaborée par la jurisprudence en la soumettant à une juridiction suprême dont on sait, hélas, que le caractère juridique des décisions qu'elle rend a pu être contesté, notamment, en raison du système de nomination des juges qui la composent ?

A. V.

44

PRÉVENU CITÉ À PERSONNE — ABSENCE À L'AUDIENCE — AVOCAT PRÉSENT — OBLIGATION POUR LE TRIBUNAL DE L'ENTENDRE

Ass. plén. 2 mars 2001, *Dentico* (*Bull. crim.* n° 56 ; *D.* 2001. Jur. 1899, note J. Pradel ; *Dr. pénal* 2001, comm. 94, obs. A. Maron ; *Procédures* 2001, Comm. 134, obs. J. Buisson ; *JCP* 2001. II. 10611, obs. Lièvremont ; *Gaz. Pal.* 20-21 avril 2001, note J.-M. Burguburu ; *BICC* 15 avr. 2001, n° 533, concl. R. de Gouttes et note Mme Mazars)

Un prévenu non comparant et non excusé n'en conserve pas moins le droit d'être assisté de son avocat présent à l'audience pour assurer sa défense et mandaté en ce sens.

Assemblée plénière, 2 mars 2001

Dentico

La cour :

Sur le premier moyen :

Vu l'article 6-1 et 6-3, c, de la Convention européenne de sauvegarde des droits de l'Homme et des libertés fondamentales, ensemble les articles 410, 411 et 417 du Code de procédure pénale ;

Attendu que le droit au procès équitable et le droit de tout accusé à l'assistance d'un défenseur s'opposent à ce que la juridiction juge un prévenu non comparant et non excusé sans entendre l'avocat présent à l'audience pour assurer sa défense ;

Attendu, selon l'arrêt attaqué (CA Aix-en-Provence, 17 novembre 1999), que, poursuivi pour mise à disposition du public de phonogrammes sans autorisation du producteur, faits punis d'une peine de deux ans d'emprisonnement par l'article L. 335-4 du Code de la propriété intellectuelle, et régulièrement cité à sa personne, M. Vincenzo X... n'a pas comparu ; qu'il a invoqué une excuse et donné mandat à un avocat de la représenter ; que la juridiction d'appel, décidant que le prévenu n'avait aucun motif sérieux de ne pas comparaître, l'a jugé contradictoirement par application de l'article 410, alinéa 2, du Code de procédure pénale, sans entendre son défenseur et en écartant ses conclusions ;

Attendu qu'en statuant ainsi, la cour d'appel a violé les textes susvisés ;

Par ces motifs, et sans qu'il y ait lieu de statuer sur les autres moyens, casse et annule, en ses seules dispositions concernant M. Vincenzo X..., l'arrêt n° 900 rendu le 17 novembre

1999, entre les parties, par la cour d'appel d'Aix-en-Provence [...], renvoie devant la Cour d'appel de Paris...

OBSERVATIONS

Selon l'article 410 du Code de procédure pénale, le prévenu cité à personne ou au courant de sa convocation doit comparaître sauf à produire une excuse reconnue valable par le tribunal, et non comparant et non excusé, il est jugé contradictoirement. La seule restriction à cette règle stricte est exprimée par l'article 411 du même Code, selon lequel le prévenu peut par lettre adressée au président demander à être jugé en son absence, dès lors que la peine encourue est inférieure à deux années d'emprisonnement ; et son avocat peut être entendu. En application de ces deux articles, une jurisprudence abondante et ferme décidait : 1°que le prévenu cité à personne, non présent et non excusé, et encourant une peine égale ou supérieure à deux ans était privé du droit de faire entendre son avocat (Crim. 29 oct. 1970, *Bull. crim.* n° 284 ; 5 mars 1970, *Bull. crim.* n° 153 ; 10 janv. 1991, *Bull. crim.* n° 21 ; 9 janv. 1995, *Bull. crim.* n° 7 ; 21 juin 1995, *Bull. crim.* n° 230 ; 6 mai 1997, *Bull. crim.* n° 297) ; 2° que l'article 410 n'était pas incompatible avec l'article 6 § 3, c, Conv. EDH « qui ne confère pas à la personne poursuivie la faculté de s'abstenir de comparaître en justice, mais lui accorde seulement, si elle se présente le droit de se défendre personnellement ou avec l'assistance d'un conseil » (Crim. 9 janv. 1995, *préc.* ; 21 juin 1995 et 6 mai 1997, *préc.*, ne reprenant de la formule que la partie relative à « la faculté de s'abstenir de comparaître en justice »).

Or avec l'arrêt *Dentico*, l'Assemblée plénière, le 2 mars 2001, renverse cette jurisprudence. Dans un attendu de principe, elle décide en effet que « le droit au procès équitable et le droit de tout accusé à l'assistance d'un défenseur s'opposent à ce que la juridiction juge un prévenu non comparant et non excusé sans entendre l'avocat présent à l'audience pour assurer sa défense ». En l'espèce, le prévenu avait invoqué une excuse et envoyé à l'audience son avocat pour le représenter. Mais les juges du fond (Aix-en-Provence 17 novembre 1999) rejetèrent l'excuse et condamnèrent le prévenu sans avoir entendu son avocat. Comme on le voit, la Cour de cassation — dans sa formation la plus majestueuse — casse l'arrêt aixois en se fondant essentiellement sur le droit européen et plus précisément sur la Conv. EDH, en son article 6 § 1 (sur le procès équitable) et § 3, c (sur le droit à l'assistance d'un défenseur) ; (v. dans le même sens, Crim. 16 mai 2001, *Bull. crim.* n° 127 ; *Procédures* 2001, Comm. 179, obs. J. Buisson ; *D.* 2001. IR 2240). Cet appel au droit européen était comme on le verra, inévitable et il emporte des conséquences très importantes.

I. — Influence générale du droit européen

Notre droit est de plus en plus « contaminé » par le droit européen et plus précisément notre jurisprudence s'aligne toujours davantage sur celle de la CEDH devenue « inoxydable ».

A. — L'exemple de l'affaire Dentico

L'affaire *Dentico* en constitue une nouvelle illustration. Plusieurs arrêts strasbourgeois ont affirmé avec netteté le droit pour un accusé d'être effectivement défendu par un avocat : ce droit est en effet un principe cardinal qui « figure parmi les éléments fondamentaux du procès équitable » (CEDH 23 nov. 1993, *Poitrimol c. France* ; *D.* 1994. Somm. 187, obs. J. Pradel ; 22 septembre 1994, *Lala et Pelladoah c. Pays-Bas* ; 21 janv. 1999, *Van Geyseghem c. Pays-Bas*). Dans deux décisions la CEDH indique expressément qu'un accusé ne perd pas son droit à être défendu du seul fait de son absence aux débats (arrêts *Van Geyseghem*, *préc.* ; *Van Pelt c. France* du 23 mai 2000, *D.* 2001. Somm. 1061, obs. J.-F. Renucci ; *RSC* 2001. 429, obs. F. Massias ; *Krombach c. France* du 13 février 2001, *D.* 2001. IR 746 et Jur. 3302, obs. J.-P. Marguénaud). On doit insister sur l'arrêt *Van Pelt* qui a été rendu dans une hypothèse extrêmement proche de celle d'aujourd'hui. Un individu avait été poursuivi pour trafic de stupéfiants. À la suite d'une procédure très complexe, l'affaire vint devant la Cour d'appel d'Amiens, statuant sur renvoi de cassation. À cette audience, les avocats du prévenu sollicitent le renvoi de l'affaire, leur client ayant été hospitalisé la veille et leur ayant fait remettre deux certificats médicaux. La cour se retira pour délibérer et, à la reprise de l'audience, le président déclara que l'arrêt serait rendu à une date qu'il fixait et à cette date, la cour rendit un arrêt de condamnation. La CEDH « ne peut que constater que les avocats du requérant n'avaient eu la possibilité de plaider que sur la demande de renvoi de l'affaire et non sur le fond » (§ 68) de sorte qu'il y avait eu violation de l'article 6 § 1 et § 3, c Conv. EDH. Et, précise la Cour de Strasbourg dans l'affaire *Van Pelt*, « il appartient aux juridictions d'assurer le caractère équitable d'un procès et de veiller par conséquent à ce qu'un avocat qui à l'évidence y assiste pour défendre son client en l'absence de celui-ci, se voie donner l'occasion de le faire » (§ 66), ajoutant, ce qu'elle avait déjà dit dans l'arrêt *Van Geyseghem*, que « le droit de tout accusé à être effectivement défendu par un avocat figure parmi les éléments fondamentaux du procès équitable et qu'un accusé n'en perd pas le bénéfice du seul fait de son absence aux débats... les exigences légitimes de la présence des accusés aux débats pouvant être assurées par d'autres moyens que la perte du droit à la défense ».

À raisonner seulement en droit européen, on aurait pu être tenté cependant d'éviter la cassation dans l'affaire *Dentico* en faisant ressortir l'importance de la présence du prévenu à l'audience. Dans l'arrêt *Poitrimol c. France*, la CEDH avait reconnu que « la comparution d'un prévenu revêtait une importance capitale en raison tant du droit de celui-ci à être entendu que de la nécessité de contrôler l'exactitude de ses affirmations... de sorte que le législateur doit pouvoir décourager les abstentions injustifiées » (arrêt du 23 nov. 1993, § 66). Ceci se relie à l'objectif des articles 410 et 411 du Code de procédure pénale : ces textes tendent à décourager les absences injustifiées en empêchant les prévenus encourant deux ans ou plus d'emprisonnement de se faire représenter systématiquement par un avocat, d'où la « sanction » de l'exclusion de l'avocat en cas d'absence non justifiée du prévenu. Et c'est bien ainsi que raisonnait notre chambre criminelle (sans le dire certes) : elle punissait le prévenu désinvolte en excluant son avocat des débats. En agissant ainsi, la chambre criminelle poussait le prévenu à venir à l'audience : alors son avocat pouvait s'exprimer et les juges pouvaient l'interroger et le confronter aux témoins.

Cet argument de politique judiciaire à des fins pratiques, quoique sérieux, ne pouvait cependant guère prospérer devant la netteté de la CEDH. Sauf à contester l'autorité interprétative des arrêts de la Cour européenne (v. en ce sens Crim. 4 mai 1994, *Bull. crim.* n° 166 ; *D.* 1995. Jur. 80, note J.-F. Renucci et Somm. 139, obs. J. Pradel ; *JCP* 1994. II. 22349, note P. Chambon), ce qui ne peut plus guère se faire aujourd'hui, c'était la jurisprudence européenne qui devait en l'espèce être préférée. On ne peut donc qu'approuver l'arrêt *Dentico*.

On doit cependant bien noter que l'avocat ne peut plaider que s'il peut présenter au juge un mandat exprès du prévenu (Crim. 11 juill. 2001, *Bull. crim.* n° 167 ; *D.* 2002. Somm. 1458, obs. J. Pradel) Mais la jurisprudence entend avec souplesse cette exigence du mandat exprès (Crim. 12 mars 2003, *Bull. crim.* n° 67 ; *D.* 2003. Somm. 1730, obs. J. Pradel ; *RSC* 2003. 882, obs. J.-F. Renucci). Il faut tout de même que le prévenu soit représenté car s'il ne l'est pas et s'il ne fournit aucune excuse valable, il pourra être jugé en l'état (Crim. 19 févr. 2003, *Bull. crim.* n° 45 ; *D.* 2003. IR 806, à propos d'une audience sur opposition, la règle pouvant être étendue à la première audience). Si l'avocat, en se présentant pour assurer la défense d'un prévenu absent, dépose des conclusions, les juges en déduisent qu'il agit en vertu d'un mandat de représentation (Crim. 14 oct. 2008, *Bull. crim.*, n° 207 ; *RSC* 2009. 411, obs. Finielz ; *AJ pénal* 2009. 185, obs. Ascensi).

B. — Autres exemples

Ce n'est d'ailleurs pas la première fois que la Cour de cassation agit ainsi. Sur plusieurs points en effet, elle a déjà aligné sa position sur celle de la CEDH. On peut en donner ici quelques exemples (v. pour une énumération plus complète, concl. R. de Gouttes, p. 8-9).

1° À l'égard de l'accusé en fuite, notre chambre criminelle décida longtemps, en interprétant l'article 576 du Code de procédure pénale, que son pourvoi en cassation ne pouvait être formé par son avocat. Mais suite à la condamnation de la France par la CEDH dans les affaires *Poitrimol* (23 nov. 1993) et *Omar-Guérin* (29 juill. 1998), elle dut accepter de recevoir le pourvoi formé par l'avocat d'un condamné en fuite n'ayant pas déféré au mandat de justice décerné contre lui (Crim. 30 juin 1999, *Bull. crim.* n° 167 ; *RSC* 1999. 839, obs. D.-N. Commaret ; *Dr. pénal* 1999, Comm. 156, obs. A. Maron).

2° L'article 583 du Code de procédure pénale obligeait les personnes condamnées à plus d'un an d'emprisonnement et formant un pourvoi en cassation à se constituer prisonnières la veille de l'examen dudit pourvoi, et ce, à peine de déchéance dudit pourvoi. Le législateur avait ainsi ménagé une garantie d'exécution au cas où le pourvoi aurait été rejeté et où en conséquence la peine aurait été exécutoire immédiatement. Or la CEDH a considéré que cette formalité (appelée la mise en état par le texte) était contraire à la présomption d'innocence et à l'effet suspensif du pourvoi (CEDH, 14 déc. 1999, *Khalfaoui c. France*, *D.* 2000. Somm. 180, obs. J.-F. Renucci ; *RSC* 2000. 455, obs. F. Massias ; *Procédures* 2000, Comm. 41, obs. J. Buisson). Aussitôt, le parquet de la chambre criminelle cessa d'appliquer l'article 583 qu'une loi du 15 juin 2000 s'empressa d'abroger.

3° Une loi du 2 juillet 1931 interdisant de publier, avant décision judiciaire, des informations relatives à des constitutions de partie civile, et ce sous peine d'une amende, la chambre criminelle pendant longtemps se refusa à casser les arrêts de condamnation prononcés le plus souvent contre des journalistes. Elle considérait que la loi de 1931 n'était pas incompatible avec l'article 10 Conv. EDH sur la liberté d'expression, cet article prévoyant des restrictions nécessaires à la protection des droits d'autrui. Mais à la suite de la condamnation de la France par la CEDH (affaire *Albert du Roy* et *Malaurie*, 3 oct. 2000), elle changea d'avis (Crim. 16 janv. 2001, *Bull. crim.* n° 10 ; v. *supra* n° 28) : la loi du 2 juillet 1931 en consacrant une interdiction générale et absolue contrevient, se mit-elle à dire, à la liberté d'expression telle qu'affirmée par l'article 10 Conv. EDH. Et la loi du 9 mars 2004 consacra le revirement jurisprudentiel de janvier 2001 en abrogeant la loi de 1931 (V. *supra* n° 30, I *in fine*).

Mais revenons à l'arrêt *Dentico* pour en mesurer les conséquences.

II. — Conséquences de l'absence du prévenu

Anéantissant une pratique bien assise et qui, on l'a vu, n'était pas dénuée de fondement, l'arrêt du 2 mars 2001 ne peut qu'emporter d'importantes conséquences. On en retiendra quatre.

1° Cet arrêt entraîne une généralisation de la représentation du prévenu par son avocat quelle que soit la peine encourue. Désormais, tout avocat qui se présente pour un prévenu régulièrement cité devra être entendu et pourra déposer des conclusions quel que soit le montant de la peine privative de liberté encourue, alors que l'ancien article 411 du Code de procédure pénale avant sa réécriture par la loi du 9 mars 2004 décidait que le prévenu passible d'une peine inférieure à deux ans pouvait demander au tribunal d'être jugé en son absence. La situation est la même dans le cas de l'article 411 du Code de procédure pénale qui concerne le cas du prévenu qui demande à être jugé en son absence : là encore l'avocat pourra intervenir. Tous sont maintenant soumis au régime favorable de l'article 411 : l'avocat qui se présente devant le tribunal en excusant son client sera nécessairement entendu, le tribunal ne pouvant plus procéder à une appréciation sur le bien-fondé de l'excuse.

2° Les droits de la défense se trouvent renforcés dans le cas de l'article 410 (prévenu au courant de la date de l'audience) puisque l'avocat sera nécessairement entendu. Et ici les juges de Strasbourg ont bien gagné. À cet égard, l'arrêt *Dentico* se marie très bien avec cette jurisprudence selon laquelle les juges répressifs envisageant un changement de qualification des faits dont ils sont saisis doivent donner la possibilité au prévenu de présenter sa défense sur la nouvelle qualification envisagée (Crim. 16 mai 2001, *Bull. crim.* n° 128 ; *D.* 2002. Jur. 31, note B. Lapérou-Scheneider ; *RSC* 2001. 821, obs. J.-F. Renucci ; 12 sept. 2001, *Bull. crim.* n° 177 ; *D.* 2002. Somm. 1460, obs. J. Pradel ; *Rev. sociétés* 2001. 859, obs. B. Bouloc ; 5 mars 2003, *Bull. crim.* n° 60).

3° Autre conséquence, beaucoup moins bonne celle-là : les prévenus, spécialement ceux qui encourent une peine égale ou supérieure à 2 ans d'emprisonnement, peuvent être tentés de ne plus se présenter devant le tribunal. Sans doute, sous l'empire du C. instr. crim., la comparution du prévenu n'était-elle pas indispensable (v. note Mme-Mazars, p. 11). Mais justement, le Code de procédure pénale et la jurisprudence avaient constitué un indéniable progrès en « forçant » le prévenu à se présenter à ses juges. Ces derniers ont besoin de le voir, de l'interroger, d'observer ses réactions. Comme l'a exprimé le juge Pettiti dans son avis dissident à propos de l'affaire *Poitrimol*, « le prévenu ne peut à son gré imposer son absence au procès pour empêcher la victime d'être confrontée avec lui ». La contradiction, ce principe cardinal de notre procédure pénale, y compris de celle que développe la CEDH, implique la présence physique du prévenu, et pas seulement sa présence juridico-fictive par le biais de sa représentation par son avocat. Voilà en réalité le gros inconvénient de la jurisprudence *Dentico*. Il est vrai que le tribunal peut estimer nécessaire la comparution du prévenu et donc renvoyer l'affaire à une audience ultérieure (art. 411, al. 3 C. pr. pén. Loi du 9 mars 2004). Mais les juges utilisent peu ce procédé qui allonge la procédure.

4° La décision rendue par la juridiction, l'avocat ayant été entendu, sera évidemment contradictoire. Mais sera-t-elle contradictoire réellement (pas de signification de la décision) ou sera-t-elle réputée contradictoire (signification de la décision) ? On peut s'accorder sur l'idée que la décision sera contradictoire réellement lorsque le prévenu a donné à son avocat un mandat exprès de représentation sous forme de la lettre prévue à l'article 411, alinéa 1 du Code de procédure pénale (en ce sens concl. R. de Gouttes, p. 10 et note Mme Mazars, p. 16). C'est d'ailleurs ce que décide la jurisprudence la plus récente (Crim. 16 mai 2001, *Bull. crim.* n° 127 ; *D.* 2001. IR 2240 ; 7 avr. 2004, *Bull. crim.* n° 92 ; *JCP* 2004. IV. 2214 ; 14 oct. 2008, n° 08-81.617). En dehors de ce cas particulier, la décision devrait être réputée contradictoire.

J. P.

45

INSTRUCTION À L'AUDIENCE — TÉMOIN À CHARGE NON ENTENDU OU NON CONFRONTÉ AUPARAVANT — AUDITION OU CONFRONTATION RÉCLAMÉE PAR L'ACCUSÉ — OBLIGATION DE PRINCIPE D'Y SATISFAIRE

CEDH 19 décembre 1990, *Delta* (*D.* 1991. Somm. 213, obs. J. Pradel ; *RSC* 1990. 832, obs. L.-E. Pettiti ; *ibid.* 1991. 393, obs. L.-E. Pettiti) ; Crim. 6 mars 1991, *Dobbertin* (*Bull. crim.* n° 115 ; *D.* 1992. Somm. 96, obs. J. Pradel ; *RSC* 1991. 605, obs. A. Braunschweig)

Ne bénéficie pas d'un procès équitable l'accusé qui n'a jamais eu l'occasion d'interroger les témoins (1re espèce).

Sauf impossibilité à préciser, les juges sont tenus d'ordonner l'audition d'un témoin à charge qui n'a jamais été confronté avec l'accusé (2e espèce).

Cour européenne des droits de l'Homme, 19 décembre 1990

Delta

(...) Les éléments de preuve doivent normalement être produits devant l'accusé en audience publique en vue d'un débat contradictoire ;

Il n'en résulte pourtant pas que la déclaration d'un témoin doive toujours se faire dans le prétoire et en public pour pouvoir servir de preuve ;

Utiliser de la sorte des dépositions remontant à la phase de l'instruction préparatoire ne se heurte pas en soi aux paragr. 3 d et de l'art. 6 de la Convention européenne des droits de l'Homme, sous réserve du respect des droits de la défense ;

En règle générale, ils commandent d'accorder à l'accusé une occasion adéquate et suffisante de contester un témoignage à charge et d'en interroger l'auteur au moment de la déposition ou plus tard ;

N'a pas bénéficié d'un procès équitable, en raison des limitations que subirent les droits de la défense en violation du paragr. 3 d de l'art. 6 combiné avec le paragr. 1 de la Convention, l'accusé qui n'a jamais eu, ainsi que son conseil, une occasion suffisante d'interroger les témoins...

Chambre criminelle, 6 mars 1991

Dobbertin

Attendu, d'une part, qu'il résulte de l'article 315 du Code de procédure pénale que, tenue de statuer sur les conclusions régulièrement déposées devant elle, la cour d'assises est dans l'obligation de répondre aux chefs péremptoires qu'elles comportent ;

Attendu, d'autre part, qu'aux termes de l'article 6.3 d de la Convention européenne de sauvegarde des droits de l'Homme et des libertés fondamentales, tout accusé a droit, notamment, à interroger ou faire interroger les témoins à charge ; qu'il s'ensuit que, sauf impossibilité dont il leur appartient de préciser les causes, les juges sont tenus, lorsqu'ils en sont légalement requis, d'ordonner l'audition contradictoire des témoins à charge qui n'ont, à aucun stade de la procédure, été confrontés avec l'accusé ;

Attendu qu'il appert du procès-verbal des débats que, dès l'ouverture de ceux-ci, la défense a déposé des conclusions tendant à ce que soit ordonnée la comparution du témoin Stiller, régulièrement cité et dénoncé par le ministère public mais absent, et à « surseoir au déroulement de la présente audience » jusqu'à ce qu'il ait pu être entendu ;

Qu'au soutien de cette demande, le conseil de Dobbertin faisait valoir que les déclarations de Stiller constituent « les éléments essentiels de l'accusation » et que l'accusé, qui a constamment demandé à être confronté avec lui, n'a jamais pu obtenir cette confrontation ;

Attendu que la Cour, qui avait rendu un premier arrêt de sursis à statuer sur ces conclusions jusqu'à ce que l'instruction à l'audience fût achevée, a, après l'audition de tous les témoins présents, décidé de passer outre aux débats aux seuls motifs que l'audition du témoin Stiller « n'apparaît pas utile à la manifestation de la vérité » ;

Mais attendu qu'en statuant ainsi, sans répondre aux chefs péremptoires des conclusions dont elle était saisie et sans notamment rechercher s'il était ou non possible d'assurer la comparution du témoin, la cour d'assises a méconnu les principes ci-dessus rappelés ;

D'où il suit que, manquant de base légale, l'arrêt attaqué encourt la cassation ;

Par ces motifs, et sans qu'il y ait lieu d'examiner le premier moyen :

Casse et annule, en toutes ses dispositions, l'arrêt de la cour d'assises de Paris, en date du 15 juin 1990, ensemble la déclaration de ladite Cour et les débats qui l'ont précédée, et pour qu'il soit jugé à nouveau conformément à la loi :

Renvoie la cause et les parties devant la cour d'assises de Paris, constituée conformément à l'article 698-6 du Code de procédure pénale, mais autrement composée.

OBSERVATIONS

Lorsqu'un prévenu ou accusé n'a pas été confronté avec un témoin à charge ou lorsque tout simplement ce dernier n'a pas été entendu du tout avant l'audience, cette personne poursuivie peut-elle demander à ce que cette audition ait lieu au cours de l'audience ? Ou bien au contraire les juges peuvent-ils dans le cadre de leur pouvoir d'appréciation des preuves s'opposer à une telle demande ?

Pendant longtemps notre droit se montra peu favorable à la demande du prévenu ou accusé. Sans doute, le Code de procédure pénale l'autorisait-il à réclamer une audition (art. 329 pour la cour d'assises ; art. 444 pour le tribunal correctionnel). Mais la jurisprudence, tout en exigeant une motivation du refus opposé par les juges leur laissait une grande latitude : il leur suffisait d'expliquer leur refus par l'inutilité d'un supplément d'information (Crim. 5 nov. 1975, *Bull. crim.* n° 237 ; 22 déc. 1987, *Bull. crim.* n° 478) ou d'alléguer que le témoin ne s'est pas présenté et qu'il a été vainement recherché (Crim. 14 juin 1984, *Bull. crim.* n° 221) ou encore qu'il était hospitalisé au moment de l'audience (Crim. 23 janv. 1985, *Bull. crim.* n° 37). Il est vrai que la loi ne confère pas au prévenu ou accusé un droit inconditionnel à faire entendre des témoins, des oppositions pouvant sous certaines conditions provenir du tribunal (art. 444, al. 3, et 513, al. 2 C. pr. pén.), du ministère public (art. 330 et 513, al. 2 C. pr. pén.) ou des parties (art. 330 C. pr. pén.).

Tout va changer avec l'irruption de la jurisprudence européenne. Notre jurisprudence interne va en subir l'effet.

I. — Irruption de la jurisprudence européenne

Tandis que prospérait cette jurisprudence interne, survinrent trois décisions de la Cour européenne des droits de l'homme. La première, rendue le 24 novembre 1986 dans une affaire *Unterpertinger c. Autriche*, était très simple. Un Autrichien avait été condamné pour coups sur les personnes de sa belle-fille et de sa femme, sans avoir pu être confronté avec elles (à raison d'ailleurs de leur refus) et seulement sur la base d'une lecture à l'audience des déclarations faites par les victimes à la gendarmerie. La Cour européenne censura une telle condamnation, l'accusé n'ayant eu à aucun stade de la procédure antérieure la possibilité d'interroger les deux victimes de sorte que l'article 6.3 d sur le droit de l'accusé au contre-interrogatoire avait été méconnu (P. Rolland et P. Tavernier, *Clunet* 1987. 806 et s. ; L.-E. Pettiti et F. Teitgen, *RSC* 1987. 492 et s.).

La seconde est très proche. Trois accusations visaient un individu, fondées uniquement sur les déclarations de la partie civile. Jamais, le condamné n'avait pu faire entendre, en sa présence, le plaignant. De la sorte, le condamné n'avait pas bénéficié d'un procès équitable au sens de l'article 6 § 1 Conv. EDH (CEDH 7 juill. 1989, *Bricmont c. Belgique*)

La troisième espèce est la fameuse affaire *Delta c. France*, en date du 19 décembre 1990 et ci-dessus rapportée. Un sieur Delta, poursuivi pour vol avec violences dans le métro, sollicita expressément en appel le droit de citer la plaignante et son ami. Mais la Cour se refusa à satisfaire à cette demande, en application de l'article 513, alinéa 2, *précité*. Dans des passages très nets, la Cour européenne ultérieurement saisie décide « qu'en règle générale, l'article 6 Conv. EDH commande d'accorder à l'accusé une occasion adéquate et suffisante de contester un témoignage à charge et d'en interroger l'auteur au moment de la déposition ou plus tard ». Elle ajoute que le procès est non équitable si l'accusé n'a pas eu une occasion suffisante d'interroger les témoins. Il faut bien comprendre, à la lecture de l'arrêt, que l'audition ne doit pas forcément avoir lieu à l'audience (ce qui tend à valoriser la phase d'enquête et d'instruction, contrairement aux principes généraux admis en *common law*), mais il faut qu'elle ait lieu à un moment donné de la procédure et il faut encore qu'elle ait lieu de telle façon que l'accusé puisse poser des questions au témoin. Ce qui importe, c'est donc le respect du principe du contradictoire, cette notion qui « implique en principe la faculté pour les parties à un procès pénal ou civil, de prendre connaissance de toute pièce ou observation présentée au juge, même par un magistrat indépendant, en vue d'influencer sa décision, *et de la discuter* » (CEDH, 20 févr. 1996, *Vermeulen c. Belgique*, § 33). Il y a là une exigence qui se situe au cœur même des droits de la défense.

Et c'est parce que le principe du contradictoire est méconnu qu'une condamnation ne peut se fonder uniquement sur des déclarations anonymes, ainsi que l'a décidé la Cour européenne dans les affaires *Kostovski* le 20 novembre 1989 (*RSC* 1990. 388, obs. E. Pettiti), *Doorson* le 26 mars 1996 (*D.* 1997. Somm. 207, obs. J.-F. Renucci ; *RSC* 1997. 484, obs. R. Koering-Joulin) et *Van Mechelen* le 23 avril 1997 (*D.* 1998. Somm. 174, obs. J. Pradel), toutes ces espèces concernant les Pays-Bas (*add.* J Pradel, G. Corstens et G. Vermeulen, n° 413 et s. ; J.-F. Renucci, *Traite de droit européen des droits de l'Homme*, *GDJ* 2007, n° 362). Cette règle dite de la corroboration est d'ailleurs maintenant de droit positif français pour les témoins anonymes (art. 706-62 C. pr. pén.) ou infiltrés (art. 706-87, al. 1 C. pr. pén.)

II. — Influence sur la jurisprudence interne

Cette jurisprudence européenne allait avoir une influence décisive sur la jurisprudence nationale. La chambre criminelle allait se montrer en effet bien plus stricte. Dans son arrêt *Dobbertin* du 6 mars 1991, rendu en matière criminelle, la Cour de cassation pose un principe : « sauf impossibilité dont il leur appartient de préciser les causes, les juges sont tenus, lorsqu'ils en sont légalement requis, d'ordonner l'audition contradictoire des témoins à charge qui n'ont à aucun stade de la procédure été confrontés avec l'accusé ». Cette formule sera très souvent reprise (v. notamment, Crim. 4 juin

1998, *Bull. crim.* n° 184 ; *D.* 1999. Somm. 324, obs. J. Pradel). Le principe du contradictoire sort donc renforcé, sauf hypothèses tout à fait particulières.

A. — Le principe

À vrai dire, le principe de l'obligation pour les juges d'entendre les témoins à la requête de l'accusé avait d'abord été affirmé en matière correctionnelle, et selon du reste un attendu exactement identique (Crim. 12 janv. 1989, *Bull. crim.* n° 13 : *D.* 1989. Somm. 174, obs. J. Pradel ; *RSC* 1990. 350, A. Braunschweig ; 22 mars 1989, *Bull. crim.* n° 144). La formule sera reprise par plusieurs arrêts ultérieurs, rendus eux aussi en matière correctionnelle (Crim. 22 mars 1989, *Bull. crim.* n° 144 ; 8 févr. 1990, *Bull. crim.* n° 70 ; 21 janv. 1991, *Bull. crim.* n° 32 ; *D.* 1991. Somm. 213, obs. J. Pradel ; 4 juin 1998, *préc.* ; 27 juin 2001, *Bull. crim.* n° 164. Et ces arrêts invoquent tous l'article 6 § 3 *d*, Conv. EDH selon lequel « tout accusé a droit notamment à interroger ou faire interroger les témoins à charge ».

L'intérêt de l'arrêt *Dobbertin*, du 6 mars 1991, est qu'il est sans doute le premier à étendre cette règle aux affaires criminelles. On aurait pu à première vue douter du bien-fondé de cette extension : les arrêts d'assises en effet ne sont pas motivés, les débats sont dominés par le principe de continuité (à cause de la présence des jurés), ce qui interdit normalement le renvoi même s'il manque un témoin, et par le principe d'oralité, ce qui interdit le recours à l'instruction pour répondre à des conclusions (H. Angevin, « Incidences de la CEDH sur la procédure pénale française et plus spécialement sur celle de la cour d'assises », *Dr. pénal*, juill. 1991). On peut ajouter que l'instruction est plus sérieuse et méticuleuse en matière criminelle qu'en matière correctionnelle. Or ces diverses particularités n'ont pas empêché la chambre criminelle d'étendre le principe du droit de l'accusé à la confrontation avec un témoin.

En l'espèce, dès l'ouverture des débats, l'avocat du sieur Dobbertin, accusé d'intelligences de nature à nuire à la France déposa des conclusions aux fins de comparution d'un témoin et de renvoi jusqu'à l'audition de celui-ci, ce témoin essentiel n'ayant jamais été entendu. La Cour rendit un arrêt de sursis à statuer jusqu'à achèvement de l'instruction d'audience et, celle-ci terminée, décida de passer outre aux débats au seul motif que l'audition de ce témoin qui n'avait pas pu être trouvé « n'apparaissait pas utile à la manifestation de la vérité ». Cassation au motif que la Cour n'avait pas recherché s'il était ou non possible d'assurer la comparution de ce témoin. En somme, la Cour aurait dû indiquer les raisons rendant vraiment impossible cette audition, celle-ci étant quasiment de droit si elle est réclamée par l'accusé.

B. — Les exceptions

Quasiment avons-nous dit. C'est qu'en effet l'audition du témoin n'est pas tout à fait un principe absolu. Plusieurs arrêts, d'ailleurs rendus en matière correctionnelle, mais pouvant être étendus à la matière criminelle, admettent que la demande de l'accusé peut n'être pas suivie d'effets lorsque par exemple :

– les témoins ont déjà été entendus lors de l'instruction (Crim. 22 mars 1989, *Bull. crim.* n° 144 ; 8 févr. 1990, *Bull. crim.* n° 70) ;

– l'audition des témoins est manifestement inutile, la démonstration en étant faite (Crim. 23 janv. 1991, *Bull. crim.* n° 40) ;

– les témoins sont manifestement introuvables malgré de sérieuses recherches (Crim. 27 juin 1990, *Bull. crim.* n° 264) ou ils sont sans domicile connu (Crim. 13 juin 1991, 4e espèce, *Bull. crim.* n° 252) ;

– la demande de la partie poursuivie est fantaisiste (Crim. 21 janv. 1991, *Bull. crim.* n° 32) ou n'articule aucun fait de nature à caractériser l'importance du témoignage réclamé (Crim. 13 juin 1991, 3 arrêts, *Bull. crim.* n° 252 ; *JCP* 1992. II. 21920, note Y. Lassalle) ;

– il y a un risque sérieux d'intimidation, de pression ou de représailles (Crim. 12 janv. 1989, *préc.*).

– l'audition des témoins n'a pas été requise dans les formes prévues par l'article 459 du Code de procédure pénale qui exige le dépôt de conclusion (Ass. plén. 2 déc. 2005, *Bull.* n° 3)

En somme, les juges ne peuvent rejeter la demande du prévenu ou accusé qu'à trois conditions : 1° il faut que l'audition soit manifestement inutile ou impossible (force majeure procédurale) ; 2° il faut que les juges s'expliquent de manière approfondie sur cette impossibilité ou inutilité (Crim. 21 janv. 1991, *Bull. crim.* n° 32, invitant les juges « à exposer les circonstances particulières qui font obstacle à la confrontation... ») ; 3° il faut que le prévenu n'ait pas respecté le formalisme légal.

***

En marge de tout cela, on fera trois observations. D'abord, on rappellera que la jurisprudence européenne influe aussi sur la législation. Celle de divers pays d'Europe a été réorientée sur plus d'un point par des condamnations venues de Strasbourg (J. Pradel, « Vers des principes directeurs communs aux diverses procédures pénales européennes », *Mélanges G. Levasseur*, Litec et Gazette du Palais, 1992, p. 459). Ensuite, seconde observation, le témoin s'il est entendu peut l'être à titre exceptionnel hors la présence de l'accusé (Crim. 17 déc. 1997, *Bull. crim.* n° 431, affaires de viols aggravés, le président ayant fait retirer les accusés et leurs avocats étant demeurés dans la salle) et d'ailleurs une loi du 15 novembre 2001 (art. 706-57 et s. C. pr. pén.) est venue donner une grande ampleur à cette possibilité en admettant sous certaines conditions, le témoignage anonyme. Troisième observation enfin, la jurisprudence des arrêts de décembre 1990 et mars 1991 va de pair avec celle — également très solide — qui veut l'accusé ait toujours la parole le dernier (v. par ex. Crim. 5 janv. et 12 janv. 2005, *Bull. crim.* n° 8 et 16).

J. P.

46

DEVOIR D'IMPARTIALITÉ — PRÉSIDENT DE LA COUR D'ASSISES

Crim. 14 juin 1989, *Gardechaux* (*Bull. crim.* n° 259 ; *D.* 1989. Somm. 390, obs. J. Pradel ; *RSC* 1990. 368, obs. A. Braunschweig) ; Crim. 9 janvier 1991, *Zerguine* (*Bull. crim.* n° 16 ; *D.* 1991. Somm. 210, obs. J. Pradel ; *RSC* 1991. 787, obs. A. Braunschweig)

Le président des assises ne saurait manifester prématurément son opinion, que ce soit par des réflexions (1re espèce) ou par des actes (2e espèce).

Chambre criminelle, 14 juin 1989

Gardechaux

Attendu qu'aux termes de l'article 328, alinéa 2 du Code de procédure pénale, le président a le devoir de ne pas manifester son opinion sur la culpabilité ;

Attendu qu'en demandant à l'accusé, comme le constate le procès-verbal des débats : « ne pensez-vous pas que vous niez l'évidence et que vous avez une position insoutenable ? », le président de la cour d'assises, qui a ainsi manifesté sans équivoque son opinion sur la culpabilité de Gardechaux, a méconnu la disposition précitée et porté atteinte aux droits de la défense ;

Que la cassation est dès lors encourue ;

Par ces motifs, et sans qu'il soit besoin de statuer sur les autres moyens :

Casse et annule en toutes ses dispositions l'arrêt précité de la cour d'assises de la Saône-et-Loire du 21 octobre 1988, ensemble la déclaration de la Cour et du jury et les débats qui l'ont précédée ;

Renvoie la cause et les parties devant la cour d'assises de la Côte-d'Or.

Chambre criminelle, 9 janvier 1991

Zerguine

Attendu qu'aux termes de l'article 328, alinéa 2 du Code de procédure pénale, le président a le devoir de ne pas manifester son opinion sur la culpabilité ;

Attendu que, par arrêt incident inséré au procès-verbal des débats, la Cour a donné acte aux conseils de l'accusé de ce que le président a remis, à l'ouverture des débats sur le fond, à chacun des avocats de la défense, au ministère public, à chacun des jurés et des assesseurs, copie de la feuille des questions auxquelles la Cour et le jury auraient à répondre, sur 18 feuillets se terminant par la formule : « En conséquence de la déclaration qui précède, la Cour et le jury, après en avoir délibéré ensemble et sans désemparer, conformément à la loi, décident, à la majorité absolue, de condamner... » ;

Attendu en cet état, qu'en communiquant, dès le début de l'instruction à l'audience, aux magistrats de la Cour et aux jurés, un document impliquant nécessairement sa conviction préétablie de la culpabilité de l'accusé, le président de la cour d'assises, qui a par ailleurs méconnu le principe de l'oralité des débats, a manifesté son opinion sur cette culpabilité en violation du texte de loi précité et porté ainsi atteinte aux droits de la défense ;

D'où il suit que le moyen est fondé et la cassation encourue ;

Par ces motifs :

Casse et annule en toutes ses dispositions l'arrêt susvisé de la cour d'assises des Pyrénées-Orientales, du 2 février 1990, qui a condamné Zerguine à 10 ans de réclusion criminelle, ensemble la déclaration de la Cour et du jury et les débats qui l'ont précédée, et pour qu'il soit à nouveau jugé conformément à la loi ;

Renvoie la cause et les parties devant la cour d'assises de l'Aude.

OBSERVATIONS

Selon l'article 328, alinéa 2 du Code de procédure pénale, le président de la cour d'assises « a le devoir de ne pas manifester son opinion sur la culpabilité ». Une telle disposition est des plus normales. Il ne faut pas en effet que le président, par l'ascendant qu'il peut avoir sur ses collègues et sur les jurés, porte atteinte, fût-ce involontairement, à l'impartialité de ces derniers. Le souci de laisser aux juges toute leur impartialité est l'une des préoccupations constantes du législateur et de la jurisprudence comme il apparaît par exemple avec la séparation des fonctions (v. *supra*, n° 1), la possibilité de récusation (art. 668 et s. C. pr. pén.) ou de renvoi d'un tribunal à un autre (art. 662 et s. C. pr. pén.), la désignation du juge d'instruction par le président du tribunal et non par le procureur de la République (art. 83 C. pr. pén.) ou... la crainte d'une manifestation prématurée d'opinion du président des assises.

L'article 328, alinéa 2 du Code de procédure pénale posant ce principe juste à la suite de la règle que « le président interroge l'accusé et reçoit ses déclarations » (al. 1), on pourrait croire qu'il se rattache à cet acte d'instruction. Au vrai, la jurisprudence est bien plus large, ce qui constitue un nouveau témoignage du souci de notre droit positif de défendre l'impartialité dans le fonctionnement de la justice. C'est qu'en effet, si le premier arrêt est relatif à une remarque maladroite du président, le second va plus loin en blâmant un président d'avoir remis aux jurés au début de l'audience une feuille de questions se terminant par la mention relative à la culpabilité. Le président doit donc veiller à ses paroles et à ses actes.

I. — Le président doit veiller à ses paroles

Le président est d'abord astreint à une grande neutralité dans ses propos. Cette neutralité, la *common law* l'assure en ne conférant au président (le juge) qu'un rôle d'arbitre, les interrogatoires étant menés par les parties elles-mêmes (v. par ex. pour l'Angleterre, J. Spencer, *La procédure pénale anglaise*, PUF 1998, p. 86 et 87 ; pour le Canada, J. Fortin, *Preuve pénale*, Montréal, 1984, p. 187 et s. ; à titre général, J. Pradel, *Droit pénal comparé*, Dalloz, 3e éd. 2008, no 204). En France où l'interrogatoire est conduit par le président, il fallait bien que le législateur vienne interdire à ce magistrat de manifester son opinion pendant les débats d'audience.

Sur pourvoi fondé sur une violation de l'article 328, alinéa 2 du Code de procédure pénale, la chambre criminelle va donc être amenée à scruter le procès-verbal des débats (le film de ceux-ci) pour y découvrir les propos tenus et déterminer si ces débats traduisent une manifestation d'opinion. Dès lors apparaissent deux séries d'arrêts.

Les uns considèrent que les propos tenus ne manifestent aucune prise de position. Ainsi n'y a-t-il pas manifestation d'opinion sur la culpabilité dans le cas d'une appréciation sur la valeur des témoignages (Crim. 16 juill. 1909, *Bull. crim.* no 380 ; 12 oct. 1967, *Bull. crim.* no 267, où le président avait déclaré : « il y a témoin et témoin »). Il en va de même si le président, écoutant les déclarations de l'accusé, s'exclame : « je ne vous crois pas » (Crim. 25 juin 1970, *Bull. crim.* no 216). De même encore n'est point à censurer le président qui se borne à dire : « au cours des débats, les accusés ont fait un fameux cirque » (Crim. 12 juin 1981, *Bull. crim.* no 198 ; *RSC* 1982. 800, obs. J. Robert, obs. nuancées). Et le président peut demander à un commissaire de police appelé à la barre en qualité de témoin s'il est persuadé de la culpabilité de l'accusé (Crim. 4 juin 1984, *Bull. crim.* no 201). Il peut aussi tenir des propos interrogatifs (Crim. 2 juill. 1985, *Bull. crim.* no 253) voire s'exclamer « c'est horrible ça », ce propos n'impliquant pas par lui-même la manifestation d'une idée préconçue (Crim. 28 mai 1997, *Bull. crim.* no 209 ; *D.* 1998. Somm. 177, obs. J. Pradel ; *Dr. pénal* 1997, Comm. 134, obs. A. Maron). À titre d'incident, on soulignera que ce qui vaut pour le président vaut aussi pour les autres membres de la cour d'assises ; et, par exemple, le fait pour un assesseur de questionner un psychiatre en usant des mots « coup de couteau sournois » n'est pas contraire à son devoir d'impartialité et ne traduit donc pas une opinion préconçue (Crim. 28 janv. 1998, *Bull. crim.* no 34).

D'autres arrêts au contraire, moins nombreux sans doute, mais plus stricts, ont vu une manifestation d'opinion dans les propos suivants : « durant ma longue carrière, je n'ai jamais vu un crime aussi abominable » (Crim.

18 janv. 1900, *D.* 1900. I. 119) ou : « l'accusé a commis deux crimes odieux et abominables » (Crim. 14 juin 1956, *D.* 1956. Jur. 733, note R. Vouin ; *JCP* 1957. II. 9781, note P. Chambon), ou encore : « vous méritez le dernier des châtiments » (Crim. 23 mars 1911, *Bull. crim.* n° 167). Il est vrai que de tels propos, notamment les derniers ne pouvaient guère être tolérés par la Cour de cassation.

Il est assez malaisé de trouver un critère de la manifestation d'opinion. On peut cependant poser en règle que si le président laisse entendre par ses propos qu'il croit à la culpabilité de l'accusé, l'arrêt sera cassé (v. pourtant Crim. 25 juin 1970, *préc.*, où la remarque adressée à l'accusé « je ne vous crois pas » n'a pas entraîné la cassation). Si en revanche le président interroge un témoin sur le point de savoir s'il pense que l'accusé est coupable, il n'y a pas manifestation d'opinion puisque par hypothèse le président n'a pas d'idée préconçue.

Pour résoudre la difficulté, on pourrait certes s'inspirer du système anglo-saxon en supprimant l'interrogatoire du président (v. en ce sens, projet de loi de 1910, cité dans R. et P. Garraud, *Traité d'instruction criminelle et de procédure pénale*, tome IV, 1926, p. 329, n° 124 ; *Rev. pénit.* 1910.1276 ; v. aussi R. Vouin « L'interrogatoire de l'accusé par le président de la cour d'assises », *RSC* 1955. 43, et note au *D.* 1956. Jur. 734). Mais d'une part, aujourd'hui le président, dans les pays de *common law*, joue un rôle plus important que naguère (P. Béliveau et M. Vauclair, *Traité de preuve et de procédure pénale*, 15e, 2008, Montréal, n° 1248 p. 502). Et d'autre part, ce n'est pas du tout dans cette direction — d'ailleurs contraire à notre tradition procédurale — que va notre droit. La jurisprudence en effet, en laissant son rôle au président, se contente de lui interdire certains actes.

II. — Le président doit veiller à ses actes

Un président d'assises avait, dès le début de l'instruction d'audience, communiqué aux magistrats de la cour et aux jurés l'intégralité de la feuille des questions (ce qui faisait 18 feuillets) dont le dernier feuillet comportait la mention : « en conséquence de la mention qui précède, la cour et le jury réunis, après en avoir délibéré ensemble et sans désemparer, conformément à la loi, décident à la majorité absolue de condamner... ». La chambre criminelle n'hésite pas à casser l'arrêt de condamnation par sa décision ci-dessus rapportée du 9 janvier 1991 en invoquant que le document en question implique nécessairement la conviction chez le président de la culpabilité de l'accusé. Par la suite, la chambre criminelle reprendra cette position en critiquant « le fait de donner lecture, à la fin des débats, d'une question comportant l'affirmation de la culpabilité de l'accusé » (Crim. 20 août 1997, *Bull. crim.* nº 288 ; *D.* 1998. Somm. 177, obs. J. Pradel ; 8 mars 2000, *Bull. crim.* nº 110).

À la vérité, le président, dans l'affaire *Zerguine* (9 janv. 1991) avait cru bien faire. Les faits étaient certes complexes et nombreux et, dans son esprit, il donnait un guide à ses collaborateurs. Le procédé aurait sans doute été admis par la Cour de cassation si cette feuille de questions ne se terminait pas par une allusion à la culpabilité. Bref le président pouvait distribuer la feuille de questions — qui, rappelons-le, comportait dix-huit feuillets ! — mais il aurait dû l'amputer de la mention finale. Cette mention laissait en effet penser que tout était déjà décidé et cela d'autant plus que la feuille de questions s'adressait notamment à des jurés, c'est-à-dire à des profanes, à d'honorables citoyens qui ignorent le droit.

La chambre criminelle aurait d'ailleurs pu viser l'atteinte à la présomption d'innocence également. Elle se contenta d'utiliser l'article 328, alinéa 2 du Code de procédure pénale.

De cet arrêt, il ne faudrait pas cependant déduire que tout acte du président, non prévu par la loi, vaut manifestation d'opinion. Rien n'interdit en effet au président de distribuer aux jurés et à ses assesseurs des photographies représentant le corps de la victime ou plus généralement des documents hostiles à l'accusé (Crim. 3 juin 1988, *Bull. crim.* nº 246 ; *JCP* 1988. II. 21149, rapport H. Angevin ; *Gaz. Pal.* 1988. II. 745, concl. E. Robert ; 5 avr. 1995, *D.* 1995. Somm. 320, obs. J. Pradel). Un tel geste de la part du président, loin de préjuger de la culpabilité de l'accusé, a pour seul objet d'informer plus complètement les magistrats et les jurés. Pour la même raison, rien n'interdit non plus au président de lire des décisions antérieures de condamnation de l'accusé (Crim. 25 mai 1992, *Bull. crim.* nº 209) ou de rappeler une condamnation antérieurement prononcée contre le complice de l'accusé (Crim. 20 nov. 1991, *Bull. crim.* nº 422), voire d'ordonner le versement aux débats de deux réquisitoires extraits de procédures distinctes suivies contre l'accusé (Crim. 6 déc. 2000, nº 00-83.097). La Cour de cassation est même allée jusqu'à ne pas blâmer un président ayant refusé de recevoir la déclaration liminaire d'innocence de l'accusé puisque tout accusé reste innocent jusqu'à ce que sa culpabilité ait été légalement établie (Crim. 22 janv. 1997, *Bull. crim.* nº 25). Il a même été admis qu'était correcte la mention manuscrite par le président sur la feuille des questions à la suite de celles-ci « en conséquence la cour et le jury, après en avoir délibéré dans les conditions prévues à l'article 362 du Code de procédure pénale » (Crim. 15 janv. 2003, pourvoi nº 02-84.349). On aura noté qu'en l'espèce le président n'avait pas indiqué le mot « condamner » et qu'il n'y avait pas manifestation prématurée d'opinion.

De même, la présence sur la feuille de questions de la mention suivante : « Sans désemparer, la cour et le jury réunis en chambre du conseil, après en avoir délibéré en commun et voté conformément à la loi sur l'application de la peine à la majorité (...) condamnent l'accusé (...) » est une formule préétablie qui ne constitue aucune manifestation d'opinion préconçue sur la culpabilité de l'accusé, prohibée par l'article 328, alinéa 2 du Code de procédure pénale (Crim. 15 nov. 2006, *Bull. crim.* n° 287 ; *AJ pénal* 2007. 88, obs. C. Saas ; *Dr. pénal* 2007. Chron. 29, obs. Angevin).

Bien entendu, ces diligences du président doivent se faire dans le respect des principes d'oralité et du contradictoire (Crim. 13 févr. 2008, n° 07-84.341, *AJ pénal* 2008. 239, obs. S. Lavric ; *D.* 2008. Pan. 2763, obs. J. Pradel, président qui avait fait passer parmi la cour et les jurés un article de journal intitulé « Soixante-quinze policiers rémois blessés l'an dernier », mais qui avait omis d'en donner lecture de sorte qu'avait été méconnu le contradictoire).

J. P.

47

AUTORITÉ DE LA CHOSE JUGÉE AU CRIMINEL SUR LE CRIMINEL — NON-LIEU — CITATION DIRECTE ULTÉRIEURE CONTRE UNE PERSONNE NON INCULPÉE — IDENTITÉ DE PARTIES (NON)

Ch. réun. 24 avril 1961, *Société Botrans* (*Bull. crim.* n° 222 ; *D.* 1961. Jur. 733, note P. Bouzat ; *JCP* 1961. II. 12131, rapport Monguilan)

Après non-lieu, la victime prétendue peut, en se fondant sur les mêmes faits, citer directement une personne qui n'avait pas été inculpée ni même mise en cause au cours de l'instruction.

Chambres réunies, 24 avril 1961

Société Botrans

Attendu que si la partie civile qui a saisi le juge d'instruction ne peut abandonner la voie de l'instruction préparatoire pour traduire directement l'inculpé devant la juridiction correctionnelle, elle peut, au contraire, après clôture que l'information, user de la voie de la citation directe contre une personne qui n'a pas été l'objet de l'instruction requise ; Attendu que, relevant que la Société Botrans, victime d'un délit de suppression de correspondance, avait saisi le juge d'instruction et que l'information suivie de ce chef contre X... a été close par une ordonnance de non-lieu, l'arrêt attaqué en déduit qu'aucune poursuite pénale ne peut plus être intentée, à raison du même fait, autrement que la voie d'une réouverture de l'information et déclare, en conséquence, la Société Botrans non recevable à citer directement Le Mouel et Lachaise en police correctionnelle, alors qu'il constate que ces derniers, à qui le délit est imputé pour la première fois, n'ont pas été l'objet de l'instruction antérieurement requise ; Qu'en statuant comme elle l'a fait, la cour d'appel a donc violé le texte susvisé ;

Par ces motifs, casse et annule l'arrêt attaqué.

OBSERVATIONS

En cas d'information ouverte contre X et close par un non-lieu, la victime prétendue peut, en se fondant sur les mêmes faits, citer directement devant le tribunal correctionnel une personne qui n'avait pas été mise en examen. Cette solution, à première vue étonnante, a été admise pour la première fois par l'arrêt *Société Botrans* rendu par les chambres réunies le 24 avril 1961 (v. déjà dans le même sens, et dans la même affaire, Crim. 6 mars 1957, *D.* 1958. Jur. 25, note P. Bouzat ; *JCP* 1957. II. 9993, note P. Chambon ; *S.* 1957. 327, rapport Ledoux). La règle sera reprise dans les mêmes termes (Crim. 12 mars 1969, *Bull. crim.* n° 118 ; *RSC* 1970. 121, obs. J. Robert). Elle appelle diverses observations.

I. — Situations voisines de celle de l'arrêt *Société Botrans*

Il convient d'abord de distinguer le principe ainsi affirmé dans cet arrêt de 1961 de certains autres qui ont été dégagés dans des hypothèses très voisines.

En premier lieu, tant que l'instruction n'est pas close, aucune partie ne peut l'abandonner pour utiliser la citation directe (Crim. 5 mai 1933, *S.* 1935. I. 39 ; 11 janv. 1973, *Bull. crim.* n° 16 ; Paris 29 nov. 1850, *D.* 1851. 2. 15 ; Alger 5 févr. 1875, *D.* 1875. 2. 120). Plus généralement d'ailleurs, la chambre criminelle a très tôt rappelé « qu'il est de principe qu'une partie qui a fait choix d'une des voies que la loi lui ouvrait pour l'exercice de son action ne peut plus varier » (Crim. 7 juin 1821, *Bull. crim.* n° 28). Il faut éviter en effet le risque de contradiction entre la décision de la juridiction d'instruction et celle de la juridiction de jugement. C'est pourquoi il est également impossible de se constituer partie civile après lancement d'une citation directe (Paris 7 nov. 1913, *D.* 1914. 2. 106 ; 3 mai 1934, *DH* 1934. 403).

En second lieu, après clôture de l'instruction et lorsqu'il y a eu un non-lieu, une nouvelle procédure pour des faits différents, se substituant aux faits déjà examinés, peut être entamée, qu'il s'agisse d'une citation directe ou d'une instruction (Crim. 22 mai 1974, *Bull. crim.* n° 193). Mais une nouvelle constitution devant le juge d'instruction pour les mêmes faits est exclue, même en cas de charges nouvelles, seul le parquet pouvant agir (Crim. 24 mars 1981, *Bull. crim.* n° 106 ; 11 janv. 2000, *Bull. crim.* n° 11 ; art. 190 C. pr. pén.).

En troisième lieu, après clôture de l'instruction et lorsqu'il y a eu renvoi d'un individu, la partie poursuivante peut citer directement un autre individu qui n'avait pas été inculpé. La règle vaut pour le parquet (Crim. 5 janv. 1878, *Bull. crim.* n° 7 ; Crim. 26 févr. 2008, *Bull. crim.* n° 51 ; *RSC* 2008. 924, obs. Finielz ; *AJ pénal* 2008. 243, obs. Royer). Elle vaut aussi pour la partie civile (5 mai 1933, *S.* 1935. 1. 39). Au vrai, ces deux espèces sont très proches de la nôtre, la seule différence étant qu'il y avait eu en renvoi et non pas non-lieu.

II. — Justification de l'arrêt Société Botrans

Cette proximité dénote déjà que l'arrêt du 24 avril 1961 est « l'aboutissement normal, sur un point particulier, d'une jurisprudence antérieure » (P. Bouzat, note sous Crim. 6 mars 1957, *préc.*). Mais cet arrêt est-il pour autant justifié ? La doctrine classique professait déjà que toute partie poursuivante peut, après non-lieu, citer directement pour les mêmes faits une personne qui n'avait pas été impliquée dans l'instruction (G. Le Poittevin, *Code d'instruction criminelle annoté*, art. 182, n° 112 et s). On doit se rallier à l'opinion du savant magistrat pour deux séries de raisons.

A. — Absence d'obstacles juridiques à la solution de l'arrêt

Tout d'abord, aucun argument précis ne peut être invoqué contre le principe dégagé en 1961.

D'une part, l'autorité de la chose jugée au criminel ne saurait faire obstacle à la citation directe après non-lieu. Certes, si le non-lieu était motivé en droit (prescription, amnistie...), il s'imposerait *erga omnes*, ayant une autorité absolue. Mais en l'espèce, le non-lieu était rendu en fait (insuffisance des charges) et son autorité est plus fragile sous réserve d'une distinction fondée sur le statut qu'avait eu la personne pendant l'instruction. Si elle avait été inculpée, une nouvelle poursuite n'est possible qu'en cas de survenance de charges nouvelles et elle doit emprunter le détour d'une instruction (Crim. 14 déc. 1901, *S.* 1904. 1. 374) : admettre la citation directe eut conduit à transformer la juridiction de jugement en juridiction d'appel de la décision de clôture de l'instruction. Si la personne n'avait pas été inculpée, une citation directe est au contraire possible (comme du reste une instruction nouvelle, sans que soient nécessaires de nouvelles charges, Crim. 23 juin 1949, *Bull. crim.* n° 219). En effet, une décision n'a l'autorité de chose jugée que si la personne qu'elle concerne se retrouve dans la deuxième instance : l'autorité est relative (art. 1351 C. civ., que l'on s'accorde unanimement à étendre au procès pénal). Or il n'y a rien de tel ici puisque la personne citée directement n'avait pas été partie à l'instruction. L'arrêt du 24 avril 1961 le note expressément.

D'autre part, on ne saurait davantage invoquer contre cet arrêt le principe que le juge d'instruction est saisi *in rem*. On sait que selon ce principe, ce magistrat est saisi d'un fait matériel et qu'il a le pouvoir de mettre en examen toute personne à l'encontre de laquelle « il existe des indices graves ou concordants rendant vraisemblable qu'elle ait pu participer... à la commission des infractions dont il est saisi » (art. 80-1, al. 1 C. pr. pén.). On en a déduit que l'admission d'une citation directe conduirait à un nouvel examen des faits alors que ceux-ci ont dû être examinés complètement par le juge d'instruction (v. P. Chambon, note sous Crim. 6 mars 1957, *préc.*). Si le principe est indéniable, la conséquence qu'on a cru pouvoir en tirer est fausse. Il n'interdit pas en effet un nouvel examen des faits par la juridiction de jugement après clôture de l'instruction. Pourquoi d'ailleurs priver cette juridiction de tout pouvoir si la victime vient à découvrir le délinquant après l'échec du juge d'instruction ?

Enfin, on a prétendu qu'une telle citation directe conduirait à violer l'article 190 du Code de procédure pénale qui, après non-lieu, donne au parquet seul le droit de rouvrir l'instruction (P. Chambon, *préc.* ; F. G. note sous Paris 15 juin 1955, *D.* 1955. 795). Mais c'est oublier que cette disposition est la reprise d'une jurisprudence célèbre (Ch. réunies, 29 janv. 1931, *D.* 1931. 1. 89, rapport Mormet et concl. proc. gén. Matter, *S.* 1931. 1. 254) selon laquelle l'interdiction ne concerne que le cas où la victime voudrait agir contre « les mêmes infractions et les mêmes personnes ». Or en l'espèce, la citation directe est lancée contre une personne qui n'avait pas été partie à l'instruction (P. Bouzat, note sous Crim. 6 mars 1957, *préc.*, 3e et 4e colonnes ; Monguilan, rapport *préc.*, 5e colonne).

D'ailleurs, la règle de l'article 190 du Code de procédure pénale s'explique par la crainte de voir des parties civiles s'acharner sur des personnes en reprenant sans cesse la poursuite contre elles. Une telle persécution ne se conçoit guère ici. La victime hésitera à agir par voie de citation directe si elle n'est pas convaincue du bien-fondé de sa demande, d'autant plus qu'elle risque d'être condamnée à des dommages-intérêts à la demande du prévenu (art. 472 et 516, al. 2 C. pr. pén.).

B. — Un argument en faveur de la solution de l'arrêt

Il faut aussi reconnaître que la thèse libérale pour la victime, admise le 24 avril 1961, s'appuie sur un argument d'ordre général : la faveur portée à la victime d'une infraction. Sans l'admission de la citation directe, la victime se trouverait dans l'impossibilité de saisir un tribunal répressif si le ministère public ne veut pas rouvrir une instruction qu'il est seul à pouvoir rouvrir. (J. Pradel, no 679). Or, depuis le fameux arrêt *Laurent-Atthalin* (Crim. 8 déc. 1906, *D.* 1907. 1. 207 ; v. *supra*, no 7), notre droit entend justement préserver les droits de la victime en lui ouvrant l'accès au prétoire en cas d'inertie du parquet. Le droit de citation directe dans notre hypothèse est donc indispensable à l'équilibre voulu depuis 1906 entre le parquet et la victime. Au reste, le droit contemporain confirme largement cette indéniable faveur à la victime avec, par exemple, les lois ouvrant l'action civile à des associations de plus en plus nombreuses.

III. — Portée de l'arrêt *Société Botrans*

La règle affirmée par l'arrêt *Société Botrans* l'a été dans un cas extrêmement précis : le droit de citation directe est accordé à la victime après non-lieu et lorsque le prévenu n'avait pas été inculpé. Or, les justifications données ci-dessus invitent à donner toute son ampleur à la règle.

1° La victime peut poursuivre par la voie d'une citation directe le délinquant même si ce dernier a figuré dans la procédure d'instruction (clôturée par un non-lieu) comme témoin ou civilement responsable, c'est-à-dire sous une qualification autre que celle de personne mise en examen.

2° Le parquet dispose des mêmes prérogatives. Ainsi le veut le parallélisme voulu entre les deux parties poursuivantes.

Reste cependant une difficulté : la partie civile peut-elle agir à nouveau et par voie de citation directe si dans sa constitution initiale elle avait visé une personne nommément, mais si le parquet avait requis contre X (art. 86, al. 2 C. pr. pén.) ?

La jurisprudence répond que la citation directe est exclue non seulement si la personne qui en est l'objet avait été inculpée, mais aussi si elle avait été simplement visée nommément dans la plainte avec constitution de partie civile (Crim. 7 oct. 1986, *Bull. crim.* n° 273 ; 10 mai 1990, *D.* 1990. Somm. 377, obs. J. Pradel ; 14 juin 1994, *Bull. crim.* n° 235 ; 22 janv. 1997, *Bull. crim.* n° 26). La jurisprudence étend la protection du suspect à « toute personne objet de l'instruction » disait déjà l'arrêt *Société Botrans*. La règle s'applique même à la personne qui avait bénéficié du statut de témoin assisté (Crim. 12 nov. 2008, *Bull. crim.* n° 277 ; *RSC* 2009. 399, obs. Finielz ; *Dr. pénal* 2009. chron. 1, obs. Guérin ; *AJ pénal* 2009. 82, note Duparc ; *D.* 2009. 606, note Détraz ; *Rev. pénit.* 2009. 155, obs. C. Ambroise-Castérot), ou encore qui avait été visé dans des documents adressés au juge d'instruction pendant l'instruction (Crim. 7 oct. 1986, *préc.*) ou qui encore avait fait l'objet d'une mise en cause explicite lors de l'instruction (Crim. 2 déc. 2008, *Bull. crim.* n° 243 ; *AJ pénal* 2009. 84) : dans tous ces cas, une nouvelle poursuite, par voie de citation directe, est exclue. La notion de personne mise en examen est dilatée : à la mise en examen matérielle s'ajoute la mise en examen « imparfaite », cette dernière excluant toute citation directe aussi bien que la mise en examen matérielle formelle, ce qui d'ailleurs n'a jamais été discuté (Crim. 10 nov. 1980, *JCP* 1982. II. 19817, note W. Jeandidier).

J. P.

48

AUTORITÉ DE LA CHOSE JUGÉE AU CRIMINEL SUR LE CRIMINEL — POURSUITES SUCCESSIVES CONTRE LES DIVERS PARTICIPANTS — IDENTITÉ DE PARTIES (NON)

Crim. 25 juillet 1912, *Morillon* (*S.* 1914. 1. 116)

En cas d'infraction commise à plusieurs, la décision rendue à l'égard d'un participant ne s'impose pas au juge saisi ultérieurement à l'égard d'un autre.

Chambre criminelle, 25 juillet 1912

Morillon

Attendu qu'aucun principe de droit ni aucune disposition de la loi ne s'opposent à ce que, dans une poursuite contre le complice seul, les juges modifient la qualification des faits déclarés constants, à la charge de l'auteur principal, par un précédent jugement devenu définitif ; que la chose jugée dans ce précédent jugement ne peut pas être opposée au complice, qui n'y était pas partie, et que la contradiction résultant de la qualification de ces décisions ne présente aucune violation de la loi ; qu'ainsi, dans l'espèce, la cour d'appel a décidé à bon droit que les faits qui avaient motivé la condamnation de l'auteur principal étaient prévus et réprimés par l'article 400, § 5 du Code pénal, contrairement au jugement de condamnation de l'auteur principal, qui avait déclaré ces mêmes faits constitutifs du délit prévu et réprimé par l'article 408 du Code pénal ; qu'il importe peu que la peine édictée par l'article 408, alors que la peine de quatre mois de prison, prononcée par l'arrêt attaqué contre le complice, est inférieure au maximum de la peine encourue par l'auteur principal ; — D'où il suit qu'aucun des textes et des principes visés au moyen n'a été violé ; — Rejette le pourvoi contre l'arrêt de la cour d'appel de Poitiers, du 3 avril 1912.

OBSERVATIONS

Lorsque deux ou plusieurs participants à une même infraction sont poursuivis et jugés simultanément, il est évident que l'appréciation des faits et la qualification qui leur est donnée doivent être identiques pour tous : ce qui a été admis pour les uns doit l'être aussi pour les autres. Tout jugement doit comporter une logique interne. Notamment l'acquittement de l'auteur principal entraîne celui du complice. Cette règle n'est cependant pas absolue. Par exemple, après acquittement de la personne renvoyée comme auteur, la condamnation de l'autre accusé renvoyé comme complice est possible quand l'existence du fait criminel a été établie par la réponse affirmative de la cour et du jury à la question posée abstraitement sur la matérialité du crime. (Crim. 21 mai 1990, *Bull. crim.* n° 203 ; *D.* 1992. Jur. 153, note J. Le Calvez). De même, a-t-il été jugé dans une affaire de trafic de stupéfiants que la relaxe de l'auteur principal pour absence de culpabilité n'interdit pas la condamnation du complice (Crim. 8 janv. 2003, *Bull. crim.* n° 5 ; *D.* 2003. Jur. 2661, note E. Garçon ; *ibid.* 2004. Somm. 310, obs. B. de Lamy ; *RSC* 2003. 553, obs. B. Bouloc).

Mais il peut advenir que les divers agents se trouvent séparés procéduralement. Tantôt, ils font d'emblée l'objet de poursuites distinctes, l'un deux n'ayant été découvert qu'après jugement des autres. Tantôt ils font bien l'objet d'une poursuite unique, mais sont conduits à ne plus être unis à cause du jeu des voies de recours. C'est alors un problème d'autorité de chose jugée qui se pose puisque deux décisions successives vont être rendues et qu'il faut savoir si la seconde doit être conforme à la première. Dans son arrêt *Morillon* du 25 juillet 1912, la chambre criminelle répond par la négative : après une première condamnation prononcée contre l'auteur principal pour abus de confiance, le juge de la seconde poursuite, diligentée contre le complice, peut changer de qualification et retenir le délit de détournement d'objets donnés en gage. Cet arrêt est à l'origine d'une nouvelle jurisprudence et il apparaît pleinement justifié.

I. — Affirmation de la régle

Au cours du siècle dernier, la jurisprudence avait adopté une conception qui ne sacrifiait pas totalement le principe de l'autorité de chose jugée. Elle opérait en effet une distinction parmi les premières décisions lorsque celles-ci concluaient à l'acquittement. Si cet acquittement s'expliquait par une cause subjective (démence, contrainte, défaut d'intention), le second juge était évidemment libre. Mais s'il était fondé sur une cause objective (fait inexistant, pas punissable ou ayant cessé de l'être), le second juge devait respecter la première décision de sorte que le second participant bénéficiait automatiquement de l'avantage accordé précédemment à son coauteur ou complice. Très révélateur de cette distinction était un vieil arrêt cassant une décision qui avait condamné un individu pour recel de déserteur alors que ce dernier poursuivi préalablement, avait été relaxé au motif que les faits n'étaient pas constants (Crim. 7 mars 1806, *Bull. crim.* n° 162 et Faustin-Hélie, II, n° 1001). D'autres arrêts suivirent, dans le même sens.

Or dans sa décision du 25 juillet 1912, la chambre criminelle répudie cette distinction. Certes, peu auparavant, la même juridiction avait déjà proclamé la même idée (Crim. 22 juill. 1910, *S.* 1914. 1. 49, note J.-A. Roux). Mais les termes dont elle avait alors usé étaient moins forts. En revanche en 1912, la Cour de cassation décide que la distinction n'est fondée sur « aucun principe de droit ni (sur) aucune disposition de la loi ». La formule se veut générale et elle engage presque l'avenir.

Et précisément, toutes les décisions ultérieures sont de la même veine. Le droit pour le second juge de modifier la qualification, déjà affirmé en 1912, est réaffirmé (Crim. 26 déc. 1924, *S.* 1925. 1. 187 ; 28 févr. 1952, *S.* 1953. 1. 141, note A. Légal). De même est affirmé le droit pour le second juge de charger un complice d'une circonstance aggravante que n'avait pas retenu le premier juge à l'égard de l'auteur (Crim. 8 août 1960, *Bull. crim.* n° 405). Mieux encore, la relaxe de l'auteur n'interdit pas la poursuite ultérieure du receleur (Crim. 9 févr. 1956, *D.* 1956. Jur. 501, note M. R. M. P. ; *JCP* 1956. II. 9574, note J. Larguier) ou de son complice (Crim. 19 nov. 1958, *D.* 1959. Somm. 67). La jurisprudence récente a même enrichi le principe nouveau d'applications plus particulières. Par exemple, la relaxe d'un prévenu et la condamnation d'un autre en première instance n'interdisent pas à ce dernier faisant seul appel de discuter devant la cour sur des éléments qui auraient été admis en faveur du premier (Crim. 6 juin 1978, *Bull. crim.* n° 181).

II. — Justification de la solution

Que penser de la jurisprudence *Morillon* ? Pendant très longtemps, la doctrine avait défendu avec conviction la thèse restrictive adoptée en 1806 par la Cour de cassation (Faustin-Hélie, t. II, n° 999 à 1001 ; E. Villey, note au *S.* 1888. 2. 137 ; J.-A. Roux, t. II, p. 215 et note au *S.* 1914. 1. 49). Aujourd'hui encore, de rares auteurs la défendent (C. Gavalda, « Aspects actuels du problème de l'autorité de la chose jugée au criminel sur le criminel », *JCP* 1957. I. 1372, n° 1 et s.). Cependant, l'immense majorité des auteurs modernes et contemporains soutient la position adoptée dans l'arrêt *Morillon* (R. Garraud, t. VI, n° 2297 et s. ; R. Merle et A. Vitu, n° 892 ; M.-L. Rassat, n° 517 ; A. Légal, J. Larguier et M. R. M. P., notes *préc.*). Or cette jurisprudence se fonde sur des arguments très solides. Outre que les arrêts antérieurs à celui du 25 juillet 1912 ne se fondent sur aucun texte, ce dernier arrêt se justifie de trois façons.

1° Il y a d'abord un argument d'ordre textuel, cet argument se dédoublant. Le second juge ne saurait être tenu par ce qui a déjà été jugé par son collègue pour la raison fondamentale que la règle de l'autorité de la chose jugée ne peut pas s'appliquer. Ce principe suppose pour son application une triple identité d'objet, de cause et de parties entre les deux instances (art. 1351 C. civ.). Or, en l'espèce, les parties défenderesses ne sont pas les mêmes. C'est l'argument qu'invoque l'arrêt. On peut certes s'étonner, à première vue, qu'après acquittement d'un participant au motif que par exemple les faits sont prescrits, un autre participant puisse être condamné. Mais la logique de l'autorité de la chose jugée impose la solution. Au reste, l'article 622-2 du Code de procédure pénale apporte un double appui à la thèse de la jurisprudence : il évoque la possibilité d'une révision en cas de décisions contradictoires, ce texte suppose bien qu'il puisse y en avoir et en outre, il permet de corriger d'éventuelles injustices qui proviendraient précédemment de cette contrariété.

2° Il ne faut pas non plus que le second juge soit prisonnier de la première décision. Ce juge doit être libre doublement.

Il doit d'abord l'être en droit et il doit donc pouvoir changer de qualification. À l'encontre de cette idée, on a tenté d'invoquer le principe de l'emprunt de pénalité qui interdit de punir le complice d'une peine supérieure à celle que l'auteur encourt, règle qui serait méconnue par l'adoption dans la seconde instance d'une qualification plus grave que la première. Mais cet argument ne vaut que si le second juge retient la même qualification que le premier. L'emprunt de pénalité, évoqué à l'article 59 du Code pénal de 1810 et d'ailleurs non repris par le nouveau Code pénal de 1994 est étranger au point de savoir si le deuxième juge peut librement changer la qualification. Or il doit pouvoir en changer sous réserve évidemment de ne pas modifier la prévention, c'est-à-dire de ne pas englober, grâce à la nouvelle qualification des faits non retenus dans l'acte le saisissant. Cette règle qui est admise dans le cadre d'une poursuite unique (la juridiction de jugement peut en principe modifier la qualification retenue par la juridiction d'instruction) doit s'appliquer à plus forte raison en cas de poursuites successives.

Le second juge doit ensuite être libre en fait. Si le premier juge a prononcé un acquittement par erreur, il n'y a aucune raison d'étendre les effets de cette erreur à la seconde poursuite. Et c'est en vain que l'on invoquerait la faveur à la décision d'acquittement (par ex. pas de possibilité de la réviser) qui ne peut concerner que la même personne.

3° Enfin, il faut déjouer les calculs du malfaiteur qui, réussissant à échapper à une poursuite, opposerait ensuite une décision d'acquittement à l'occasion d'une seconde poursuite le visant.

J. P.

49

AUTORITÉ DE LA CHOSE JUGÉE AU CRIMINEL SUR LE CRIMINEL — FAITS EN PARTIE DISTINCTS — IDENTITÉ DE CAUSE (NON)

Crim. 25 mars 1954, *Thibaud* (*Bull. crim.* n° 121 ; *S.* 1955. 1. 39, note J. Brouchot ; *JCP* 1954. II. 8272, note J.-M. Verdier)

Après condamnation pour homicide involontaire, une deuxième condamnation, pour meurtre, est possible contre le même individu si des éléments nouveaux sont apparus après la première.

Chambre criminelle, 25 mars 1954

Thibaud

Attendu qu'il résulte des arrêts attaqués, d'un arrêt incident, en date du 25 novembre 1952, inséré au procès-verbal des débats, et des pièces de la procédure, qu'à la suite du décès de sa femme, brûlée vive dans son lit, au cours de la nuit des 8 et 9 août 1943, Thibaud, bien que primitivement inculpé de meurtre, fit l'objet d'une ordonnance de renvoi devant le Tribunal correctionnel sous la prévention d'homicide involontaire et fut condamné pour ce délit par jugement définitif, en date du 10 mars 1944, à deux mois d'emprisonnement et à une amende ; — que ces peines ont été exécutées ; — qu'au vu d'une dénonciation et des aveux de Thibaud, d'où il ressortait que celui-ci avait intentionnellement donné la mort à sa femme, une nouvelle information fut ouverte, le 25 octobre 1951, contre Thibaud du chef d'assassinat ; — que ledit Thibaud fut renvoyé devant la Cour d'assises de la Gironde sous l'accusation d'assassinat par arrêt du 22 août 1952 ; — que la Cour d'assises, par arrêts séparés du 25 novembre 1952, a écarté la circonstance aggravante de préméditation, mais a déclaré Thibaud coupable de meurtre et l'a condamné à une peine criminelle et à des dommages-intérêts au bénéfice de la fille de la victime, partie civile ;

Attendu qu'en statuant ainsi, les arrêts attaqués n'ont violé aucun des textes visés par le moyen ;

Attendu, à la vérité, que l'article 359 du Code d'instruction criminelle interdit d'engager l'action publique à l'occasion de faits ayant déjà été l'objet d'une décision de condamnation ou de relaxe devenue définitive ;

Mais attendu que les dispositions de l'article précité ne peuvent être invoquées, lorsque les faits sur lesquels est fondée une seconde poursuite contre un même individu ne se confondent pas avec ceux qui ont servi de base à une première action ;

Attendu qu'en l'espèce le Tribunal correctionnel avait condamné Thibaud, en tenant pour établi que ce dernier avait commis une imprudence en approchant du lit de sa femme une lampe en mauvais état, dont la flamme n'était pas protégée ; — que, par la suite, Thibaud a été mis en accusation et condamné pour avoir versé un liquide inflammable sur la chevelure de sa femme, avoir mis le feu à ce liquide, et ainsi causé des brûlures mortelles à cette dernière ; — que de tels actes ne peuvent être assimilés à ceux qui avaient motivé la première condamnation ;

Attendu que le crime d'homicide qui se commet par la détermination de la volonté et le délit d'imprudence qui l'exclut sont deux infractions distinctes en leurs éléments de fait aussi bien qu'en leurs éléments de droit ; — que toute identité d'incrimination disparaît devant cette différence essentielle ;

Attendu, dès lors, que la déclaration de la Cour d'assises aux termes de laquelle Thibaud a été reconnu coupable du meurtre de sa femme a pu légalement intervenir sur une nouvelle poursuite, ladite décision faisant état de circonstances révélées postérieurement au jugement du Tribunal correctionnel, et autres que celles qui avaient motivé cette décision ;

Attendu qu'il suit de là que le moyen n'est pas fondé ;

Et attendu que la procédure est régulière, que la peine a été régulièrement appliquée aux faits reconnus constants par la Cour d'assises ;

Rejette les pourvois.

OBSERVATIONS

Après condamnation pour homicide involontaire sur la personne de son épouse brûlée vive dans son lit, le sieur Thibaud est l'objet d'une poursuite pour assassinat sur la base d'une dénonciation, puis de ses propres aveux ; il avait en effet reconnu après sa condamnation correctionnelle avoir volontairement versé sur le corps de son épouse endormie un liquide inflammable auquel il avait ensuite mis le feu. Cette seconde poursuite entraîne sa condamnation à douze années de réclusion criminelle pour meurtre. C'est contre cette décision qu'il se pourvoit en invoquant l'autorité de la chose jugée et plus spécialement l'article 359 du Code d'instruction criminelle, aujourd'hui l'article 368 du Code de procédure pénale selon lequel « aucune personne acquittée légalement ne peut plus être reprise ou accusée à raison des mêmes faits, même sous une qualification différente ». Dans son arrêt du 25 mars 1954, la chambre criminelle rejette le pourvoi en affirmant que les faits relatifs à la deuxième poursuite sont distincts de ceux visés dans la première tant dans leurs éléments de fait que dans leurs éléments de droit, ces différences ayant été révélées postérieurement au jugement correctionnel (v. dans le même sens, Crim. 19 mai 1983, affaire *Laurent*, *Bull. crim.* n° 149 ; *D.* 1984. Jur. 51, note F. Chapar ; *JCP* 1985. II. 20385, note W. Jeandidier ; *Gaz. Pal.* 3 déc. 1983, note J.-P. Doucet).

Cette affaire horrible pose de graves difficultés juridiques. Celles-ci ne peuvent cependant être examinées qu'après un rappel des règles qui sont applicables dans des situations voisines. Et l'on indiquera enfin ce que décide la jurisprudence dans des cas analogues.

I. — Les diverses hypothèses pouvant se présenter

L'hypothèse de l'affaire *Thibaud* doit être distinguée de trois autres où les principes à appliquer ne sont pas (ou plus) sujets à discussion, sauf exceptions.

Une première situation est celle dans laquelle les éléments de fait sont totalement distincts d'une poursuite à l'autre. L'article 368 du Code de procédure pénale ne saurait jouer et une seconde condamnation est donc possible : ainsi après condamnation pour escroquerie commise à l'aide d'un faux, une seconde se conçoit pour faux puisque la confection d'un document faux ne se confond pas avec son usage (Crim. 20 févr. 1931, *S.* 1932. 1. 273, note L. Hugueney). Symétriquement, après une première poursuite pour faux, une seconde est possible pour escroquerie (Crim. 3 juin 1985, *Bull. crim.* n° 211), ou encore après condamnation pour abus de confiance, une seconde poursuite pour abus de biens sociaux est recevable (Crim. 2 avr. 1990, *D.* 1990. Somm. 375, obs. J. Pradel).

Seconde situation : après condamnation, l'agent persiste à accomplir les mêmes actes. Il y a infraction continue. Là encore, une nouvelle condamnation est possible puisque les faits ne sont pas les mêmes (Crim. 5 oct. 1972, *D.* 1974. Jur. 113, note J.-M. Robert, pour l'ouverture illicite d'un débit de boissons ; 30 juin 1981, *Bull. crim.* n° 223, pour un détournement de mineur).

Voici enfin la plus intéressante. Les faits sont identiques, mais susceptibles de plusieurs qualifications. Il est admis que si une poursuite a été menée sur la base d'une qualification donnée, il est impossible de la reprendre en en visant une autre. Après avoir dit le contraire en cas d'acquittement la première fois, la jurisprudence a fini par l'admettre (Crim. 20 mars 1956, affaire *Chevalot*, *D.* 1957. Jur. 33, note L. Hugueney) et l'article 368 du Code de procédure pénale a confirmé la règle en matière criminelle (J. Pradel, n° 1032 et s.). Elle ne fait plus aujourd'hui l'objet de discussions et les décisions deviennent assez rares (Crim. 7 mars 1984, *Bull. crim.* n° 96 ; 19 janv. 2005. *Bull. crim.* n° 25 ; *D.* 2006, Pan. 617, obs. J. Pradel ; *RSC* 2005. 934, obs. J.F. Renucci, après première poursuite pour harcèlement sexuel terminée par une relaxe, exclusion d'une nouvelle poursuite pour agression sexuelle fondée sur les mêmes faits ; 27 mars 2007, n° 06-85.442 ; *RTD Com.* 2007. 846, obs. B. Bouloc ; *D.* 2008. Pan. 2758, obs. J. Pradel, délit de publicité trompeuse poursuivie deux fois dans des villes différentes « alors qu'il s'agissait d'allégations identiques, contenues dans le même message publicitaire et diffusées simultanément »). La solution est la même dans la jurisprudence de la CEDH ; interprétant l'article 4 du Protocole 7 additionnel, la Conv EDH (« Nul ne peut être poursuivi ou puni pénalement par les juridictions du même État en raison d'une infraction pour laquelle il a déjà été acquitté ou condamné par un jugement définitif conformément à la loi et à la procédure pénale de cet État »), les juges de Strasbourg le comprennent « comme interdisant de poursuivre ou de juger une personne pour une seconde "infraction" pour autant que celle-ci a pour origine des faits identiques ou des faits qui sont en substance les mêmes » (CEDH, 10 févr. 2009, *Sergueï Zolotoukhime c. Russie*, § 82). Même jurisprudence du côté de la Cour de justice de l'Union européenne (J. Pradel, G. Corstens et G. Vermeulen, n° 427, 619 et s.).

II. — Justification de la jurisprudence *Thibaud*

La présente espèce est un peu différente car les faits soumis à la Cour d'assises ne sont pas exactement les mêmes que ceux qui avaient été déférés auparavant au tribunal correctionnel. L'hésitation est donc permise entre une thèse libérale excluant de nouvelles poursuites et une thèse répressive les autorisant au contraire.

En faveur de la thèse libérale, on peut invoquer l'intérêt qu'il y a pour les magistrats à se montrer « beaux joueurs » (R. Combaldieu, « Essai sur la question controversée et toujours actuelle de l'autorité de la chose jugée au criminel sur le criminel », *Recueil général des lois*, 1955, p. 24 et s.) et surtout la nécessité de ne pas « autoriser par un détour inadmissible un recours en révision que le législateur français n'admet qu'à l'encontre des jugements et arrêts de condamnation » (R. Vouin, *Manuel de droit criminel*, 1949, n° 437, v. aussi n° 535). On peut certes objecter à cet argument que la jurisprudence *Thibaud* n'est pas techniquement assimilable à une révision : celle-là suppose un changement de qualification, non celle-ci (J.-M. Verdier, note *préc. in fine*).

Il existe cependant en faveur de la thèse autoritaire deux solides arguments.

A. — Argument technique

Le premier est d'ordre technique. Des auteurs ont affirmé que la deuxième poursuite est rendue impossible par l'existence d'une précédente condamnation définitive et ayant l'autorité de la chose jugée (L. Hugueney, note au

D. 1955. Jur. 317 ; R. Combaldieu, *préc.*). Les suivre conduit à adopter deux règles.

La première est que la disposition légale, écrite pour la Cour d'assises, vaut aussi pour les juridictions correctionnelles et de police. Certes, on dira que l'article 368 parle d'une « personne acquittée », ce qui évoque une procédure criminelle. Dans l'affaire Thibaud, l'article 368 (ou l'ancien article 359 C. inst. crim.) est étranger au débat et il n'est d'ailleurs pas cité. Il est vrai que certains arrêts rendus en matière correctionnelle visent l'article 368 (v. *infra* n° 50) et qu'il n'est pas déraisonnable d'étendre ce texte aux affaires correctionnelles (v. *infra* n° 50 III. B).

La seconde est que ce sont les « mêmes faits » qui se retrouvent dans les deux instances. Il faut donc savoir ce qu'il faut entendre par « mêmes faits ». Il y a d'abord une certitude : les « mêmes faits », ce n'est pas la qualification, c'est tout le procès avec toutes les qualifications possibles, c'est « l'affaire prise en bloc » (L. Hugueney, « La loi du 25 novembre 1941 sur le jury », *Études de sc. crim.*, 1942-1945, p. 28). Mais cela étant, une question se pose aussitôt : ces faits n'étant pas forcément cristallisés et pouvant se modifier après la première condamnation, il faut savoir si l'on doit tenir compte de ces modifications pour envisager un deuxième procès. Or il n'y a aucune raison de ne pas le faire puisque, par hypothèse, les faits ne sont plus les mêmes. Toutes les fois que la jurisprudence a refusé d'admettre de nouvelles poursuites, c'était dans des cas où l'affaire n'avait plus « progressé » après la première condamnation. L'erreur des auteurs qui critiquent l'arrêt *Thibaud* est de raisonner comme si le dossier était resté figé et d'assimiler cette affaire à l'affaire *Chevalot* (L. Hugueney, note *préc.*, II *in fine*).

Cependant, pour qu'une seconde poursuite soit envisageable, il faut évidemment que la nouveauté soit importante. Et ici, on peut hésiter entre deux conceptions : l'une matérialiste selon laquelle le fait nouveau doit se rattacher à l'élément matériel de l'infraction, l'autre spiritualiste selon laquelle il peut se rattacher également à l'élément moral de celle-ci. On a prétendu qu'une modification de l'élément psychologique ne pouvait pas être prise en considération car cet élément n'est qu'un simple moyen de qualification alors que le fait nouveau doit être externe (R. Combaldieu, *préc.*). C'est faire bon marché de l'élément moral. La thèse spiritualiste est aussi admissible que l'autre : admettre que le fait nouveau puisse être d'ordre psychologique est conforme à la fois aux données de la criminologie et à cette idée qu'en droit pénal la faute compte plus que le résultat. Dans l'affaire *Thibaud*, la nouveauté concernant l'élément moral est évidente puisqu'il y a une intention et non plus une imprudence (*comp.* Crim. 8 oct. 1959, *JCP* 1959. II. 11324, note J. Larguier, pas de nouvelles poursuites pour homicide par imprudence après condamnation pour blessures par imprudence car l'élément psychologique reste le même ; v. *infra* n° 50). Par conséquent, l'article 368 du Code de procédure pénale est hors de cause et une seconde poursuite est possible.

B. — Argument moral

Elle est même moralement souhaitable. S'en tenir à la décision correctionnelle eut en l'espèce paru scandaleux à l'opinion publique. Car il est bien évident que si les magistrats avaient su d'emblée la vérité, le délinquant aurait été aussitôt renvoyé devant les assises. Le manque de « chance » ou de dextérité du juge d'instruction ne doit pas profiter au délinquant, surtout si les autorités de police et de justice n'ont pas commis de faute, ce qui était bien le cas dans l'affaire *Thibaud.*

Au reste, l'arrêt *Thibaud* évoque ces vieux arrêts qui autorisaient une seconde poursuite, correctionnelle, après acquittement par la Cour d'assises (Ch. réunies 25 nov. 1841, affaire *Certier*, *S.* 1842. 1. 94, concl. contraires du proc. gén. Dupin, acquittement pour infanticide et reprise pour homicide involontaire). Certes, cette jurisprudence est contestable car le changement de qualification s'opérait à partir de faits inchangés, ce qui n'est pas le cas dans notre hypothèse. Cependant, dans les deux cas, la seconde poursuite apparaît comme le mécanisme correcteur d'une erreur initiale.

III. — Extension de la jurisprudence *Thibaud* à d'autres situations voisines

Dans le sillage de la jurisprudence *Thibaud*, on peut citer ces arrêts assez nombreux qui admettent une seconde poursuite fondée sur des faits proches de ceux de la première, mais partiellement différents. Par exemple, après non-lieu dans une poursuite pour vol dirigée contre X et dans une poursuite pour recel contre telle personne, celle-ci peut être ultérieurement inculpée de vol, le vol et le recel étant des délits distincts en partie (Crim. 13 juill. 1950, *D.* 1950. 685). Une relaxe du chef d'abus de confiance ne met pas obstacle à une nouvelle poursuite contre la même personne pour des faits constitutifs d'abus de biens sociaux (Crim. 2 avr. 1990, *Bull. crim.* n° 141 ; *D.* 1990. Somm. 375, obs. J. Pradel). La jurisprudence admet même une seconde poursuite si les faits autres sont connexes à ceux qui avaient fondé la première poursuite (Crim. 17 déc. 1984, *Bull. crim.* n° 404 ; 3 juin 1985, *Bull. crim.* n° 211).

J. P.

50

AUTORITÉ DE LA CHOSE JUGÉE AU CRIMINEL SUR LE CRIMINEL — QUALIFICATION DIFFÉRENTE — MATIÈRE CORRECTIONNELLE — NOUVELLE POURSUITE (NON)

Crim. 8 octobre 1959, *Meyer* (*Bull. crim.* n° 418 ; *JCP* 1959. II. 11324, note J. Larguier)

Une condamnation pour blessures involontaires ayant autorité de chose jugée exclut une nouvelle poursuite pour homicide involontaire.

Chambre criminelle, 8 octobre 1959

Meyer

Vu... l'article 368 du Code de procédure pénale ;

Attendu qu'un même fait ne peut donner lieu à deux actions pénales distinctes ;

Attendu que Meyer ayant, par son imprudence, causé des blessures à Reinling, a été condamné, par le tribunal correctionnel de Strasbourg, le 11 janvier 1954, à 20 000 francs d'amende, par application de l'article 320 du Code pénal, tel qu'il était alors en vigueur ; que ce jugement qui, sur l'action civile, ordonnait une expertise médicale, n'a pas été frappé d'appel et est devenu définitif au regard de l'action publique ;

Attendu que, par la suite Reinling étant décédé courant 1955, ses héritiers, se constituant partie civile, ont porté plainte contre Meyer du chef d'homicide par imprudence ;

Attendu que par l'arrêt attaqué, la cour d'appel de Colmar a déclaré le bien-fondé de la nouvelle poursuite exercée au vu de cette plainte et condamné Meyer, pour homicide par imprudence à 30 000 francs d'amende, tout en renvoyant à une audience ultérieure la détermination des dommages-intérêts ;

Attendu que pour justifier cette décision, la cour d'appel énonce que les conséquences des fautes énumérées aux articles 319 et 320 du Code pénal sont des éléments constitutifs des délits prévus par ces articles, au même titre que ces fautes elles-mêmes ; qu'une condamnation pour blessures involontaires même devenue définitive, ne met pas obstacle à ce que si, par la suite, la victime vient à décéder, l'auteur de l'accident soit à nouveau poursuivi et condamné, cette fois, pour homicide par imprudence ; qu'il appartient seulement en tel cas au condamné de faire annuler la première condamnation en introduisant un recours en révision, la mort de la victime constituant un fait nouveau de nature à établir son innocence au regard du délit de blessures par imprudence initialement retenu ;

Mais attendu que si, d'après les articles 319, 320 et aujourd'hui R. 40 du Code pénal, la peine encourue varie selon la gravité du dommage subi par la victime, l'élément essentiel et commun de ces infractions réside dans l'existence même du fait involontaire et fautif d'où est résulté le dommage ; qu'il suit de là que si, en cours de procédure, et tant qu'une décision définitive n'est pas intervenue, les juges ont le pouvoir et le devoir, au cas où les conséquences de la faute viennent à s'aggraver, de modifier le titre de la prévention et de rétablir la qualification véritable, l'action publique est au contraire épuisée, et ne peut plus être reprise, dès qu'est intervenue la décision définitive, constatant la faute et en assurant la répression ;

Attendu, dès lors, que si, à la vérité, les héritiers de Reinling étaient en droit de reprendre à leur compte l'action civile que le jugement du 11 janvier 1954 avait laissée en suspens, et de faire valoir, à l'occasion de cette instance, l'entier préjudice que l'accident avait causé à leur auteur, c'est par excès de pouvoir et par la violation même de la règle non bis in idem que la cour d'appel a fait droit aux nouvelles poursuites exercées sur leur plainte contre Meyer, et prononcé contre ce dernier, en raison du même fait pour lequel il avait été antérieurement condamné, une seconde condamnation, dont elle a d'ailleurs déclaré, par une erreur supplémentaire, qu'elle se confondrait avec la première ;

Par ces motifs :

Casse et annule l'arrêt du 22 novembre 1957, ensemble la procédure qui l'a précédé ;

Et attendu que la nouvelle poursuite a été illégalement exercée ;

Dit n'y avoir lieu à renvoi.

OBSERVATIONS

L'article 368 du Code de procédure pénale qui interdit de poursuivre à nouveau une personne ayant été acquittée par une cour d'assises doit-il être étendu aux juridictions correctionnelles, de police et d'exception, et doit-il l'être même lorsque celles-ci ont prononcé une condamnation ? La question posée par l'article 368 du Code de procédure pénale est donc double, concernant la nature des juridictions et la nature des décisions auxquelles il s'applique. À cette double interrogation, l'arrêt de la chambre criminelle du 8 octobre 1959 apporte une réponse. Mais il doit être aussitôt replacé dans un ensemble jurisprudentiel dont il convient d'apprécier le bien-fondé.

I. — Impossibilité d'une seconde poursuite pour homicide involontaire après condamnation pour blessures involontaires

Après une condamnation définitive pour blessures par imprudence (art. 320 ancien C. pén., aujourd'hui art. 222-19 C. pén.), la victime décède et ses héritiers — qui auraient pu agir au civil — lancent une deuxième poursuite pour homicide par imprudence (art. 319 ancien C. pén., aujourd'hui art. 221-6 C. pén.). La cour de Colmar déclare qu'une telle initiative est possible car l'élément matériel n'est pas le même dans les deux délits et elle ajoute que le condamné peut seulement faire annuler la première condamnation par le biais d'un recours en révision. Tel n'est pas l'avis de la chambre criminelle dans son arrêt du 8 octobre 1959. Pour elle, les faits sont les mêmes puisque l'élément moral des deux infractions — élément qui est le plus important — est toujours l'imprudence. Une seconde poursuite est donc impossible. Il en irait bien sûr autrement dans le cas où les faits seraient différents : dans l'affaire dite « du sang contaminé », la chambre criminelle a considéré, sur un moyen relevé d'office, que les préventions de tromperie et d'empoisonnement comportaient des éléments constitutifs distincts au regard notamment de l'intention coupable essentiellement différente (Crim. 22 juin 1994, *Bull. crim.* nº 248 ; *JCP* 1994. II. 22310, note M.-L. Rassat ; *D.* 1995. Somm. 141, obs. J. Pradel).

Revenons à l'arrêt de 1959. Celui-ci a une double signification.

D'autre part, sans dire expressément que l'article 368 du Code de procédure pénale doit être étendu aux décisions autres que celles des cours d'assises, la chambre criminelle l'admet implicitement ; elle l'admet d'autant plus qu'elle vise ce texte et qu'il existait tout de même une différence entre les faits successivement déférés au juge correctionnel : on peut en déduire que s'il n'y avait pas eu la moindre différence, la chambre criminelle aurait admis à plus forte raison l'impossibilité d'une nouvelle poursuite.

D'autre part, il importe peu que la première décision ait contenu une condamnation.

En somme, quoique de manière implicite, notre arrêt affirme le caractère général de l'article 368 du Code de procédure pénale. (v. sur le débat, *supra* nº 49, II A).

II. — Impossibilité d'une seconde poursuite dans des situations voisines

Il y a une série de décisions émanant soit de la Cour de cassation, soit des juridictions du fond.

Cet arrêt est-il isolé ? Un certain nombre de décisions ont été rendues par la chambre criminelle et par les juridictions du fond.

A. — Décision de la Cour de cassation

La chambre criminelle, dans ses arrêts rendus sous l'empire du Code d'instruction criminelle, n'hésitait pas à admettre une seconde poursuite après relaxe (Crim. 14 août 1875 et Ch. réunies, 10 janv. 1876, *D.* 1876. 1. 463, pour un fait tombant sous le coup de deux qualifications contraventionnelles) ou après condamnation (Crim. 27 janv. 1949, *D.* 1949. Jur. 514, note HDV).

Depuis la mise en vigueur du Code de procédure pénale la question s'est posée à diverses reprises à la Haute juridiction. Il existe d'abord un certain nombre d'arrêts qui, malgré les apparences, ne peuvent pas être invoqués, la chambre criminelle n'ayant pu statuer sur le domaine de l'article 368 du Code de procédure pénale puisque le juge du fond saisi la première fois n'avait pas abordé le fond (Crim. 9 mai 1961, *JCP* 1961. II. 12223, note P. Chambon, où le premier juge s'était dessaisi irrégulièrement ; 15 oct. 1963, *Bull. crim.* n° 281, où le premier juge s'était déclaré incompétent ; 6 nov. 1963, *Bull. crim.* n° 313 où l'individu poursuivi la première fois ne l'avait été que comme civilement responsable). Quant aux autres arrêts, ils décident qu'une seconde poursuite est impossible dans des espèces où la première avait abouti à une condamnation, les faits étant les mêmes (Crim. 3 mars 1959, *Bull. crim.* n° 143, pas de nouvelle poursuite pour délit de blessures involontaires après une première pour contravention de blessures involontaires ; 6 juin 1979, *Bull. crim.* n° 193, pas de nouvelle poursuite pour vol après une première pour recel ; Crim. 13 déc. 1990, *Bull. crim.* n° 433, pas de nouvelle poursuite pour trafic de drogue après une première pour revente d'héroïne). Ainsi donc, à diverses reprises depuis 1959, la Cour de cassation a admis que le principe *non bis in idem* s'applique en matière non criminelle. Mais les arrêts du 3 mars 1959, du 6 juin 1979 et du 13 décembre 1990, pas plus que celui du 8 octobre 1959, n'affirment que l'article 368 du Code de procédure pénale, écrit pour la cour d'assises, s'applique aussi aux autres juridictions ; seul l'article 6 du Code de procédure pénale, selon lequel la chose jugée est une cause d'extinction de l'action publique, est visé. Et toutes les fois, la première poursuite avait débouché sur une condamnation.

Il est intéressant d'évoquer un arrêt plus récent, où la première décision était de relaxe, non une condamnation comme dans les cas précédents. Dans cet arrêt, la chambre criminelle a décidé qu'après l'avoir relaxé pour harcèlement sexuel, on ne peut reprendre les poursuites contre le même individu pour agression sexuelle (Crim. 19 janv. 2005, *Bull. crim.* n° 25 ; *D.* 2006, Pan. 617, obs. J. Pradel ; *AJ pénal* 2005. 196, obs. C. Porteron ; *RSC* 2005. 934, obs. J.-F. Renucci). L'arrêt se fonde sur l'article 6, alinéa 1 du Code de procédure pénale et sur l'article 4-1 du Protocole additionnel à la Conv. EDH sur « le droit à ne pas être jugé ou puni deux fois ». Ces textes sont généraux alors que l'article 368 du Code de procédure pénale, concernant la cour d'assises ne pouvait pas être appliqué pour ces infractions sexuelles qui sont des délits.

B. — Décisions des juges du fond

Les juges du fait font preuve de plus de hardiesse. Si leurs décisions anciennes étaient hésitantes (pour de nouvelles poursuites, Caen 2 févr. 1945, *D.* 1945. 155 ; contre de nouvelles poursuites, Douai 29 juin 1955, *JCP* 1955. II. 8895), les récentes affirment clairement que l'article 368 du Code de procédure pénale s'applique aussi en matière correctionnelle. Et cette extension expresse a été admise à la fois dans des espèces où la première décision était une relaxe (Paris 26 mai 1965, *JCP* 1966. II. 14725, note P. Bouzat, après poursuite pour achat sans facture, pas de poursuite possible pour non-présentation de facture) ou une condamnation (T. corr. Bordeaux 19 nov. 1959, *Gaz. Pal.* 1960. 1. 146, après poursuite pour exercice illégal de la médecine, pas de poursuite possible pour escroquerie).

III. — Justification de l'impossibilité d'une seconde poursuite

Que penser de la jurisprudence affirmée dans l'arrêt du 8 octobre 1959 et dans les quelques autres décisions précitées ? La doctrine, dans sa majorité, est très défavorable à une nouvelle poursuite après décision correctionnelle ou de police et elle ne distingue pas selon le sens de cette décision (E. Villey, note au *S.* 1895. 1. 151 ; R. et P. Garraud, t. VI, n° 2278 ; C. Gavalda, « Aspects actuels du problème de l'autorité de la chose jugée au criminel sur le criminel », *JCP* 1957. I. 1372, n° 20 et 21 ; R. Merle et A. Vitu, n° 895 ; J. Pradel, n° 1035). Quelques auteurs cependant restent très réticents (P. Bouzat, note *préc.*, sous Paris 26 mai 1965 ; B. Bouloc, n° 976).

En faveur de l'impossibilité de nouvelles poursuites, on peut invoquer deux arguments.

A. — Argument tiré de l'office du juge

Le juge correctionel de police ou d'exception est saisi in rem et doit donc envisager le fait sous toutes les qualifications dont il est susceptible puisque le premier devoir du juge est d'apprécier sa compétence. Si par conséquent le juge retient la qualification qui lui était proposée par la partie poursuivante ou par la juridiction d'instruction, c'est que seule celle-ci pouvait être retenue. De même s'il ne la retient pas et s'il relaxe, c'est qu'aucune autre ne pouvait l'être. On a affirmé que le devoir d'apprécier le fait sous toutes ses qualifications n'existe que devant la cour d'assises car il n'est prévu que par l'article 351 du Code de procédure pénale qui est propre à cette juridiction. C'est oublier, répétons-le, le caractère général de la saisine *in rem* des juridictions de jugement (Crim. 23 juill. 1967, *JCP* 1968. II. 15678 ; 2 juin 1970, *Bull. crim.* n° 777).

Au reste, la répression ne perd pas ses droits car si le tribunal correctionnel estime que le fait est un crime, il doit se déclarer incompétent (art. 469 C. pr. pén.) et la possibilité d'une deuxième poursuite est réservée.

B. — Argument tiré du principe de l'autorité de la chose jugée

Le second argument intéresse le principe de la chose jugée. On a dit que la reprise était impossible parce que son interdiction n'est prévue que par un texte propre à la cour d'assises, le fameux article 368 du Code de procédure pénale, texte insusceptible d'extension. Il est vrai que ce texte se trouve dans un chapitre sur la cour d'assises. Mais il est faux de soutenir qu'il n'est pas susceptible d'extension. Les lois de procédure pénale peuvent en effet s'appliquer analogiquement (Crim. 10 mars 1927, *D.* 1928. 1. 94), surtout si elles sont favorables à la personne poursuivie (Crim. 19 septembre 1861, *D.* 1861. 5. 268). En outre, on peut invoquer l'article 6 du Code de procédure pénale qui exprime le principe de l'autorité de chose jugée de manière générale et, bien sûr, deux textes internationaux, l'article 4 du Protocole n° 7 à la Conv. EDH et l'article 14-7 du Pacte des Nations unies sur les droits civils.

On peut donc estimer que pour les mêmes faits, une seconde poursuite n'est jamais possible quelles que soient les deux juridictions successivement intéressées et quelle que soit la nature de la première décision. C'est à cette condition que seront respectées les raisons d'être du principe de la chose jugée au criminel sur le criminel : célérité des procédures, respect des décisions irrévocables, défense des libertés individuelles.

J. P.

51

AUTORITÉ DE LA CHOSE JUGÉE AU CRIMINEL SUR LE CIVIL — ACQUITTEMENT AU BÉNÉFICE DU DOUTE — VALEUR POUR LE JUGE CIVIL

Civ. 1re, 3 février 1976, *Bluteau* (*D.* 1976. Jur. 441, note M. Contamine-Raynaud)

La décision d'acquittement au bénéfice du doute s'impose au juge civil comme un acquittement ordinaire.

Première chambre civile, 3 février 1976

Bluteau

Vu l'article 1351 du Code civil et le principe de l'autorité au civil de la chose jugée au pénal ;

Attendu que la décision de la juridiction pénale qui acquitte un prévenu établit au regard de tous l'inexistence de l'infraction poursuivie ;

Attendu que Bluteau, qui avait contracté auprès de la compagnie La Flandre une assurance individuelle contre les accidents, s'est coupé le pouce gauche ; que, poursuivi pour tentative d'escroquerie devant la juridiction correctionnelle comme ayant simulé un accident corporel en vue de se faire remettre des fonds par la compagnie La Flandre, il a été relaxé au bénéfice du doute ; que l'arrêt infirmatif attaqué (Poitiers, 11 juillet 1974) a, cependant, rejeté l'action de Bluteau en paiement de l'indemnité journalière et du capital assuré au motif que Bluteau à qui incombait la charge de la preuve du caractère accidentel de sa mutilation, ne pouvait faire cette preuve par l'arrêt correctionnel de relaxe, d'où il serait seulement résulté que la mutilation volontaire, reprochée à Bluteau à l'appui de la poursuite dont il était l'objet pour tentative d'escroquerie, était incertaine et douteuse ; qu'en statuant ainsi, alors que l'acquittement de Bluteau établissait au regard de tous le caractère non volontaire de la mutilation, la cour d'appel a violé le texte et le principe susvisés ;

Par ces motifs, casse...

OBSERVATIONS

Une jurisprudence aujourd'hui classique décide que la chose jugée au criminel n'a autorité sur le civil que si « elle a été nécessairement et certainement décidée par le juge criminel » (Req. 31 mai 1892, *D.* 1892. 1. 536 ; Civ. 30 nov. 1898, 2 arrêts, *D.* 1899. 1. 74, note R. Sarrut ; 1er juill. 1980, *D.* 1981. IR 174, obs. C. Berr et H. Groutel). Mais comment entendre le second adverbe ? Il est indéniable tout d'abord que sont privées de toute autorité les constatations du juge pénal qui sont difficiles à interpréter (N. Valticos, *L'autorité de la chose jugée au criminel sur le civil*, 1953, no 250) ou qui sont dubitatives, incertaines (Req. 16 juill. 1928, *D.* 1929. 1. 33, note R. Savatier, à propos d'un jugement pénal relatif à un « accident paraissant dû à l'état du sol »). Plus délicat en revanche est le cas où le juge pénal affirme ouvertement son doute et fait de cette hésitation la base de son jugement. Quelle est la valeur au civil d'un tel acquittement rendu au bénéfice du doute ?

L'arrêt *Bluteau*, rendu par la première chambre civile le 3 février 1976, répond à cette question. Le sieur Bluteau, masseur-kinésithérapeute avait souscrit un contrat d'assurance contre les accidents corporels auprès de la compagnie d'assurance La Flandre. Peu après, il se coupa un pouce et sollicita amiablement de la compagnie le versement de l'indemnité prévue au contrat. Mais celle-ci contre-attaqua en déposant une plainte pour tentative d'escroquerie. Le sieur Bluteau ayant été relaxé au bénéfice du doute actionna la compagnie. Les juges du fond rejetèrent sa demande en alléguant que le contrat d'assurance met à la charge du demandeur la preuve du caractère accidentel de l'accident alors que la relaxe au bénéfice du doute lui interdit de rapporter cette preuve. Tel n'est pas l'avis de la deuxième chambre civile pour qui « l'acquittement de Bluteau établissait au regard de tous le caractère non volontaire de la mutilation ». La Haute juridiction assimile ainsi les relaxes au bénéfice du doute aux relaxes pures et simples : il y a affirmation certaine d'une incertitude.

I. — Le principe de l'assimilation des relaxes au bénéfice du doute aux relaxes ordinaires

Cet arrêt doit avant tout être replacé dans la jurisprudence relative à l'autorité des relaxes au bénéfice du doute.

La Cour de cassation avait déjà eu l'occasion maintes fois d'affirmer l'autorité au civil de telles relaxes. Ses formules seules avaient varié, la cour parlant successivement de « faits seulement probables » (Civ. 1er août 1864, *D.* 1864. 1. 428), d'acquittement « fondé sur ce qu'il n'est pas établi soit que le fait existe, soit que le prévenu en ait été l'auteur » (Req. 10 janv. 1877, *D.* 1877. 1. 197 ; 7 nov. 1894, *D.* 1894. 1. 536), « d'une existence matérielle des faits non établie » (Civ. 28 avr. 1903, *D.* 1903. 1. 414), enfin de « relaxe au bénéfice du doute » (Civ. 23 janv. 1922, *D.* 1922. 1. 68 ; Req. 20 févr. 1946, *D.* 1947. 221 ; 27 janv. 1947, *D.* 1947. 238). Et il n'importe guère que les juridictions du fond soient partagées (Lyon 21 mai 1974, *D.* 1975. 9, note P. Guiho, contre l'autorité d'une relaxe au bénéfice du doute ; Montpellier 21 nov. 1974, *Gaz. Pal.* 1975. 1. 206, pour l'autorité d'une telle relaxe).

L'arrêt *Bluteau* confirme évidemment cette jurisprudence, mais il pousse plus loin encore les choses et voici comment. On avait soutenu en doctrine qu'il y avait un cas où l'acquittement au bénéfice du doute ne peut être assimilé à la négation du fait : c'est lorsque le droit civil impose l'affirmation précise de l'inexistence du fait comme il apparaît dans le cas des présomptions de faute qui ne peuvent disparaître que par la preuve contraire (N. Valticos, *préc.*, p. 234, note 2). C'est justement le cas en l'espèce puisque, dans le droit de l'assurance, il appartient au demandeur de rapporter la preuve du caractère accidentel de l'accident. Or, la 1re chambre civile, dans son arrêt du 3 février 1976, assimile les deux sortes de relaxes même dans ce cas particulier puisque du simple doute elle a déduit la preuve positive de l'absence de faute exigée en matière d'assurance (en ce sens, note M. Contamine-Raynaud, *préc.*).

Par la suite, la Cour de cassation devait encore confirmer que la relaxe au bénéfice du doute possède l'autorité de chose jugée (Civ. 1re, 24 mars 1981, *D.* 1981. 545, note J. Penneau ; Soc. 6 janv. 1982, *Bull. civ.* V, n° 1 ; Civ. 1re, 30 oct. 1985, *Bull. civ.* I, n° 280, la relaxe du délit de conduite sans permis interdit au juge civil de décider que la personne n'avait pas de permis valable ; Civ. 1re, 9 juin 1993, *Bull. civ.* I, n° 209 ; Civ. 2e, 6 déc. 1995, *Bull. civ.* II, n° 303). Les juridictions du fond adoptent évidemment la même règle (Versailles 8 déc. 1993, *D.* 1994. Jur. 373, concl. J. Duplat, cet arrêt indiquant « qu'une relaxe au bénéfice du doute établit à l'égard de tous l'inexistence de l'infraction reprochée »).

II. — La justification de l'assimilation des relaxes au bénéfice du doute aux relaxes ordinaires

L'assimilation totale des relaxes au bénéfice du doute aux autres relaxes est-elle fondée ? Des auteurs l'ont contesté (Merlin, concl. sous Req. 8 septembre 1813 et Questions de droit, V. *Réparation civile*, § II, n° 2, 1828 ; R. et P. Garraud, VI, n° 2355, II ; Morel, note au *S.* 1921. 1. 17 ; H. Donnedieu de Vabres, n° 1572). Pourtant, la majorité de la doctrine est nettement favorable à l'assimilation (P. Hébraud, *L'autorité de la chose jugée au criminel sur le civil*, 1929, p. 271 et s. ; N. Valticos, *préc.*, n° 251). La discussion doit porter sur deux plans.

A. — Le plan des intérêts de la victime

Si l'on considère les intérêts de la victime demanderesse en dommages-intérêts, on doit distinguer.

Cette victime est-elle la personne même qui a été relaxée au bénéfice du doute — c'est le cas dans l'affaire ci-dessus — la thèse de l'assimilation lui est évidemment favorable.

La victime est-elle au contraire un tiers — c'est le cas le plus fréquent — la relaxe au bénéfice du doute risque de la gêner. D'abord en effet, elle ne peut agir sur la base de l'article 1382 du Code civil en raison de la règle de l'identité des fautes civiles et pénales dans la mesure certes où celle-ci subsiste encore (v., *Les grands arrêts du droit pénal général*, n° 1). Seul lui reste l'article 1384 du Code civil et encore cette voie lui est fermée si l'acquittement avait été fondé sur le doute en ce qui concerne le lien de causalité, condition nécessaire au succès d'une action fondée sur ce texte (Req. 20 févr. 1946, *préc.* ; v. aussi Soc. 2 mars 1961, *D.* 1961. 371 ; *RTD civ.* 1961. 507, obs. A. Tunc).

On peut donc estimer que le système de l'assimilation est plutôt défavorable à la victime, sans toutefois que cette défaveur soit très affirmée.

B. — Le plan de l'autorité de la chose jugée

Si l'on s'attache à la logique de l'autorité de la chose jugée, la thèse de l'assimilation apparaît en revanche comme parfaitement justifiée. Les auteurs hostiles à l'assimilation ont insisté sur l'idée qu'il n'y a pas contradiction entre les décisions pénale et civile lorsque la seconde accorde des dommages-intérêts après acquittement au bénéfice du doute. Mais leur argumentation n'est pas convaincante.

Merlin, tout d'abord, avait expliqué que le scandale d'une contradiction ne se conçoit que si le juge civil affirme constants des faits que son collègue pénal a déclarés inexistants. Mais il en va autrement, avait-il ajouté, « si le jugement de l'action publique laisse indécise la question de l'existence ou de l'inexistence des faits (Questions de droit, précité). À cela, il est aisé de répondre qu'un acquittement au bénéfice du doute constitue une chose « certainement jugée » : une telle décision prouve que la faute du prévenu ne peut être établie positivement. Il y a certitude sur le doute.

R. et P. Garraud ont ensuite cru pouvoir renforcer la doctrine de Merlin en apportant deux considérations complémentaires : des preuves nouvelles peuvent être produites devant le juge civil d'une part ; telle preuve, insuffisante pour déterminer la condamnation pénale, peut être estimée suffisante pour asseoir une condamnation civile (*préc.*). Au premier argument, on peut rétorquer que la décision répressive, une fois prononcée, acquiert une existence qui ne saurait dépendre des preuves sur lesquelles elle se fonde (P. Hébraud, *préc.*, p. 275) car « le besoin de sécurité passe devant le sentiment de la justice » (*id.* p. 493) et car « la chose jugée au criminel doit être tenue vraie à jamais » (N. Valticos, *préc.*, n° 251). C'est d'autant plus évident que notre droit ignore la révision des acquittements. Au second argument, on peut opposer l'absence de texte donnant à une preuve un poids différent selon qu'elle est présentée devant le juge pénal ou devant le juge civil. Certes, l'optique du juge pénal n'est pas celle du juge civil. Certes, le rôle des parties et du juge dans la recherche des preuves diffère d'un contentieux à l'autre. Mais quant à l'appréciation des preuves, il n'y a pas de différences, sauf à remarquer dans certains cas une moindre liberté du juge civil (preuves constituées).

La liberté du juge civil est donc exclue par la logique du principe de l'autorité de chose jugée auquel la doctrine confère un caractère d'ordre public (P. Hébraud, *préc.*, p. 225 ; N. Valticos, *préc.*, n° 150 et s.).

III. — Les conséquences de l'assimilation de la relaxe au bénéfice du doute aux relaxes oridnaires

La jurisprudence *Bluteau* entraîne d'indéniables conséquences. Outre les incidences pratiques qu'elle a sur le sort de la victime en privant parfois celle-ci d'indemnisation, elle emporte deux effets.

Elle renforce d'abord l'autorité de la chose jugée au criminel sur le civil en affirmant la prééminence du juge pénal sur le juge civil puisque les états d'âme du premier s'imposent au second. Un auteur a vu dans cette assimilation « une importante victoire du principe de l'autorité de la chose jugée » (N. Valticos, *préc.*, n° 253). Et par contrecoup la présomption d'innocence sort fortifiée, pour une fois.

Elle signe ensuite le déclin du concept d'acquittement au bénéfice du doute. Notre ancien droit le connaissait sous la forme des décisions de plus ample informé et de mise hors de cour (A. Esmein, *Histoire de la procédure criminelle en France*, 1882, réimpression 1969, p. 244 et 245). Ces catégories intermédiaires entre la condamnation et l'acquittement ont été supprimées par la Révolution (P. Hébraud, *préc.*, p. 274). L'acquittement au bénéfice du doute s'était pourtant maintenu en pratique. Avec l'arrêt du 3 février 1976, il n'apparaît plus que comme une mesure inutile et vexatoire.

J. P.

52

AUTORITÉ DE LA CHOSE JUGÉE AU CRIMINEL SUR LE CIVIL — PRÉJUDICE APPARU OU AGGRAVÉ POSTÉRIEUREMENT À LA CONDAMNATION PÉNALE — NOUVELLE DEMANDE EN RÉPARATION (OUI)

Civ. 2e, 13 mars 1953, *Simon* (*Bull. civ.* II, no 82)

Le juge civil peut accorder une indemnité en se fondant sur un dommage apparu après la décision du juge pénal sur l'action publique.

Cour de cassation, Chambre civile, 13 mars 1953

Simon

Attendu que, par arrêt en date du 5 décembre 1935, la cour d'appel de Rouen déclarait Simon, chargé en qualité de chef du service de l'armement de la Compagnie générale transatlantique d'assurer l'approvisionnement en vivres de la Compagnie, pénalement responsable de graves intoxications alimentaires, dues à l'absorption par de nombreux marins embarqués sur les navires de la Compagnie, de vin contenant de l'arsenic, et le condamnait, par application de l'article 320 du Code pénal, à la peine de 100 francs d'amende ; que l'un de ces marins, le sieur Eono, partie civile à l'instance pénale, étant ultérieurement décédé, sa veuve, attribuant le décès de son mari à l'intoxication dont il avait été atteint, intentait, tant en son nom personnel qu'au nom de sa fille mineure, une action civile contre Simon et la Compagnie générale transatlantique pour voir réparer le préjudice qu'elle et sa fille avaient subi du fait de la disparition de leur mari et père ; que la cour d'appel de Rouen, par arrêt du 28 avril 1940, confirmant un jugement du tribunal civil du Havre du 13 juillet 1939, déclarait que Simon avait directement causé par ses fautes l'entier dommage invoqué ;

Attendu que le pourvoi fait grief à l'arrêt attaqué d'avoir méconnu l'autorité qui s'attachait à la chose jugée par l'arrêt du 5 décembre 1935, en retenant la faute que Simon aurait commise en ne fournissant pas aux équipages, antérieurement au 16 janvier 1932, des aliments sains et de bonne qualité, alors que le juge pénal n'avait relevé à la charge de Simon comme constitutifs du délit de blessures par imprudence que les faits postérieurs au 25 janvier 1932 ;

Mais attendu que si la constatation par le juge pénal de la nature du dommage s'impose au juge civil avec une autorité absolue, c'est à la condition que le juge pénal ait été saisi de l'infraction servant de fondement à l'action intentée devant le juge civil ; que, dans le cas contraire, le juge civil conserve son entière liberté d'appréciation, dans la mesure où il ne décide rien d'inconciliable avec ce qui a été nécessairement jugé au criminel ;

Attendu, en l'espèce, que le juge pénal avait exclusivement condamné Simon pour le délit de blessures par imprudence ; que l'action de veuve Eono dérivait d'un fait d'homicide involontaire dont le juge pénal n'avait pas eu à connaître ; qu'en déclarant que le décès d'Eono était la conséquence d'une intoxication contractée à la suite d'absorption de vin contenant de l'arsenic, que Simon était, en raison de ses fonctions, tenu de fournir aux équipages de la Compagnie des aliments sains et de bonne qualité et qu'en négligeant de se conformer à cette obligation, il avait commis une faute ayant directement causé le dommage dont veuve Eono poursuivait la réparation, les juges du fond, auxquels il n'était pas interdit de puiser les éléments de leur conviction tant dans la procédure pénale que dans les autres documents versés aux débats, n'ont méconnu nullement la chose jugée par l'arrêt du 5 décembre 1935 ; que, dès lors, l'arrêt attaqué, loin de violer les textes visés au moyen en a fait, au contraire, une exacte application ;...

Par ces motifs : Rejette le pourvoi.

OBSERVATIONS

Dans la matière complexe de l'autorité de chose jugée au criminel sur le civil, l'arrêt rendu par la 2e chambre civile de la Cour de cassation le 13 mars 1953 apporte une réponse précise à une question pratique. Un intendant maritime avait été condamné pour blessures involontaires (art. 320 ancien C. pén. aujourd'hui art. 222-19) sur la personne de nombreux marins auxquels il avait fait servir du vin contenant de l'arsenic. L'un de ceux-ci étant par la suite décédé, sa veuve, estimant que ce décès s'expliquait par l'intoxication imputée à l'intendant, demanda une réparation au juge civil. Et ce dernier lui donna satisfaction par une décision qui fut confirmée (près de treize ans après...) par la Cour de cassation. C'était admettre que le juge civil peut réparer un dommage qui n'est apparu qu'après l'instance pénale.

Cette décision, la première du genre, sera suivie de plusieurs autres. Selon les espèces, le deuxième juge est tantôt le juge civil comme dans l'affaire ci-dessus (Civ. 2e, 20 avr. 1961, *D.* 1961. Jur. 494, note C. Berr), tantôt le juge pénal lui-même statuant au civil après condamnation pénale et expertise corporelle de la victime (Crim. 20 déc. 1956, *Bull. crim.* no 863, condamnation pénale pour blessures involontaires, puis condamnation civile pour homicide ; 26 déc. 1960, *JCP* 1961. II. 11998, condamnation pénale pour contravention de coups volontaires, puis condamnation civile sur la base d'une aggravation de l'incapacité). La jurisprudence est donc bien fixée.

La solution donnée par la Cour de cassation en 1953, confirmée par la suite, se justifie doublement.

I. — La solution n'est pas contraire au principe de l'autorité de la chose jugée

Certes, les apparences ne sont pas dans le sens de cette assertion. Selon une jurisprudence très ferme, l'autorité de chose jugée porte sur les dispositions de la décision pénale qui concernent « l'existence du fait incriminé, sa qualification et la culpabilité ou l'innocence de ceux à qui ce fait est imputé » (Civ., 14 août 1940, *Gaz. Pal.* 1940. 2. 127 ; 21 oct. 1940, *DC* 1941. 1. 29, note M. Ramart ; Civ. 2e, 20 avr. 1961, *préc.*). Or la qualification dépend parfois de l'étendue du préjudice (art. 221-1 et s., et surtout 222-7 et s., R. 625-1 C. pén. pour les homicides et coups volontaires ; art. 221-6, 222-19 et R. 625-2 pour les homicides et blessures involontaires). Par conséquent, la décision du juge pénal relative à la quotité du préjudice doit s'imposer au juge civil.

Ce raisonnement très logique comporte pourtant une limitation. Comme le rappelle l'arrêt du 13 mars 1953, cette autorité ne se conçoit que si le juge pénal avait été saisi de l'infraction servant de base à l'action intentée ensuite devant le juge civil. Si donc le juge pénal avait été saisi d'une infraction comportant comme élément constitutif un préjudice inférieur à celui qu'invoque ultérieurement la victime devant le juge civil, ce dernier peut tenir compte de ce surcroît de préjudice. La seule obligation du juge civil est d'admettre comme certaine la quotité de préjudice admise par le juge pénal. Mais rien ne lui interdit de reconnaître l'existence d'un préjudice plus grave qui n'avait pas été invoqué devant le juge pénal. En l'admettant, le juge civil ne contredit donc pas la décision pénale. En somme, l'autorité de chose jugée ne doit être admise que si « le juge répressif a été saisi de l'infraction la plus grave, c'est-à-dire de celle dont le décès de la victime constitue un élément constitutif » (N. Valticos, *L'autorité de la chose jugée au criminel sur le civil*, 1953, no 295).

II. — La solution est conforme aux intérêts de la victime

L'arrêt du 13 mars 1953 est également conforme à la logique d'une complète indemnisation de la victime. Si en effet, le préjudice s'était révélé dans toute son ampleur dès le début de l'instance pénale, la victime aurait pu, en se constituant partie civile, réclamer au juge répressif une réparation totale ; elle aurait du reste pu le faire aussi si son préjudice s'était aggravé au cours de l'instance puisque, « tant que la décision définitive n'est pas intervenue, les juges ont le pouvoir et le devoir, au cas où les conséquences de la faute viennent à s'aggraver, de modifier le titre de la prévention » (Crim. 8 oct. 1959, *JCP* 1959. II. 11324, note J. Laguier, v. *supra*, no 47).

On ne saurait donc admettre que la victime se trouve défavorisée en n'obtenant qu'une réparation partielle parce qu'elle aurait eu la malchance de ne voir son préjudice apparaître ou s'aggraver qu'après décision pénale définitive et irrévocable. On aboutirait, sans la jurisprudence du 13 mars 1953, à une inégalité choquante entre les victimes selon qu'elles ont été frappées de suite ou ultérieurement (cette inégalité concernant aussi les délinquants).

La totale indemnisation des victimes est d'ailleurs devenue aujourd'hui l'une des préoccupations majeures du droit civil et du droit pénal. On n'en donnera qu'un exemple : si la jurisprudence s'efforce de réduire au civil l'autorité du jugement pénal, si le juge « s'efforce de disséquer la décision... de façon à la réduire à un squelette à qui seul est dû le respect » (L. Hugueney, note au *S.* 1933. 1. 57), c'est pour éviter d'opposer aux victimes des décisions pénales qui leur sont défavorables.

On ne peut donc qu'approuver l'arrêt du 13 mars 1953 (v. aussi l'approbation de C. Berr sous Civ. 2e, 20 avr. 1961, *préc.*, décision reprenant la nôtre). Deux observations complémentaires doivent cependant être faites. D'une part, le succès de l'action en réparation portée devant le juge civil est conditionné par la preuve d'un lien de causalité entre la faute pénale et le préjudice, ce lien devant être certain. Il est vrai que cette preuve sera souvent facilitée par la faculté offerte au juge civil de puiser des éléments de conviction dans la décision pénale et dans tous autres documents versés aux débats (Civ. 2e, 13 mars 1953, *préc.*). D'autre part, il importe peu que la victime se soit dans la première instance constituée partie civile.

J. P.

TABLE ALPHABÉTIQUE DES ARRÊTS

(Les chiffres renvoient aux numéros des arrêts)